《中国城市通史》

推 荐 语

中国城市化率已超过百分之六十,人们对城市史的关注超过以往任何时期。《中国城市通史》视野宏阔,体大思精,既从总体史角度对中国城市发展变迁的全过程加以探讨,又对不同时期的城市空间形态、城市经济、城市人口、城市管理、城市社会生活等多层面进行细致研究,揭示了不同时期中国城市发展特点,再现了中国城市的发展轨迹。此书在手,读者可对中国城市历史有较为全面、系统、立体的认识。

《中国城市通史》的出版,必将有力推动具有中国特色的中国城市史研究学科体系、学术体系和话语体系的构建。

——熊月之(中国城市史研究会会长,上海社会科学院原副院长,研究员)

《中国城市通史》系统阐述了中国城市的发展脉络和特点,分析了不同时期城市的兴衰流变,揭示了中国城市的本质和特点,阐释了其历史地位和贡献,是对中国城市发展进行总体史研究较为系统的巨著。全书视野宏大,整体史观鲜明,富有时代气息。全球史的视野更加凸显了城市发展的中国特色;文明史和中华民族命运体的高度,展现出各个时期中国城市的绚丽多彩,勾勒出中原城市与边疆城市"一体多元"的历史进程。

——张利民(中国城市史研究会副会长,《城市史研究》主编,研究员)

《中国城市通史》从人类文明史的高度,分时间与空间两个维度全面考察中国城市文明的兴起和发展,探寻中国城市发展的规律,凸显中国城市发展的特点,展现中国城市文明的亮点,是中国城市史研究的集大成之作,具有极高的创新性与学术价值。

——倪玉平(清华大学人文学院副院长,历史系教授)

四川大学基地培育项目

中国城市通史

【元明卷】

何一民◎主编

何一民　赵淑亮　吴朝彦◎著

项目策划：熊　瑜
责任编辑：李施余
责任校对：李　耕
封面设计：墨创文化
责任印制：王　炜

图书在版编目（CIP）数据

中国城市通史．元明卷 / 何一民，赵淑亮，吴朝彦著．— 成都：四川大学出版社，2020.8
ISBN 978-7-5690-3808-8

Ⅰ．①中… Ⅱ．①何… ②赵… ③吴… Ⅲ．①城市史—中国—元代②城市史—中国—明代 Ⅳ．①K928.5

中国版本图书馆CIP数据核字（2020）第127877号

审图号：GS(2020)3719
地图编制：成都地图出版社

书名　中国城市通史·元明卷
ZHONGGUO CHENGSHI TONGSHI · YUAN MING JUAN

著　者	何一民　赵淑亮　吴朝彦
出　版	四川大学出版社
地　址	成都市一环路南一段24号（610065）
发　行	四川大学出版社
书　号	ISBN 978-7-5690-3808-8
印前制作	四川胜翔数码印务设计有限公司
印　刷	成都东江印务有限公司
成品尺寸	185mm×260mm
插　页	1
印　张	27.5
字　数	657千字
版　次	2020年12月第1版
印　次	2020年12月第1次印刷
定　价	220.00元

◆版权所有 ◆侵权必究

◆ 读者邮购本书，请与本社发行科联系。
电话：(028)85408408/(028)85401670/
(028)86408023　邮政编码：610065
◆ 本社图书如有印装质量问题，请寄回出版社调换。
◆ 网址：http://press.scu.edu.cn

四川大学出版社
微信公众号

《中国城市通史》编委会

编委会主任：何一民

副主任：熊月之　张利民　高中伟

编　委（以姓氏笔画为序）：

　　　　王立华　王明德　田　凯　付志刚　冯　兵　冯　剑　何一民

　　　　何永之　张利民　吴朝彦　陆雨思　范　瑛　赵淑亮　侯宣杰

　　　　高中伟　黄达远　黄沛骊　韩　英　鲍成志　熊月之　谯　珊

主　编：何一民

序

何一民

  城市是人类社会发展到一定阶段的产物，城市的产生是人类社会从野蛮时代演进到文明时代的重要标志之一，因而城市研究理所当然地成为社会发展与人类文明研究中的一项重要课题，成为探究历史奥秘与当代问题的一个窗口、一把钥匙。中国是世界城市发源地之一，中国古代城市之多、规模之大，世所罕见。中国古代典籍中不乏有关城市的记载，蕴藏着丰富的城市史资料，著名的如《洛阳伽蓝记》《东京梦华录》《都城纪胜》《长安志》《宋东京考》等史籍和《两都赋》《两京赋》《蜀都赋》等文学名篇，另外，浩如烟海的地方志书也保存了丰富的城市史资料，但古代中国一直未形成独立的城市史学，国人对中国城市历史的研究起步甚晚。1925—1926年，梁启超相继发表《中国都市小史》《中国之都市》等文，表明中国学者不仅注意到了城市的重要性，而且开始了对中国城市历史的初步研究。20世纪30年代，部分学者发表了一些有关中国城市史的文章，如陶希圣、全汉昇、侯仁之等对长安、北京等城市的研究。此外，上海等城市为了编纂城市志，也对相关城市史资料进行了整理，在一定程度上推动了中国城市史的研究。但从整体上看，当时有关中国城市历史的研究还未受到学界广泛的重视，相关研究成果较少。改革开放以来，城市现代化建设和历史学学科建设的需要成为中国城市史研究的重要推力，从国家"七五"规划开始，中国城市史研究受到学术界高度关注，参与研究者日益增多，研究成果日益丰硕。四川大学城市研究所作为国内高校中最早成立的城市研究机构之一，自1988年成立以来，先后承担了十余项与中国城市史相关的国家社科基金重点课题和年度课题，而我有幸成为改革开放以来最早开始从事中国城市史研究的学人之一。从单体城市研究到区域城市研究，从断代城市研究到城市通史研究，从城市发展与社会变迁研究到城市衰落研究，从内地城市研究到边疆城市研究，我始终认为中国城市史研究学术生命常青，需要不断地迎接挑战，不断地开拓创新。

  20世纪80年代中期，当我因教学和研究的需要开始涉足中国城市史研究时，深感对中国城市史的认识不能只局限于某一历史时段，特别是初涉中国城市史领域的硕士、博士研究生，要对中国城市史有整体的认识，才能更好地开展断代的或专题的城市史研究。中国城市历史悠久、内容丰富，要研究中国城市历史，就必须从整体上把握中国城市的发展脉络，这样，城市史研究才能做到宏观与微观相结合，才能从大处着眼、小处着手。因而,中国城市史研究者不能只对某一时段的城市有所了解,而必须对中国城市历史的全貌有所认识,对世界城市历史有所了解,将自己所要研究的对象置于历史的长河中加以考察,才能很好地把握自己所要研究的对象,从而得出创新性的研究成果。由于当时还没有一本关于中国城市的通史性著作,为了适应教学的需要,我冒昧地仅凭一己之力编写了一本《中国城市史纲》。该书虽然仅有三十万字,却耗费了我数年的时间,直到1993年才得以完成,1994年由四川大学出版社出版。该书为国内较早对中国城市史进行长时段研究的著作之一,在此之前,没有任何可资借鉴的资料。该书主要是对先秦至20世纪中叶数千年间中国城市发展脉络进行较为系统的梳理,对城市的发展变迁和特点加以概述和总结,在一定程度上弥补了中国城市史研究的不足,具有一定的学术价值。该书出版后,得到学术界的肯定,获得中国图书奖,并成为历史学、建筑学、规划学等相关学科的硕士、博士研究生了解中国城市历史的一本入门参考书。

但是,由于该书成于20世纪90年代初,缺少相关资料,因而详今略古,仅能以"史纲"的形式对"中国城市史"做一探究,成为中国城市通史研究的探路之作。20世纪90年代以来,关于中国城市的通史性著作相继问世,受到学术界的高度重视。这些通史性著作各有所长,以不同的方式对中国城市的历史变迁进行了研究,具有重要的学术价值,但也有若干不足,因而在讲授中国城市史课程和开展新的课题研究时,我深感有必要对《中国城市史纲》进行修订。由于多种原因,我始终未能下定决心重写。2008年,冯天瑜教授在全国范围内约请相关学科知名专家学者撰写中国专门史丛书,由何晓明教授出面约我撰写《中国城市史》。其时我虽应允,但因正在主持《清史·城市志》项目的研究工作,不能全身心地投入中国城市史的研究工作,只能选择在《中国城市史纲》的基础上进行改写,保留了《中国城市史纲》的框架,按时间顺序对先秦、秦汉、三国两晋南北朝、隋唐、宋辽金夏元、明清(中前期)、晚清(鸦片战争后)、民国等时段的城市情况分章进行概述,力图将不同时代中国城市的风貌、经济、社会、建设规划等特点展示出来,凸显中国城市的发展轨迹及特点。《中国城市史》较《中国城市史纲》增加了三十余万字,内容更加丰富,观点更加明确,条理也更加清晰。该书的一个特点在于尽量对中国漫长的城市历史进行全方位把握和科学分期,简明扼要地阐述中国城市的缘起及数千年间的发展演变,为漫长而复杂的中国城市历史梳理出一条较为清晰的脉络,同时尽可能地展现各个时期中国城市的不同特点。但是,当《中国城市史》出版后,再回头来看,深感不足之处甚多,故而希望整合国内学术界的力量,重新撰写一部大型多卷本《中国城市通史》。

2012年,国家社科规划办公室向全国征求重大招标课题的选题,我将编纂大型多卷本《中国城市通史》的设想加以梳理、论证,并经由四川大学向国家社科规划办推荐,经相关专家评议,该课题被列入重大招标课题指南。于是,我在全国范围内联络了多名中国城市史领域的著名专家学者,准备共同申报该项目。经过两个多月的准备,撰写了十万余字的申报书。当我们满怀信心地等待评审结果时,却得到了一个令人沮丧的消息，在专家评审时，有个别专家并不是对申报书有不同意见，而是认为编纂多卷本《中国城市通史》够不上重大项目，因此功亏一篑，该课题由重大项目降为重点项目立项。由于重点项目与重大项目的经费相差较大，故而难以再请国内其他著名专家参与该课题，只能依托四川大学城市研究所自身的力量进行相关研究。

虽然《中国城市通史》的编纂从重大项目降为重点项目，但我们仍然按照重大项目的相关要求进行研究，其总体框架是基于对中国城市历史基本脉络及总体特点的梳理，按历史变迁将中国城市发展历史分为七个时期，每一时期编纂一卷，分别为先秦卷、秦汉魏晋南北朝卷、隋唐五代卷、宋辽夏金卷、元明卷、清代卷、民国卷，加上总领全套书的绪论卷，凡八卷七册、450余万字。

多卷本《中国城市通史》的编纂充分吸取了学术界目前有关中国城市史研究的相关成果，通过不同学科的对话和不同研究方法的碰撞，对中国城市发展规律和重大理论进行了探讨、提炼和升华，在一定程度上进行了学术开拓和创新。多卷本《中国城市通史》从时间与空间两个维度较为系统地梳理了史前时期至中华人民共和国成立以前数千年间中国城市孕育、发展与变迁的历史过程；重点探讨了中国城市发展与演进的内在规律和阶段性特点；揭示了各个历史发展阶段中国城市的兴衰及其原因，以总体史的方法论对中国城市发展变迁的全过程加以探讨和论述，对不同朝代、不同阶段中国城市的空间形态、经济发展、人口数量、管理制度、社会生活等多个方面的内容进行细致、深入的考察，勾勒出中国城市发展的总进程与不同时期城市发展的全貌。每一卷都涵盖了不同时期中国城市发展变迁的方方面面，体现出中国城市发展的历史逻辑延续性。另外，每一卷又在不同章节根据不同时代的实际情况对中国城市的特殊性加以重点研究，如唐宋时期城市的"市坊"、元明港口城市的兴起与变迁、清代水系城市、民国时期城市的现代化转型等。

多卷本《中国城市通史》较前人著作有一个重要的创新，就是一改过去只重视中国内地城市历史的研究范式，而以中华民族命运共同体的视角对中国城市进行多维度的审视，将今天内陆边疆地区的城市发展变迁纳入中国城市史研究之中，突破了以汉族、中原政权为中心的历史书写模式。这既是本项目研究的一个突出特征，也是以往城市史研究中的薄弱环节。无论是中国城市的起源，还是不同时期中国城市的发展，都将民族地区的城市发展演变纳入整体研究之中，如秦汉魏晋南北朝卷、宋辽夏金卷、元明卷、清代卷等都设置了专篇或专章，强化对民族地区、边疆地区城市发展的研究，尤其是对辽、夏、金三个少数民族政权城市史设置专篇进行研究，着重对与宋朝并立的辽、夏、金等少数民族政权统治区域内的城市进行系统考察，其研究文本多达三十余万字，弥补了过去对辽、夏、金等城市史研究的不足。另外，本套书还专门设置章节对西藏、新疆、内蒙古等民族地区城市的发展进行深入研究。这些都是之前中国城市史相关著作较少涉及的领域，故而具有开拓性和创新性，突破了以往中国城市史研究中狭隘的地域界限，有助于增进人们对中华文明发展全貌的认识，在一定程度上，可以说是填补了学界有关中国古代农牧交接带地区城市史研究的空白。

多卷本《中国城市通史》的编纂遵循"搜采欲博，考评欲精，职任欲分，义例欲一"的基本原则，一方面充分吸收前人的研究成果，另一方面尽可能地深入发掘历史资料，大量地运用新的历史资料和统计数据，参考文献上千种，引用史料数千种。

总体上看，多卷本《中国城市通史》作为一部通史性城市史专著，具有较高的学术价值，但是由于时间跨度太大，涉及的内容繁多，研究难度极大，难免存在不足之处：首先，作为中国城市通史，尚缺少中国当代城市史的内容。多卷本《中国城市通史》之所以不包括中华人民共和国时期城市发展的历史，一是因为中华人民共和国的成立距今不远，相关研究才刚起步，很多问题都没有进行深入研究，学术准备尚不充分；二是有关此一时期城市发展的资料虽然丰富，但有不少重要资料尚未公开，因而会影响研究的学术性和客观性。有鉴于此，按现在一般通史体例，《中国城市通史》的时间下限为1949年，中华人民共和国城市史的编纂可待条件成熟后另行启动。其次，本课题组的研究者虽然运用了大量的历史文献、图表数据，但地图较少，除了元、明、清等几个时期，其他各朝代都缺乏城市地域分布图、城市空间结构图，需要在其后增补，以便对历代城市的地域分布、城市空间结构有更直观的认识。另外，中国城市发展在不同历史阶段的相关问题很多，见仁见智，挂一漏万，难以周全；加之这是一个多人合作的集体项目，研究者水平参差不齐，风格也略异，作为项目负责人，我有时也深感学识不够，力不从心，虽然尽力统稿，但仍然存在不少问题，文字叙述和分析还有若干不足。

多卷本《中国城市通史》的编纂历时六年多，远超最初的计划，相继还有一些专家学者参与相关的研讨和写作，课题组主要成员除项目负责人外，还有冯剑、黄沛骊、赵淑亮、王立华、冯兵、吴朝彦、韩英、陆雨思、何永之、念新洪、王伟、王超、黄灵、田玥、王肇磊等，他们中有的参与了部分专题研究，有的撰写了分卷文稿，主要分工如下：

全书由何一民拟定框架并对各卷进行全面修改；

绪论卷主要撰稿人何一民、何永之；

先秦卷主要撰稿人王立华、何一民；

秦汉魏晋南北朝卷主要撰稿人冯剑、何一民；

隋唐五代卷主要撰稿人冯兵、何一民；

宋辽夏金卷主要撰稿人何一民、陆雨思、王立华、韩英、黄灵、田玥；

元明卷主要撰稿人何一民、赵淑亮、吴朝彦；

清代卷主要撰稿人何一民、念新洪、何永之、王伟、王超、范瑛；

民国卷主要撰稿人黄沛骊、何一民。

此外，四川大学城市研究所还有多名研究人员参与了本课题，他们或收集资料，或撰写与之相关的论著，皆为本课题最终成果的完成做出了贡献。总之，本项目为集体成果，没有大家的努力，很难在几年内完成。

在本项目研究过程中，中国城市史研究会成立，本项目的研究得到了中国城市史研究会会长熊月之教授、副会长张利民教授、周勇教授、李长莉教授、涂文学教授、高中伟教授等人的关心和支持，在此表示诚挚的谢意。时任四川大学出版社社长熊瑜教授对本项目高度关注，并力邀完稿后在四川大学出版社出版。其后，在熊瑜社长和邱小平总编辑的大力支持和推荐下，本项目得到国家出版基金资助，新一届领导班子高度重视本项目的编辑出版工作，王军社长、邱小平总编辑、李天燕副社长多次召集工作会议布置相关工作，为此安排了精兵强将，对本项目的出版予以重点支持，在此深表谢意。

本套书的责任编辑何静、袁捷、舒星、高庆梅、刘慧敏、李施余等以高度的职业责任感投入书稿的编辑，认真地核对文献资料，校对文稿，并与主编和撰稿者反复交流磋商，使书稿的质量得以提升，并避免了一些错误。他们认真工作的态度值得学习，精益求精的精神令人感动，在此深表感谢。

中国城市历经五千多年的发展，到 20 世纪中叶进入了一个新的历史时期。随着中华人民共和国的成立，工业化、城市化、现代化成为不可逆转的趋势。20 世纪末，全球进入城市的世纪，世界上 50% 的人口居住在城市中。中国也在这一时期加速了城市化进程，农村人口以每年 1% 以上的比例向城市转移。城市以其巨大的磁力吸引着越来越多的农村人口，大城市、超大城市成为人们向往的地方。工业时代的城市与农业时代的城市相比，有一个明显的差异，就是城市的三维空间越来越大，在部分地区，单体城市向城市群、城市带、城市巨型连绵带演变。城市的发展一方面给人类带来进步，带来福祉和发展的机遇。另一方面，城市存在的问题越来越多，环境问题、交通问题、住房问题、就业问题、安全问题等层出不穷，越来越多的人想对城市说"爱你"却不容易。如何发展城市，同时又避免城市给人们带来的烦恼，已经成为时代的新课题。在提倡新的发展理念，走新型城市化道路的同时，如何向古人学习生存的智慧，以人为本，人与自然和谐相处，也是值得思考的一个重要课题。因而中国城市史研究者需要有一种时代的责任感和使命感，不仅要研究历史，还要关注现实和未来的发展，要站在历史与未来的交汇点去探究中国城市的发展规律，寻找一条适合中国国情的城市发展道路，这样才能在中华民族伟大复兴的进程中，将中国城市建设成为可持续发展的现代化生态城市、智慧城市。

前　言

元朝在中国历史上是一个非常特殊和重要的朝代。一是元朝作为中国历史上第一个少数民族建立的统一政权，在中国多民族统一国家的形成过程中起了至关重要的作用，结束了长期的战乱分裂状态，使南北重新统一，社会重新趋于稳定，在蒙古统治者的经营下，城市经济得到了恢复和发展，文化科技也迅速发展并领先于世界。二是元朝有着前所未有的疆域，"北逾阴山，西极流沙，东尽辽左，南越海表……汉唐极盛之际，有不及焉"[1]，其民族性与多元性，在中国历史上都非常罕见。元朝在民族文化上则采用相对宽松的多元化政策。元朝建立后，中国实现了南北统一，中西交通进一步开拓，中国内地与西藏、新疆、蒙古等地区之间的界限消失，华夏文化与其他文化交相辉映，元代的城市社会出现了十分活跃的局面，中国文明对人类的贡献在元代得到了充分体现。[2] 三是元代城市发展在中国城市发展史上占有的地位。在元朝，游牧文明与农耕文明相互碰撞、相互影响，城市政治、城市管理、城市经济、城市文化等方面都出现了许多新的变化，呈现出新的时代特征，尤其是以"省制"为中心的行省制度的建立以及边疆城市的开发，是元代在城市发展方面的最大贡献，具有划时代的意义，这一制度对中国区域城市等级体系的构建和演变产生了深远的影响。元朝时，初步形成了"都城—省会城市—路级城市（非省会）—府州城市—县级城市"的城镇行政等级体系。此外，伴随着经济的发展和交通网络的重构，涌现出了一批新的草原城市、港口城市、交通城市和综合性城市。同时，元代都城的建设和规划独具特色，充分展现了中国古代城市建设的智慧，对明、清、民国乃至今天的城市规划都有重要影响，不仅在中国都城建设史上地位十分重要，在世界都城建设史上也占有一席之地。元代城市在物质文明、制度文明、精神文明等方面对人类文明的发展作出了巨大的贡献，在中国城市发展史上起到了承上启下的作用。

明朝时期，中国经济社会发生了重大变化，主要表现在以下几点：第一，传统的农业生产有了突破性发展。农业生产工具、生产技术大有进步，农作物品种增加、产量提高，出现了经济作物生产的地域性社会分工。第二，以纺织、制陶、造纸等为代表的手工业从传统农业中分离出来，雇佣制的发展为封建社会内部商品经

---

[1] 宋濂等：《元史》卷五十八《地理一》，中华书局，2000年，第903页。
[2] 邱树森：《新中国成立以来的元史研究》，《史学月刊》，2003年第5期。

济的发展和繁荣创造了条件。第三，农业生产技术、手工业生产技术、地理学、砖石建筑技术以及航海技术等传统的中国科学技术发展到一个新阶段，大量西方科学文化知识传入中国。第四，政治制度的变革。明朝中后期实行"一条鞭法"，改徭役为以银代役，废除匠班制，改由政府雇人充役，这对商品经济的发展起了推动作用。

  这些新变化推动中国区域城市体系进入新的发展阶段，商品经济在城市经济社会生活中占据的地位也更加重要。在此背景下，明代城市的发展主要表现在以下几点：一是城市数量增加，工商业市镇兴起。明代的地方行政单位数量虽然较宋元有所减少，但实际上城市数量却较前代增多，尤其是大中型城市数量明显增多。二是城市人口增加，城市规模扩大。随着城市经济的繁荣和城市人口的增加，城市的规模也普遍扩大。三是出现了全国性的筑城高潮。明统治者为了防御外来侵略和农民起义，曾掀起了一波大规模的筑城高潮，各中小城市普遍改建或加固城垣，或新建一些城市防守设施。四是手工业、商业和交通的发展促进了明代城市经济的繁荣。从总体上看，明代城市经济不仅较元代及元代之前有很大的发展，而且尤其值得关注的是，这一时期城市经济出现了质的变化——在部分城市中出现了资本主义生产关系的萌芽。

  元、明两朝城市发展在中国城市发展史上地位独特，作为中国城市通史研究的重要组成部分，成为当前城市史研究中亟待突破的重要领域，因而全面展开元、明两朝城市的研究，具有重要的学术价值、应用价值和社会意义。

目　录

上　篇　元代城市

第一章　自然、人文环境与元代城市 (005)
　　第一节　自然地理环境与元代城市宏观分布 (005)
　　第二节　人文环境与元代城市 (012)

第二章　元代城市的曲折发展 (035)
　　第一节　元代城市的破坏与建设 (036)
　　第二节　元代不同区域城市的恢复与发展 (059)
　　第三节　运河、港口城市的发展 (072)

第三章　城市体系、数量和空间的变化 (084)
　　第一节　行省制度与城市行政等级体系的构建 (084)
　　第二节　元代城市的数量与规模 (091)
　　第三节　城市的内部空间：大都的规划与布局 (114)

第四章　元代城市经济的发展 (134)
　　第一节　元代的城市手工业 (134)
　　第二节　元代的城市商业 (156)

第五章　元代城市社会的变迁 (173)
　　第一节　元代的民族、宗教政策 (173)
　　第二节　元代城市社会生活变迁 (188)

结　语 (213)

下　篇　明代城市

第一章　明代城市周期性发展及其影响因素 (222)
　　第一节　明代前期城市的破坏与恢复 (222)
　　第二节　明代中期城市的发展 (240)
　　第三节　明代晚期城市的衰落 (250)

第二章　明代行政体系与建制城市 (260)
第一节　明代行政体系的重建与建制城市体系的构建 (260)
第二节　明代建制城市的规模与特征 (269)
第三节　明代建制城市的数量与分布 (285)

第三章　明代军事制度与军事城市的发展变迁 (295)
第一节　明代军事制度与军事城市的兴起 (295)
第二节　明代军城的数量与分布 (312)
第三节　明代军城的职能 (322)

第四章　明代城市经济与城市发展 (327)
第一节　手工业与城市发展 (327)
第二节　明代商业贸易与城市发展 (340)

第五章　明代不同类型城市的发展 (361)
第一节　明代行政建制型城市个案研究 (361)
第二节　明代军城个案研究 (375)
第三节　明代商业城市个案研究 (387)

结　语 (394)

参考文献 (404)
元代城市参考文献 (404)
明代城市参考文献 (416)

元明卷

上篇

元代城市

中国城市承载着悠久的中华文明，城市的演变历程也时时体现着中华文明的演变历程。元朝作为中国历史上第一个少数民族建立的全国统一政权，在中国多民族统一国家的形成过程中起了至关重要的作用，它结束了长期的战乱分裂状态，使南北重新统一，社会重新趋于稳定，在蒙古统治者的经营下，建立了发达的水陆交通网络，城市也得到了恢复和发展。

城市是物质文明的载体。在元朝，游牧文明与农耕文明相互碰撞、相互影响，城市政治、城市管理、城市经济、城市文化等方面都出现了许多新的变化，呈现出新的时代特征，尤其是行省制度的建立以及边疆城市的开发，是元代在城市发展方面的最大贡献，具有划时代的意义。此外，伴随着经济的发展和交通网络的重构，涌现出了一批新的草原城市、港口城市、交通城市和综合性城市。元代城市在物质文明、制度文明、精神文明等方面对人类文明的发展作出了巨大的贡献，在中国城市发展史上起到了承上启下的作用。

自然地理环境和人文环境对聚落、城市的分布会产生重要影响，元代疆域空前辽阔，包含了多种多样的自然地理环境，不同的地理环境形成了各具特色的地域文化。这种自然地理环境的宏观差异是影响元代城市分布的重要因素，元代绝大多数城市分布在农耕文明地区，而游牧地区、渔猎地区的城市数量较少，规模也较小。就人文环境来看，元朝是游牧民族建立的朝代，在元代大一统的政治格局下，统治者对于各民族实行相对宽容的民族政策和开放的对外政策，民族融合达至前所未有的程度，"大杂居、小聚居"的民族分布格局在元朝基本形成，而城市作为各族人民共同生活的场所，在民族融合、经济文化交往等方面发挥了重要的作用。

蒙古族在统一全国的过程中经历了灭夏、灭金、灭宋的战争，长期的战争对城市经济和社会造成了极大的破坏，尤其是北方地区的城市受灾严重；元朝建国之初，统治者开始重视城市，开始探索适合统治中原的管理制度，采取了一系列恢复经济、重振城市的措施，使各地的城市得到了不同程度的恢复和发展；到了元朝末年，社会矛盾激化，农民起义风起云涌，城市成为争夺的焦点，许多城市被义军攻占，城市在战争的破坏下走向凋敝。综上，"破坏—恢复—兴盛—再次破坏"是元代城市发展的基本轨迹。

在元朝的不同时期、不同地点，针对不同的社会局势，出于不同的需要，统治者对待城市的政策也有明显的差异。从早期的"屠城""毁城"，到中期的"不修城"，再到末期的"重修城"，不仅反映了元王朝对地方城市控制能力的变化，也反映了来自游牧文明地区的蒙古统治者对待被征服的汉文明地区的城市观念从"杀掠、破坏"到"实际占领"再到"长期经略"的转变。在元王朝统治者经略城市的过程中，传统的中原及南方城市得到了不同程度的发展，伴随着运河的开辟和海运事业及海外贸易的发展，兴起了一批新的运河城市和港口城市，原有的城市也因交通的改善而有了新发展，并日益连为一体，成为区域城市带；在边疆地区，农业的开发、驿道的修建和民族商业贸易的发展极大地促进了边疆城市的发展，这是元代的重要贡献。

元代，中国的行政体制发生了巨大的变化，统治者在全国开创了以"省制"为中心的新的行政区划模式，是自秦汉郡县制以来我国政治制度史上的一次重大变革，以省为区域的城市行政等级体系开始初步形成，基于行政等级的差异，形成了"都城—省会城市—路级城市（非省会）—府州城市—县级城市"的基本城镇体系。受限于资料的短缺，关于元代城市的具体数量，学术界至今未有定论，本书以县级行政建置作为基础对元代路、府、州、县各级城市的数量、规模做了考察。在数量上，随着疆域的扩大和行政区划的调整，元代城市数量发生了很大的变化，单体城市的兴衰变化较大，但是作为基层政权的载体，县级城市的数量基本上处于稳定状态。在城市规模上，除了少量城市外，同级省区内大多数城市的规模与行政等级是呈正比的。

城市沿水陆交通线路集中分布，这是元代城市空间分布的重要特点之一；此外，由于自然地理环境的差异以及战争破坏程度的差异等因素，造成了元代地区发展极不平衡，城镇分布也呈现出很大的不平衡性，江淮南北之间、中原与边疆地区之间，都有显著的差别，呈现出东多西少、南密北疏的整体格局。

在城市内部空间上，中国古代城市尤其是都城在形成之初便具有很强的规划性，这种规划性往往被打上了鲜明的政治烙印。元代城市也不例外，这在都城的建设上尤其显著。大都城的规划在充分吸收草原旧制的基础上，又继承了中国古代都城建设的传统，"皇权至上""蒙古至上""法天象地""天人合一"等都是大都城规划中遵循的原则和理念，这在宫殿布局、道路规划、城坊规划中都有深刻的体现；此外，大都在规划建设时对异族文化具有高度的包容性，传统的宫殿、教堂、寺院、道观、"斡耳朵"等各种式样的建筑使大都城千姿百态。总之，大都城的规划体现了蒙古统治者在政治、经济、军事等诸多方面的需求，为了怀柔汉人、巩固政权，汉族的形式与蒙古族的内容互为表里，其实质是"蒙古至上"思想的体现。

就城市经济而言，在南北统一、交通网络完善、生产技术发展的背景下，元代的城市手工业和城市商业在两宋的基础上继续发展，并表现出多元性和开放性的特征，对内对外的双向开放是元代城市经济发展的一大特色。元代统治者十分重视手工业的发展，元代城市手工业门类众多，纺织业、制瓷业、制盐业、矿冶业、造船业、军器制造业等都十分发达，在部分地区还出现了专业化的手工业城镇；元代实行特殊的匠户制度，城市手工业者的地位和待遇也有了新变化。总体上看，在政治力量的强力扶植下，元代城市的官府手工业一度十分发达，但由于机构重复、冗繁、贪腐、生产效率低下等弊病，在元代中后期也趋向衰落；民间手工业则处在官府手工业的限制和剥削之下，虽然取得了一定程度的发展，但是速度缓慢。

元朝统治者保持着游牧民族的商业精神，他们重视商业、保护商人，这让商人群体十分活跃；元政府在全国范围内推行纸钞，使农产品、手工业产品的商品化程度进一步提高；此外，统一政权下农牧民族之间此疆彼界的消失、加上畅达的交通为商人从事国内外贸易提供了有利条件。元代的城市商业较之宋代有了较大的发展，既出现了大都、杭州等国际性商业城市，也有平江、潭州、太原、扬州、武昌、真定等区域性中小商业城市，还有村落集市发展为新兴商业城镇的情况。各层级市场是商品流通得以实现的场所，包括充当区域商业中心市场的大中城市、作为地区内商品交换集散地的传统郡县城市、充当城乡经济交流纽带的新兴农村市镇以及遍布农村的初级交换点，在元代都得到了不同的程度发展，多层次的市场体系由此初步形成。需要注意的是，元代城市的经济功能虽然有所强化，但大多数的工商业活动是围绕官府与统治阶级的奢侈需要而展开的，因而表现出了较强的自给性和自耗性。

元朝相较于宋朝而言是一个更加开放且流动性强的朝代，统治者对多元的文化持宽容态度，允许信仰自由，北方草原文化、中原文化、边疆各族文化、伊斯兰文化、基督教文化、佛教文化都在这一广阔的文化场中交流融汇、交相辉映，这也使元代的城市社会出现了十分活跃的局面。但是元统治者为了保持蒙古族的特权、地位和维护其对在人数上远超本民族的汉族人的统治，采取了在城市社会中分而治之的四等人制民族政策，这是元代城市社会管理独有的特色。在这种民族政策和宗教政策下，市民生活体现出多元化特色，蒙古因素的融入给城市居民生活的方方面面都带来了新的变化。

第一章 自然、人文环境与元代城市

12世纪末13世纪初，崛起于朔漠的蒙古族凭借草原游牧民族特有的善骑射、事竞争、较雄长的剽悍尚武品格和惯于征战的新锐作风，跃马横刀于蒙古草原，纵横捭阖于世界舞台。在长达半个世纪的征服战争中，"并西域、平西夏、灭女真、臣高丽、定南诏，遂下江南，而天下为一"①，结束了中国南北政治分立并峙的局面，建立了"北逾阴山，西极流沙，东尽辽左，南越海表"的疆域空前的大一统国家，正如元人自述："若夫北庭、回纥之部，白霫、高丽之族，吐蕃、河西之疆，天竺、大理之境，蜂屯蚁聚，俯伏内向，何可胜数。自古有国家者，未若我朝之盛大者矣"②，其疆域之盛远逾汉唐，"东南所至不下汉、唐，而西北则过之"③，除了今天中国的大部分疆土外，元代疆域还包括了今蒙古国和西伯利亚等地区。元代城市在物质文明、精神文明等方面对人类文明的发展作出了巨大的贡献，在中国城市发展史上起到了承上启下的作用，尤其是行省制度的开创，构建了以省为一级区划的城市行政等级体系，为后来明清时期乃至今天的城市区划所沿用，产生了深远的影响。

第一节 自然地理环境与元代城市宏观分布

城市的产生、发展与自然地理环境之间有着密切的关系，它是自然与人文环境综合作用的产物。自然环境为人类提供了生存的场所和空间，人类可以根据自然地理条件选择农业、牧业或商业模式。地域空间、地形、地貌、气候、水源等都是城市形成和发展的基础。城市的综合中心作用的影响和辐射能力同自然地理环境的优越程度成正比，自然地理条件愈优越，其中心作用的影响和辐射能力愈大、愈强，反之亦然。从全球城市发展史来看，早期的城市尤其是较为重要的城市一般都建立在自然地理条件较为优越、交通便利、社会经济较发达、人口较密集的地区。因而，考察城市所在的自然地理环境十分重要。

---

① 宋濂等：《元史》卷五十八《地理志一》，中华书局，2000年，第903页。
② 甘肃省古籍文献整理编译中心：《西北文学文献》（第三卷），线装书局，2006年，第14页。
③ 宋濂等：《元史》卷五十八《地理志一》，中华书局，2000年，第903页。

元代城市的分布与农业时代的其他王朝是一致的。一方面，受到自然地理环境的限制，城市集中分布在自然地理条件优越的地区，环境恶劣地区的城镇分布极少；另一方面，人文环境的差异，诸如经济发展水平的差异、战争破坏程度等因素的差异则加剧了城镇发展的不平衡性。在多重因素的综合影响下，元代城市在空间布局上呈现出东多西少、南密北疏的整体格局。

城市作为社会生产力发展到一定阶段的产物，在任何历史发展阶段都是地球上受到人类影响最为强烈的区域。但城市始终无法摆脱自然地理环境的影响，自然地理环境是城市须臾不可离的最基本的生存发展条件。[①] 自然地理环境通过影响人口的分布而影响城市的形成、发展及空间分布。亚里士多德认为"地理位置、气候、土壤等影响并塑造了民族的特性与社会性质"[②]。古代城市更是如此，在人类科学技术还不太发达的阶段，地形、气候、水源等自然条件是城市形成的重要因素。因此，不论是城市的兴起，还是其后的发展、扩大都具有明显的自然特性。

一、地形地貌条件与城市分布

地形地貌是建设城市的直接基础，包括地质环境、坡度、土质种类等地形要素，对城市的形态、空间结构和经济发展都有重要的影响。清代著名历史地理学家顾祖禹曾说："天下之形势，视乎山川；山川之绚络，关乎都邑。"[③] 沈汝生先生在分析了都市分布情况之后亦指出："中国都市分布之不均既如此，其原因安在，欲答复此问题，非言地形不可。"[④]

地质条件是城市建设与发展的固体基础，岩石裸露处不利于城市的兴建，岩石风化形成的沙、砾、黏土层有利于人类活动和聚落的兴起与发展。一般来说，城址选择、建筑结构等都受地质条件的制约，地质基础不同的地基承压力差别很大，地质基础好有利于城市的兴建和发展。我国的地形地貌的大致情况在农业时代变化并不明显，因而元代城市发展的地形地貌基础与其前后朝代有较强的一致性。

从山脉上看，中国山川之大势为：帕米尔高原延为葱岭，国内四大山系皆发脉于此。东北行者为天山一系，横亘新疆，分南北二部；东南行者为昆仑山，分布最广，绵延几遍全国，自葱岭沿新疆、西藏界向东走至青海，分为阴山、北岭、南岭三系。[⑤] 天山、阴山、北岭、南岭四大山系决定了中国古代城市分布的基本框架和

[①] 何一民、赖小路、付志刚：《高原、民族与宗教：清代西藏城市发展特征》，《民族学刊》，2010年第1期。

[②] 何一民、赖小路、付志刚：《高原、民族与宗教：清代西藏城市发展特征》，《民族学刊》，2010年第1期。

[③] 顾祖禹：《读史方舆纪要·凡例》，中华书局，2005年，第1页。

[④] 沈汝生：《中国都市之分布》，《地理学报》，1937年第4期，转引自黄巧华《中国城市地貌研究现状与展望》，载于中国地理学会地貌与第四纪专业委员会：《环境·地貌·发展》，中国环境科学出版社，1995年，第282页。

[⑤] 王恢：《中国历史地理》，台湾学生书局，1976年，第4页。

格局。

从地形上看，中国整体地势西高东低，呈阶梯状分布。在戈壁、沙漠、极地、冰川等环境恶劣的地理区域是不会兴起城市的，而沿海平原、河流三角洲、较为平坦的盆地等地区则是城市兴起、发展的理想环境。地势平坦利于市域扩大，并且交通畅达，因而，我国历史上的重要城市多分布于平原地区。秦汉时期的关中平原，唐宋时期的中原地区、成都平原，元明清时期的华北平原、长江中下游平原等地，当时都有许多新兴城市兴起，且较大城市也主要分布在这些平原地区。根据沈汝生先生1937年的统计，当时中国有193个人口逾5万的城市，其中90个分布于平原地区，83个分布于丘陵地区，二者占当时全国城市总数的89.6%。[①] 两种地形的接合点更利于城市的兴起，在水陆交接点、两河汇合地、沿河海口等地有许多大城市兴起并得到了迅速的发展，元代运河沿岸城市和港口城市的发展就是缘于此。据吴传钧先生在《中国经济地理》一书中的统计，我国城市主要集中分布于海拔高度小于500米的东部丘陵、平原地区，平均海拔高度500~2 000米的中部低山、中山地区分布较少，西南内陆平均海拔2 000米以上的中、高山地区分布更少。城市体系地域空间分布表现为"低密高疏"的垂直分布规律和"东密西疏"的水平分布规律，[②] 而这种分布规律也见于元代。正因如此，在自然条件相对优越的大江、大河中下游以及沿海平原地区，城市分布密度大、规模大，而在那些环境恶劣的山地、荒漠、寒漠地区，城市要稀少得多。

二、水文条件与城市分布

水文条件对于城市的兴起来说也是十分重要的因素。城市是人口的聚集地，是一个巨大的耗水体。自古以来，河川不仅被用于水运，而且为城市提供了日常生活用水和生产用水。"逐水而居"是游牧文明与农耕文明的共性，而"沿河设市"则是古代城址选择所遵循的一般规律。河畔湖滨、海岸江河交汇点等水源充足的地方都是有利于城市兴起的地区，从全球的视角考察，这些地区都是因被选为城址而广为利用的。

中国幅员辽阔，河流众多，城市文明也因河而兴，正如埃及、印度的古代城市沿着尼罗河、印度河兴起一样，中华文明是依托着黄河、长江发展起来的（参见图1-1 中国河流径流分布示意图[③]）。正如王恢所言，经济文化，皆赖河流而产生，而发达。城市分布大体也随地势由西北而东南——亦即由黄河流域向长江、西江而拓展。我国北部为黄河流域，是文化的发源地；中部为长江流域，秦汉以后，为经

[①] 参见于洪俊、宁越敏：《城市地理概论》，安徽科学技术出版社，1983年，第133页。另见民政部行政区划处编：《中华人民共和国行政区划手册》，光明日报出版社，1986年，第123页。

[②] 肖更生：《生态学视角下中国城市地价形成机制的研究》，中南林业科技大学博士论文，2011年。

[③] 张全明：《中国历史地理学导论》，华中师范大学出版社，2006年，第113页。

济重心；南部为西江流域，继长江而开发，吸收海洋文化。①

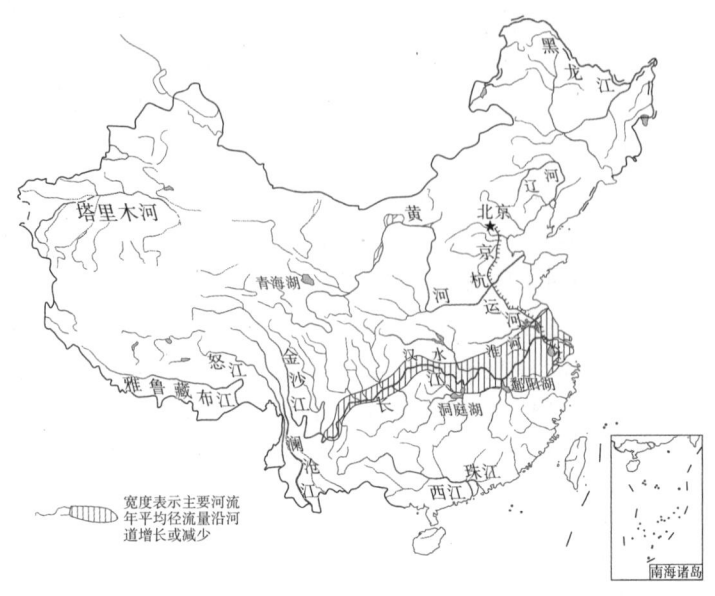

图1-1 中国河流径流分布示意图

河流为城市提供了大量饮用水和其他用水，同时也是重要的运输通道，为城市的兴起提供了必不可少的条件。历史上，在长江流域，有武汉、重庆、上海等因河川水运之便而兴起的港埠城市，有因水运和充足水源而兴起的酿造业发达的城市，亦有得益于丰富优质的水源而兴起的缫丝、纺织业发达的城市，如明代的松江以及近代江南地区的一些城市。农业时代的中国重要城镇主要分布在黄河、长江、西江等几大流域，这一基本格局也为元代所沿袭，变化并不明显，只是在城镇数量和规模上有所增减。

元代南北方地区之间的经济差距进一步扩大，北方的政治中心城市与南方的经济中心城市在空间上出现了较大的分离，政府基于运输南方城市税粮贡赋的需求，重修了从北京至杭州的大运河。伴随着漕运的发展，运河沿线的许多城镇成为南北地区之间经济贸易的转运地和集散中心，商贾云集，不仅镇江、徐州、淮阴、宿迁、聊城等运河沿岸已有城市重新繁荣了起来，还新兴了济宁、临清、德州等一批中小城镇，形成了一条纵贯南北的运河轴线城市带；元代临海州、县的城镇数量众多，随着海外贸易的继续发展，东部沿海的许多港口城镇凭借海运和海上贸易的优势获得了长足发展，山东半岛的登州、莱州、胶州及今太仓、昆山、天津、上海等港口城镇便是在元代新兴的商埠基础上发展起来的。此外，广州、泉州等条件较好的国际性港口城市也在两宋港口的基础上进一步发展。

需要注意的是，水文条件与城市兴起关系密切。在水源充沛、河运发达的地区兴起的城市，发展速度较快，例如洛阳、襄阳、南京、杭州等城市的发展就较顺

---

① 王恢：《中国历史地理》，台湾学生书局，1976年，第4页。

利，这些城市人口密集、规模较大；反之，水源条件差的城市的发展则易大起大落，在干旱的沙漠地区，城市是难以兴起的，即使有些地方在水源充沛时已兴起了城市，但一旦缺水，必将威胁其居民生存并限制城市发展。这样的例子，在中国古代城市发展史上并不少见，楼兰古城和统万城等绿洲城市即是如此。①

然而，河流的改道、决堤、洪涝等也会给城市带来一些威胁，特别是在生产力水平较为低下的农业时代，大江大河也是可能危及居民生命财产安全的危险源。商朝统治者曾多次迁都，其主要原因可能是逃避洪水。河流对城市的破坏也是巨大的，以"三年两决口，百年一改道"的黄河为例，历史上黄河水患频发，"黄河之水，其源远而高，其流大而疾，其为患于中国者莫甚焉"②。元朝成宗大德三年（1299年）五月，河南省言："河决蒲口儿等处，浸归德府数郡，百姓被灾……"③ 武宗至大三年（1310年）十一月，河北河南道廉访司言："黄河决溢，千里蒙害。浸城郭，漂室庐，坏禾稼，百姓已罹其毒……"④ 至正四年（1344年）"夏五月，大雨二十余日，黄河暴溢，水平地深二丈许，北决白茅堤。六月，又北决金堤。并河郡邑济宁、单州、虞城、砀山、金乡、鱼台、丰、沛、定陶、楚丘、武城，以至曹州、东明、钜野、郓城、嘉祥、汶上、任城等处皆罹水患，民老弱昏垫，壮者流离四方。水势北侵安山，沿入会通、运河，延衰济南、河间，将坏两漕司盐场，妨国计甚重"⑤。黄河给沿岸的城邑时常带来巨大的灾难，因而元朝政府曾多次治理黄河，至正十一年（1351年）"四月初四日，下诏中外，命鲁以工部尚书为总治河防使"⑥。

三、气候条件与城市分布

胡焕庸曾指出，各种自然现象，对于人生之影响最重要者，殆莫过于气候。雨量、温度、湿度等气候要素都是影响城市发展的重要因素。

气候对城市区位的影响，是以气候对人口流动的影响为前提的。人类出于自身本能逐渐向气候更加适宜生存、居住的地带集聚，因而这些环境优越的地区的人口密度不断增大，新的城市也随之不断出现。同时，由于城市数量的增加和城市规模的不断扩大，区域局部环境也得到进一步优化，吸引了更多人口流入这些城市地带，进而造就了更多、更大的城市。与之相反，在那些气候条件相对较差、较恶劣的地区，区域内的人口流动以外向流出为主，人口密度自然不断减小，因而在很大

---

① 参见贺业钜：《中国古代城市规划史论丛》，中国建筑工业出版社，1986年，第15页。另见陈正祥：《中国文化地理》，生活·读书·新知三联书店，1983年，第93页。
② 宋濂等：《元史》卷六十五《河渠二》，中华书局，2000年，第1075页。
③ 宋濂等：《元史》卷六十五《河渠二》，中华书局，2000年，第1075页。
④ 宋濂等：《元史》卷六十五《河渠二》，中华书局，2000年，第1075页。
⑤ 宋濂等：《元史》卷六十六《河渠三》，中华书局，2000年，第1093页。
⑥ 宋濂等：《元史》卷六十六《河渠三》，中华书局，2000年，第1093页。

的地域范围内才可以创造出一个新的城市，而且规模往往也不会很大。城市数量少、规模小，难以优化环境，结果就造成了人口外流更甚。其逆向不良循环过程使气候条件差的地区的人口密度更小，城市产生更难，即使有城市出现，其发展也相对缓慢，青藏高原上城市的发展便是如此，由于长期以来受严酷的气候环境影响，该地区的城市一直数量少、规模小、发展慢。

寒带地区气温过低，积雪常年不化，植物难以生长，沙漠地区雨量小，干燥异常，都无法满足人类的基本生存需要。在极地、荒漠等气候恶劣地区，即使使用现代科学技术能够满足人们的日常生活需要，但仍然无法聚集大量人口，自然也就无法产生城市。热带地区雨量过多，植物过于稠密，因而热带的城市大多为避开平地的酷暑而被建设在高地上，这也充分说明了城市与气候有密切的关系。

中国地理上存在的三条农业地理分界线亦是由气候决定的。这三条农业地理分界线决定了全国农业生产地域分异的大势：一是以400毫米年等降水量线为界，该线以东是中国农业的精华地区，线以西则是以畜牧业为主的地区。二是以秦岭-淮河线为界，该线以北是旱地粟、麦作区，线以南则主要是水田稻作区；三是以青藏高原北缘为界，该线以南是高寒畜、农、林地区，以畜牧业为主，线以北则是放牧畜牧业发达的畜牧、灌溉农业区。① 可见，气候环境对人类社会的生产、生活有重大的影响，包括农林牧业的布局、劳动季节的安排、建筑式样、服装风格、饮食习惯等等，进而影响到城市的分布。

在世界范围内考察，大部分的城市集中在温带地区，其气温适中、降水适量，适宜于人类的活动，十分有利于城市的形成和发展。世界历史上的四大文明古国所在地纬度都未超过北纬38°，且都处于半干旱地区，这是因为早期文明的产生必须要有充足的水源和半干旱气候。农业文明是在新石器时代末期出现的，这一时期，人类所有的生产活动大都是靠石器来完成的。凡是有森林的地方，人类因为砍伐树木十分困难而无法将其开垦成农田，凡是多水网沼泽的地方，人类又无法将水排出而得到农田。对于生产力十分落后的早期人类而言，湿润地区的森林和沼泽是难以征服的。因此，农业文明的产生和早期发展所必需的可供早期人类开垦的土地只有在干旱-半干旱地区的河流附近才有。所以文明古国会在气候相对干旱的尼罗河流域、两河流域、印度河流域、黄河流域以及墨西哥、秘鲁、西非的草原地区等地诞生，却不会诞生于恒河流域、长江流域、亚马孙河流域、刚果河流域。

从历史时期角度来考察，城市的分布、发展也受到气候因素的影响。从纬向分布来看我国西汉时期的城市，其分布重心比现代的分布重心更为偏北，相差近1个纬度，其根本原因可能与西汉时期的气候较为温暖湿润有关。同时，温暖湿润的气候也影响了中国西汉时期的城市网重心，其也略偏于北方。② 近代以后，世界百万人口以上城市的分布具有在中纬度范围内向低纬度方向缓慢移动的趋势。世界百万

---

① 韩渊丰：《中国区域地理》，广东高等教育出版社，2000年，第130页。
② 肖爱玲：《西汉城市体系的空间演化》，商务印书馆，2012年，第160页。

人口以上城市的平均纬度从 20 世纪 20 年代初的 44°30′到 50 年代初的 36°20′，再到 70 年代初的 34°50′，① 这都与气候因素相关。

我国历史上大部分城市，尤其是大城市，多位于适合人类生活的温带和亚热带地区。这些地区的气候因降水量、温度、湿度等的不同表现出具体的差别。而这些气候因素的适宜与否与适宜程度则是决定或影响城市兴起和发展的重要因素之一。正是由于早期黄河中下游一带有着气候温暖、湿润等有利的自然条件，我国历史上最初的城市多兴起、发展于此处。然而，随着自然条件的恶化，这一带的城市的兴起和发展都不同程度地受到了影响。

值得注意的是，历史上，我国气候的冷暖并非一成不变，而是寒冷期与温暖期交替出现。南宋中叶至元代初期，是我国的第四个温暖期，13 世纪初的杭州就曾有 4 年的冬天无任何冰雪。竹子本是黄河流域重要的经济林木，唐代政府曾在怀州（今河南省沁阳市）、京兆（今陕西省西安市鄠邑区）和岐州（今陕西省周至县）等地设有专门机构——司竹监管理竹园，后因气候变迁，仅剩下岐州一处；元代初年，竹子在黄河流域的分布又恢复了唐代的规模，故朝廷又恢复了其他两处管理竹园的机构，这应该是气候转暖的结果。因而，历史上气候的冷暖交替是我们研究城市变迁历史必须予以关注的问题。

综上所述，我们关注元代地形地貌、水文、气候等要素，结合图 1-2 可以发现，元代城市的宏观分布与历史上其他王朝城市的宏观分布一致，东多西少，南密北疏，集中分布在自然地理环境较为优越的黄河中下游平原、长江中下游平原、珠江流域及东部沿海的平原地区。这些区域从气候上看则是温带和亚热带地区，适宜城镇的发展。我们从元代县级城镇的分布状况便可看出，元代县级城镇有 1 129 个，而位于前文所列区域属中书省管辖的有 350 个，河南江北行省有 182 个，陕西行省有 88 个，江浙行省有 143 个，江西行省有 78 个，湖广行省有 150 个，6 省共计有 991 个县级城镇，占元代县级城镇总数的 87.8%；② 位于四川行省的成都平原地区虽地处长江上游，属于西部地区，其城镇数量远不及东部地区，但是其自然地理环境也十分优越，因而也分布有较多城镇，元代这一地区的县级城镇有 81 个；而西北地区、蒙古地区、青藏高原地区、云南地区则或因地处荒漠，或因气候恶劣，或因高山、高原等地貌限制，城镇的数量极少。

---

① 许学强、周一星、宁越敏：《城市地理学》，高等教育出版社，1997 年，第 30—40 页。
② 笔者据《元史》之卷五十八至卷六十二的记载统计。

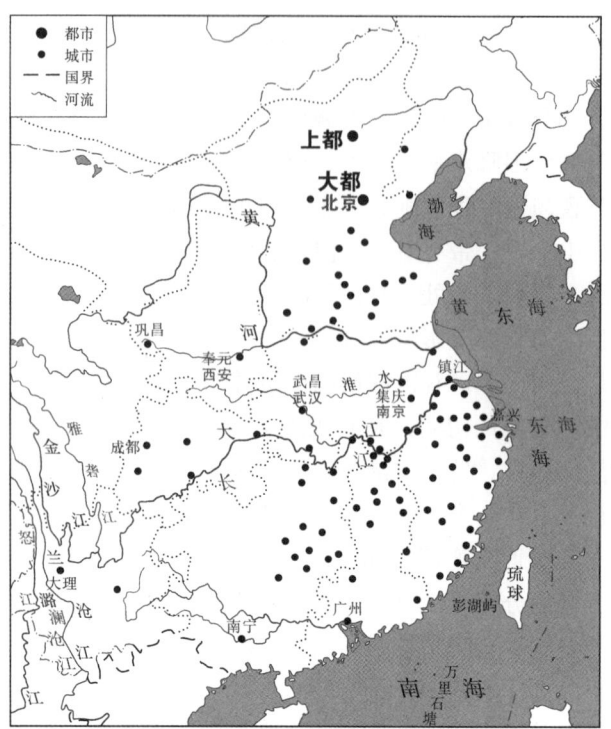

图 1-2　元代中国较大城市分布示意图

第二节　人文环境与元代城市

  民族融合与对外开放是元代城市发展的重要时代背景。元代虽然统治时间不长，不足百年，但其疆域之辽阔、民族之众多、各民族交往之密切都达到了前所未有的程度，在中国多民族国家的发展历程中占有非常重要的地位。中国历史的民族组合，到了元代，可以说是基本稳定下来了，其后虽有满族的入关，但变动并不太大。[①] 元代的民族分布格局对城市的分布与发展也产生了影响。元朝是中国古代史上继汉唐王朝以后又一个对外关系发展兴盛的时代。在征服战争中，蒙古人逐渐加深了对世界的了解，培育了较为宽广的视野和开放的心态，因而十分重视对外交往。元朝时，传统的陆路交通、海路交通较前代更加发达，这对沿线交通中转城镇及港口城市的发展产生了重要的影响。

一、民族格局与元代城市发展

  大一统的政治格局为各民族之间的经济、文化交流提供了重要保障。今天中国

---

① 白寿彝：《中国通史》（第一卷），上海人民出版社，1989年，第15页。

境内各民族"大杂居、小聚居"的格局在元朝时就已经基本形成了。民族的分布格局对元代的城镇发展产生了重要影响,一方面,就城镇的分布状况看,元代的城镇主要集中分布在汉族聚居的农耕地区,而少数民族聚居地区城市数量少、规模小;另一方面,在元代民族融合的进程中,大量的少数民族进入内地城市定居、生活、经商,对城市社会变迁产生了重要影响,城市作为各民族人民共同生活的场所,在民族融合、经济文化交往中发挥了重要作用。

（一）元代各民族主要聚居区

在元代广袤的疆域范围内,总体上看,汉人较为集中地分布在中原、南方等地区,而少数民族则主要分布在其四周的边疆地区。以地域而论,元代各民族大多都有一定范围的聚居区,蒙古族主要聚居在漠南、漠北;东北地区的少数民族有契丹、女真、水达达、兀者、吉里迷等;西北地区有唐兀、羌、畏吾儿、哈喇鲁等民族;吐蕃地区主要是藏族的居住地;至于云南、四川、湖广等西南地区,则是白、罗罗、金齿百夷、末些、峨昌、野蛮、卢蛮、苗、瑶、僮、黎等众多民族的杂居地区。

中原、南方地区 汉族是元朝各民族中人数最多、居住地面积最广的民族,主要包括原金朝、两宋统治区内的绝大多数居民。辽、金时期迁居中原汉地的契丹人与女真人等,经过多年融合,大多已被"汉化",在元代时已成了汉族的组成部分。中书省南部、辽阳行省南部、河南江北行省、江浙行省、江西行省、湖广行省、陕西行省以及四川行省所辖的大部分地区是汉族的主要居住区和活动区,当然,其中也杂居着部分其他民族的人,这里不作赘述。汉族地区历史悠久,经济基础较好,因而城市也主要分布在汉族聚居地区。

蒙古地区 蒙古族作为元代的统治者,是众多部族融合的产物。13世纪初,成吉思汗统一蒙古各部,逐渐形成了一个新的民族共同体,主要分布在漠北和漠南的两大聚居区。漠南和漠北的中心区域是太祖忽必烈兄弟及其子孙的主要驻地;漠北地区主要是世祖成吉思汗兄弟及其子孙的主要驻地;漠南的聚居区包括中书省北部和辽阳行省南部地区,东部为札剌儿、兀鲁兀（上都路）、忙兀、亦乞列思（宁昌路）、弘吉剌（全宁路、应昌路地区）5部的驻地,西部的阴山以北地区是汪古部的驻地,集宁、德宁、净州和砂井在元代都被升格为路,各领一县,是汪古领主赵王的直属领地,是蒙古地区除上都以外的重要城镇分布区。

长年的军事征服战争对蒙古族的发展和分布产生了重要的影响:一方面,许多蒙古族战士在战争中殒命,蒙古族人口因而减少;另一方面,为了治理广大的被征服地区,大量蒙古人远赴他乡,留驻被征服地,散布到蒙古高原以外的广大区域,或西征驻留中亚各国,诸如察合台封地、窝阔台封地,都是蒙古人分布较多的地方,或南下进驻中原汉地,通过戍守、出仕、流离、贩卖等多种方式,广泛地分布于全国各地城市中,这一点下文还会讲到。

西北地区 元代西北地区民族种类繁多,名目不一,故元人用"色目人"概称之。色目人在全国分布较为广泛，据《元史·选举志》，皇庆二年（1313年）朝廷开科取士，"天下选合格者三百人赴会试……色目人取合格者七十五人：大都十人，上都四人，河东四人，东平等四人，山东五人，真定等五人，河南五人，四川三人，甘肃二人，陕西三人，岭北二人，辽阳二人，云南二人，征东一人，湖广七人，江浙十人，江西六人"①。色目人分布地域之广，由此可见一斑。在元代的色目人中，人数较多、影响较大的主要有回回、畏兀儿、唐兀3种。

元代回回在东来的西北民族中分布最广，人数也较多，几乎在全国的重要城镇中都有回回居住，②有"元时回回遍天下"之说。例如，在大都附近荨麻林就有回回聚居，"至太宗时，仍命（哈散纳）领阿儿浑军，并回回匠三千户驻于荨麻林"③；江浙、福建等东南地区也有许多回回的聚居地，"今回回皆以中原为家，江南尤多"④；侨居镇江的居民中，除了北方汉人外，以回回最多；杭州的回回也很多，城中不仅建有礼拜寺、回回聚居的街区，还有回回的公共墓地，正如时人陶宗仪所言，"杭州荐桥侧首有高楼八间……皆富实回回所居……聚景园，回回丛冢在焉"⑤；回回善经商，泉州是回回商人的重要居住地，当时有"回半城""半蒲街"的说法，足见泉州回回数之多。大量回回散居中国各地，形成"大分散、小聚居"的格局，在全国政治、经济、文化等各个领域发挥了重要的作用。

"畏兀儿"即高昌回鹘，由漠北迁徙至高昌（元称哈刺火州，即今新疆高昌故城）、北庭（元称别失八里，即今新疆吉木萨尔）地区居住。归附蒙古国后，畏兀儿仍以哈刺火州、别失八里为主要聚居区，别失八里是畏兀儿所居地区之重镇，蒙哥汗即位后曾在别失八里设行尚书省进行管辖。后海都等宗王在西北地区作乱达44年之久，畏兀儿聚居地区成为元朝与西北诸王进行战争的主战场，战争使城市破坏不堪，故畏兀儿统治者亦都护纽林的斤只好率部东徙，迁至河西地区的永昌（今甘肃省永昌县），形成了新的聚居区。世祖至元二十二年（1285年）"遣雪雪的斤领畏兀儿户一千戍合刺章（即云南）"⑥，这些人后来长期在云南戍守，亦形成了一个聚居区。元代时，因战乱、从征、入仕及经商等迁入内地的畏兀儿人很多，分布广泛，几遍全国。在元大都居住的少数民族中，畏兀儿人占据了相当大的比例，其中既有在朝中任职的畏兀儿上层人物，也有出入宫廷与贵族府第的"高昌僧"，还有学者、商贾、艺人及工匠等各种身份的畏兀儿人。⑦大都西郊的高粱河畔就有一处畏兀儿人聚居地，后世称之为畏兀村，又称魏公村。

"唐兀"是北方游牧民族对西夏党项羌人的称呼。《元史新编》载："唐兀者，

---

① 宋濂等：《元史》卷八十一《选举志》，中华书局，2000年，第1343页。
② 详见杨志玖：《元代回回人的政治地位》，载于《元史三论》，人民出版社，1985年，第245－282页。
③ 方龄贵：《通制条格校注》，中华书局，2001年，第663页。
④ 周密：《癸辛杂识》，中华书局，1988年，第138页。
⑤ 陶宗仪著，文灏点校：《南村辍耕录》，文化艺术出版社，1998年，第386页。
⑥ 宋濂等：《元史》卷十三《世祖十》，中华书局，2000年，第188页。
⑦ 罗贤佑：《元代民族史》，四川民族出版社，1996年，第225页。

故西夏国,自赵元昊据河西与宋、金相持者二百余年,元太祖始平其地,称其部众曰'唐兀氏'。"① 元代唐兀人的主要聚居地仍是河西地区,西夏灭亡后,有相当多的唐兀人络绎东迁,先后入居内地。文献记载,在今安徽、山东、河北、河南、浙江、江苏、江西、四川、广东等地均有自西北迁来的唐兀人。元朝政府曾多次迁河西人户到内地,或屯垦,或镇戍。《元史》中曾有记述,至元十二年(1275年),政府曾大规模地迁河西人户前往江南镇戍;在元代各地方的镇戍军中也有唐兀人,如元初时唐兀人昂吉儿率领河西军长期屯驻庐州(今安徽省合肥市);此外赴内地各地屯田的唐兀人也很多。迁入内地的唐兀人长期同其他民族(主要是汉族)错居杂处,"其习日以异,其俗日不同",固有的民族特性逐渐消失,在文化、习俗、心理等诸方面都逐渐向汉族靠拢。

东北地区 元代的东北地区,即辽阳行省所辖之地,除了居住着部分蒙古人和大量的汉族居民之外,还居住着契丹、高丽、女真、水达达、骨嵬、兀者、吉里迷等族人。②

"契丹",又有"乞塔""乞答""吸给""吉答"等称谓,元代文献中以"契丹"最为常见。元代契丹族民既有留守东北故地的,也有散居于中原各地的。蒙古国时期其族曾以临潢府(今内蒙古自治区巴林左旗)为主要聚居地,分布在泰州、应州、桓州一带,后来徙至广宁(今辽宁省北镇市)等地居住,并日益与其他民族融合,逐渐被同化。因而"契丹"之名在元代后期便已开始渐渐消失。入明以后,内地契丹人完全融合进汉人中了,"契丹"不再是一个独立的民族实体。

"女真"又称"虑真""女直""朱里真"等,元代东北地区的女真人大致分布情况是:南至今辽阳一带,北达黑龙江以北的广大地区,东到鸭绿江以东和日本海,西及嫩江以东。③ 主要有以下3个聚居区:一是今图们江流域、绥芬河流域、牡丹江及鸭绿江两江的中上游地区,这里是东夏国故地;二是今依兰附近地区,此是原金朝上京一带;三是今松花江的下游地区、乌苏里江及黑龙江二江的中下游地区,即元代的水达达路辖区。元代女真人已经分化为两大部分,元政府对他们采取的政策也有较大差别,"若女直、契丹生西北不通汉语者,同蒙古人;女直生长汉地,同汉人"。④ 元朝政府的这种民族政策在一定程度上加速了女真人的汉化的进程。

除了女真人外,在辽阳行省北部还分布有一些同属于通古斯语族的民族(或部族),即在松花江、黑龙江两岸及其周围深山密林中生活的水达达和兀者诸部,在库页(骨嵬)岛上生活的骨嵬人和亦里于人,以及在黑龙江下游沿岸直到奴儿干地区生活的吉里迷人。元朝境内的高丽族则聚居在元与高丽的交界地带,在辽阳和沈

---

① 魏源:《元史新编》(下),江苏广陵古籍刻印社,1990年,第130页。
② 详见姚大力:《元辽阳行省各族的分布》,载于南京大学历史系研究室:《元史及北方民族史研究集刊》(第8集),南京大学历史系元史研究室,1984年,第45—56页。
③ 罗贤佑:《元代民族史》,四川民族出版社,1996年,第295页。
④ 宋濂等:《元史》卷十三《世祖十》,中华书局,2000年,第181页。

阳等地也长期集中居住着不少高丽人。

吐蕃地区 元朝宣政院所辖吐蕃之地，是吐蕃人（今藏族先民）的聚居地区。但是该地的东境，即当时人所说的"朵甘思之地"（今西藏自治区昌都市东部、四川省甘孜藏族自治州和青海省西南部一带）和"朵思麻地"（今青海省、甘肃省的藏族聚居区），实际上是吐蕃人、汉人和其他民族杂居的地区。至于吐蕃腹地的乌思（前藏）、藏（后藏）和西境的纳里速古鲁孙（阿里三围），乃是吐蕃人最重要的聚居地。①

《萨迦世系》载："（忽必烈）诏以三区为一地面赐给他（指八思巴），同时授以吐蕃三区之僧俗人众。""吐蕃三区"当指上面所说的吐蕃人的三大聚居区，包括现在西藏、青海、甘肃、四川、云南等地的藏族人的居住区。

云南地区 元代的云南行省境内分布着白、罗罗、金齿百夷、末些等数个民族。

元代政府在云南各个地区先后设置了 19 个万户府以经营云南，即：大理上万户府、大理下万户府、威楚万户府、鄯阐万户府、阳城堡万户府、巨桥万户府、嵩明万户府、罗婺万户府、仁地万户府、于矢万户府、阿僰万户府、阌畔万户府、磨弥万户府、落蒙万户府、罗伽万户府、宁部万户府、阿宁万户府、元江万户府、落恐万户府。② 万户下又设千户、百户，而充当万户、千户、百户之长的是白、罗罗等各个民族的大小首领。通过实行万户制度，元朝政府逐渐巩固了在云南行省的统治。

白人是今白族的先民，又称"爨僰（寸白）""阿僰""白蛮""白夷"等。白人在元代的聚居地区以中庆（今云南省昆明市）、威楚（今云南省楚雄州）、大理、永昌（今云南省保山市）为主，东至普安、曲靖，北至丽江，南及元江。另外，丽江路、鹤庆路、元江路、澂江路、临安路、曲靖路、武定路、仁德府等地区也散居有一部分白人。

罗罗人分为许多支系，散居于各地，基本上都在云南行省的范围内，今云、贵、川交界地区是罗罗人的主要居住区域。元政府设立有罗罗斯宣慰司、乌撒乌蒙宣慰司和曲靖宣慰司管理罗罗人。

末些是今纳西族的先民，主要聚居在丽江路所辖的各府、州、县境内（今丽江、兰坪、永胜、宁蒗、维西等地），也有一部分末些人散居在鹤庆路及柏兴府（今四川盐源、盐边）。③

金齿百夷是今云南傣族的先民，主要分布在蒙光路、"金齿百夷诸路"、彻里军民总管府、八百宣慰司辖区、临安路南部和宁远州，集中在元代云南行省南部、西南部及东南部的边境地区。

---

① 详见韩儒林：《元朝政府是怎样管理西藏地方的》，载于《穹庐集》，河北教育出版社，2000 年，第 425—434 页。
② 罗贤佑：《元代民族史》，四川民族出版社，1996 年，第 378 页。
③ 罗贤佑：《元代民族史》，四川民族出版社，1996 年，第 425 页。

湖广及东南沿海多民族聚居区　与云南行省一样，湖广行省也是多民族杂居的地区，分布有苗、畲、仡佬、黎等民族，被称为"湖广行省西连番洞诸蛮"。湖广行省西北地区的八番顺元宣慰司和思州、播州辖地（今贵州省大部分地区）是苗民的主要聚居区。在这一地区内，还有葛蛮（又称仡佬，即今仡佬族）的聚居地。瑶民聚居区主要在江西行省南部，八番顺元、静江（今广西壮族自治区桂林市）、大理、威楚等地也有瑶民居住。黎人主要分布在今海南岛地区。江浙行省南部的汀州（今福建省长汀县）、建宁（今福建省建瓯市）、漳州等地是畲民（今畲族先民）的聚居地。

以上几大区域，是元代中国境内少数民族的主要聚居地。元朝政府通过设驿站、屯田等方式对边疆地区进行了一定程度的开发，使边疆地区的生产力水平有了一定提高，但是这些地区大多为高原或高山地貌，自然地理环境相对恶劣，对城市的形成和发展有较大的限制，加之这些地区人口素质、生产力发展水平相对较低，经济基础较差，因而与内地地区相比，不仅城镇数量极少，而且城市规模也很小。

（二）城市：民族杂居与融合之地

元代各民族虽然都有自己的主要聚居区，但当时更明显的民族分布特点是形成了各民族杂错相处的局面，这一特点在元代的城市、农耕区、少数民族聚居区内都普遍存在着。随着蒙古贵族成为全国的统治者，中国内地各重要的城市都成了多民族的聚居地，蒙古贵族是城市的统治者，而其他少数民族居民也相继在内地城市中居住、发展。

农耕地区的民族杂居状况各有不同，基本上，中原地区、陕川地区的混杂程度要甚于江南地区。伴随着疆域的扩大，蒙古政权在中原各地实行分封、驻戍，大量蒙古人、色目人进入中原地区并长久定居下来，使中原地区的民族成分变得复杂起来。元代统一全国之后，政府禁止北方的民户随意迁居南方；在江南地区驻扎的士兵大多是来自北方的汉人，长江中下游经济繁荣地区，特别是农村，新增民族不多，大致保持着原来的状况。在少数民族的主要聚居区内，汉人北迁南徙、蒙古人南下西出以及色目商人等的四处活动，大大增加了少数民族聚居区的民族数量，加之边疆地区民族本就种类繁多，故民族杂居的状况尤为明显。各民族聚居区在地理分布上犬牙交错，也是民族杂居的格局形成的原因之一，其中辽阳行省和云南行省、湖广行省在这方面表现得最为突出。在蒙古各部中，散居着来自各民族的人；在辽东和岭北的地区，经常有各族商人，尤其是色目商人涉足；在吐蕃地区，有蒙古军人长期戍守；云南行省中"土著之民，不独僰人而已，有曰罗罗、曰达达（蒙古人）、曰色目，及各方之为商贾、军旅、移徙曰汉人者杂处焉"[①]；湖广行省的思

---

① 陈文：《云南图经志书》卷一《云南府风俗》，载于尤中：《尤中文集》（第三卷），云南大学出版社，2009年，第164页。

州地区,"汉民尚朴","蛮有犵獞、仡佬、木猺、苗质数种"①;江西行省"五岭之南,人杂夷僚"②。

城市是各民族人民共同居住的地方。元朝的两大都城及京畿地区实际上是全国各民族最为集中的地区,是"五方之人咸聚"的民族杂居之所,除了汉族和蒙古族以外,还聚居着自西北而来的诸多民族。元大都城内及其周围地区"人烟百万",既有辽金以来世居此地的汉人、契丹人、女真人、渤海人、奚人,也有从中原、江南迁徙居于此的各种身份的汉人;既有来自漠北草原蒙古各部的征服者,也有来自西域、中亚乃至欧洲的色目官吏、工匠、商贾、教士。庙堂署衙中,蒙古、色目和汉人官员们终朝聚会;后宫禁闱,各族嫔妃宫女们日夕相处③;街头市井,"贩夫追微末,泥巷穿幽深,负戴日呼叫,百种闻异音"④,这都是多民族杂居共处的例证;此外,元朝把大量有手工技艺的各族人民迁移到上都、镇海、谦谦州、和林、兴和路、集宁路等大漠南北的新老城镇和军事驻点;商业方面,元大都当时的回回商户有2 953户,商人应在万人以上⑤。上都城内"诸部与汉人杂处,颇类市井"⑥;在上都商业区内,亦可见到"方言互欺诳"的情况;据至元三十年(1293年)的一份统计,当时上都城内有工匠2 999户⑦,大部分是从内地迁来的汉人。元朝实行"两都巡幸"制度,每年春、秋皇帝都会率众往返于上都、大都两个都城之间,随行的人数众多,颇具阵势,"大小衙门、官人、娘子以至于随从、诸色人等,数十万众"⑧。

其他城市的情况与两都城大致相同,也是各民族杂居于城市内。但是,由于距离等因素影响,自北向南的城市里来自北方的蒙古人和色目人的数量大致呈减少态势,农村里的蒙古人则更少。我们以镇江、广州为例,按照元朝官方至顺年间的户口统计数据,镇江地区有160 065户,613 578人,其中来自外地的侨寓者有3 845户,10 555人,驱口⑨2 948人,其民族成分具体见表1-1⑩:

---

① 尤中:《尤中文集》(第六卷),云南大学出版社,2009年,第23页。
② 许崇灏:《琼崖志略》,正中书局,1947年,第59页。
③ 史卫民:《元代社会生活史》,中国社会科学出版社,1996年。元代的嫔妃中不乏蒙古人、色目人,也有高丽人、汉人等,宫女也是各族人俱有。
④ 杨镰:《全元诗》(第二十九册),中华书局,2013年,第4页。
⑤ 赖存理:《中国回族社会经济》,宁夏人民出版社,1992年,第17页。
⑥ 周伯琦:《扈从集后序》,载于孟昭华、王涵:《中国民政通史》(下),中国社会出版社,2006年,第709页。
⑦ 曹永年:《内蒙古通史》(第二卷),内蒙古大学出版社,2009年,第283页。
⑧ 熊梦祥:《析津志辑佚》,北京古籍出版社,1983年,第222页。
⑨ "驱口"义近俘虏,在蒙古人征服各地早期,这一做法在中国北部相当常见,后在忽必烈统治时期得到一定程度的继延,并扩展到南方各省。
⑩ 表1-1据《至顺镇江志》卷三《户口》而制,其文载于孟昭华、王涵:《中国民政通史》(下),中国社会出版社,2006年,第710页。

表 1-1：至顺年间镇江各族"侨寓"者统计表

民族	户数（户）	人数（人）	驱口数（人）
蒙古	29	163	429
畏兀儿	14	93	107
回回	59	374	310
也可里温	23	106	109
唐兀	3	35	19
契丹	21	116	75
女真	25	261	224
汉	3 671	9 407	1 675

可见，镇江城内，汉人依然是当地人和外地迁入者的主体，数量最大，但是我们需要注意的是，以往城里所没有的民族大大增多，蒙古人、回回、女真人、也可里温人、契丹人、畏兀儿人等都占有一定比重，虽然数量不多，却是元代出现的新现象，这种现象在元代南方的其他城市也普遍存在。

元代江南人将从长江以北南下的人统称为"北人"，其中既包括蒙古人、色目人，也包括来自北方的汉人，并且是汉人居多。当时的广州地区，根据成宗大德八年（1304 年）统计，共有 180 873 户，其中南人户为 180 323 户，北人户仅有 550 户。北人主要集中在广州城内，有 372 户，另番禺县有 151 户，东莞县有 4 户，增城县有 2 户，香山县有 21 户，南海、新会、清远等县则没有北人户。① 可见，虽然广州城内也有一定数量的北人，但与镇江相比要少得多。

元代城市之中民族杂居局面的出现是由大批少数民族迁居内地与大批内地汉人迁往边境诸少数民族聚居地区这两种人口流动现象合力促成的。这两种现象则主要是由掳掠、逃亡、经商、戍守、出仕等造成的。

1. 戍守

元代疆域辽阔，统治者为了维护统治，需要在许多地区驻军控制，因而驻戍军队在各个地区是十分普遍的现象。"世祖皇帝既定海内，以蒙古一军留镇河上，与民杂耕，横亘中原，故将委忠信于国人，备非常于他日"②，全国统一之后，元政府在山东、河南、陕西、四川 4 地分别设置了蒙古军都万户府和左右翊蒙古侍卫亲军都指挥使司、隆福宫右都威卫等机构，管领驻守在中原、川陕地区的探马赤军人。据《元史·兵志》，"而河洛、山东据天下腹心，则以蒙古、探马赤军列大府以屯之"③。原在甘州、凉州的回回军户被徙往江南各卫；畏兀儿、哈密力等军户则

---

① 陈大震：《大德南海志残本》卷六《户口》，广州市地方志研究所印，1986 年，第 11—13 页。
② 虞集：《曹南王世勋碑》，载于吴曾祺：《万有文库》第一集一千种《涵芬楼古今文钞简编》十四，商务印书馆，1929 年，第 45 页。
③ 宋濂等：《元史》卷九十九《兵二·镇戍》，中华书局，2000 年，第 1684 页。

广泛分布于凤翔、宣德、大同、南阳、江浙等等地；西夏故地的唐兀成军驻戍江淮地区；在云南行省、湖广行省等边徼地区也有蒙古军、探马赤军、畏兀儿军、回回军、汉军、新附军等军队镇戍。世祖忽必烈十分重视屯田，将大量汉军、新附军发往边区实行军事屯田，除了军队外，民户亦被发往边区屯田，当时，曾"发湖湘富民万家，屯田广西，以图交趾"①。元代屯田的地区十分多，蒙古地区的乞里吉思、谦谦州、和林、上都等地，畏吾儿地区的曲先（今库车）、亦里（今伊犁）、哈密力（今哈密）等地，西北地区的中兴路（今银川）、肃州（今酒泉）、甘州（今张掖）、瓜州等地，云南地区的中庆（今昆明）、大理、威楚（今楚雄）、腾冲、曲靖、新兴（今玉溪）等地，湖广地区的琼州、化州、高州、雷州、廉州等地均有大批外来军民迁入屯戍，这样，就使民族地区增加了相当多的汉族人。此外，不少汉军、新附军被发往漠北、新疆诸地，从事屯种戍守，也有一些富民被遣发前往，与军人杂居耕种。

镇戍各省的蒙古军、探马赤军等，虽"即营以家"，相对聚居，但常常是"错居民间"的状态，居于汉人或南人群体之中。而且在蒙古军和探马赤军中也有不少的色目（如哈剌鲁人、唐兀人等）和汉族士兵。据《元典章》，"至元二十一年，河南等路探马赤军人内执把弓箭之人多系汉儿人"②。探马赤军人通常是常戍一地的，不会被随意调动，他们久居农区，逐渐适应了农耕生活，习惯了与汉族及其他民族居民杂居共处，大多成了当地的居民。

2. 出仕

蒙古国时期，统治者会将中原的州县与民户分封给蒙古诸王、功臣，作为他们的投下封地和投下户，这些人则派专人管理投下，后来甚至有些人搬到了封地居住，增加了这些地区的民族种类。蒙古人每征服一地后，总是要派出"达鲁花赤"进行监临，元朝政府规定："以蒙古人充各路达鲁花赤，汉人充总管，回回充同知，永为定制。"③灭掉南宋政权后，"敕江南州郡兼用蒙古、回回人"④。后来又规定："各道廉访司必择蒙古人为使，或阙，则以色目世臣子孙为之，其次参以色目、汉人。"⑤ 可见，元代明确规定许多地方官必须由蒙古人或色目人担任，因而其时应有相当数量的蒙古人、色目人到地方任职，广泛分布在全国各地。

元代出任各路、府、州、县的行政长官与驻守军队的首领大多携带家属和随员，许多人任期满后会留居任职之地，成为当地的居民，他们的子孙后代多也就地入籍。《元史》载："以汉民就食江南者多，又从官南方者秩满多不还，遣使尽徙北

---

① 毕沅：《续资治通鉴》卷一百九十一《元纪九》，岳麓书社，2008年，第377页。
② 语出《元典章》，参见杨志玖：《元代的探马赤军》，载于《元史三论》，人民出版社，1985年，第23页。
③ 柯劭忞等：《新元史》卷八《世祖二》，吉林人民出版社，2005年，第66页。
④ 宋濂等：《元史》卷十一《世祖》，中华书局，2000年，第154页。
⑤ 宋濂等：《元史》卷十九《成宗二》，中华书局，2000年，第277页。

还。"① 又如许有壬言："昔江南平，中土人南走若水趋下，家而占籍者有之，衔命仕者又倍蓰焉。芬华因循，忘弃乡里，至葬其亲而不归。"② 张养浩也说："凡游宦于江之南者，无曰岁久与否，往往利其庶饶，辄恋嫪忘归。"③ 例如，囊加歹曾官任河南道宣慰使，任职后便"家于河南"；答禄与权曾任河南北道廉访佥事，因此定居河南永宁；也先帖木儿曾在元初时官于河南汝宁府汝阳县，死后葬于汝阳陶台堡，其后人便世居河南汝阳；④ 徹里"曾祖太赤，为马步军都元帅，从太祖定中原，以功封徐、邳二州，因家于徐"⑤。在元代文献中，这类例子不胜枚举，《陔余丛考·元制蒙古、色目人随便居住》中有较为全面的记载，现摘录如下：

> 元时，蒙古、色目人听就便散居内地。如贯云石，乃功臣阿里海牙之孙，而居江南；葛逻禄乃颜，随其兄宦游，而居浙之鄞县；萨都刺，本答失乃蛮氏，而为雁门人；泰不华，本伯牙吾氏，其父塔不台始家台州；余阙，本唐兀氏，其父始居庐州；肖乃台，本秃伯怯烈氏，而家东平；忽都铁木禄，本赤合鲁氏，而家南阳；徹里，本燕只吉台氏，以曾祖太赤封徐、邳二州，遂家徐州；怯烈，本西域人，而家太原；察罕，本西域人，铁连，本乃蛮人，而皆居绛州；孟昉，本西域人，而居北平；纥石烈希元，本契丹人，而居成都；伯颜师圣，本哈喇鲁氏，而居濮阳；石抹宜孙，以其父镇台州，遂家于台（《明史》）；道同，河间人，其先蒙古族也；又赵荣，其先本西域人，元时入中国，家闽县，遂为闽人，如此类者甚多。顾嗣立《元诗选》所谓"元时漠北诸部仕于朝者，多散处内地"是也。按《元史》，世祖至元二十三年，以从官南方者多不归，遣使尽徙北还。可见自元初色目人已多散处他邑。不宁惟是，更有与内地人联姻者。如伯颜不花之母鲜于氏，乃鲜于枢之女（见《元史》）；松江人俞俊，娶也先普化之姪女……大德七年，以行省官久任，多与所部人联姻，乃诏互选其久任者。⑥

通过这则史料可知，蒙古人、色目人因做官而留居任职城市的情况十分普遍，"更有与内地人联姻者"，他们的家属、随从、后代也都慢慢地融入了城市生活。但是一些偏远荒僻、瘴疠盛行的地区，蒙古、色目官员一般不愿赴任，因而被派去的大多是汉族官员，而这些汉族官员也大多入乡随俗，成为当地人士。

元统元年（1333 年），元朝开科取士，在所取的 100 名进士中，蒙古、唐兀、于阗、畏兀儿、哈刺鲁等民族的进士有 50 人（其中蒙古人 25 人，色目人 25 人）。见表 1-2：

---

① 宋濂等：《元史》卷十四《世祖十一》，中华书局，2000 年，第 195 页。
② 李修生：《全元文》(38)，江苏古籍出版社，1998 年，第 391 页。
③ 李修生：《全元文》(24)，江苏古籍出版社，1998 年，第 676 页。
④ 罗贤佑：《元代蒙古族人南迁活动述略》，《民族研究》，1989 年第 5 期。又见罗贤佑：《元代民族史》，四川民族出版社，1996 年，第 41 页。
⑤ 宋濂等：《元史》卷一百三十《徹里传》，中华书局，2000 年，第 2093 页。
⑥ 赵翼：《陔余丛考》卷十八，商务印书馆，1957 年，第 341-364 页。

表 1-2　元统元年（1333 年）进士录——蒙古、色目人籍贯、授职情况表

甲次	姓名	民族	籍贯/居地	授职
第一甲 3 名（第一名授承务郎，第二名及第三名皆授承事郎）	同同	蒙古□□那歹氏	真定路录事司	集贤修撰
	余阙	唐兀人氏	庐州路录事司	（淮）安路同知泗州事
	寿同（海）涯	畏兀儿氏	绍兴路	（应奉翰林文字同知）制诰兼（国史院编修官）
第二甲 15 名（赐进士出身，授承事郎）	虎里翰	弘吉解人氏	奉元	应奉翰林文字同知制诰兼（国史院编修官）
	慕高	回回人氏	大都宛平县	天临路同知湘阴州事
	大吉心	哈儿鲁氏	山东军府/真定路	霸州□□□□
	亦速歹	蒙古札只剌瓦氏	龙兴路（录事司）	瑞州路同知新昌州事
	野仙普化	□□氏	右都威卫探马赤军户/德州	大名路滑州判官
	买住	唐兀人氏	广平路/成安县	保定路同知安州事
	敏安达尔	亦乞列思人氏	真定路灵寿县	河间路同知莫州事
	乌马儿	回回人氏	大名路/襄阳	翰林国史院编修官
	伯颜	唐兀人氏	成都路温江县	成都路同知崇庆州事
	阿虎歹	蒙古人氏	大名路滑州内黄县	益都路同知莒州事
	穆占必立	回回人氏	大都鹰房总管府籍	（秘书监校）书（郎）
	（完连）□先	忙兀台（氏）	沔阳府景陵县	南阳府同知邓州事
	丑间	唐兀人氏	昔宝赤身役	崇福司管勾
	别罗沙	回回人氏	西域别失八里/龙兴	吉安路同知□州事
	□合谟沙	□□蛮氏	常州录事司	□□□□

续表

甲次	姓名	民族	籍贯/居地	授职
第三甲32名（赐同进士出身授将仕郎）	朵列图	乞失里台人氏	曹州济阴县	太常礼仪院太祝
	普达世理	畏兀儿人氏	别失八里/岳州录事（司）	常德路龙阳州判官
	丑闾	哈喇鲁氏	河南淮北（蒙）古军户	（保）定路遂州判官
	札剌里丁	□□人氏	嘉兴路崇德州	嘉兴路嘉兴县丞
	襄加歹	察罕达（达）氏	济南路济阳县	河间路陵州判官
	明安达耳	唐兀人氏	左翊蒙古侍卫军户/曹州	（常）（归）德宿州判官
	安（笃刺）	唐兀人氏	（益）都路滕州邹县	卫辉路辉州判官
	□□□	□□人氏	□□	（太常礼仪院）太祝
	阿都刺	回回人氏	中兴路录事司	湖广省照磨
	托本	哈喇鲁人氏	大名路濮阳县军籍	将作院照磨
	也先（溥化）	弘吉剌氏	平阳路（太）平县军户	□□□□
	（剌马丹）	回回人氏	（济宁路）/绍兴路新昌县	温州路录事司达鲁花赤
	脱颖	（穆）速鲁蛮氏	南康路	抚州路临川县丞
	买闾	翰罗台氏	濮州蒙古军户	（太常）礼仪院太祝
	察伋	塔塔儿人氏	般阳路莱州掖县	（国）史院编修官
	（塔不歹）	唐兀（人氏）	东昌路聊城县	□□□□
	百嘉纳	蒙古人氏	河南府洛阳县	襄阳路录事司达鲁花赤
	道同	畏吾人氏	别失八里/池州录事司	江州路录事司达鲁花赤
	（彻）台	乃蛮人氏	（广）平路曲（周）县军籍	□□□□
	铎护伦	畏吾（儿人氏）	临江路录事司	袁州（路）录事司达鲁花赤
	博颜达	札剌亦儿人氏	大名路附籍江州路录事司	徽州路婺源州判官
	博颜罗	札（剌亦）儿人氏	济宁金乡县军户	益都路莒州判官
	护都不花	□□（人氏）	河南府军户/衡州路录事司	通政院照磨

续表

甲次	姓名	民族	籍贯/居地	授职
	柏延乌台	□□（人氏）	河南府路登封县军籍	高邮路宝应县丞
	月鲁不花	逊都台氏	南阳府郏县/绍兴路	台州路录事司达鲁花赤
	脱颖	札刺(亦)儿人氏	晋宁路高平县军户	大都路通州判官
	野仙脱因	蒙古人氏	河中府河东县军户	（太常）礼仪院太祝
	廉□□	（畏）兀儿氏	□□□□	（翰林）国史院检阅官
	□□达	燕只吉台氏	建德路录事司	国史院编修官
	燕质杰	怯列歹氏	陵州	益都路密州判官
	寿同	达鲁乃蛮氏	汴梁路开封县	（安丰）路濠州判官
	明□□	□□	（山东河北蒙古军大）都督府军（户）	扬州路□□县丞

说明：1. 本表据王颋点校《庙学典礼·元统元年进士录》（浙江古籍出版社，1992年）制；
2. 表中"□"标识为原文模糊、缺失处，"（）"标识为校者根据其他史料补遗处。

由上表可见，从元统元年（1333年）蒙古、色目进士籍贯或居地来看，北方地区有大都、大名、真定、滕州、济南、济宁、东昌、南阳、登封、洛阳等城市，南方地区则有常州、成都、嘉兴、绍兴、龙兴、池州、江州、临江等城市。①从他们任职地来看，有些在籍贯或居住地任职，也有被派遣至其他城市的情况。从派出地来看，北方地区以大都及附近城市居多，南方地区则较分散，有台州、成都、温州、江州等城市。他们许多人都携眷前往并最终融入了当地城市。这些都充分反映了元代少数民族广泛散处内地的情况。

3. 经商

各民族间的经济交往是民族走向融合的重要标志。元代实行"重农不抑商"的政策，鼓励内地商人到边疆、边疆商人到内地经商，因而各民族间互通有无的交换关系极为紧密，城市商业经济比较繁荣，从商牟利者很多，回回商人尤其活跃。大批回回商人从中亚等地区来到中国，中原及东南地区的重要商业城市里都有回回定居，《明史》中就有"元时回回遍天下"之说，其中以经商者居多。当时，大都、上都、扬州、镇江、杭州、泉州等城市中都有富甲当地的回回商人，可谓"天下名城巨邑，必居其要津，专其膏腴"②。其他地区的商人也是"北出燕齐，南抵闽广，

---

① 王颋：《庙学典礼》，浙江古籍出版社，1992年，第169页。参见翁独健：《中国民族关系史纲要》，中国社会科学出版社，2001年，第570页。

② 李修生：《全元文》（38），江苏古籍出版社，1998年，第390页。

懋迁络绎，资用丰沛"①。山西平阳府的商人甚至"我装三十车羊绒、潞绸，来这嘉兴府做些买卖"②。汉族商人把粮食、瓷器、绸缎、布匹、茶叶、纸张等生产及生活用品贩至少数民族地区，并从少数民族地区运出皮毛、马匹、药物及各种土特产。大都、上都、真州、杭州等都是元代著名的商业城市，为了满足统治集团奢华生活的需要，元代官方曾数次徙民实都，以繁荣都城的工商业，保证首都的供给，商人的贸易活动不仅改善了居民的生活需求，也促进了民族间的融合。

4. 俘掠及贩卖

成吉思汗攻金之时，尽驱山东、两河少壮数十万而去。③ 史秉直降蒙古，受命管领降人家属，屯霸州，"秉直抚循有方，远近闻而附者，十馀万家。寻迁之漠北"④。蒙古军队在攻陷城池后，曾将大批具有一技之长的工匠迁往蒙地从事手工业劳动，故元代的漠北地区，鱼儿泺（应昌）、忽兰赤斤（和林西）、镇海城、谦谦州诸地，皆有工匠分布，丘处机在漠北地区就曾见到"有汉匠千百人居之"，"汉民工匠络绎来迎"，"燕京童男女及工匠万人居作"⑤；而没有技艺的汉人俘虏则被迫从事畜牧劳动。南宋人徐霆记述漠北的牧奴时说"回回居其三，汉人居其七"⑥，可见数量之多。蒙古攻打南宋时，大批南方汉人被俘虏至北方地区。例如，京兆关陕等地区，"其居民太半南驱放良、归顺等户"⑦；1232年，"诏徙六州民留田威宁"⑧；宁夏中兴府也是南方俘户较多的地方，至元初，曾以怀孟新民二千户、大小一万余口，"差官分间起移，前往中兴路安置"⑨。

除了战争俘虏外，被贩卖至边地者也不乏其人。史载"中州良家子女，被卖于边者众"⑩。《归田类稿》中载有一个名为佟锁柱的江南人被掠卖到漠北为奴的遭遇，⑪ 便是具体事例。元代时，蒙古人内部也有贩卖的情况，许多蒙古下层贫民为生活所迫，往往将子女卖入内地，作为汉人或回回的奴仆。此种情况到了元代中期愈加严重，《元史》载，延祐四年（1317年），"帝谕省臣曰：'比闻蒙古诸部贫乏，往往鬻子女于民家为婢仆，其命有司赎之还各部。'"⑫

---

① 李修生：《余元文》(17)，江苏古籍出版社，1998年，第701页。
② 王学奇：《元曲选校注》（第二册上卷），河北教育出版社，1994年，1318页。
③ 《中华野史》编委会：《中华野史》卷六《辽夏金元卷》，三秦出版社，2000年，第4769页。
④ 宋濂等：《元史》卷一百四十七《史天倪传》，中华书局，2000年，第2314页。
⑤ 李志常：《长春真人西游记》（卷上），载于王云五：《丛书集成初编》，商务印书馆，1937年，第29页。
⑥ 彭大雅撰，徐霆疏证：《黑鞑事略》，载于《中华野史》编委会：《中华野史》卷六《辽夏金元卷》，三秦出版社，2000年，第5001页。
⑦ 屈文军：《宪台通纪（外三种）新点校》，华夏文化艺术出版社，2006年，第206页。
⑧ 姚燧：《牧庵集》卷十六《兴元行省瓜尔佳公神道碑》，载于周良霄、顾菊英：《元代史》，上海人民出版社，1993年，第473页。
⑨ 屈文军：《宪台通纪（外三种）新点校》，华夏文化艺术出版社，2006年，第201页。
⑩ 苏天爵：《滋溪文稿》卷十七，中华书局，1997年，第284页。
⑪ 张养浩：《归田类稿》卷十一《驿卒佟锁柱传》，载于乔幼梅：《宋辽夏金经济史研究》，齐鲁书社，1995年，第246页。
⑫ 宋濂等：《元史》卷二十六《仁宗三》，中华书局，2000年，第393页。

元政府曾反复申严"禁回回、汉人、南人典买蒙古子女为驱",这表明蒙古下层民众沦为奴隶的现象较为普遍。有的蒙古人甚至被贩卖至海外为奴,这点在元政府的禁令中也有所反映。

5. 流徙及逃亡

按照元朝的刑律,"先时,有罪者,北人则徙广海,南人则徙辽东"①。至元十一年(1274年)二月,元政府将南宋宗室及大臣由江南地区迁至北方。对于叛臣、"盗"、"贼"、地方豪强,也采取了类似的处理办法,将其迁至异地。例如,元世祖忽必烈时,参与乃颜叛乱的一大批蒙古人就被流放到南方。至元二十六年(1289年),尚书省奏议:"乃颜以反诛,其人户月给米万七千五百二十三石,父母妻子俱在北方,恐生它志,请徙置江南。"②大部分参与乃颜叛乱的民户都被"分置河南、江浙、湖广、江西诸省"③,尤其以被迁徙至江浙地区者为多,如庆元(今宁波)的定海县就是乃蛮余党集中的城镇之一;此外,还有小部分涉叛的蒙古人被编入"沙不丁所请海船水军"④。部分女真人户也被发配到南方,在扬州等地屯田。北方汉人流放地多在肇州(今双城西北)与东北边的奴儿干(重罪者流放奴儿干,次等的流放肇州)。被流放的犯人既有普通的民众,也有官吏,大部分为南北汉人。例如大德六年(1302年),广东番禺人陈韶孙"父浏,以罪流肇州"⑤;新城一骆姓豪民因罪流奴儿干。元朝这种流刑制度,迫使大量不同民族的人背井离乡,"去家万里",成为流放地区的移民。

在蒙古人统一全国的过程中,由于蒙古、金、南宋、西夏之间战乱频繁,大批民众争相逃难,客居异乡。在蒙、西夏、金及南宋混战期间,百姓的越界逃亡是十分普遍的现象。成吉思汗时期,诸乣及乃蛮、汪古等部中就有不少人逃亡并归附金朝。完颜陈和尚所领之忠孝军,"皆回纥、乃满、羌、浑部落及中原人被掠、避罪而来归者"⑥。蒙古人灭掉金朝后,北方地区的汉人等"率众南归者所在而有"⑦。直至元末,始终存在北方人南流的趋势。⑧全国统一以后,虽然大规模的战争减少了,但由于政治和经济的因素,各民族人民的迁徙和流动更盛于前。

元代的自然灾害也加剧了区域间的人口流动,这一点在文献中有较多的记载。泰定三年(1326年)八月,"盐官州大风,海溢,坏堤防三十馀里,遣使祭海神,

---

① 柯劭忞等:《新元史》卷二百零八《王结传》,吉林人民出版社,2005年,第3133页。"南人"即所谓"汉儿""蛮子人","北人"则指蒙古、色目人,也包括东北境内的高丽、女真等族人。
② 宋濂等:《元史》卷十五《世祖十二》,中华书局,2000年,第217页。
③ 宋濂等:《元史》卷三十五《文宗四》,中华书局,2000年,第524页。
④ 宋濂等:《元史》卷十五《世祖十二》,中华书局,2000年,第217页。
⑤ 柯劭忞等:《新元史》卷二百三十九《笃行上》,吉林人民出版社,2005年,第3448页。
⑥ 元好问:《元好问全集》(上),山西人民出版社,1990年,第643页。
⑦ 钱士昇:《南宋书》,齐鲁书社,2000年,第765页。
⑧ 参阅见周良霄、顾菊英:《元代史》,上海人民出版社,1993年;史卫民:《元代社会生活史》,中国社会科学出版社,1996年;翁独健:《中国民族关系史纲要》,中国社会科学出版社,2001年;云中天:《中国历史上的大融合》,中国三峡出版社,2007年;罗贤佑:《元代民族史》,四川民族出版社,1996年。

不止,徙居民千二百五十家"①。另由于饥荒,元代政府曾多次组织就食性的人口迁移,据《元史》,至元二十五年(1288年)"七月……诸王也真部曲饥,分五千户就食于济南";二十六年(1289年)"六月……辽阳等路饥,免今岁差赋。移八八部曲饥者就食于甘州。……十二月……徙翁吉剌民户贫乏者就食于六盘";② 三十一年(1294年)"七月……乙卯,以诸王出伯所部四百馀户乏食,徙其家属就食内郡"③。

水旱饥荒等引起的大规模人口流动,更是经常出现:

至元二十七年(1290年)十月,丁丑,江阴、宁国等路大水,民流移者四十五万八千四百七十八户。④

至元二十八年(1291年)三月乙亥朔,真定、河间、保定、平滦饥,平阳、太原尤甚,民流移就食者六万七千户,饥而死者三百七十一人。⑤

天历二年(1329年)四月,奉元耀州、乾州、华州及延安、邠、宁诸县饥,流民数十万。⑥

天历二年(1329年)六月,陕西、河东、燕南、河北、河南诸路流民十数万。⑦

出现流民的地区遍及全国,但以北方地区为多。至于流民的去向则以向南流动为主。频繁的自然灾害使得本就处在沉重赋役剥削之下的广大贫苦人民处境更加艰难,他们被迫离乡背井,大量逃亡,出现了高达几十万人的流民队伍,其中许多流民进入了城市。

二、对外交往与元代城市发展

伴随着南下、西征,蒙古族接触到了多种文明,蒙古统治者逐渐加深了对世界的了解,培育了宽广的视野和开放的心态,从而形成了"四海为家""通问结好"的积极对外开放意识。元世祖忽必烈曾言:"圣人以四海为家,不相通好,岂一家之理哉?"⑧ 因而认为"亲仁善邻,国之美事",并在对外交往中坚持国家不分远近大小一概平等的外交原则,即"仰惟覆焘,一视同仁,不遐迩小大之同",这反映了忽必烈在对外交往方面的开放心态。尽管这些思想并未被全部付诸实践,或在某些方面被加以限制,但也在一定程度上反映出这一时期执政者的开放意识,这是元王朝对外开放政策的思想基础。

---

① 宋濂等:《元史》卷三十《泰定帝二》,中华书局,2000年,第455页。
② 宋濂等:《元史》卷十五《世祖十二》,中华书局,2000年,第212—221页。
③ 宋濂等:《元史》卷十八《成宗一》,中华书局,2000年,第260页。
④ 宋濂等:《元史》卷十六《世祖十三》,中华书局,2000年,第230页。
⑤ 宋濂等:《元史》卷十六《世祖十三》,中华书局,2000年,第233页。
⑥ 宋濂等:《元史》卷五十《五行一》,中华书局,2000年,第733页。
⑦ 宋濂等:《元史》卷三十三《文宗二》,中华书局,2000年,第497页。
⑧ 柯劭忞等:《新元史》卷八《世祖二》,吉林人民出版社,2005年,第68页。

(一) 对外交通与中外交往的密切

元朝是中国古代史上继汉唐王朝以后的又一个对外关系发展兴盛的时代。有元一代,传统的陆路交通、海路交通较前代更加通畅,不仅恢复了唐代陆上丝绸之路黄金时期的盛况,还有新的发展,中外交往也更加频繁。在蒙古帝国广阔的境域内,此疆彼界被消除,正如时人所言"适千里者如在户庭,之万里者如初邻家",足见当时交通之便。当时主要的中外交通道路有3条:一是自泉州出海,可远航至爪哇、印度、锡兰、波斯及君士坦丁等地;二是自敦煌经哈密及天山北路的察合台汗国,然后过钦察汗国,西至克里米亚半岛;三是自敦煌经天山南路,越葱岭,至波斯诸地。元代在重要道路沿线都设有驿站,使得交通更为方便。参见图1-3。

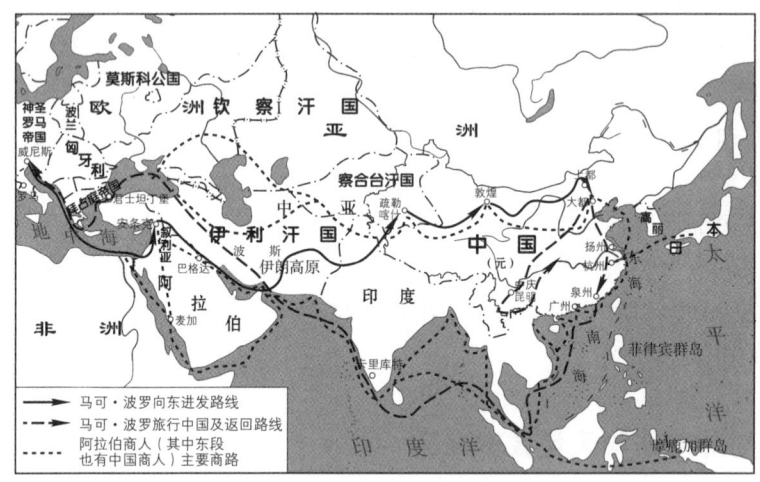

图1-3 元朝对外交通路线图

伴随着对外交通与对外贸易的发展,加之元朝统治者对各种宗教、文化采取的兼容并蓄政策,元朝时中国与中亚、西亚、东南亚、朝鲜半岛、印度半岛、西北非乃至欧洲均有经济、文化联系。

1. 陆路联通的国家和地区

中西陆路贸易的复兴与发展带动了沿线地区经济的发展和市镇的崛起,表现在以下两方面:其一,国际性都市的出现,如大都、萨莱城、讨来思、玉龙杰赤等一批较大的欧亚地区国际贸易中心、东西方货物集散中心兴起。讨来思(今伊朗大不里士)地理位置极为优越,东连通往中国的传统丝绸之路,西接拜占庭帝国的小亚细亚,南通出海口忽鲁谟斯,北邻钦察汗国首都萨莱城,是欧亚贸易的交汇点。玉龙杰赤(曾为花剌子模古都,今土库曼斯坦库尼亚-乌尔根奇)是中亚地区回回商队与欧洲、西亚商队进行商品交换、货物中转的枢纽。元大都(汗八里)无论是在城市规模、人口数量还是在商业繁荣程度方面,在诸国际贸易中心中都是突出的,城中中外商贾云集,东西商品荟萃。李洧孙在《大都赋》中对其有生动的描述:"东隅浮巨海而贡筐,西旅越葱岭而献赞。南陬逾炎荒而奉珍,朔部历沙漠而勤事。"另意大利人马可·波罗曾记载:"应知汗八里城内外人户繁多,有若干城门即有若干附郭。此十二大郭之中,人户较之城内更众。郭中所居者,有各地来往之外国人,或来入贡方物,或来售货宫中……外国巨价异物及百物之输入此城者,世界诸城无能与比。"① 意大利人白果拉蒂曾著《通商指南》一书,书中记载:"……汗八里都城商务最盛。各国商贾辐辏于此,百货云集。"②

其二,中西陆路交通道路沿途的节点城镇得到了较快发展,出现了一批商贸重镇。元朝建立后,由于特殊的政治关系,其与四大汗国保持了频繁的贸易往来。由于地理位置接近,元朝与钦察汗国、伊利汗国间有驿路相通,这极大地促进了经济交流。如河西甘州、肃州的特产白驼绒和羊绒合纺织成的绒布、药材等吸引了大量的中外商人前来进行贸易,其从而成为东西交通贸易重镇;此外,陇右的巩昌、河州也是当时附近各族商人的互市中心,人们在这里交换的商品有粮食、牲畜、皮毛、铁器、药材、鞍具及一些简单的生产和生活工具。

在贸易形式上,主要有朝贡贸易和商队贸易。在商品品种方面,欧洲和中亚的商人多携金银、珠宝、药物、香料、珍禽异兽、竹布等来中国或在沿途出售;而他们在中国购买的则主要是丝织品(如缎匹、绣彩、金锦、丝绸)、茶叶、瓷器、药材等商品。在元朝进口的货物中,既有奢侈品,又有许多生产、生活用品,这反映了元代的对外交流范围从上层社会群体扩展到了普通民众阶层。

通过陆路与元进行贸易的国家和地区,除了中亚、西亚之外,还包括东亚(主要是高丽)、东南亚(缅甸等)、南欧、东欧及北欧等。在东西方间的陆路商道上,中外商人络绎于途,既有大批中国色目商人西去中亚、西亚,又有蒙古诸汗国及其后裔统治的西亚、中亚地区及拜占庭帝国的君士坦丁堡,欧洲的波兰、奥地利、捷克、俄国、意大利(威尼斯、热那亚)、汉撒同盟等地的商人东来中国,③ 且有许多商人定居在中国城市里。

尽管元朝政府通过设置驿站和驻守军队等方式对中西陆路贸易给予了支持和保护,使陆路贸易在当时盛极一时,但是陆路贸易难免会受各国政治、外交局势的变化的影响。元朝后期发生西北诸王叛乱,四大汗国之间也常有战事,给商旅带来了诸多阻碍和威胁,陆路贸易的繁荣自然难以为继,这使元朝的对外贸易开始更多地倚重海路。

2. 海路联通的国家和地区

在元朝,海外贸易得到了长足发展,无论是在海外贸易的经营方式、地域范围,还是在贸易规模及商品种类等方面,均超越了前代的水平。④

与元代中国港口城市开展海路贸易的国家和地区的数量比起宋代时大为增加,成书于元代前期的《大德南海志》记录了与广州通商的海外国家和地区有143个,

---

① 冯承钧:《马可波罗行纪》,上海书店出版社,1999年,第235—236页。
② 张星烺:《中西交通史料汇编》(第一册),中华书局,1977年,第315页。
③ 孙玉琴、赵崔莉:《中国对外开放史》(第一卷),对外经济贸易大学出版社,2012年,第160页。
④ 孙玉琴、赵崔莉:《中国对外开放史》(第一卷),对外经济贸易大学出版社,2012年,第162页。

成书于元代末年的《岛夷志略》中提及的海外地名增至 200 多个。① 由此可见元朝通过海路联通的地区范围之广。

东亚地区的高丽和日本与元朝的交流十分频繁。元朝与高丽的往来，有海陆两途，通过海路开展的双边贸易较之陆路贸易更为可观，据《高丽史》，至元三十年（1293 年），元朝派遣江南千户陈勇率 20 艘船载米及其他货物与高丽王室进行贸易；元贞元年（1295 年），高丽政府"又遣中郎将宋瑛等航海往益都府，以麻布一万四千匹市楮币（纸钞）"②，后其又用换得的纸钞购买元朝的商货。

元朝统治者对开展中日贸易也颇为重视，曾要求沿海各地官府与日本进行贸易活动。早在元世祖时期，就曾"立淮东宣慰司于扬州，以阿剌罕为宣慰使。诏谕沿海官司通日本国人市舶"③。元代中日间的贸易往来以庆元和博多为主要港口。据《元史》，从至元十四年（1277 年）到至正元年（1341 年）的 64 年中，日本商船赴江浙沿海进行的交易活动达 10 次之多。④ 日本人木宫泰彦的《日中文化交流史》中也有相关记载：

> 日本驶往元朝的商船，除兴国三年（1342 年）派遣的天龙寺船是特殊例外，其余都是私人的商船，往来极为频繁，几乎每年不断。元末六七十年间，恐怕是日本各个时代中商船开往中国最盛的时代。据我调查，入元僧名传至今的，实达二百二十余人之多，至于无名的入元僧更不知几百人了。而这些入元僧都是搭乘商船，三三两两，来来往往的，可见当时开往元朝的商船该是如何之多。⑤

东南亚与元朝有贸易往来的国家、地区众多，其中以交阯（今越南北部）、占城（今越南中南部）、真腊（今柬埔寨）、暹罗（今泰国）及缅甸等国与元朝的贸易关系最为密切。许多文献中都有元代与以上诸地往来的记述，交阯的云屯港是元朝商人进行贸易的主要港口，据《大越史记全书》，云屯"其俗以商贩为生业，饮食衣服，皆仰北客，故服用习北俗"⑥；占城则是中国商船前往印度洋的补给中心，"中国商舶泛海往来外藩者，皆聚于此，以积薪水，为南方第一码头"⑦；元朝政府曾 3 次遣使前往真腊，元人周达观《真腊风土记》一书中对元代与真腊的贸易状况记载颇多，不少中国商人移居真腊，"唐人之为水手者，利其国中不著衣裳，且米

---

① 孙玉琴、赵崔莉：《中国对外开放史》（第一卷），对外经济贸易大学出版社，2012 年，第 173 页。
② [朝] 郑麟趾：《高丽史》卷三十一《忠烈王四》，载于姜生等：《鲁商文化史》，山东人民出版社，2010 年，第 277 页。
③ 宋濂等：《元史》卷十《世祖七》，中华书局，2000 年，第 139 页。
④ 孙玉琴、赵崔莉：《中国对外开放史》（第一卷），对外经济贸易大学出版社，2012 年，第 174 页。
⑤ [日] 木宫泰彦著，胡锡年译：《日中文化交流史》，商务印书馆，1980 年，第 394 页。
⑥ [越] 明峥著，范宏科、吕谷译：《越南史略（初稿）》，生活·读书·新知三联书店，1958 年，第 115 页。
⑦ [越] 黎崱著，武尚清点校：《安南志略》，中华书局，2000 年，第 43 页。

粮易求，妇女易得，屋室易办，器用易足，买卖易为，往往皆逃逸于彼"①；至于暹罗，从至元三十年（1293年）至大德四年（1300年），元王朝曾3次派遣使者与之通好，暹罗也先后十几次派遣使节来元朝；元朝同缅甸间的海路贸易也比较繁荣，汪大渊的《岛夷志略》一书中有专条记述了缅甸的针路、淡邈、八都马等海港城市。此外，元朝与今属马来西亚的单马令、彭坑、吉兰丹等地区以及爪哇、三佛齐、须文答剌、淳泥、文老古等国均有政治和贸易往来，元人周致忠的《异域志》、汪大渊的《岛夷志略》等文献中都有关于这些地区的专门记述。

在南亚地区，印度半岛南部是东西方海上交通的枢纽，当时远航印度半岛的元代商船为数众多，往来于中印之间的使节和商人多搭乘中国船。该地区与元朝互通使节、有贸易往来的主要有马八儿、俱蓝、僧加剌、古里佛等国家。马八儿（今印度半岛西南马拉巴尔海岸一带）是东西方航船往来的必经之地，也是中国和阿拉伯地区间的交通枢纽与中转站，"海外诸番国，惟马八儿与俱蓝足以纲领诸国，而俱蓝又为马八儿后障"②。

在西亚地区，元朝通过海路联通的主要有阿拉伯各国（即元代官方文献中常提到的"回回田地里"）和伊利汗国，元代商人直接乘船航行到阿拉伯国家的人数众多。汪大渊在《岛夷志略》中记述的波斯离（今伊拉克巴士拉）、天堂（今沙特阿拉伯麦加）、哩伽塔（今也门亚丁港）等地皆属于阿拉伯地区，伊利汗国的甘埋里（今霍尔木兹海峡中的霍尔木兹岛）是当时东西方海上交通的枢纽，也是当地与元朝进行贸易的主要港口，元朝的商人大多在此登陆。

在非洲地区，随着海路贸易的繁荣，元朝与北非、东非的一些国家都有直接的贸易往来，其中贸易规模较大的国家包括：勿斯里（今埃及）、默伽腊（今摩洛哥）、层摇罗（今东非桑给巴尔岛）。元代时，许多埃及的商人经海路来到中国的杭州、泉州等城市经商，有的还定居下来。摩洛哥的港口丹吉尔（即元代文献中的"吊吉儿"或"刁吉儿"）是地中海著名的国际贸易港。

元代文献中通常将欧洲国家通称为"拂朗""发郎""富浪""佛郎"等。元顺帝时曾派遣使团出使欧洲，旨在建立与罗马教廷的联系；至正二年（1342年）七月，罗马教廷也遣使携国书和礼品赴元上都。随着中西陆海交通的畅达，一些欧洲商人也辗转来华进行贸易。

（二）中西经济文化的互动

在元朝政府开放的对外政策的影响下，东西方交流得以广泛深入地开展，促进了亚洲各国间、亚非各国间乃至亚欧各国间的物质文明、精神文明密切接触，进而推动了参与交往的国家、地区经济的发展与文化的繁荣。作为文明程度处于世界领

---

① 周达观：《真腊风土记》，载于熊宪光选辑，徐志奇点校：《古今逸史精编（汉武故事等十一种）》，重庆出版社，2000年，第271页。

② 宋濂等：《元史》卷二百一十《外夷三·马八儿等国》，中华书局，2000年，第3124页。

先地位的元朝，通过中外交流促进了自身经济文化的发展；同时，伴随着商品输出与技术输出，中国先进的生产技术在更为广阔的地域传播，进而推动了世界文明的进程。

元朝统治者通过遣使出访等形式积极寻求与其他国家建立外交关系，诸如前文提及的东亚、东南亚、南亚、欧洲、非洲等地的许多国家都曾与元朝政府有使节往来。各国来华的使臣大多受到了热情款待，比如每逢朝廷的宴会，元朝统治者常常会邀请在华外宾参加。

对于来到中国城市的外国科学家、学者、医师、商人甚至一般的工匠等，元朝统治者也予以重用，使其充分发挥才智，为中华民族的文化发展作出了重要的贡献。由于交通的便捷，从元朝初年起，来到中国的波斯人、阿拉伯人的数量之多，是之前任何时期都无法比拟的。往来于西域的阿拉伯人、波斯人和中亚的穆斯林，有的随军征战，有的从事商贸活动，据学者统计，其人数达 200 万之多，① 他们深入内地，迁徙居住，择偶生子，"皆以中原为家，江南尤多"②，"西域之仕于中朝，学于南夏，乐江湖而忘乡国者众矣"③。例如，波斯人札马鲁丁，西域弗林（今叙利亚）人爱薛，西域制炮工匠阿老瓦丁、亦思马因，尼婆罗（今尼泊尔）建筑师和雕塑家阿尼哥，意大利人马可·波罗、白果拉蒂等等，都是受到元朝重用的外国人，他们对中西文化的交流也贡献甚大。

蒙古的3次西征历时近40年（1219年至1258年），其间从中国传至西方的有火药、印刷术、造纸术及指南针，即"中国古代四大发明"；此外，纸币、算盘以及瓷器等等在元时也传至欧洲各国。而当时的西方人也将宗教、天文、数学、医学、建筑、美术等方面的知识陆续传入中国。这种交流对中外城市都有影响：

其一，对中国而言，元代高度开放的对外政策使东西方经济文化交流更加频繁，对城市的发展起到了十分重要的促进作用。西方技艺的传入直接推动了中国城市手工业技术的进步；同时，国际贸易的发展则推动了内陆沿边、东部沿海市镇经济的发展及国际性大都市的出现。

元代中国出口的商品以丝绸、瓷器等手工业品为主，当时的工匠为了适应海外市场的需求，在产品的品种、花色、规格等方面不断改进创新，同时也据需引进了许多西方的生产技术。例如，丝织行业就引进了波斯的织金锦缎纳失失和中亚的丝织物撒答剌欺的生产技术；松江地区可以染一种青花布，其染法是从日本引入的；赴福建经商的埃及人将树灰净糖法传授给了泉州府所辖的温敢城（即永春县）居民，使该地制糖技术有了显著改进，后又被传至其他地区。

元代瓷器出口目的地国家和地区至少有 50 余个，瓷器的海外需求量巨大。这不仅促使瓷器生产规模扩大，还推动了瓷器生产技术的进步。巨大的出口规模促成

---

① 杨孝鸿：《中国时尚文化史》（宋元明卷），山东画报出版社，2011年。
② 周密撰，吴企明点校：《癸辛杂识》，中华书局，1988年，第138页。
③ 李修生：《全元文》（60），江苏古籍出版社，1998年，第665页。

了专门为外销而生产瓷器的地区的出现，近代的考古发掘已证实福建的德化就有一批专门生产外销瓷的瓷窑，而在东南亚、东北亚等国家考古发掘的元代瓷器在规格、款式上都与内销瓷器有较大差异。规格、款式的差异以及品种的增加，都要求以技术的进步作为支撑，这就推动了元代的制瓷工艺兼收并蓄。如景德镇烧制的洁白素地上绘有花纹、鸟兽纹、风景、人物等的青花瓷，即是吸收了波斯伊斯兰陶瓷艺术的风格；元代青花瓷色泽艳丽，釉面有黑色斑点，则是因为使用了含锰低、含铁高的进口原材料。①

伴随着海外贸易的发展，元代还出现了一批与对外贸易关系密切的新兴工商业城镇和手工业城镇。太仓、上海、昆山等城镇都是伴随着海上贸易的兴盛而新兴的商埠，各地商人聚居，"旧本墟落，居民鲜少，海道朱氏蕲荆榛，立第宅，招徕番舶，屯聚粮艘。不数年间，凑集成市。番汉间处，闽广混居，各循土风，习俗不一"②；杭州、广州、泉州等条件较好的沿海城市则因海外贸易而更加繁华；元大都因国际贸易的繁荣而成为国际性大都市。

海外商人寓居中国港口城市，给这些城市带来了别具一格的建筑艺术。杭州、广州、泉州等港口就兴建了不少宗教寺院及带有不同民族风格的建筑物。元代时，泉州的伊斯兰教建筑尤多，伊斯兰教礼拜寺竟有六七所，皆具有浓厚的阿拉伯宗教建筑风格；今泉州南门附近还建有一座婆罗门教寺院，当地居民称其为"番佛寺"。

其二，对世界而言，伴随着东西之间贸易的发展，中国不仅向其他国家输出了大量的商品，而且将先进技术传播到他国，例如印刷术、火药等重大发明都是在元代西传的，这深刻地改变了世界文明的进程。

元代时，除了大量商品外，中国的丝织技术、制瓷技术、铸币技术、医药技术、印刷技术、火药及武器制作技术、书籍、乐器、植物、家禽等等都随着东西方之间的贸易而流入非洲、欧洲、亚洲的其他国家，对当地的社会生活产生了重要影响，尤其是印刷术、火药、航海技术的西传，对世界文明的进程产生了巨大的影响。近代许多学者都对此作出了高度的评价：

英国哲学家弗兰西斯·培根曾指出：印刷术、火药、指南针这3种发明已经在世界范围内把事物的全部面貌和情况都改变了：第一种是在学术方面，第二种是在战事方面，第三种是在航行方面。③

恩格斯在《反杜林论》中指出：火药使整个作战方法发生了变革，火器的采用不仅对作战方法本身，而且对统治和政治关系起了变革作用。要获得火药就要有工业和金钱，而这两者都为市民所占有。因此火器一开始就是城市和以城市为依靠的新兴君主政体对封建贵族的武器。以前一直攻不破的贵族城堡的石墙抵不住市民的大炮；市民的枪弹射穿了骑士的盔甲。贵族的统治跟身披铠甲的贵族骑兵队同归于

---

① 孙玉琴、赵崔莉：《中国对外开放史》（第一卷），对外经济贸易大学出版社，2012年，第183页。
② 杨譓：《昆山郡志》卷一《风俗》，载于吴慧：《中国商业通史》（第3卷），中国财政经济出版社，2005年，第333页。
③ 李国山等：《欧美哲学通史》，南开大学出版社，2012年，第187页。

尽了。①

马克思在《机械、自然力和科学的应用》中也谈道：火药、指南针、印刷术——这是预告资产阶级社会到来的三大发明。火药把骑士阶层炸得粉碎，指南针打开了世界市场并建立了殖民地，而印刷术则变成了新教的工具，总的来说变成了科学复兴的手段，变成了对精神发展创造必要前提的最强大的杠杆。②

综上所述，伴随着欧亚陆海交通的畅通，加上政策的支持，元代中国对外开放程度达到了新的水平，开放的地域更为广阔，开放的领域也更为多样。对外开放不仅带来了商品在国际的流动，而且推动了人员的流动，促进了人力、资本的输出与输入，从而使中外各国间科学技术、文化得以在更广泛的领域进行交流。中外商品、人员、技术及文化的广泛交流，在许多方面促进了中国沿海地区城市商品经济的发展。受贸易推动的科技、文化交流使中华文明实现了长足进步且更加异彩缤纷。

但是需要认识到的是，元代中国的开放依然是未脱离自然经济体系的开放，其政治、文化的开放更多地体现了元代统治集团对域外文明的宽容，经济的开放的主要目的在于获取稀缺物资，因而基于这一前提，元代对外开放的程度、规模、水平均具有较大的局限性，一些军事、政治因素都会对元朝的对外开放产生极大的影响。例如，元朝政府也曾一度实行海禁，禁商下海；即使是在开放海外贸易的时期，元朝政府对出口的商品、进出港口等也是有所限制的。

---

① 中国人民解放军军事科学院：《马克思恩格斯列宁斯大林军事文选》，中国人民解放军战士出版社，1977年，第209页。
② 中共中央马克思恩格斯列宁斯大林著作编译局：《马克思恩格斯全集》（第四十七卷），人民出版社，1979年，第427页。

第二章 元代城市的曲折发展

在农业时代，中国城市的发展受到整个社会经济变动周期的影响。城市是社会分工和生产力发展的产物，因而其发展自然会受到社会周期性危机演化的影响而呈波浪形曲线轨迹。① 城市的发展与衰落总是与封建王朝的兴衰更替相一致，每当新王朝建立，社会繁荣、稳定，城市也得到较大发展；而在王朝末期，政治腐败、社会动乱、经济衰败，城市也随之而衰落。

元朝在中国城市发展史上是一个重要的阶段。一方面，元朝是蒙古族以武力强行征服汉族及其他少数民族政权王朝而建立的，在征服的过程中，蒙古军以残酷野蛮而著称，对全国的社会经济和城市的破坏十分巨大。但另一方面，元代是中国古代历史上继秦、汉、隋、唐王朝以后又一个大一统的朝代，使历来原本由少数民族地方政权统治的地区归于中央政府的直接管辖之下，加强了中央政权与地方政府、内地城市与边疆城镇之间的联系。元朝结束了分裂和战乱的状态，使城市社会趋于稳定，因而城市经济和文化、科技得到了较大的发展，中外经济文化交流进一步加强，城市发展也进入一个新的阶段。尤其是元大都的兴建，对中国城市和社会发展的影响巨大而深远。元朝末年，由于社会矛盾的激化，各地农民起义风起云涌，城市再次成为斗争双方争夺的焦点和战场，许多城市走向凋敝。综上，"破坏—恢复—兴盛—再次破坏"成为元代城市发展的基本轨迹。

造成这种周期现象的原因很多，包括政治、经济、文化、交通条件等多方面因素，其中政治、军事的变化在城市的兴衰过程中起着根本法则的作用。在中国传统农业社会，城市是政治、军事中心，是各级统治机构的所在地，政治管理和军事统治职能是封建城市最主要的职能，这是中国农业社会城市的主要特点。全国大大小小的城市是各级政府或军事机构驻扎之地，在政治和军事上对广大的农村地区进行有效的统治，成为统治者管理全国最有效的工具和依托。因此，政治、军事的变动对于城市发展的影响十分巨大。

---

① 何一民：《城市发展周期初探》，《西南民族大学学报》，2006年第3期。

第一节　元代城市的破坏与建设

一、统一战争时期的城市破坏

古代城市的主要功能包括军事功能和政治功能。朝代的更替和战争的发生，主要围绕对城市的争夺而展开；而战争的得失和朝代的更替，又影响着城市的兴衰。在农业时代，城市往往会成为战争的主战场，许多城市因战争而遭到破坏，也有的城市因战事防御而兴起。

1206年铁木真统一蒙古高原，建立大蒙古国。为了自身的生存和发展，在几乎整个13世纪中，蒙古统治者在亚洲东部地区进行了连续不断的征服战争，其战争历时之长、规模之大、范围之广，不仅在中国古代战争史上罕见，而且在世界古代战争史上也是不多的。相继灭掉西夏、金、南宋等政权后，蒙古统治者实现了对全国的统一。

在统一全国的过程中，许多城市成为重要的战场，因而这些战事频发地区的大量城镇的城市形制、公共建筑、城市经济、城市人口等各个方面都遭到了严重的破坏，故而城市破坏成为这一段城市史的主要特点；此外，出于军事政治需要，在部分地区也有少量的城市建设。总体上看，在蒙古灭南宋的过程中，其遭到的抵抗较之北方地区的抵抗更小，故战争对于南方城市的破坏程度也小于北方；但在灭亡南宋的过程中，蒙古统治者实行了毁城的政策，拆毁了原南宋政权统辖区域内许多城市的城墙。元朝统治逐渐稳固之后，对中原地区的城镇还采取了禁止修城的政策。

（一）城市基础设施的破坏

蒙古灭西夏与金的战争分别历经了20余年，而灭南宋的战争更是长达40余年，这一系列长达几十年的战争对城市而言无疑是一场灾难。从1205年至1227年，成吉思汗先后6次进兵西夏，历时23年，攻占了肃州、甘州、西凉府、应里、沙州、灵州、中兴府等城镇，战争中，大量的军民死亡或被俘，城池被毁。例如，1209年蒙古军队第三次进攻西夏时，兵围中兴府，久攻不下，便引黄河水灌城，导致城中居民被淹死者甚多，城市基础设施也遭到了极大的破坏。

1211年，蒙古军队第一次大规模攻金，攻占了弘州、昌平、德兴府、怀来、缙山、丰润、抚宁、集宁、密云，东过平、滦，南至清、沧，由临潢过辽西，西南至忻、代，皆归大元。① 但是蒙古军撤退以后，很快收复了失地的金国重新修筑了之前遭到破坏的城池。1212—1215年，蒙古再次伐金，攻破金中都，并实行"抵

---

① 罗旺扎布等：《蒙古族古代战争史》，民族出版社，1992年，第104页。

抗必屠，降者皆免"的武力与怀柔兼施的政策。随后蒙古军队分三路军掠取河北、山东各州府，"河北郡县尽拔，惟中都、通、顺、真定、清、沃、大名、东平、德、邳、海州十一城不下"①。后木华黎和窝阔台继续发动攻金战争，历经禹山之战、汴京之战、蔡州之战等数次重要战役，于1234年灭亡金朝。

蒙古灭南宋的战争持续了40余年，1235年农历六月，蒙古大军兵分三路南下，西路军由窝阔台次子阔端与塔海率领，从巩昌（今陇西县）入蜀，中路军由窝阔台之三子阔出与侄呼图克、张柔等指挥，直驱荆（今湖北江陵）襄（今湖北襄阳），东路军由口温不花与降将史天泽统率，攻向江淮。②1276年蒙古军队攻占了临安，南宋政权灭亡，后来其又平定了闽、广及四川地区少数城市的抵抗，最终统一全国。

早在元灭南宋之前，蒙古国统治者就曾执行过毁城政策，宪宗时期曾经有目的地拆毁了高丽江华岛上的内外城墙。在灭金的战争中，河南地区的城市基础设施破坏严重，"中原河渠亩浍之利，莽为丘墟。民人远戍于烟瘴之地，耕不足而食有余"③，"向之荒城残堡，蔓草颓垣，狸狐啸聚其间"④。周密记载了蒙古灭金之时自己在黄河以南的所见：蒙城县（今属安徽）"城中空无所有，仅存伤残之民数十而已。沿途茂草长林，虻蝇扑面，杳无人踪"；城父县（治今安徽省亳州市东南）"县中有未烧者十余家，官舍两三处"；"过魏真县（治今河南省鹿邑县）、城邑县（今鹿邑县西）、太康县，皆残毁无居人"；入东京（今开封市），城内"荆棘遗骸，交午道路，止存民居千余家，故宫及相国寺佛阁不动而已"。⑤元代人苏天爵也有相关记载："河南昔经兵难，民多徙死，公私庐舍、圣贤寺庙尽皆毁坏。"⑥总之，自淮河北岸到黄河南岸的城镇，景象都十分凄凉。

元朝统治者在灭亡南宋的过程中，为了控制地方城市，先后有计划地拆毁了淮河流域、长江中下游流域的城市的城墙，因而当时南方许多城市的城墙被毁，特别是使蒙古军队屡遭挫折的两淮、四川、襄汉、荆湖地区，如襄阳、荆州、吉州、抚州、广州、庆元、嘉兴、平江、婺州等许多城市的城墙都遭到了不同程度毁坏。正如马可·波罗所言，"那些城市都没有城门和城墙阻止成军进入他们想去的任何地方"⑦。

《元史》中记载了大量关于拆毁南宋城市城墙的史实：

至元十三年（1276年）九月"丁未……命有司隳沿淮城垒"，十一月"庚申……隳襄汉、荆湖诸城"；至元十四年（1277年）二月"壬午，隳吉、抚二州

---

① 宋濂等：《元史》卷一《太祖一》，中华书局，2000年，第11页。
② 罗旺扎布等：《蒙古族古代战争史》，民族出版社，1992年，第276页。
③ 李修生：《全元文》(40)，凤凰出版社，2004年，第614页。
④ 李修生：《全元文》(40)，凤凰出版社，2004年，第674页。
⑤ 周密：《齐东野语》，中华书局，1983年，第77—78页。
⑥ 苏天爵：《滋溪文稿》，中华书局，1997年，第181页。
⑦ A. J. H. Charignon注，冯承钧译：《马可·波罗行纪》，中华书局，1955年，第195页。

城，隆兴滨西江，姑存之。仍选汀州军马守御瑞金县"；至元十五年（1278年）三月"丁酉，命塔海毁夔府城壁。戊戌，刘宗纯据德庆府，梧州万户朱国宝攻之，焚其寨栅，遂拔德庆"，八月"甲戌，安西王相府言：'川蜀悉平，城邑山寨洞穴凡八十三，其渠州礼义城等处凡三十三所，宜以兵镇守，馀悉撤毁。'从之"。①

关于其他城市的城墙毁坏情况，有关文献中也多有记述，如嘉兴路的城墙在元朝逐渐闲废，《至元嘉禾志》记载：

> 嘉兴路：……圣朝至元十三年罗城平，子城见存。罗城元有四门，东门旧曰"青龙门"后改为"春波"，西门旧曰"永安门"后改为"通越"，南门旧曰"广济门"后改"澄海"，北门旧曰"望京门"后改为"望云"续又改为"望吴"，而门又分为水旱门，门各有楼，惟澄海水门楼因徐岷作乱遂废，圣朝至元十三年后门楼亦闲废。②

庆元府城也未能幸免，城垣渐毁，《延祐四明志》中虽然有关于庆元城周长的记载，但实际上在元朝统治庆元的90余年间，庆元城并没有城墙，南宋时期原有甬水门、迎恩门、鄞江门、灵桥门、来安门、达信门等旧城门大多毁废，"虽有州东、西二门之名，实为通衢矣"，"国朝混一区宇，无恃偏壕支垒之险固，郡城之废，垂六十有余载，民居侵蚀，夷为坦途。"③ 根据《至正四明续志》的修撰时间可推断，庆元毁城的时间大致应在元军占领庆元（1276年）之后几年。

元代建康（又称金陵，后改集庆，即今南京）的城池没有被大规模地修筑，城郭废置严重，直到元代末期政府才对部分城段的城壕和出城道路进行了修葺，《至正金陵新志·兵防志》载："天兵下襄樊，沿江诸城或降或遁，不数月而社为墟，曩之治险蓄兵，其胜安在？今天下一统，城郭沟池悉废为耕艺，而中土之兵分翼镇守。"④

《大德南海志》中有关于广州路城墙情况的记载："有州郡则有城池，所以捍御外侮也。……天兵南下，平夷城壁，楼橹雉堞一切荡除。以后因之，不复修治"，"至元十四年十二月塔出元帅、吕元帅师夔、会、泉、福舟师取广州，广帅张镇孙以城降。十五年正月八日元帅下令夷其城隍，惟子城及两雁翅城无恙"。⑤

此外，婺州路的金华府、平江路的苏州府、广西诸路的城墙等在元代也多被毁坏。

元至元十三年（1276年）元廷改婺州为婺州路，领金华、义乌、东阳、武义、

---

① 宋濂等：《元史》卷十至卷十一，中华书局，2000年，第125—138页。
② 徐硕：《嘉禾志》，成文出版社，1984年，第41—42页。
③ 王元恭修，王厚孙、徐亮纂：《至正四明续志》卷三《城邑》，载于中华书局编辑部：《宋元方志丛刊》，中华书局，1990年。
④ 张铉：《至正金陵新志》卷十《兵防志》，载于杨国庆、王志高：《南京城墙志》，凤凰出版社，2008年，第133页。
⑤ 陈大震：《大德南海志》卷八《城壕》，载于中华书局编辑部：《宋元方志丛刊》，中华书局，1990年。

永康、浦江6县及兰溪1州。金华府的城墙在元至正年间遭到毁坏，"（金华府城池）旧周九里一百步，高一丈五尺，厚二丈八尺。宋宣和四年，知州范之才重筑，周十里，基三丈，面广三之一，高倍之。元至元间，诏天下堕城防，于是罗城尽隳"①。

至元十三年（1276年），元廷升平江府为平江路，治所设在吴县、长洲县（今江苏省苏州市），隶属江浙等处行中书省，"元定江南，凡城池悉命湮毁，虽设五门，荡无防蔽"②。

元廷在广西地区设有全州路、梧州路、南宁路等6路及平乐州、郁林州、象州等11州。《广西通志》记载，元初毁诸城，唯贺县独存，据此可推测，元代广西地区的很多城市的城墙也都被拆除了。

虽然元朝统治者实行了毁城政策，许多城市的城墙在这一时期遭到了毁灭性的破坏，但是对于各地毁城政策的执行程度不能一概而论，如部分城市因军事地位等因素，其城墙并未被毁掉。马可·波罗在游历中国的过程中就记述了大量城市保留有城墙的情况，他在京兆府、成都府、建都府等城市都曾看到城墙被保留，现列叙如下：

马可·波罗行至西北经沙州、肃州、甘州等城时，都曾看到"环以城垣之城村不少"；京兆府城，"西向骑行八日，沿途所见城村，皆有墙垣"③；关中州，"行此三日毕，见有高山深谷，地属关中州矣。其中有环墙之城村"④；阿黑八里，"州境全处平原中，辖有环墙之城村甚众，隶属大汗"⑤；成都府，"出此城后，在一平原中，又骑行五日。见有城村甚众，皆有墙垣。其中纺织数种丝绢，居民以耕种为活"⑥；土番州，"地与蛮子及其他不少州郡相接，乐为盗贼，其境甚大，内有八国及环墙之城村甚众"⑦；建都州，"是西向之一州，隶属一王。居民是偶像教徒，臣属大汗。境内有环墙之城村不少"⑧；哈喇章州，"西向行五日，见有环墙之城村甚众，是一出产良马之地"⑨；新州，"从襄阳城发足，向东南骑行十五哩，抵一城，名曰新州（Singui）。城不甚大，然商业繁盛……此江甚长……沿此江流有大城四百，别有环以墙垣之城村不在数内"⑩。

根据马可·波罗的见闻，我们可以判断元代的毁城政策并不是被普遍执行的，

---

① 李国豪：《建苑拾英——中国古代土木建筑科技史料选编：第2辑》，同济大学出版社，1997年，第285页。
② 江苏省地方志编纂委员会办公室：《江苏省通志稿》（第1卷），江苏古籍出版社，1991年，第611页。
③ 冯承钧：《马可波罗行纪》，上海书店出版社，1999年，第266页。
④ 冯承钧：《马可波罗行纪》，上海书店出版社，1999年，第269页。
⑤ 冯承钧：《马可波罗行纪》，上海书店出版社，1999年，第270页。
⑥ 冯承钧：《马可波罗行纪》，上海书店出版社，1999年，第272页。
⑦ 冯承钧：《马可波罗行纪》，上海书店出版社，1999年，第278页。
⑧ 冯承钧：《马可波罗行纪》，上海书店出版社，1999年，第279页。
⑨ 冯承钧：《马可波罗行纪》，上海书店出版社，1999年，第284页。
⑩ 冯承钧：《马可波罗行纪》，上海书店出版社，1999年，第341页。

而是有选择性的,被拆毁城墙的城市大多是顽强抵抗蒙古军队者以及军事地位重要者,就其范围而言,主要集中在中原汉地及南宋故地。

(二) 城市人口的减少

人口是城市发展的主体,而战争则不可避免地会导致人的死亡与逃亡。蒙古军队在攻入中原的初期,往往采取残酷屠杀和掳掠人口的做法,所过之处,人口锐减,城镇变丘墟,人称"北风所向,无不摧灭者"。

蒙古军攻金,"时国兵践蹂中原,河南、北尤甚,民罹俘戮,无所逃命"①。发生战事的地区的城市居民或被屠杀,或被掳掠北去。蒙古军队还规定,"凡敌人拒命,矢石一发,则杀无赦"②,这一野蛮规定使得蒙古军的大屠杀"合法化",大量的中原人民因此而死于非命。

残酷的屠杀,强制性的人口外迁,加之饥饿、瘟疫、自然灾害等因素,必然导致城市人口数量的急剧减少。两河、山东地区历经几十年的战乱,人口锐减,正如元人刘因所言:"金崇庆末,河朔大乱,凡二十余年,数千里间,人民杀戮几尽,其存者以户口计,千百不一余,而吾与存焉,一幸也。其存焉者,又多转徙南北,寒饥路隅,甚至髡钳黥灼于臧获之间者,皆是也。"③蒙古军队在征服战争中有许多"屠城"的暴行。例如,在进攻西夏时,蒙古军队大肆杀掠,导致居民受害者无数,攻破肃州城后,成吉思汗曾下令屠城,幸存者仅106户;④在攻占燕京地区大小城镇时,凡遇抵抗,即行屠城,金降将石抹明安在围攻中都的过程中,曾率军攻打燕南重镇永清,"不降,拔而屠之";常州是宋元反复争夺的重要城市之一,元军攻占常州后,伯颜下令屠城,时人记载:"城内外积骸万数,至不可计。井池沟堑,无不充满。仅余婴儿四百而已。"⑤此外,《元史》中还有多处关于蒙元军队屠城的记载:

> 木华黎攻密州,屠之。(《太祖》)
> 木华黎克岢岚、吉、隰等州,进攻绛州,拔其城,屠之。(《太祖》)
> 广宁刘琰、懿州田和尚降,木华黎曰:"此叛寇,存之无以惩后。"除工匠优伶外,悉屠之。(《木华黎传》)
> 甲寅秋,复分兵取附都善阐,转攻合剌章水城,屠之。(《兀良合台传》)
> 进兵围肃州……帝怒城久不下,有旨尽屠之。(《昔里钤部传》)
> 伯颜军至常州。……宋兵大溃,拔之,屠其城。(《伯颜传》)
> 遂招谕永清,不降,拔而屠之。(《石抹明安传》)

---

① 宋濂等:《元史》卷二百二《释老传》,中华书局,2000年,第3026页。
② 王为国:《新资治通鉴》(第2卷),光明日报出版社,1997年,第794页。
③ 李修生:《全元文》(13),江苏古籍出版社,1998年,第449页。
④ 李志敏:《中华上下五千年》,京华出版社,2011年,第260页。
⑤ 危素:《危太朴文集》卷七《昭先小录序》,载于李天石、潘清:《江苏通史·宋元卷》,凤凰出版社,2012年,第261页。

十年正月,遂破樊城,屠之。(《刘整传》)

十二年,红巾有号芝麻李者,据徐州。脱脱请自行讨之……城破,芝麻李遁去。……遂屠其城。(《脱脱传》)

可见,屠城是蒙元军队的经常性行为,惨遭屠杀的人民不计其数,这直接导致了各地城市人口的锐减。

河东、关中地区的城市不仅被破坏殆尽,而且城市居民大量死亡。泽州(治今山西省晋城市)在泰和七年(1207年)有59 416户,到了金亡之次年(1235年)只剩973户,各县均只有一二百户,最少的沁水县只剩30户;① 而关中地区则是"兵火之馀,八州十二县,户不满万"②。

蒙古军进入河南以后,蒙金双方争夺开封城的战争导致城内外死者数以百万计,瘟疫和灾荒进一步加剧了城市人口的流失,天兴元年(1232年)"汴京大疫,凡五十日,诸门出死者九十余万人,贫不能葬者不在是数"③。金亡当年(1234年),河南地区发生了严重的灾荒,加之蒙古军队的驱迫,河南民众被迫向黄河以北迁移。刘秉忠曾说:"金亡,士之北渡者百不二三。"④ 士人尚且如此,其他阶层的民众自然也不例外,笔者估计北渡者只占河南总人口的小部分,未能北渡者也并非都留在了当地,其绝大部分都死于残酷的战争。

经历了金末20余年的战乱,到蒙古灭金时北方地区的人口降至谷底。1235年"乙未籍户"时,金国户口的总数为110余万,仅是金代鼎盛时期泰和七年(1207年)841万的13%,换句话说,金亡时人口已减少了87%。⑤ 金末户口数量减少幅度之大,在中国人口发展史上也实属罕见。

中统三年(1262年)因李璮叛乱,济南、益都等城市皆沦为战场,山东东部、中部地区人口锐减,莒州、新泰等县就是因为"李璮乱,人民逃散"⑥ 而废县的。

至元十二年(1275年)元朝军队渡过长江,建康、太平、镇江、常州、平江等城市相继降元,次年正月南宋投降,江南地区的抵抗不久后便结束。由于战争结束得较早,江南地区大多数城市受到的影响都相对较小,人口损失不多。例如,镇江路,"至宋嘉定间,所统唯三县,而户口之繁,视前代为最。北南混一,兹郡实先内附,兵不血刃,市不辍肆,故至元庚寅籍民之数与嘉定等"⑦。金陵的人口与宋末相比也没有明显减少,《至正金陵新志》记载:"我世祖皇帝初命丞相淮安忠武王统师南伐,尝戒以当效曹彬,勿妄有诛杀。故金陵之降,市不易肆,休养生息,

---

① 葛剑雄主编,吴松弟著:《中国人口史》(第三卷),复旦大学出版社,2000年,第382页。
② 宋濂:《元史》卷一百五十九《商挺传》,中华书局,2000年,第2493页。
③ 脱脱等:《金史》卷十七《哀宗上》,中华书局,2000年,第256页。
④ 李修生:《全元文》(6),江苏古籍出版社,1998年,第507页。
⑤ 葛剑雄主编,吴松弟著:《中国人口史》(第三卷),复旦大学出版社,2000年,第383页。
⑥ 宋濂等:《元史》卷五十八《地理一》,中华书局,2000年,第920页。
⑦ 俞希鲁:《至顺镇江志》,江苏古籍出版社,1990年,第83页。

几及百年,生齿日繁。"①

但是,凡是发生过战争的地方就都会有人口的损失,因而各地区的情况是因战争的激烈程度不同而有所差异。例如,广东、广西虽然同居岭南,然而,"南海平,广东之户十耗八九,而广西独完不残"②。广东户口减少的原因,根据《广州市志》,"兵革之间,或罹锋镝,或被驱掠,或死于寇盗,或转徙于他所,不可胜计"③。从全国来看,四川地区的成都府、潼川府、夔州、利州等城镇,湖广地区的潭州,江西地区的饶州,以及南宋残部抵抗较为激烈的福建、广东部分地区的城市人口减少幅度较大,其中以四川地区的人口损失最为严重。

端平二年(1235年),蒙古军大举入蜀,横扫四川,大肆掠夺、屠杀,制造了"丙申之变","凡破四川府州数十,残其七八",全蜀"五十四州俱陷破,独夔州一路及泸、果、合数州仅存",仅这一年的战事,就使四川地区遭受巨创,蒙古军撤退后,宋将"贺靖权成都,录城中骸骨一百四十万,城外者不计"④。元人虞集对此曾有记述:"蜀人受祸惨甚,死伤殆尽,千百不存一二。"⑤"千百不存一二"难免有夸大之嫌,但四川地区民众大量死亡的事实则毋庸置疑。

嘉熙元年(1237年),蒙古军再次开始了进攻四川的大规模军事行动,四川坚持抗击蒙元军队长达半个世纪,直至南宋全境被攻占。嘉定十六年(1223年),成都府、潼川府、利州路和夔州路共有259万余户,然而到了至元二十七年(1290年),四川行省只剩下98 538户。⑥毫无疑问,宋蒙战争是导致元代四川地区户口锐减的主要原因。而人口的锐减导致了田地荒芜,财政危机进一步加深,城市经济趋于崩溃。

1241年,蒙古军得知四川制置使陈隆之在成都、汉州等旧城基础上"复立其城",立即派兵进攻。由于守将田世显投降,陈隆之被俘,成都城又遭破陷。这次蒙古军共破成都、汉州、嘉定、泸州、叙州等20城,宋军"阵亡者众"。蒙古军所过之处,"搜杀不遗。僵尸满野,良为寒心"⑦。

1276年宋恭帝降元以后,宋将张世杰、文天祥、陆秀夫等人率领南宋残部在福建、广东、江西地区进行顽强的抵抗,坚持了3年,最终失败。至元二十七年(1290年)福建、广东、江西3路户数不及南宋嘉定十六年(1223年),显然与这场战争有关。⑧

---

① 李勇先等:《宋元珍稀地方志丛刊·乙编》第五册《至正金陵新志》(二),四川大学出版社,2009年,第1151页。
② 李修生:《全元文》(9),江苏古籍出版社,1998年,第595页。
③ 陈大震:《南海志》,载于广州市地方志编纂委员会:《广州市志》(卷2),广州出版社,1998年,第276页。
④ 四川省地方志编纂委员会:《四川省志》,方志出版社,2003年,第190页。
⑤ 李修生:《全元文》(27),江苏古籍出版社,1998年,第628页。
⑥ 葛剑雄主编,吴松弟著:《中国人口史》(第三卷),复旦大学出版社,2000年,第309页。
⑦ 四川省地方志编纂委员会:《四川省志》,方志出版社,2003年,第190页。
⑧ 葛剑雄主编,吴松弟著:《中国人口史》(第三卷),复旦大学出版社,2000年,第368页。

二、元代前中期城市的恢复与建设

元朝是蒙古族建立的政权,蒙古族习于逐水草而居,早期基本上没有城市的概念,只是在自身文化与中原文化不断的碰撞与融合的过程中,一方面出于自身文明发展的需要,另一方面受到了中原文化的影响,才开始兴建城市。对于习惯了草原游牧生活的蒙古族来讲,首先要学会适应农耕地区的城市生活,其次还要有效地管理和经略城市。整体上看,元代的城市发展具有较高的历史起点,尽管在王朝统一的过程中许多城镇不可避免地遭到了破坏,但是在南宋、西夏、金各王朝的故地原本就有一大批城镇,具有较好的城镇基础,特别是原为南宋王朝所统治的南方地区城镇已较为发达。

(一) 农业的恢复与发展

人类社会的发展历史表明,农业的发展为手工业、商业及城市的产生和发展创造了必要条件。城市所需的粮食、茶等农副产品都来源于农村,城市手工业的原料也大多来自农村,因而,只有农业发展了,城市需要的生产资料、生活资料以及劳动力才能得到充分供应,城市工商业发展需要的市场才得以不断开拓,可见农业的发展是城市发展繁荣的基础。从历史角度来看,中国古代农业长期以来处于一种较低水平的发展状态,其耕作方式、生产技术及各种生产要素在几千年的时间里均无根本性变化,故生产率一直低下。农业的这种长期停滞落后状态决定了城市的发展速度和水平,其只能缓慢地向前发展。

在元朝统治的疆域内,农业经济区的面积约占 2/3,主要分布在中原、江南、川陕、辽东、云南、吐蕃等地区,在这些区域内,农业发展的基础和水平较好较高,尤其是原归两宋统治的中原和江南地区的传统农业十分发达,这为这些区域内城市的发展奠定了良好的基础。在元朝统一的过程中,许多地区的农业遭到了不同程度的破坏,因而各城市发展的基础也有较大差异。

元朝建立后,世祖忽必烈逐渐意识到发展农业的重要性,"世祖即位之初,首诏天下,国以民为本,民以衣食为本,衣食以农桑为本。于是颁《农桑辑要》之书于民,俾民崇本抑末"①。为了恢复中原地区的经济,元廷采取了劝课农桑、开渠浚河、兴办屯田、整顿户籍、安置流民、重振城市等一系列措施。例如,在关中地区兴修水利,"疏陕西之三白,以溉关中之田"②;在两淮地区大力屯田,至元二十一年 (1284年)"以江淮间自襄阳至东海多荒田,命司农司立屯田法,募人开耕,免其六年租税并一切杂役"③,至元二十五年 (1289年) 又"以平江盐兵屯田于淮

---

① 宋濂等:《元史》卷九十三《食货一》,中华书局,2000年,第1563页。
② 宋濂等:《元史》卷六十四《河渠一》,中华书局,2000年,第1053页。
③ 宋濂等:《元史》卷十三《世祖十》,中华书局,2000年,第182页。

东、西"①。

  元朝政府重农措施的推广取得了良好的效果,"行之五六年,功效大著,民间垦辟种艺之业,增前数倍"②。到元朝中期,中原地区多数地方已是"烟火相望""桑麻被野"和"丛蓁灌莽尽化膏沃"的景象了。整体上看,中原地区的农业生产水平虽然恢复较快,但在农业发展的大格局上,中原地区自唐朝后期逐渐开始落后于江南地区,到元朝时这种差距进一步扩大了。

  元代江南地区包含江浙行省、江西行省、湖广行省所辖地域,农业生产水平较高,其经济在宋元战争中受破坏较少,恢复得也很快,成为元代主要的粮食产区,"百司庶府之繁,卫士编民之众,无不仰给于江南"③。其中,江浙行省农业最为发达,江西次之,湖广又次之。以太湖为中心的浙西地区是稻米的主要生产区,浙东、江东也盛产稻米,稻谷亩产量通常在二三石左右,有的地方高达五六石;两浙地区粮食亩产量通常在四五石左右,最高能达到七八石;苏湖地区也是元代著名的谷仓。

  但是需要注意的是,江南地区农业发展水平的地域差异很大,少数民族聚居地区农业生产十分落后,如畲、汉杂居的汀州地区,"山多田少,土瘠民贫","民产薄,故啬用";苗、亿佬等民族杂居的思州,也是"山箐险恶,则芟林布种,俗谓之刀耕火种";广州也存在生产方式极其落后的区域,"一种蛮僚,多居山阿,刀耕火耨,不输赋调"。④

  元代陕西行省、四川行省以及甘肃行省等地区的农业经济也经历了由破坏到恢复的过程。在蒙古族的征服战争中,甘州(今张掖)、凉州(今武威)、肃州(今酒泉)、黑水(在今内蒙古)等城市都遭到了很大程度的破坏。虽然关中等地的农业生产水平较高,恢复也较快,但其他地方多数是"地瘠民贫""地旷而人稀",农业经济的整体水平大大低于江南地区和中原地区。

  云南原本农业较为落后,在元代有所发展。元代时,四川地区的农业遭到了极大破坏,西南地区的经济重心也由四川转移到了云南。"土广物重,几比内地"⑤。元朝最初平定云南时,"见户百二十八万七千五十三"⑥,数量仅次于江浙、江西、湖广和腹里地区,位居全国第5。充足的劳动力为云南农业生产发展奠定了基础,大德初年,云南行省岁入粮税达 277 719 石,⑦ 位列全国第6,是四川行省税粮的两倍之多。根据《元史》,元朝中前期,云南行省共有屯田军民 24 249 户,占全国屯田户数的 10.9%,开垦田亩 80 427 双,按每双合 5 亩计,共有 402 135 亩,约

---

① 宋濂等:《元史》卷十五《世祖十二》,中华书局,2000年,第207页。
② 刘咸炘:《推十书》(增补全本,丁辑,第1册),上海科学技术文献出版社,2009年,第181页。
③ 宋濂等:《元史》卷九十三《食货一》,中华书局,2000年,第1569页。
④ 孛兰肹等撰,赵万里校辑:《元一统志》卷八、卷九、卷十,中华书局,1966年,第569—774页。
⑤ 李修生:《金元文》(26),江苏古籍出版社,1998年,第162页。
⑥ 张锡禄:《元代大理段氏总管史》,云南民族出版社,2006年,第152页。
⑦ 梁方仲:《中国历代户口、田地、田赋统计》,上海人民出版社,1980年,第303页。

占全国屯田亩数的 2.9%，在全国诸行省中名列前茅。

元代云南行省地域辽阔，域内的农业发展环境和发展水平不平衡，总体上看，行省北部农业较为发达，行省南部的农业则较为落后（参见表 2-1）。

表 2-1　元代云南行省屯田情况一览表

路府名称	军屯（户）	民屯（户）	垦田双数/（折亩）
威楚路	399	1 134	7 266/36 330
大理路	600	3 741	22 105/110 525
鹤庆路	152	100	1 008/5 040
武定路	187	—	748/3 740
中庆路	709	4 197	22 459/112 295
曲靖路	—	2 240	4 480/22 400
澂江路	395	1 260	8 275/41 375
仁德府	100	80	560/2 800
乌撒路	114	—	570/2 850
东川路	86	—	430/2 150
临安路	288	2 300	5 152/25 760
会川路	2	40	210/1 050
德昌路	120	21	705/3 525
乌蒙路	—	—	5 039/25 195
建昌路	180	104	1 420/7 100

说明：1. 宋濂等撰《元史》卷一百《兵三·屯田·云南行省所辖军民屯田一十二处》原载云南行省屯田机构共 12 个，今按路析为 15 处。除乌蒙等处总管府军屯之田数以亩为单位外，其余皆以双为单位，此处按每双合 5 亩折算；

2.《元史》中澂江路、仁德府、乌撒路、东川路、会川路、德昌路、建昌路俱无垦田数字。因威楚提举司民屯、乌蒙等处屯田总管府军屯的户均屯田数皆为 5 双，故依此标准补入以上各路屯田数字；

3. 此表转引自吴宏岐《元代农业地理》（西安地图出版社，1997 年，第 103 页）并据相关资料有所改动。

位于云南行省北部的大理、中庆诸路，地形平坦，灌溉便利，因而农业较为发达，是元代云南地区屯垦的重点区域。通过上表可知，中庆路有屯户 4 906 户，大理路有屯户 4 341 户，屯田数也都在 10 万亩以上，在整个云南行省中居于前列。云南行省南部则耕地较少，农业落后，许多地方仍是"山田薄少"。

在传统的农业社会中，城市虽然在经济上依附于农村，但在政治、军事和文化上是全面控制农村的，城市经济对于农村经济有着明显的掠夺性——城市并不是依靠自身的力量在发展，而是依靠榨取农村经济而取得繁荣的。然而这样的繁荣是有条件的，城市的发展必然受制于相对落后的农业经济。① 元代前中期，统治者重视

---

① 何一民：《城市发展周期初探》，《西南民族大学学报》，2006 年第 3 期。

农业发展，使农业从战争的破坏中迅速发展起来，为城市的发展奠定了重要基础。城市发展需要的生产资料、生活资料得到了较为充分的供应。这样，不仅原本农业基础较好的中原地区，连自然条件较差的边疆地区的农业也因元代的边疆开发而获得了长足发展，这无疑为元代边疆地区的城镇发展提供了重要保障。

（二）交通网络的建设与城市发展

交通发展对于中国古代城市的发展尤为重要。元代统治者在统一的过程中，为了加强中央对地方城市的控制和便于各地经济文化的交流，广修站赤（即驿站），建立了发达的驿政制度，使交通得到了空前的发展，正如《元史》中所载，"元有天下，薄海内外，人迹所及，皆置驿传，使驿往来，如行国中"①，其他文献中也有"凡在属国，皆置驿传，星罗棋布，脉络贯通，朝令夕至，声闻毕答"的记述。较之前朝，元朝统治者尤其注重交通的发展，不仅建立了四通八达、覆盖全国的陆路交通网络，而且十分重视水路交通，疏通运河、开辟海运航线。因而元代水陆交通空前发达，发达的交通网络为城镇的发展提供了重要保障。

元代的地方行政建制在新的形势下出现了一些新的变化，朝廷推行行省制，分别设立了河南江北、陕西、江浙、江西、湖广、甘肃、四川、云南、岭北、辽阳等行中书省，作为中央统治机构中书省的派出机构，而大都附近的内蒙古、河北、山西、山东等地区被称为"腹里地区"，是中央特区，由中书省直接管辖。元代行省后来发展成行政区的名称，初步奠定了明清乃至当今部分省区的空间、规模和省界。元朝行省下设路、府、州、县，其时共有路185个，府33个，州359个，军4个，安抚司15个，县1 127个。

元代政府以大都为中心，开辟修建了许多驿道，通往全国各行省省治和其他重要城镇，形成了四通八达的驿道网络。驿道之上每隔数里设有站赤，以方便使臣与商旅的食宿、换乘。元代站赤的数量十分庞大，全国水陆站赤共计1 400多个（参见表2-2）。

表2-2 元代各行省水陆站赤统计表

行省	江浙行省	中书省	河南行省	湖广行省	江西行省	四川行省
站赤数量	262	198	196	173	154	132
行省	辽阳行省	陕西行省	云南行省	甘肃行省	宣政院	总计
站赤数量	120	81	78	6	57	1 457

说明：本表据宋濂等撰《元史·兵四·站赤》及李干著《元代民族经济史》（民族出版社，2010年）中相关数据整理。另元廷在征东行省、岭北行省等地也设有站赤，此表未统计。

元代的站赤分为水站和陆站，又因使用的交通工具不同而分为牛站、马站、车站、轿站、狗站、步站等。站赤由通政院负责管理，各站赤的站户数根据繁忙程度

---

① 宋濂等：《元史》卷六十三《地理六》，中华书局，2000年，1040页。

而定,从数十户到千余户不等。根据上表可知,江浙地区水陆交通发达,是站赤数量最多的地区,多达262处;腹里地区拥有元代的两大都城,河南江北行省地域广阔且地处中原,因而站赤也很多,都在200个左右;边疆地区的行省虽然也设立了站赤和驿道,与前朝相比是很大的进步,密切了边疆地区与中原的经济文化关系,使驿道节点兴起了一批新兴城镇,但是就站赤数量来看则相对较少,特别是甘肃行省,仅有6处。

元代中国内地城市之间的驿道交通网络是伴随着统治者的征服活动而形成的。众多站赤构成了一个以大都为中心、以各行省治所为区域枢纽、遍布全国的交通网:"圣朝既平宋,经画迤迩,大都小邑,枝疏脉贯,际天所覆,犹身焉。政令之宣布,商旅之通迁,水浮陆驰,舟格梁济,荒陬僻壤,无远不达。"①

大都是元代的都城,周围设有通州、昌平、良乡三大交通枢纽和急递铺邮驿总枢纽,连接大都周围各路并辐射全国各个行省。大都连接全国共有6条陆路干线:自大都至上都,自大都至大同,自大都至辽阳,自大都至冀宁,自大都至益都,自大都至江南。在不同的区域内还有错综交织的支线,各行省内部城市及各行省之间也多有相互联通的驿路。以河南江北行省和四川行省为例,河南江北行省地处中原腹地,交通线路密集,包括行省治所汴梁路(今开封)境内就有汴梁至大都驿道、汴梁至湖广驿道、汴梁至巴蜀驿道、汴梁至奉元驿道、汴梁至杭州路驿道等多条支线,四通八达;四川行省虽地处偏远的西南边隅,但陆路交通在元代时得到了长足发展,其治所成都路境内有成都至大都驿道、成都至陕西行省驿道、成都至云南行省中庆路驿道、綦江至湖广行省顺元路驿道、成都至重庆驿道、成都至万州驿道、成都至雅州驿道、涪州至施州驿道等数条支线。

站赤的设立促进了所设地区的城镇的发展。驿站大道是元代公私交通的主要道路,不仅是官方军粮供给、赋税运输的重要通道,也是各地商贾往来、商品流通的主要通道。在重要枢纽处的城市规模也往往较大,成为重要的商贸城市。元代行省和路的治所均设置在一些区域的地理位置适中、交通比较便利、经济较为发达、原来具有相当基础的城市中,如今开封、太原、西安、成都、重庆、昆明、武昌、长沙、广州、福州、杭州、扬州、宁波、合肥、南宁、南京、南昌等城市在元代均是行省或路的治所。这些城市由于政治地位的确立或提高,得以在经受了战争的创伤和阵痛之后,又被作为区域政治中心而优先恢复和发展,它们往往既是区域政治中心,也是区域经济中心。商业的发展与站赤的发展也有着十分密切的联系,元代朝廷在这些区域中心都设有站赤,而驿道又将这些节点连接起来,因而城市商业得到了较快的恢复和发展。

元代朝廷不仅在交通便利的地区设置有站赤,在一些交通不便的地区也设有站赤,站赤的所在地常有定期的集市,遂成为人口的聚集地和商品的集散地,成为方

---

① 许有壬:《圭塘小稿》卷七《彰德路创建鲸背桥记》,载于纪昀等:《文渊阁四库全书》(第1211册),台湾"商务印书馆",1983年,第625页。

圆数十里内的经济中心。有些地方原本十分荒凉，但在站赤设立后多发展为小的城镇，例如阳朔县（在今广西）"旧无城，至元十七年邑令明安依山筑城……东接驿楼"①。

在各行省内部城市及行省之间，以行省治所与各大城市为中心还形成了区域内四通八达的交通网。便利的交通极大地促进了区域内城市之间的经济往来，促进了元代区域城镇体系的形成，如元代江浙城镇的经济本就较为发达，杭州至温州的驿道、杭州至明州的驿道、杭州至泉州的驿道、杭州至庐州的驿道、杭州至福州的驿道等再加上发达的水路交通更将东南城镇密切联系了起来，形成了城镇体系。

总之，元代时，伴随着交通的发展，在陆路交通覆盖的边疆地区、运河沿线、海运所及的港口地带兴起了一大批新的市镇，原有的城镇也因交通的改善而得以迅速发展，并日益连为一体，成为区域城市带。城市沿交通线路集中分布是元代城市的重要特点之一。

（三）元代前中期的城市建设

在经历了元初采取毁城政策之后的较长时间段内，元朝统治者对国内城市城墙采取了不修筑的政策。毁城与不修城的政策只是元朝统治者对城市进行有效控制的手段，这并不意味着元朝统治者不重视城市建设，只是在这种大的政策背景下，各地区的城市建设存在较大的差异。

在元代史料中，较少看到至元十二年（1275年）前元代官方修城的记述，究其原因，大概是元朝统治者作为少数民族需要加强对地方城市的控制。关于此点，我们通过元时游历中国的意大利人马可·波罗的记述可以看出："在所有契丹省、蛮子省和其他所有大汗领地内，有很多不可信赖、不忠实的人，一有可能他们就犯上作乱。因此很有必要在城多民众的各省驻扎军队。戍兵屯驻在距城四、五里的地方。这些城市不许建制城门和城墙，这样，军队就可以不受阻挡地随意进入城市。大汗命令这些戍军每两年一换防，指挥军队的将领也是如此。通过这种控制，臣民保持平静，不能有任何变故。"② 这则材料可以证明元朝政府确实曾下令拆毁南方城市的城墙且规定拆毁后禁止重修，企图借此来削弱新征服地区城市的防御能力，进而强化中央对地方城市的控制能力。

元朝的律法中就有明确的禁止修筑城池的规定，如《大元圣政国朝典章》中就有相关规定：至元十五年（1278年）十月，江州路申称："目今草寇生发，合无于江淮一带城池，西至峡州，东至杨（扬）州二十二处，聊复修理。斟酌缓急，差调军马守御。似为官民两便。"江西行省将此咨目移告枢密院，枢密院又上奏世祖，得圣旨："修城子里，无体例。"③

---

① 谢启昆修，胡虔纂：《广西通志》，广西人民出版社，1988年，第5047页。
② A. J. H. Charignon注，冯承钧译，党宝海新注：《马可波罗行纪》，河北人民出版社，1999年，第285页。
③ 《大元圣政国朝典章》卷五十九《工部二·造作》，中国广播电视出版社，1998年，第2140页。

上 篇
元代城市

在元代中期政府实行不修城政策的大背景下，统治者对中原地区及南宋故地的城市城墙采取任其损坏的态度，导致许多城墙年久失修。邓州、松江、温州、福州、杭州、无锡等城市都有城墙因长期禁止修筑而毁坏的情况。此处列举几例，概以观之：

建宁路，"元罢守御，城日圮"①。

福州路，"元初，复渐堕废"②。

温州路，"元禁城郭毋得擅修，岁久圮"③。

需要注意的是，元代中期虽然以"毁城与不修城"为主要政策，但是这些政策主要实行于江淮地区、江南地区、华南地区等元王朝新征服的区域，在华北地区、西北地区以及南方少量边境城镇，毁城的政策并未被严格执行，相反却有重修城墙的活动，但就范围和规模看，与毁城情况相比，筑城活动是极少的，主要集中在都城地区和边境地区（见图2-1④）。

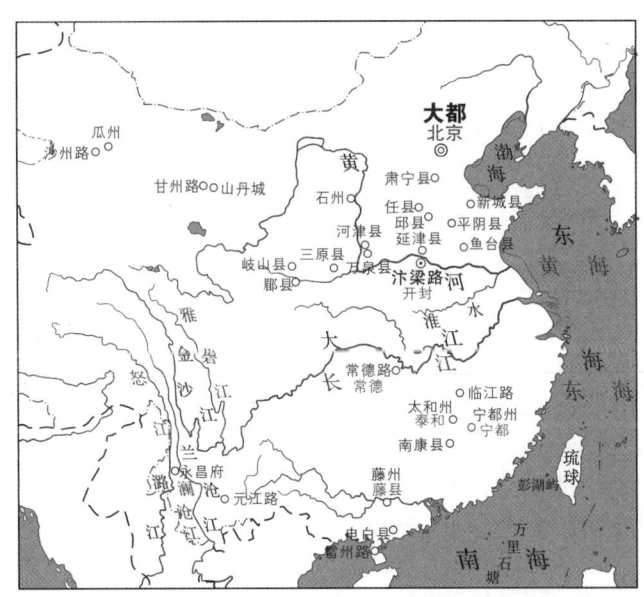

图2-1　元代中期筑城分布图

1. 都城建设与维护

都城在中国古代历朝都占据特殊而重要的地位，作为国之根本，国都具有很强的象征意义，因而是历代统治者兴建和修复的重点城市。在这一点上元朝也不例

---

① 何乔远：《闽书》（第一册），福建人民出版社，1994年，第37页。
② 《福建通志》卷六《城池》，载于孙逊、杨剑龙：《都市文化研究：第5辑·都市空间与文化想象》，上海三联书店，2008年，第175页。
③ 《浙江通志》卷二十四《城池》，载于俞光：《温州古代经济史料汇编》，上海社会科学院出版社，2005年，第386页。
④ 成一农：《元代地方城市城墙修筑的历史地理研究》，载于孙逊、杨剑龙：《都市文化研究：第5辑·都市空间与文化想象》，上海三联书店，2008年，第174页。

外，大都是元代统治者新修筑的城市，在城市规划史上具有极其重要的地位，这点后文将会具体研究。大都和上都作为元朝的都城，城墙不但未被拆除，而且得到了多次修复，具体的修复情况参见表2—3。

表2—3 1284—1359年大都、上都城墙修筑情况

时间	地点	修筑概况	资料来源
至元二十一年（1284年）	大都	丙午，以侍卫亲军万人修大都城	《元史》卷十三《世祖十》
至元二十六年（1289年）	大都	雨坏都城，发兵、民各万人完之	《元史》卷十五《世祖十二》
至元二十七年（1290年）	上都	发虎贲更休士二千人赴上都修城	《元史》卷十六《世祖十三》
至元二十七年（1290年）	大都	丙申，发侍卫兵万人完都城	《元史》卷十六《世祖十三》
至元二十八年（1291年）	大都	雨坏都城，发兵二万人筑之	《元史》卷十六《世祖十三》
至元二十九年（1292年）	大都	癸亥，完大都城	《元史》卷十七《世祖十四》
至元三十年（1293年）	大都	雨坏都城，诏发侍卫军三万人完之	《元史》卷十七《世祖十四》
元贞二年（1296年）	大都	甲辰，修大都城	《元史》卷十九《成宗二》
元贞二年（1296年）	大都	以洪泽、芍陂屯田军万人修大都城	《元史》卷十九《成宗二》
至治元年（1321年）	上都	庚子，修上都城	《元史》卷二十七《英宗一》
至治元年（1321年）	大都	壬寅朔，修都城	《元史》卷二十七《英宗一》
至治二年（1322年）	大都	戊寅，修都城	《元史》卷二十八《英宗二》
至治三年（1323年）	大都	留守司以雨请修都城，有旨："今岁不宜大兴土功，其略完之。"	《元史》卷二十八《英宗二》
泰定三年（1326年）	上都	修上都复仁门	《元史》卷三十《泰定帝二》
致和元年（1328年）	大都	发卒修京城	《元史》卷三十《泰定帝二》
天历二年（1329年）	大都	辛巳，发诸卫军六千完京城	《元史》卷三十三《文宗二》
至顺二年（1331年）	大都	命枢密院调军士修京城	《元史》卷三十五《文宗四》

续表

时间	地点	修筑概况	资料来源
至正三年（1343年）	大都	戊辰，修大都城	《元史》卷四十一《顺帝四》
至正十年（1350年）	大都	壬午朔，修大都城	《元史》卷四十二《顺帝五》
至正十九年（1359年）	大都	庚申朔，诏京师十一门皆筑甕城，造吊桥	《元史》卷四十五《顺帝八》

资料来源：据宋濂等撰《元史》卷十三至四十五（中华书局，2000年）制成。

通过上表可知，至元二十一年（1284年）至至正十九年（1359年），大都和上都城墙的修复次数有近20次，其中以大都为多。由于大都的城墙为黄土版筑，加上北方雨季较为集中，因而排水防浸成为重要的问题，《元史》中就有多处"雨坏都城"的记载，上表中大都因雨而修城的明确记载有3次。元人在修筑城墙时采取了"苇城防水""土城蓑草"的做法，在城墙顶部沿中心线铺设半圆形瓦管，"以苇排编，自下砌上"，将整个土墙用苇遮盖起来，以防止雨水将土墙冲塌。对此，《析津志》中有记载："世祖筑城已周，乃于文明门外向东五里，立苇场，收苇以蓑城。每岁收百万，以苇编排，自下砌上，恐至摧塌，累朝因之。至文宗，有警，用谏者言，因废。此苇止供内厨之需。每岁役市民修补。"①

这种做法在一定程度上解决了土墙防雨的问题，故此法被使用了半个多世纪，但是到元中期后，"土城蓑草"的做法被废止，文献中不再有以苇蓑城的记载。

2. 黄河中下游地区的城市建设

黄河中下游的山西、河北、山东等地区是元朝的腹里地区，地位尤其重要。元代前中期，仍有关于这一区域部分城市城墙的保留和修复的记录。中书省的新城县、万泉县、石州、平阴县、邱县、肃宁县、鱼台县、任县、河津县，河南江北行省的汴梁路、延津县，陕西行省的岐山县、三原县等城镇都有较大规模的筑城活动。但是就有修城活动的城镇的数量和规模来看，其与元代毁城的数量和规模相比较是微不足道的。

3. 边境地区的城市建设

元代中期边境地区的城市由于军事等因素往往得到了新筑或修复。西北地区是元王朝平息诸王叛乱的前沿阵地和补给基地，长期有朝廷驻兵，故城市城墙也不断得到修筑和扩建，如沙州、瓜州、甘州等城镇都有此类活动，对此《元史》中有许多记载：

至元二十四年（1287年）七月，"以中兴府隶甘州行省，以河西爱牙赤所部屯田军同沙州居民修城河西瓜、沙等处。立阊鄘屯田"②。

---

① 于敏中：《日下旧闻考》卷三十八引《析津志》，载于王国华：《北京城墙存废记》，北京出版社，2007年，第28页。

② 宋濂等：《元史》卷十四《世祖十一》，中华书局，2000年，第202—203页。

至元二十六年（1289年）十一月，"甲寅，瓜、沙二州城坏，诏发军民修完之"①。

至元二十八年（1291年）五月，"发兵塞晃火儿月连地河渠，修城堡，令蒙古戍兵屯田川中以御寇"②。

大德三年（1299年）二月，"广和林、甘州城"③。

至大二年（1309年）八月，"中书省臣言：'甘肃省僻在边陲，城中蓄金谷以给诸王军马，世祖、成宗常修其城池。近撒的迷失擅兴兵甲，掠豳王出伯辎重，民大惊扰。今撒的迷失已伏诛，其城不修，虑启寇心。……'皆从之"④。

延祐三年（1316年）十月，"丁酉，修甘州城"⑤。

在西南地区，世祖至元二十二年（1285年）九月，"永昌、腾冲二城在缅国、金齿间，摧圮不可御敌，敕修之"⑥。

在播州，文宗天历二年（1329年）正月，"丁丑，四川曩加台攻破播州猫儿垭隘，宣慰使杨延里不花开关纳之"⑦。

上述材料表明，西南边境和南部边境的个别城镇也有修筑城墙的活动，但都属于特殊情况，如西南边境的永昌、腾冲、元江，南部边境的电白县、雷州路等，这些地区大多是边疆重镇或少数民族聚居的地区。

三、元代末期的战争与城市再次破坏

元朝末年，政治形势发生变化，一方面，由于各地起义风起云涌，许多城镇成为反元势力争夺的中心，城市居民大量逃亡，城池沦陷，城市经济陷入混乱；战争导致了城镇的再次破坏；另一方面，元代政府出于维持统治的需要，开始大规模地重建城池，以防御反元势力的进攻。除了官方修城外，地方势力以及割据各地的反元势力也有较多的筑城活动，在这种背景下，许多荒废已久的城池得到了一定程度的修复，但是城市人口、社会、经济、文化等方面的再次破坏却是不可忽视的。

（一）元末反元战争与城镇的再次破坏

有元一代，汉族民众一直反抗蒙古族的统治，各种起义也此起彼伏，"昔者王师伐宋，曾未数年，降其君臣，墟其庙社，已而遗民在在蜂起"⑧，加之元朝统治者长期以来推行阶级剥削和民族压迫政策，导致了社会矛盾的激化。最终"开河"

---

① 宋濂等：《元史》卷十五《世祖十二》，中华书局，2000年，第221页。
② 宋濂等：《元史》卷十六《世祖十三》，中华书局，2000年，第234—235页。
③ 宋濂等：《元史》卷二十《成宗三》，中华书局，2000年，第288页。
④ 宋濂等：《元史》卷二十三《武宗二》，中华书局，2000年，第348页。
⑤ 宋濂等：《元史》卷二十五《仁宗二》，中华书局，2000年，第389页。
⑥ 宋濂等：《元史》卷十三《世祖十》，中华书局，2000年，第188页。
⑦ 宋濂等：《元史》卷三十二《文宗二》，中华书局，2000年，第492页。
⑧ 邓绍基、周绚隆：《历代文选：元文》，河北教育出版社，2001年，第398页。

与"变钞"直接导致了元末起义的全面爆发和扩大,元朝的政权也正是因农民起义而终结。元朝末年割据各地的反元势力有:方国珍据台州,有浙东之地;韩山童等以白莲教扰乱江淮之间;张士诚起泰州,据高邮、平江,据浙西之地;刘福通起颍上,以韩林儿为帝,建国宋,都亳州;陈友谅据江州,有湖广及江西地;陈友定据延平,有闽海之地;何真据东莞,有广东诸地;明玉珍据成都,有四川之地;梁王及段氏,分据云南滇洱海之地。①

在元朝末年的大规模农民起义中,那些没有城墙的城市很难抵御农民军的进攻,大量城镇被农民军攻陷,城市建筑、经济遭到了较为严重的破坏,时人称:"至正十一年寇起淮南,自浙西、江东西、湖南北,以及闽、蜀地,凡城所不完者皆陷。"②(参见图2-2③)

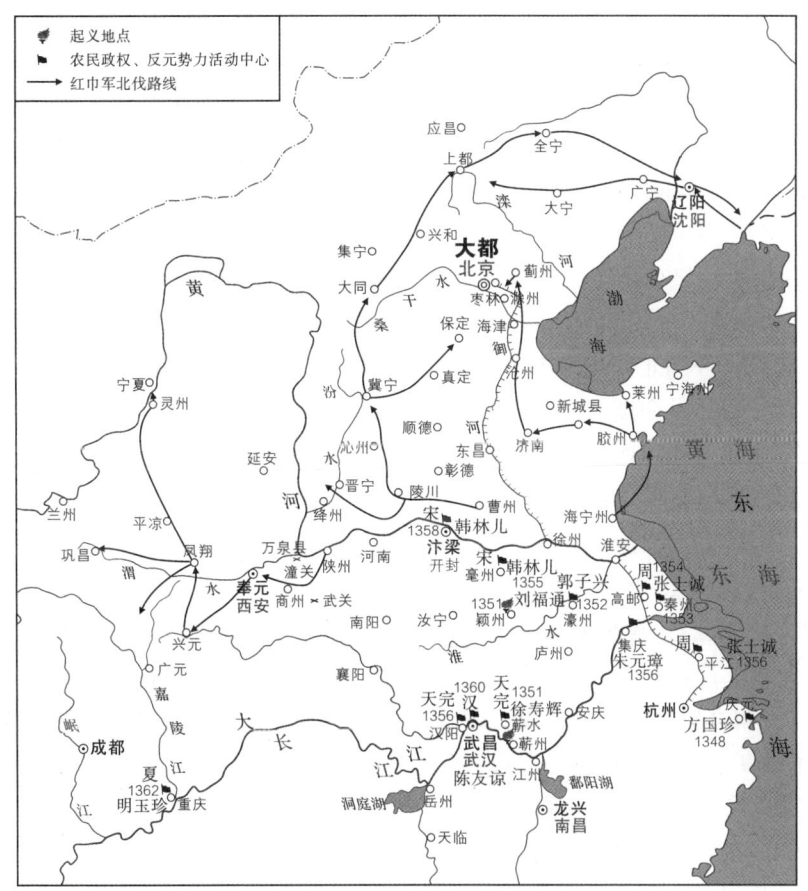

图2-2 元末农民战争形势图

至正十一年(1351年),刘福通起义后迅速发展势力,先后攻陷了亳州(今安

---

① 林达礼:《中华五千年大事记》,大孚书局,1982年,第173页。
② 胡时化修,魏豫之等纂:《合肥县志》下卷,万历元年刻本。
③ 周成华:《中国战争简史》,吉林大学出版社,2010年,第299页。

徽省亳县）、项城（今河南省沈丘县）、朱皋镇（今河南省固始县北）、罗山（今河南省罗山县）、真阳（今河南省正阳县）、确山（今河南省确山县）、汝宁府（今河南省汝南县）、息州（今河南省息县）、光州（今河南省潢川县）等城；同年八月，芝麻李（李二）与赵均用、彭早住等人领导的农民军攻占了徐州（今江苏省徐州市），后又占领了宿州（今安徽省宿州市）、睢宁（今江苏省睢宁县）、五河（今安徽省五河县）、虹县（今安徽省泗县）、沛县（今江苏省沛县）、丰县（今江苏省丰县）、安丰路（今安徽省寿县）、灵璧县（今安徽省灵璧县）等城镇；至正十一年（1351年）十二月起义的由布王三（王权）、张椿等率领的"北琐红军"攻占了邓州（今河南省邓州市）、南阳府（今河南省南阳市）、嵩州（在今河南省嵩县）、汝州（今河南省汝州市）、唐州（今河南省唐河县）、河南府（今河南省洛阳市）、滑州（今河南省滑县）等城镇；至正十二年（1352年）正月，孟海马等率领的"南琐红军"攻占了襄阳（今湖北省襄阳市），后又攻取了房州（今湖北省房县）、归州（今湖北省秭归县南）、峡州路（今湖北省宜昌市）、均州（在今湖北省丹江口市）、荆门州（今湖北省荆门市）等城镇。

在北方义军四起的同时，南方各地的红巾军也纷纷起兵反元，并且取得了很大的战果。至正十一年（1351年）八月，湖北的邹普胜、徐寿辉等人在蕲州（在今湖北省蕲春县）起义，十月攻克了蕲水（今湖北省浠水）。自至正十二年（1352年）正月始，义军先后攻克了汉阳（今湖北省武汉市汉阳区）、兴国（今湖北省阳新县）、武昌（今湖北省武汉市武昌区）、龙兴（今江西省南昌市）、沔阳（今湖北省仙桃市）、安陆（今湖北省钟祥市）、中兴（今湖北省荆州市）、瑞州（今江西省高安市）、袁州（今江西省宜春市）、吉安（今江西省吉安市）等城镇。

在反元的队伍中，方国珍、张士诚的势力较强，活动范围也较广。张士诚曾占据通州（今江苏省南通市）、常熟（今江苏省常熟市）。至正十六年（1356年）二月，其又攻陷了平江路（今江苏省苏州市）、湖州路（今浙江省湖州市）、松江府（今上海市松江区）、常州路（今江苏省常州市）等苏浙地区的重要城镇。

"高筑墙、广积粮、缓称王"的朱元璋的实力在元末起义中迅速壮大，经过安庆之战、江州之战、鄱阳湖之战、武昌之战、湖州之战、平江之战等关键战役，先后占据了镇江（今江苏省镇江市）、广德（今安徽省广德市）、长兴（今浙江省长兴县）、江阴（今江苏省江阴市）、洪都（在今江西省南昌市）、武昌（今湖北省武汉市武昌区）、襄阳（今湖北省襄阳市）、泰州（今江苏省泰州市）、高邮（今江苏省高邮市）、徐州（今江苏省徐州市）、湖州（今浙江省湖州市）、杭州（今浙江省杭州市）等重要城镇。其基本上统一了江南地区后，逐渐以北方地区城池为进攻重点，开始了北上伐元的战争，最终于至正二十八年（1368年）八月攻陷大都，彻底摧毁了元朝的统治。

元末的大规模反元战争给城市社会和经济带来了巨大的灾难，导致人口锐减，经济衰败，农民因战乱无法从事正常农业生产而致土地抛荒，商人因为动荡而无法正常经营，城市的基础设施、社会结构都遭到了重创，许多城镇在战乱中沦为废墟。对此,元人苏天爵曾言:"中原频年水旱,民力困弊,是岁夏秋大雨,河决曹、济之间,既而盗起青、徐,郡县多被其害。明年,民大饥,转死者相枕藉。"① 元末腹里地区,"至正十八年,京师大饥疫,时河南北、山东郡县皆被兵,民之老幼男女,避居聚京师,以故死者相枕藉……至二十年四月,前后瘗者二十万,用钞二万七千九十馀锭、米五百六十馀石"②。

明朝建立初期,中原地区的城镇已是一番人烟萧瑟的凄凉景象,"克复之地,悉为荒墟。河南提封三千馀里,郡县星罗棋布,岁输钱谷数百万计,而今所存者,封丘、延津、登封、偃师三四县而已。两淮之北,大河之南,所在萧条"③,"今燕赵齐鲁之境,大河内外,长淮南北,悉为丘墟,关陕之区,所在无几"④。

南方地区的城镇也不例外,淮河南岸一带"百姓稀少,田野荒芜。由兵兴以来,人民死亡或流徙他郡,不得以归乡里,骨肉离散,生业荡尽"⑤。元将褚不华守淮安时,"城中食且绝……城中饿者仆道上,即取啖之,一切草木、螺蛤、鱼蛙、燕鸟,及靴皮、鞍鞴、革箱、败弓之筋皆尽,而后父子夫妇老稚更相食,撤屋为薪,人多露处,坊陌生荆棘"⑥。信州"时军民唯食草苗茶纸,既尽,括靴底煮食之,又尽,掘鼠罗雀,及杀老弱以食"⑦。武昌"自十二年为沔寇所残毁,民死于兵疫者十六七,而大江上下,皆剧盗阻绝,米直翔涌,民心遑遑"⑧,"江南寇盗充斥,人死兵戈者十七八",⑨ 景象十分凄凉。

(二) 重筑城池:元代末期城市政策的转变

元朝末年,面对全国各地风起云涌的反元起义及大量城镇被农民军攻占的形势,统治者在竭力镇压的过程中,其城墙政策也发生了重要转变,开始由"毁城和不修城"的政策转为"重新修筑"城墙的政策。至正十二年(1352年)四月,"诏天下完城郭,筑堤防"⑩,全国各地开始大规模地修筑城池。

关于元代末年的城池修筑情况,文献中有大量的记载:

金华府城,"至正十二年,廉访副使伯嘉纳仍其故址重筑,厚二寻有四尺,高二寻有一尺,周一万七千七百九十尺,城旧门十一,后窒其三,今存门八"⑪。

婺州路城,"不测之变起乎仓猝,中区俶优,而旁州比县,民伪不宁,于是行

---

① 苏天爵:《滋溪文稿》,中华书局,1997年,第195页。
② 宋濂等:《元史》卷二百四《朴不花传》,中华书局,2000年,第3045页。
③ 宋濂等:《元史》卷一百八十六《张桢传》,中华书局,2000年,第2850页。
④ 宋濂等:《元史》卷一百八十六《张桢传》,中华书局,2000年,第2851页。
⑤ 《明太祖实录》,载于马渭源:《大明帝国·洪武帝卷》(上),东南大学出版社,2014年,第321页。
⑥ 宋濂等:《元史》卷一百九十四《忠义二》,中华书局,2000年,第2940页。
⑦ 宋濂等:《元史》卷一百九十五《忠义三》,中华书局,2000年,第2950页。
⑧ 宋濂等:《元史》卷一百八十六《成遵传》,中华书局,2000年,第2859页。
⑨ 杨镰:《全元诗》(第五十九册),中华书局,2013年,第195页。
⑩ 宋濂等:《元史》卷四十二《顺帝五》,中华书局,2000年,第608页。
⑪ 李国豪:《建苑拾英——中国古代土木建筑科技史料选编:第二辑》,同济大学出版社,1997年,第285页。

中书省用江东浙西列郡之请,俾治其故城而新之,以备非常。……凡城之役,起至正十二年春闰三月己亥,讫其年七月己酉"①。

绍兴路城,"至正十二年秋九月,越人筑新城,明年春三月告成。……城本宋南渡蕲王韩世忠之所筑……入我朝七八十年,驯至圮废。淮夷梗化,延祸于大江之南。狼籍州郡如无人之境,守封疆者始思城郭之所恃。……钱唐大方面,贼直抵行垣者,以城池之废也。始苏界常湖贼越门而去者,以城池之新固也"②。

平江路城,"世皇之一天下,以四海为家,六合为宫,不设险于区区之城郭也。至正十一年,红巾贼起汝阳。明年,浙东海寇烧劫昆山。是年,廉访宪司佥朝鲜李公巡案吴下,深惟平江赋役供国家经费什之七,郡无城郭,何以御寇?乃谋于监郡西夏六十公……经始于是年夏四月,毕工于秋八月"③。

合肥县城,"合肥之城久圮且夷,仓卒为木栅以守。……延白宣让王及其宪使高昌公议修其城,遂发公私钱十万贯,召富人之为千夫长、百夫长者,佣小民,相故所圮夷尽筑之。……自十三年二月朔戒事,九月毕"④。

清河县城,"《郡国志》:淮阴有城,旧城在大清河口,宋咸淳间李庭芝筑。元泰定间,河决城圮,县令耶律不花迁小清河口,无城。至元十五年,兵起筑土城,周六里,为门三"⑤。

桂林府城,"至正十六年冬十月甲子鸠工,军民就役者五千余人。自北而东,由南而西,城广袤三千七百丈……缭绕周回一十余里。起于东北宝积山连风洞,因山为城,增卑益高,筑女垣,建睥睨,各数十百丈……城门皆建楼阁,设闉阇……为'周庐五十三所'以庇风雨"⑥。

石城县城,"至正十一年,淮寇犯江右,由抚破宁都,至于石城。城无可守,官民荡析,焚劫几尽……于是度广袤,较崇卑。具桢干,储粮食。立工程,严征劝。创始于是年腊月,毕工于明年九月"⑦。

吴江县城,"梁开平间吴越王钱镠筑城,后废。宋嘉祐二年,县令裴煜复建南北二门。元至正十六年,张士诚据其地重筑,高二丈八尺,厚一丈五尺,周五里二十七步。陆门四,水门五,各以方"⑧。

太仓县城,"旧设木栅。元至正十七年,张士诚遣其将高智广筑。今城周十四里五十步,高丈,广三丈。门七:曰大东,曰朝阳,曰大南,曰大西,曰小西,曰大北,曰小北。门楼七,营铺六十有六,敌台二十有八,水门四,周有池,深一丈

---

① 黄溍:《黄文献公集·附录补遗》,中华书局,1985年,第293页。
② 李修生:《全元文》(41),凤凰出版社,2004年,第339页。
③ 李修生:《全元文》(38),凤凰出版社,2004年,第651页。
④ 左辅:《嘉庆合肥县志》,黄山书社,2006年,第596页。
⑤ 江苏省地方志编纂委员会办公室:《江苏省通志稿》(2),江苏古籍出版社,1993年,第617页。
⑥ 李修生:《全元文》(59),江苏古籍出版社,1998年,第105页。
⑦ 李修生:《全元文》(60),凤凰出版社,2004年,第653页。
⑧ 江苏省地方志编纂委员会办公室:《江苏省通志稿》(2),江苏古籍出版社,1993年,第612页。

五尺,广八丈六尺"①。

杭州路城,"至正十八年春,平章谒太尉曰:'钱唐东南重镇,地当冲要,城郭不完,其何以守?'……遂诣太尉,请出粟二十万石,以始兴筑。……经始于十九年七月三日,迄功于是年十月某日"②。

除了元代人的记载外,明代成书的许多文献中也保留了大量元朝末年修筑城池的资料,据李孝聪先生统计,明代方志中记载的元末修筑了城墙的城市有71座,③我们对《天一阁藏明代方志选刊》及《天一阁藏明代方志选刊续编》中关于元末筑城的记述进行了整理,见表2-4。

表2-4 明代方志中元末城镇筑城情况(部分)表

文献来源	卷次	筑城情况	出处
嘉靖江阴县志	一	至正十一年,兵起,始诏天下复缮治城郭,于是州人黄传摄州事,率乡民城之	天
嘉靖建宁府志	七	至正十二年,红巾入寇,守赵节因旧址修筑	天
嘉靖邵武府志	二	至正十二年,盗据其区,总管吴按摊不花复之	天
嘉靖赣州府志	五	至正癸巳兵起,监郡全普庵撒里重修	天
嘉靖瑞金县志	一	元至正癸巳,判官黄荣忠循故址修筑	天
正德琼台志	二十	(万州)因陈子瑚等寇侵,乃加石砌增广	天
嘉靖武定州志	附	(海丰县)城惟土,元至正丁酉,俞宝筑	天
嘉靖青州府志	十一	(临朐县)元至正十七年,盗起陷,益都党人李华自称右丞,据此修筑	天
弘治徽州府志	一	明年,元军克复,浙东道元帅沙不丁又新版筑	天
嘉靖昆山县志	一	元至正十七年,方国珍犯境,始筑土城御之	天
正德姑苏志	十六	(嘉定县)至正十六年,张士诚遣其将吕珍再筑	续
成化重修毗陵志	二	(江阴城墙)丁酉兵兴,乡民相率筑土城为保障	续

说明:1. 本表据党宝海的《元代城墙的拆毁与重建——马可波罗来华的一个新证据》[文载邱树森、李治安主编的《元史论丛》(第八辑),江西教育出版社,2001年]制作,内容较原文有所增加;

2. 表中出处栏"天"字代表《天一阁藏明代方志选刊》,"续"字代表《天一阁藏明代方志选刊续编》。

综合上述元代人及明代方志中关于元末筑城活动的记述,我们不难得出以下结论:

第一,就修城目的而言,面对全国农民起义四起及大量城池被攻陷的形势,元

---

① 江苏省地方志编纂委员会办公室:《江苏省通志稿》(2),江苏古籍出版社,1993年,第621页。
② 李修生:《全元文》(45),凤凰出版社,2004年,第303页。
③ 李孝聪:《历史城市地理》,山东教育出版社,2007年,第320页。

朝统治者的军事防御需求十分迫切。为了镇压、防御农民军的进攻,元朝统治者被迫改变了城墙政策,诏令重筑城池,在许多城镇或增筑城郭,或加固城郭,"贼直抵行垣者,以城池之废也""城郭不完,其何以守?""郡无城郭,何以御寇""俾治其故城而新之,以备非常"等记述都明显地印证了这一点。

第二,就修城的实施者来看,政府在元末的城池修筑活动中起到了主导作用,这是统治者出于维护统治的基本需要。同时,除了官方的修筑活动外,也有农民军的筑城活动,农民军首领攻陷城镇后,为了防御敌人和巩固势力范围,也对所占城池进行了修筑,例如张士诚就重修了苏州府、太仓县、吴江县、嘉定县等城镇的城池。此外,个别地区还有民间自发修城的事例。

第三,就修城时间来看,元顺帝重修城墙的诏令颁布于至正十二年(1352年)四月,元末的筑城活动也大多集中出现于至正十二年(1352年)之后,此时正是元代农民起义集中爆发并全面扩大的时期,这从侧面反映了当时元代统治者的军事防御需求。

第四,就实际筑城的数量来看,虽然元代官方诏令全国筑城,各路、府、州、县等不同级别的城市都确有城墙修筑活动,使许多荒废已久的城池得到了修复,但在战乱频发的大环境下,生产力遭到严重破坏,人力大量流失,加之元末经济衰落,地方财政多无力承担修城的巨额费用,导致城池的修复程度大小不一,因而全国实际进行了筑城的城市比例较小,相对数量并不多,根据成一农先生统计,元末修筑城墙的城市只有167座,在全国近1 500座地方城市中比例并不算很高(仅占1/10左右)。①不过,元末修筑了城墙的城市的规模还是远远超过了元朝初期、中期的规模。

第五,就元末修筑城墙的城市的地域分布来看,该行为并未遍及全国,地区性差异明显,主要集中在黄河中下游地区及东南沿海一带,以山东半岛和江浙地区为最。从行政区角度来看,主要在中书省、陕西行省、江西行省、江浙行省等地。虽然不能排除有史料保存上的偏差,但应认识到这些地区也正是元末反元势力最为集中、反抗程度最为激烈的区域,元朝统治者最终尝到了元初毁城政策的苦果。

纵观有元一代的城市发展,从城市建设角度来看,虽然政府在地方修筑了一定数量的城池,但是数量相当有限,故元代基本上可以被视作"毁城时代",但是需要注意的是,在不同阶段、不同地域和基于不同的政治军事需求,元代的城墙修筑出现了明显的时间差异性和空间差异性。有元一代,官方的城墙政策从早期的"毁城"到中期的"不修城"再到末期的"重修城",不仅反映了元代中央对地方城市控制能力的变化,也反映了蒙古统治者对待被征服地区城市的观念从"杀掠、破坏"到"实际占领"再到"长期经略"的转变。从城市发展的基本轨迹来看,元代的城市发展与封建时代其他王朝的城市发展一样,受到政治、军事、文化发展周期的制约,与元王朝的兴衰有着密切的联系:统一战争中,大量城市遭到了较为严重

---

① 成一农:《元代地方城市城墙修筑的历史地理研究》,载于孙逊、杨剑龙:《都市文化研究:第5辑·都市空间与文化想象》,上海三联书店,2008年,第168页。

的破坏；全国统一后，社会秩序逐渐稳定，统治集团采取了一系列的政治、经济措施，使城市赖以发展的农业基础得到迅速恢复和发展，加上全国交通网络的重构，促进了工商业经济逐渐繁荣，因而城市整体发展迅速，并走向兴盛；到元朝末年，政治腐败，各种社会矛盾凸显、加剧，反元势力四起，使城市遭到了再次破坏，发展进入低谷。

第二节　元代不同区域城市的恢复与发展

元代的城市建设是与统一战争同步进行的。为了加强对新征服地区的城市的控制，蒙古统治者对中原地区及南宋故地的城市破坏较为严重，实施了毁城甚至屠城的策略，但出于防御等军事目的，其在一些重要地区也新建了一批城镇。

元代政治趋于稳定后，统治者采取了一系列重振城市的措施：在经济上，在迅速恢复农业生产的同时，采取了重农不抑商的政策，使城市商业得到了迅速恢复；在对外政策上，实行对外开放，使国际贸易也趋于繁荣；加上开通运河、开辟海运航线、广修驿站，发达的交通网络为城镇的恢复提供了重要保障，使宋末元初遭到破坏的城市得到了不同程度的发展。

一、北方地区城市的发展

蒙古族虽然是马背上的民族，但并不是对城市不感兴趣，也并不是只会毁城、拆城。早在蒙古帝国建立初期，统治者就已经十分重视城市建设，可以说蒙古帝国建立的过程就是蒙古重要城市兴建和发展的过程，蒙古人在蒙古草原上相继兴建了和林、上都、集宁、应昌、德宁等规模较大的城镇。蒙古人在统一全国的战争中，也新建了一批军事城镇。蒙古人在北方地区的城市建设活动主要集中于两大区域：一是战事频发的地区，二是与南宋朝廷相持的江淮地区。

世祖忽必烈时期，为了镇压阿里不哥及西北诸王的叛乱，元政府曾在西北和北方地区的部分重要府、州进行了城墙修筑活动。这一时期修筑城墙大多是基于军事防御的需要，元朝以这些城镇作为据点，以图进取。《元史》载："（中统）二年……修燕京旧城。命平章政事赵璧、左三部尚书怯烈门率蒙古、汉军驻燕京近郊、太行一带，东至平滦，西控关陕，应有险阻，于附近民内选谙武事者，修立堡寨守御。"① 而早在太祖时北方地区就有修城活动，史载太原城"新破，哈剌拔都修城池，缮兵甲，招降属邑，市肆不改，远近闻之，皆相率来归"②。

西北诸王叛乱被平定之后，统治者在西北、北方边境诸地仍然屯有重兵，因而

---

① 宋濂等：《元史》卷四《世祖一》，中华书局，2000年，第51页。
② 宋濂等：《元史》卷一百九十三《忠义一》，中华书局，2000年，第2929页。

多城城墙得以修筑，其中许多城市的城墙至今仍得以保留，如中统二年（1261年）六月"城临洮"。元朝政府还对大都进行了多次修筑，至元四年（1267年）正月，"城大都"；至元九年（1272年）五月"辛巳，敕修筑都城，凡费悉从官给，毋取诸民，并蠲伐木役夫税赋"①。

宋元对峙时期，基于防御南宋进攻的需要，蒙古统治者在中原地区及江淮一带重要的府、州也有较多的城镇建设活动，如史载济南路、深州、邓州、冀州、光州、益都路、齐东县、肃宁县、南宫县、枣强县、英山县等城镇"筑城已备"（参见图2-3②）。关于这一点，史书中有大量的相关记载：世祖时，"宋遣兵攻虢之庐氏、河南之永宁、卫之八柳渡，帝言之宪宗，立经略司于汴，以忙哥、史天泽、杨惟中、赵璧为使，陈纪、杨果为参议，俾屯田唐、邓等州，授之兵、牛，敌至则御，敌去则耕，仍置屯田万户于邓，完城以备之"③。

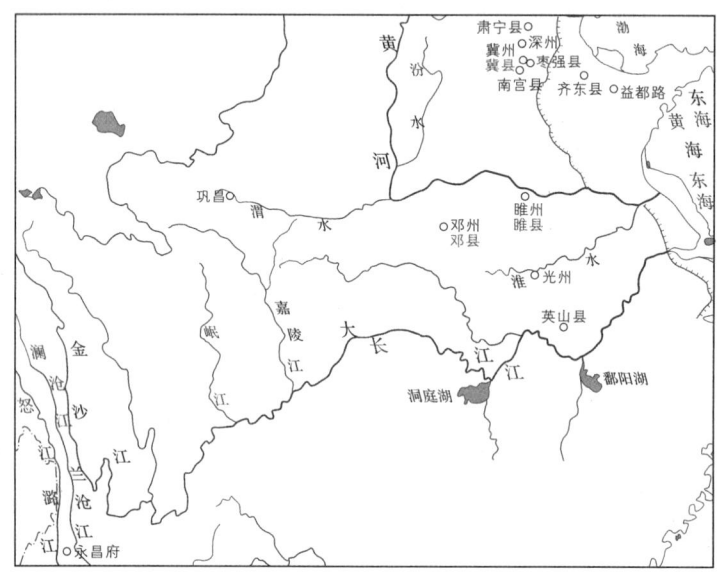

图2-3 元朝统一过程中的筑城示意图

又李璮作乱时，曾假借御宋之名，擅自修筑益都路城墙，此举引起元廷重视。李璮反叛后，元廷遂在济南等路广筑城墙以抵御其进攻：中统元年（1260年）"六月戊戌，诏燕京、西京、北京三路宣抚司运米十万石，输开平府及抚州、沙井、靖州、鱼儿泺，以备军储。以李璮为江淮大都督。刘太平等谋反，事觉伏诛，并诛乞带不花于东川，明里火者于西川。浑都海反。乙巳，李璮言：'获宋谍者，言贾似道调兵，声言攻涟州，遣人觇之，见许浦江及射阳湖兵船二千艘，宜缮理城堑以

---

① 宋濂等：《元史》卷七《世祖四》，中华书局，2000年，第94页。
② 成一农：《元代地方城市城墙修筑的历史地理研究》，载于孙逊、杨剑龙：《都市文化研究：第五辑·都市空间与文化想象》，上海三联书店，2008年，第170页。
③ 宋濂等：《元史》卷四《世祖一》，中华书局，2000年，第40页。

备。'……庚寅，李璮发兵修益都城堑"①。蒙古人占据华北地区之后，禁止诸路修置城壁，而李璮擅自发兵修筑益都城，以砖石筑墙，外掘深堑围之，这一举动是异乎寻常的。果然，中统三年（1262年）二月，李璮趁世祖亲征漠北策动叛乱，"己丑，李璮反，以涟、海三城献于宋，尽杀蒙古戍军，引麾下趋益都"②。李璮起兵后，元廷为防御李璮的进攻，广修城池，"帝下诏暴璮罪，发蒙古、汉军讨之。命水军万户解成、张荣实，大名万户王文干及严忠范会东平；知济南府事、都元帅张宏，归德万户邸浃，炮手元帅薛胜会滨棣；又命济南军民万户张邦彦、滨棣路安抚使韩世安修城堑，尽发管内民为兵，以备之"③；中统三年（1262年）二月"癸卯，诏发兵讨之。以赵璧为平章政事。修深、冀、南宫、枣强四城"④。又太宗时，"已而朝廷议分蒙古、汉军戍河南，以珍戍睢州，修城隍，明斥候，宋兵不敢犯"⑤。又元九年（1272年）十一月，"丁卯，太阴犯毕。城光州"⑥。

综合上述材料可知，与对城市的破坏相比，在蒙古人统一全国的过程中，新建城镇相对较少、范围也较小，或对原已残破的城墙进行修葺，或建新城，这样做一是出于与金、南宋作战以及平定叛乱的目的，且更多的是以军事防御目的为主；二是出于进一步扩张的目的，其以新占城镇为据点，扩大地盘，巩固周边，再图进取。从地域分布来看，修城活动主要集中出现在北方地区城镇以及江淮地区、中原地区城镇。除了以上几个地区外，其他地区的城镇则大多因为蒙金、宋元之间的战争而遭到较大的破坏。

元朝实现全国统一之后，对除都城以外大多数城市采取了"不修城"的政策，这主要是出于控制新征服地区城镇的目的。但"不修城"并不代表元朝统治者不重视城市的发展，当元朝政权巩固、社会秩序稳定之后，统治者开始重视经营城市，通过移民、屯田、交通建设、鼓励商业等措施，使城市的人口、经济得到了较快的恢复和发展。

都城因为其特殊而重要的地位，在元朝得到了迅速的发展，城市人口、经济迅速恢复。至元九年（1272年）以前，元朝都城为上都开平府，至元九年迁都大都城，"迁居民以实之"，城市户口数开始得到较快的增长，自至元元年（1264年）到至元十八年（1281年）的18年间，由4万户增加到近22万户，郊区的人口也得以增长。⑦元大都是当时的国际大都会，上都也是国内繁荣的商业城市，对此后文将有详细的论述。除了元大都、上都外，区域性的政治中心城市也得到了不同程度的恢复和发展。

---

① 宋濂等：《元史》卷四《世祖一》，中华书局，2000年，第45—47页。
② 宋濂等：《元史》卷五《世祖二》，中华书局，2000年，第55页。
③ 柯劭忞等：《新元史》卷二百二十二《李璮传》，吉林人民出版社，2005年，第3256页。
④ 宋濂等：《元史》卷五《世祖二》，中华书局，2000年，第55页。
⑤ 柯劭忞等：《新元史》卷一百四十三《王珍传》，吉林人民出版社，2005年，第2454页。
⑥ 宋濂等：《元史》卷七《世祖四》，中华书局，2000年，第96页。
⑦ 韩光辉：《辽金元明时期北京地区人口迁移研究》，载于中国地理学会历史地理专业委员会《历史地理》编辑部：《历史地理：第十一辑》，上海人民出版社，1993年，第169—180页。

开封曾是北宋的都城,金朝也曾迁都于此,其几度遭到破坏和重建,还险遭屠城,元灭金后,开封失去了都城的身份,城市遭到较大破坏,地位日益下降。蒙金战争的长期破坏使开封昔日都城的繁盛风采不复存在,元朝初年,开封城市一派衰落之景;加之元军"决寸金淀黄河,以灌南军",使开封城市建筑遭到严重毁坏,水陆交通陷入瘫痪;战争、瘟疫等致使城市人口锐减,工商业衰败,经济萧条;元朝初年,蒙古统治者甚至还将开封城市周围的农田改为牧场,使开封失去了农业经济的基础,这加大了城市经济恢复的难度。

随着元朝社会的日渐稳定,开封城市的经济等也开始慢慢恢复,至元十八年(1281年),忽必烈下令,将散居全国各地的回回炮手迁至汴梁屯田,并下令还牧归农,使汴梁城郊的农业生产逐渐恢复。其后,在至元二十七年(1290年)和仁宗延祐六年(1319年),元统治者先后两次对开封城进行了修筑,使城市面貌有了较大的改观。建制方面,至元二十八年(1291年),元朝设河南江北行省,开封成为汴梁路和河南江北行省的治所所在,因而经济逐渐有所恢复。到元中期,开封又成为经济发达的城市,马可·波罗到达汴梁地区时曾记述:"南京(Nanghin)是一大州,位置在西。居民是偶象教徒,使用纸币,臣属大汗,恃工商为活。有丝甚饶,以织极美金锦及种种绸绢。是为一富足之州,由是一切谷粮皆贱。境内有野味甚多,且有虎。有富裕之大商贾包办其所买卖商贷之税额,君主获有收入甚巨。"①

元代后期,贾鲁治河改善了汴梁城外部的水上交通条件,"天下四大镇之一"的朱仙镇的兴起给开封的城市发展带来了新的契机。朱仙镇成为开封的重要外港,开封城的进出货物皆在朱仙镇装卸发运,由此,开封的商品流通逐渐频繁,工商业逐步发展,城市经济也得到了迅速发展。

元代时,由于疆域空前辽阔,中原与西域、欧洲的陆上商路畅通无阻,于是西安(元称京兆府)、太原、涿州、济南、临清等黄河流域的城市在交通发展的带动之下,从战争的破坏之中重新繁荣起来。

"八川分流绕长安,秦中自古帝王州",西安曾是中国古代多个王朝的首都,后金人与蒙古人交战,西安城受战乱之祸严重,元朝时置安西路,后改为奉元路。西安是安西路的治所所在,军事地位重要,是控制西北和西南的军事重镇,在蒙古国时期其就被视作西北地区的政治中心;从交通区位看,西安是元代国内通往中亚的要津,往来的商人、教士络绎不绝;此外,西安气候温和,土壤肥沃,到处有川河、湖沼、泉源,自然条件极为优越,这些军事、政治、经济因素使得西安城市得到了迅速恢复和发展,工商业繁盛,物资丰盈,"凡人生之物,城中皆有,价值甚贱"。据统计,京兆、延安路、凤翔府在蒙哥汗二年(1252年)时有约4.8万户,然而至元十年(1273年)此二路一府有"诸色人户约六万户",增加了1.2万户,年平均增长率达10.6‰。②

---

① 冯承钧:《马可波罗行纪》,上海书店出版社,1999年,第335页。
② 葛剑雄主编,吴松弟著:《中国人口史》(第三卷),复旦大学出版社,2000年,第386页。

宁夏府路原称中兴府,于至元二十五年(1288年)设路。中兴府在蒙古与西夏的战争中遭到了巨大的破坏,元初统治者在中兴府采取了一系列的屯田、移民、兴修水利等措施,使农业、人口和城市均得到了一定程度的恢复。至元初年,董俊率民大兴水利,招抚逃民,省内各地"民之归者四五万",中兴府是兴修水利的主要地区,故归业的四五万户应有相当一部分居住于此。此后,还有一定数量的外来移民迁入。至元七年(1270年)十二月,原已迁入怀孟路的南方人1 800余户迁入中兴府及其所在的河西地区;八年(1271年),来自随州和鄂州的1 107户约1万余人迁入中兴府居住,十一年(1274年)其被编为屯田户;十二年(1275年)三月,4 800余户南方人迁入中兴府,朝廷设怀远、灵元2县安置之。①

冀宁路(今山西太原)是蒙古人较早占领的地区,其地处山西,山多土瘠天寒,农业、经济十分落后,正如《晋乘搜略》载:"山西土瘠天寒,生物鲜少,故禹贡冀州无贡物。……朱子以为唐魏勤俭,士风使然,而实地本瘠寒,以人事补其不足耳。太原以南多服贾远方,或数年不归,非自有余而逐什一也,盖其土之所有不能给半岁之食,不得不贸迁有无,取给他乡……"②太原当地人迫于生计,选择经商者很多,元代时太原虽遭破坏,但原有的商业基础较好,晋商仍十分活跃,元朝统治稳定后,太原的商业贸易迅速复兴。《马可波罗行纪》记载,元代太原"都城甚壮丽,与国同名,工商颇盛,盖君主军队必要之武装多在此制造也。其地种植不少最美之葡萄园,酿葡萄酒甚饶。契丹全境只有此地出产葡萄酒,亦种桑养蚕,产丝甚多"③。

济南路位于大都路与江南之间,在金末元初就曾遭到蒙古骑兵的践踏,李璮之乱时,济南城市又遭到了巨大的破坏。元初郭守敬修治水利,疏通了南北运河,重要的漕运码头临清、东平等都在济南附近,特别是济南的大清河和小清河在元代水运系统中扮演了重要的角色,因而济南的城市经济得到了空前的发展。我们通过商税的情况可以大致了解元代济南城市经济发展的情况,据《元史·食货二》,天历年间济南的商税额为12 752锭(每锭五十两)36两6钱,④而元代的商税一般是三十税一或四十税一,我们可粗略估算出济南每年的商业贸易额应在两千万两左右。其附近地区商税数额如下:

益都:9 477锭15两;

般阳:3 486锭9两;

德州:2 919锭42两8钱;

泰安:2 013锭25两4钱。⑤

---

① 葛剑雄主编,吴松弟著:《中国人口史》(第三卷),复旦大学出版社,2000年,第313页。
② 康基田:《晋乘搜略》,载于李希曾:《晋商史料与研究》,《晋乘搜略》,山西人民出版社,1996年,第149页。
③ 冯承钧:《马可波罗行纪》,上海书店出版社,1999年,第262页。
④ 济南市社会科学研究所:《济南简史》,齐鲁书社,1986年,第184页。
⑤ 济南市社会科学研究所:《济南简史》,齐鲁书社,1986年,第184页。

可见，济南的商税在这些城市中是最多的。

盐、铁收入是封建时代国家的重要财政来源，济南矿冶丰富，《元史》载："产铁之所，在腹里曰……济南……铁……在济南等处者，中统四年，拘漏籍户三千煽焉。……至至大元年，复立济南都提举司，所隶之监有五：曰宝成，曰通和，曰昆吾，曰元国，曰富国。"① 可见，元代的济南是重要的铁的采炼地。

济南还是元代山东地区重要的食盐集散地，至元初年岁办正、余盐 7 万引，后来增至 20 多万引，至大元年（1308 年）之后，增至 31 万引。盐商在济南一带营运，促进了济南商业、邸店、船舶等行业的兴盛。

综上，丰富的盐铁资源，加上水陆交通的发展，促进了济南城市的迅速发展，使其成为元代山东地区最大的商业城市。

二、南方地区城市的发展

宋末元初，南方地区城镇所历经的战乱较少，城市经济未遭到大的破坏，基本上保持了南宋以来的繁荣局面，且不少城市有了新的发展，因而到元中期，南方地区城市整体发展水平远远超过了北方地区城市。

元朝统一全国以后，除少数地区存在例外，南方大多数地区的人口开始得到恢复和发展。至元二十七年（1290 年），南宋故地有民 11 840 800 户，与南宋灭亡之年的 11 746 000 户相比，约增加 0.8%。这表明，经过了十余年的和平发展，南方地区的户数已达到南宋末年的水平。②

今南京在元代属于江浙行省，称建康路，天历二年（1329 年）改集庆路，统溧水、溧阳 2 州，上元、江宁、句容 3 县。自五代十国以来，南京虽然失去了"六朝古都"的优势，但作为南方的战略要地，一直受到封建王朝统治者的高度重视。

公元 1128 年，金兵攻占建康，大肆抢掠，城内建筑被焚烧殆尽。当时建康城内留下来的居民不到原来的 1/10，南宋政局稳定后，先后 4 次修筑建康府城，逐渐恢复了建康地区的商业市场，其城外有秣陵镇、淳化镇、靖安镇、金陵镇等 14 个商业繁荣的集镇。至元十二年（1275 年），元军占领了建康城，其后建康基本上保持了南宋以来的繁荣局面。在建康的市场中，除传统的商业活动继续存在外，由于北方所需的粮食大部分依赖江南供应，故商品粮上市量增多。其时地区间的商品流通也有所发展，建康与荆南、楚、闽、黔、蜀、岭北、岭南均有贸易往来。建康的手工业一直较为发达，元代时品种有所增加，生产水平也有所提高。此外，建康的养蚕业、丝织业、服饰业、军械制造业也都得到了相当程度的发展，极大地促进了市镇的繁荣。

扬州路位于长江、淮河、大运河等重要水系的交汇之地，"当水陆要冲，舟车

---

① 宋濂等：《元史》卷九十四《食货二》，中华书局，2000 年，第 1277—1280 页。
② 葛剑雄主编，吴松弟著：《中国人口史》（第三卷），复旦大学出版社，2000 年，第 386 页。

不绝",是元代江淮地区的经济中心。由于交通便利,元代扬州的商业空前兴盛,"况扬州大郡,买卖辐辏,巨商大贾之家,不可胜数"①,城中中外各地商贾、客旅汇集,从海外运来的珠宝奇货充满了市场。在整个元朝,地中海沿岸以及西亚的色目人大量来到扬州,或从军、或做官、或经商、或传教,许多人定居在扬州。

芜湖是长江中下游地区重要的商业城市。南宋时,芜湖港虽然是沿江的防御据点之一,但并未受到战争的直接破坏。元代初期社会安定,芜湖地区的农业、手工业、商业得到了较快恢复和发展,人口逾5万,超过了宋代,"民之受廛而居者,如星联繁聚,舟车之多,货殖之富,衣冠文物之盛,殆与州郡埒。他弗能比也"②。芜湖虽然仅为一县城,但规模已不下州、郡,经大运河、长江运来的货物都聚集于此,故其城市人口、规模迅速发展。元朝末年,因战乱,芜湖城市遭到了巨大破坏。

平江路(今江苏省苏州市)交通便利,是太湖一带重要的手工业生产中心和商贸中心,"京口东通吴、会,南接江、湖,西连都邑,亦一都会也。……川泽沃衍,有海陆之饶,珍异所聚,故商贾并凑"③,"为东南都会,富庶甲于天下。其列肆大贾,皆靡衣甘食"④。元代时,大运河的疏浚为苏州商业发展注入了新的活力。其地郡民从商者日多,四方商贾云集,"南海百蛮之入贡者,南方之数百郡之求仕者,与夫工艺贸易之趋北者,今日杭州而明日苏州。天使之驰驿而来者,北方中原士大夫之仕于南者,东辽西域幽朔之浮淮越江者,今日苏而明日杭,是故苏州为孔道"⑤。商品生产的发展又促进了苏州城市商业的繁荣和人口的集聚,南宋淳熙十一年(1184年)民户总数为173 040户,元代至元二十七年(1290年)为466 158户,到元末还不止此数。⑥ 其下辖的吴江、昆山、嘉定、常熟4县,由于人口的迅速增长,均于元贞元年(1295年)被升为上州。

元代时,得益于优越的自然地理条件,便利的水陆交通,沿长江和大运河众多原有的大中城市和集镇都得到了恢复,而对外贸易的兴旺使沿海城市诸如今广州、杭州、泉州、福州、宁波等得到迅速发展,城市人口众多、商业繁荣,后文中港口城市发展部分将对此有专门论述,这里不再赘述。

三、边疆开发与边疆城市的发展

有元一代,官方十分重视对边疆地区的治理和开发,开创了直接治理边疆的新

---

① 俞希鲁:《至顺镇江志》卷十三,江苏古籍出版社,1990年,第554页。
② 黄桂修,宋骧、郝煜纂:《康熙太平府志》卷三十七,载于鲍亦骐:《芜湖港史》,武汉出版社,1989年,第19页。
③ 魏徵:《隋书》卷三十一《地理下》,中华书局,2000年,第603页。
④ 杨循吉等著,陈其弟点校:《吴中小志丛刊》,广陵书社,2004年,第20页。
⑤ 李修生:《全元文》(7),江苏古籍出版社,1998年,第358页。
⑥ 李铭皖等:《光绪苏州府志》,载于李幹:《元代民族经济史》,民族出版社,2010年,第888页。

模式，在边疆地区屯田驻兵、设置管辖机构。元代的站赤也广泛设立于偏远的边疆地区，极大促进了边疆地区城镇的发展。从东北到漠北、西域、西藏、云南，这一半月形地带边疆的开发，正是元王朝的历史贡献。北疆的上都、和林等，青藏高原的拉萨，西南的中庆（昆明）和大理，东北的肇州都发展成为区域性的经济中心。

（一）蒙古地区草原城镇的发展

元朝统一全国为北部边疆地区的社会经济发展创造了有利的条件。北方的畜牧业、农业、商业、手工业都稳定地发展起来，蒙古草原上的城镇得到了前所未有的发展。蒙古草原是元朝的发祥地，因政治的需要而新建了和林、上都、集宁、应昌、德宁等规模较大的城市。蒙古统治者积极支持这些城市发展工商业，并且采取了免税、减税等措施，因此，这些居于交通要冲上的草原城市很快也成为新兴的工商业城市。

和林城（后改和宁）是漠北最大的城市，为岭北行省治所所在，也是蒙古国的早期都城和有亲王坐镇的军事重镇。早在成吉思汗时代，和林就是蒙古地区重要的商业中心，设有羊市、牛市、马市等。和林城由窝阔台于1235年主持修建，工程历时10余年，城市主体建筑以万安宫为中心，城内有诸王及各级官员府邸、教堂、寺院、仓库等主要建筑。和林城内有汉人工匠、回回商人各自的聚居区，在东西南北4个城门附近分别有专门的市场。在忽必烈迁都之前，和林城一直是各国使臣、中外商人和各色工匠、宗教界人士荟萃之地，是蒙古国的政治、经济和文化中心。大德三年（1299年）朝廷再一次扩建了和林城。从在和林遗址中发掘的物品来看，这座城市明显曾是商业、手工业的中心，但元代的和林城已失去了都城的地位，渐渐成为蒙古帝国的一座边陲城市。

上都（今内蒙古自治区锡林郭勒盟正蓝旗境内）城是漠南地区最大的城市，也是元代的两都之一。蒙哥汗六年（1256年）忽必烈命刘秉忠营建上都城，后赐名开平。元朝建都大都之后，世祖忽必烈改开平为上都，作为每年夏秋清暑的夏都。上都城由宫城、皇城和外城三城构成，皇城和外城周长共计十八九里。上都的建筑既有中原传统的形制，又有独特的蒙古风格。宫城内建有大安阁、水晶殿、穆清阁等宫殿；外城设有失剌斡耳朵，这是一种蒙古形制的帐幕式的宫殿；皇城是市区，设有许多官署、商肆，还有庙宇、佛寺、道观以及居民住宅。上都城内各种工匠司多达220余所，聚集着数千名工匠，政府曾设立匠局，派专员管理这些工匠。贸易活动方面，元代时大量的商人从汉地、中亚、西亚等地区聚集到上都，他们输出的商品主要是药材、皮毛、牲畜等，输入的商品则以粮食和其他日常生活用品为主。可见，政治地位的提升、官营手工业和商业的发展，推动了上都城的迅速发展。

称海（今蒙古国科布多东）是漠北西部的另一个重镇，因称海在此辟地屯田，筑城建库，遂以其名字为城名。此城是军事重镇，世祖忽必烈的太子真金与成宗皇侄海山汗曾统领和指挥诸王、大将镇守此城市。其城中有粮仓，居住着大量汉族工匠和农民。

丰州（今内蒙古自治区呼和浩特市）在金朝就有较多的人口，元代丰州地区的商业在辽、金两代的基础上有了更进一步的发展。《马可波罗行纪》中记载了元初丰州境内有不少环以墙垣的城村，居民多从事农牧业，并经营商业和手工业。手工业产品中，有用驼毛制造的各种毛毡，有的质地很细。元代时，丰州城内已经有了固定的商业区，诸如麻市巷、牛市巷、酪巷等。丰州人"善为商贾"，城内外还出现了不少喧嚣的市集，故城市商业有了进一步的发展。

漠南地区在统一战争中遭到严重破坏的城市为辽、金旧城，其到了元朝时逐渐得到了修复和发展，同时，在各投下领地中还出现了一批新的城镇。至元十年（1273年），弘吉剌部领主翰罗陈万户兴建了应昌城（在今内蒙古自治区克什克腾旗西北达来诺尔西），元贞元年（1295年）又兴建了全宁城（今内蒙古自治区翁牛特旗乌丹镇）。在汪古部领地内，金国曾经设立了天山县（今内蒙古自治区四子王旗）和集县（在今内蒙古自治区乌兰察布市集宁区东南），是与北边通商的榷场。元代将此2县分别升格为净州路和集宁路，并兴建了砂井城（今内蒙古自治区四子王旗红格尔苏木），作为砂井总管府的治所，又在黑水北岸修建了德宁城（今内蒙古自治区达茂旗北鄂伦苏木古城）。

集宁路位于大都和上都之间，为元朝腹地的重要行政中心和工商业城市，从目前在该城发掘的坩埚和炼铜、炼铁遗址及铁渣、灰烬来看，这里在当时已成为北方的手工业重镇。此外，宣宁、高州、惠河、恒州、平地、东胜等蒙古地区的中小城镇的工商业也较前代有所发展，人口有所增加。居于中西陆路交通要道上的今新疆境内的一些城市如阿力麻里、别失八里、孛罗等也因元代中西陆上贸易的发展而获得发展的机会。

元朝蒙古地区草原城镇兴起的原因主要有以下两点：

一是受战争需求刺激的官营手工业的发展直接推动了草原城市的发展。草原城镇的发展与元代统治者重用工匠有着十分密切的关系。在统一战争中，许多城镇被摧毁，百姓大量死亡，但是工匠一直被予以特殊照顾，被大量迁往蒙古，文献记载统治者将全部的工匠都拘括起来，让他们做各种私活，并不收赋税。元代大规模的扩张战争使军队对武器的需求量十分巨大，利剑、盔甲、战用铁车等都需要有专门的工匠生产。蒙古统治者为了满足战争需要，从各地大量俘掠工匠，在蒙古大汗和大臣的宫殿、府邸旁边集中设了手工业制造机构，主要生产武器、酒、宫廷用品等。除了军械制造业外，建筑、酿酒、雕塑、贵族生活用品等制造行业也汇集了大量工匠，使蒙古地区的酿酒、冶铁、土木工程、制造火药等行业都有较大的发展。因而，元代时在蒙古地区兴起了许多以手工业生产为核心的城镇。但是需要注意的是，这一时期蒙古地区的城镇手工业生产主要是为了满足贵族统治集团的需要而得以发展的，城市居民的生活改善程度十分有限。

二是交通的发展促进了草原城镇商业的兴盛，进而推动了城镇的发展。元朝统治者为了开拓北部边疆地区，大力发展驿路交通：早在成吉思汗时代，就修建了从漠北地区通往中原地区的驿路；窝阔台建都和林以后，设置了从和林到中原的驿道,每 70 里左右设 1 站,共设 37 站;元朝政府曾多次组织人力修整从岭北通往中原的驿道,使之更加完善。从内地通往岭北行省的驿路主要有帖里干、木邻、纳邻 3 条干线,途中设有大量站赤。站赤的设置使内地与北部边疆经济文化的交流更加密切,处于驿道节点的城镇也因此得到了长足发展。

（二）吐蕃地区城镇的发展

元代是西藏城市发展史上的一个重要转折时期,这一时期西藏地区正式成为中央政府辖下的地方行政区域,被统一纳入中央行政区划体系中,各级城镇也因政权的统一和交通的改善而得以发展。

元朝政府就吐蕃地区的管理进行了一系列的改革,采用了尊崇帝师、设立宣政院、设万户和千户等因地制宜的政策,很快确立了自己在吐蕃的统治地位。世祖忽必烈即帝位后,借助宗教的力量来治理吐蕃,构建了政教合一的全新施政模式。中统元年（1260 年）,世祖封八思巴为国师,至元六年（1269 年）又尊封其为帝师、大宝法王,即"普天之下,大地之上,西天佛子,创文字者,化身佛陀,护念国土者,诗词之王,班抵达帕思巴帝师"[1]。帝师不仅是佛教的最高领袖,也是吐蕃地区的政治首领,兼管地方各种世俗事务,"吐蕃之事悉听上师之教,不教于上师绝不下诏"[2]。历代帝师均由元代皇帝任命,以官员的身份管理吐蕃政事。

元朝政府在吐蕃地区建立了一套新的行政管理机构体系,官职和官员由中央政府规定、任命。在中央机构方面,至元元年（1264 年）忽必烈设立了总制院,命八思巴领之;至元二十五年（1288 年）改总制院为宣政院,负责掌管全国佛教事务和吐蕃地区的军政事务,由历任帝师兼领。宣政院下设宣慰使司都元帅府,是吐蕃的地方最高行政机关,共设有 3 处:其一,吐蕃等处宣慰司都元帅府,主管今甘青藏族聚居地区和四川阿坝及甘孜北部一带;其二,吐蕃等路宣慰使司都元帅府,主管今四川阿坝、甘孜大部地区及昌都部分地方;其三,乌思藏纳里速古鲁孙等三路宣慰使司都元帅府,主管卫、藏、阿里三围等地。[3] 各个宣慰使司之下又设置有若干的招讨司、安抚司、宣抚司、元帅府、万户府、千户所等多种地方行政机构,形成了以宣政院、宣慰使司、万户府为主体的三级行政管理体制,从而改变了吐蕃分裂时期混乱的地方行政管理体制。[4] 其中,万户府的设立对于吐蕃城镇的发展起到了重要的推动作用,元朝政府在乌思藏地区总共设置了 13 个万户府（参见表 2—5）。

---

[1] 五世达赖喇嘛,刘立千译:《西藏王臣记》,民族出版社,2002 年,第 94 页。
[2] 阿旺贡噶索南著,陈庆英、高禾福、周润年译:《萨迦世系史》,西藏人民出版社,1989 年,第 108 页。
[3] 苏晋仁:《元代对西藏地方的管辖和影响》,《民族研究》,1991 年第 6 期。
[4] 何一民、赖小路:《吐蕃元明时期西藏城市的兴衰》,《甘肃社会科学》,2013 年第 2 期。

表 2-5 元朝乌思藏地区 13 个万户府表①

万户府	驻地	辖境	《元史》中名称
拉堆洛	定日协嘎尔	今拉孜以西、雅鲁藏布江以南	无
拉堆绛	昂仁拉堆	今拉孜以西、雅鲁藏布江以北	无
霞鲁	日喀则夏鲁	今日喀则东南地区	沙鲁田地里管民万户
曲弥	日喀则曲美	今日喀则西南地区	出蜜万户
绛卓	南木林	今南木林一带	无
萨迦	萨迦	今萨迦一带	乌思藏田地里管民万户
雅桑	乃东亚桑	今山南泽当以东地区	牙里不藏思八万户
蔡巴	拉萨蔡贡塘	今拉萨东郊一带	搽里八田地里管万户
嘉玛	墨竹工卡甲马	今拉萨噶丹寺以东	加麻瓦万户
止贡	墨竹工卡直贡	今墨竹工卡东北	迷儿军民万户
达垅	林周	今林周一带	思答笼剌
帕竹	乃东	今山南泽当以南雅隆河东岸乃东一带	伯木古鲁万户
羊卓	浪卡子	今羊卓雍措一带	无

上表中吐蕃地区的 13 个万户府分布在后藏地区的有霞鲁、曲弥、萨迦、拉堆洛、拉堆绛、绛卓 6 个，分布于前藏地区的有 6 个，即雅桑、蔡巴、嘉玛、止贡、达垅、帕竹，前后藏之间有羊卓 1 个。以上 13 个万户府的所在地是藏族居民分布较为集中的地区，有些地方原本就是城市，有些是新的人口集中地，它们或是交通要冲，或是军事要地，元代中后期，许多发展成为具有一定规模的城镇。因此，13 个万户府的设置促进了吐蕃行政管理体系的初步建立，在一定程度上推动了吐蕃城市的发展。

元代政府将藏传佛教的萨迦派扶植成为其在吐蕃地区的代理人，宣政院、宣慰司、万户府等重要机构都被萨迦派集团控制。元廷还在吐蕃东部地区派驻了军队，保证了中央政府对吐蕃的直接控制。政教合一的管理体制对吐蕃地方的发展产生了深远的影响，宗教因素在吐蕃城镇的形成与发展中的影响程度大大加深。例如，萨迦城的兴起就与其成为萨迦派政教中心有重要的联系，《西藏史志》记载：萨迦位置在扎什伦布西南，为呼图克图住锡之地，传世最久。四川打箭炉一带土司之兵最信之，相传释迦出家于此，土地广阔，涉数百里。人烟稀少。居民不过数百户，喇嘛僧徒有千余人。不乏田禾水草；② 900 多年前，这一带叫作萨迦冲巴（冲曲河流

---

① 表据宋濂等撰《元史》卷八十七《百官三》及相关资料制成。
② 《西藏史志》（第 1 部），载于本书编委会：《中国边疆史志集成》，全国图书馆文献缩微复制中心，2005 年，第 29 页。

域灰白地的意思），自从创建萨迦寺后，地名也便直呼为萨迦。① 由此可见，萨迦最初仅为寺名，后因寺庙地位的提升而在周围筑起城垣，形成了城镇，萨迦也逐渐成了地名。除了萨迦外，早在11至12世纪就建成的热振寺、伯木古鲁的帖寺、术普寺、搽里寺、必力公帖寺、公塘寺、思答剌寺等以及元朝时扩建或新建的泽当寺等都有很大的发展。在各教派及土地主的领地之上，围绕着较大的寺院兴起了一批新的城镇，成为吐蕃各地的政治中心和商品交换的集散地等。

在设置行政机构的同时，中央政府十分重视站赤的建设，使吐蕃地区的交通也得到了迅速发展。世祖忽必烈曾下令：自萨迦以外，可视道路险易、村落贫富，选择适宜建立大小驿站之地，仿照汉地设立驿站之例，立起驿站来。② 其后，元朝政府在吐蕃地区根据人口多寡、区域位置及村落贫富情况等仿照汉族地区的例子设立了数十个站赤，"乌思藏等除小站七所勿论，其大站二十八处"③。元代吐蕃较大的站赤情况参见表2-6。

表 2-6　元代吐蕃地区较大站赤一览表④

地　区	较大站赤
后藏地区	萨迦大站、春堆大站（今日喀则市东南甲措乡之夏鲁）、达尔笼大站（今日喀则西南曲美乡）、达克大站（今南木林县境内）
阿里地区	古格小站（今噶尔县门士乡）、玛法木（今普兰县霍尔乡）
前藏地区	果白驿站（不详）、索克驿站（今那曲市索县）、噶热驿站（拉萨以北）、夏颇驿站（不详）、孜巴驿站（不详）、贡驿站（今山南市乃东区的雅桑）

由于自然地理及人口等因素的差异，与内地相比，吐蕃地区的站赤有着自己的特征。一是吐蕃地区的站赤间的距离较远，站赤的规模也要远小于内地站赤。在内地，一般每40或50公里便设有一处大站，大站之间每隔5公里设有小站；而吐蕃各个大站赤之间的距离，"近者不下三五百里"，小站之间的距离也往往有百数十里至200余里。⑤ 除了较大的站赤外，有部分站赤是设在远离集镇的地方的，设施简陋，主要起的是中转作用，因而规模不大，站户不过百余人。二是吐蕃地区的站赤与地方行政建置关系密切，元朝在吐蕃地区推行乌拉制度，以保障驿路的物资供应和服役人员充足。蒙古统治者将支应站赤的差役分配至各个万户府，规定站赤的生活生产资料主要由邻近地区的居民支应，《汉藏史集》载："止贡万户三千户人家支应果白站。甲域万户二千六百五十户人家，再加蔡巴轮值的三百五十户，共三千户人家支应噶热驿站。甲玛万户的二千六百五十户人家，加上蔡巴万户的三百五十

---

① 日喀则地区文史资料编辑委员会：《日喀则地区文史资料选辑》，西藏人民出版社，2006年，第25页。
② 达仓宗巴·班觉桑布著，陈庆英译：《汉藏史集》，西藏人民出版社，1986年，第168页。
③ 《永乐大典》卷一万九千四百二十一《站赤六》，中华书局，1984年，第7231页。
④ 祝启源、陈庆英：《元代西藏地方驿站考释》，《西藏民族学院学报》，1985年第3期。
⑤ 祝启源、陈庆英：《元代西藏地方驿站考释》，《西藏民族学院学报》，1985年第3期。

户，共三千户人家支应索克驿站。帕竹万户的二千四百三十八户人家，加上称为萨达的思答笼的五百户人家、拉巴的六百户人家负责支应孜巴驿站。朱囚岗、喀热主巴等地民户以及扎玛塘巴二百户、沃卡的四户（疑为四百户之误）总称为萨达，支应夏颇驿站。从拉达以上的其他的达拢万户的人家称为萨达，附属于后藏的加于后藏民户中。雅桑万户的三千户人家支应贡地方的驿站。"① 可见，较大的站赤往往由数千户人家支应，而小站则只有数十或百余户支应，这与站赤所处的地方行政机构的建置级别是一致的。站赤设有甲姆本（站官）管理相关事务，督责当地居民应差及供应其他物品，这说明了中央政府将吐蕃地方的管理与站赤的管理联系在一起，通过站赤加强对吐蕃的控制成为统治者施政的重要方式之一。

元廷在内地与吐蕃地区之间开辟了乌思藏、朵甘思、朵思麻3条驿路，大小站赤分设其中，加强了吐蕃地区与内地的政治和经济联系，促进了吐蕃城镇的初步发展。

其一，设站赤之地成为区域商业贸易的集散点，游牧民、农民多携土特产品在此交换他人的产品，当地和外来的商人也在此交易，一些大的站赤商贸十分繁荣。例如春堆大站曾是著名的贸易市场，其他地区市场的货物售价常常以此地的价格为参考标准，各地商人云集，过往人员络绎不绝。吐蕃地区的氆氇、酥油、葡萄酒、硫黄、青稞、西天布等贡品以及赋税都经由驿道运出。与内地一样，吐蕃地区的农牧民常常兼营家庭手工业，他们生产羊毛制品等，除满足自己的需要之外，也将剩余的部分同内地商人进行交易。藏族居民爱饮茶，故茶叶是外地商人运往藏族聚居地区的主要货物。明初的史料记载："秦蜀之茶，自碉门、黎、雅抵朵甘、乌思藏，五千余里皆用之。其地之人，不可一日无此。"② 除了茶叶外，输入藏族聚居地区的商品还有各种丝织品、布匹、铜器、瓷器及各种日常用品等等。吐蕃地区内销的货物有牲畜、毛织品、农畜产品、皮货、药材等。

其二，站赤和驿道的建设密切了城镇之间的联系。一方面，就区域内部来看，吐蕃地区的前藏、后藏、阿里等地区设有较多的大、小站赤，站赤将区域内的城镇连接了起来，使各地间的经济交流更加密切；另一方面，从外部交流方面看，元朝统治吐蕃后，在汉藏毗邻的地区继续保持着传统的"茶马互市"，并在部分城镇设立了专门的榷场，如1277年在黎州、碉门设立榷场。驿道的建设进一步密切了吐蕃地区与内地的政治、经济联系，许多吐蕃官员、僧侣陆续来到内地，将内地的货物及统治者的赏赐经由驿道运往藏地，同时，驿道之上的商贸活动日趋频繁，出现了专务贸贩的商人，商品的来源地和品种也大大增多。

尽管吐蕃地区的站赤在功能、规模等方面逊于内地站赤，聚集人口的能力也较弱，但毕竟其是从无到有，在加强吐蕃地区各城镇之间以及各城镇与外部城镇之间的联系方面也起到了重要的作用。同时，元代在吐蕃实行政教合一的管理模式，在

---

① 达仓宗巴·班觉桑布著，陈庆英译：《汉藏史集》，西藏人民出版社，1986年，第185页。
② 姚广孝等：《明太祖实录》卷二百五十一，北平图书馆红格本。

加强了对吐蕃的管理的同时也促进了以寺院为中心的城镇的新发展。此外，以宣政院、宣慰使司、万户府为主体的三级行政管理体制也推动了元代吐蕃地区城镇体系的初步形成。

第三节 运河、港口城市的发展

元朝时南北方地区的城市都得到了不同程度的恢复和发展。统治者出于控制北方地区的需要，使全国的政治中心与经济中心在空间上出现了较大的南北脱离，因而维系分属北方与南方的政治中心与经济中心的交通路线成为重中之重。在生产力水平相对较低的传统社会，水路交通有着陆路交通所不可替代的作用。作为政治中心的大都、上都均位于北方地区，规模庞大的行政机构以及军队、居民所需要的物资、粮食等则主要依赖于江南地区，因而南粮北运成为关乎元代统治稳定和都城正常运作的关键问题。为了解决这一问题，元代政府在原有运河的基础之上重新疏通了贯通南北的大运河，同时还致力于发展海运事业。运河的开通和海运的发展，不仅繁荣了沿线的传统城市，还带动了一批新的运河城市和港口城市的兴起。

一、元代的运河与城镇发展

（一）元代运河的发展

中国古代历史上曾有许多修筑运河的事例，著名运河如春秋战国时期楚国的荆汉运河、巢肥运河，吴国的古江南河、百尺渎、邗沟、菏水运河，齐国的淄济运河，魏国的鸿沟以及秦朝的灵渠、汉代的关中漕渠、阳渠、白沟、泉州渠、平虏渠、利漕渠、新河，隋代的大运河等等，它们对沿线各地的社会经济发展都起到了积极的作用，极大地带动了沿线城镇的发展。

宋代对大运河的开发和经营的过程十分曲折。北宋时汴河淤塞而不能通航；南宋时由于金朝的南侵，扬州至淮安的运河也一度遭到了破坏。由于政权对立，南北阻隔，整个宋代大运河的作用并未得到有效发挥，只有江南运河得到了一定程度的利用。

元朝时，大都成为全国的统治中心，"去江南极远，而百司庶府之繁，卫士编民之众，无不仰给于江南"①，元朝岁入税粮的54%都来自江南3省。为了运输江南粮米，开通大运河势在必行。

元朝初期，朝廷曾利用隋唐的运河旧道将税粮通过水陆联运由江南运至大都，路线大致为：由长江入淮河，再逆黄河而上达中滦旱站，再陆运至淇门，入御河再

---

① 宋濂等：《元史》卷九十三《食货一》，中华书局，2000年，第1569页。

水运至大都。这条运输线路曲折迂回，不仅运输时间较久，而且成本颇高，极为不便，因而元朝政府开始着手修凿大运河。

元代的大运河全长3 000多里，主要分为以下各段：由北京至通州的通惠河；由通州南入大沽河、西南连接御河的通州运粮河；由天津至临清、连接会通河的御河；由临清至东平路安山、连接济州河的会通河；由安山至济州、连接泗水的济州河；由黄河至扬州入长江的扬州运河；由镇江经苏州、嘉兴二城至杭州的江南运河（参见图2-4①）

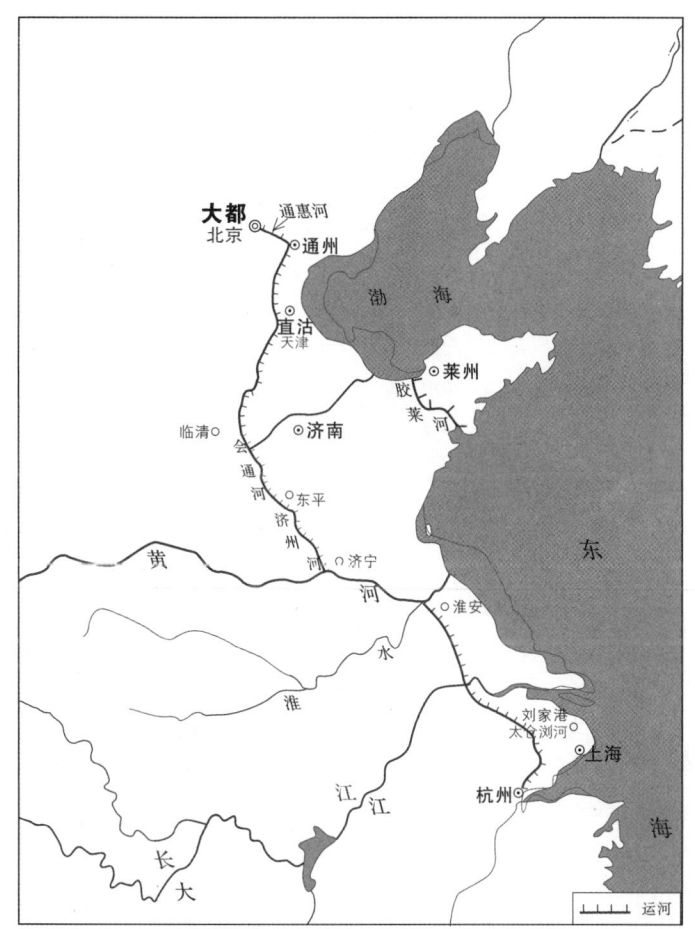

图2-4　元代运河图

（二）元代沿运河城镇的发展

交通运输的发展是城镇形成和发展的必要条件。元代大运河的修凿为南北地区经济和文化交流提供了便利的条件，带动了人口、资源的流动与聚集，每年数以万计的船舶运输的粮食、商品为沿岸地区城镇带来了大量的人气和商机，催生了一批

---

① 林丙义：《中国通史》（上册），高等教育出版社，1996年，第267页。

作为集散中心的新兴城镇。

大运河的全线贯通将黄河、淮河、长江、钱塘江四大流域连接起来，实现了国家政治中心城市和经济中心城市的联系，还促进了东部沿海地区城市的发展，改变了整个中国城市的分布格局（参见图2-5①）。

位于大运河两端的大都、杭州分别是元代北方、南方地区最大的城市，也是大运河流域最重要的商业城市。在运河沿线，伴随着漕运的繁荣，今嘉兴、苏州、无锡、常州、镇江、扬州、淮安、淮阴、宿迁、徐州、济宁、聊城、临清、德州、沧州、天津等等一大批城镇也迅速发展起来，与原来已有的商业城镇共同形成了一条以大运河为轴线的运河城市带。

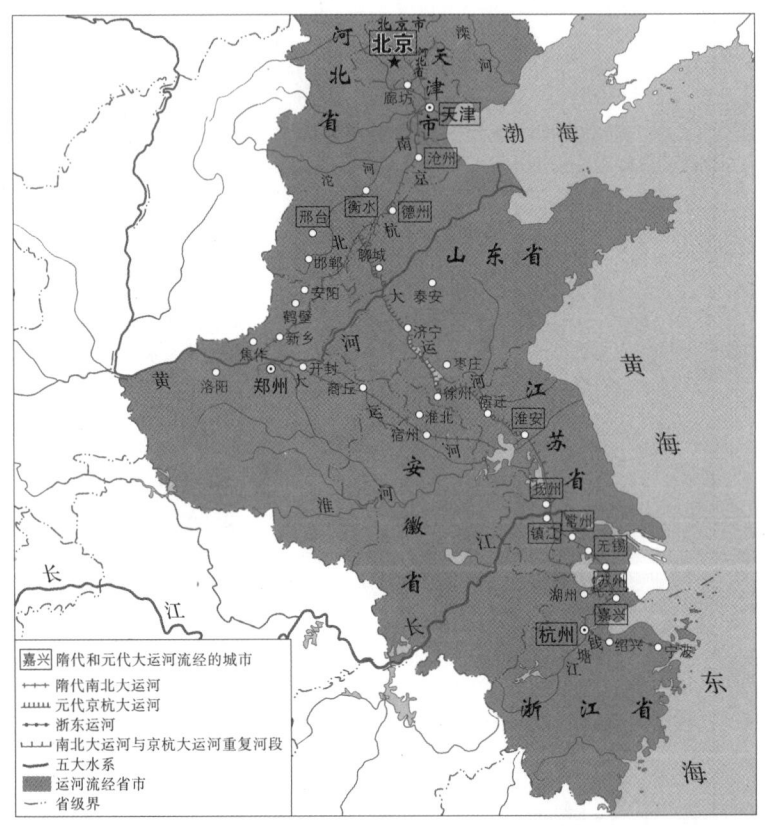

图2-5　隋代和元代大运河流经的主要城市分布图

通过考察图2-5可以发现，元代受到大运河漕运影响最大的城镇主要分布在长江以北地区，例如，今北京、天津、沧州、德州、聊城、济宁、泰安、枣庄、徐州、宿迁、淮安等都在长江以北。

运河沿线城市主要有两种类型：一是政治、经济、文化的中心城市或军事重镇，如今北京、天津、杭州等。统治者开通大运河的最主要目的是加强这些地区之

---

① 张金池等：《京杭大运河沿线生态环境变迁》，科学出版社，2012年，第224页。

间的经济联系，这些城市原本经济基础就很好，运河通航后促进了这些城市的进一步发展。例如，今天津为当时河、海漕运的交通枢纽，元代重开大运河和开展海运，使天津成为京师门户，其地南北漕船会聚、商贾云集，延祐以后，每年从江南运至京师的漕粮多达300万石，这使天津呈现出"晓日三岔口，连樯集万艘。转粟春秋入，行舟日夜过"的繁荣景象。① 二是新兴的作为中转集散地的城镇。漕运的兴盛促进了区域之间的人员流动和商品流通，漕运的中转地逐渐成了商品的集散地，后逐渐演变为城镇。例如，今山东的济宁、临清、德州等在当时都是因漕运而兴起的新城镇。会通河开凿之后，临清的地位也迅速提高，由一小村镇发展为北方地区的重要内河港口；地处河漕"要害之冲"的济宁则迅速崛起，由一普通县城发展为当时全国著名的工商业大城市之一，至元年间，济宁的漕船多达3 000艘，役夫达2 000多人，②"万商往来，四海绵历，实泉货之橐龠，为英髦之咽喉"③，元代政府还曾在济宁设立漕运司等管理机构，专管山东、河南漕运事宜。

需要注意的是，漕运为沿线城镇带来的繁荣，从长时段来看并不稳定，这类城镇对于漕运过分依赖，属于转口型贸易城镇，普遍没有坚实的生产力和良好的经济环境作为发展的基础，因而其发展不可避免地会因漕运的兴衰而起伏，漕运的消亡也往往会导致城镇的衰落。例如，今淮安、济宁、临清、德州等城镇，在漕运兴盛时期都曾呈现出一派繁盛的景象，但它们缺乏坚实稳定的经济基础，后都伴随着漕运的衰落、运河的淤废而迅速衰落，只有有较好经济基础的苏州、杭州等城市才避免了与之同样的历史命运。

此外，我们还应关注的是，元代大运河的开凿在历史上也有一定的负面影响。例如大运河的开通破坏了沿途的自然生态系统，造成了一些新的灾害；同时，为了保证漕运的畅通，往往会牺牲沿途的农业灌溉，对沿途的农业经济造成了一定的负面影响。

二、海运发展与港口城市

（一）元代的海疆区划

元朝的中国不仅陆地疆域广袤，海疆也十分辽阔，拥有漫长的海岸线，东北起鄂霍次克海，西南至北部湾，濒临日本海、鄂霍次克海、渤海、东海、黄海、南海等，如此长的海岸线在前代是未见的。中国地方区划在元代发生了显著的变化，元代统治者创立了行省制度。元朝的行省及中书省有相当一部分位于沿海地区，沿海的城镇数量众多（参见表2—7）。

---

① 来新夏：《天津历史与文化》，天津大学出版社，2013年，第76页。
② 董文虎等：《京杭大运河的历史与未来》，社会科学文献出版社，2008年，第169页。
③ 刘玉平、高建军：《运河文化与济宁》（下册），中国社会出版社，2012年，第500页。

表 2-7 元代沿海路、州统计表

省别	沿海路、州	临海辖区
辽阳行省	开元路	最初设于黑龙江沿岸，后来移至辽宁开原，濒临日本海
	辽阳路	辖地位于辽东半岛，该路三面环海
	合兰府水达达路	辖地位于松花江下游、黑龙江下游及乌苏里江流域直至滨海一带
	广宁府路	治所位于今辽宁省北镇市，所辖闾阳县临海
	大宁路	治所位于今内蒙古自治区宁城市，所辖锦州、瑞州临海
中书省	永平路	治所位于卢龙，所辖乐亭、昌黎等县临海
	大都路	所辖永清县等临海
	河间路	所辖清州、沧州临海
	济南路	所辖无棣、渤海、阳信、利津等县临海
	益都路	所辖北海、昌邑等县临渤海，即墨、胶西、日照等县临黄海
	般阳府路	所辖登州、莱州等濒临渤海及黄海
河南江北行省	淮安路	所辖安东、海宁2州及赣榆、盐城、朐山3县临海
	扬州路	所辖通州、崇明州、海门县、如皋县临海
江浙行省	平江路	所辖嘉定、昆山诸州临近长江口
	松江府	所辖上海、华亭2县临海
	嘉兴路	所辖海盐州临海
	杭州路	所辖海宁州、钱塘县临海
	庆元路	所辖象山、定海、鄞县3县临海
	台州路	所辖黄岩州及临海、宁海2县濒海
	温州路	所辖瑞安、平阳2州及乐清、永嘉2县临海
	福州路	所辖福宁州及长乐、闽县、连江、侯官4县临海
	兴化路	所辖莆田等县临海
	泉州路	所辖同安、惠安、晋江3县临海
	漳州路	所辖漳浦县临海
江西行省	潮州路	所辖潮阳、海阳2县临海
	惠州路	所辖归善、海丰2县临海
	广州路	所辖番禺、南海、香山、新会、东莞5县临海
	南恩州	所辖阳江县临海
湖广行省	高州路	所辖茂名县临海
	化州路	所辖吴川县临海
	雷州路	所辖徐闻、海康2县临海
	廉州路	所属合浦县临海
	钦州路	所辖安远县临海

资料来源：本表据赵成国主编《中国海洋文化史长编·宋元卷》（中国海洋大学出版社，2011年，第37页）制成。

通过上表可以看出，元代沿海路、州数量众多，达33个，从具体分布来看，以江浙行省为最多，有11个，中书省次之，有6个，辽阳行省和湖广行省各有5个。如以县为基本单位进行统计，数量则更多。元代实现大一统后，为了满足北方地区城市的粮食等需求，一方面，开辟了数条国内航道，运送南方的粮食等至大都；另一方面，元代统治者十分重视对外交往，使海外贸易在元代获得到了长足发展。东部沿海的许多城镇就是凭借着海运、海上贸易而获得了迅速发展的机遇，例如广州、福州、温州、杭州、扬州等城市都发展为当时重要的港口城市，登州、莱州等中小城镇也因海运而繁荣起来。

（二）元代的海运航道与运力

粮食供应对于城市的生存与发展至关重要。江南地区是元代粮食的主产区，元代北方部分城市的粮食主要靠江南地区供应，但"元都于燕，去江南极远"。因此，元代政府为了联系北方的政治中心和南方的经济中心，重新开通了大运河。这一措施虽然在一定程度上满足了南北运输的需要，但是由于运河曲折淤塞、内河航运的运力有限等诸多因素，粮运问题并未得到彻底解决，故而元朝政府开始寻求开辟海运航道，传统的内河航运也逐渐退居次席，对此，《元史》曾有记述："时江东宁国、池、饶、建康等处运粮，率令海船从扬子江逆流而上。江水湍急，又多石矶，走沙涨浅，粮船俱坏，岁岁有之。又湖广、江西之粮运至真州泊入海船，船大底小，亦非江中所宜。于是以嘉兴、松江秋粮，并江淮、江浙财赋府岁办粮充运。海漕之利，盖至是博矣。"①

元朝初期的江南粮食北运方式以河运为主，海运并未得到重视。在丞相伯颜的力谏下，元朝政府任命朱清和张瑄督办海运事宜，后于至元二十四年（1287年）设立了专门掌管海运的机构——行泉府司，"二十四年，始立行泉府司，专掌海运，增置万户府二，总为四府。是年遂罢东平河运粮。二十五年，内外分置漕运司二。其在外者于河西务置司，领接运海道粮事。二十八年，又用朱清、张瑄之请，并四府为都漕运万户府二，止令清、瑄二人掌之。其属有千户、百户等官，分为各翼，以督岁运"②。朝廷还在大都设立了京畿都漕运使司，主要负责将前司接纳的粮食物资运赴大都的各仓。

元代的海运主航线经过了几次变更，《元史·食货一·海运》记载："初，海运之道，自平江刘家港入海，经扬州路通州海门县黄连沙头、万里长滩开洋，沿山岙而行，抵淮安路盐城县，历西海州、海宁府东海县、密州、胶州界，放灵山洋投东北，路多浅行，行月馀始抵成山。计其水程，自上海至杨村码头，凡一万三千三百

---

① 宋濂等：《元史》卷九十三《食货一》，中华书局，2000年，第1570页。
② 宋濂等：《元史》卷九十三《食货一》，中华书局，2000年，第1570页。

五十里。至元二十九年，朱清等言其路险恶，复开生道。自刘家港开洋，至撑脚沙转沙觜，至三沙、洋子江，过匾担沙、大洪，又过万里长滩，放大洋至青水洋，又经黑水洋至成山，过刘岛，至芝罘、沙门二岛，放莱州大洋，抵界河口，其道差为径直。明年，千户殷明略又开新道，从刘家港入海，至崇明州三沙放洋，向东行，入黑水大洋，取成山转西至刘家岛，又至登州沙门岛，于莱州大洋入界河。当舟行风信有时，自浙西至京师，不过旬日而已，视前二道为最便云。"①

　　根据上面的史料，我们可以了解元代海运主航道的大致情况：第一条海运线路从刘家港（今江苏省太仓市浏河镇）起航，经海门县的黄连沙头（今江苏省启东市东部海域）、万里长滩（今江苏省南通市如东县东部，部分已为陆地）、盐城县（今江苏省盐城市）、海宁府（今江苏省连云港市西南），再经今山东半岛附近的密州（今山东省诸城市）、胶州（今山东省青岛市胶南区）、灵山洋（当指今山东省青岛市胶南区以东海域）、东北绕过成山（今山东省威海市荣成市成山镇），然后西北斜穿渤海入界河口（今海河口），最后沿界河上行至终点杨村码头（在今天津市武清区）。这条航线离海岸较近，共计13 350里，耗时较长，沿途浅沙甚多，航行不便，且多危险。第二条航线即至元二十九年（1292年）开辟的新航道，自刘家港开洋出发，转过撑脚沙（在今江苏省常熟市）至三沙、洋子江（今上海市崇明区西北，如今大部分已为陆地），东北至匾担沙大洪（在今江苏省启东市东南，今已成陆地），再经万里长滩往东北行1 000里达青水洋，再至黑水洋（指东海），然后绕过成山入渤海，最后到达直沽（今天津市内狮子林桥西端）。这条航线避开了多浅沙的近海，而且利用了西太平洋自南向北的黑潮暖流，大大缩短了航行时间。第三条航线即至元三十年（1293年）千户殷明略开辟的远海航线，自刘家港开洋至崇明三沙，然后避开万里长滩，直接东行驶入黑水洋至成山，后续航线与1292年的新航路基本一致，按此线航行，顺风时只需10天左右便可行完全程（见图2—6②）。

---

① 宋濂等：《元史》卷九十三《食货一》，中华书局，2000年，第1570—1571页。
② 章巽：《元"海运"航路考》，《地理学报》，1957年第23卷第1期。

上篇 元代城市

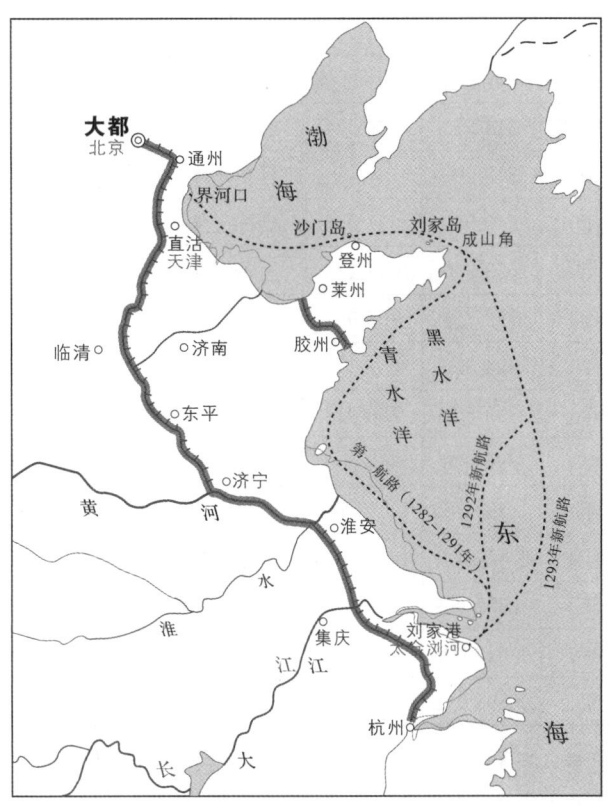

图 2-6 元代海运主航道示意图

随着江南农业的恢复，加之航道的开辟与造船技术、航海技术等的发展，元代的海上漕运迅速发展，超过了以往的任何一个朝代。表 2-8 是笔者据《元史·食货志一》所载数据绘制的元代岁运总量一览表，可作参考。

表 2-8 元代岁运总量一览表（单位：石）

年份	运粮总量	运达总量	年份	运粮总量	运达总量
至元二十年（1283 年）	46 050	42 172	大德十一年（1307 年）	1 665 422	1 644 679
至元二十一年（1284 年）	290 500	275 610	至大元年（1308 年）	1 240 148	1 202 503
至元二十二年（1285 年）	100 000	90 771	至大二年（1309 年）	2 464 204	2 386 300
至元二十三年（1286 年）	578 520	433 950	至大三年（1310 年）	2 926 533	2 716 913
至元二十四年（1287 年）	300 000	297 546	至大四年（1311 年）	2 873 212	2 773 266
至元二十五年（1288 年）	400 000	397 655	皇庆元年（1312 年）	2 083 505	2 067 672
至元二十六年（1289 年）	935 000	919 943	皇庆二年（1313 年）	2 317 228	2 158 685
至元二十七年（1290 年）	1 595 000	1 513 856	延祐元年（1314 年）	2 403 264	2 356 606
至元二十八年（1291 年）	1 527 250	1 281 615	延祐二年（1315 年）	2 435 685	2 422 505
至元二十九年（1292 年）	1 407 400	1 361 513	延祐三年（1316 年）	2 458 514	2 437 741
至元三十年（1293 年）	908 000	887 591	延祐四年（1317 年）	2 375 345	2 368 119

续表

年份	运粮总量	运达总量	年份	运粮总量	运达总量
至元三十一年（1294年）	514 533	503 534	延祐五年（1318年）	2 553 714	2 543 611
元贞元年（1295年）	340 500	—	延祐六年（1319年）	3 021 585	2 986 017
元贞二年（1296年）	340 500	337 026	延祐七年（1320年）	3 264 006	3 247 928
大德元年（1297年）	658 300	648 136	至治元年（1321年）	3 269 451	3 238 765
大德二年（1298年）	742 751	705 954	至治二年（1322年）	3 251 140	3 246 483
大德三年（1299年）	794 500	—	至治三年（1323年）	2 811 786	2 798 613
大德四年（1300年）	795 500	788 918	泰定元年（1324年）	2 087 231	2 077 278
大德五年（1301年）	796 528	769 650	泰定二年（1325年）	2 671 184	2 637 051
大德六年（1302年）	1 383 883	1 329 148	泰定三年（1326年）	3 375 784	3 351 362
大德七年（1303年）	1 659 491	1 628 508	泰定四年（1327年）	3 152 820	3 137 532
大德八年（1304年）	1 672 909	1 663 313	天历元年（1328年）	3 255 220	3 215 424
大德九年（1305年）	1 843 003	1 795 347	天历二年（1329年）	3 522 163	3 340 306
大德十年（1306年）	1 808 199	1 797 078			

资料来源：本表据宋濂等撰《元史》卷九十三《食货一·海运》中"岁运之数"制成，其中元贞元年、大德三年运达总量数据空缺。

纵观上表，可以看出以下几点：一是元朝政府对江南地区赋税的依赖程度逐渐加深。二是元朝时自海运开始起，南方税粮北运对海运的依赖程度越来越深。虽然部分年份出现了运量下降的情况，但总体上看海运的数量呈现出上涨的态势，从最初至元二十年（1283年）的46 050石，到天历二年（1329年）最高时的3 522 163石，运量激增了逾76倍。虽然运量总数的波动无疑也与航道开辟、自然灾害、航运事故、农业产量、吏制腐败等社会因素和自然因素有关，但我们可以确定的是元代海运已发展到了相当高的水平。三是表中存在运粮总量和运达总量两组数据，这是因为与河运一样，海运也因事故、灾害等而难免存在损耗，甚至有的年份的损耗十分严重。如至元二十三年（1286年）运粮总量为578 520石，但实际仅运达433 950石，折耗了144 570石，故《元史·食货一》有"然风涛不测，粮船漂溺者无岁无之，间亦有船坏而弃米者。至元二十三年始责偿于船官，人船俱溺者乃免。然视河槽之费，则其所得盖多矣"[①]。

元代海运事业的发展，一方面加强了南北方地区城市的经济和文化交流，不仅推动了造船业技术的提高和对外贸易的发展，还使沿海地区的许多城镇成为重要的中转地，城镇经济也因此而更加繁荣，对元代的政治、经济和社会、文化的发展都起了积极的作用；但是另一方面，元朝统治阶级也倚仗海运的发展而因循苟且，对

---

① 宋濂等：《元史》卷九十三《食货一》，中华书局，2000年，第1571页。

江南地区城市的贡赋过分依赖,因而对于北方广大地区城市的开发和治理没有足够的关注和重视,造成了南北地区城市经济发展差距的进一步拉大。

(三) 港口城市的发展

元代海运的发展及海外贸易的兴盛使得沿海的许多城镇得到了较快发展,港、站为城镇所用,城镇因港、站而兴。元代外贸港口城市主要集中在东南沿海地区,主要港口城市有泉州、庆元(今宁波)、上海、澉浦、广州、杭州、温州等等,元朝政府曾在这7座城市设立市舶司,专管海外贸易。各港口作为海运的重要集散中心和中外交往的前沿,成为元代中国对外开放的重心。

杭州港　南宋的都城临安在元代更名为杭州,依然保持着南方地区最大的工商业城市的地位。杭州城的手工业十分发达,是南方地区的丝织业和棉纺织业中心,据《马可波罗行纪》,元代杭州的手工业共分12大行,每行的从业者达12 000户,每户雇工10至40人不等。虽然马可·波罗的估计之数存有夸大之嫌,未必准确,但是我们可以由此判断杭州城的手工业确实十分发达。大杭州民间丝织业尤其兴盛,元朝末期其丝织业中已经出现了资本主义的萌芽;其煎糖业、造纸业也较为发达。

此外,得益于南宋旧都的政治地位和优越的自然地理环境,杭州的商业也十分发达。大运河重新开通后,加之海外贸易的发展,杭州经济中心的地位更加凸显,大批的粮食、手工业产品经由杭州运往大都,其商业愈发繁盛。杭州城内设有10个大型市场,场地宽敞,每周有3日为市集交易日,每逢交易日都会有四五万人来此交易。市场的商品种类多,销售量很大。本来元朝政府为防止汉人和南人的反抗,禁止百姓夜间点灯,实行宵禁,南宋以来杭州的夜市因此消失,但随着经济的发展,新的夜市在城郊等管理较松的地方又发展起来,例如杭州十景之一的"北关夜市","阛阓喧嗔如昼日,禁钟未动夜将深",十分热闹繁华。

泉州港　宋元之际,泉州受到战乱的影响相对较小,加之官方对于海外贸易的重视,实行对外开放的政策,鼓励外商来中国贸易,其发展得到了统治者的大力扶持。至元十五年(1278年)"帝忽必烈,将有事于海外,升左丞行省泉州,招徕南夷诸国"[①]。至元年间,元朝政府在泉州港设置了市舶司,迅速恢复了泉州港的海外贸易活动,为了加强对水陆交通的管理,朝廷设立了站赤,进一步完善了驿传制度。至元二十五年(1288年),发至泉州的"铺马圣旨"增至24道。至元二十六年(1289年),在泉州及杭州之间设立海道水站,"自泉州至杭州立海站十五……专运番夷贡物及商贩奇货"[②],这一措施使泉州与当时的出口货物基地——江浙地区的城市间建立了直接的沟通渠道。另外,对于从泉州港进口的商品,元廷给予优惠的政策,例如至元十八年(1281年),元朝政府规定:"商贾市舶物货已经泉州

---

① 赵成国:《中国海洋文化史长编·宋元卷》,中国海洋大学出版社,2013年,第160页。
② 宋濂等:《元史》卷十五《世祖十二》,中华书局,2000年,第216页。

抽分者，诸处贸易，止令输税。"① 官方的大力扶植造就了泉州港的兴盛。

泉州是元代最大的外贸港口，开展对外贸易的主要门户。根据相关统计，元代经泉州与元政府通商往来的国家和地区有100多个，泉州港内的大海船每日多达数百艘，小船无数。来自意大利、摩洛哥、占城、朝鲜、波斯等国家的外国商人聚居在泉州城内，马可·波罗称泉州商人云集，货物堆积如山，是世界上最大的港口之一。

天津港 在元代海运的发展中受益最大的是直沽镇（今天津市）和上海县。元代开海运之前，直沽镇的人口甚少，地位也并不重要，仅为大都东南一小村镇。海运航线开辟之后，直沽成为京师门户。

世祖忽必烈时，南方运粮及商品的船只在直沽停靠，元代政府在此建造了存储粮食的仓库，"至元二十五年四月，增立直沽海运米仓"②。武宗时，海运粮食的数量猛增，直沽镇的地位也变得愈发重要，官方在直沽镇增加了大量的屯田军士，并设立了专门的军事防卫机构，至大二年（1309年）四月，"以汉军五千人，给田十万顷于直沽寨，沿海口屯种，又益以康里军二千，立镇守海口屯储亲军都指挥使司"③。仁宗延祐三年（1316年）正月，改直沽为海津镇，④ 至此，元朝政府正式在直沽镇设立了行政机构。延祐六年（1319年）十月，中书省官员呈报："漕运粮储及南来诸物商贾舟楫，皆由直沽达通惠河。"⑤ 每年大量的粮食经由直沽转运，使直沽镇逐渐发展为一个商贾云集的重要港口。

另外，元代常常举行祭祀海神的仪式，而直沽是北方地区祭祀海神的最重要场所，关于这一点史料中有诸多记载：至治元年（1321年）五月，"海漕粮至直沽，遣使祀海神天妃"⑥。这一祭祀后被固定下来，每年举行。例如泰定帝即位后，于泰定三年"七月……遣使祀海神天妃……八月……作天妃宫于海津镇"⑦。

元代末年，各地起义不断，社会动荡不安，为了保证海路顺畅，元顺帝时"立镇抚司于直沽海津镇"，后又设置了直沽分枢密院，派兵镇守，进一步加强了港口的防卫能力。有元一代，直沽镇从一个小村庄发展成一个重要的港口市镇，奠定了明清时期乃至近现代天津城市的发展基础。

上海港 宋代上海便是外贸港口之一，至元代其海外贸易进一步发展：朝廷在上海设立了市舶司，负责征收商税；至元二十九年（1292年），随着上海居民的增加，朝廷正式设立了县级行政机构，"分华亭之上海为县"，上海由此成为新兴的商埠；张瑄、朱清开辟了从上海到大都的新航线，旬日之间便可从上海驶至大都；从

---

① 宋濂等：《元史》卷十一《世祖八》，中华书局，2000年，第157页。
② 天津市地方志编修委员会：《天津通志·旧志点校卷》（中），南开大学出版社，2001年，第251页。
③ 天津市地方志编修委员会：《天津通志·军事志》，南开大学出版社，2001年，第3页。
④ 谷书堂：《天津经济概况》，天津人民出版社，1984年，第2页。
⑤ 宋濂等：《元史》卷六十四《河渠一》，中华书局，2000年，第1060页。
⑥ 宋濂等：《元史》卷二十七《英宗一》，中华书局，2000年，第415页。
⑦ 宋濂等：《元史》卷三十《泰定帝二》，中华书局，2000年，第453—455页。

上海出发的海漕之粮逐年增加，到天历二年（1329年）已达352万石以上，这些都为上海在清代的崛起奠定了基础。①

上海港是元代海运航线的起点之一，天津港则是元代海运航线的终点，元朝政府为了运输南方地区的资源供应都城，日益重视海运，海运的发展无疑促进了这两个沿海城市的发展。

除了以上所列的几大港口之外，密州、登州、庆元（今宁波）、温州、秀州（今嘉兴）、江阴、澉浦、镇江、定海、平江、福州、漳州、雷州、琼州等的对外贸易也有一定发展，从而对其地城市和社会的发展产生了积极的影响。

---

① 何一民：《中国城市史》，武汉大学出版社，2012年，第343页。

第三章 城市体系、数量和空间的变化

创立行省制度是元代政府对中国城市发展的最大贡献。省作为中国地方最高行政单位的制度在元朝初步确立，以省为区域的城市行政等级体系随之形成，这一体系对后世影响深远，初步奠定了明清乃至当今部分省区的空间规模和省界，具有划时代的意义。

在农业时代，整个世界的城市因受人口、资源、生产力和经济发展等多种因素的影响，普遍数量较少，规模较小。中世纪欧洲的城市人口规模一般很小，只有几千人，即使如那不勒斯、米兰、巴勒莫等当时所谓的大城市的人口也不过几万至10万左右。同期中国的城市虽然相较于西方各国更发达，城市数量较多，城市规模相对较大，但总体上中国城市的数量仍然很少，而且大多数城市的规模都较小，[①] 城市聚集力、吸引力和影响力较弱，辐射的范围较小。就元代城镇的空间分布来看，由于自然地理环境的差异以及战争破坏程度的差异等，元代地区发展极不平衡，城镇分布也呈现出很大的不平衡性，江淮南北之间、中原与边疆地区之间都有显著的差距。

第一节 行省制度与城市行政等级体系的构建

行政区划是古今中外各个国家进行政权建设和行政管理的重要抓手。有元一代，蒙古统治者的军事征服恢复和发展了汉唐以来的疆域，版图空前。围绕着中央集权与地方分权，元朝在行政区划和政府体制设计上呈现出明显的蒙、汉二元特色，将汉法和蒙古旧制杂糅，一方面，元朝统治者在征服的过程中，充分地吸收了先进地区的政治文化制度，其行政制度最初较多地沿袭了金朝之制，而金朝的制度"因时制宜，而以汉法为依据"[②]，故而宋、金的路、府、州、县等建置成为元朝地方的常设机构；另一方面，元朝地方政府体制又糅合进了大量草原旧规，诸如投下军州、万户、千户等组织形式都被保留了下来，其中为了突出蒙古族的统治地位而凌驾于各级政府职官之上的达鲁花赤一职的设立尤其体现了蒙古特色。也正因如

---

① 何一民：《农业时代中国城市的特征》，《社会科学研究》，2003年第5期。
② 脱脱等：《金史》卷五十一《选举一》，中华书局，2000年，第751页。

此，元代的行政机构设置、统属关系显得比较复杂、混乱，甚至被认为"最无制度"①。正如《元史》所载："唐以前以郡领县而已，元则有路、府、州、县四等。大率以路领州、领县，而腹里或有以路领府、府领州、州领县者，其府与州又有不隶路而直隶省者……"② 然而，正是这一"最无制度"的制度却对后世影响深远。

一、元代行省制度的创立

元代之所以在中国古代政区建置发展史上占有重要地位，是因其开创了行省分寄式中央集权的新模式，这是继秦朝郡县制以来我国政治制度史上的一次重大变革。元代的行省可以追溯到魏晋隋唐时期的行尚书台，世祖忽必烈即位后，推行汉法，将蒙古旧有的管理地方的形式，和中原地区行之已久的行台制度结合起来，摒弃了单纯以自然山川为地方政区分界线的传统做法，创立了被延续至今的行省制度。

元代行省是由中书省的派出机构发展而形成的地方行政机构。元代中书省是全国最高行政机构，行中书省最初是中书省的派出机构，简称行省，"国初，有征伐之役，分任军民之事，皆称行省，未有定制"③。后来经过改革，行省被固定为制度，并在北方和边疆地区推广开来，发展为常设的地方最高行政机构。地方行省在官员配置方面与中书省相近，设有丞相、平章政事、左右丞、参知政事等官职。在职能上，"掌国庶务，统郡县，镇边鄙，与都省为表里……凡钱粮、兵甲、屯种、漕运、军国重事，无不领之"④。行省遂成为中央与地方间权力分配、财赋中转、行政节制的重要一环。

元代初期行省的设置和辖区都很不稳定，无论是行省的名称，还是管辖区域的划分，抑或是行省的数量及机构的设置等，都出现过一些反复。起初，全国仅设置了7个行省，至元二十七年（1290年）朝廷在全国范围内调整行省建置，除吐蕃地区直属于宣政院以外，全国被划为1个中书省（腹里）和10个行中书省，共11个省级辖区（参见图3-1⑤）。《元史》载："立中书省一，行中书省十有一：曰岭北，曰辽阳，曰河南，曰陕西，曰四川，曰甘肃，曰云南，曰江浙，曰江西，曰湖广，曰征东，分镇藩服……"⑥

---

① 孟森：《明清史讲义》（上），中华书局，1981年，第29页。
② 宋濂等：《元史》卷五十八《地理一》，中华书局，2000年，第904页。
③ 宋濂等：《元史》卷九十一《百官七》，中华书局，2000年，第1531页。
④ 宋濂等：《元史》卷九十一《百官七》，中华书局，2000年，第1531页。
⑤ 张全明：《中国历史地理学导论》，华中师范大学出版社，2006年，第206页。
⑥ 宋濂等：《元史》卷五十八《地理一》，中华书局，2000年，第903页。

图 3-1 元代 11 个省分布图

元廷又于高丽国置征东行省，行省丞相由高丽国王兼任，自辟官属，财赋亦不入都省，是为藩属国，与内地行省性质不同。

元代各行省均有确定的辖区，大致如下：

中书省，又称都省、腹里，政治中心在大都路（在今北京市），辖区范围大概为今北京、天津 2 市和山西、山东、河北 3 省以及河南省的黄河以北地区和内蒙古自治区部分地区。

辽阳等处行中书省，省会在辽阳路（今辽宁省辽阳市），辖区范围包括今辽宁、吉林、黑龙江 3 省以及黑龙江省以北、乌苏里江以东地区。

陕西等处行中书省，省会在奉元路（今陕西省西安市），辖区范围包括今陕西全省、甘肃省东南部和内蒙古自治区的部分地区。

甘肃等处行中书省，省会在甘州路（今甘肃省张掖市），辖区范围包括今甘肃河西走廊、宁夏回族自治区大部分地区和内蒙古自治区的部分地区。

河南江北等处行中书省，省会在汴梁路（今河南省开封市），辖区范围包括今河南省黄河以南地区及湖北、江苏、安徽 3 省长江以北地区。

江浙等处行中书省，省会在杭州路（今浙江省杭州市），辖区范围包括今上海市、安徽省和江苏省长江以南的部分地区，以及浙江、福建、江西 3 省的部分地区。

江西等处行中书省，省会在龙兴路（今江西省南昌市），辖区范围包括今江西省大部分地区及广东全省。

湖广等处行中书省，省会在武昌路（今湖北省武汉市），辖区范围包括今湖南、广西 2 省，贵州省的大部分地区以及广东雷州半岛和海南省。

四川等处行中书省，省会在成都路（今四川省成都市），辖区范围包括今重庆市，四川省甘孜、阿坝、雅安以东的大部分地区以及湖南、湖北2省的部分地区。

云南诸路行中书省，省会在中庆路（今云南省昆明市），辖区范围包括今云南全省、四川省部分地区及缅甸、泰国北部一些地区。

岭北等处行中书省，省会在和林路（今蒙古国鄂尔浑河上游哈拉和林），辖区范围包括今蒙古国全境，我国内蒙古自治区、新疆维吾尔自治区的部分地区和俄罗斯的西伯利亚地区。

元代行省的设置对于加强中央对地方城市的控制起到了至关重要的作用。中国复杂的自然地理环境、纵横交错的山川泽壑，将广大的疆域自然地分割成为许多相对独立的区域单元。因而许多王朝在划分行政区之时，常常要顾及"山河形便"的自然地理单元。秦代置郡、汉代置州、唐代置道、宋代置路，基本上遵循的都是"州郡有时而变，山川千古不易"的基本原则，尽可能地使行政区划与自然地理单元相一致，依照山川地形等自然环境条件或历史因素来确定地方的行政区划。例如，唐代的州界也多与山川走向相一致，而且300多州分为10道，10道又与自然地理区域相符合。①

这种根据山川地形被划分出的政区，虽然在地理单元上是完整的形胜之区，但由于各政区幅员、资源等方面的差异，导致中央对地方城市的控制等方面存在着诸多弊端与潜在威胁。在资源禀赋较好的地理环境区域中，地方城市容易积累财富、壮大实力；而在地形地貌较为封闭的自然单元中，地方城市则可能凭险割据。

因而，元朝统一天下后，为了有效地利用和控制地方，在省级区划上着重考虑了军事目的，完全打破了自然地理界限，以控制地区之间的资源、经济联系，人为地造成了"犬牙交错"和"以北制南"的局面。例如，元廷设置河南江北行省统辖黄河以南、长江以北的广大地区，但在黄河下游则以沂蒙山南麓为界与中书省直辖区为邻，无险可守；又将五岭地区纵向切开，将江西、广东合为江西行省，将湘、鄂、桂合并为湖广行省，设置南昌、武昌两个治所；把秦岭以南的汉中地区划归陕西行省，使四川行省的北部门户洞开，无险可守。后来的明清乃至民国，在沿袭元代行省制的基础之上，新建了山东、河南2省，跨黄河而治，而江苏、安徽、江西、湖北4省则地跨长江两岸。② 元代地方政区的独立性较之汉代以降诸统一王朝更弱，在这种新的城市等级体系之下，尽管各省地方力量依然存在，但元末之前再也没有出现分裂情况或者长时期的区域割据单元，始终维持了大一统的局面。

元代以行省制为中心的地方政区体系的确立，经历了一个相对漫长而曲折的过程，几经调整，行省的数量也时常变化，到了元末，行省制度已经十分混乱了。

元朝末年，国势日蹙，农民起义军四起，元廷为了镇压农民起义和稳定地方秩序，又分置了许多个行省。例如，在腹里地区的济宁路（今山东省巨野县）、彰德路（今河南省安阳县）、冀宁路（今山西省太原市）、保定路（今河北省保定市）、

---

① 赵珍：《中国古代政区体制与资源调控》，《中国人民大学学报》，2009年第6期。
② 赵珍：《中国古代政区体制与资源调控》，《中国人民大学学报》，2009年第6期。

大同路（今山西省大同市）、真定路（今河北省定州市）等地设置了中书分省，同时又划分出山东行省；从河南江北行省划分出淮南江北行省，从原江浙行省划分出福建行省，后从福建行省又划分出汀州、建宁、泉州分省等。设置这些分省与行省都是针对当时农民大起义的形势而采取的若干变通措施，分省、行省实际上发挥了"战区省制"的作用。元末省制的无序状态也反映出元代行省制在发展的过程中还有待完善。

总之，行省作为地方最高行政机构的出现，适应了元代大一统之后新的政区划分与地方行政体制的调整，无疑是进步的。它对于加强中原王朝对边疆地区的统治有重要作用。在行省体制下，唐朝所谓的羁縻之州，如岭北、辽阳及甘肃、四川、云南、湖广之边地，均由中央直辖，边疆地区各部落和地方首领变为土官，直隶于行省。行省内推行统一的政治、经济、文化制度，一方面加强了边疆与内地地区之间的政治、经济、文化联系，另一方面也有利于边疆地区社会的发展以及民族的融合。因此，行省制度为后来的明清两代所沿用。但元代行省制度也有自身的缺陷，如地方权力过分集中，容易助长地方势力的坐大；政区的划分虽然有利于国家的政治统一，但是与经济、文化的发展不太适应。故而，后来明清两朝政府对行省制度进行了改革，主要围绕权力机构和政区划分两个方面，从而使行省制度不断完善。

二、以省为区域的城市行政等级体系初步形成

中国古代地方的城市体系向来与行政区划并行。中国城市在数千年的发展历程中，形成了自身的特色，其中较为严密、完整的城市行政等级体系便是其特色之一，这一体系对于城市发展的影响十分巨大。

秦朝始设郡、县，形成了"郡—县"两级地方城市行政体系；汉代开始行州、郡、县三级地方行政区划，相应地形成了"州—郡—县"三级城市行政体系；唐朝最高一级的地方行政区划为"道"，宋代最高一级的地方行政区划为"路"，在道、路之下有若干府、州，府、州之下又有若干县级区划，大致仍为三级城市行政体系；元朝统一后，在全国开创了新的以"省制"为中心的行政区划模式，中书省成为全国最高的行政机构，形成了以行省为高层政区，以路、府、州为统县政区，以县为基层政区的多级并存的行政区划体制。元代地方行政等级最多可达五级：省、路、府、州、县；最少为二级：省、路（府、州）；普遍实行的是三级或四级：省、府（州）、县或省、路（府）、州、县。李治安先生在谈到元代政区地理变迁轨迹和特色时认为，元王朝政区建置的变化有三：一是地方政区由路、州、县三级变为行省（宣慰司）、路、府、州、县四级或五级，二是行省制的问世，三是边疆直接治理型的宣政院、行省、宣慰司、巡抚司、长官司等取代羁縻府州。①

元代地方行政建置大体分为两部分：一是代表中央监临各地的行中书省和宣慰

---

① 李治安、薛磊：《中国行政区划通史·元代卷》，复旦大学出版社，2009年，第319页。

使司，为类似"州牧"的高级督政区的演进；二是管民官系统的路、府、州、县，为汉唐"郡县之制"的损益。与前代不同的是，元代高级督政区在多数地区表现为行中书省和宣慰使司两级；管民官系统的路、府、州、县，则由汉唐宋的"郡—县"两级变为三级。这样，总括起来，元代地方行政建置就多至四五级①（参见图3-2）。

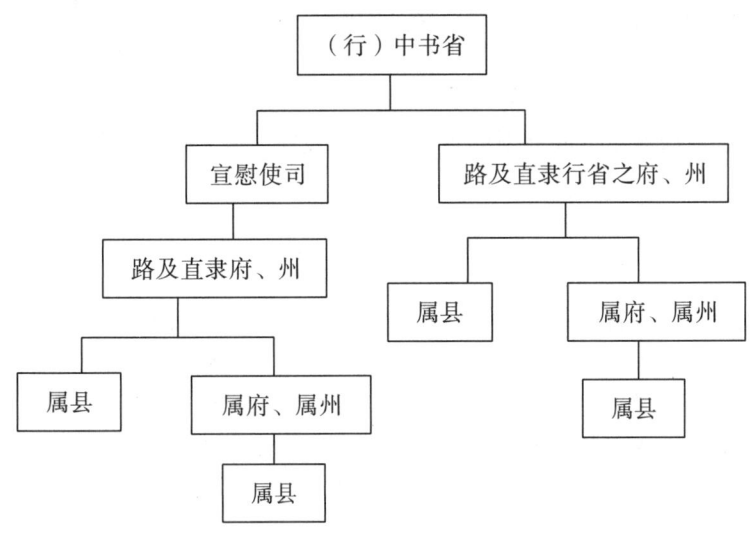

图3-2 元代行省政区层级示意图

前文曾提到，中国古代的城市功能是以行政功能为主的，地方行政建置的设立、变化与城市的发展有着密切的关系，因而从地方行政建置变化的角度可以很好地考察元代城市的发展情况。元代政区层级体系的形成，尤其是行省制度的创立对城镇等级体系的形成和发展产生了重要的影响，基于行政等级的差异，形成了"都城—省会城市—路级城市（非省会）—府州城市—县级城市"的基本城镇体系。虽然存在少量不同的个例，但就区域而言，元代路、府、州、县各等级城镇的规模，整体上与行政等级是相适应的。

对于区域城市体系而言，元代行省区划确立后，各行省治所所在的省会城市成为中央与地方之间行政统属节制的重要环节，成为都城和府、县级城市之间的一个重要层级，在区域中发挥着巨大的作用，其不仅是省域的政治中心和管理中心，也是经济中心、文化中心（参见表3-1）。

表3-1 元代各行省省会城市表

省别	中书省	河南江北行省	陕西行省	江浙行省	江西行省	湖广行省
省会	大都	汴梁	奉元	杭州	龙兴	武昌
省别	云南行省	甘肃行省	四川行省	辽阳行省	岭北行省	
省会	中庆	甘州	成都	辽阳	和林	

---

① 李治安、薛磊：《中国行政区划通史·元代卷》，复旦大学出版社，2009年，《绪言》第1页。

（一）省域的政治、行政中心

元代行省制创立后，省会城市成为城市体系中除都城以外最大的权力配置中心，大量的省、府、县级行政机构和军事机构汇聚于此，大小官员云集于此，是全省的政治中心和行政中心。腹里地区以外的路、府、州、县的重要政务必须申禀行省，行省及省会城市的官员有权管理指挥路、府、州、县的各项政务，并有权临时差遣所辖的路、府、州、县的官员督办相关事务。因而，省会城市是朝廷中央和地方府、州、县各级城市之间联系的重要桥梁，发挥了承上启下和代朝廷统摄节制的作用。

（二）省域的经济中心

省会城市也是各省的经济中心。由于政治中心的聚集功能，行省制建立后，各种经济要素纷纷向省会聚集。省会往往是省域内最大的商品集散地、最大的产品制造中心、最大的金融中心。省会城市在区域经济中发挥的中心性作用极强，尤其是伴随着区域内城市交通网络的发展，省会城市的经济中心地位得到进一步巩固和提升（参见图3-3）。

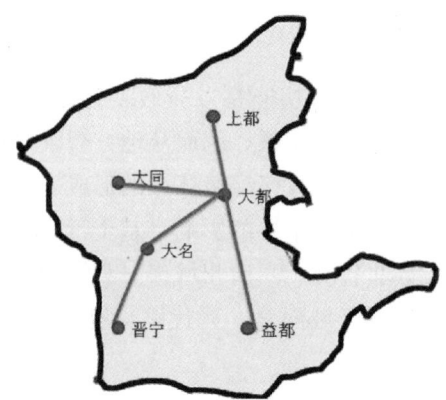

图3-3 元代中书省重要城市

一方面，行省官府代表朝廷集中各路、州的财赋于行省治所。这是元代中央与地方财赋分配的关键，粮税、盐课、茶课等国家财赋收入的大部分均由省会城市转运。另一方面，省会城市凭借自身的行政力量及交通区位，成为区域的商品集散中心。城市手工业、商业的发展集聚了大量的资源，吸引了区域内外大批的商业人口。但是需要注意的是，由于区域发展的不平衡性，元代省会城市的发展也是不平衡的：其一，不同行省的省会城市的发展速度和规模有较大差异。如大都、杭州、奉元、成都、武昌、汴梁等省会城市的发展明显超过中庆、辽阳、甘州等边疆地区的省会城市。其二，元代各行省上交的财赋也是不均衡的。如经济富庶的江浙、江西、湖广等行省赋税最多，而岭北、辽阳、甘肃、云南等行省不仅税粮、课程岁办额较少，而且经费也主要由朝廷拨赐，此外还有盐引、杂彩、粮食、金宝等赐。这当然是区域地理环境差异所导致的。其三，不同的省会城市的中心性是不同的。省会在各行省区域内发挥的辐射和带动作用是有区别的，诸如大都、杭州等特大中心城市与甘州、中庆、辽阳等省会城市相比，其区域辐射范围和作用程度显然是不可相提并论的。

（三）省域的文化教育中心

元代时，由于行政区划的调整，省会城市也自然成为省域范围内的文化教育中心。各行省的最高教育机构均设置在省会。省会城市中除了府、县学以外，一般还设置有全省范围内最多、最好的书院，汇集了最好的老师，各府、州、县的优秀士子也纷纷到省会读书，寻求功名。元代的对外政策相对宽容，中外交往十分频繁，来自中亚、欧洲等地的传教士等大多在城市中生活，故在省会城市里通常建有教堂等宗教建筑，使省会城市成为宗教传播的中心，如大都、杭州等省会城市中都汇集了大量的宗教信众。省会城市大多人口众多、经济繁荣、文化活动丰富，故也成为各类文化人物的聚集之地，市民文化十分兴盛。

由于农业时代政治中心城市优先发展规律的作用，省会城市往往成为省域内发展速度最快的城市，无论在人口数量、空间范围，还是在规划布局、基础设施建设、文化设施建设、城市管理等方面都逐渐同其他原来与它同级的府、州城市拉开差距。

总之，元代的11个省会城市都是各自所在区域内自然地理环境和经济、交通、历史基础条件较好的城市。行省制度确立后，这些城市的政治地位得到进一步提升和巩固，在区域中的中心性作用也进一步加强，成为元代中国的主要大城市。各省会城市及其所在行省下辖路、府、州、县等城市共同构成了以省为单位的区域城市体系雏形。区域行政中心城市的发展对后来明、清、民国乃至今天的地方城市格局的发展产生了重要的影响，在带动区域城市和乡村的发展中发挥了重要的集聚和辐射作用。

第二节　元代城市的数量与规模

关于元代城市的具体数量，学界迄今为止仍然没有一个比较准确的结论，究其原因，一是统计资料的缺乏，二是学界对城市的定义仍存在诸多的分歧。确认何种聚落为历史城市是长期以来困扰城市史、历史地理等领域相关研究者的一个问题。如今，世界上的主要国家在界定何为城市时常常以非农人口的数量为主要指标，通常将非农人口数量在2 000以上的聚落认定为城市。然而，非农人口指标在中国古代历史上缺乏数据统计和文献记载，元代尤其缺乏，除了极少数城市，大多数的城市都无准确的非农人口数据,因而多只能采用定性的办法来确定。① 正如陈桥驿先生所言:在这种情况下,中国的历史城市研究者,常常采用一种不得已的历史标准,即凡是曾经作为县一级政府驻地的聚落,就作为历史城市。② 同时,他也认为这种行政标准存在明显的缺陷。在统计资料十分缺乏的古代,要在数量庞大的县邑中区别哪些是历史城市,哪些不是历史城市,现在看来,这是很难做到的。③ 这也是笔者在研究元代城市时所面临的重要问题之一。自先秦以来,中国古代城市大多是以政治功能为主,各级城市内部都设有大小不等的统治机构,城市的经济功能及文化功能等都是在政治功能的基础上不断叠加的,因而,凡是各级政区治所的所在地都是大小不等的城市,而部分因交通和商业贸易等因素自然发展起来的城镇的数量并不多,且它们在发展到一定规模时,也都逐渐被吸纳到城市行政等级网络体系中来。④ 因此,从中国历史时期的国情来看,以县一级政权的治所作为历史城市的主要划分标准是具有其合理性的。因而,本书研究元代城市的数量及规模也主要以行政建置为基础,其中并未包括县级以下的市镇等聚落。

一、元代各级行政建置的数量状况

(一) 路级行政建置及数量

元代的路总管府是在承袭宋、金两代路制基础上变通而来的,《元史》云"诸路总管府,至元初置"⑤,至宪宗丁巳年间路总管府的设置开始趋于普遍。宋代的路为当时的一级行政区,而在元代朝廷则降路为二级行政区,隶属于各行省,多辖府、州或县。元初用兵,统治者每于新占之地分置安抚司治之,待政治秩序渐趋稳定,遂改安抚司治地为路,但直到元末还有部分安抚司始终未被改为路。路为府、州或县的上级行政区,举凡府、州或县的政务,皆为综领。路之行政机关为总管府,设有总管等官总揽政务。各路治所多设录事司,置达鲁花赤、录事、判官、典史⑥各1人,专管城内民事。城中民少的路则不设录事司。领县多少,各路有别。

元代路的辖区小于宋、金两朝路的辖区,但数量要多于宋金时期,据《元史·地理志》,元代路的数量为185个(参见表3-2)。

---

① 何一民:《清代城市数量的变化及原因》,《社会科学》,2014年第8期。
② 马正林:《中国城市历史地理》,山东教育出版社,1998年,《序》第10页。
③ 马正林:《中国城市历史地理》,山东教育出版社,1998年,《序》第11页。
④ 何一民:《清代城市数量的变化及原因》,《社会科学》,2014年第8期。
⑤ 宋濂等:《元史》卷九十一《百官七》,中华书局,2000年,第1538页。
⑥ 至元二十年(1283年)省司候而置典史。

表 3-2　元代路级行政建置数量统计表

省别	中书省	江浙行省	湖广行省	江西行省	河南江北行省	四川行省	甘肃行省	陕西行省	岭北行省	辽阳行省	云南行省	合计
辖路数量	30	30	30	18	12	9	7	4	1	7	37	185

资料来源：本表据《元史》及《大元一统志》的相关资料制成。

根据上表我们不难发现，地处黄河中下游平原的中书省和长江中下游平原的江浙行省、湖广行省由于区域内人口密集，故路的设置也较多，3省路的数量占据了总量的近一半。元代路的数量并非固定的，统治者最初在北方地区因投下封地置路、州，路的数量迅速达到40余个；元灭南宋后，南方地区的部分府、州被升格为路，路增加到80余个；路的设置逐渐正规化和普遍化后，连同四川行省、云南行省等地的路在内，全国路的数量共有180多个；元朝末年，路的数量成倍增长，路的辖区范围也日渐缩小，正如时人所言"每州皆为路"①。这导致了元代行省、路、州、县的比例严重失调，路的设置极为随意，路的地位和作用严重降低与减弱，路的制度走向了衰落，因而元末出现了废路的建议。明朝初年，朱元璋正式废路。

（二）府级行政建置及数量

元代的路总管府统称总府，总府之外又设有散府，散府是介于路与州、县之间的官府。府的设置并不普遍，一般有直隶府与属府两种类型。从品秩来看，一般而言，散府地位低于路而高于州，故在路、府、州、县的等级排序中，散府居第二，州居第三。就隶属关系来说，"所在有隶诸路及宣慰司、行省者，有直隶省部者，有统州县者，有不统县者，其制各有等差"②，直隶府等级仅次于路而高于州，有些还可领若干属州，如南阳府、汝宁府、德安府、归德府、潼川府等。属府的地位明显低于直隶省部之州。

元代府的机构建置与路相同，只是在品秩上稍低一等，在机构人员数量上略少而已，"郡之大者曰路，次曰散府。路设总管府，府有达鲁花赤、总管、同知、治中、府判，谓之路，若散府则缺治中而不置。路官之次有经历、知事、提控案牍谓之首领官，若散府则虚经历而不设"③，"散府，秩正四品。达鲁花赤一员，或知府府尹一员。领劝农奥鲁与路同；同知一员，判官一员，推官一员，知事一员，提控案牍一员"④。可见，府的官职设置相较于路，只是正官中少了治中，首领官中少了经历，各级的正官以及首领官品秩较低而已。

---

① 叶子奇：《草木子》，中华书局，1959年，第63页。
② 宋濂等：《元史》卷九十一《百官七》，中华书局，2000年，第1539页。
③ 俞德邻：《佩韦斋文集》卷十一《送韩仲文赴安丰序》，民国二十年（1931年）故宫博物院影印本。
④ 宋濂等：《元史》卷九十一《百官七》，中华书局，2000年，第1539页。

元代府级行政建置共有33个，其中，腹里地区有顺宁府、河中府、中山府3府，辽阳行省有咸平府，河南江北行省有归德府、高邮府、南阳府、汝宁府、汴阳府、安陆府、德安府7府，陕西行省有巩昌府、平凉府、凤翔府、临洮府、庆阳府5府，四川行省有绍庆府、怀德府、潼川府、广安府、保宁府5府，云南行省有北胜府、柏兴府、仁德府、腾冲府、永昌府5府，江浙行省有松江府，湖广行省有定远府、平乐府、汉阳府、黄平府、镇远府等6府，岭北行省、甘肃行省以及江西行省均没有置府（参见表3-3）。

表3-3　元代府级行政建置数量统计表

省别	中书省	河南江北行省	湖广行省	陕西行省	四川行省	云南行省	辽阳行省	江浙行省	甘肃行省	江西行省	岭北行省	合计
辖府数量	3	7	6	5	5	5	1	1	0	0	0	33

资料来源：本表据《元史》及《大元一统志》的相关资料制成。

与路、州的数量相比，府级城市的数量不及路的数量（185个）的1/5，不及州总数（362个）的1/10，数量非常之少。《元史·地理志》中在记述元代地方建置之时云"唐以前以郡领县而已，元则有路、府、州、县四等。大率以路领州、领县"[1]，并未突出府，当是因其数量太少。虽然数量不多，但府级城市在元代的地位并不低，正如李治安先生所讲，在元代地方统治秩序中，散府上承省路，下领属州、属县，掌管行政、财赋、司法的角色，仍应受到一定的重视。[2]

（三）州级行政建置及数量

元代的州按隶属关系可分为直隶州和散州（或属州）两类。直隶州直接隶属于各个行省，散州则隶属于路或散府。无论是直隶州还是散州，都以户口数为参照标准而分等级。州的地位高于县，但并非所有的州都有属县，有相当多的州不领县。

元代直隶州的数量有60余个，占州数总量的1/6左右，其并非因区域人口数量的多寡而置，而是主要出于以下3种原因：一是怀柔投下，加强对投下封邑的管辖。元代统治者予诸王功臣以封邑，诸王投下封邑无论人口多寡，都被设为直隶于行省、宣慰司的直隶州。一方面，这些州城在许多方面都能享受到路级城市的待遇，另一方面，中央如此可将各自为政的投下封邑纳入国家的行政体系中，加强对投下封邑的有效管辖。二是在地理位置上处于政治军事要地的州也常常被设为直隶州。例如江阴州、荆门州、郊州、归州、径州等州。三是部分边疆少数民族杂居地区的重要城镇，它们对于元朝的军事镇戍、政治统治等有重要意义，因而也常被设为直隶州，例如洮州、贵德州、雅州、黎州、茂州、英德州、岷州、铁州、封州、新州、连州、容州、循州、宾州、融州、郁林州、象州、贺州等等。

---

[1] 宋濂等：《元史》卷五十八《地理一》，中华书局，2000年，第904页。
[2] 李治安、薛磊：《中国行政区划通史·元代卷》，复旦大学出版社，2009年，《绪言》第13页。

各州都设有达鲁花赤与州尹各一人,主持一州之事。佐属官吏有同知、判官、推官、知事、提供案牍等。官秩上,因州的等级差异而存在差别。权力上,直隶州在地位上是高于属州的,属州在权力行使上受制于路,而直隶州则不受其他路、府的领导,有着与路、府之权力类似的权力,关于这一点我们从当时人的记载中便可窥知一二,陆文圭《江阴改州记》载:至元二十八年(1291年)江阴州被降格为常州路的属州,"既而急符数下,调发无虚日,沂流供给,回远百里,民疲于奔命,讯报滞留,囚多瘐死,兵廪不时,率有怨言";成宗初年,江阴州改为直隶州后,"事得专达,免旁郡牵制之虞",且能"专治其民"。元代州级行政建置的数量见表3-4。

表3-4 元代州级行政建置数量统计表

省别	中书省	云南行省	陕西行省	四川行省	河南江北行省	湖广行省	江浙行省	江西行省	辽阳行省	甘肃行省	岭北行省	合计
辖州数量	99	54	39	36	35	30	28	22	12	7	0	362

资料来源:本表据《元史》及《大元一统志》的资料制成,统计数据中包含州、属州。

通过上表不难看出,除了岭北行省没有设置州,其他各行省均有属州,其中中书省所辖州的数量最多,达99个,云南行省次之,有54个,辽阳行省、甘肃行省因人口较少等因素,州数较少,河南江北、陕西、四川、江浙、江西、湖广行省所辖州的数量差距不大,都在30个左右。需要注意的是,虽然江浙、江西、湖广3行省人口稠密,但元代官方在南方地区设置州时相应地提升了置州的标准,导致南方州的人口规模虽普遍大于北方州,但数量并不多。

(四)县级行政建置及数量

县级城市是古代中国城市的主体,其规模一般都不大,却是历代王朝的重要统治据点。县城形制大多为四方形,有城有郭,其城墙、城楼、城门是封建王朝的权力象征。

元代地方行政建置由秦汉的"郡(州)—县"二级演变为"行省—路—府—州—县"五级(或四级)。县级政权处于行政体系的最底层,但因其有"亲临民事,周知下情"等不可替代的作用,故在元代地方统治体系中仍然是最基础、最重要的部分。

官员设置上,元代各等县都置有达鲁花赤一人,由蒙古人担任;县尹一人,由汉人担任。佐属官吏有县丞、主簿、县尉、典史等。官秩上,上县从六品,中县正七品,下县从七品。

关于元代县级行政建置的数量,《元史·地理志》记载为"县一千一百二十七",但笔者据《元史》及《大元一统志》统计为1 129个(参见表3-5)。

表 3-5　元代县级行政建置数量统计表

省别	中书省	河南江北行省	湖广行省	江浙行省	陕西行省	四川行省	江西行省	云南行省	辽阳行省	甘肃行省	岭北行省	合计
辖县数量	350	182	150	143	88	81	78	47	10	0	0	1 129

资料来源：本表据《元史》及《大元一统志》的资料制成，统计数据中包含县、属县。

元代县级行政建置的数量前后有一定变化，但总体上较为稳定。从省域来看，中书省最多，有 350 个；100 个县以上的行省有河南江北行省、江浙行省、湖广行省；50~100 个县的行省有陕西行省、四川行省、江西行省；不足 50 个县的行省有云南行省和辽阳行省，其中辽阳行省有 10 县和若干府、州；岭北行省和甘肃行省没有设县，岭北行省为蒙古部民分布地区，保持原有的千户、百户编制，不设州、县，甘肃行省为西夏故地，鼎革之后，人口锐减，故元代时不设县级机构。

纵向考察，我国历代中央王朝并无关于设市（镇）标准的具体规定，随着历代疆域的变迁、人口的增减、经济的兴衰、行政区划的调整等，城市数量也发生了很大的变化。从单个城市来看，县城的兴衰变化较大；但是从总体上看，县城的数量基本上处于稳定状态。① 表 3-6 为中国古代历朝县治数量统计表，可作参考。

表 3-6　中国古代历朝县治数量统计表

朝代	秦代	汉代	隋代	唐代	宋代	元代	明代	清代
数量	400	1 138	1 255	1 557	1 234	1 129	1 138	1 353

资料来源：本表据傅崇兰《小城镇论》（山西经济出版社，2003 年）及何一民《中国城市史》（武汉大学出版社，2012 年）等著作制成。

结合上表可以发现，除了秦代，其余朝代的县城数量大多在1 100~1 600个之间，县城数量之多在世界范围内独一无二。从长时段的视角来看，县城数量保持了较高的稳定性，总体变化不大。秦朝的县数量少，唐朝的县城数量最多，这与当时的疆域情况有着直接的关系。宋、元、明时期县的数量逐渐减少，到清代才有所增加，但这并非意味着县城的作用减弱，其实恰恰相反，唐以后县城的作用进一步加强，并不断从核心地区向边缘地区延伸，成为统治者控制和拓展其疆域的一个重要抓手，也是中央政府获取财政收入的主要渠道。县城是连接农村、集镇和大中城市的枢纽，元朝时，"司县品秩虽卑，日与民亲接而祸福之。若州若府，曰部曰省，仰成于司县"②，可见其是州、府、路、部、省等中央及地方高级衙门施政于民的基层工具。任何政令施之于民，都离不开县官，都要靠县官贯彻落实。③

---

① 何一民：《从政治中心优先发展到经济中心优先发展——农业时代到工业时代中国城市发展动力机制的转变》，《西南民族大学学报》，2004 年第 1 期。
② 胡祗遹：《胡祗遹集》卷八《送韩主簿茂卿之任序》，吉林文史出版社，2008 年，第 236 页。
③ 李治安：《元代政治制度研究》，人民出版社，2003 年，第 217 页。

（五）对元代城市总数的估计

由于资料匮乏，加之对历史城市界定的复杂性，关于元代城市的总体数量，学界至今没有准确的估计，大多是根据元代县级城市数量而进行的估算。不可否认，县级城市是元代城市的主体，但是其他等级的城市也不能忽视。

我们首先根据上文中不同等级行政建置的数量做一汇总，见表3-7。

表3-7 元代各等级行政建置数量统计表

行政建置	中书省	江浙行省	湖广行省	江西行省	河南江北行省	四川行省	甘肃行省	陕西行省	岭北行省	辽阳行省	云南行省	合计
路	30	30	30	18	12	9	7	4	1	7	37	185
府	3	1	6	0	7	5	0	5	0	1	5	33
州	99	28	30	22	35	36	7	39	0	12	54	362
县	350	143	150	78	182	81	0	88	0	10	47	1 129
总计						1 709						

资料来源：本表据《元史》《大元一统志》及李治安、薛磊《中国行政区划通史·元代卷》（复旦大学出版社，2009年）的资料制成。

根据上表可知，元代路级行政建置有185个，府级行政建置有33个，州级行政建置有362个，县级行政建置有1 709个，总计1 709个。由于历史时期行政建置治所所在地在某种程度上等同于城市，因而通过行政建置的数量来估算城市的数量具有一定的合理性。但是以往对元代城市数量的研究往往忽视了附郭县，比如中书省的易州和易县治所同城，辽阳行省的辽阳路与辽阳县治所同城，河南行省的南阳府与南阳县治所同城等等。这种情况较为普遍，如果简单地将各级行政建置的数量相加来估算元代城市的总量，难免出现重复计算的现象，因此，需要减掉附郭县的数量。对元代附郭县的统计见表3-8：

表3-8 元代的附郭县统计表

省别	数量	附郭县名称
中书省	4	易县、义丰县、安阳县、临淇县
辽阳行省	2	辽阳县、大宁县
河南江北行省	24	开封县、祥符县、管城县、襄邑县、南阳县、穰县、泌阳县、方城县、罗山县、睢阳县、下邳县、襄阳县、蕲春县、黄冈县、合肥县、历阳县、无为县、寿春县、钟离县、江都县、扬子县、海灵县、静海县、玉沙县
陕西行省	1	开成县
四川行省	5	阆中县、铎水县、渠江县、鄏县、巴县
云南行省	6	昆明县、威楚县、南宁县、河阳县、通海县、太和县

续表

省别	数量	附郭县名称
江浙行省	36	乌程县、归安县、嘉兴县、吴县、长洲县、晋陵县、武进县、丹徒县、建德县、华亭县、鄞县、西安县、金华县、山阴县、会稽县、永嘉县、临海县、丽水县、宣城县、歙县、鄱阳县、上元县、江宁县、当涂县、贵池县、上饶县、广德县、闽县、侯官县、建安县、瓯宁县、晋江县、莆田县、邵武县、南平县、长汀县
江西行省	15	南昌县、新建县、武宁县、庐陵县、高安县、宜春县、清江县、赣县、星子县、大庾县、南海县、番禺县、归善县、海阳县、高要县
湖广行省	19	江夏县、巴陵县、澧阳县、永兴县、秭归县、长沙县、善化县、衡阳县、营道县、零陵县、郴阳县、邵阳县、临桂县、柳城县、宁蒲县、平乐县、岭方县、临贺县、合浦县
岭北行省	0	
甘肃行省	0	
总计	112	

资料来源：本表根据李治安、薛磊《中国行政区划通史·元代卷》（复旦大学出版社，2009年）制成，附郭县数量为书中明确记载的县治数。

根据上表可知，元代的附郭县情况为：中书省4个，辽阳行省2个，河南江北行省24个，陕西行省1个，四川行省5个，云南行省6个，江浙行省36个，江西行省15个，湖广行省19个，岭北行省与甘肃行省无附郭县，总计112个。用前文统计的元代各级行政建置总数1709减去112个附郭县，为1597个。因此，元代11个省所辖的城市数量应为1597个。此外，元代吐蕃地区被正式纳入中央王朝的版图，畏兀儿地区也设立有都元帅府进行管理，虽然吐蕃和畏兀儿地区的城镇数量较少，规模较小，总计只有20余座，但也应计入元代城市的总数，这样，元代的城市总数为1600多个。

二、元代各级城市的规模

"城市规模"是现代城市地理学中的概念，主要包括用地规模、人口规模、经济规模、基础设施规模等。在实际研究中，城市的用地规模、人口规模被使用得较多。[1] 就有关中国古代城市规模的研究来看，受限于古代城乡区分管理的模糊性以及资料短缺，我们往往只能参考区域人口的规模状况、城池的周长情况等记载对历史城市的规模进行评估。但就元代而言，许多城市并没有城墙，即便有些城市有城池，笔者目及的文献资料中较多的是有关城池方位等的描述性记载，缺少准确的周长、面积等数据，仅少量重要、较大城市如都城等有相关记载，因此，有关区域人口规模的记载对于我们研究元代各级城镇的规模尤为重要。

---

[1] 成一农：《清代的城市规模与行政等级》，《扬州大学学报》，2007年第3期。

(一) 元代全国人口及各行省人口情况

人口是全部社会生产的基础和主体,在封建社会自然经济的条件下,人口的增减是反映城市经济发展状况的重要指标。有元一代,官方的人口政策不断调整,既有战争中的屠城等极端政策,又有社会稳定时期行政区划调整背景下的人口迁移、分封、荫户等政策,加之人口的自然增减,整个元代人口规模的增减与分布状况变化较大。

1. 元代全国人口情况

我们首先考察元代全国人口总量的情况。金朝末年的战乱曾造成北方地区人口锐减,元朝建立后,统治者采取了一系列发展生产、垦荒屯田、严禁扰民、整顿吏治的措施,北方地区因常年战争、灾害等因素而流散的百姓逐步稳定下来,随着社会的稳定和经济的复苏,南方地区的人口也逐年增加,整个国家人口减少的问题得到了一定程度的改善。许多城市和地区的人口都有不同程度的恢复和增长,如四川行省至元元年(1264年)至三年(1266年)"增户九千五百六十五"[①];甘肃行省"民之归者四五万"[②];河北邢州元初民生凋敝,户不满七百,"不期月,流亡者复,益户十倍"[③]。从蒙古国时期至元朝建立后,官方曾进行过许多次"括户""籍户""验户",得出了不同时期的"天下户数"。虽然元代的户口统计方法明显存在较多的不合理之处,其统计数字难免与当时全国的实际人口数存在出入,但是官方的统计数字仍是我们研究元代人口情况不可或缺的资料。笔者据《元史》《元史类编》等文献统计了元代不同年份的人口情况,参见表3—9。

表3—9 元代不同年份全国人口数量统计表

年份	户数	口数	资料来源
太宗七年(1235年)	873 781	4 754 975	《元史》卷五十八《地理一》
太宗八年(1236年)	1 100 000	—	《元史》卷二《太宗》
中统二年(1261年)	1 418 499	—	《元史类编》卷二《世祖一》
中统三年(1262年)	1 476 146	—	《元史》卷四《世祖五》
中统四年(1263年)	1 579 110	—	《元史类编》卷二《世祖一》
至元元年(1264年)	1 588 195	—	《元史》卷五《世祖二》
至元二年(1265年)	1 597 601	—	《元史》卷六《世祖三》
至元三年(1266年)	1 609 903	—	《元史》卷六《世祖三》
至元四年(1267年)	1 644 030	—	《元史》卷六《世祖三》

---

① 宋濂等:《元史》卷一百二十五《赛典赤瞻思丁传》,中华书局,2000年,第2025页。
② 毕沅:《续资治通鉴》卷三,岳麓书社,1992年,第467页。
③ 李修生:《全元文》(9),江苏古籍出版社,1999年,第101页。

续表

年份	户数	口数	资料来源
至元五年（1268年）	1 650 286	—	《元史》卷六《世祖三》
至元六年（1269年）	1 684 157	—	《元史》卷六《世祖三》
至元七年（1270年）	1 939 449	—	《元史》卷七《世祖四》
至元八年（1271年）	1 946 270	—	《元史》卷七《世祖四》
至元九年（1272年）	1 955 880	—	《元史》卷七《世祖四》
至元十年（1273年）	1 962 795	—	《元史》卷八《世祖五》
至元十一年（1274年）	1 967 898	—	《元史》卷八《世祖五》
至元十二年（1275年）	4 764 077	—	《元史》卷八《世祖五》
至元十三年（1276年）	15 788 941	—	《元史类编》卷二《世祖一》
至元二十七年（1290年）	13 196 206	58 834 711	《元史》卷五十八《地理一》
至元二十八年（1291年）	13 430 322	59 848 964	《元史类编》卷三《世祖一》
至元三十年（1293年）	14 002 760	—	《元史》卷十七《世祖十四》
至顺元年（1330年）	13 400 699	—	《元史》卷五十八《地理一》

资料来源：本表数据来自《元史》《元史类编》等相关文献。

通过上表数据不难发现，相关文献中世祖年间的户口数据较多，因世祖忽必烈即位之后，新设立的中书省"定夺诸路户口等事"，每年汇总天下户数，故而才有了中统二年（1261年）至至元十三年（1276年）连续16年的户口数据。至元七年（1270年）和至元十二年（1275年）的户口数变化明显，这是因为至元七年元代官方进行过大规模的"籍户"，故而总数变化较大。至元十二年元军渡过长江，占领了南宋的江东路、荆湖北路、江西诸郡及云南等地，故而户口数猛增至476万以上。元代全国户数峰值为至元十三年（1276年）的15 788 941户，这一年，元灭亡南宋统一全国，因而户口数猛增。元朝统一全国后的户数一直处于1 300~1 400万之间。但需要注意的是，表中数据记载明显缺乏历史的连续性和完整性，主要集中在世祖忽必烈统治时期，世祖以后少有关于全国户数的记载，而且绝大多数年份都缺乏口数的记载，加之史料前后不一、记述词义模糊，且许多数据是"户部钱粮户数"，统计对象也不够全面，使我们很难判断元代人口的实际规模。尽管以上数据存在诸多问题，但是我们仍然可以看出，全国的人口数量在元代初前期是不断增长的，到元朝末年，政治腐败、自然灾害导致农民起义不断，人口在战乱中急剧减少。

学界对史料记载的元代户口总数存在较多的争议。元代全国实际人口数量、峰值问题一直是元代人口研究中的热点，但是由于对元代户口调查统计制度、数据的认识不同以及选取的估算方法、年代和地域范围存在差异，不同学者得出了各自不同的结论（参见表3-10）。

表 3-10　学界考证的元代全国人口峰值数据表

学者	年代	人口数量
邱树森、王颋	大德末或至正初	约 1 980 万户，9 000 万口
韩儒林	元顺帝初期	逾 8 000 万口
葛剑雄	至正初	约 8 500 万口
张呈琮	—	约 8 000 万口
袁祖亮	—	约 6 371 万口
赵文林、谢淑君	至正十一年（1274 年）	约 8 758.7 万口
吴松弟	至正初	约 1 800 万户，9 000 万口
路遇、滕泽之	—	约 9 830 万口
王育民	至正前期	约 2 335 万户，10 438 万口
秦新林	大德末或至正初	约 1 亿口

资料来源：本表据邱树森、王颋《元代户口刍议》（载于元史研究会：《元史论丛：第二辑》，中华书局，1983 年），王育民《中国人口史》（第三卷）（江苏人民出版社，1995 年），吴松弟《中国人口史》（第三卷）（复旦大学出版社，2000 年），赵文林、谢淑君《中国人口通史》（人民出版社，1998 年），路遇、滕泽之《中国人口通史》（山东人民出版社，2000 年），韩儒林《元朝史》（人民出版社，1986 年），葛剑雄《中国人口发展史》（福建人民出版社，1991 年），袁祖亮《中国古代人口史专题研究》（中州古籍出版社，1994 年），张呈琮《中国人口发展史》（中国人口出版社，1998 年），秦新林：《元代社会生活史》（河南大学出版社，1997 年）等论文和著作制成。

以上数位学者对元代人口的估计数据较为权威，他们的结论都与元代官方文献记载的数据不同，甚至相差甚远，人口总量大都超过元代文献记载的总数，究其原因，首先官方的数据中只有官方掌握的户口之数或者说是缴纳赋税的户口数，存在较多的遗漏，既有路、府、州、县的遗漏情况，也存在军户、驱口、流民、僧、道等未被计入的情况，且四川行省南部、云南行省、湖广行省西南部、宣政院等地的"山泽溪洞之民"也未被计入；其次，元代史志中并没有关于户口的专门记载，相关数据大多散见于地理志等文献中，存在较多的前后不一、记述不清的情况。学界现有的研究成果，虽得自于不同的统计方法，但都各有其合理之处。总之，目前学术界基本一致认为元代人口数的峰值出现在至正初或前期，关于最多实际人口数主要有 8 000 万、8 500 万、9 000 万等几种结论，笔者更倾向于邱树森、吴松弟等先生的结论，即元代全国人口数峰值在 9 000 万左右。

2. 元代各省级政区的人口数量

现存的史料中，《元史·地理志》保存了较多元代区域人口的数据，但是也存在着较多的问题：一是各政区户口的统计年代不统一，主要有宪宗二年（1252 年）、世祖至元七年（1270 年）、世祖至元二十七年（1290 年）、文宗至顺元年（1330 年）4 个时期的数据；二是各政区数据不全，许多省、路、州缺少户口记载；

三是部分地区的户口记载不够准确，与实际情况差异较大。尽管如此，笔者仍选择将《元史》的记载作为研究元代区域人口数的主要依据，原因在于，目前确未发现比《元史》的记载更为全面的史料。表 3-11 是笔者根据《元史·地理志》中的有关区域人口的记载制成的。

表 3-11　元代各省人口数量、密度统计表

省别	户数（户）	口数（人）	面积（平方公里）	密度（人/平方公里）
江浙等处行中书省	6 326 423	28 736 947	315 000	91.23
江西等处行中书省	2 337 191	11 674 542	271 880	42.94
湖广等处行中书省	2 670 351	9 419 625	639 000	14.74
河南江北等处行中书省	901 956	4 117 737	473 400	8.70
中书省	1 355 244	3 691 416	933 300	3.96
陕西等处行中书省	898 39	769 598	2 666 700	0.29
四川等处行中书省	98 538	615 772	284 400	2.17
辽阳等处行中书省	84 756	461 424	1 417 500	0.33
甘肃等处行中书省	2 812	32 666	548 100	0.06
云南诸路行中书省	—	—	—	—
岭北等处行中书省	—	—	—	—

说明：1. 本表中户数、口数出自《元史·地理志》，其中，辽阳行省、陕西行省为 1252 年抄籍数，中书省为 1270 年抄籍数，江南各省、甘肃行省、四川行省、河南江北行省为 1290 年抄籍数；

2. 各省面积数据参见李干《元代民族经济史》（民族出版社，2010 年，第 465 页）。

由于《元史·地理志》所载的区域人口数据并不是同一年代的，还缺少云南行省和辽阳行省的人口数据，且其他行省部分路、府、州、县的人口数据也不完整，因此，这些数据只能粗略地反映出元代省级政区的人口概况。通过表 3-10 可以看出元代各省级政区人口分布的两个特点：一是南方地区人口占全国总人口的比重甚大。长江以南、云贵高原以东地区集聚了全国大部分的人口，其中江浙、江西、湖广 3 行省人口数总计为 49 831 114，占 1290 年全国总人口数 58 834 711 的 84.7%。尽管这一数据为文献记载的数据，并非实际人口数据，但足以反映南方地区人口多的事实，究其原因，除了战乱主要发生在北方外，还在于元灭南宋比元灭金晚 42 年，其间经济政策有一定的变化。二是沿海地区人口稠密带逐渐形成。与北宋相比，元代全国总人口只少不多，而从长江口向南直至海南岛的沿海大部分地区人口都增长了一倍左右，并兴起了泉州等一批商业繁荣的城市，吸引了大批人口聚集于此。这一点从各省人口密度的数据就可以看出，江浙行省的人口密度为 91.23 人/平方公里，而久经战事且地处边地的辽、金、北宋故地辽阳行省、陕西行省、甘肃行省的人口密度均不足 1 人/平方公里。

（二）元代城市的等级

城市规模与城市行政等级存在密切关系，何一民先生在研究中国城市发展的轨迹时提出了"中国古代政治中心性城市优先发展"的规律，即一个城市的发展规模和发展速度与其政治行政地位的高低成正比，政治行政地位越高的城市，规模也越大，发展速度就越快；反之，政治行政地位越低的城市，规模也越小，发展速度就越慢。① 陈正祥先生也认为，地方行政的等级，显然左右城市的规模。国都之城概较省城为大，省城概较府、州城为大，而府、州之城又较县、厅城为大。② 而马正林先生则提出了更加绝对的观点，他认为自汉朝以后中国城市的规模和分级已经趋于定型，即首都最大，省、府州、县依次减小，下一级城市超越上一级城市规模的状况几乎是没有的，除非城市的地位升格，城市的规模才会随之升格，③ 换言之即城市的行政等级决定了城市的规模。当然，我们在强调城市行政等级因素对城市规模的影响的同时，也应关注到其他要素的影响，正如鲁西奇所讲：一个治所城郭的规模、形制，除了受行政等级的影响外，还受到历史、微观地形地貌、交通、地方经济发展特别是商业发展乃至风水等多方面因素的影响。④ 元代的城市基于行政等级的差异形成了不同等级的城市体系，同时，各等级城市也因人口规模不同而形成了同等级内的差异。总体上看，元朝最大的城市是都城，其次是省城、府州城，县城的规模最小。

元代路、府、州、县城市的等级主要是依据户口数量确定的，各级城市都有大小之分，也有少量城市因地理位置的重要性而被予以特殊界定。

元代路级建置最初被划分为上、中、下3个等级，至元二十年（1283年）后调整为上、下2个等级，《元史·百官志》记载："二十年，定十万户之上者为上路，十万户之下者为下路。当要冲者，虽不及十万户亦为上路。"⑤ 朝廷特别规定江陵路、扬州路、静江路、檀州路、成都路、杭州路、重庆路、绍兴路、建康路、鄂州路、淮安路、龙兴路12路因地"当要冲"，"虽不及十万户亦为上路"。但是笔者查阅以上12路相关资料发现，仅成都路、重庆路、淮安路不足10万户，尤其是成都路、重庆路，因长期遭受战争破坏，人口锐减，仅有二三万；此12路大多为行省治所或御史台、宣慰司治所所在地，行政等级较高，加之军事地位重要，故多有军队驻扎。

元代州级建置被划分为上、中、下3个等级，中统五年（1264年）朝廷并立

---

① 何一民：《从政治中心优先发展到经济中心优先发展——农业时代到工业时代中国城市发展动力机制的转变》，《西南民族大学学报》，2004年第1期。
② 陈正祥：《中国文化地理》，生活·读书·新知三联书店，1981年，第73页。
③ 马正林：《中国城市历史地理》，山东教育出版社，1998年，第154页。
④ 鲁希奇：《城墙内外：明清时期汉水下游地区府、州、县的形态与结构》，载于陈锋《明清以来长江流域社会发展史论》，武汉大学出版社，2006年，第228—291页。
⑤ 宋濂等：《元史》卷九十一《百官七》，中华书局，2000年，第1538页。

州县之时，各州并没有等级差别。至元三年（1266年），元代官方首次以户数来确定诸州等级，"定一万五千户之上者为上州，六千户之上者为中州，六千户之下者为下州"①。这一规定显然是依据北方诸州辖户的实际情况而制定的。至元二十年（1283年），因江南地区人口稠密，难以行北方制度，"又定其地五万户之上者为上州，三万户之上者为中州，不及三万户者为下州"②。元贞元年（1295年），元朝政府再次进行了政策调整，规定："户至四万五万者为下州，五万至十万者为中州。"③

元代的县多属于第四级行政区划，但也有直辖于路和辖于州者，这类县则分别相当于第三级和第五级行政区划。县级建置也被划分为上、中、下3个等级，"至元三年，合并江北州县。六千户之上者为上县，二千户之上者为中县，不及二千户者为下县。二十年，又定江淮以南，三万户之上者为上县，一万户之上者为中县，一万户之下者为下县"④。

元代中书省辖路级建置30个、府级建置3个、州级建置（含属州）99个、县级建置（含属县）346个，所辖各级城市的数量与各行省相比都处于中上水平，且各级城市的等级调整与南方地区相比变化不大，因而我们选择中书省作为个案考察各级城市的占比情况（参见表3-12）。

表3-12 元代中书省建置数量及等级统计

路、直隶府州	路（直隶府州）直属县	路属府州	府州属县
大都路	计6个：永清、良乡、宝坻、昌平（4下县）大兴、宛平	计10个：涿州、霸州、蓟州、通州、漷州、顺州、檀州、东安州、固安州（9下州）、龙庆州	计16个：范阳、房山、益津、文安、大城、保定、渔阳、丰闰、玉田、遵化、平谷、三河、香河、怀来（14下县）、潞县、武清
上都路	计1个：开平（1上县）	计府1州6：顺宁府（领保安州、蔚州2下州）、兴州、松州、桓州、云州（4下州）	计12个：宣德、宣平、顺圣、永兴、灵仙、灵丘、飞狐、安定、广灵、兴安（10下县）、宜兴（1中县）、望云
兴和路（上）	计4个：高原、淮安、天成、威宁（4下县）	计1个：宝昌州（1下州）	无
永平路（下）	计4个：庐龙、抚宁、昌黎、迁安（4下县）	计1个：滦州（1下州）	计2个：义丰、乐亭（2下县）
德宁路（下）	计1个：德宁（1下县）	无	无

---

① 宋濂等：《元史》卷九十一《百官七》，中华书局，2000年，第1539页。
② 宋濂等：《元史》卷九十一《百官七》，中华书局，2000年，第1539页。
③ 宋濂等：《元史》卷六十二《地理五》，中华书局，2000年，第997页。
④ 宋濂等：《元史》卷九十一《百官七》，中华书局，2000年，第1539页。

续表

路、直隶府州	路（直隶府州）直属县	路属府州	府州属县
净州路（下）	计1个：天山（1下县）	无	无
泰宁路（下）	计1个：泰宁（1下县）	无	无
集宁路（下）	计1个：集宁（1下县）	无	无
应昌路（下）	计1个：应昌（1下县）	无	无
全宁路（下）	计1个：全宁（1下县）	无	无
砂井总管府	计1个：砂井	无	无
宁昌路（下）	计1个：宁昌（1下县）	无	无
保定路（上）	计8个：清苑、满城、曲阳（3中县）、唐县、庆都、行唐、新安、博野（5下县）	计7个：易州、祁州（2中州）、雄州、安州、遂州、安肃州、完州（5下州）	计11个：易县、蒲阴、束鹿（3中县）、涞水、定兴、深泽、归信、容城、葛城、高阳（7下县）、新城
真定路	计9个：真定、元氏、藁城、获鹿（4中县）、栾城、平山、灵寿、阜平、（4下县）、涉县	府1州5：中山府、冀州（1上州）、赵州（1中州）、深州、蠡州（2下州）、晋州	计21个：南宫（1上县）、安喜、无极、临城、平棘、信都、枣强、武邑、新河、静安、鼓城、饶阳（11中县）、新乐、宁晋、隆平、柏乡、高邑、赞皇、衡水、安平、武强（9下县）
顺德路（下）	计9个：邢台、广宗、巨鹿、内丘、平乡（5中县）、任县、沙河、南和、唐山（4下县）	无	无
广平路（下）	计5个：永年、曲周、肥乡（3中县）、鸡泽、广平（2下县）	计2个：磁州、威州（2中州）	计6个：滏阳、武安、洛水（3中县）、邯郸、成安、井陉（3下县）
彰德路（下）	计3个：安阳（1上县）、汤阴、临漳（2中县）	计1个：林州（1下州）	无
大名路（上）	计5个：元城、魏县、大名、南乐（4中县）、清河	计3个：开州（1上州）、滑州（1中州）、濬州（1下州）	计6个：濮阳、白马（2上县）、东明、长垣、清丰（3中县）、内黄
怀庆路（下）	计3个：河内、修武、武陟（3中县）	计1个：孟州（1下州）	计3个：河阳、济源（2下县）、温县

续表

路、直隶府州	路（直隶府州）直属县	路属府州	府州属县
卫辉路（下）	计4个：新乡（1中县）、汲县、获嘉、胙城（3下县）	计2个：辉州、淇州（2下州）	无
河间路（上）	计6个：河间（1中县）、肃宁、临邑、齐东、宁津、青城（5下县）	计6个：沧州、景州（2中州）、清州、献州、莫州、陵州（4下州）	计17个：清池、乐陵、蓨县、故城、吴桥、会川、乐寿、交河（8中县）、南皮、无棣、盐山、东光、阜城、靖海、兴济、莫亭、任丘（9下县）
东平路（下）	计6个：东阿、阳谷、汶上（3中县）、须城、寿张、平阴（3下县）	无	无
东昌路（下）	计6个：聊城、堂邑、莘县、博平、茌平（5中县）、丘县（1下县）	无	无
济宁路（下）	计7个：郓城（1上县）、巨野、肥城（2中县）、金乡、虞城（2下县）、砀山、丰县	计3个：济州、兖州、单州（3下州）	计9个：任城、鱼台、沛县、嶧阳、曲阜、泗水、宁阳、单父、嘉祥
曹州（上）	计5个：济阴（1上县）、成武、定陶、禹城、楚丘（4中县）	无	无
濮州（上）	计6个：鄄城（1上县）、朝城、馆陶（2中县）、观城、范县（2下县）、临清	无	无
高唐州（中）	计3个：高唐、夏津、武城（3中县）	无	无
泰安州（中）	计4个：奉符、长清（2中县）、莱芜（1下县）、新泰	无	无
德州	计5个：安德、平原（2下县）、齐河、清平、德平	无	无
恩州（中）	无	无	无
冠州	无	无	无
益都路	计6个：益都（1中县）、临淄、临朐、高苑、乐安、寿光（5下县）	计8个：潍州、胶州、莒州、沂州、滕州、峄州、兴州（7下州）、密州	计15个：胶西、临沂（2中县）、北海、昌邑、即墨、高密、诸城、安丘、莒县、沂水、蒙阴、日照、费县、滕县、邹县（13下县）

续表

路、直隶府州	路（直隶府州）直属县	路属府州	府州属县
济南路（上）	计4个：章丘、邹平（2上县）、历城、济阳（2中县）	计2个：棣州（1上州）、滨州（1中州）	计7个：厌次、阳信、商河、渤海（4中县）、无棣、利津、沾化（3下县）
般阳府路（下）	计4个：淄川、长山、新城（3中县）、蒲台（1下县）	计2个：莱州（1中州）、登州（1下州）	计8个：掖县（1中县）、胶水、招远、莱阳、蓬莱、黄县、福山、栖霞（7下县）
宁海州（下）	计2个：牟平（1中县）、文登（1下县）	无	无
大同路（上）	计5个：大同（1中县）、白登、宣宁、怀仁、平地（4下县）	计8个：弘州、浑源州、应州、朔州、武州、丰州、东胜州、云内州（8下州）	计4个：金城、山阴、鄯阳、马邑（4下县）
冀宁路（上）	计10个：阳曲、文水（2中县）、平晋、祁县、交城、榆次、太谷、清源、寿阳、徐沟（8下县）	计14个：汾州（1中州）、石州、忻州、平定州、临州、保德州、崞州、管州、代州、台州、兴州、坚州、岚州、孟州（13下州）	计9个：西河（1中县）、孝义、平遥、介休、离石、宁乡、秀容、定襄、乐平（8下县）
晋宁路（上）	计6个：临汾、襄陵、洪洞（3中县）、浮山、汾西、岳阳（3下县）	计府1州9：河中府、绛州（1中州）、潞州、泽州、解州、霍州、隰州、沁州、辽州、吉州（8下州）	计46个：太平、隰川（2中县）、河东、万泉、猗氏、荥河、临晋、河津、正平、曲沃、翼城、稷山、绛县、垣曲、上党、壶关、长子、潞城、屯留、襄垣、黎城、晋城、高平、阳城、沁水、陵川、解县、安邑、闻喜、夏县、平陆、芮城、霍邑、灵石、大宁、石楼、永和、蒲县、铜鞮、沁源、和顺、武乡、辽山、榆社、乡宁（43下县）、赵城

说明：1. 本表据《元史》卷五十八《地理一》中的资料整理制成；

2. 括号中上、中、下为路、府、州、县的等级，无括号者为原始资料中无相关标识者。

据上表可知，就路而言，中书省所辖的30个路（含总管府）中，上路有8个，下路有17个，大都路、上都路、真定路、益都路、砂井总管府虽未明确标注等级，但我们根据5路的户口数量可推，大都路、益都路、真定路应为上路，上都路、砂井总管府应为下路，下路数量占总路数的63.3%；就州而言，中书省所辖的99个州（含属州）中，上州有5个，中州有16个，下州有73个，另有2个州未注明等级，下州的数量占总州数的73.7%；就县而言，中书省辖区内有346个县，其中上县10个，中县99个，下县209个，未注明等级的县28个，下县的数量都占辖县总数的60.4%。下路、下州、下县的数量都占相当大的比重，说明元代中小城市的数量较多,这也正是中国古代城市规模的基本特点。

元代各路、府、州、县的等级并非一成不变,官方曾经根据人口的增减情况对各级行政区划进行过数次调整,尤其是江南地区,伴随着经济的恢复和发展,人口也大量增加,州、县也日益增多。元贞元年(1295 年),元朝政府再次进行了调整,规定:"户至四万五万者为下州,五万至十万者为中州。"经过此次调整,"凡为中州者二十八,下州者十五"①,部分"户不及额"者被降格。

元代朝廷在南宋路制基础上对江南地区区划进行了新的设置,如增设江西、湖广、江浙 3 行省,并依据人口多寡对州、县进行升降格。根据李治安先生的统计,元代江南地区府、州升路者有 80 余个,县升府、州者和新增州的数量达到 59 个(笔者统计为 58 个)。② 相关数据见表 3—13:

表 3—13 元代江南地区府、州升路及县升府、州统计表

省别	江浙行省	江西行省	湖广行省	河南江北行省
府、州升路数	30	18	28	10
总计	86			
县升府、州数	28	15	14	1
总计	58			

说明:1. 本表主要根据《元史·地理志》及《大元一统志》制成;
2. 其中原属南宋的部分州、县于至元二十八年(1291 年)被划归河南江北行省管辖,故本表亦将此区域州、县的升降情况纳入统计。

原南宋地区的路、府、州、县在行政层级、名称形式等方面与中原传统王朝的基本一致。元代官方调整路、州的措施都是蒙古统治者的行为,其根本目的是巩固和加强统治者对江南城镇的控制能力,因而我们必须重视江南城镇变化背后的蒙古统治者的主导因素。

(三)各级城市的人口规模

我们在讨论元代各级城市的具体规模之前,有必要先从全球的视角进行一次宏观考察,考察元代城市在世界城市史中的地位。从秦汉到隋唐再到宋元,中国一直保持着和世界其他地区民族进行经济文化交流的优良传统。元代对外交往较前代更为频繁,出现了一批国际性的大都市,如大都、南京、杭州、泉州、广州等,当时中外文化的交流对世界历史产生了深远的影响。

农业时代,中国的城市与世界其他重要国家或地区的城市相比,数量更多、规模更大。从汉代到清代,中国 10 万人以上的城市数量长期保持在 10 余个或更多,

---

① 宋濂等:《元史》卷六十二《地理五》,中华书局,2000 年,第 997 页。
② 李治安:《元史暨中古史论稿》,人民出版社,2013 年,第 16 页。

而且历代都城空间之大、人口数量之多，在世界古代城市史上无可比拟。① 相关情况见表3-14、表3-15：

表3-14　世界古代十大城市面积一览表（单位：平方公里）

城市	建设时间	城市面积	城市	建设时间	城市面积
隋唐长安	583年	84.10	明南京（应天）	1366年	43.00
北魏洛阳	493年	73.00	汉长安（内城）	前220年	35.00
明清北京	1421—1553年	60.32	巴格达	800年	30.44
元大都	1267年	50.92	罗马	300年	13.68
隋唐洛阳	605年	45.20	拜占庭	447年	11.98

表3-15　不同历史时期世界人口最多的城市统计表（单位：万）

城市	人口	时间	城市	人口	时间
长安	40	前200年	开封（汴梁）	44.2	1102年
罗马	45	100年	杭州	43.2	1348年
康斯坦丁堡	30	340年	南京（应天）	48.7	1358年
长安	80	750年	康斯坦丁堡	70	1650年
巴格达	100	775年	北京	110	1800年

资料来源：1. 表3-11据董鉴泓《中国城市建筑史》（中国建筑工业出版社，1982年，第37—38页）制成；

2. 表3-12据宁越敏等《中国城市发展史》（安徽科学技术出版社，1994年）制成。

通过表3-14可以看出，历史时期世界十大城市中的前七位都是中国的都城，其中元大都的城市面积排在第四位。此外，根据美国学者钱德勒在《城市发展4000年》一书中所做的统计，在不同历史时期的35个世界人口最多的城市中，中国古代有5个城市先后8次位居世界第一，其中元代的杭州、元末的南京（应天）在不同的时期都曾居于世界前列。实际上，中世纪欧洲城市的规模大都很小，人口有几万的便是大城市了，因而就单个城市而言，元代城市无论是人口数量还是占地面积，在农业时代的世界城市中都名列前茅。

1. 路级政区的人口规模

城市及其周围地区是人口相对集中的地方。关于元代城镇人口在全国人口中所占的比例，由于没有相关资料记载，我们无从统计，只能通过考察区域人口的分布状况对元代的城市规模做出相应的判断。

《元史·地理志》中载有户口数的路共有127个，笔者将其中10万户以上的路统计如下（见表3-16）：

---

① 何一民：《中国城市史》，武汉大学出版社，2012年，第37页。

表 3—16 元代 10 万户以上的路级政区统计表

省别	数量	路别	户数	口数	路别	户数	口数
中书省	3	大都路	147 590	401 350	晋宁路	120 630	270 121
		真定路	134 986	240 670			
河南江北行省	2	扬州路	249 466	1 471 194	中兴路	170 682	599 224
江西行省	7	龙兴路	371 436	1 485 744	吉安路	444 083	2 220 415
		瑞州路	144 572	722 302	袁州路	198 563	992 815
		抚州路	218 455	1 092 275	临江路	158 348	791 740
		广州路	170 216	1 021 296			
湖广行省	7	武昌路	114 632	617 118	岳州路	137 508	787 743
		澧州路	209 989	1 111 543	常德路	206 425	1 026 042
		衡州路	113 373	207 523	天临路	603 501	1 081 010
		静江路	210 852	1 352 678			
江浙行省	21	杭州路	360 850	1 834 710	平江路	466 158	2 433 700
		嘉兴路	426 656	2 245 742	湖州路	254 345	—
		常州路	209 732	1 020 011	镇江路	103 315	623 644
		衢州路	108 567	543 660	建德路	103 481	504 264
		婺州路	221 118	1 077 540	庆元路	241 457	511 113
		处州路	132 754	493 692	绍兴路	151 234	521 588
		温州路	187 403	497 848	台州路	196 415	1 003 833
		宁国路	232 538	1 162 690	饶州路	680 235	4 036 570
		徽州路	157 471	824 304	信州路	132 290	662 258
		集庆路	214 538	1 072 690	福州路	799 694	3 875 127
		建宁路	127 254	506 926			

说明：1. 本表据《元史·地理志》中相关记载统计，其中，岭北行省、云南行省无相关记载；

2. 关于数据年代，其中大都路、真定路、晋宁路为至元七年（1270 年）户口数据，湖州路为至顺间钱粮户数，其他路为至元二十七年（1290 年）户口数据。

通过上表可见，元代 10 万户以上的路共计 40 个，其中中书省有 3 个、河南江北行省有 2 个、江西行省有 7 个、湖广行省有 7 个、江浙行省有 21 个，集中分布在南方地区；20 万户~30 万户的路有 11 个；30 万户以上的路有 8 个。元代户数最多的路为江浙行省的福州路，接近 80 万户，最少的路则是甘肃行省的肃州路，仅有 1 262 户。就路的等级来看，大都路、真定路 2 路未标明级别，镇江路、建宁路 2 路为下路，其余 36 个 10 万户以上的路均为上路。

《元史》中还有一部分路的户数虽不及 10 万，但也被划为上路，原因在上文中曾有提及，大多是出于政治、军事的考虑而置，此处不再赘述，现将这类上路列出：

兴和路（8 973户）、大名路（68 639户）、保定路（75 182户）、河间路（79 266户）、济南路（63 289户）、大同路（45 945户）、冀宁路（75 404户）、汴梁路（30 018户）、庐州路（31 746户）、淮安路（91 022户）、辽阳路（3 708户）、大宁路（46 006户）、奉元路（33 935户）、甘州路（1 550户）、成都路（32 912户）、重庆路（22 395户）、赣州路（71 287户）、泉州路（89 060户），共计18个路。①

由于元代人口分布的巨大不平衡性，造成了南北城市规模的不等。在北方地区，能容纳20万人的路就可以算得上大路了，10万人以上的路可被视为中等路；而南方地区则是100万人口以上的路才可被算作大路，50万人以上的才能被算作中等路。

元代都城大都是北方规模最大的城市，其所在地大都路官方统计的人口数为401 350人，时人常用"都城十万家"②来描述其人口规模。上都作为陪都，其所在的上都路有118 191人，其中有一半左右的人居住在城区，其余人则住在上都下属的州、县之中。除了大都以外，北方重要城市所在路人口超过20万的只有奉元路（271 399人）、真定路（240 670人）、益都路（212 502人）、晋宁路（270 121）、巩昌府（369 272人）5个。西南地区只有成都所在的成都路人口在20万以上，有215 888人。除了上述城市外，整个北方地区人口数在10万以上的路/直隶州仅有保定路（130 940人）、顺德路（124 465人）、大名路（160 369人）、怀庆路（170 926人）、卫辉路（127 247人）、河间路（168 536人）、东昌路（125 406人）、殷阳府路（123 185人）、大同路（128 496人）、汴梁路（184 367人）、曹州（195 335人）、德州（156 952人）12个。

元代江南地区人口较为稠密，城市人口也相对集中，笔者据《元史·地理志》中的数据统计，人口数在100万以上的路有扬州、杭州、嘉兴、平江（今苏州市）、常州、婺州（今金华市）、宁国（今宣城市）、台州（今临海市）、集庆（今南京市）、福州、饶州（今鄱阳县）、龙兴（今南昌市）、吉安、抚州、广州、常德、澧州（今澧县）、天临（今长沙市）、静江（今桂林市），共19个。

人口数在50万~100万的路有中兴（今江陵县）、建德、庆元（今宁波市）、衢州（今衢州市）、绍兴、徽州（今歙县）、信州（今上饶市）、瑞州（今高安市）、袁州（今宜春市）、临江（今樟树市）、武昌（今武汉市武昌区）、岳州（今岳阳市）、建宁（今建瓯市）、淮安、江州（今九江市，503 852人）、建昌（今南城县，553 338人），共16个。

人口数在30万~50万的路有温州、处州、太平、池州、广德、泉州、兴化、延平、南安、南康、潮州、兴国、武冈，共13个。

---

① 宋濂等：《元史》卷五十八至六十二《地理一》至《地理五》，中华书局，2000年，第903—1049页。
② 顾嗣立：《元诗选·初集》，中华书局，1987年，第461页。

2. 府、州政区的人口规模

元代府的数量有 33 个,但《元史·地理志》中有户口记载的府的数量很少,仅有 13 个(参见表 3-17)。

表 3-17　元代府级政区人口统计表

府	户数	口数	府	户数	口数
南阳府	692	4 893	汝宁府	7 075	—
归德府	23 317	—	高邮府	50 098	—
安陆府	14 665	33 554	沔阳府	17 766	30 955
德安府	19 023	36 218	凤翔府	2 081	14 908
巩昌府	45 135	369 272	绍庆府	3 944	15 189
松江府	163 931	—	汉阳府	14 486	40 866
平乐府	7 067	33 820			

说明:1. 本表据《元史·地理志》中相关记载统计;

2. 关于数据年代,其中,南阳府、凤翔府、巩昌府为宪宗二年(1252 年)户口数据,汝宁府、归德府、高邮府、松江府为至顺间钱粮户数,安陆府等 7 府为至元二十七年(1290 年)户口数据。

通过上表可知,就户口规模来看,除了江浙行省的松江府的户数在 10 万以上,其他府级政区户数均在 5 万以下。就人口数量看,除了陕西行省的巩昌府和德安府人口较多,其他府人口数多在 1 万~4 万,甚至有只有几千人的府,如南阳府。由此可推,元代府级城市的规模是比较小的,城市人口数应该在 1 万左右,甚至更少,许多府级城市人口规模不及南方地区较大的县城的人口规模。

元代的州级政区有 362 个,但《元史》中有户口数量记载的州只有 33 个,且大多是直隶州,仅有极少关于属州的户口记载,关于州级政区人口规模的情况参见表 3-18。

表 3-18　元代州级政区的人口规模情况表

州	等级	户数	口数	州	等级	户数	口数
曹州	上	37 153	195 335	濮州	上	17 316	64 293
高唐州	中	19 104	23 121	泰安州	中	9 540	10 795
德州	—	24 424	156 952	恩州	中	10 545	37 479
冠州	—	5 697	23 040	宁海州	下	5 713	15 743
信阳州	下	3 414	23 751	荆门州	下	29 471	165 435
随州	下	15 966	52 064	江阴州	上	53 821	300 177
南丰州	下	25 078	128 900	梅州	下	2 478	14 865
南恩州	下	19 373	96 865	封州	下	2 077	10 742

续表

州	等级	户数	口数	州	等级	户数	口数
新州	下	11 316	67 896	桂阳州	下	6 356	25 655
连州	下	4 154	7 141	循州	下	1 658	8 290
归州	下	7 492	10 964	茶陵州	下	36 642	177 202
耒阳州	下	25 311	110 010	常宁州	下	18 431	69 402
郁林州	下	9 053	51 528	容州	下	2 999	7 854
象州	下	19 558	92 126	宾州	下	6 248	38 879
横州	下	4 098	31 476	融州	下	21 393	39 334
藤州	下	4 295	11 218	贺州	下	8 676	39 235
贵州	下	8 891	20 811				

说明：1. 本表据《元史·地理志》中相关记载统计；

2. 关于数据年代，其中曹州、濮州、高唐州、泰安州、德州、恩州、冠州、宁海州、信阳州为至元七年（1270年）户口数据，其他州为至元二十七年（1290年）户口数据。

上表中所列的33个州还不及元代州总数的1/10，仅有2个上州、3个中州、2个未注明等级的州，其余均为下州。户口数据的严重缺失使我们很难判断元代州级城市的整体规模。我们以有限的样本数据可以推知：元代州级政区的等级基本符合前文所讲的等级区分标准，等级与户数规模基本相符，但也有少数例外，如茶陵州有36 642户，但仍为下州。就人口规模来看，同级别的州，北方地区州的人口规模普遍小于南方地区州的人口规模，北方地区上州的人口数量甚至少于南方地区下州的人口数量。

3. 县级政区的人口规模

《元史》几乎没有提及县级政区的人口数量，因而我们无法考察元代县级政区的具体人口规模。元、明、清的地方志中有少量关于元代县域人口的零星记载，笔者将搜集的资料罗列如下，作一参考：

嘉兴县，120 742户，海盐县42 205户，崇德县55 400户；① 上元县29 277户，江宁县22 705户、132 787口，句容县34 814户、214 790口；② 南海县67 166户，番禺县27 641户，增城县7 628户，东莞县24 398户，香山县11 369户，新会县30 913户，清远县1 745户；③ 华亭县97 786户，上海县72 502户；④ 乐清县

---

① 《至元嘉禾志》卷六《户口》，载于葛剑雄主编，吴松弟著：《中国人口史》（第三卷），复旦大学出版社，2000年，第318页。

② 至元《金陵新志》卷八《户口》。

③ 陈大震：《大德南海志》卷六，元大德刊本。

④ 正德《松江府志》卷六《户口》。

20 810 户、106 724 口，永嘉县 65 077 户；① 宁德县 15 566 户，泾县 32 500 户、89 232 口，仁化县 1 634 户，保昌县 19 000 户，始兴县 883 户，宁浦县 4 011 户、31 194 口，永淳县 1 681 户、4 975 口，宣化县 2 836 户、12 524 口，武缘县 1 176 户、4 090 口。②

通过考察以上数据我们不难发现，南方县城的人口数量普遍较多，户数达数万的县城十分常见，甚至有户数超过十几万的县城，如嘉兴县，这甚至超过了北方许多路级行政区的户数，当然，也有仅有几百、几千户的县城，如始兴县、仁化县、清远县、武缘县等，但就整体而言，南方地区县级城市的规模是普遍大于北方地区县级城市的规模的。

李莎在《中国人口史·元代卷》中对元代县级城市平均户数进行了测算：元代岭北行省、甘肃行省没有设县，云南行省则缺数据；中书省县均 3 962 户；辽阳行省县均 5 431 户；河南江北行省县均 4 956 户；陕西行省县均 1 604 户；四川行省县均 1 564 户；江浙行省县均 43 379 户；江西行省县均 29 642 户；湖广行省县均 18 228 户。③ 由于数据不全，其测算结果难免存在误差，但大致上反映了元代县级政区的人口情况，可知江南县域的人口规模是明显大于北方地区县域的人口规模的。

综上所述，在元代，基于政区的行政等级差异，形成了首都、省会城市、府州城市、县级城市的多级城市体系，各级城市的规模与城市行政等级存在着密切关系，同级城市间也因人口规模的差异而形成了等级差异，故路、府、州、县均有上、下或上、中、下之分。就同一政区来看，除了少数城市，大部分城市的人口规模与其所处的行政等级是相适应的，省会城市较之府州城市为大，府州城市较之县级城市为大。就不同政区来看，由于自然地理环境及社会生产力的发展程度等差异，南方地区的城市规模普遍要大于北方地区相同等级城市的规模，而且存在南方较低行政等级城市的人口数量多于北方较高等级人口数量的情况，如南方州级城市人口数量多于北方路级城市人口数量、南方县级城市人口数量多于北方州级城市甚至路级城市人口数量的情况。与同时期世界其他国家的城市相比，无论是城市的数量还是城市的规模，元代城市都居于领先地位。

第三节　城市的内部空间：大都的规划与布局

城市形态主要包括城市的布局形式、建筑群的内部组合模式等，是社会经济、政治、文化、思想等诸多方面要素的物化体现，也是城市功能、制度在空间上的具象表达。

---

① 光绪《乐清县志》卷五《田赋》；《永嘉县志》卷五，载于葛剑雄主编，吴松弟著：《中国人口史》（第三卷），复旦大学出版社，322 页。
② 嘉靖《宁德县志》卷一；《泾县志》卷五；《仁化县志》卷二；《南雄府志》卷三；《南宁府志》卷二。
③ 李莎：《中国人口通史·元代卷》，人民出版社，2012 年，第 47 页。

中国城市从形成之初就具有较强的规划性。这种规划性是皇权政治干预的结果，也是皇权政治在城市空间上的一种物化表现。① 由于大部分城市都是因政治或军事因素而兴建的，故在城市建设的过程中，统治者往往对城市的规模、城市的布局、功能分区及建筑物的类型等都有一定的设想和规划。

都城作为历代王朝的政治中心，其规划建设不仅可以体现统治者的政治、经济、军事等多方面的需求，还是开国君主理想图式的建构，是他们耗费心血的产物，具有一般地方性城市所不具备的特点，在相当程度上能够反映出一个朝代的文化风貌。因此，不同历史时期、不同区域的古都具有各自不同的特征。

元大都在历史上占有十分重要的地位。首先，大都城是中国古代历史上第一个由少数民族建立的政权兴建的全国性都城，其商业繁荣、人口众多，是各少数民族与中原汉族进行经济交往、互相融合的交汇点，是当时中国的政治中心，也是13至14世纪世界上最宏伟的城市之一；其次，在对外高度开放的背景下，大都城内汇集了各种民族信仰的宗教，当时世界上各个主要的文化族群、宗教派别在大都城中都建有自己的活动中心，大都也因此成为世界多元文化汇聚和融合的中心，多种风格、各种形制的宗教建筑是元大都的独特风景之一；再次，大都城的规划是中国都城建设史上的里程碑，凝聚了中国各族人民的智慧，奠定了明清及以后北京城的基本格局，明清时期的都城基本上是在大都城的基础上改造而成的。大都城的规划设计在充分继承草原旧制的基础上，积极吸收了中国古代都城建设的传统，其规划思想的先进性、科学性以及建筑艺术的民族性是中国和世界建都史上都罕见的。② 世界著名的建筑与城市规划学家丹麦人罗斯穆森（Steen Eiler Rasmussen）在其《城镇与建筑》一书中曾这样评价元大都城："整个北京城（平面设计）匀称而明朗，是世界的奇观之一，是一个卓越的纪念物，一个伟大文明的顶峰。"③（笔者译）另一位著名建筑学家美国人贝肯（Edmund N. Bacon）对大都城也赞叹不已："在地球表面上人类最伟大的单项工程可能就是北京城了。……整个城市深深沉浸在仪礼规范和宗教仪式之中。它的设计是如此之杰出，这就为今天的城市提供了丰富的思想宝库。"④（笔者译）

一、城址的选择与兴建

蒙古人建立政权后曾数次迁都，最终定都大都。哈剌和林是蒙古帝国早期建立的都城，位于今蒙古国乌兰巴托以西365公里处。1235年，窝阔台合罕命汉族工匠于鄂尔浑河岸建筑都城，以哈剌和林为城名。该城在14世纪中叶毁于明朝军队与北元政权的战争中。元上都开平城位于今内蒙古自治区正蓝旗草原，于1259年

---

① 何一民：《农业时代中国城市的特征》，《社会科学研究》，2003年第5期。
② 却拉布吉：《元大都的历史地位探微》，《西北民族大学学报》，2008年第1期。
③ Steen Eiler Rasmussen, *Towns and Buildings*, The MIT Press, 1969, Preface, p. 5.
④ Edmund N. Bacon, *Design of Cities* (Revised Edition), Penguin Books, 1980, P. 244.

建成,初名开平府,是蒙古政权建立的第二座草原都城。1260 年,忽必烈在开平自立为汗,以开平为都城。

忽必烈建立元朝后,随着战争的进行,其疆域不断向南扩张,僻居漠北哈剌和林和上都开平府都显出它们的地理局限性,因此,迁都成为势所必然。中统五年(1264 年),元世祖忽必烈决定将开平改为上都,同年(是年八月改元至元)以燕京(原金中都)为中都(后改为大都)。由于开平位于塞北草原,对于控御漠北地区蒙古诸王、贵族势力以及保持蒙古族人的游牧生活习惯等仍然具有不可替代的作用,因而忽必烈确定了两都巡幸制度,上都作为夏都与大都共同构成了元朝的两大政治中心。金中都燕京已于此前毁于战火,故而元大都实际上是在金中都的东北部以琼华岛为中心重筑的一座新城市。这就是元大都,蒙古语为"汗八里克城",即王城。

元王朝之所以选择幽燕地区营建都城,是基于多方面的考虑,幽燕地区无论是自然地理环境、经济环境,还是历史基础、政治地位等方面都有其独特的优势。第一,幽燕地区的自然地理环境优越。北方原来的政治中心城市长安和洛阳地理位置在唐以后失去优势,北宋时已被放弃作为都城。宋汴京地理位置虽较好,却无险可守。"燕都东控辽碣,西连三晋,背负关岭,瞰临河朔,南面以莅天下","燕幽之地,龙蟠虎踞,形势雄伟,南控江淮,北连朔漠,且天子必居中以受四方朝觐"①。《元史·地理志》也载"京城右拥太行,左挹沧海,枕居庸,奠朔方"②。可见,幽燕地区北面群山环抱,地势险要,加之有长城护卫,易守难攻;南面则一马平川,无险可阻,便于调动兵力以控制中原。③ 而且这一地区作为交通枢纽之地,水陆交通十分便利,四通八达,东可直达辽东,西可直通关陕,北可直通蒙古草原,南可直达中原各地。第二,幽燕地区的经济环境也十分优越。幽燕地区物产特别丰富,农作物、经济作物种植面积大、产量较高,金、银、煤、铁等矿产资源均十分丰富,为都城发展提供了物质保障;农业、畜牧业以及纺织业等手工业较为发达,经过辽、金上百年的经营,具有良好的经济基础。第三,幽燕地区的历史悠久。幽燕地区历来是北方的军事重镇。在辽、金两朝时,其地位日益重要,长期被作为都城,辽朝时这里是四大陪都之一的南京,金朝时为中都,金人于此进一步经营,扩建了城垣宫室,使之成为控制中国北部地区的统治中心,因此,燕京的历史地位是北方地区其他任何一个城市都无法相比的。④ 第四,幽燕地区的政治地位举足轻重。忽必烈在平定内部叛乱的过程中曾得到汉族地主武装的人力、物力支持,为了继续加强对这一地区的控制,将这一地区作为统治漠南、漠北的据点和南下扩张的大本营无疑是一个好的选择。

因此,尽管金中都早已毁于战火,战争中残存下的部分宫殿在 1217 年的大火

---

① 陈得芝等:《元代奏议集录》,浙江古籍出版社,1998 年,第 77 页。
② 宋濂等:《元史》卷五十八《地理一》,中华书局,2000 年,第 904 页。
③ 王岗:《元大都在中国历史上的作用和地位》,《北京社会科学》,1988 年第 3 期。
④ 王岗:《元大都在中国历史上的地位和作用》,《北京社会科学》,1988 年第 3 期。

中也所剩无几，但元王朝仍然决定在此兴建都城，哪怕是从废墟上建起也不计代价。刘秉忠是元大都的主要规划者，大都城的勘定便是在其主持下完成的，由于旧城过于残破，修补旧城远不如营建新城节时省工，因而其选定新修葺的琼华岛为新建宫殿的基础，同时确定了城市修筑的中轴线位置，《析津志辑佚》载："其内外城制与宫室、公府，并系圣裁，与刘秉忠率按地理经纬，以王气为主。……先取地理之形势，生王脉络，以成大业……"①

大都的城址位于金中都的东北，两城之址并不重合。元大都于至元四年（1267年）开始兴建，"至元四年，岁在丁卯，以正月丁未之吉，始城大都"②，于至元二十二年（1285年）初步完工，前后历时18年之久。元大都的兴建充分体现了政治权力对城市发展的推动作用。

二、城市空间布局

元大都是先规划、后建设的城市。忽必烈的谋臣刘秉忠在其"经画谋授"下负责大都城的总设计，他的学生赵秉温和郭守敬也参与了城市的选址和整体规划，赵秉温奉世祖之命，"因图上山川形势城郭经纬，与夫祖社朝市之位，经营制作之方"③，郭守敬负责大都城的水系统建设和建筑材料的运输等工作，汉人张柔、张弘略父子与段贞，蒙古人也速不花，女真人高觽，色目人也速迭尔，尼泊尔人阿尼哥等负责营建工程。作为大都城的设计者，刘秉忠集儒、道、释学问于一身，"于书无所不读，尤邃于《易》及邵氏《经世书》，至于天文、地理、律历、三式六壬遁甲之属，无不精通。论天下事如指诸掌"④，因此大都城的规划理念中包含了诸多中国传统的哲学思想；此外，由于大都城是另辟新址新建的城市，规划布局不受旧有城市的制约，可以按照既定的理念进行，充分吸纳历史上各个都城规划、建设的优点，修筑过程中合理充分地利用了周围的地理特点，因而建成后的大都成为当时世界上规模最宏大、最壮丽的城市，规划、设计和建设都体现了世界一流水平。

（一）城防体系

大都城的城市形制为三套方城，分为外城、皇城和宫城。《元史》记载大都城"城方六十里"，但实际上元大都的城市平面图是南北略长的长方形，南北长约7 600米，东西宽约6 700米，周长28 600米，面积约50平方公里。⑤大都城的城防体系主要包括城墙、城门、护城河。其北墙在今北京市德胜门外小关一线，南墙在

---

① 熊梦祥：《析津志辑佚》，北京古籍出版社，1983年，第33页。
② 李修生：《全元文》（27），江苏古籍出版社，1998年，第207页。
③ 苏天爵：《滋溪文稿》，中华书局，1997年，第366页。
④ 宋濂等：《元史》卷一百五十七《刘秉忠传》，中华书局，2000年，第2457页。
⑤ 中国科学院考古研究所元大都考古队、北京市文物管理处元大都考古队：《元大都的勘查和发掘》，《文物》，1972年第1期。

今长安街南侧，南墙西段略向外弯曲，盖因保护庆寿寺双塔"环而筑之"，东西城墙的南端与明清北京城的东西城墙南端相一致。

大都的城墙全部以夯土修筑而成，采用的是中国传统的版筑技术，城墙基部宽24米，使用了"永定柱"和"纴木"以加固墙体。根据实测，城墙的基宽、高与顶宽的比例约为3∶2∶1。① 马可·波罗的游记中曾有关于大都城墙的记述，"城墙环绕在其四周，墙根厚十步，不过，越往高处越窄，墙头仅厚三步，到处筑有女墙。女墙呈白色，高为十步"②，城墙上筑有白色的女墙，这应该与蒙古族崇尚白色的习俗有关系。

大都城墙四隅修筑有巨大的角楼。城墙外侧则建有箭楼，是防御火攻的设施，"每个城门的上端，以及两门相隔的中间，都有一个漂亮的建筑物，即箭楼。所以每边共有五座这样的箭楼。箭楼内有收藏守城士兵的武器的大房间"③。城墙之外修有护城河，在大都城的修建过程中，筑城者曾"拟浚至新城壕堑"④，城墙建成以后又于至元十八年（1281年）"奉旨挑掘城濠"，用掘出之泥土"添包城门一重"⑤，城濠用水主要由西郊引泉水供给。

元大都城共有11座城门，东、西、南3面各3门，北面2门，基本接近《考工记》"旁三门"的规制。《元史·地理志》载："城方六十里，十一门：正南曰丽正，南之右曰顺承，南之左曰文明，北之东曰安贞，北之西曰健德，正东曰崇仁，东之右曰齐化，东之左曰光熙，正西曰和义，西之右曰肃清，西之左曰平则。"⑥ 故马可·波罗的游记中有关大都城有12座城门的记载是不准确的。《周易》的思想对元大都的城门设置产生了重要影响，《日下旧闻考》云："元建国曰大元，取大哉乾元之义也。建元曰至元，取至哉坤元之义也。殿曰大明，曰咸宁。门曰文明，曰健德，曰云从，曰顺承，曰安贞，曰厚载，皆取诸乾坤二卦之辞也。"⑦ 例如，丽正门取"日月丽乎天"之意；文明门取"文明以健""其德刚健而文明"之意；顺承门取"至哉坤元，万物资生，乃顺承天"之意。

---

① 中国科学院考古研究所元大都考古队、北京市文物管理处元大都考古队：《元大都的勘查和发掘》，《文物》，1972年第1期。
② ［意］马可·波罗著，张晗译：《马可·波罗行纪》，哈尔滨出版社，2009年，第110页。
③ 曹子西：《北京通史》（第5卷），北京燕山出版社，2012年，第42页。
④ 屈文军：《宪台通纪（外三种）新点校》，华夏文化艺术出版社，2006年，第199页。
⑤ 熊梦祥：《析津志辑佚》，北京古籍出版社，1983年，第1页。
⑥ 宋濂等：《元史》卷五十八《地理一》，中华书局，2000年，第904页。
⑦ 于敏中等：《日下旧闻考》，北京古籍出版社，1985年，第430页。

元代城市

图 3—4 元代和义门遗址

说明：元大都和义门遗址位于今北京市西直门处，是元大都考古中的重大发现。该门于 1358 年加筑，残存城门高约 22 米，门洞长约 9.92 米、宽约 4.62 米，内券高约 6.68 米，外券高约 4.56 米。

于希贤先生认为，一、三、五、七、九为天数阳数，二、四、六、八、十为地数阴数，将阳数的中位数五和阴数的中位数六相加得到十一，[1] 并且在地理方位上，南方"阳"为天，开 3 座城门，北方"阴"为地，开 2 座城门，象征着天地中和相衔，阴阳和谐相交，昼夜更替，万物衍生。[2] 元大都 11 座城门的名称都来源于《周易》，其方位是按照文王八卦排列的（参见图 3—5）。每天都有大量的行人和车马经 11 座城门出入，城门周围多有市场，"憧憧十一门，车马如云烟"[3]。

---

[1] 于希贤：《〈周易〉象数与元大都规划布局》，《故宫博物院院刊》，1999 年第 2 期。
[2] 李小波：《古都形制及其规划思想流变》，《城市问题》，2002 年第 3 期。
[3] 北京市政协文史资料委员会：《北京文史资料精华·府园名址》，北京出版社，2000 年，第 148 页。

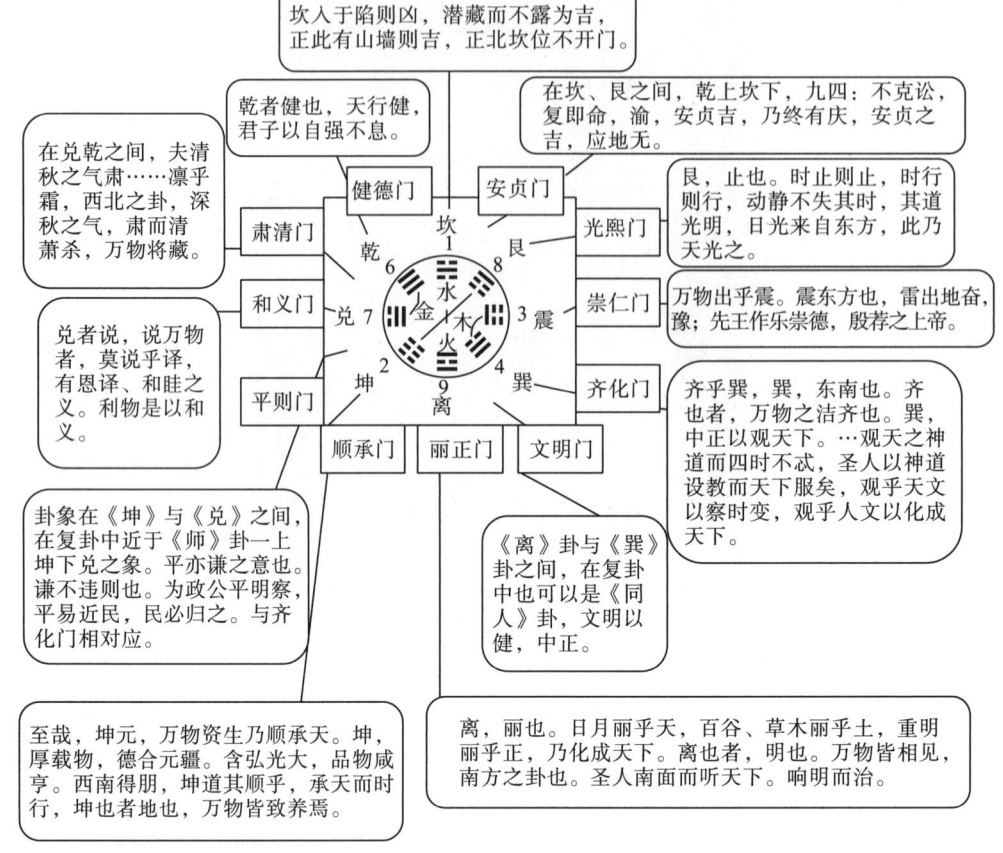

图 3-5 《易》卦与元大都城门命名示意图

(二) 中轴线与中心台

中轴对称的布局模式是我国古代城市规划中较为常用的模式。大都城的中轴线尤其突出，南起丽正门，穿过皇城的棂星门、宫城的崇天门和厚载门，经万宁桥直达城市中央的中心阁。①

营建大都时，筑城者先是在全城的几何中心位置营建"中心之阁"，作为全城平面布局的中心，然后以此为基准向四面拓勘城址，这在中国古代建筑史上是首创。忽必烈在建都之时曾"问于刘太保秉忠定大内方向。秉忠以今丽正门外第三桥南一树为向以对，上制可。遂封为独树将军，赐以金牌"。②

关于中心台的位置，《析津志辑佚》中有相关记载：中心台"中心阁西十五步。其台方幅一亩，以墙缭绕。正南有石碑，刻曰：中心之台，实都中东、南、西、北

---

① 中国科学院考古研究所元大都考古队、北京市文物管理处元大都考古队：《元大都的勘查和发掘》，《考古》，1972 年第 1 期。

② 熊梦祥：《析津志辑佚》，北京古籍出版社，1983 年，第 213 页。

四方之中也。在原庙之前"①。根据文献记载可知，中心台是大都城的中心。据元大都考古队的实地勘测，中心台与南北城垣间的距离是相等的，但是其与城东垣间的距离要略小于与城西垣间的距离，这是因为东墙位置上遇有低洼地带，不宜筑墙，这才向内稍加收缩作为东墙墙址。② 因而，实际上元大都中心台并不在城市的几何中心，而是在几何中心东西一线稍微偏东的位置。③

元大都不是在旧城基础上改造而成的，而是在没有任何建筑物的金中都东北部选定的新址上新建的。筑城者在营建之前经过精密的勘测，定出了城市的中心点和中轴线，因而大都的衙署、街道、市场、住宅区、寺庙都规整地被安排在中轴线两侧，整齐划一、经纬分明。中心台和中心阁的附近是大都最为重要的市场的所在地，这种布局也符合《周礼·考工记》中"面朝后市"的规定。

（三）皇城与宫城

元大都借鉴了宋朝东京的三重方城结构。皇城位于大都城南部的中央偏西位置，设有15座城门，城墙俗称"阑马墙"或"萧墙"，墙基宽3米左右。据元大都考古队的考证，皇城的城墙四至为：东墙在今南北河沿的西侧，西墙在今西皇城根，北墙在今地安门南，南墙在今东、西华门大街以南，南墙正中的棂星门在今午门附近。④ 萧洵的《故宫遗录》中有关于皇城的详细记载："南丽正门内，曰千步廊，可七百步，建灵星门，门建萧墙，周回可二十里，俗呼红门阑马墙。门内数十步许有河，河上建白石桥三座，名周桥，皆琢龙凤祥云，明莹如玉；桥下有四白石龙，擎戴水中甚壮。绕桥尽高柳……内城广可六七里，方布四隅，隅上皆建十字角楼。其左有门，为东华，右为西华。……"

元代的1尺合今0.315米，5尺为1步，1步合今1.575米，元代的1里为240步，约合今378米。⑤ 姜东成据北京地图估算，大都皇城东西方向长度为2 480米，约合元之1 575步，约元时6.56里，南北方向长度为2 165米，约合元之1 375步，约元时5.72里。周回5 900步，按元代1里240步计，约合24.56里，与《故宫遗录》中所记载的"周回可二十里"是大致吻合的。⑥ 又按每亩666.7平方米计算，皇城面积大致为8 053亩。

皇城内，以太液池为中心分布着宫城、兴圣宫、隆福宫3个大的建筑群。宫城

---

① 熊梦祥：《析津志辑佚》，北京古籍出版社，1983年，第104页。
② 侯仁之：《元大都城与明清北京城》，《故宫博物院院刊》，1979年第3期。
③ 姜东成：《元大都城市形态与建筑群基址规模研究》，清华大学博士论文，2007年。
④ 中国科学院考古研究所元大都考古队、北京市文物管理处元大都考古队：《元大都的勘查和发掘》，《考古》，1972年第1期。
⑤ 姜东成：《元大都城市形态与建筑群基址规模研究》，清华大学博士论文，2007年；陶宗仪著，文灏点校：《南村辍耕录》，文化艺术出版社，1998年；赵正之：《元大都平面规划复原的研究》，载于《建筑史专辑》编辑委员会：《科技史文集：第2辑》，上海科学技术出版社，1979年；中国科学院考古研究所元大都考古队、北京市文物管理处元大都考古队：《元大都的勘查和发掘》，《考古》，1972年第1期。
⑥ 姜东成：《元大都城市形态与建筑群基址规模研究》，清华大学博士论文，2007年。

位于皇城的东部,太液池之东,设有崇天、云从、星拱、东华、西华、厚载6门,城内有以大明殿和延春阁为主体的建筑群。马可·波罗在其游记中有关于宫城的记载:

> 大汗常在名曰汗八里之大城中……此城在契丹州之东北端,其大宫殿之所在也。宫与新城相接,在此城之南部。其式如下:
>
> 先有一方墙,宽广各八哩。其外绕以深壕,各方中辟一门,往来之人由此出入。墙内四面皆有空地,广一哩,军队驻焉。空地之后,复有一方墙,宽广各六哩,南北各辟三门,中门最大,常关闭,仅大汗出入时一为开辟而已。余二门较小,在大门之两侧,常开以公共出入之用。
>
> 此内墙四角及中央,各建一壮丽城楼。由是全墙周围共有八楼,贮大汗战具于其中。……
>
> 此第二方墙之内,有一第三城墙,甚厚,高有十步,女墙皆白色。墙方,周围有四哩,每方各有一哩,此第三墙辟六门。布置与第二城墙同。……
>
> 第二第三两墙之间,有树木草原甚丽。内有种种兽类……
>
> 此周围四哩墙垣之内,即为大汗宫殿所在。其宫之大,素所未见。①

马可·波罗所言的第三城墙指的便是大都城的宫城城墙。元人陶宗仪的《南村辍耕录》一书中详细记载了宫城的规模及城门设置情况:

> 宫城周回九里三十步,东西四百八十步,南北六百十五步,高三十五尺,砖甃。至元八年八月十七日申时动土,明年三月十五日即工。分六门,正南曰崇天,十二间,五门,东西一百八十七尺,深五十五尺,高八十五尺。……凡诸宫门,皆金铺、朱户、丹楹、藻绘、彤壁、琉璃瓦、饰檐脊。崇天之左曰星拱,三间,一门,东西五十五尺,深四十五尺,高五十尺。崇天之右曰云从,制度如星拱,东曰东华,七间,三门,东西(应为"南北",笔者注)一百十尺,深四十五尺,高八十尺。西曰西华,制度如东华。北曰厚载,五间,一门,东西八十七尺,深高如西华,角楼四,据宫城之西隅,皆三趒楼,琉璃瓦,饰檐脊。②

按照元时1尺合今0.315米计算,宫城城墙高35尺,约今11米。按元时1里为240步估算,宫城东西长480步,计元时2里,约今756米;南北长615步,计元时2.56里,约今968.6米。其周长,东西长共960步,计元时4里;南北长共1230步,计5里30步,周回共9里30步。姜东成根据今北京地图测量,元大都宫城基址东西宽765米,南北长975米,③ 与《南村辍耕录》记载的480步(约今

---

① [意]马可波罗口述,[法]沙海昂注,冯承钧译:《马可波罗行纪》,商务印书馆,中国旅游出版社,2016年,第166—167页。
② 陶宗仪著,文灏点校:《南村辍耕录》,文化艺术出版社,1998年,第287页。
③ 姜东成:《元大都城市形态与建筑群基址规模研究》,清华大学博士论文,2007年。

756米)与625步(约今968.6米)的数据是基本一致的,因而我们据此推算宫城的大致面积是合理的,按每亩666.7平方米计算,皇城面积约为1 098亩。

"面南而王,择中而居"是古都规划中的重要思想。这种思想长期影响着封建社会的都城规划,元大都即按照中原王朝"面南而王"的传统,确定了宫城的位置和"面向正南"的朝向,将皇城与宫城布置在大都城中轴线的最南端,而宫城在皇城中的相对位置也被尽量向南压、突兀向前,充分突显了其地位。这种独特的布局模式,既是历代都城规划总体趋势的必然结果,也是中原汉族传统文化与蒙古草原文化融合的一种尝试。

考察中国古代都城演变的实际情况可知,古代都城中宫城的位置大致经历了由外向内的变化,规模上经历了由大变小的收缩,宫城与城市中轴线日趋重合,并沿中轴线由北向中又由中向南推移,[1] 经过种种演化,最终形成了一条有迹可循的中国古代都城演变轨迹。

(四) 街道与功能分区

1. 城市的基本骨架:街道

元大都棋盘式的街道布局是按照《周礼·考工记》"国中九经九纬,经涂九轨"的原则设计的。大都城内南北走向和东西走向的干道构成了方整的棋盘形。城内相对的城门间,如肃清门与光熙门之间、平则门与齐化门之间等,一般都有笔直平坦的干道相连。马可·波罗在其游记中曾记述过大都城中的街道:"全城的设计都用直线规划。大体上,所有街道全是笔直走向,直达城根。一个人若登城站在城门上,朝正前方远望,便可看见对面城墙的城门。城内公共街道两侧,有各种各样的商店和货摊……整个城市按四方形布置,如同一块棋盘。"[2]

大都城南北干道与东西干道各有9条,交织成"九经九纬"的格局。全城的中轴线经过穿越丽正门的御道,由南向北直抵"中心之台"。城内干道以南北走向为主,胡同、小街平行排列在南北走向的干道两侧。为了适应城内的地理条件和基于全城的布局需要,修筑者对部分街道做了相应的调整,有丁字街,也有斜街。比如,由于城南中央有皇城,外城的北墙有别于其他3个方位城墙而只有两座城门,积水潭(海子)、太液池在城西占据较大面积,因此在这些区域邻近的街道被辟作"丁"字形。沿海子东北岸向"中心之台"是城内唯一的一条斜街,此乃大都城内的繁华之处,又称斜街市。大都城的街道在纵横交错之中含有曲折变化,使得原本"划地为方"的街道布局更加自然合理。

大都城内的街道有统一的规划标准,笔直而宽阔,"天衢肆宽广,九轨可并驰","论其市廛则通衢交错,列巷纷纭,大可以并百蹄,小可以方八轮。街东之望

---

[1] 王朝闻:《中国美术史》(8),北京师范大学出版社,2011年,第244页。
[2] 陈开俊等:《马可波罗游记》,福建科学技术出版社,1981年,第96页。

街西，仿而见，佛而闻；城南之走城北，出而晨，归而昏"①。《日下旧闻考》中有关于街道宽度的明确记载：

> 街制　自南以至于北，谓之经；自东至西，谓之纬。大街二十四步阔，小街十二步阔。三百八十四火巷，二十九衖通。衖通二字本方言。

> 长街　千步廊街、丁字街、十字街、钟楼街、半边街、棋盘街。五门街、三叉街，此二街在南城。②

大都街道最宽的为24步宽，约合今37.8米，如丁字街（今王府井大街）、十字街（今西四大街、东四大街、交道口大街等）、棋盘街、钟楼街等均属大街；大街之下为小街，宽度为12步，约合今18.9米；小街之下为火巷，共计384条，我们据大街、小街的规制可以推断火巷应为6步宽，约合今9.45米，这与现在北京的胡同宽度大致是符合的；另外还有29个衖通。需要注意的是，明代所谓的"胡同"在元代被称为"火巷"，叫"衖通"的只有29处。

大都街道规划整齐，井然有序。马可·波罗在游记中对大都城内的街道有生动的记述：

> 街道甚直，此端可见彼端，盖其布置，使此门可由街道远望彼门也。③

这种棋盘式的街道布局不同于欧洲某些城市因河流走向而弯曲，以教堂、皇宫为中心的放射型街道格局，为后来的明清两朝沿袭，奠定了北京城的基本格局，现在在北京城内的一些街道中仍然可以找寻到这种格局的痕迹。

元朝大都城的道路大多数是土路，只有少数是石路，行人、车马流量甚大，因而道路上常常弥漫着尘土，"轮蹄纷往还，翳翳黄尘深"④，若遇到雨天，有些道路便会变得泥泞不堪，这成为大都居民时常面临的难题，若遇到接连下雨的天气，城中就会普遍出现"泥途坎陷，车马不通，潢潦弥漫，浸贯川泽"⑤的景象。

2. 城市基本功能区

诗人虞集的《大都城隍庙碑》云："至元四年，岁在丁卯，以正月丁未之吉，始城大都，立朝廷、宗庙、社稷、官府、库庾，以居兆民，辨方正位，井井有序，以为子孙万世帝王之业。"⑥大都城内的官署、商市、居住区、坛庙、会馆、寺院、仓库等功能分区构成了集中式城市形态。

元大都城的坊巷布局是中国古代城市坊市制度发展的最终形制。中国古代城市的坊巷可以追溯到周代的"闾里制"，按"匠人营国"之制，除了皇城以外，居住

---

① 赵逵夫：《历代赋评注》（宋金元卷），巴蜀书社，2010年，第695页。
② 于敏中等：《日下旧闻考》，北京古籍出版社，1985年，第603页。
③ [意]马可波罗口述，[法]沙海昂注，冯承钧译：《马可波罗行纪》，商务印书馆，中国旅游出版社，2016年，第189页。
④ 周权：《周此山先生文集》卷八《都城署夕》。
⑤ 李修生：《全元文》（6），江苏古籍出版社，1999年，第213页。
⑥ 虞集：《大都城隍庙碑》，载于陈宗蕃：《燕都丛考》，北京古籍出版社，1991年，第277页。

区被分为"国宅"与"闾里","国宅"一般环绕在王城周围,为王公贵族、达官贵人居住的地方,"闾里"则是一般平民居住的地方。到了汉魏时期,开始出现"城坊制",即以坊为主的人居形式。隋唐时期,城市建设中的坊巷规划已形成制度,"两京及州县之廓内分为坊,郊外为村"①。宋金时期,城市里的坊巷建设已经较为成熟。至元朝时,筑城者在吸收宋金坊巷建设经验的基础上,按经纬纵横的街巷形制规划了大都城内的坊巷布局,使大都的坊巷建设达到了较高的水平。

居住区 大都城的居民区以坊为单位,坊是按街道布局而划的,城内共被划分为 50 个坊,各坊之间以街道为界线,周围不设围墙,以开放式的胡同替代了传统的封闭式街坊,方便了人员的出入和交往。至元二十五年(1288 年),元朝政府始划定大都街道坊门由翰林院拟定名号,对此《日下旧闻考》有如下记载:

> 坊名 元五十,以大衍之数成之,名皆切近。乃翰林院侍书学士虞集伯生所立。外有数坊,为大都路教授时所立。②

大都城内的坊名大多据《周易》等儒家经典而取,例如,阜财坊,因其坊附近有库藏,取《南风歌》中"阜吾民之财"之义;玉铉坊,其坊近中书省,取《周易》中"鼎玉铉,大吉"之义;明时坊,其坊近太史院,取《周易·象传》中"君子以治历明时"之义,等等。

元朝时本有定制,新城建成后"诏旧城居民之迁京城者,以赀高及居职者为先,仍定制以地八亩为一分;其或地过八亩及力不能作室者,皆不得冒据,听民作室"③。但实际上是待权贵优先择好筑宅之地后,才允许平民百姓"作室"。故大都城内居民在各坊的分布并不均衡,贵戚、功臣大多居住在西城,"悉受分地以为第宅";城北地区则显得地旷民稀,是大都城的贫民区,钟楼以北地区有全城最大的一处穷汉市足以证明这一点。显贵之家的院落华丽宽敞,贫苦百姓的住宅则简陋低狭。总体来讲,大都城的中部地区和南部地区的人烟比较稠密,尤其是海子、钟楼和鼓楼一带,"本朝富庶殷实,莫盛于此",是全城最繁华的地带,城北部的人口较为稀少。

元代的坊与前朝相比,在许多方面都实现了突破,主要体现在以下 3 个方面:

第一,生活功能方面。大都城内的坊统一以四合院式建筑为市民的基本民居建筑样式,统治者为不同阶层的民众都提供了建房宅地。第二,交通功能方面。与宋金时期的坊巷相比,元大都去除了传统的坊墙,构建了开放式的坊巷道路形态,城内交通则由各坊巷内部胡同相连而成,道路南北相通、纵横交错,构建了完整的道路街巷网络。第三,管理功能方面。城内居民都被控制在坊巷居住区内,各坊都设有坊正;坊下设有巷、里,巷有巷长,里有里长,多以富豪充任,这些人对坊内居民进行直接控制和管理。这样,坊便成为元朝统治者直接控制大都城的重要环节,

---

① 《唐六典·户部尚书》,载于李景文:《中国经济法史》,辽宁大学出版社,1989 年,第 67 页。
② 于敏中等:《日下旧闻考》,北京古籍出版社,1985 年,第 600 页。
③ 宋濂等:《元史》卷十三《世祖十》,中华书局,2000 年,第 184—185 页。

坊巷则成为一种特殊的统一管理下的居住形制,既有利于统治者对民众的严密控制与防范,又保证了城内的正常生活与社会秩序的稳定。①

官署区 大都城内的衙署主要包括中央行政机构和地方行政机构两类。中央行政机构主要有中书省、御史台、枢密院、太史院等,地方行政机构则有大都路总管府、警巡院等。中书省是元代中央最高的行政机构,"国朝立中书省,以总天下之政。分其属为六部"②;御史台是元代最高的监察机构,于至元五年(1268年)七月设立;枢密院是元代最高的军事机构,负责军官任免、军队调动、宫廷戒备、边疆镇守等军事要务;太史院负责掌观测天象、编制历书等事务。地方行政机构中,大都路总管府创立于至元二十一年(1284年),于至元二十七年(1290年)升为"都总管府";警巡院是大都城内的治安管理机构,于至元二十四年(1287年)省并,设左、右警巡二院。《析津志辑佚》中有关于大都城内衙署的方位、规制等的记载,现摘录如下:

> 中书省。……四月甲子,筑内皇城。位置公定方隅,始于新都凤池坊北立中书省。其地高爽,古木层荫,与公府相为樾荫,规模宏敞壮丽。奠安以新都之位,置居都堂于紫薇垣。……
>
> 中书省　在大内前东五云坊内。……
>
> 御史台……国初至元间,朝议于肃清门之东置台,故有肃清之名。而今之台乃立为翰林国史院,后复以为台。台在澄清坊东,哈达门第三巷。转西有廊房,所□馆西南二台及各道廉访司,官吏攒报一应事迹,谓之台房。若广东、广西、海北、海南道,咸馆焉。③

根据姜东成的研究,大都城内各衙署的基址面积分别为:中书省203亩、枢密院226亩、御史台210亩、太史院125亩、大都路总管府144亩、大都警巡院96亩。④ 总体上看,大都城内的衙署规模与其等级是相符的。此外,还应注意堪舆之说对大都行政衙署布置的影响,《析津志》记载:"中书省……分纪于紫微垣之次。枢密院,在武曲星之次。御史台,在左右执法天门上。"⑤ 这种规划理念使得枢密院、中书省、御史台等中枢机构在设计时分布较为分散,离宫城较远,后来三大机构均被迁至宫城附近。

商业区 由于政治因素推动,加之交通网络的完善,元大都的经济发展迅速,带动了北方的城市化,形成了以元大都为中心的城市经济网络。马可·波罗称:"此汗八里城之周围,约有城市二百,位置远近不等。每城皆有商人来此买卖货物,

---

① 梁玉贵:《北京传统四合院的历史与文化》,《中华民居》,2011年第10期。
② 熊梦祥:《析津志辑佚》,北京古籍出版社,1983年,第15页。
③ 熊梦祥:《析津志辑佚》,北京古籍出版社,1983年,第3—38页。
④ 姜东成:《元大都城市形态与建筑群基址规模研究》,清华大学博士论文,2007年。
⑤ 熊梦祥:《析津志辑佚》,北京古籍出版社,1983年,第32—33页。

盖此城为商业繁盛之城也。"① 元大都既是一个国内贸易中心城市，也是一个国际贸易中心城市，"外国巨价异物及百物之输入此城者，世界诸城无能与比。盖各人自各地携物而至，或以献君主，或以献宫廷，或以供此广大之城市，或以献众多之男爵骑尉，或以供驻屯附近之大军。百货输入之众，有如川流之不息。仅丝一项，每日入城者计有千车"②。

大都城内的商业行业众多，有"三百六十行"之称，主要行业有无熟行、银行、玉行、漕行、净发行、香烛行、五色行、裁缝行、彩帛行、正冠行、锦鳞行、糠行、厨行、饭食行、度师行、篙师行等。城内商品以粮食、茶、酒、盐、丝绸、珠宝、瓷器等为主，此外还有各种日用器物、纺织品以及来自海南和外国的药材、奢侈品，如沉香、乳香、安息香、龙脑、犀角、象牙、珍珠、翡翠、玛瑙、玉石、玳瑁等。来大都经商的除了元朝境内的各族商人外，还有大量来自欧洲、中亚、非洲、东亚、东南亚等国家和地区的商人、商队和使团。

大都是当时非常繁华、宏伟的大城市，时人赞称："华区锦市，聚四海之珍异；歌棚舞榭，选九州之秋芬。招提拟乎宸居，廛肆至于宫门。酤户何烨烨哉，扁斗大之金字；富氏何振振哉，眼龙蟠之绣文……屠千首以终朝，酿万石而一旬……若乃城闉之外，则文明为轴舻之津，丽正为衣冠之海。顺城为南商之数，平则为西贾之派。天生地产，鬼宝神爱，人造物化，山奇海怪。不求而自至，不集而自萃。是以吾都之人，室无白丁，庵无浪辈。累赢于毫毛，运意于蓰倍。一日之间，一关之内，重毂数百，交凑阗阓，初不计乎人之肩与驴之背。虽川流云合，无鞅而来，随销随散，杳不知其何在。至有货殖之家，如王如孔，张筵设宴，招亲会朋，夸耀都人，而儿千万贯者，其视钟鼎岂不若土芥也哉？若夫歌馆吹台，侯园相苑，长袖轻裙，危弦急管。结春柳以牵愁，伫秋月而流盼。临翠池而暑清，褰绣幌而云暖。一笑千金，一食钱万。此诚他方巨贾，远土谒官，乐以销忧，流而忘返，吾都人往往面谀而背讪之也。"③

大都城内的市场众多，分布广泛。《日下旧闻考》中的《京城总记》对此记载得最为全面："米市、面市，钟楼前十字街西南角，羊市、马市、牛市、骆驼市、驴骡市，已上七处俱在羊角市一带，其杂货并在十市口。北有柴草市，此地若集市，近年俱于此街西为贸易所。段子市在钟楼街西南，皮帽市同上。菜市，丽正门三桥、哈达门丁字街。菜市，和义门外。帽子市，钟楼。穷汉市，一在钟楼后，为最，一在文明门外市桥，一在顺承门城南街边，一在丽正门西，一在顺承门里草塔儿。鹁鸽市在喜云楼下。鹅鸭市在钟楼西。珠子市，钟楼前街西第一巷。省东市在检校司门前墙下。文籍市在省前东街。纸札市，省前。靴市在翰林院东，就卖底皮、西甸皮，诸靴材都出在一处。车市，齐化门十字街东。拱木市，城西。猪市，

---

① [意]马可波罗口述，[法]沙海昂注，冯承钧译：《马可波罗行纪》，商务印书馆，中国旅游出版社，2016 年，第 193—194 页。
② [意]马可·波罗著，冯承钧译：《马可波罗行纪》，东方出版社，2007 年，第 259 页。
③ 李修生：《全元文》(46)，江苏古籍出版社，1998 年，第 133—134 页。

文明门外一里。鱼市,文明门外桥南一里。草市,门门有之。舒噜(旧作"沙剌",即珊瑚,笔者注)市,一巷皆卖金、银、珍珠宝贝,在钟楼前。柴炭市集市,一顺承门外,一钟楼,一千斯仓,一枢密院。人市在羊角市,至今楼子尚存,此是至元间。后有司禁约,姑存此以为鉴戒。煤市,修文坊前。南城市、穷汉市在大悲阁东南巷内。蒸饼市,大悲阁后。臙粉市,披云楼南。果市,和义门外、顺承门外、安贞门外。铁器市,钟楼后。"①

从上述史料中我们可以得知大都城内各种专门集市有30余种(见图3-6),此外城内还建有众多的戏院、酒馆、歌台楼榭、教坊等。就其分布来看,主要集中在以下几个地方:

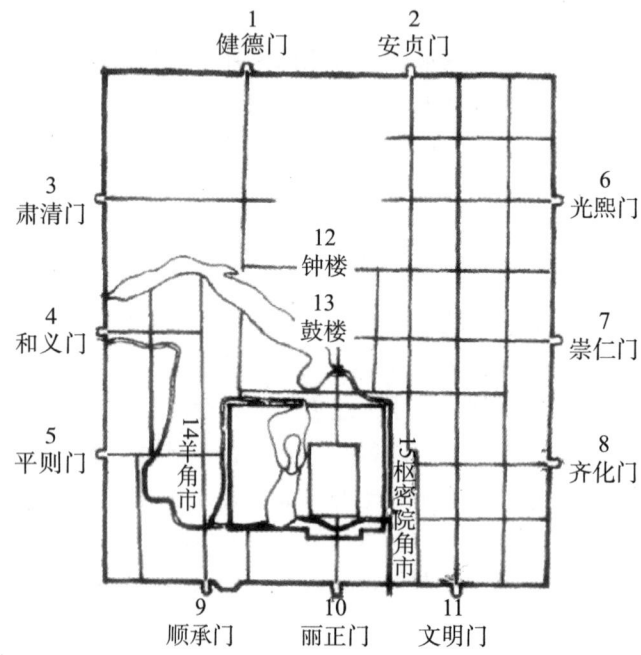

图3-6 元大都城内外市场分布示意图

说明:1. 健德门:草市;2. 安贞门:草市、菜市、果市;3. 肃清门:草市;4. 和义门:草市、果市、菜市;5. 平则门:草市;6. 光熙门:草市;7. 崇仁门:草市;8. 齐化门:草市、车市;9. 顺承门:草市、果市、柴炭市、穷汉市;10. 丽正门:草市、菜市、穷汉市;11. 文明门:猪市、鱼市、穷汉市、草市、菜市;12. 钟楼:米市、面市、段子市、皮帽市、鹅鸭市、珠子市、靴市、沙剌(金银珠宝)市、柴炭市、铁器市、穷汉市;13. 鼓楼:煤市、臙粉市、纸札市、文籍市等;14. 羊角市:面市、米市、马市、羊市、牛市、骆驼市、驴骡市、穷汉市等;15. 枢密院角市:果市、杂货市、文籍市、柴炭市等。

一是"朝后市",即城中心的钟楼、鼓楼附近以及积水潭北部的斜街区域(斜街市)。由于大运河的终点码头在这附近,这一区域水陆交通便利,各地的商船聚集停泊在这里,因而商贾云集,店铺林立,沿河两岸歌台酒榭众多,"本朝富庶殷

---

① 于敏中等:《日下旧闻考》,北京古籍出版社,1985年,第603—604页。

实,莫盛于此"①。该区域主要分布有米市、面市、段子市、皮帽市、鹅鸭市、珠子市、靴市、沙剌(金银珠宝)市、柴炭市、铁器市及最大的穷汉市等。

二是顺承门内的羊角市、枢密院角市等区域。顺承门里的羊角市区域内有面市、米市、马市、羊市、牛市、骆驼市、驴骡市、穷汉市、柴炭市等,枢密院角市区域内有柴炭市、文籍市、杂货市、果市等。

三是各城门外和南城。如文明门外有猪市、鱼市、穷汉市等,顺承门外有果市、菜市等。此外,原金中都虽然皇宫等建筑被毁,但整个城市大部分建筑还在,商业街区依旧。

祭祀区　蒙古族一直有祭天与祭祖的习俗,"元兴朔漠,代有拜天之礼。衣冠尚质,祭器尚纯,帝后亲之,宗戚助祭"②,天神崇拜与祖先崇拜是蒙古族信仰的两大系统。蒙古人入主中原后,为取得汉族士人的认同,确立政权的合法性,依照汉法在大都城内及城边陆续修建了礼制建筑。

南郊坛较早设立,是元代规模最大的礼制建筑,成宗大德九年(1305年)七月,"辛亥,筑郊坛于丽正、文明门之南丙位"③,占地308亩,专祀昊天上帝。至元十二年(1275年),"以受尊号,遣使豫告天地,下太常检讨唐、宋、金旧仪,于国阳丽正门东南七里建祭台,设昊天上帝、皇地祇位二"④。后来明代的天坛便是在南郊坛的基础上扩建而成的。

中国历代王朝都有祭祀祖先的传统,大都城建成之后,世祖忽必烈于至元十四年(1277年)"八月乙丑,诏建太庙于大都"⑤,至元十七年(1280年)十二月功成。太庙位于齐化门之北,依汉法而建,循前庙后寝、同堂异室之制。

至元七年(1270年)十二月,忽必烈下令"岁祀太社太稷"⑥。至元三十年(1293年)朝廷按"左祖右社"之制,在大都城西、和义门内少南筑社稷坛。元代社稷坛采用"同壝异坛"的分祀形制,《元史·祭祀志》中有关于社稷坛制度的详细记载:

> 三十年正月,始用御史中丞崔彧言,于和义门内少南,得地四十亩,为壝垣,近南为二坛,坛高五丈,方广如之。社东稷西,相去约五丈。社坛土用青赤白黑四色,依方位筑之,中间实以常土,上以黄土覆之。筑必坚实,依方面以五色泥饰之。四面当中,各设一陛道。其广一丈,亦各依方色。稷坛一如社坛之制,惟土不用五色,其上四周纯用一色黄土。坛皆北向,立北墉于社坛之北,以砖为之,饰以黄泥;瘗坎二于稷坛之北,少西,深足容物。⑦

---

① 于敏中等:《日下旧闻考》,北京古籍出版社,1985年,第868页。
② 宋濂等:《元史》卷七十二《祭祀一》,中华书局,2000年,第1182页。
③ 宋濂等:《元史》卷二十一《成宗四》,中华书局,2000年,第314页。
④ 宋濂等:《元史》卷七十二《祭祀一》,中华书局,2000年,第1182页。
⑤ 宋濂等:《元史》卷七十四《祭祀三》,中华书局,2000年,第1218页。
⑥ 宋濂等:《元史》卷七十六《祭祀五》,中华书局,2000年,第1249页。
⑦ 宋濂等:《元史》卷七十六《祭祀五》,中华书局,2000年,第1249页。

元代还承袭了汉族祭祀先农、先蚕的制度，至元九年（1272年）忽必烈"命祭先农如祭社之仪"①，是为元代祭祀先农的开始。元武宗至大三年（1310年）朝廷在大都城外东南处修建先农、先蚕二坛，《元史·祭祀志》载："先农之祀，始自至元九年二月……武宗至大三年夏四月，从大司农请，建农、蚕二坛。"②

元代除了有拜天、祭祖、祭先农的活动外，还有祭祀风、雨、雷神的活动，在大都修筑了风师坛、雷师坛、雨师坛等礼制建筑，其中风师坛位于大都城东北郊外，雷师坛、雨师坛位于大都城西南郊外，史载："风、雨、雷师之祀，始于至元七年十二月，大司农请于立春后丑日，祭风师于东北郊；立夏后申日，祭雷、雨师于西南郊。仁宗延祐五年，乃即二郊定立坛壝之制，其仪注阙。"③

此外，朝廷还在皇城周围修筑了五福太乙神坛（皇城东南）、云师坛（皇城西南）等礼制建筑。

综上，元代的礼制建筑主要有太庙、社稷坛、南郊坛、先蚕坛、先农坛、风师坛、雨师坛、雷师坛、云师台、五福太乙神坛等10处，散布在大都城内外。这些礼制建筑大多依据汉制而建，其中太庙、社稷坛的营建完全符合《周礼》"左祖右社"的规制。这些建筑在修建时间上有先后之分，在规模上存在等级差异，其中南郊坛占地面积最大，太庙、社稷坛规模次之，其他的又次之。

元代的祭祀活动既承袭了中原汉地传统，又融入了蒙古族的习俗，还杂糅了藏传佛教的因素。《元史·祭祀志》言："元之五礼，皆以国俗行之，惟祭祀稍稽诸古。其郊庙之仪，礼官所考日益详慎，而旧礼初未尝废，岂亦所谓不忘其初者欤。"④

蒙古族作为元朝的统治者，其民族因素对元代的祭祀有重要的影响，这在祭祀仪式、祭品等方面都有明显的表现，"其祖宗祭享之礼，割牲、奠马湩，以蒙古巫祝致辞，盖国俗也"⑤。藏传佛教在元代影响甚大，官方祭祀活动也受到其影响，在太庙的祭祀中由蒙古巫觋充任祭祀活动的实际主持者便是一例证。

就祭品来看，元代的祭祀中除了常馔之外，增有马湩、西域汤饼、葡萄酒、鹿、獐、野马、黄羊、野鸡、天鹅、塔剌不花等，充满了浓厚的草原气息。史载：

> 牲齐庶品：大祀，马一，用色纯者，有副；牛一，其角握，其色赤，有副；羊，其色白；豕，其色黑；鹿。凡马、牛、羊、豕、鹿牲体，每室七盘，单室五盘。太羹，每室三登；和羹，每室三铏。笾之实，每室十有二品；豆之实，每室十有二品。凡祀，先期命贵臣率猎师取鲜獐鹿兔，以供脯鬐醢醓。稻粱为饭，每室二簠；黍稷为饭，每室二簋。彝尊之实，每室十有一。明水玄酒，用阴鉴取水于月，与井水同，罍用郁金为之。五齐三酒，酝于光禄寺。脾

---

① 宋濂等：《元史》卷七十六《祭祀五》，中华书局，2000年，第1257页。
② 宋濂等：《元史》卷七十六《祭祀五》，中华书局，2000年，第1257页。
③ 宋濂等：《元史》卷七十六《祭祀五》，中华书局，2000年，第1265页。
④ 宋濂等：《元史》卷七十二《祭祀一》，中华书局，2000年，第1181页。
⑤ 宋濂等：《元史》卷七十四《祭祀三》，中华书局，2000年，第1217页。

菁萧蒿，至元十八年五月弗用，后遂废。茅香以缩酒，至元十七年，始用沅州麻阳县包茅。天鹅、野马、塔剌不花，其状如貛。野鸡、鸧、黄羊、胡寨儿，其状如鸠。渖乳、葡萄酒，以国礼割奠，皆列室用之。羊一，豕一，笾之实二栗、鹿脯，豆之实二菁菹、鹿臡，簠之实黍，簋之实稷，爵尊之实酒，皆七祀位各用之。荐新鲔、野彘，孟春用之。雁、天鹅，仲春用之。荓韭、鸭鸡卵，季春用之。冰、羔羊，孟夏用之。樱桃、竹笋、蒲笋、羊，仲夏用之。瓜、豚、大麦饭、小麦面，季夏用之。雏鸡，孟秋用之。菱芡、栗、黄鼠，仲秋用之。梨、枣、黍、粱、鶃老，季秋用之。芝麻、兔、鹿、稻米饭，孟冬用之。麇、野马，仲冬用之。鲤、黄羊、塔剌不花，季冬用之。至大元年春正月，皇太子言荐新增用影堂品物，羊羔、炙鱼、馒头、饼子、西域汤饼、圜米粥、砂糖饭糵，每月用以配荐。①

国家祭礼以其广泛的社会参与性成为社会整合的有效手段。② 在元代的官方祭祀活动中，诸皇帝亲自赴南郊坛、太庙等处祭祀的次数十分少，这在中国古代历史中是十分罕见的。此外，元代礼制建筑的规模是依据所祭祀神祇的规格而定的，而神祇规格高低的判定标准则是蒙古人的观念。可见，元代的官方祭祀是以蒙古族的旧俗为主的，汉族传统礼法是处于从属地位的。在南郊坛、太庙、社稷坛等礼制建筑中，汉族文化的形式与蒙古族文化的内容互为表里，其中蒙古族文化居于主导地位。

除了衙署、居住区、商业区、祭祀区之外，元大都城内还有仓库区、文教区、园林区等诸多功能区，仓库区包括千斯仓、永济仓、丰实仓、广贮仓等54个官仓；文教区设有孔庙、国子学等；园林区既有御苑、万寿山、太液池等皇家园林，也有不少公共园林与私家园林，例如临锦堂、万春园、杏花园、万柳堂、漱芳亭等等，为大都居民的公共活动空间。

总之，大都城的规划设计除了继承蒙古族的草原旧制之外，还充分吸收了中国古代都城建设的传统，其先进性、科学性以及建筑艺术的民族性，在中国和世界的都城建设史上都是罕见的。大都城的规划体现了蒙古统治者在政治、经济、军事等诸多方面的需求，凝聚了统治阶层的心血和广大劳动人民的智慧，具有其他地方性城市所不具备的特点，在相当程度上反映了元朝的文化风貌。不仅明清的都城规划沿袭了大都城的规划，地方城市也以都城规划为范，以统治机构为城市的中心，正如冯友兰先生所言："故宫和一座衙门在格局、体制上是一致的，县衙门是一个具体而微的皇宫，皇宫是一个放大了若干倍的县衙门。"③

综上，元代都城规划有以下3个特点：

---

① 宋濂等：《元史》卷七十四《祭祀三》，中华书局，2000年，第1226—1227页。
② ［日］妹尾达彦：《唐长安城的礼仪空间——以皇帝礼仪的舞台为中心》，载于［日］沟口雄三、小岛毅主编，孙歌等译：《中国的思维世界》，凤凰出版传媒集团江苏人民出版社，2006年，第466—498页。
③ 转引自何一民：《中国城市史》，武汉大学出版社，2012年，第24页。

第一，鲜明的政治烙印。中国古代城市的规划是皇权政治干预的结果，也是皇权政治在城市空间中的一种物化表现。在中国古代的天下观中，"普天之下，莫非王土，率土之滨，莫非王臣"①，王权至上的政治思想贯穿了中国君主专制社会始终，大都城的规划将此体现得淋漓尽致，主要从宫殿的数量、都城中轴线的形成、宫殿在都城中的位置3个方面体现出来：在王权政治的干预和影响下，宫殿建筑及其他政治机构建筑成为大都城市规划的主体；"面南而王，择中而居"是中国古代都城规划的重要理念，在大都的规划中，规划者以中心台为全城中点，使中轴线贯穿南北；规划者一本中原王朝"面南而王"的传统，确定了宫城的位置和面向正南的朝向。②

第二，法天象地、天人合一的宇宙观。皇权至上是古代都城规划中的首要原则，为了强调皇权至上，规划者融"天人合一"观于其中。"天人合一"是中国古代哲学的主要观点，强调"人与自然合为一体"，这深深地融进了大都的规划理念之中。规划者将湖光山色纳入工整庄严的宫城中，将自然山水与城市规划相结合，体现的是回归自然的思想，这是道家所宣扬的"人法地，地法天，天法道，道法自然"的思想的具体体现。③ 元大都的规划者刘秉忠具有深厚的天文功底，大都的宫殿、城坊、城门布局、命名等都明显受到《周易》的影响。在具体规划中，规划者按照五行八卦确定了主要建筑的位置，大都的5组宫殿——延春阁、大明殿、兴圣殿、广寒殿（仁智殿）和光明殿，就是完全依据天官书中的五星座位置而布局的；规划城坊时也是依据大衍之数而设立了50坊；大都外城12座城门的名称全部来源于《周易》，其方位是按照文王八卦排列的。

第三，蒙汉杂糅，互为表里。蒙古人虽然在文化和生活习惯上都与汉人有十分显著的差异，但是当他们成为统治者后，也开始接受汉文化。蒙古人全面接受了汉人规划设计都城的思想，即"陛下帝中国，当行中国事"④，继承、总结和发展了历代都城规划的优良传统。在思想统治方面，元廷积极提倡理学，尊儒崇孔，而且规定以程、朱注释的四书五经为尊，因而礼法并用的汉文化对大都的营建产生了重要的影响。大都城的建筑布局有明确的规制，宫城、居住区、商业区、街道、祭祀区等功能分区基本上符合《周礼》"匠人营国，方九里，旁三门。国中九经九纬，经涂九轨。左祖右社，面朝后市"的原则。元大都城内的其他建筑，如官署、府宅、商店、酒楼以及民宅等，都各具特色，但以汉族式样为主。而将海子纳入城市规划中则体现了蒙古族"逐水草而居"的传统，建筑装饰、礼制建筑的布局等也较多地保留了蒙古元素，例如蒙古族崇尚白色，因而大都城墙上筑有白色女墙。此外，大都的规划对异族文化表现出高度的包容性，如元代藏传佛教兴起，故城内的藏传佛教建筑较多，另外伊斯兰教和道教也得到统治者的支持，因而城内两教的

---

① 偲仕：《诗经选》，中国文学出版社，外语教学与研究出版社，1999年，第159页。
② 李小波：《古都形制及其规划思想流变》，《城市问题》，2002年第3期。
③ 李小波：《古都形制及其规划思想流变》，《城市问题》，2002年第3期。
④ 陈得芝等：《元代奏议集录》，浙江古籍出版社，1998年，第57页。

寺、观也相当多，使大都城的建筑千姿百态。简而言之，在元大都的城市形态中，表面上汉族文化的形式与蒙古族文化的内容是互为表里的，但实质上蕴含着"蒙古至上"的思想。

第四章 元代城市经济的发展

20世纪中前期曾有部分学者受到狭隘的民族史观影响,片面地认为在蒙古族的残暴统治下,元朝的经济处于"一团漆黑"的"黑暗时代",是中国经济发展史上的"逆转时代"。随着研究理论的转变和新史料的发现,学术界对于元代的认识也趋于理性和全面,开始从宏观角度重新评估元史,一种新的观点认为元朝是一个比较开放的朝代,在政治、经济、科技文化、民族关系等各方面为中华文明的发展作出了独特的贡献,其城市文明的发展也保持了很强的延续性。

就城市经济而言,在南北统一、交通网络完善、生产技术发展的背景下,元代的城市手工业和城市商业在两宋的基础上继续发展,并表现出多元性和开放性的特征。需要注意的是,元代城市的经济功能虽然有所强化,但大多数的工商业活动是围绕官府与统治阶级的奢侈需要而展开的,因而表现出较强的自给性和自耗性。这是自然经济背景下中国古代城市固有的特性。

第一节 元代的城市手工业

手工业在中国古代社会中是仅次于农业的一个重要生产部门。就元代而言,在大一统、生产力发展等诸多因素的综合作用下,城市手工业在宋、金时期的基础上继续向前发展,取得了许多新的成就,获得了相当程度的发展,主要表现在生产工具的改进、生产技术的提高、产品种类和产量的增加以及国内外市场的扩大等方面,在生产内容和管理制度等方面也出现了许多新的特点,这极大地推动了元代专业性城镇的发展。

我们在看到元代城市手工业发展的同时,也应该关注到蒙古因素对元代城市手工业的深刻影响。

元代统治者一直十分重视手工业的发展,其时手工业门类众多,纺织业、制瓷业、制盐业、矿冶业、造船业、军器制造业等都十分发达。根据生产资料的归属以及劳动者身份的差异,元代的城市手工业可以被分为官府手工业和民间手工业两大系统。总体上看,在政治力量的强力扶植下,元代的官府手工业十分发达,民间手工业则受到一定程度的压制。

一、官营手工业的兴盛

"工商食官"是先秦时期的工商政策,在其后的历代王朝中,除了汉代的"平准均输"以及魏晋隋唐等某些时段有类似政策外,多数时段政府都是任私营工商业自由发展,然而元代则出现了官营手工业的重新兴盛,无论是规模还是产量都远超宋金时期,成为城市经济的重要组成部分。

(一)官营手工业的生产、管理机构

元代的官营手工业庞大复杂,官方采取了条块分割的管理模式,其时局院几乎遍布全国各地,有的隶属于中央政府,有的由皇亲贵族经营,有的归地方政府管理。政府直接控制的官营手工业系统主要有工部系统、将作院系统、大都留守司系统、武备寺系统等。

1. 工部系统

工部是元代统管工匠的中枢机构,"掌天下营造百工之政令。凡城池之修浚,土木之缮茸,材物之给受,工匠之程式,铨注局院司匠之官,悉以任之"。① 工部下设诸色人匠总管府、诸司局人匠总管府、大都人匠总管府、随路诸色民匠都总管府等总管府,分领局、院、场、所等生产、管理机构,其具体局院设置及职能参见表4-1。

表4-1 工部下属手工业机构表

总管府	下属局院	官秩	职能
诸色人匠总管府〔至元十二年(1275年)始设,秩正三品,掌管各种工匠〕	梵像提举司	从五品	掌管绘画佛像、土木削刻工艺
	出蜡局提举司	从五品	掌管制蜡模的工艺
	铸泻等铜局	从七品	掌管熔炼浇铸的工艺
	银局	从七品	掌管金银制品的制作工艺
	镔铁局	从八品	掌管雕刻铁制品的工艺
	玛瑙玉局	从八品	掌管玛瑙玉器的琢磨工艺
	石局	从七品	掌管制作石器的工艺
	木局	从七品	掌管制作木器的工艺
	油漆局	从七品	掌管涂刷油漆的工艺
	诸物库	正九品	掌管出纳各种物品的事务
	管领随路人匠都提领所	—	掌管工匠诉讼的事务

---

① 宋濂等:《元史》卷八十五《百官一》,中华书局,2000年,第1425—1426页。

续表

总管府	下属局院	官秩	职能
诸司局人匠总管府（掌管大都、上都金银器盒和符牌等14个局的事务）	收支库	正九品	掌管出纳物品的事务
	大都毡局	从七品	—
	大都染局	从九品	—
	上都毡局	从五品	—
	隆兴毡局	—	—
	剪毛花毯蜡布局	—	—
大都人匠总管府（秩从三品）	绣局	从七品	掌管绣造诸王百官所使用的缎匹的事务
	纹锦总院	—	掌管织造诸王百官所使用的缎匹的事务
	涿州罗局	—	掌管织造纱罗缎匹的事务
	尚方库	—	掌管出纳丝、金、颜料等物品的事务
随路诸色民匠都总管府（秩正三品，管理仁宗即位前所居府宅中的各种工匠）	杂造人匠提举司	从七品	—
	织染人匠提举司	从七品	—
	大都等处织染提举司	从五品	管理阿难答王位下工匠
	大都诸色人匠提举司	从五品	—
	收支诸物库	从七品	—
诸路杂造总管府（秩正三品）	帘网局	—	—
	收支库	—	—
茶迭儿局总管府（秩正三品，掌诸色工匠造作事务）	—	—	—
提举都城所	秩从五品，掌管修缮都城内外的仓库等事务		
受给库	秩正八品，掌管京城内外建筑木料、石料等		
符牌局	秩正八品，掌管制造虎符等的相关事务		

说明：1. 本表据宋濂等撰《元史》卷八十五《百官一·工部》（中华书局，2000年）制成；

2. "—"表示原始资料中官秩、职能未注明；

3. 此外，朝廷还于大都、通州置皮货所，于光熙门、平则门置窑场，于冀宁路、晋宁路、南宫、中山、深州、弘州、云内州、大同、恩州、保定、大宁路、顺德路、彰德路、怀庆路、宣德府、东圣州等路、府、州置织染提举司或织染局，工部下属还有别失八里局，提举右八作司、提举左八作司、提举都城所、受给库、符牌局等机构。

2. 将作院系统

将作院，至元三十年（1293年）始设，秩正二品，主要掌管金玉、犀象、珠翠、冠佩、宝贝、器皿、刺绣、纱罗、缎匹以及各种异样物品的制作。其下设诸路金玉人匠总管府、异样局总管府、大都等路民匠总管府3个总管府，所辖各种工艺品的作场繁多（参见表4-2）。

表4-2　将作院下属手工业机构表

总管府	下属局院	官秩	下属局院	官秩
诸路金玉人匠总管府（秩正三品，掌管制造宝贝金玉镶嵌的冠帽、腰带束带、金银器皿的事务，并且总领下属各司局事务）	玉局提举司	从五品	金银器盒提举司	从五品
	金丝子局	从五品	阳山玛瑙提举司	从五品
	玛瑙提举司	从五品	鞓带斜皮局	从八品
	瑾玉局	从八品	妆钉局	从八品
	大小雕木局	从八品	宣德隆兴等处玛瑙人匠提举司	正六品
	温犀玳瑁局	从八品	上都金银器盒局	从六品
	漆纱冠冕局	—	监造诸般宝贝官	正五品
	收支诸物库	从八品	行诸路金玉人匠总管府	从三品
	浮梁磁局	正九品	大同路采砂所	—
	画局	从八品	管匠都提领所	从七品
	管领珠子民匠局	正七品		
异样局总管府（秩止二品）	异样纹绣提举司	从五品	纱罗提举司	从五品
	绫锦织染提举司	从五品	纱金颜料总库	从九品
大都等路民匠总管府（秩正三品）	备章总院	正六品	织佛像提举司	从五品
	御衣史道安局	从六品	尚衣局	从五品
	高丽提举司	从五品	御衣局	从五品

说明：1. 本表据宋濂等撰《元史》卷八十八《百官四·将作院》（中华书局，2000年）制成；

2. "—"表示原始资料中官秩未注明。

"以供御者"是将作院系统手工业生产的最主要目的，因而将作院生产的产品无论是在质量上还是在种类与式样上都是工部产品无法比拟的。元人对此曾有记述："我国家因前代旧制，既设工部，又设将作院，凡土木营缮之役，悉隶工部；金玉珍宝、服玩器币，其治以供御者，专领之将作院，是宠遇为至近，而其职任视工部尤贵且重也。"①

---

① 李修生：《全元文》（56），凤凰出版社，2004年，第25页。

3. 大都路留守司系统

大都路留守司，至元十九年（1282年）始设，秩正二品，职能包括：守卫皇宫及都城，调度大都路各种物资，营建、修缮内府各宫室宅邸、都城宫廷中的原庙，制作宫中各种器物及车辆、礼服，管理殿阁廊亭以及皇帝行幸、汤沐、饮宴、游乐的场所，掌宫门的关闭与开启等。其下设修内司、祇应司、器物局等机构，分领木、车、铜、绳、画、铁等局（参见4-3）。

表4-3 大都路留守司下属手工业机构表

局院	所属局院	官秩	职能
修内司 秩从五品，掌管修建宫殿及大都的各种造作事务	小木局	从八品	
	车局	从八品	
	铜局	从八品	
	绳局	—	
	大木局	从八品	掌管殿阁营建修缮事务
	妆钉局	从八品	
	泥厦局	从八品	
	竹作局	—	
祇应司 秩从五品，掌管诸内府、诸王府邸的修饰装潢及佛寺道观的营建修缮等事务	油漆局	—	掌管大都、上都宫殿的油漆事务
	画局	—	掌管各殿宇藻井的绘画事务
	销金局	—	掌管各殿宇的鎏金事务
	裱褙局	—	掌管各殿宇的装潢裱贴事务
	烧红局	—	掌管各宫殿所用的心红颜料的相关事务

续表

局院	所属局院	官秩	职能
器物局（秩从五品，掌管内府宫殿、京城门户、佛寺道观、官署衙门的营建修缮，以及皇帝和诸王所用的鞍辔、忽哥轿子、营帐及车辆、金银宝器等精巧物品的制作）	铁局	—	掌管营建宫殿所需的轻细工艺
	减铁局	—	负责制造皇帝及皇室所用的腰带
	盒钵局	—	负责制造皇帝所用的腰带
	成鞍局	—	负责制造皇子所用的鞍辔、象牙装饰的轿子
	羊山鞍局	—	负责制造每年被征用的鞍辔等物品
	网局	—	负责制造宫殿所需的网扇
	刀子局	—	负责制造皇帝、皇室所用的镶嵌宝贝的佩刀
	旋局	—	负责制造皇帝所用的精巧木制器物
	银局	—	负责制造皇帝所用的金银器盒、金银腰带等物
	轿子局	—	负责制造皇帝所用的精巧木制鞍子等物
	采石局	从七品	掌管征发匠人采制用于营造内府殿宇、佛寺道观、桥梁闸门的石材
	犀象牙局	从六品	掌管制作、修缮大都、上都宫殿的犀象龙床、桌椅及腰带等事务。下设雕木局、牙局
	大都四窑场	从六品	负责制造素白琉璃砖瓦。下设南窑场、西窑场、琉璃局
	凡山采木提举司	从五品	掌管采伐制作车辆及其他杂物所需的木料和制作官服、腰带、刀把等物的事务
	上都采山提领所	从八品	负责征发匠人采伐木材、烧制石灰
	大都路管领诸色人匠提举司	从五品	掌管大都各种匠户因归属不明的田地而起的诉讼等事务
	收支库	正九品	掌管接受、供应修建材料的事务

说明：1. 本表据宋濂等撰《元史》卷九十《百官六·大都留守司》（中华书局，2000年）制成；

2. "—"表示原始资料中官秩、职能未注明；

3. 《元史》中还载有甸皮局、器备库、仪鸾局（领4个提领所）等机构。

4. 中政院、武备寺等系统

中政院"秩正二品……掌中宫财赋营造供给，并番卫之士，汤沐之邑"[①]。中政院下设：内正司"秩正三品。掌百工营缮之役，地产孳畜之储，以供膳服，备赐予"[②]，其下有尚工署及管领六盘山等处怯怜口民匠都提举司等；翊正司掌怯怜口民匠五千余户，下有管领上都等处诸色人匠提举司及管领随路打捕鹰房纳绵等户提

---

① 宋濂等：《元史》卷八十八《百官四》，中华书局，2000年，第1481页。
② 宋濂等：《元史》卷八十八《百官四》，中华书局，2000年，第1482页。

举司；此外还有辽阳等处金银铁冶都提举司等司所。

武备寺"秩正三品，掌缮治戎器，兼典受给"①。其下有大同路、平阳路、太原路、保定路、真定路、蔚州、宣德府、大宁路等军器人匠提举司，广平路、通州、蓟州等甲局，归德府、汝宁府、陈州等军器局以及若干箭局、弓局、杂造局等等。

除上述机构外，储政院、宣徽院、太仆寺、尚乘寺、利用监、中尚监、长秋寺、长信寺、长宁寺、承徽寺、宁徽寺、长庆寺等机构均有各自的局、院之设。

在地方政府系统中，各路均设有织染局和杂造局，织染局主要从事日常织造染色生产工作，杂造局主要生产军需物资，除满足地方政府需要外，还要定期向中央交纳规定品种和数量的产品。各地还有一些直隶中央政府或皇室的管理民匠的总管府、提举司等，其下虽然不列局院名称、官制，但也掌管钱粮造作之事，可能与各投下工匠一样，以向官府提供匠役为主。

综合以上3表，我们不难得出以下7点结论：

第一，就设置范围来看，蒙古统治者设立了数量庞大的手工业生产、管理机构，超过了以往的所有朝代，从中央到地方，从都城到各府、州甚至边镇，都设有手工业机构，几遍全国。这从一定程度上反映出元代城市官营手工业的繁盛状况。大都、上都作为元代的都城，是皇室贵族最主要的活动区域，因而也是手工业局院的数量最多、最为集中的城市；蒙古地区的官营手工业机构主要分布在谦谦州、镇海、上都、和林、兴和路、集宁路等城市；新疆地区的和田、别失八里等城市，云南地区的丽江、建昌、通安州、曲靖等城市，都设有官营手工业局院。这些官营手工业局院大多被设在原料产地附近，如毡罽业机构多集中分布在大都、上都等北方内陆城市，丝织业作坊多集中分布在沿海地区城市。

第二，就各机构职能来看，既有掌营造、修缮之事的局院，又有从事生产的局院，还有为其他相关局院或工匠服务的部门。此外，因元代工匠数量多，工匠之间若发生纠纷须由专门的机构负责处理，匠户与民户发生冲突也有专门的机构负责处理。元政府还设有覆实司，对官营手工业的产品质量、原料使用状况进行检查核实。

第三，就涉及行业来看，元代官营手工业门类众多、分工精细、规模庞大。《元经世大典·工典总叙》分官营手工业为22门：

> 一宫苑，二官府，三仓库，四城郭，五桥梁，六河渠，七郊庙，八僧寺，九道宫，十庐帐，十一兵器，十二卤簿，十三玉工，十四金工，十五木工，十六抟埴之工，十七石工，十八丝枲之工，十九皮工，二十毡罽之工，二十一画塑工，二十二诸匠。②

---

① 宋濂等：《元史》卷九十《百官六》，中华书局，2000年，第1517—1518页。
② 《元经世大典·工典总叙》，载于北京市历史学会：《吴晗史学论著选集》（第二卷），人民出版社，1986年，第143页。

《元文类》中有关于各工种职责范围及技艺水平的记载,现列叙部分如下:

金工 攻金之工,以煅铄为职……故杂造有府,器物有局……

木工 ……其艺有大小,如营建宫室,则大木之职也;若身车以济不通,几案以适用,此皆小木之为也……

……

石工 ……我朝攻石之工,制以花卉鸟兽之像,作为器用,则务极其精巧云。

丝枲之工 国朝治丝之工,始自甲戌年间。有史道安者,精于其艺,遂以御衣尚衣同为三局,高丽诸王亦立局焉。……然其染夏之工、织造之制、刺绣之文,咸极其精致焉。①

通过上述史料可以看出,诸工种分工明确细致,甚至同一产品的生产也按照工序分别设立局院负责,而"极其精巧""极其精致"则反映了工匠技术的高超;官营手工业主要可分为奢侈性手工业与军事性手工业两大类,其产品从皇帝及贵族的日常衣帽、腰带、配饰等生活用品到出行所用的车辆、轿子乃至兵器等无所不包,仅皇室所管的设于京城的手工业机构就多达50余个。与前朝相比,元代官营手工业以纺织业、军器制造业为主,不仅中央局院中的织染局院、军器局院数量最多,地方上设立的也主要是织染局和军器杂造局;冶铜铸钱业在传统官营手工业中占有重要地位,但在元代却趋于式微。

元代城市官营手工业机构不仅数量众多,而且规模较大。《拔都他游历中国记》和《秋涧集》中有关于江浙地区城市官营作坊规模的记载:

(杭州)城中有大工厂,厂内有工人,制造精美衣裳,及战时之甲仗。郭儿台告余:厂中有工头一千六百人,每工头管理三四学徒。此种工人,大半皆大汗之奴隶也,足有铁镣,皆居宫门外,然许其游行街市,唯不得逾城门,每日皆有数百人带至总督前,以备查点。②

(至元)十六年冬,授正议大夫,浙西道宣慰使,兼行工部事,籍人匠四十二万,立局院七十余所,每岁定造币、缟、弓矢、甲胄等物。③

据上述资料可知,浙西道的城市设立有70余处手工业局院,共有工匠42万,平均每局管理6 000余工匠,由此可以看出官营手工业的规模之大。

第四,就隶属关系来看,有元一代,中央各部门都有自己统管的局、院、提举司、所、库等,设有院长、大使、副使、提举、同提举、副提举、提点、提领等官,其下有管勾、作头、头目、堂长等。根据《元典章》,北方地区局院中统管工

---

① 苏天爵:《元文类》(下册),商务印书馆,1936年,第616—618页。
② 孙文学:《中国财政历史资料选编:第七辑》(元代部分),中国财政经济出版社,1988年,第89页。
③ 王恽:《秋涧先生大全集》,载于张元济等:《四部丛刊初编》,商务印书馆,1919年,第592页。

匠数量在 500 户以上者称提举、副提举、同提举；统管 300~500 户者称院长、提领、提点；统管 100~300 户者称大使、副使。① 江南局统管 2 000 户以上者称提举、副提举、同提举；统管 500~2 000 户者为局使、副使；统管 500 户以下者为院长。② 各部门官职中官秩最高者为正二品。上述诸多手工业生产、管理机构，有的隶属于工部、有的隶属于将作院、有的隶属于中政院等，政出多门，"不相统属，政事纷裂"③。

第五，就经营管理者来看，元代的官营手工业机构由中央政府授权设立，各级官府管理。官府、皇室贵族以及寺院是官营手工业机构的主要经营者，其产出的产品主要供统治阶级享用，较少流入城市的商品市场。从这一角度来看，元代官营手工业对于市场的影响是比较小的。另外，官营手工业机构在经营管理中也存在贪污浪费等诸多问题，"时工匠制造，糜费官物，十私八九，楚材请皆考核之，以为定制"④，"诸局织造杂作，或妨夺工役，或本官侵欺，造作不时。一岁会计无量入为出之数，当立籍册，每闻奏闻"⑤。

第六，就工匠类别来看，元朝政府专门设立了匠籍制度来管理各色工匠。元代的官营手工业工匠主要分为两类：一类是隶于匠籍的管局人匠，工部、将作院、中政院、大都留守司等中央各部门管理的手工业局院以及地方设立的织染局等机构中的工匠都隶于匠籍；另一类是隶于军籍的武备寺及各军卫所管理的工匠。总体来说，隶于军籍与隶于匠籍的工匠虽然在称谓上有所差别，但是两者在身份地位、性质等方面都是大致相同的。此外，还有一类特殊的工匠，即蒙古贵族私有的怯怜口，属于附籍户，主要来源于诸王贵族在战争中的俘掠和皇帝的赏赐。

第七，机构重复、冗繁。从整体上看，元代官营手工业机构的设置有着较强的随意性，这是蒙古因素对手工业影响的重要表现之一。受黄金贵族共有天下的观念的影响，蒙古统治者将在战争中俘获的大量工匠赐予各个贵族，并随处设立局院进行手工业生产，有的机构甚至只管辖数十工匠却依然被设为局院，这是蒙古族社会发展尚处于较为落后状态所致。这种情况在元朝建立之后仍然长期延续，以致出现了机构冗繁的状况，各机构所下设的重复部门比比皆是，尤以染局、织局、杂造局最为突出。我们以腰带这一具体产品为例，《元史·百官志》记载：减铁局负责制造皇帝及皇室所用的腰带，盒钵局负责制造皇帝所用的腰带，银局负责制造皇帝所用的金银器盒、金银腰带等物。由此，机构设置的重复性可见一斑。正如时人王结所言："今既建立省部矣，有户部，又存大司农司；有礼部，又有太常寺、光禄寺、侍仪司、会同馆；有兵部，又有通政院、太仆寺、尚乘寺，又有也可札鲁忽赤；有工部，又有将作院、武备寺、少府监、中尚监、利用监。各寺监长官资品视尚书有

---

① 《元典章·吏部》卷二《官制·选格》，"循行选法体例"条，元刻本。
② 《元典章·吏部》卷三《官制·局院官》，"工匠局官品级"条，元刻本。
③ 王结：《文忠集》卷四《上中书宰相八事书》，四库珍本初集本。
④ 宋濂等：《元史》卷一百四十六《耶律楚材传》，中华书局，2000 年，第 2303 页。
⑤ 胡祗遹：《紫山大全集》卷二十二《时政》，三怡堂丛书本。

加焉。如此，则不相统属，政事纷裂，虚费廪禄，多设掾吏，实为冗长之甚。其余职司之繁，不能遍陈。"① 机构重复、冗繁，直接造成了元代官营手工业生产和管理的混乱，极大地影响了生产效率。

综上，元朝统治者十分重视手工业的发展。元代的官营手工业是官府承办的，因而具备充足的人力、物力资源，在战争中俘虏来的工匠可供驱使，以赋税、"和雇"、"和买"等名义搜刮而来的原料品种丰富、价格低廉。尽管存在管理混乱、浪费材料、生产效率不高等诸多弊病和问题，但元代官营手工业机构数量之多、规模之大、产品之精，远远超过了宋金时期的官办手工业，这是基本的事实。在产品的质量方面，由于元代的官营手工业是为统治阶级服务的，其主要目的是满足皇室、贵族以及官僚集团的奢靡享受之需，故而其在生产之时常常不计成本，极求精美。加之在国家大一统的背景下，各地的手工业技术、工艺、科学知识得以传播交流，尤其是欧洲、中亚、西亚各地的工匠进入中原，带来了新的工艺，进一步推动了手工业的发展。

（二）工匠的来源与管理

元代在官方局院中工作的工匠被称为"系官匠户"，是元代官营手工业的生产主体，数量众多、专业化程度较高。元代政府建立了专门的匠籍制度、工粮制度对工匠进行管理。

1. 系官工匠的来源

元代官营手工业工匠的来源主要有两个途径：一是在蒙古人征服战争中俘掠获得；二是在灭亡南宋后通过拨、括、抽等方式收编。

作为兴自漠北的游牧民族，蒙古帝国早期的生产水平十分低下，在手工业方面对外部的依赖性极强。《黑鞑事略》载："霆尝考之，鞑人始初草昧，百工之事，无一而有。其国除孳畜外，更何所产，其人椎朴，安有所能。止用白木为鞍，桥鞯以羊皮，镫亦剜木为之，箭镞则以骨，无从得铁。"②

在蒙古人的征服战争中，统治者将身怀技艺的工匠作为主要的战利品，将其大量迁往蒙古地区。蒙古人攻下城池后往往屠城，唯有工匠得以免死，"国兵屠许，惟工匠得免"③，"保州屠城，惟匠者免"④。因而大量的手工业工匠得以幸存，或供役军中，或被赐予诸王。

在西征的过程中，蒙古人从波斯、阿拉伯、中亚等地区掳掠了数以十万计的手工业工匠。例如，蒙古军攻破花剌子模的讹答剌城后，"那些刀下余生的庶民和工

---

① 王结：《文忠集》卷四《上中书宰相八事书》，四库珍本初集本。
② 彭大雅撰，徐霆疏证：《黑鞑事略》，载于《中华野史》编委会：《中华野史》（第六卷），三秦出版社，2000年，第5000页。
③ 宋濂等：《元史》卷一百六十三《张雄飞传》，中华书局，2000年，第2549页。
④ 刘因：《记武遂杨翁遗事》，载于邓绍基、周绚隆：《历代文选：元文》，河北教育出版社，2001年，第241页。

匠，蒙古人把他们掳掠而去，或者在军中服役，或者从事他们的手艺"；在撒麻耳干，"三万有手艺的人被挑选出来，成吉思汗把他们分给他的诸子和族人"①。这批工匠奠定了蒙古帝国的手工业基础，也使蒙古帝国的工匠数量大大增加，迅速提高了蒙古国的手工业水平。"后来灭回回，始有物产，始有工匠，始有器械，盖回回百工技艺极精，攻城之具尤精，后灭金房，百工之事于是大备。"②

为了满足战争需求，蒙古统治者大力发展相关手工业，因而军械等产品在数量、质量上都取得了进步，这在蒙古人后来的南下战争中发挥了巨大作用：

> 其鞍辔轻简以便驰骋，重不盈七八斤，鞍之雁翅前竖而后平，故折旋而脾不伤。镫圆故足中立而不偏，底阔故靴易入。镫之革手揉而硝，灌以羊脂，故受雨而不断烂，阔才逾一寸，长不逮怱，故立马转身至顺。……其军器有柳叶甲、有罗圈甲（革六重）、有顽羊角弓（角面连靶，通长三尺）、有响箭（即鸣镝也）、有驼骨箭、有批针，剡木以为栝，落鹏以为翎；有环刀，效回回样，轻便而犀利，靶小而褊，故运掉也易；有长短枪，刃板如凿，故着物不滑，可穿重札；有防牌以革编络，否则以柳，阔三十寸，而长则倍于阔之半；有团牌，时前锋臂之，下马而射，专为破敌之用；有铁团牌，以代兜鍪，取其入阵转旋之便；有拐子木牌，为攻城避炮之具……攻城则有炮，炮有棚，棚有网索以为挽索者之蔽……其余器具，不一而足。其长技，弓矢为第一，环刀次之。③

蒙古人在灭掉西夏政权后将大批的西夏工匠俘掠到漠北地区，史料记载：

> 太祖既定西夏，括诸色人匠，小丑以治弓进，赐名怯延兀兰，为行营弓匠百户，徙和林。④

> 毕尔纪都，乃弓匠积养之地。⑤

蒙古人在灭金的战争中，也先将俘获的工匠迁至漠北地区，"国初，徙所领织工将度漠，道卒野马川"⑥。占领燕京之后，其一方面将工匠集中于燕京一带，"金人南徙，国朝迁诸州工人实燕京"⑦，另一方面在北方征服地区就地括匠设局，例如，"后由诸侯王及功臣家争遣使十出，括匠天下，刘某以大丞相行尚书省于燕，亦遣公括祁、蠡、深三州匠为局，使公监之"⑧，蒙古将领何实"分兵攻汴、陈、蔡、唐、邓、许、钧、睢、郑、亳、颍，所至有功，计枭首一千五百馀级，俘工匠

---

① ［伊朗］志费尼著，何高济译：《世界征服者史》，内蒙古人民出版社，1980年，第99页、140页。
② 叶新民：《辽夏金元史徵·元朝卷》，内蒙古大学出版社，2007年，第551页。
③ 彭大雅撰，徐霆疏证：《黑鞑事略》，载于《中华野史》编委会：《中华野史》（第六卷），三秦出版社，2000年，第5002页。
④ 柯劭忞等：《新元史》卷一百五十六《阔阔出传》，吉林人民出版社，2005年，第2591页。
⑤ 张穆：《蒙古游牧记》卷八，同治六年祁氏刻本。
⑥ 李修生：《全元文》（9），江苏古籍出版社，1998年，第733页。
⑦ 刘因：《静修先生文集》，中华书局，1985年，第81页。
⑧ 李修生：《全元文》（9），江苏古籍出版社，1998年，第669页。

七百馀人。孛鲁复命驻兵邢州,分织匠五百户,置局课织"①。至金朝灭亡之时,蒙古统治者设立的局院已经遍布北方各地。

元朝建立前后,统治者曾多次迁徙工匠至京师,史载:

世祖中统二年(1261年),"徙和林白八里及诸路金玉玛瑙诸工三千馀户于大都,立金玉局"②。

世祖中统三年(1262年),"徙弘州锦工绣女于京师"③。

世祖至元二年(1265年),"敕徙镇海、百八里、谦谦州诸色匠户于中都,给银万五千两为行费。又徙奴怀、忒木带儿炮手人匠八百名赴中都,造船运粮"④。

至元十三年(1276年)灭南宋政权后,蒙古人全盘接收了南方地区的手工业,官方将南方地区的工匠编入匠籍,使其从事手工业生产,并设立各类局院管理。

至元十六年(1279年)三月,"囊加带括两淮造回回炮新附军匠六百及蒙古、回回、汉人、新附人能造炮者,俱至京师"⑤。

至元二十一年(1284),"阿鲁忽奴言:'曩于江南民户中拨匠户三十万,其无艺业者多,今已选定诸色工匠,馀十九万九百馀户宜纵令为民。'从之"⑥。

至元二十二年(1285年)正月,"徙江南乐工八百家于京师"⑦。

综上,经过西征、灭西夏、灭金、灭南宋的战争,蒙古统治者俘获了大量的工匠,使国内的手工业迅速发展,门类日渐齐全。元政府还建立了专门的匠籍制度对工匠进行管理。

2. 工匠管理

诸色户计的划分是元代户籍制度中的一大特色。政府根据居民所承担的不同义务以及民族、职业、宗教和社会地位等不同情况将其划入军、民、匠、站等不同的户籍。这种制度经过元代的数次籍户、括户而逐渐形成。

元朝建立之前主要有"乙未籍户"(1235年)和"壬子籍户"(1252年)两次大规模的籍户。至世祖忽必烈时,又进行了几次籍户和括户。至元二十七年(1290年)灭南宋后政府完成了全国的户籍登录。至此,诸色人户各有定籍、世代相袭、各务本业,"凡赋役调发皆按籍而行"⑧。

元代的匠户主要分为3种类型:一是系官匠户。这是元代匠户的主体,即在官府所设的各手工业局、院、场等机构进行劳作生产的匠户,军匠也被包括在内。二是怯怜口,即蒙古贵族名下的附籍户。三是散居民间的其他匠人。这类工匠实际上是城乡民户中的有技艺者,其生产场所常以城镇手工作坊和家庭手工作坊的形式存

---

① 宋濂等:《元史》卷一百五十《何实传》,中华书局,2000年,第2364页。
② 苏天爵:《国朝文类》,商务印书馆,1958年,第616页。
③ 宋濂等:《元史》卷五《世祖二》,中华书局,2000年,第56页。
④ 宋濂等:《元史》卷六《世祖三》,中华书局,2000年,第71页。
⑤ 宋濂等:《元史》卷十《世祖七》,中华书局,2000年,第142页。
⑥ 宋濂等:《元史》卷十三《世祖十》,中华书局,2000年,第179页。
⑦ 宋濂等:《元史》卷十三《世祖十》,中华书局,2000年,第183页。
⑧ 苏天爵:《滋溪文稿》,中华书局,1997年,第289页。

在。例如盐户、淘金户、冶银户、冶铁户、酒醋户等等，这类工匠实际是诸色户计中的民户而非匠户。但是若官府工匠不足而"再于民间将酌中户内取手艺极高者充为匠户"①，这类被抽取的民户便成为匠户了。

元代的匠户有诸色正匠和改色人匠之别。简而言之，诸色正匠是指在一开始登录户籍时就被编入匠籍的工匠，而改色人匠则是后来因为某种需要而由民户、站户等改籍为匠户的工匠。

为了满足统治阶级的需要，元代政府常常通过"抽""拨""括""招"等方式从其他户籍的工匠中抽取手艺极高者，不断扩充系官匠户的规模。关于这一点在文献中有较多记载：

"诸壬子年附籍军人、诸色人等，别无上司，改拨充匠。"②

江淮地区"创为规制，抽户为工，散楮为本"③。

中统五年（1264年），"命招集析居放良还俗僧道等户，习诸色匠艺，立管领怯怜口总管府，以司其造作，秩正四品"④。

至元十五年（1278年），"招收析居放良等户，教习人匠织造纳失失，于弘州、荨麻林二处置局，秩从七品"⑤。

至元十七年（1280年）十一月，"壬戌，诏江淮行中书省括巧匠"⑥。

至元十九年（1282年）五月，"禁人匠提举擅招匠户"⑦。

总之，蒙古统治者通过征服战争的掳获以及匠籍制度的建立和巩固，掌握了充足的手工业劳动者，为城市官营手工业的发展奠定了基础。

元代政府十分重视匠籍的稳定，规定匠户实行世袭制，工匠不能擅自脱籍、改籍，故其是不自由的，"诸匠户子女，使男习工事，女习黹绣，其辄敢拘刷者，禁之。诸系官当差人户，非奉朝省文字，辄投充诸王及各投下给使者，论罪"⑧。匠户的婚姻也受到官府的控制，《通志条格》及《元史》记载：

成宗大德八年（1304年），"中书省礼部呈：大都路申，蔡阿吴系金玉局人匠蔡六妻室，夫亡，抛下男添儿应当身役。有本局官关提举，服内强将阿吴分付一般银匠王庆和为妻。本部议得：蔡阿吴夫亡已有男添儿应役，其本局官服内擅将本妇配与王庆和为妻，于理未应，合令本妇离异，与伊男蔡添儿依旧应当匠役。都省准拟"⑨。

---

① 王恽：《秋涧先生大全文集》，载于张元济等：《四部丛刊初编》，商务印书馆，1919年，第302页。
② 《元典章·户部》卷三《户计·籍册》，载于蒲坚：《中国古代法制丛钞》（第3卷），光明日报出版社，2001年，第516页。
③ 李修生：《全元文》(9)，江苏古籍出版社，1999年，第698页。
④ 宋濂等：《元史》卷八十九《百官五》，中华书局，2000年，第1498页。
⑤ 宋濂等：《元史》卷八十九《百官五》，中华书局，2000年，第1504页。
⑥ 宋濂等：《元史》卷十一《世祖八》，中华书局，2000年，第153页。
⑦ 宋濂等：《元史》卷十二《世祖九》，中华书局，2000年，第163页。
⑧ 宋濂等：《元史》卷一百三《户婚》，中华书局，2000年，第1752页。
⑨ 黄时鉴：《通制条格》，浙江古籍出版社，1986年，第60—61页。

世祖中统二年（1261年），"出工局绣女，听其婚嫁"①。

通过这两则史料可知，元朝政府为了保证官营手工业的人手充足，对匠户的婚姻实行了严格的控制，实行了父死子继、夫死妻继的户籍内部应役制度，匠户是极不自由的。②

元代政府在工部、将作院等部门设有管匠提领所等专门的机构管理工匠诉讼事务，不仅都城中有，其他地方城市中也设有类似的机构。关于匠户之间的纠纷，见下例：

至元二十一年（1284年）八月，"福建行中书省据汀州路来申：谢阿丘告姐夫张叔坚、兄张十、习学染匠师弟陈生，来家将阿丘近腹肚下摸讫一下，告到人匠提领所，将阿丘、陈生收监"③。

若匠户与民户之间发生纠纷，须由达鲁花赤管民官处置，按照《元典章·刑部》的规定："投下并诸色户计，遇有刑名词讼，从本处达鲁花赤管官民约会本管官断遣。如约会不至，就便断遣施行。"④

关于匠户的生产时间、造作定额等政府也有相关的规定，并派有专门官员监督。除了官方临时抽调等情况，元代的系官工匠一般都要到固定的局院工作，朝出暮归。元代监督、管理工匠的办法十分周详，《通志条格》记载：

> 诸营造皆须视其时月，计其工程，口验月考，毋使有废。惟夫匠病疾，雨雪妨工者除之。其监造官仍须置簿常切拘检。⑤

> 诸局分造作局官每日躬亲遍历巡视，工部每月委官点检，务要造作如法，工程不亏，违者随即究治。其在外局分，本路正官依上提点，每季各具工程次第，申宣慰司，移关工部照会，工部通行比较，季一呈省，比及年终，俱要了毕，毋致亏欠。行省管下局分准此。⑥

> 各处额造段足，正月一日收工，年终织造齐足。每月造到工程，在都不过次月初五日，外路初十日已里，须要申报到部。如是违限，取各路首领官吏招伏断罪。⑦

> 各处管匠官吏、头目、堂长人等，每日绝早入局监临人匠造作，抵暮方散。提调官常切点视，如无故辄离者，随即究治。⑧

除了上述严格的规定之外，元代政府还设有复实司，负责检验工匠生产的产品及估算物料使用情况，以保证产品质量和生产效率。

---

① 宋濂等：《元史》卷四《世祖一》，中华书局，2000年，第48页。
② 刘莉亚、陈鹏：《元代系官工匠的身份地位》，《内蒙古社会科学》，2003年第3期。
③ 《元典章·刑部》卷七《诸奸·欺奸囚妇》，元刻本。
④ 《元典章·刑部》卷十五《诉讼·诸色户计词讼约会》，元刻本。
⑤ 黄时鉴：《通制条格》，浙江古籍出版社，1986年，第337页。
⑥ 黄时鉴：《通制条格》，浙江古籍出版社，1986年，第338页。
⑦ 黄时鉴：《通制条格》，浙江古籍出版社，1986年，第342页。
⑧ 黄时鉴：《通制条格》，浙江古籍出版社，1986年，第343页。

元代的系官匠户除了要完成造作定额，还处于官员的严密监管之下，早出晚归，背负着沉重的匠役负担。对于在城市里居住的匠户而言，每天不必长途奔波，相对要轻松一些，但是居住在城市里的匠户数量较少，许多匠户散居在城市周围的村落里，既要承担匠役，还要照顾妻子，生活十分窘迫，"外路所签匠户，尽是贫民，俱无抵业。元居城市者，与局院附近，依靠家生，尚堪存活，然不多户也。其散在各县村落间者，十中八九与局院相隔数十百里，前迫工程，后顾妻子，往来奔驰，实为狼狈"①。

从制度上来看，元朝政府对于工匠的管理是十分严苛的，但是这并不意味着工匠们常年被完全拘禁在局院中，许多工匠在一定程度上有自己可支配的时间，有自己的财产和家庭。所谓的"匠不离局"，应该强调的是隶属关系，而非工作状态。

元代的法律规定工匠可以占有土地，但是需要纳税，而南北方地区在纳税上是有差异的：北方地区占有土地的工匠，丁税、地税只纳其一，若是丁税高于地税即纳丁税，反之则纳地税；南方地区占有土地的工匠则沿袭南宋之例须缴纳夏、秋两税。有些富有的工匠甚至还拥有驱口。在地方城市的局院中，以没有土地的贫苦工匠居多。

系官匠户在完成常课后，便可离局住闲，如"印钞抄纸人匠、坝河倒坝人夫，每年俱有住闲月日，拟合实役月日，每名月支米三斗、盐半斤"②。元代官府只按照工匠的实际工作量给其工粮，这就迫使工匠在闲暇之时也须通过种地或自行造作来维持生计。在大都、杭州等工商业繁荣的城市里，存在系官匠户在完成造作定额的同时夹做私活的情况；但边远地区的匠户闲暇之余只能靠种地维持生计，而官府也常常通过赐予屯田等形式稳定边远地区的匠户。

3. 工匠待遇

元代户籍制度建立之后，工匠的社会地位有所提高，待遇也有所改善。为了让匠户专心于生产，政府蠲免了匠户的徭役，给其工粮以维持其生活。因而大部分系官工匠的待遇、处境优于一般的民户，"国家初定中夏，制作有程，乃鸠天下之工，聚之京师，分类置局，以考其程度而给之食，复其户，使得以专于其艺，故我朝诸工制作精巧，咸胜往昔矣"③。

"给之食""复其户"即发给工粮、免除赋役之意。元廷规定一户中有一人任系官工匠，则全家需要交纳的丝、银等皆可免除。因此，许多地主土豪往往自动投充工匠，以避徭役，对此时人王恽在其《便民三十五事·论匠户》中写道："各处富强之民，往往投充人匠，影占差役，以致靠损贫难户计。"④针对这种现象，元代政府曾多次采取措施，将相关人员"改正为民"：

---

① 陈得芝等：《元代奏议集录》，浙江古籍出版社，1998年，第502页。
② 黄时鉴：《通制条格》，浙江古籍出版社，1986年，第149页。
③ 苏天爵：《元文类》，商务印书馆，1936年，第618页。
④ 屈文军：《宪台通纪（外三种）新点校》，华夏文化艺术出版社，2006年，第298页。

至元八年（1271年），规定"诸漏籍户投充人匠，改正为民，收系当差"①。

至元十七年（1280年），"敕民避役窜名匠户者复为民"②。

元代匠户的工粮支付情况，因时间不同、地区不同而有所差异。元初并无具体制度，乃"验工程与粮"，《通制条格》载：

> 至元二十年七月，中书省奏：……已先月哥歹皇帝定夺来的体例有，匠人每造作呵，验工程与粮有来。如今若依家口与粮呵，无体例。只依先体例验工程与粮呵，怎生？商量来。奏呵，奉圣旨：是也。③

关于这一时期具体发放粮食的数量，《秘书监志》中有相关记载：

至元二十一年十月十三日，秘书监据本监管勾董济呈："本监裱褙人匠赵得秀等……有秋季六月至九月合支盐粮数目，开坐具呈。得此，关户部依例放支。一总白米二石四斗，白面一百二十斤，钞一十两。④ 赵得秀，每月白米三斗，白面十五斤，钞一两五钱，四个月总该米一石二斗，白面六十斤，钞六两。"⑤

世祖忽必烈在至元二十五年（1288年）颁布了《工粮则例》，确定了"按口支粮"的方法，这应该是全国系官工匠支粮的统一标准：

> 至元二十五年三月，尚书省户部呈：分拣到各衙门应支盐粮人口，除请钱住支外，不曾请钱人户拟四口，并只身人口，除已分拣定四口为则外，验请粮户数亦合一体，每户多者不过四口，少者验实有口数，正身月支米三斗、盐半斤，家属大口月支米贰斗伍升，家属小口并驱大口月支米一斗五升，驱口小口月支米七升伍合。⑥

因为被免除科差，故元代匠户的生活状况及待遇是略优于一般民户的。虽然元代政府规定了系官工匠的支粮标准，但是实际上各地支放口粮的具体情况并不一致。上都与河南府的工匠的待遇就高于一般民户，以河南府为例，大德七年（1303年）其"年例承造各色衣甲五百八十七副，元拨皮匠人等二百四十户，全免差税，每处支请工粮四千余石，专一成造衣甲"⑦。而蒙古帝国时期"迤北工匠"的待遇则十分低，"且如肃山住、储普花两局人匠，俱是迤北人匠，抛失家业，移来中都。今全家入局造作，又为衣食不给，致有庸力、将男女质典者，至甚生受。按日支请，又无食盐，每口止得官粮二斗五升。今来切详，造作乃一体工役，然成造之

---

① 黄时鉴：《通制条格》，浙江古籍出版社，1986年，第8页。
② 宋濂等：《元史》卷十一《世祖八》，中华书局，2000年，第154页。
③ 黄时鉴：《通制条格》，浙江古籍出版社，1986年，第147页。
④ 此数系赵得秀、张松柏2人4个月所支盐粮数，下文是赵得秀1人4个月的盐粮数，赵得秀1人4个月支钞6两，张松柏与赵得秀所支钞数相同，总计应为"一十二两"，故原文"一十两"应是遗漏"二"字。
⑤ 王士点、商企翁：《秘书监志》卷三，载于孙文学：《中国财政历史资料选编：第七辑》（元代部分），中国财政经济出版社，1988年，第706页。
⑥ 黄时鉴：《通制条格》，浙江古籍出版社，1986年，第14页。元代1石为10斗，1斗为10升。
⑦ 《元典章·工部》卷一《造作·杂造》，元刻本。

物,固有轻重,工役各无闲歇,何其盐粮不一?"①

元代官方对各个地方局院生产定额的规定存在较大的随意性,这直接导致了不同地域的匠户在匠役上有较大差距,例如:

> 窃惟建昌,虽名一路,而在宋时止称为军,宋初本是抚州属县,两处民户、物产大不相侔。况建昌四县,近又割出管内南丰一县以为州,事力小弱甚矣。今江西却令建昌路安机一百张,每年造生熟段匹二千二百五十段,而邻近抚州路止安机二十五张。建昌何重,抚州何轻?②

元代的建昌路小于抚州,两地"土性一同,非建昌独宜织造",但建昌杂造缎匹的定额却远远超过抚州定额,如此工役严重不均,造成建昌路的匠户不堪重负。

元代政府会对优秀的工匠或生产任务完成较好的局院进行赏赐,《元史》中有大量相关的记载:

> (至元)十六年春正月……丙子……赐异样等局官吏工匠银二千两。③
>
> (至元)二十三年……是岁……又赐皇子脱欢所部怜牙思不花等及欠州诸局工匠,钞五万六千一百三十九锭一十二两。④
>
> (大德)二年……夏四月……赐大都……织工四万四千锭。⑤
>
> (大德)五年……秋七月……赐上都诸匠等钞二十一万七千四百锭。⑥

元代政府出于稳定民众的需要,对过度贫困的匠户或因服匠役而死亡的匠户等也会适当予以赈恤,例如:

> (至元)十年五月……大都前后夫匠工役有病故,亦无余丁事产,家小不能自存,于官仓内按月支粮食用养赡者……⑦
>
> (至元)十八年……六月丙寅……谦州织工百四十二户贫甚,以粟给之,其所鬻妻子官与赎还。⑧
>
> (大德)十年五月十八日,钦奉诏书内一款:逃移户计,违弃乡井,盖非得已,仰本管官司用心招诱复业者,民户保免差税三年,军站人匠等户存恤三年,其原抛事产,随即给付。有皆赖据者断罪。⑨
>
> (至治)二年……秋七月……甲子,录京师诸役军匠病者千人,各赐钞遣还……九月……戊申,给寿安山造寺役军匠死者钞,人百五十贯。⑩

---

① 屈文军:《宪台通纪(外三种)新点校》,华夏文化艺术出版社,2006年,第284页。
② 陈得芝等:《元代奏议集录》,浙江古籍出版社,1998年,第219页。
③ 宋濂等:《元史》卷十《世祖七》,中华书局,2000年,第140—141页。
④ 宋濂等:《元史》卷十四《世祖十一》,中华书局,2000年,第193—199页。
⑤ 宋濂等:《元史》卷十九《成宗二》,中华书局,2000年,第281—283页。
⑥ 宋濂等:《元史》卷二十《成宗三》,中华书局,2000年,第292—294页。
⑦ 《沈刻元典章附陈氏校补校例》(第十一册),中国书店,2011年,第43页。
⑧ 宋濂等:《元史》卷十一《世祖八》,中华书局,2000年,第154—156页。
⑨ 《沈刻元典章附陈氏校补校例》(第一册),中国书店,2011年,第22页。
⑩ 宋濂等:《元史》卷二十八《英宗二》,中华书局,2000年,第419—422页。

尽管元代系官工匠的待遇要优于一般民户，且被免除赋役，政府也时有赏赐与赈恤，但是由于后来法律废弛，官吏常盘剥、克扣工粮，使匠户生计日趋窘迫，如《元史·察罕传》载有"十年……湖广岁织币上供，以省臣领工作。遣使买丝他郡，多为奸利。工官又为刻剥，故匠户日贫，造币益恶"①，匠户在层层盘剥之下不可能支领到规定份额的衣、粮，故其生产的手工业产品的质量就自然无法得到保证。各城市局院在匠户本色常课以外，还常常有额外课程，"如抄纸、梳头、作木杂色匠人，何尝知会络丝、打线等事，非系本色，只得雇工。每月雇钱之外，又有支持追往之费，合得口粮，已准公用，工作所获，不了当官，计无所出，必至逃亡"②，繁重的额外造作任务、频繁的征调，大大加重了匠户的负担，导致其原有的待遇大打折扣。此外，为了防止匠人套取工粮，元代官府还曾采取过先行支付一半口粮，另一半则待工程完工或者生产任务完成以后另行支付的做法，这无疑进一步加重了匠户的负担。

综上所述，元朝的匠户在法律地位上与一般民户无异，都是在国家统一管理之下的编户齐民，并非奴隶。在人身自由上，元代的匠户并非常年被拘禁在局院中，绝大多数的匠户在应役之余是拥有活动自由的，而且在一定的限度之内能够独立地从事生产经营活动。在经济地位上，由于匠户阶层内部的贫富分化十分明显，既有生活富庶者，也有过度贫困的衣食不给、典妻卖子者，且贫困者占大多数。吏制腐败、封建剥削是导致这一现象出现的直接和主要原因。元代匠户所受的奴役程度与之前的朝代相比大大加深，在这种情况下，匠户的劳动积极性受到极大地束缚，这在很大程度上也影响了营造的实效和产品的质量。

二、民营手工业的发展

元代城市中官营手工业的规模虽大，但是其生产的产品主要供皇室和贵族阶级享用，很少进入商品市场，而城乡居民日常生活所需的手工业产品主要由民营手工业供应。元代的民营手工业主要有个体家庭手工业、个体工匠型手工业以及作坊式手工业3种类型，其中个体工匠与私营手工业作坊都主要集中在城市里。

（一）元代城市民营手工业发展概况

元代的民营手工业在两宋的基础上有了较大程度的发展。在封建自给自足的自然经济的影响下，家庭手工业具有普遍性，因为家庭手工业不仅是生活必需品的来源，还是民户缴纳官府赋税所征钱物的重要来源。在土地兼并激烈、人地矛盾突出的背景下，加之生产技术的提高和商品生产的发展，与农业相分离的城乡专业化个体手工业者日益增多，在一些城镇和部分行业之中（如纺织业）出现了手工作坊，

---

① 宋濂等：《元史》卷一百二十《察罕传》，中华书局，2000年，第1954页。
② 陈得芝等：《元代奏议集录》，浙江古籍出版社，1998年，第502页。

还出现了雇佣劳动。

元代民间手工业涉及的范围极广,除了官府严格禁榷的盐业及军器行业,其他如丝织、棉纺织、麻织、冶炼、制瓷等行业基本都有涉及。特别是在官营手工业较少涉及的制瓷业、棉织业等领域,民营手工业尤其发达,甚至出现了不少专业化的手工业城镇。

就城市来看,元代许多城市的民营手工业都获得了较大发展,北方地区的大都、上都,河南江北行省的汝州、郑州、南阳,江西行省的景德镇,江南地区的苏州、杭州,福建地区的建阳,四川行省的成都等都是民营手工业十分发达的城镇。

大都作为都城,不仅是当时的政治、经济、文化中心,其城市手工业也十分繁盛,汇集了各行各业的手工业者。大都城内官营手工业规模庞大,民营手工业也非常发达。加之大小商人将其他地区的手工业产品贩运至大都,因而大都城出现了许多专门的市场,如段子市、靴市、皮帽市、铁器市、纸扎市等。市场中许多商户采用的是前店后场的模式,前店销售、后场生产,既有个体户,也有不少手工作坊。大都手工业的繁盛状况从《析津志辑佚》中关于都市匠户集体饮食方式的记载便可窥见一二:

> 都中经纪生活匠人等,每至晌午以蒸饼、烧饼、鳖饼、软粇子饼之类为点心。早晚多便水饭。人家多用木匙,少使箸,仍以大乌盆木杓就地分坐而共食之。菜则生葱、韭蒜、酱、干盐之属。①

上都作为蒙古帝国时期新兴的草原城市,虽然不及大都繁华,但是城中为统治集团和城乡居民服务的工商行业一应俱全,元人虞集曾言上都"在市者则四方之商贾与百工之事为多"②。

元朝建立以后,河南地区的城市逐渐恢复,城市手工业也得以发展,民间纺织业、冶铸业、制瓷业等都得到了不同程度的恢复和发展。例如,纺织业方面,元代政府在河南地区专门设置了怀庆路(今河南省沁阳市)织染局、彰德路(今河南省安阳市)织染人匠局。民间纺织业也很兴旺,如开封"有丝甚饶,以织极美金锦及种种绸绢"③;郑州所产"丝绵坚密,他郡所无",为一方名优产品;汝州"民有丝、绢、绸、绝之富"④;南阳"有丝、麻、绵、绢之饶"⑤,产品品种齐全,产量也很大。

民间冶铸业方面,许州郾城人丁文忠之家"业鼓冶",开办有私营矿冶工场。林虑县(今河南省林州市)人李玉,曾任县令,辞官后返乡开办铁矿,"治生教子,

---

① 熊梦祥:《析津志辑佚》,北京古籍出版社,1983年,第207—208页。
② 虞集:《道园学古录》,商务印书馆,1937年,第227页。
③ [意]马可波罗口述,[法]沙海昂注,冯承钧译:《马可波罗行纪》,商务印书馆,中国旅游出版社,2016年,第305页。
④ 刘应李原编,詹友谅改编,郭声波整理:《大元混一方舆胜览》,四川大学出版社,2003年,第368页。
⑤ 孛兰肹等撰,赵万里校辑:《元一统志》,中华书局,1966年,第256页。

三致丰阜。鼓铁煮矾，所居城市凡能佣力而无恒产者，鱼聚水而鸟投林，相率来归。寒者得衣，饥者得食，穷疠者得生活，卵翼子孙，累世不忍相舍去"①。根据这段材料可以判断，李家的冶铁工场规模不小，解决了众多穷人的衣食问题。但文中"三致丰阜"与"佣力而无恒产者""寒者""饥者""穷疠者"的对比也反映了民营手工业中剥削的存在和贫富的分化。

元代的制瓷业在两宋的基础上也有了新的发展，北方地区的赤峰、兰州、蒲州、霍州、潞安、漳水、禹州、汤阴等城镇，南方地区的江西饶州、景德镇、临川，浙江龙泉，福建德化、建阳等城镇都是以制瓷业而闻名，其产品被销往全国各地及海外诸国，而这些瓷器大多是民窑生产的。我们以河南地区的禹州为例，根据考古调查，元代古钧窑遗址遍布今禹州市境内，有160余处。元人张克己对当时陶瓷生产的盛况有如下记述：

> 复业之家，相继而至……其瓷之优，比之他所，实为拔萃。远方之人，竞来兴贩，车载驴驮，恒无虚日，散而之四方者，不可胜计。爰自破宋之后，浮于颍、蔡，达于淮、汉，诚百家必用之物，一日不可阙者也。俾是乡之民，不耕不商，而衣食自足，其润民济世之利，不亦博乎！②

这些器皿大多作民用，其产量大增，但是质量并不好，与北宋时期河南钧窑的产品质量相比差距较大。而作为全国最大的制瓷业中心的景德镇，其产品则无论在产量上还是在质量上都居于全国领先地位，蒋祈《陶记》载："景德镇陶，昔三百余座。埏植之器，洁白不疵，故鬻于他所，皆有'饶玉'之称。"③

元代的江南地区是全国最为富庶的地区之一，虽然其政治地位较南宋时有所下降，但城市经济在全国仍处于领先地位，而且江南地区的城市在战争中受到的破坏远远小于北方城市，因而江南地区的城市手工业具有良好的基础，特别是丝织业，可谓十分发达。

元代的丝织业是民营手工业中最为普遍的一个行业，常见于各城市中，以江南地区的杭州、苏州、湖州、常州、松江等城市为中心。元朝规定，"江南税粮依宋旧例，折输锦绢杂物"，因而很多百姓从事丝织业，杭州城内"民籍手业以供衣食"，常常起早贪黑地工作，以致屡有火灾发生，《南村辍耕录》载："松江自来无大火灾。至正丙戌闰十月二十九日夜，普照寺西业制帽民姚不谨于火，延燎三千余家。"④ 杭州也是元代造纸业和印刷业的中心之一，"邑人率造纸为业，老幼勤作，昼夜不休"⑤，甚至连官局工匠也开有自己的手工店铺，在应役之暇自行造作以补贴家用，这类店铺遂成为民营手工业的一部分。

---

① 李修生：《全元文》(5)，江苏古籍出版社，1998年，第451页。
② 李修生：《全元文》(24)，江苏古籍出版社，1998年，第66页。
③ 蒋祈：《陶记》，载于景德镇市志编纂委员会：《景德镇市志略》，汉语大词典出版社，1989年，第273页。
④ 陶宗仪：《南村辍耕录》，中华书局，1959年，第379页。
⑤ 王文治：《富阳县志》，浙江人民出版社，1993年，第825页。

嘉兴路所产的丝绸品种甚多，有绫、罗、绢、纱、水锦、尅丝、绸、絁、绮、绣、绒等。

苏州的丝织业也十分发达，城内的许多居民"恃工商为活"，"产丝甚饶，以织金锦及其他丝织物"，① 这说明苏州丝织业的生产规模和产品质量都已经达到了较高的水平。

在湖州，出现了以机织为生的机户，并有大商人出资设立绢庄和牙行等机构，"收绢者曰绢主，售绢者曰机户"。湖州有绢庄 10 座，濮院镇有 4 间牙行，在附近乡镇"收积机产"。② 机户的出现，说明纺织业已经部分脱离农业而成为独立的行业。

元初时，杭州、苏州、湖州一带已经出现了许多专业性的民营手工业作坊和行业组织，其中许多作坊已开始使用雇佣劳动力。意大利人马可·波罗在其游记中记载了杭州城的手工业情况："此城有十二种职业，各业有一万二千户，每户至少有十人，中有若干户至二十人、二十四人不等。其人非尽主人，然亦有仆役不少，以供主人指使之用。"③

福建地区的丝织刺绣业可以与江浙一带的丝织业相媲美，"元时绣工皆出于闽、浙二处也"④，连官府的卤簿旗帜都是由闽、浙等地的工匠绣绘的。福建还是元代造纸业的四大中心之一，武夷山区"沿溪纸碓无停息，一片春声撼夕阳"，建阳"书坊之书，如水行地"，从业者人数可见一斑。⑤

西南地区传统的工商业重镇成都的纺织业也极为发达，城中"千家万家夜灯起，机声轧轧满城市"⑥，都江堰两岸"所置碓硙纺绩之处以千万计，四时流转而无穷"⑦。机户的生计全部依靠织造，且须昼夜劳作方可维持，但是官府为防止火灾，严禁夜间点灯，如《赋廉范五袴送马太守》所言：

  成都妇，何太苦，官家火禁猛如虎，夜长不得秉机杼。就中小姊最堪怜，箔蚕已老雪团团。欲缲新茧为匹帛，有烛当窗不敢燃。⑧

火禁的政策极大地影响了城市手工业者的生产，到了元代后期有所松弛，"诸江南之地，每夜禁钟以前，市井点灯买卖，晓钟之后，人家点灯读书工作者，并不禁"⑨。成都的其他手工行业也很发达，如造纸业，成都城内以造纸为业者多达"数十百家"，出产了许多优质的纸张。

---

① 冯承钧：《马可波罗行纪》，上海书店出版社，2001 年，第 350 页。
② 胡琢：《濮镇纪闻》卷首《总序》；同治《湖州府志》卷三十三《舆地略·物产》。
③ 冯承钧：《马可波罗行纪》，上海书店出版社，2001 年，第 353 页。
④ 吴蘠：《丹墀独对》，载于胡小鹏：《中国手工业经济通史·宋元卷》，福建人民出版社，2004 年，第 616 页。
⑤ 方晓阳、吴丹彤：《论元代政府对印书业的促动》，《北京印刷学院学报》，2012 年第 6 期。
⑥ 元戴良：《九灵山房集》卷九《赋廉范五袴送马太守》，文渊阁四库全书本。
⑦ 宋濂等：《元史》卷六十六《河渠三》，中华书局，2000 年，第 1101 页。
⑧ 元戴良：《九灵山房集》卷九《赋廉范五袴送马太守》，文渊阁四库全书本。
⑨ 宋濂等：《元史》卷一百五《刑法四》，中华书局，2000 年，第 1781 页。

除了上述城镇外，今西安、开封、镇江、吴兴、吴江、泉州、广州等地区在元代的棉织业、丝织业也很发达。特别是松江地区，在黄道婆传授和改进纺织技术后，乌泥泾一带专靠棉纺织业为生者多达1 000多户，松江地区迅速发展为全国的棉纺织业中心，松江的棉布也成为闻名全国的商品。此外，元代城市的民营酿酒业、印刷业和冶铁业等许多行业也都有较大的发展。

（二）元代城市民营手工业的特点

尽管在蒙古统治者的剥削和民族政策的影响下，元代生产力的发展速度受到很大的限制，城市手工业发展迟缓，但从元代城市手工业生产力的整体情况来看，与两宋时相比有了一定的提高，这是一个基本的事实。元代城市民营手工业的发展主要有以下特点：

第一，与官营手工业不同，民营手工业不是由政府组织的，一般是以私有的生产资料进行生产的，也有少数人使用国家的生产资料进行生产，但是这类手工业者需要交纳租税。在封建自然经济的基础上，"男耕女织"的家庭手工业依然具有普遍性，个体手工业者占多数，具有一定规模的手工作坊占比并不高。伴随着生产技术的进步和商品生产的发展，在城市手工作坊中出现了雇佣工人进行生产的现象。民营手工业生产的产品归私人所有，这些产品在满足家庭生活需求后，剩余部分大多被拿到市场上出售。

第二，就行业来看，元代城市民营手工业门类众多，占主要地位的是纺织业，其次是制瓷、食品加工、造纸、印刷、器物制作、造船等行业。制盐业、军器制造业由国家垄断，民户不能从事这两个行业。矿冶业最初也由国家经营，后来"废置不常"而"听民开采"，转为由民户承包并交纳租税的形式，因而矿冶业实际上也成为民营手工业的组成部分。

第三，就发展程度来看，元代城市的民营手工业在前代基础上有了许多新的进步。例如，在纺织业中，棉纺织技术的出现和普及；在食品加工业中，蒸馏酒的引进和推广，白砂糖的提炼；在制瓷业中，青花瓷的制作；在制盐业中，晒盐法的推广；在印刷业方面，木活字和转轮排字架的使用，等等。在这些技术和工具中，有的是前代没有的新鲜事物，有的则是虽然在前代已经出现，但是在元代才得以推广的。这些进步使元代民营手工业的许多部门取得了新的成就。但是因受到官营手工业的限制，元代的民营手工业并未得到充分的发展。

第四，伴随着城镇的专业化手工业生产的繁盛，元代出现了不少专业化手工业城镇。唐宋以来，中国封建社会内部的商品经济已有了相当程度的发展，在商品经济相对发达的中心城镇及其周围地区，脱离土地而专门从事手工业的人开始增多。到了元代，伴随着生产技术的进步和商品生产的发展，这种趋势进一步发展，专业的个体手工业者的数量日渐增多，甚至出现了专业化的手工业城镇，例如以制瓷业为主的景德镇、禹州等，以纺织业为主的松江府等，以造纸、印刷业为主的建阳等。

第五，官营手工业对民营手工业既排斥限制，又依赖并加以利用，这造成民营手工业发展缓慢。一方面，官府通过制定法律和豪取巧夺，在行业、产品、人力、物力等方面做了诸多限制。在行业上，禁榷制度的实行，将民营手工业排挤出一些生产领域。民营手工业涉足的主要行业是纺织、陶瓷、酿酒等，在其他行业受到政府的限制，又缺少人力、物力，因此很少有人涉足其他行业。生产产品的规格也被限制，许多规格的产品被禁止生产。官府还往往通过和买、赋税等手段强征民间产品，民间工匠也常常被官府差役或贵族官僚"拘刷"，优秀的工匠大多被政府"拘刷"，城镇中不少大型作坊因缺乏技艺娴熟的工匠，故而无法与官营手工业相抗衡。部分城市甚至出现了富民依靠官府势力垄断手工业产销的现象，如杭州就出现了富民垄断当地酿酒业而攫取暴利的现象，"杭之豪民十家，入赂于官，大为酿务，高其估而专其利，酒日醨恶，公变其法"①。另一方面，在元代的匠籍制度下，官局人匠和军匠大量存在，这在一定程度上减轻了民匠的负担，客观上为民营手工业提供了一定的发展空间。同时，官营手工业的各种原料都是通过赋税、科配、土贡、和买等方式获得的，其中许多成品、半成品如丝料、布匹、生铁、油漆、染料等则多靠民营手工业提供。这也让民营手工业得到一定发展，以满足官营手工业的需求。总体上看，民营手工业在政府的压制和限制下，规模较小，生产、经营条件也很差，但是由于一般作坊中的压迫较少，工人的生产积极性高，因此其较之官营手工业效率更高、成本更低，有些作坊的产品质量和生产技术甚至超过了官营手工业。这反映了官营手工业日渐衰落的现实和民营手工业不断发展的必然趋势。

第二节　元代的城市商业

元朝统一天下以后，采取了诸多有利于恢复社会生产的措施，在全国大统一的局面下，打破了南北的界限，使城市间的商业活动频繁起来。便利的水陆交通、发达的手工业、纸币的推广、西域商人的东来等等都为元代城市商业的繁荣创造了有利的条件。但是，元代中后期，由于政治腐败、滥发纸币、高利贷盛行，导致了物价飞涨、民不聊生，大量的农民、手工业者、中小商人走向破产，为城市发展带来了极不稳定的因素，并最终导致了元朝的灭亡。

一、元代城市商业发展的有利条件

元初，世祖忽必烈全面推行汉法，采取了一系列恢复和发展生产的措施，使全国工农业生产逐渐得到恢复和发展。随着社会生产的发展，城市商业也发展了起来。

---

① 李修生：《全元文》（9），江苏古籍出版社，1998年，第564页。

元代城市商业的发展成就比较显著，其原因主要有以下4个方面：

第一，元代政府实现了空前的大统一，中期以后社会秩序较为稳定，有利于人们从事各种生产活动。国家的统一打破了过去数个政权并立时此疆彼界的限制，并且减少了关卡、商税，有利于商人群体开展商业活动。

第二，元代特别是元初的统治者重视恢复和发展农业生产，使粮食及各种经济作物的产量迅速增加。农业的发展为城市经济的发展提供了充足的物质保障，促进官营、民营手工业生产无论是在技术水平方面还是在产品种类、质量、产量等方面都取得了新的成就。农业产品、手工业产品的商品化程度大大提高，为城市商业的繁荣提供了物质条件。

第三，元朝疆域辽阔，城市之间的交通较之前朝更加发达。国内有四通八达的驿道交通网络，有南北大运河，有海运航线，水陆交通都十分畅达。作为蒙古帝国组成部分的四大汗国，仍尊元为名义上的宗主，虽它们与元朝在政治上没有了紧密的联系，但在经济上仍有频繁的往来。元代统治者十分重视对外贸易，丝绸之路前所未有地畅通，大批西方的商人和货物经由此路源源不断地东来；元代的海外贸易在两宋的基础上进一步发展，许多国内商人远赴东南亚甚至欧洲从事商贸活动，大批外国商人也通过海路来到中国的港口城市经商并定居下来。

第四，在商业政策方面，元朝统治者与历代封建王朝的统治者有所不同，没有强烈的"重本抑末"的观念。官方对商人的歧视不太严重，有时还会为了自己的需求而给予商人一些优待，采取了许多保护商人、鼓励经商的措施。各阶层对商人群体和商业的看法也有别于前代，崇尚商业成为元代的重要特色。

此外，纸币（钞）在全国范围内普遍推行等一些有利于商业发展的因素也对商业发展起了一定作用，在特定的阶段极大地便利了商人的远程贸易。中亚、西亚等地有着经商传统与经验的色目商人大量来到中国，他们的东来对元代城市商业的发展起到了推波助澜的作用。

二、重要城市商业经济的发展

商业交易的主要场所是在城市里。元代的城市商业极为繁荣，这既是前代发达的工商业和国内外贸易的继续，也是南北统一、技术进步、交通发达等因素综合作用的结果。在为数众多、遍及城乡的商人群体的串联下，域内形成了一批繁华的商业都市，其中既有传统的商业城市，也有新兴的中小城市，它们大多是各路、府治所的所在地。

（一）商税与城市商业

商税是元代政府财政收入的重要来源之一。目前，在缺乏完整的商业资料的情况下，商税的多少是我们判断元代城市商业活动兴盛与否的重要参照标准。尽管元代各地商税额并不是完全根据当地商业的实际情况确定的，但元朝政府规定商人必须在买卖发生地交纳商税,不得越界交税,而且只有征税达到一定数额的地方才可以设立税务,因而从总体上看,各地商税之差可以反映城市商业的相对兴衰。

元朝初期,商税没有定制。后元太宗窝阔台根据耶律楚材的建议设立了十路课税使,太宗六年(1234年)又设立了征收课税所,开始征收常课,《元史·食货志》载:"商贾之有税,本以抑末,而国用亦资焉。元初,未有定制。太宗甲午年,始立征收课税所,凡仓库院务官并合干人等,命各处官司选有产有行之人充之。"① 同年,朝廷设立了宣课提举司,并在各路设课税所,取代了原十路课税使,下设有仓库、院、务等机构,其中务正是地方征收商税的机构。各地税务管理据税额而分等第。

元代,路、府、州、县治所城镇大多设有税务,此外,朝廷在地方之集、镇、市、圩也设有相当数量的税务。在居民点分布分散、市镇数量多的地区,所设税务尤其多,例如徽州路设20务,湖州、集庆路各设16务,嘉兴路设13务等等。

元代商课分为正课、船料税、额外课3种。政府规定商人必须按月纳税,商人只有纳了税才可以进城贸易;如果商人没有纳税凭证,或在商贸活动中不出示凭证,会被官府以匿税罪论处。政府对于税务方面的违法行为规定了相应的处罚措施:

> 其所办课程,每月赴所输纳。有贸易借贷者,并徒二年,杖七十;所官扰民取财者,其罪亦如之。……凡在京权势之家为商贾,及以官银卖买之人,并令赴务输税,入城不吊引者同匿税法。……凡随路所办,每月以其数申部,违期不申及虽申不圆者,其首领官初犯罚俸,再犯决一十七,令史加一等,三犯正官取招呈省。②

元代的商税税率大多数时间为"三十税一",后有所调整,因城市不同、时间不同而有所差异,存在免税或降低税率的情况,例如上都就有过"六十税一"甚至免税的情况。随着社会商品经济的不断发展,税源日益扩大,加上管理税务官吏的巧取豪夺,元朝商税税收总额不断增加。各地税收的情况在相当程度上可以反映出城市商业发展的概况,表4—4为对天历元年(1328年)全国各行省商业税额的统计,我们可以据之做一分析。

表4—4　天历元年(1328年)全国各地区商业税额统计表

地区/省别	商税额	地区/省别	商税额
江浙行省	269 027 锭 30 两 3 钱	陕西行省	45 579 锭 39 两 2 钱
腹里地区	189 945 锭 31 两 5 钱	甘肃行省	17 361 锭 36 两 1 钱
河南江北行省	147 428 锭 32 两 3 钱	四川行省	16 676 锭 4 两 8 钱

---

① 宋濂等:《元史》卷九十四《食货二》,中华书局,2000年,第1589—1590页。
② 宋濂等:《元史》卷九十四《食货二》,中华书局,2000年,第1590页。

续表

地区/省别	商税额	地区/省别	商税额
湖广行省	68 844 锭 9 两 9 钱	辽阳行省	8 273 锭 41 两 4 钱
江西行省	62 512 锭 7 两 3 钱	岭北行省	448 锭 45 两 6 钱

说明：1. 本表据宋濂等撰《元史》卷九十四《食货二·商税》（中华书局，2000 年，第 1590—1592 页）制成；

2. 其中腹里地区数据为中书省下辖的各路、州的商税之和，云南行省无数据；

3. 依元制，1 锭为 50 两。

通过上表可知，江浙行省、腹里地区、河南江北行省的商业税额都在 10 万锭以上，湖广行省、江西行省、陕西行省的商税总额在 5 万锭左右，甘肃行省、四川行省、辽阳行省、岭北行省的商税总额都在 2 万锭以下，其中辽阳行省和岭北行省税额甚至不足 1 万锭。这些数据基本反映了元代各行省商品经济的发展情况，江浙行省、腹里地区、河南江北行省的城市商业是最为繁盛的，而湖广地区、江西地区、陕西地区的商业次之，甘肃、四川、辽阳、岭北地区则是商业较为落后的地区。就各区域内部而言，各路、州的商业发展也是极不平衡的，我们以腹里地区所辖各城市的商税情况为例做一考察，参见表 4-5。

表 4-5　天历元年（1328 年）腹里地区各路、州商税统计表

路、州	商税额	路、州	商税额
大都宣课提举司	103 006 锭 11 两 4 钱	怀庆路	4 949 锭 2 两
上都税课提举司	10 525 锭 5 两	东昌路	4 879 锭 32 两
晋宁路	21 359 锭 40 两 2 钱	彰德路	4 805 锭 42 两 8 钱
嘉定路	17 408 锭 3 两 9 钱	高唐州	4 259 锭 6 两
济南路	12 752 锭 36 两 6 钱	卫辉路	3 663 锭 7 两
济宁路	12 403 锭 4 两 1 钱	般阳路	3 486 锭 9 两
大名路	10 795 锭 8 两 5 钱	德　州	2 919 锭 42 两 8 钱
冀宁路	10 714 锭 34 两 6 钱	濮　州	2 671 锭 7 钱
河间路	10 466 锭 47 两 2 钱	顺德路	2 507 锭 9 两 9 钱
益都路	9 477 锭 15 两	永平路	2 272 锭 4 两 5 钱
大同路	8 438 锭 19 两 1 钱	泰安州	2 013 锭 25 两 4 钱
大都路	8 242 锭 9 两 7 钱	上都留守司	1 934 锭 5 两
东平路	7 141 锭 48 两 4 钱	宁海州	944 锭 3 钱
保定路	6 507 锭 23 两 5 钱	兴和路	770 锭 17 两 1 钱
曹　州	6 017 锭 46 两 3 钱	冠　州	738 锭 19 两 7 钱
广平路	5 307 锭 20 两 2 钱		

资料来源：本表据宋濂等撰《元史》卷九十四《食货二·商税》（中华书局，2000年，第1590—1591页）制成。

元代的腹里地区管辖范围较广，包括今天的河北、山东、山西及内蒙古的部分地区，其所辖路、州城市众多，各城市的商业发展情况极不平衡。通过上表可知，除大都、上都外，商税总额在万锭以上的还有晋宁路、嘉定路、济南路、济宁路、大名路、冀宁路、河间路7个区划，商税总额在5 000~10 000锭的有益都路、大同路、保定路、曹州等6个区划，怀庆路、东昌路、彰德路、高唐州、卫辉路、宁海州、冠州等14个区划税额不及5 000锭，其中税额最大的晋宁路逾21 359锭，而宁海州、兴和路、冠州3个区划的商税总额都不及1 000锭，足见区域内城市商业发展极度不平衡。腹里地区仅是我们考察的个案，在元代，无论是整体上城市商业十分发达的江浙地区，还是城市商业较为落后的四川、甘肃、辽阳等地区，区域内部城市商业的发展都体现出不同程度的不平衡性。

根据商税额的大小，可以将元代的商业城市分为4类：一是商税额在100 000锭左右的特大商业城市，二是商税额在3 000锭以上的较大商业城市，三是商税额在500锭以上的中等商业城市，四是商税额在500锭以下的小商业城镇。据此划分，我们再来考察一下全国各地区商业城市的分布情况（参见表4-6）：

表4-6 元代不同等级商业城市分布统计表

省别 \ 等级	特大商业城市（税额100 000锭及以上）	较大商业城市（税额3 000锭~100 000锭）	中等商业城市（税额500锭~3 000锭）
中书省	1个：大都	12个：上都、真定、冀宁、晋宁、保定、大名、卫辉、恩州、东平、益都、济南、大同	52个：通州、中山、南宫、长芦、陵州、彰德、怀庆、棣州、济阴、章丘、济宁、郓城、高唐、夏津、武州、丰州、泰州、东安、武清、云州、束鹿、蠡州、深州、沧州、顺德、威州、辅岩、蒲城、滑州、南乐、开州、邹平、齐东、汶上、阳谷、东阿、济州、金乡、虞城、砀山、濮州、楚丘、定陶、禹城、冠州、清平、弘州、汾州、河中、潞州、襄陵、乐亭
江浙行省	1个：杭州	7个：平江、集庆、镇江、庆元、温州、泉州、福州	37个：长安、松江、嘉兴、湖州、常州、无锡、绍兴、建德、婺州、宁国、富阳、余杭、南浔、安吉、武康、千金、海盐、崇德、昆山、嘉定、常熟、木渎、长洲、宜兴、金坛、淳安、江阴、定海、衢州、台州、徽州、池州、太平、芜湖、闽安、建宁、晋江
河南江北行省	—	6个：扬州、真州、汴梁、淮安、庐州、中兴	23个：高邮、和州、公安、睢州、许州、考城、河南、邓州、汝宁、亳州、盱眙、安丰、濠州、无为、巢县、安庆、蕲州、黄州、安陆、京山、襄阳、枣阳、兴化

续表

省别＼等级	特大商业城市（税额100 000锭及以上）	较大商业城市（税额3 000锭～100 000锭）	中等商业城市（税额500锭～3 000锭）
湖广行省	—	2个：武昌、天临	13个：衡州、䢼州、岳州、巴陵、常德、刘市、汉阳、长沙、醴陵、湘潭、益阳、浏阳、宝庆
江西行省	—	3个：龙兴、清江、吉安	19个：饶州、江州、萍乡、广州、景德镇、南昌、永和、瑞州、袁州、宜春、万载、新喻、赣州、建昌、信州、抚州、富州、新淦州、分宜
陕西行省	—	1个：奉元	2个：巩昌、兴元
甘肃行省	—	—	—
四川行省	—	1个：成都	1个：重庆
辽阳行省	—	—	—
岭北行省	—	—	—
总计	2	32	147

说明：1. 本表据《元典章》卷七《吏部·官制》，《元史》卷九十四《食货二·商税》，《大德南海志》卷六《赋税》等文献制成，相关数据统计时间为大德八年（1304年）前后；

2. 本表以元廷设于各城市的税务所征收到的税作为划分该城市商业等级的依据。

通过上表可知，元代中国的特大商业城市有大都和杭州2个，较大商业城市有32个，中等商业城市有147个，税额在500锭以上的城市总共有181个。元代全盛时期县城数量为1 129个，而朝廷在各地设立的税务总计200余个，可见设税务的县级城市并不多，这可以从侧面说明当时全国范围内大多数城镇的商业流通是十分有限的，因此并无设立税务之必要，但这并不能说明元代的城市商业发展缓慢或者水平低，这只是自然经济背景下城市商业发展的普遍性特点。

事实上，元代的城市商业在多种因素的作用下获得了长足的发展，但是这种发展表现出严重的不平衡性，表现有二：一是上文提到的各行省区域内部城市商业发展的不平衡性。二是全国商业城市分布的不平衡性，元代重要的商业城市密集分布在南、北方的两大区域内，尤以东南地区的商业城市最为发达。北方腹里地区集中分布着65个中等及以上的商业城市；而南方地区江浙行省集中分布着45个中等及以上的商业城市；此外，中部地区的河南江北行省及湖广行省的城市商业也较为发达，共分布有44个中等及以上的商业城市；在其他行省，除江西、四川、陕西有少量重要的城市商业较为发达外，其余城市的商业均较为落后。

（二）重要商业都市

1. 南、北方最大的商业城市：大都与杭州

大都 号称"人烟百万"的大都城是元代北方地区最大的商业中心和陆路对外

贸易的中心，其规模宏大，户口殷盛，商业繁荣，来自全国各地以及海外诸国的商品货物集中在这里，"东至于海，西逾于昆仑，南极交广，北抵穷发，舟车所通，货宝毕来"①。现存文献中有大量关于大都商业的描述，马可·波罗曾称赞大都"外国巨价异物之输入此城者，世界诸城无能与比……百物输入之众，有如川流之不息。仅丝一项，每日入城者计有千车"②。

各行各业的商人汇集大都，既有巨商又有小贩。城内流通的商品主要有粮食、盐、茶、酒、丝绸、珠宝等。城内大街小巷都设有形形色色的商铺、酒楼、饭店、货摊，并形成了专门的商业区，时人称"若乃城闉之外，则文明为轴舻之津，丽正为衣冠之海。顺城为南商之薮，平则为西贾之派。天生地产，鬼宝神爱，人造物化，山奇海怪。不求而自至，不集而自萃"③。

大都城内的店铺主要分为两类：一类是供应诸王、贵族、官僚享用的奢侈商品的店铺，"自粟帛器用财贿，凡宫廷供用万端，皆赖商贾贸迁"④。大都"聚万国之珍异"，当时世界上最为稀奇珍贵的东西都可以在城里找到，"尤其是印度的商品，如宝石、珍珠、药材和香料。契丹各省和帝国其他地方，凡有值钱的东西也都运到这里，以满足来京都经商而住在附近的商人的需要。这里商品的销量之多超过其他任何地方"⑤。另一类是为满足普通城市居民生活需要而经营日常生活用品的商铺。这类商铺数量最多，经营商品品种也最多，"民物繁伙，若非商旅懋迁，无以为日用之资"⑥。此外，大都城内还有众多的小商贩，穿街走巷，贩卖各种物品，"贩夫逐微末，泥巷穿幽深。负戴日呼叫，百种闻异音"⑦。

大都城是当时的国际都市，许多外国商人都来到这里进行商贸活动，非洲海岸、东欧、中亚、朝鲜、日本、南洋各地都有商队来大都。时人在描写大都中外贸易的繁荣时云："京师天下本，万国赴如水。珠犀从南来，狗马由西止。浩浩荆吴船，日夜行不已。"⑧

大都城市商业的繁盛之况也可通过商税窥见一二，元代中后期，大都商税岁额一直在10万锭以上，占全国商税总额的1/9，由此足见大都商业的重要性。

杭州 杭州曾是南宋都城，城市商业十分繁荣，是南宋的商业中心。元军灭南宋后，对杭州城的破坏并不大，南宋奠定的政治、经济、文化基础得以保留。虽然失去了政治中心的地位，但杭州经过元朝初期的休养生息，加之经济重心南移、运河开通等因素，城市商业迅速恢复，"九衢之市肆不移，一代之繁华如故"⑨。杭州

---

① 李修生：《全元文》（16），江苏古籍出版社，1998年，第360页。
② 冯承钧：《马可波罗行纪》，上海书店出版社，2001年，第238页。
③ 李修生：《全元文》（46），江苏古籍出版社，1998年，第134页。
④ 吴慧：《中国商业通史》（第三卷），中国财政经济出版社，2005年，第326页。
⑤ ［意］马可·波罗口述，梁生智译：《马可·波罗游记》，中国文史出版社，1998年，第134页。
⑥ 《元典章》卷二十《户部·钞法》，元刻本。
⑦ 杨镰：《全元诗》（第二十九册），中华书局，2013年，第4页。
⑧ 顾嗣立：《元诗选初集》，中华书局，1987年，第1052页。
⑨ 宋濂等：《元史》卷一百二十七《伯颜传》，中华书局，2000年，第2057页。

城在元朝的统治下，政治、经济秩序基本稳定，"杭自宋行都来归版籍后，生齿日愈繁，无兵革灾者几三百年"①。元代杭州城市商业的繁荣程度并不亚于南宋之时，杭州是南方地区最大的商业城市。

元朝政府在今中国境内设立的交通站赤有1 500多处，而江浙行省即有262处，在全国各行省中是最多的。天历元年（1328年）江浙行省的商税额（逾269 027锭）位居全国第一，而杭州所纳商税又居江浙行省的第一位。我们从元人的记载和评述中可以看出元代杭州城市商业的繁盛状况：

> 江浙省治钱唐，实宋之故都，所统列郡民物殷盛，国家经费之所从出，而又外控岛夷，最为巨镇。②

> 盖杭在东南，号为一都会，天下所谓声色伎巧、奇珍绮丽之物，可以娱耳目、适口体者，举集其市。③

> 商出于途，贾藏于市，夷有奉琛，使有结轨，尘海憧憧，睹是环美。④

元代的杭州受益于发达的海上交通，对外贸易十分繁荣。东非、南亚、东南亚各国来杭州经商的商人人数众多，他们当中有些是暂住杭州的，有些则长期定居于杭州城内。

许多外国商人、旅行家都将杭州与大都城并提，"大可汗国内二大城。城甚大，名驰宇内"。马可·波罗在中国游历期间，担任过江浙行中书省的副枢密使，对杭州赞美不已，将杭州称作"天城"，"行在之为世界上最美丽、最华贵之城，盖毫无疑义"，他曾对杭州的城市商业进行了认真、细致地考察，记载了杭州城市商贸的盛况：

> 按照平常的估计，这座城市方圆一百七十公里。它的街道宽广，运河宽阔，并且有许多广场和市场，因为它们的大小，必须与时常来这里赶集的众多的人数相配称。……城内交通四通八达，水陆具备。由于运河的河道和市区的街道十分宽阔，所以船只和车辆，运载着居民所需的货物，往来其间，通行无阻。

> 城内，除了各街道上有不计其数的店铺外，还有十个大广场或市场。……每个市场，一周三天，都有四万到五万人来赶集，人们把每一种大家想得到的物品提供给市场。……

> 一年四季，市场上都有种类繁多的香菜和水果……湖中也产大量的鱼，使专门捕鱼的人，终年都有鱼可捕。鱼的种类，随季节不同而有差异。当你看到运来的鱼，数量是这样庞大，或许会许为无法卖光，可是几小时之内，竟一售而空。……

---

① 李修生：《全元文》(42)，凤凰出版社，2004年，第19页。
② 李修生：《全元文》(30)，凤凰出版社，2004年，第155页。
③ 李修生：《全元文》(50)，凤凰出版社，2004年，第279页。
④ 李修生：《全元文》(25)，凤凰出版社，2004年，第312页。

这十个方形的市场……经营各种制品，出售品种齐全的货物，如香料、药材、小装饰品和珍珠等。……

每逢开市集日，市场上摩肩接踵，熙熙攘攘的小商贩满地摆着各种用船运来的货物。所有这里货物，都能找到顾主。仅仅从胡椒这一小宗物品销量为例……这里每日胡椒的销量竟达四十三担，每担重达九十公斤。①

通过马可·波罗的记述我们可以看出，元代杭州城内水陆交通发达，商人众多，店铺林立，形成了10个专门的集贸市场，还为外国商人设立了专门的货栈以存储货物和财物。市场上出售的货物品种齐全，各种蔬菜、水果、肉类、鱼类、酒类、副食一应俱全。杭州城市人口众多，日食所需全仗商人供给，每逢集日，市场商贩齐聚，往往有四五万人赶集，每日鱼类都会销售一空，居民的消费能力可见一斑。单就作为调料品的胡椒一项考察，其每日交易量多达数千公斤，以此可推杭州居民对粮食、肉类、酒类、副食等日常商品的需求量。马可·波罗的记载难免有夸大之嫌，但杭州城市商业之繁盛应为基本事实。

杭州作为南方地区最大的商业城市，商业功能得到了很好的发挥，其作为区域的经济中心，在交通网络的串联下，展现了较强的辐射能力。杭州属县市镇的商业也十分繁荣，近郊的蔬菜种植、副食加工等行业实现了专门化生产以供应城内居民，诸如长安镇、北郭市、浙江市、南新镇、硤石镇等市镇的商业都获得了较大的发展，成为受杭州辐射的"卫星城"。

2. 河南地区的重要商业城市

元代时河南江北行省除包含今河南省大部分地区外，还包含今江苏、安徽、湖北省长江以北的广大地区，其地在经历了宋元战争大部分的破坏后，到元代初期，政治趋于稳定，城市商业逐渐恢复，"河南提封三千余里，郡县星罗棋布，岁输钱谷数百万计"②。

《元史》记载，元政府每年在河南行省征收税粮 2 591 269 石，其数仅次于江浙行省，③ 商税收入约 15 万锭，居全国第 3 位，酒税 75 077 锭 11 两 5 钱，居全国第 1 位。④ 这些数据从侧面可以反映出河南城市商业的地位。

今河南地区在元代重要的商业城市有汴梁路、卫辉路、彰德路、南阳府、汝宁府、辉州、汲县等。汴梁路，"是一大州，位置在西。居民是偶像教徒，使用纸币，臣属大汗，恃工商为活。有丝甚绕，以织极美金锦及种种绸绢。是为一富足之州，由是一切谷粮皆贱。……有富裕之大商贾包办其所买卖商货之税额，君主获有收入甚巨"⑤。彰德路（元属中书省）商业在战后很快恢复了过来，这与其时武备将军

---

① ［意］马可·波罗口述，［意］鲁思梯谦笔录，陈开俊等译：《马可波罗游记》，福建科学技术出版社，1981年，第175-178页。
② 陈得芝等：《元代奏议集录》，浙江古籍出版社，1998年，第757页。
③ 宋濂等：《元史》卷九十三《食货一》，中华书局，1999年，第1567页。
④ 宋濂等：《元史》卷九十四《食货二》，中华书局，1999年，第1589-1591页。
⑤ 冯承钧：《马可波罗行纪》，上海书店出版社，2001年，第337页。

朱公有莫大关系，时人云"当南北冲要，当兵余市井萧条，官府草创，躬自率下披荆榛，拾瓦砾，抚疮痍，集市肆。不四三年，既庶而富，四境邻邑，政治莫能及"①。卫辉路（元属中书省）的城市商业也有了较大的发展，"郊圻申画开井庐，连甍表植左右间，日中市集百货俱。荒榛一旦为亨衢……夫耕妇织圃有蔬。桑无附枝麦两途，芃芃翠浪西山隅，昔焉糊口今赢余"②。辉州（元属中书省）号称中州的江南，"苏门山水明秀，为天下甲，盖有东南佳丽潇洒之胜，而无卑湿蒸炎之苦，诚中州之江南也"③。汲县（元属中书省）由于地处南北交通要道上，成为重要的商品集散中心，"卫居天中，实通都剧邑，百物伙繁，合散于此"④。此外，南阳府和汝宁府的商业也较为发达，南阳府"淳朴尚农，俗以殷富，至今犹然……舟车辏泊，人物浩穰，庶政孔殷，地称陆海"⑤；汝宁府"多富商"，但后因"盗起"而"舟楫不通，商贩遂绝"⑥。

3. 山东地区的商业城市

元代今山东地区的城市得益于运河的疏通和海运的发展，商业贸易和城镇经济出现盛况。其地重要的商业城市有济南路、济宁路、益都路、东平路、胶州、临清等。

济南是元代今山东地区最大的商业城市，文献对其商业多有记述，"所据新城、章丘、长山、邹平、济南俱近盐场，与大、小清河相接，客旅兴贩"⑦，"惟济南水陆辐辏，商贾所通，倡优游食颇多，皆非土人"⑧。济宁路因运河改道后经过其境而迅速发展，境内运河沿岸的夏镇、长沟、南阳、开河、南旺、安山等城镇商业欣欣向荣。济宁在当时号称"江北苏州"，是"百物聚处，客商往来，南北通衢，不分昼夜"的南北转输重镇。马可·波罗曾对济宁城的商业经济大加赞美："这是一个雄伟美丽的大城，商品与手工艺制品特别丰富。……河中航行的船舶，数量之多，几乎令人不敢相信。这条河正好供两个省区航运，河中的船舶往来如织，仅看这些运载着价值连城的商品的船舶的吨位与数量，就会令人惊讶不已。"⑨

天历初年，济宁路的商税额达12 403锭，在整个腹里地区位列第4，由此可以看出元朝末年的济宁工商业已相当发达。元代中后期的济宁城"船舶往来，商旅辐辏"，文化发达，市场繁荣。元人朱德润的《飞虹桥》⑩便是对当时济宁商贸盛况的真实写照：

---

① 李修生：《全元文》（5），江苏古籍出版社，1998年，第449页。
② 李修生：《全元文》（6），江苏古籍出版社，1998年，第454页。
③ 李修生：《全元文》（6），江苏古籍出版社，1998年，第161页。
④ 李修生：《全元文》（6），江苏古籍出版社，1998年，第553页。
⑤ 孛兰肸等撰，赵万里校辑：《元一统志》，中华书局，1966年，第255页。
⑥ 宋濂等：《元史》卷一百八十六《成遵传》，中华书局，2000年，第2859页。
⑦ 宋濂等：《元史》卷九十七《食货五》，中华书局，2000年，第1651页。
⑧ 于钦：《齐乘》卷五《风土》，载于王守中、郭大松：《近代山东城市变迁史》，山东教育出版社，2001年，第65页。
⑨ ［意］马可·波罗著，梁生智译：《马可·波罗游记》，中国文史出版社，1998年，第186页。
⑩ 杨镰：《全元诗》（第三十七册），中华书局，2013年，第151页。

> 任城南畔长堤边，桥压丈水如奔湍。闸官聚木不得过，千艘衔尾拖双牵。
> 非时泄水法有禁，关梁夜闭防民奸。日中市贸群物聚，红甄碧碗堆如山。
> 商人嗜利莫不散，酒楼歌馆相喧阗。太平风物知几许，耕桑处处增炊烟。
> 明朝北上别旅叟，叟持清樽求赠言。欲图丰念真未暇，为君写作康衢篇。

元朝政府开辟了数条海运航道，山东地区虽然并不像东南沿海地区那样专门设有市舶司，但是海外贸易也很繁荣，密州、莱州、胶州、登州等城镇都是重要的商贸港口，尤其是胶州，位于南北海运的枢纽位置，商贾荟萃，船舶云集，是沿海地区重要的商贸中心。

4. 江西地区的商业城市

元代江西地区商业基础较好，其地的城市商业在南宋的基础上有所发展。就全国来看，江西行省的商税总额位于江浙、腹里、河南江北、湖广之后，商业大致处于中等水平，以吉安、龙兴、清江3地的商业最为发达。

通过《元典章》中江西地区岁课商税的情况可以对江西各城市的商业情况做一大致判断，江西地区的龙兴路、吉安路、清江县3个城市的岁课商税在3 000锭以上，江州路、饶州路、萍乡州3个城市的岁课商税在1 000锭以上，南昌县、新喻州、赣州路、浮梁州景德镇、万载县、袁州路、庐陵县永和镇、建昌路、宜春县、信州路、抚州路、瑞州路、新淦州、富州、分宜县15个城市的岁课商税在500锭以上。

以上城市岁课的情况基本反映了元代今江西地区城市商业的发展状况，重要的商业城市主要分布在赣江中下游和鄱阳湖沿岸，城市商业发展的不平衡性十分明显。商业发达城市如龙兴路，是元代江西地区最重要的商业中心，"上以南昌实西江重镇，襟江带湖，控荆引粤"①，"舸舰迷津，富商大贾之会"②。也有许多城镇商业的发展较为落后，例如抚州，"非舟车货财之聚，非都会官府之总……贫者尽力于耕，富者取利不出于田亩。不事商贾"③；崇仁县，"舟载之济，往多而来寡，无十百之利，大贾不至"④。

江西地区进入流通领域的商品以粮食为大宗，此外盐、茶、蔬菜、纺织品、瓷器等都是交易量较大的商品，尤其瓷器是江西地区输往海外的主要商品，景德镇和永和镇是瓷器输出的重镇。龙兴路城镇商业一般按行业集中经营，多设有店铺。虞集对龙兴路西桥步门附近的商业景象有这样的描述："闾阎阛阓，列肆成市，居货充斥。"⑤ 除龙兴路之市外，江西较有名的市集有景德镇的湖田市，交易瓷器；吉水的醪市，交易酒水等。

---

① 宋濂：《宋濂全集》，浙江古籍出版社，1999年，第572页。
② 李修生：《全元文》(26)，凤凰出版社，2004年，第591页。
③ 李修生：《全元文》(26)，凤凰出版社，2004年，第561页。
④ 李修生：《全元文》(26)，凤凰出版社，2004年，第571页。
⑤ 李修生：《全元文》(26)，凤凰出版社，2004年，第592页。

5. 东南沿海地区的重要商业城市

元代的东南沿海地区是全国的经济重心,商业的繁荣程度在全国首屈一指,不仅有一批大中型商业城市,农村市镇也十分发达。除了杭州外,苏州、扬州、福州、广州、温州、台州、潮州等都是当时著名的商业城市。

东南沿海地区城市商业的繁荣主要得益于优越的自然地理环境、发达的手工业、便捷的水陆交通和繁盛的海外贸易等因素。

苏州是元代太湖流域的手工业和商业中心,时人评价其地,"大江东南,甲郡惟吴……商税榷酤,百役具将"①,"鱼鳞万室,蜃彩百廛。人行肩摩,商萃袂连"②。马可·波罗将苏州称作"地城","此城统辖十六大城,并商业繁盛之良城也。此城名称苏州,法兰西语犹言'地',而其邻近之一别城行在(Qainsay),则犹言'矢',因其繁华,故有是名"③。元代苏州城内商贾云集,商品品种众多,形成了 30 个专门的市场。伴随着商业的发展,城内的客栈、药铺、酒楼、理发馆等各种服务场所也迅速发展起来,应有尽有。

扬州的地位十分特殊,自唐宋以来,其一直是江浙地区重要的商业城市,是江淮一带的经济中心,到元代时,作为一座消费型商业大城,扬州的商业地位依然如旧,城市商业空前繁盛,"当水陆要冲,舟车不绝"④,"买卖辐辏,巨商大贾之家,不可胜数"⑤。

号称"闽中第一都"的福州是八闽经济与商业的中心,其地受益于海外贸易的繁盛,商贾云集,"闽中第一东南会,海市环山聚舶商"⑥。马可·波罗对福州的商业情况有如下记述:

> 有一大河宽一哩,穿行此域。此域制糖甚多,而珍珠、宝石之交易甚大,盖有印度船舶数艘,常载不少贵重货物而来也。⑦

可见,糖、宝石、珍珠等是当地商贸中的重要商品,城里汇集了大量的外国商人。城市商业的迅速发展,使得福州市场突破了城墙的范围,在城门之外的南郊发展起了繁荣的夜市。

广州是珠江流域的商业经济中心,也是全国外贸经济的中心之一。在元朝与南宋的战争中,广州作为战场经历了数次战争,城市经济遭到了很大的破坏。但是,元朝统一后,广州的政治、经济秩序迅速恢复,国内贸易和对外贸易也重新发展起来,再次成为海商活动的中心,"广为蕃舶凑集之所,宝货丛聚,实为外府岛夷诸

---

① 李修生:《全元文》(40),凤凰出版社,2004 年,第 586 页。
② 李修生:《全元文》(49),凤凰出版社,2004 年,第 387 页。
③ 冯承钧:《马可波罗行纪》,上海书店出版社,2001 年,第 350 页。
④ 苏天爵:《滋溪文稿》,中华书局,1997 年,第 384 页。
⑤ 俞希鲁:《至顺镇江志》,江苏古籍出版社,1990 年,第 554 页。
⑥ 雇瑛:《玉山璞稿》(卷下),中华书局,2008 年,第 66 页。
⑦ 冯承钧:《马可波罗行纪》,上海书店出版社,2001 年,第 374 页。

国,名不可殚"①,来自全国各地的特色产品经这里出口,同时,来自世界各国的进口商品又经此地转销到全国各地。时人称赞广州"为极南一大都会","而郡邑殷富,商旅货财阜通,无所底滞"②,依本·拔曾言"秦克兰城(广州,笔者注)者,世界大城中之一也。市场优美,为世界各大城所不能及"③。伴随城市商业的发展,在广州城周围兴起了许多卫星城镇,如平石镇、瑞石镇、慕德镇、扶骨镇、大水镇、白田镇、石门镇等。

泉州因海外贸易的繁盛而在元代成为对外贸易的最大港口,故其城市商业十分发达。商船从泉州港出海,可到达日本、东南亚、波斯湾、阿拉伯半岛和亚非各地。许多国际旅行家如摩洛哥的伊本·巴图塔、意大利的鄂立等到中国来,都在泉州港登陆;到外国去的中国商人,也大多从泉州港放洋。泉州出口的货物以陶瓷、茶叶、丝织品、中药、酒、纸等土特产品为主,进口的商品以棉花、香料、玳瑁、犀角、象牙、珠宝为主。海上贸易的发展还推动了造船业的发展,据《元史》,泉州极盛时有海船15 000艘。④ 意大利商人雅各·德安科纳在《光明之城》一书中再现了元代刺桐港的盛况和泉州城商业繁荣的情况:

> 这是一个很大的港口,甚至比辛迦兰还大,商船从中国海进入到这里。……就在我们抵达的那天,江面上至少有15 000艘船,有的来自阿拉伯,有的来自大印度,有的来自锡兰,有的来自小爪哇,还有的来自北方很远的国家,如北方的鞑靼,有来自我们国家的和来自法兰克其他王国的船只。的确,我看见停泊在这儿的大海船、三桅帆船和小型商船比我以前在任何一个港口看到的都要多,甚至超过了威尼斯。而且,中国的商船也是人们能够想象出的最大的船只,有的有6层桅杆,4层甲板,12张大帆,可以装载1 000多人。

> 这座城的四周环绕着高大的城墙……每个城门口都有市场,它们与城里的不同地区分布着的不同职业和手艺相接近。因此,这个门口是丝绸市场,那一个门口则是香料市场;这个门口是牛市和车市,另一个门口则是马市;这个门口是由乡下人卖给城里人谷物的市场,另一个门口则是种类齐全的大米市场;这个门口是羊和山羊市场,那个门口则是海鱼与河鱼市场;其他的许多门口也都是如此。确确实实,这个城市的财富极多,甚至有各种各样不同的市场。……还有水果市场、鲜花市场、布匹市场、书籍市场、香料市场、陶瓷市场、珠宝市场。这些市场在城墙内外都可看到。……这里的商店数目比世界上任何城市的商店都多。商店里有各种各样的商品,如香料、丝绸、珠宝、酒以及油膏等,都可以在这里找到。⑤

---

① 骆伟、骆廷:《岭南古代方志辑佚》,广东人民出版社,2002年,第343页。
② 虞集:《虞集全集》(下册),天津古籍出版社,2007年,第1097页。
③ 《拔都他游中国记》,载于张星烺《中西交通史料汇编》(第二册),中华书局,1977年,第79页。
④ 贾鸿雁:《中国历史文化名城通论》,东南大学出版社,2007年,第103页。
⑤ [意]雅各·德安科纳著,[英]大卫·塞尔本编译,杨民等翻译,李学勤审校:《光明之城》,上海人民出版社,1999年,第152页,第173—175页。

得益于沿海便捷的交通条件，浙东沿海的台州和广东东部的潮州的商业经济也十分繁荣。台州城内商贾云集，澄江之上"千航竞渡"，对此吴师道在《送孙税官》诗中云："台山宦游客，长啸水云边。百贾日中市，千航海上潮。民淳输课集，仙近赋诗招。后夜归舟路，西湖何处桥。"①

潮州是元代广东地区仅次于广州的第二大城市，其地理区位十分优越，是连接两广、闽浙的枢纽，地处闽、粤边境，东接漳州、泉州，西连广州。潮州濒海临江，沿海运航道北上可至登州、莱州，南下可至琼州、广州；沿内河韩江水道可至汀州、梅州、循州。加之其地盛产鱼、盐，因而商人多至，商业十分繁盛，"潮去广二千里，尽东履至适而止，岸海介闽，舶通欧吴及诸番国，人物辐集。而又地平土沃，饶鱼盐，以故殷给甲邻郡"②。

6. 两湖地区的重要商业城市

湖北地区位于中国中部、长江中游，地理位置优越，水陆交通发达，是南方商人前往北方经商的必经之地，南、北方商人"往来贸易湘湖间"，因而，地处交通要道上的襄阳、鄂州（后改武昌路）、江陵（荆州）、汉阳等地发展成为重要的商业城市。

宋元战争时，鄂州、汉阳等地一带处于战争前沿，经济、社会受到了巨大的破坏。入元以后，在元朝政府重商政策与多种因素的扶持下，鄂州及汉阳等城镇的商业迅速得到恢复和发展。湖北城市商业的繁盛可从元人的诗文中窥见一斑：

> 江田稻花露始零，浦中莲子青复青。楚船祠龙来买酒，十幅蒲帆上洞庭。
> 罗衣熏香钱满篚，身是扬州贩盐客。明年载米入长安，妻封县君身有官。③

鄂州是长江航道上的重要交通枢纽，其在南宋时城市商业已经相当繁荣，"通衢万家市，巴商杂越旅"④。有元一代，鄂州凭借其在转口贸易中的不可替代性，继续保持着商业中心的地位。

襄阳也是湖北地区的商业重镇，马可·波罗在其游记中说："襄阳城（Saianfu）是一极重要之大城，所辖富裕大城十有二所，并为一种繁盛工商之中区。……臣属大汗。产丝多，而以制造美丽织物，亦有野味甚众。节而言之，凡一大城应有之物，此城皆饶有之。"⑤

此外，汉阳的商业与转口贸易在元代也十分繁盛，"风物吞淮海，楼船下鄂州"⑥，"贾客帆樯出汉阳"⑦，出入汉阳口岸的船舶众多，使其成为湖北地区襄阳、

---

① 杨镰：《全元诗》（第三十二册），中华书局，2013年，第54页。
② 李修生：《全元文》（44），江苏古籍出版社，1998年，第546-547页。
③ 杨镰：《全元诗》（第二十九册），中华书局，2013年，第300页。
④ 杨镰：《全元诗》（第四册），中华书局，2013年，第185页。
⑤ 冯承钧：《马可波罗行纪》，上海书店出版社，2001年，第340页。
⑥ 杨镰：《全元诗》（第三十册），中华书局，2013年，第126页。
⑦ 杨镰：《全元诗》（第四十四册），中华书局，2013年，第263页。

鄂州之外的又一商业重镇。

潭州（今湖南省长沙市）是湖南地区重要的商业城市。自唐宋以来，潭州的商业便十分发达。元代时，潭州的经济并没有遭到大的破坏，是湖南地区仅有的商税额在5 000锭以上的商业城市。茶叶、棉、木材、铅、锡等是流通于元代潭州地区的主要商品，其中潭州的棉花、棉布甚至远销西北。当时扬州的商船沿江而上，"远及长沙"，可见元时潭州与全国各地的商业往来已十分密切。除潭州外，湖南地区的醴陵、湘潭、浏阳、益阳、宝庆等城市的商业也得到了不同程度的发展。

7. 川陕地区的重要商业城市

地处黄河流域的陕西地区是蒙元统治者较早控制的地区，1221年蒙古兵进入陕西，采取屠城政策，对陕西地区的城市经济造成严重破坏，如凤翔被攻破后，"诏从臣分诛居民，违者以军法论"①，洋州也是"郡之廨宇，又为灰烬，椽瓦不存"②。陕西地区在经历兵燹之后，人口规模大大减小，"居民百万，以至缁黄，糜灭殆尽"③。世祖忽必烈统治时期，政府开始重视农业，加之元代商品经济的普遍发展，使陕西地区的城市商业也有所恢复。京兆府（后改奉元路）是陕西地区最大的商业城市，马可·波罗在记录京兆府时写道："此城工商繁盛，产丝多，居民以制种种金锦丝绢，城中且制一切武装。凡人生必需之物，城中皆有，价格甚贱。"④

除京兆府外，在关中各县先后出现了一批固定的市镇，比较繁荣的有长安县的灞桥镇、鸣犊镇、渭桥镇，咸阳县的中桥镇，泾阳县有泾阳镇、孟店镇，鄠县的甘泉镇，渭南县的渭南镇，临潼县的零口镇、栎阳镇、粟邑镇，三原县的龙桥镇，富平县的棘店镇，高陵县的高陵镇，蒲城县的蒲城镇、东渡镇、荆姚镇、汉帝镇、常乐镇、薛禄镇，耀州的宁谷镇、黄堡镇、归安镇等等。这些市镇之中设有各种固定的商店和定期的集市，有的市镇还有大宗批发业，例如龙桥镇批发药材、黄堡镇批发耀瓷等。在国内贸易方面，当时许多陕西商人到外省进行商业活动。

位于四川盆地的成都自秦汉以来一直是西南地区的商业中心，其商业在全国城市中位居前列。元代时，全国的财税倚重于江南，陆路贸易注重中亚、西亚一线，海路贸易注重东南沿海，成都则因偏居西南而被边缘化，经济地位下降。元代社会稳定后，成都人口迅速增长，恢复了西南地区第一大城市的规模与热闹，但仍未达到宋时的水平。马可·波罗经过成都时记述了成都的繁华景象："桥上有房屋不少，商贾工匠列肆执艺于其中。但此类房屋皆以木构，朝构夕折。桥上尚有大汗征税之所，每日税收不下精金千量。"⑤

除成都以外，元时四川地区的重庆、嘉定（今四川省乐山市）、开州（今重庆市开州区）也是较为发达的商业城市。

---

① 刘因：《静修先生文集》，中华书局，1985年，第65页。
② 陈显远：《汉中碑石》，三秦出版社，1996年，第142页。
③ 李修生：《全元文》(4)，江苏古籍出版社，1998年，第60页。
④ 冯承钧：《马可波罗行纪》，上海书店出版社，2001年，第269页。
⑤ 冯承钧：《马可波罗行纪》，上海书店出版社，2001年，第274页。

8. 边疆地区的重要商业城市

元代政府对边疆地区的开发有力地推动了当地的社会进步和经济发展，统治者实行重商政策，鼓励边疆地区的商人和内地商人开展贸易，商人群体为了追逐利润，往来于内地与边疆之间，使各地得以互通有无。伴随着驿路交通体系的完善，处于交通要道上的市镇获得较大发展，其城镇商业日渐繁盛起来。诚然，边疆地区城镇的商业与内地城市的商业在发展程度上不可相提并论，但是与前朝相比，其从无到有、从少到多，取得了巨大的进步。

蒙古地区作为元代的龙兴之地，借助政治、军事力量聚集了大量的工匠和资源，是边疆地区人口较为集中的地区，上都、和林、丰州、应昌等都是该地区重要的商业城市。上都是蒙古地区最大的商业城市，元代官方在上都实行减税或免税的政策，加之其陪都的地位，因而国内外商人纷纷前往上都，云集城内，诗人袁桷的《开平十咏》描述了上都的商业盛况："煌煌千贾区，奇货耀出日。方言互欺诋，粉质变初质。开张通茗酪，谈笑合胶漆。"①

和林是蒙古帝国的都城，也是漠北地区热闹的商业城市，法国人威廉·鲁布鲁克在其游记中记载了和林的商业状况：

> 它有两个城区：一个是有市场的撒刺逊人居住区，那里有大量的鞑靼人，因为那里有一只接近该（城）的宫廷，也因为那里有许多使臣。另一个是契丹人的区域，他们全是工匠。这两个区外，还有供宫廷书记使用的大宫室。有12座各族的偶像寺庙，两座清真寺，念伊斯兰教的经卷。城的尽头有一座基督教徒的教堂。城四周是泥土墙，有四道门，东门卖粟（应为"粟"，笔者注）及其他种类的谷物，不过这些很难得运到那里；西门卖绵羊和山羊；南门卖牛和车；北门卖马。②

各种宗教建筑的存在，说明城内汇聚了多民族的商人。城内还形成了固定的市场，其中交易的商品以谷物及牛、马、羊等为主。

除上都、和林外，丰州城居民"善为商贾"，城内有牛市巷、麻市巷、酪巷等固定的商业区，城外还有不少的集市。应昌路位于大都、上都通往和林的交通要道上，与中原交流频繁，商业也较为繁荣。

西北的甘肃地区地处原西夏、金、宋3政权辖区的交界地带，在蒙古的统一战争中饱受摧残，社会经济凋敝。元统一天下后，元政府通过移民、屯田等方式使甘肃地区的农业生产得到了一定的恢复；站赤和急递铺的普遍设立，密切了甘肃与中原的经济联系。河西走廊地区是连接中原内地与西域的桥梁，西凉府（今甘肃省武威市）、甘州路（今甘肃省张掖市）等城镇因地处要道上，商业贸易都有了较大的发展。

---

① 杨镰：《全元诗》（第二十一册），中华书局，2013年，第331页。
② 耿昇、何高济：《柏朗嘉宾蒙古行纪 鲁布鲁克东行纪》，中华书局，1985年，第292页。

处在丝绸之路上的畏兀儿地区的商贸活动也十分频繁，斡端（今和田地区）、可十哈儿（今喀什地区）、哈密力（今哈密市）、哈喇火州（今吐鲁番市）、别失八里（在今吉木萨尔县）等都是比较大的商业城市，过境贸易发达。

13世纪中期，元朝统一了吐蕃和其他藏族聚居区，将吐蕃纳入中央王朝的直接统治之下，结束了藏族地区400多年各自为政、互不统属的分裂局面，使得藏族社会逐渐趋于稳定。元朝政府在吐蕃地区设立了许多站赤，使其经济文化在原有的基础上进一步发展，其中拉萨、申州（今西宁市）等城市的商业在当时较为发达，据《马可波罗游记》申州"居民经营商业和手工业为生"①。

元代西南边疆地区各民族间的互市贸易也发展较快，对外输出的商品以牲畜、茶、盐等为主，内地的绸、布、瓷器等手工产品则是其地主要的输入产品。中庆（今昆明市）、大理、车里（今西双版纳自治州）、建都（今西昌市）等城市都是商业较为发达的地方，马可·波罗说哈喇章（即大理）"是一座宏伟壮丽的大城市。城中有商人和工匠"②。

从整体上看，由于自然地理环境、经济基础等因素的差异，元代不同城市的商业发展程度不同，体现出较大的不平衡性。就规模来看，既有大都、杭州等国际性商业城市，也有平江、潭州、太原、扬州、武昌、真定等中小商业城市，还有由村落集市发展为新兴商业城镇的；就区域来看，北方的腹里地区、河南江北行省，南方的江浙地区、湖广地区等城市商业较为发达，沿海地区的城市商业则因为对外贸易的发展而十分繁盛，边疆地区的城市在元代也得到了开发，其城市商业得到了一定程度的发展。

---

① ［意］马可·波罗口述，［意］鲁思梯谦笔录，陈开俊等译：《马可波罗游记》，福建科学技术出版社，1981年，第70页。
② ［意］马可·波罗口述，［意］鲁思梯谦笔录，陈开俊等译：《马可波罗游记》，福建科学技术出版社，1981年，第144页。

第五章　元代城市社会的变迁

元代在中国历史上是一个开放而具有流动性的朝代，在世界历史上同样也是一个具有开放性的帝国。横跨亚欧的驿站陆路交通体系将东欧、中亚、大都直接连通，海路则连接着波斯湾等地与泉州等港，这些有利条件有效地密切了东西方间的商贸关系，加强了东西方交流，使"无此疆彼界""四海为家"成为元朝人的疆域与空间观念。

在这种开放的国际环境下，东西方的交往显得空前的热闹，使节的往来、政令的传达、商队的贸易，络绎不绝。大批来自中亚等地区的士兵、工匠、商贩进入中原汉地，数以万计的蒙、汉及其他民族居民又因官方移民屯田或经商而从中原地区迁往中国西北及中亚各地区。北方草原文化、中原农耕文化、边疆各族文化、伊斯兰文化、基督教文化、佛教文化都在这一广阔的文化场中交流融汇，并在元文化这一大系统中留下了各自的鲜明印记。[①] 而城市则成为这些印记的载体，各族民众聚集在城市里居住、生活、交流；城市里的各类宗教及公共建筑，如佛教寺院、清真寺、基督教堂、祠堂、书院等等，也因不同信仰者而纷纷建立，成为城市里的别样景观。

第一节　元代的民族、宗教政策

一、四等人制的民族政策

按照民族来划分百姓等级的做法并非始于元朝，金朝政府在任用掌管兵权、钱谷的官吏时就规定了先女真、次渤海、次契丹、次汉儿的四等级顺序。[②] 元灭金后，作为少数民族的蒙古贵族成为全国的统治者，为了保持本民族的特权地位和维护自己对远超本民族人数的汉族人的统治，进一步推行民族分化和民族歧视政策，实行四等人制。

[①] 冯天瑜、何晓明、周积明：《中华文化史》（下），上海人民出版社，1990年，第733页。
[②] 徐梦莘：《三朝北盟会编》，海天书店，1939年，第396页。

（一）元代的四等人制度

元代实现全国统一之后，在全国范围内推行四等人制的民族等级制度，按照各民族成分及其归附情况将臣民划分为以下4个等级：

第一等级是元朝的"国族"蒙古人，又称"国人"，他们是元代统治者依赖的基本力量。据《史集·部族志》，蒙古人由两部分组成：一是与元朝皇室有着共同祖先的尼鲁温蒙古人，有兀鲁、泰赤乌、忙兀、札只剌（札答阑）等20余部；二是被称为迭列列斤的蒙古人，有弘吉剌、亦乞烈思、兀良合等10余部。此外，札剌儿、蔑儿乞、塔塔儿、克烈、斡亦剌等部在元代也被视为蒙古人。①

第二等级是色目人，"除汉儿、高丽、蛮子诸人外，俱系色目人"②，他们是元代统治集团的主要盟友和得力助手，政治地位高于汉人、南人，低于蒙古人。色目人包括西北各少数民族和中亚、西亚各民族以及欧洲人，主要有前面列举的畏兀儿、哈剌鲁、钦察、康里、阿速、唐兀、阿儿浑、回回以及吐蕃、乃蛮、汪古等族人。"色目"之称源自唐代，意思为"各色各目"，元代人使用"色目人"这一称呼即是指其族群繁多，有时也统称其为"诸国人"。色目人文化程度较高，善于经商理财，又多远道而来，在中原不易作乱，对蒙古统治者而言，这些人可供驱使且不至于构成威胁，因此色目人所享受的待遇仅次于蒙古人。

第三等级是汉人，也被称为"汉儿"，主要指的是原金朝境域内各个民族的人，包括汉人、契丹人、女真人、渤海人及高丽人。云南、四川地区的大部分居民因为归附元朝较早，也被归在第三等人之列。

第四等级为南人，主要指的是被元朝征服较晚的原南宋境内的各个民族的人，当时被称作"蛮子""囊加歹"和"新附人"等，即元代江浙行省、江西行省、湖广行省以及河南江北行省南部地区的居民。汉人和南人绝大部分为汉族人。元代统治下的汉人和南人的人数最多，而蒙古统治者人为地将汉族人分为两个等级，目的就是分而治之，以便于统治。

四等人制是元代政治统治的一个重要特征，而这一制度是各种复杂因素互相影响造成的，既有社会历史因素，也有当时的客观社会现实、政治需求和民族文化心理等因素。在阶级社会中，无论是中原的汉族统治者，还是边疆的少数民族统治者，都有作为统治阶级的民族优越感，因而在制度、政策的制定与实施过程中都有维护本民族特权与歧视压制"非我族类"的一面，统治阶级与被统治阶级、统治民族与被统治民族之间的不平等是元代四等人制度形成的历史根源；③ 在元朝广袤的疆域内，各民族在地域、经济上呈现出多元化的差异，这些差异客观上造成了四等人的区分；元朝自立国之初始就秉承以蒙古人为核心的治国理念，汉人对蒙古统治

---

① 李翀：《元代四等人制研究》，西北师范大学硕士论文，2009年。
② 祖生利、李崇兴：《大元圣政国朝典章·刑部》，山西古籍出版社，2004年，第240页。
③ 李翀：《浅探元代四等人制的成因》，《安阳师范学院学报》，2007年第4期。

的抵抗和不合作的心理，特别是反叛在相当程度上加深了蒙古统治者对汉族群体的猜忌，这成为元朝统治者制定、实行等级制度的最直接原因。总之，制定、实行四等人制的最终目的是维护蒙古贵族的特权和统治。

（二）各民族政治地位差异

元代统治者人为地将汉族划入两个等级内，并且规定了四等人不同的政治地位和待遇，如在仕进、科举、法律地位、经济地位等方面都做了不同的规定。

政治方面，在元代的各级统治机构中，蒙古贵族据有最高统治地位，"国家官制，率以国人居班簿首"①。元世祖忽必烈曾规定，中央或地方官职的正职一律由蒙古人担任，只允许汉人和南人充任副职。例如，在中书省、枢密院和御史台等中央统治机构中，绝大部分正职都由蒙古人担任，只有极个别的汉人在较短的时期内担任过正职。其中，因枢密院掌握军事机密，故汉人、南人是不得担任该机构之要职的，有元一朝，知枢密院事、同知枢密院事二职没有任何汉人担任过。在地方机构中，各路、府、州、县都设有监察之职——达鲁花赤，负责对所在地区的官吏和军民进行监督，只有蒙古人、色目人才能担任此职，据《新元史》，"以蒙古人充各路达鲁花赤，汉人充总管，回回人充同知，永为定制"②，同知与总管相互牵制，都要听命于达鲁花赤。

法律方面，元代统治者基于维护地主阶级利益的需要，制定了许多不平等的法律。最初，蒙古统治者入主中原后，一直没有颁布过正式的法律。若蒙古人犯法，官吏依然据成吉思汗时期的"札撒"等蒙古祖宗家法断理；管理金朝故地的汉人、女真人则沿用金朝的泰和律。至元八年（1271年）忽必烈建立元朝后，下令废止金泰和律，"简除繁苛，始定新律，颁之有司，号曰《至元新格》"③；仁宗时"又以格例条画有关于风纪者，类集成书，号曰《风宪宏纲》"④；英宗时又颁行了《大元通制》。这些律令都是据"敕旨条令"汇编而成，十分混乱，因而时人言"今天下所奉以行者，有例可援，无法可守"⑤。这些律令中都有关于民族地位不平等的规定。例如，元律规定，四等人犯法分别归不同的机关审理，蒙古人、色目人犯法归大宗正府审理，汉人、南人犯法则归刑部审理，对此，《元史·刑法志》中有明确的记载：

> 诸蒙古人居官犯法，论罪既定，必择蒙古官断之，行杖亦如之。诸四怯薛及诸王、驸马、蒙古、色目之人，犯奸盗诈伪，从大宗正府治之。⑥

在量刑上也有着明显的不平等性，元律规定："蒙古人员殴打汉儿人，不得还

---

① 李修生：《全元文》（32），江苏古籍出版社，1998年，第505页。
② 柯劭忞等：《新元史》卷八《世祖二》，吉林人民出版社，2005年，第66页。
③ 宋濂等：《元史》卷一百二《刑法一》，中华书局，2000年，第1729页。
④ 宋濂等：《元史》卷一百二《刑法一》，中华书局，2000年，第1729页。
⑤ 陈得芝等：《历代名臣奏议》，浙江古籍出版社，1998年，第486页。
⑥ 宋濂等：《元史》卷一百二《刑法一》，中华书局，2000年，第1734页。

报,指立证见,于所在官司赴诉。如有违犯之人,严行断罪。"① 然而,实际上由蒙古人把持的"所在官司"往往会做出偏袒蒙古人的判决:对于杀人重罪,依照元朝律例,若"汉人殴死蒙古人",其必定要被处死,还要赔付烧埋银(丧葬费),而若是蒙古人打死汉人,只须罚凶手出征,并令凶手付给死者家属烧埋银就可了事;汉人无论犯何罪,不仅要被监禁,还要戴枷锁,受各种刑罚,而"诸正蒙古人,除犯死罪,监禁依常法,有司毋得拷掠,仍日给饮食。犯真奸盗者,解束举佩囊,散收。馀犯轻重者,以理对证,有司毋得执拘之,逃逸者监收"②;汉人、南人若犯窃盗罪,"初犯刺左臂,再犯刺右臂,三犯刺项",而蒙古人、色目人若有犯,却不会被刺字。

元朝的法律还确认了蓄养奴婢的合法性,使大量的汉人、南人沦为"罪人",成为国家奴婢。奴婢地位十分低下,可以被主人随意买卖、赠送,《南村辍耕录》卷十七"奴婢"条载:

> 今蒙古,色目人之臧获,男曰奴,女曰婢,总曰驱口。盖国初平定诸国日,以俘到男女匹配为夫妻,而所生子孙永为奴婢。又有曰红契买到者,则其元主转卖于人,立券投税者是也。……又有曰陪送者,则摽拨随女出嫁者是也。奴婢男女止可互相婚嫁,例不许聘娶良家。③

在刑罚适用上,元律存在主奴、良贱异罚的不平等原则,"刑律,私宰牛马,杖一百。殴死驱口,比常人减死一等,杖一百七。所以视奴婢与马牛无异"④。奴隶主有权对奴婢任意施行刺面、钉头、铁枷、劓鼻等残酷刑罚,甚至可以随意奸淫女婢而不受任何处分。良人杀死贱人也只须受杖刑,并赔偿其家属烧埋银了事。值得注意的是,虽然蒙古人贵为统治阶级,但是蒙古族内部同样有贵贱之分,许多贫苦的下层蒙古人也沦为奴隶,蒙古人因贫穷而卖儿卖女的事例在元代也大量存在,关于这一点前文曾有提及。

此外,元代朝廷制定了许多有关汉人、南人的其他不平等的禁令。例如,元朝军队的数量和驻防状况,对汉人官员是绝对保密的,"以兵籍系军机重务,汉人不阅其数"⑤。为防止汉人、南人反抗,政府禁止汉人、南人持兵器、打猎、集会,"禁约汉人百人以上执弓箭打围,处重刑,百人以下流远方。……且今日见行条例已有禁汉人弓矢之科,又有禁诸人聚众之制,若复以上项打围处重刑等例错综而网罗之,诚恐愚氓举足陷罪,难避易犯,实为可怜"⑥;但对蒙古、色目人持军器等则不禁止。

科举方面,元代初期朝廷一直没有恢复科举,直至中后期才恢复科举,但录取

---

① 《元典章》四十四《刑部·杂例》,元刻本。
② 宋濂等:《元史》卷一百二《刑法一》,中华书局,2000年,第1748页。
③ 陶宗仪著,文灏点校:《南村辍耕录》,文化艺术出版社,1998年,第238页。
④ 陶宗仪著,文灏点校:《南村辍耕录》,文化艺术出版社,1998年,第238页。
⑤ 宋濂等:《元史》卷九十八《兵一》,中华书局,2000年,第1664年。
⑥ 马祖常著,李叔毅点校:《石田先生文集》,中州古籍出版社,1991年,第152页。

人数也十分有限。

元朝的科举中各族人民的待遇是不同的。元代的科举分为乡试、会试、殿试 3 级，共举行了 16 次科举考试。我们以延祐元年（1314 年）八月举行的乡试为例进行考察，其时全国共设 17 处乡试科场，规定录取 300 名士子赴京会试，但各地乡试实际录取 135 人，仅占规定总额的 45%，缺额达 55%。① 各处考场录取定额情况参见表 5-1：

表 5-1 延祐元年（1314 年）全国 17 处乡试考场规定录取名额

民族	行省十一											宣慰司二		直隶省部路四				合计
	辽阳	陕西	甘肃	岭北	四川	云南	河南	江浙	江西	湖广	征东	河东	山东	大都	上都	燕南等处	东平等处	
蒙古	5	5	3	3	1	3	5	3	3	3	1	5	4	15	6	5	5	75
色目	2	3	2	2	3	2	5	10	6	7	1	4	5	10	4	5	4	75
汉人	2	5	2	1	5	2	9	—	—	—	1	7	7	10	4	11	9	75
南人	—	—	—	—	—	—	7	28	22	18	—	—	—	—	—	—	—	75
合计	9	13	7	6	9	7	26	43	31	28	3	16	16	35	14	21	18	300

资料来源：余大钧《关于元代四等人制下的科举取士》[载于袁行霈：《国学研究》（第七卷），北京大学出版社，2000 年，第 210 页]。

通过上表我们可以看出，在官方规定的录取总额 300 人之中，蒙古人、色目人、汉人、南人分别占 75 人，虽然在名额上是相等的，但是在全国总人口中只占百分之几的蒙古人和色目人的录取名额却占有录取总额的 50%，而占人口百分之九十几的汉人和南人的录取名额也只占录取总额的 50%，这显然是统治者对蒙古人和色目人的特殊照顾和优待。

在考试程式、内容和难易程度上也存在明显差别。蒙古人、色目人只须通过 2 场难度较小的考试，"第一场经问五条……第二场策一道"；汉人、南人则须通过 3 场难度较大的考试，"第一场明经经疑二问……经义一道……第二场古赋诏诰章表内科一道……第三场策一道"。② 录取后的待遇也不一样，当时朝廷规定对于蒙古人、色目人和汉人、南人分右、左两榜录取。蒙古人以右为上，因而规定蒙古人、色目人列于右榜，汉人、南人列于左榜。由于考试较难，加之元代科举录取名额少，因而汉族知识分子要通过科举做官是十分困难的，甚至在社会上形成了看不起读书人的风气，有"一官、二吏、三僧、四道、五医、六工、七猎、八民、九儒、十丐"之说。

以往学者较多地关注到四等人制度下的科举对元代士人、社会带来的诸多消极影响，但我们也应注意到元代科举有一定的积极意义。

从民族融合和少数民族自身发展的视角考察，一方面，元代政府在科举中对蒙

---

① 余大钧：《关于元代四等人制下的科举取士》，载于袁行霈：《国学研究》（第七卷），北京大学出版社，2000 年，第 219 页。

② 宋濂等：《元史》卷八十一《选举一》，中华书局，2000 年，第 1341-1342 页。

古人、色目人的特殊优待，极大地调动了蒙古人、色目人通过读书应试而入仕的积极性，加速了蒙古人、色目人接受先进的汉文化从而提高自身文化水平和素质的进程，部分蒙古、色目官员的素质也因此提升。自延祐元年（1314年）至元亡的50余年间，16次科举中应试的蒙古、色目儒生至少有数千人，甚至多逾万人，这个数字对于共约一二百万人的蒙古人、色目人（吐蕃人除外，因元代吐蕃地区没有乡试考区，文献中也未见吐蕃人参加乡试、会试的实例）来说是相当可观的，这表明科举推动了蒙古人、色目人接受先进的汉文化。① 在这批人的带动下，先进的汉文化在蒙古、色目各族人中间得到了较为广泛的传播，这缩小了蒙古人、色目人与汉人、南人之间的文化差距，使各族之间相互的交往、交流更加密切，从而促进了中华民族各族间的相互融合。另一方面，在较为良好的社会大环境下，蒙古人、色目人中还产生了许多除进士、举人以外的优秀人士，诸如伯颜（哈喇鲁人）、乃贤（哈喇鲁人）、丁鹤年（回回）、丁野夫（回回）等等，不胜枚举，他们在不同的领域为中华文化发展作出了许多贡献。

经济方面，各等人的经济负担是不同的，如在赋税、科差、赋役等方面，贵贱之别十分明显。我们以元代括马为例，括马又称"刷马"或"拘刷马匹"，是为了解决军事急需而采取的应急办法，从至元二十三年（1286年）到至元三十年（1293年），大小括马总计在10次之上，其中最大的两次分别在至元二十三年和至元三十年，要求的刷马数都在10万匹之上。至元二十三年的括马令中规定，蒙古人不取，色目人取三分之二，汉人和南人则全取：

> 定议中原括马斡儿脱、达鲁花赤官、回回、畏兀儿并闲居富户，有马者，三分取二，汉人尽所有拘取。②

至于元代的税粮、科差、岁课、劳役等，也因地域之异、民族之别而各异。

值得注意的是，元代分而治之的民族政策势必激起民族矛盾，因而统治者对各民族的上层分子都大加笼络，以达到控制各族的目的。元朝政府把较早投靠蒙古统治集团的汉族地主诸如真定董氏、大兴史氏、易州张氏、阳城郑氏等都视为与蒙古贵族同等的群体，并委以高官厚禄。世祖忽必烈曾称董文炳为"董大哥"，并说过"朕心，文炳所知；文炳心，朕所知"③。元代律法严禁地位低下的汉人、南人执弓矢，世祖却曾对汉官汪惟和说："汝家不与它汉人比，弓矢不汝禁也，任汝执之。"④ 元朝廷规定汉人不得参预军机，忽必烈却破例让汉人郑制宜留守大都枢密院，并对他说："汝岂汉人比耶！"⑤ 再如，中书省等的要职也曾有许多汉人担任过，杨惟中曾任中书令，史天泽、张启元曾任右丞相，张文谦任过左丞，王文统、

---

① 余大钧：《关于元代四等人制下的科举取士》，载于袁行霈：《国学研究》（第七卷），北京大学出版社，2000年，第225页。
② 柯劭忞等：《新元史》卷一百《兵三》，吉林人民出版社，2005年，第2011页。
③ 李修生：《全元文》（24），江苏古籍出版社，2001年，第320页。
④ 宋濂等：《元史》卷十五《世祖十二》，中华书局，2000年，第218页。
⑤ 宋濂等：《元史》卷一百五十四《郑制宜传》，中华书局，2000年，第2423页。

赵璧任过平章政事，贺惟一曾任御史大夫，商挺、杨果任过参知政事等等；此外，汉人刘秉忠、许衡、姚枢、范文虎、董文炳、刘整、卢世荣、程钜夫等都曾在重要统治机构中担任要职。这些汉族官吏、大地主，"宋亡，富尤甚"，过着与蒙古贵族差不多的奢侈豪华生活。就连一般的汉族大地主也受到蒙古统治者的保护，他们"广占田地，驱役佃户，无爵邑而有封君之赏，无印节而有官府之权，恣纵妄为，靡所不至"①。

城市基层管理方面，元朝城市规划中设有隅、坊，无论是大都还是各地城市，甚至是县城的城关，都设有坊或隅。隅设隅正，坊设坊正，"凡官府排办造作，祗应杂务，羁管罪人，递运官物，闭纳酒课，催征地钱，悉委隅正、坊正"②。隅正、坊正皆由富人担任，大多是"极等上户殷富者"，他们帮助官府搜括、防范和压制人民，是元代统治者控制城市居民的重要群体。

元朝统治者对各少数民族的上层分子也大加笼络。如忽必烈曾重用契丹人耶律楚材，言"此人天赐我家，尔后军国庶政当悉委之"③。耶律楚材官至中书令，总理朝政，其子耶律铸也受到世祖重用，官至左丞相。其他少数民族上层人士如西夏贵族李祯、高智耀，畏吾儿人廉希宪，回回赛典赤·赡思丁，吐蕃贵族八思巴，女真人粘合南合，大理段氏的如信苴日等等，都受到蒙古统治者重用（参见表5-2）：

表5-2　元世祖中统元年（1260年）至中统三年（1262年）丞相表

干支	中统	右丞相	左丞相	平章政事	右丞	左丞	参知政事
庚申	元年	祃祃（蒙古）	—	王文统（汉）赵璧（汉）	廉希宪（畏吾儿）	张文谦（汉）	张启元（汉）
辛酉	二年	不花（蒙古）史天泽（汉）	忽鲁不花（蒙古）耶律铸（契丹）	塔察儿（蒙古）王文统（汉）赛典赤（回回）廉希宪（畏吾儿）	粘合南合（女真）张启元（汉）	阔阔（蒙古）张文谦（汉）	商挺（汉）杨果（汉）
壬戌	三年	不花（蒙古）线真（蒙古）代史天泽（汉）	忽鲁不花（蒙古）塔察儿（蒙古）代耶律铸（契丹）	塔察儿（蒙古）王文统（汉）赵璧（汉）赛典赤（回回）廉希宪（畏吾儿）	粘合南合（女真）张启元（汉）	阔阔（蒙古）张文谦（汉）姚枢（汉）	商挺（汉）杨果（汉）

资料来源：本表据宋濂等撰《元史》卷一百一十二《丞相年表一》（中华书局，2000年，第1850页）制成。

通过上表可以看出，3年内的中书执政官共17人，其中汉人8人，蒙古人5人，回回1人，畏吾儿人1人，契丹人1人，女真人1人。其中，汉族官员最多，

---

① 李剑农：《宋元明经济史稿》，生活·读书·新知三联书店，1957年，第198—199页。
② 李修生：《全元文》（33），江苏古籍出版社，1998年，第21页。
③ 夏承焘，张璋：《金元明清词选》，人民文学出版社，1997年，第97页。

汉族地主阶级的重要性由此可见一斑；汉人和蒙古人以外的其他族的人占据了相当的比例，亦足见元朝初期政府对各族上层人士的重视程度。

另外，元朝中期吏部各族官员的数量见表5—3：

表5—3 元代中期吏部各族官员数量统计表（单位：人）

职官	数量	蒙古人、色目人	汉人、南人	汉人、南人比例
朝官	2 089	938	1 151	55.1%
京官	506	155	351	69.4%
外任官	19 925	5 689	14 236	71.4%

说明：1. 本表据《元典章》卷七《吏部·内外诸官员数》制成；
2. "朝官"指中央机构官员，"京官"指京都地方的官员，"外任官"指京都以外的地方官员。

从元代中期各族官员占官员总数的比例来考察，虽然蒙古人担任重要官职，但是汉族官员数量占优，在各级官吏中分别占55.1%、69.4%、71.4%，这说明了蒙古统治者十分注意发挥汉族地主阶级的作用。元朝后期，蒙、汉地主的关系更为紧密。由此可见，元朝的政权是蒙古贵族、色目上层和汉族官僚地主等各族上层分子对各族人民的联合专政，真正受到剥削和压迫的不仅有广大的汉族人民，也有蒙古和色目等民族的人民。这就是元朝民族政策的阶级实质。

元代政府实行的四等人制是以行政的、强制的手段强化民族的不平等，以突出统治集团的地位，从而稳定和加强其对全国的统治。这种民族政策造成了严重的民族隔阂和矛盾，最终使得社会无法长治久安，从一开始就引起了被压迫的各民族的反抗，直至元朝最后灭亡。

综上所述，我们对于元代的民族政策与民族发展可以得出以下3点认识：其一，与辽、金、西夏等几个王朝一样，元朝的政治功绩是通过武力征服获得的，因而在文化方面，元代也遵循从相对独立地发展本民族的文化到融合吸收多元民族文化的基本发展途径。与前代不同的是，元朝在吸收各民族文化方面更具开阔性和广泛性，"壤地有南北，而人物无南北，道统文脉无南北"[1]。其二，元代的民族融合具有深厚而广泛的历史基础。元朝统一的过程也是中国境内各民族融合的过程，在战争中，有些民族日渐消失或被同化，散居汉地的少数民族开始接受汉族文化，正如丘浚所言，"国初平定，凡蒙古、色目人散处诸州者，多已更姓易名，杂处民间……久之固已相忘，相化而不易以别识之也"[2]。中国历史的民族组合，到了元代，可以说是基本稳定下来了，其后虽有满族的入关，但是变动并不太大，[3] 因而从这一层面上看，元朝是中华民族共同体形成的重要阶段。其三，民族政权的封建

---

[1] 李修生：《全元文》(11)，江苏古籍出版社，1998年，第744页。
[2] 黄训：《皇明名臣经济录》，辽海出版社，2009年，第1331页。
[3] 白寿彝：《中国通史》(第一卷)，上海人民出版社，1989年，第15页。

性质决定了元朝的统治中必然存在民族不平等,这成为元朝政治、社会生活中的重要方面,四等人制就是最突出的表现。有元一代,尽管以蒙古贵族为首的统治集团对各族人民进行剥削、压迫,但是空前规模的政治统一局面却有利于各民族的相互往来和相互融合。在大一统的政权下,以往分裂时期的此疆彼界不复存在,各城市之间、各民族之间的经济交流、文化交往没有了藩篱和障碍。这两种看似对立的历史现象,决定了元代民族史观的多样性与复杂性。①

二、"兼收并蓄"的宗教观与精神信仰

宗教信仰是人类精神生活的重要组成部分,它对于人类社会的影响也十分深远。中国古代很早就产生了原始宗教信仰,随着中华文明的不断发展,人们的宗教观念日趋复杂,宗教活动日趋频繁,宗教派别日趋众多,而城市则是人们进行宗教活动的主要场所。

元代,疆域广袤,境内民族众多,各民族风俗习惯、思想意识、宗教信仰各不相同。伴随着蒙古人在中亚、西亚等地的扩张,国家、民族间的文化交流更加频繁,宗教文化的交流也更加频繁,佛教、道教、基督教、伊斯兰教、犹太教等世界上各种主要的宗教都在大元疆域内传播,其中佛教和道教的地位尤其重要。为了更好地统治不同民族,元代统治者对城市里的各种宗教采取了兼容并蓄、广事利用的政策,形成了元代多元宗教文化并存的局面。例如,成吉思汗对所有宗教一视同仁,在进攻金朝时,他在军中任用了不少信奉伊斯兰教的畏兀儿人;西征时,其令穆斯林为军人讲解教义;欧洲十字军东征时,他曾与之有联系;吐蕃王遣使进贡,他致书答谢,言"愿遥申皈依之诚,仰恳护佑之力"②;他还命道士邱处机掌领道教,建立道观,使道教得到了很大的发展。世祖忽必烈对宗教也极其包容,马可·波罗曾言:"(忽必烈称)全世界崇奉的预言人有四,基督教徒说的是耶稣基督,回教徒说有摩诃末,犹太教徒说有摩西,偶像教徒说有释迦牟尼。我对这四人,都致敬礼。"③

(一)帝师制度与佛教兴盛

佛教传入中国的时间较早,到唐朝时已完成中国化,在民众中的影响最为广泛。元代藏传佛教由于受到皇帝的尊奉而具有崇高的社会地位,为国教。元代10位皇帝均信奉佛教,这使得藏传佛教与汉地佛教都有巨大发展。

元代佛教兴盛的重要表现之一就是僧人以帝师的身份参政,《元史·释老传》载:"元兴,崇尚释氏,而帝师之盛,尤不可与古昔同语。"④ 这基本反映了元代统

---

① 李珍:《元代民族史观的时代特点》,《云南民族学院学报》,2001年第4期。
② 马曼丽、切排:《中国西北少数民族通史·蒙、元卷》,民族出版社,2009年,第380页。
③ 孙玉琴、赵崔莉:《中国对外开放史(第一卷)》,对外经济贸易大学出版社,2012年,第189页。
④ 宋濂等:《元史》卷二百二《释老》,中华书局,2000年,第3021页。

治者对待佛教的态度与政策。元朝帝师共计 12 位,第 1 位为八思巴,中统元年(1260 年),"世祖即位,尊为国师,授以玉印"①,至元六年(1269 年)升八思巴为帝师、大宝法王。元朝帝师皆受到皇帝的崇敬,并享有特殊的待遇,帝师入京或出行,都有特派大臣开道,地方百官率部迎送。八思巴死后被赐号"皇天之下一人之上开教宣文辅治大圣至德普觉真智佑国如意大宝法王、西天佛子、大元帝师"②,足以见帝师在元代之地位与权威。

关于元代建立帝师制度之原因,《元史·释老传》中曾有如下论述:

> 元起朔方,固已崇尚释教,及得西域,世祖以其地广而险远,民犷而好斗,思有以因其俗而柔其人,乃郡县土番之地,设官分职,而领之于帝师。乃立宣政院,其为使位居第二者,必以僧为之,出帝师所辟举,而总其政于内外者,帅臣以下,亦必僧俗并用,而军民通摄。于是帝师之命,与诏敕并行于西土。百年之间,朝廷所以敬礼而尊信之者,无所不用其至。虽帝后妃主,皆因受戒而为之膜拜。正衙朝会,百官班列,而帝师亦或专席于坐隅。且每帝即位之始,降诏褒护,必敕章佩监络珠为字以赐。盖其重之如此。③

可见,元朝帝师的设立,是出于"军民统摄"的政治需求,统治者试图用宗教来麻痹人民,借帝师的权威来实行有效的统治。帝师制度作为一种宗教制度,在维系民族关系方面发挥了十分重要的作用,成为连接元朝中央政府与吐蕃地方政府的重要桥梁。统治阶层与下层民众共同信仰佛教促进了蒙、藏、汉诸族的融合和国家的统一。

在元朝崇佛政策的影响下,汉地佛教也得到了恢复和发展。据《元史》,至元二十八年(1291 年)"宣政院上天下寺宇四万二千三百一十八区,僧、尼二十一万三千一百四十八人"④,仅元大都城内外就建有大护国仁王寺、大天寿万宁寺、圣寿万安寺、大承华普庆寺、大崇恩福元寺、大觉海寺、大天源延圣寺、大寿元忠寺等。元代的汉地佛教以禅宗为主流,临济宗、曹洞宗 2 支较为兴盛。元朝政府将大量土地分赐给寺院,据粗略统计,自世祖中统二年(1261 年)到至正七年(1347 年),朝廷前后赏赐给寺庙田地37 030顷,参见下表:

---

① 宋濂等:《元史》卷二百二《释老》,中华书局,2000 年,第 3021 页。
② 宋濂等:《元史》卷二百二《释老》,中华书局,2000 年,第 3022 页。
③ 宋濂等:《元史》卷二百二《释老》,中华书局,2000 年,第 3023 页。
④ 宋濂等:《元史》卷十六《世祖十三》,中华书局,2000 年,第 239 页。

表 5-4　元朝廷赐予各寺田地数统计表

寺名	年月	赐田数（顷）
庆寿寺、海云寺	中统二年（1261年）八月	500
江南新建五寺	至元二十五年（1288年）二月	150
兴教寺	大德五年（1301年）二月	100
乾元寺	（同上）	90
万安寺	（同上）	600
南　寺	（同上）	120
普庆寺	至大四年（1311年）十月	300
上方寺	皇庆元年（1312年）三月	100
崇福寺	皇庆元年（1312年）六月	100
华严寺	延祐三年（1315年）正月	100
开元寺	延祐三年（1316年）正月	200
普庆寺	延祐三年（1316年）七月	170
永福寺	泰定二年（1325年）正月	100
殊祥寺	泰定三年（1326年）二月	300
大天源延圣寺	泰定三年（1326年）十月	1 000
大龙翔集庆寺	天历二年（1329年）十一月	150
大崇禧万寿寺	（同上）	150
大承天护圣寺	至顺元年（1330年）十月	400
大承天护圣寺	（同上）	16 200
大承天护圣寺	至正七年（1347年）十一月	16 200
合　计	——	37 030

资料来源：李干、周祉征《元代寺院经济初探》（《思想战线》，1986年第5期）。

除了受赐外，元代寺院还通过接受富人施舍、侵夺、买进等途径占有了大量土地，获得了大量的财富。

元朝的统治者还通过立法的形式对佛教予以支持。立法内容包括两方面，一是保护寺院资产，元朝政府规定："名山大川，寺观庙宇，并前代名人遗迹，不许拆毁。"[①] 二是赋予寺院以及僧侣群体特权。僧尼群体在元代的社会地位极高，政府规定：世俗闲人等"不得辄入寺观"[②]；地方官署"除僧租赋，禁扰寺宇"[③]；驿传官吏、役卒，不得借食宿于寺庙；除了犯奸、盗、杀人罪者外，其他犯罪、犯戒的僧尼都归僧司处理；犯奸、盗等罪的僧尼由地方官府会同僧司审理，地方官吏不得在僧司尚未介入的情况下擅自拘捕犯事者；僧尼在参加佛事之时，可以请求官府释囚；凡是侵夺寺院田产者一律归还寺院。[④] 世祖忽必烈在位时，朝廷规定免除僧尼群体赋税和各种杂役，后来元朝的历任皇帝也都对寺院及僧尼给予了较多的免税和免杂役的特权。

---

① 宋濂等：《元史》卷九《世祖六》，中华书局，2000年，第122页。
② 佚名：《大元圣政国朝典章》，中国广播电视出版社，1998年，第1221页。
③ 宋濂等：《元史》卷九《世祖六》，中华书局，2000年，第128页。
④ 赖永海：《中国佛教通史》（第十一卷），江苏人民出版社，2010年，第199页。

在元朝政府的大力扶持下，佛教寺院经济得以恢复。元代寺院除了占有土地和依附民之外，还参与经营商业、手工业、采矿业、信贷业等，甚至从事海外贸易。佛教寺院出现了多元化的经营模式，寺院经济成为元代社会经济的重要组成部分，对元代城市经济的影响十分重大。寺院经济的空前发展，促成了元代僧侣的入世化。在商品经济的冲击下，潜心修行者甚少，追求财利者众多。

需要注意的是，元代政府大力推崇佛教也带来了诸多的弊病，如元代统治者大作佛事，广修寺宇，使国库消耗甚巨。史载世祖至元末的佛事种类共有102种，而到了成宗大德年间竟增加到500多种。① 成宗年间，佛事"一事所需，金银钞币不可数计，岁用钞数千万锭，数倍于至元间矣"②。仁宗皇庆年间，"各寺修佛事日用羊九千四百四十头"③。仁宗延祐四年（1317年），内廷作佛事，共耗"面四十三万九千五百、油七万九千、酥二万一千八百七十、蜜二万七千三百斤"④。文宗天历二年（1329年），每年各项佛事所耗比往年增加"金一千一百五十两、银六千二百两、钞五万六千二百锭、币帛三万四千馀匹"⑤，皇帝还"赐内外军士四万二千二百七十人钞各一锭，作佛事"⑥；而同年，河南"以兵、旱，民饥，食人肉。……饿死者千九百五十人，饥者二万七千四百馀人"⑦。到了顺帝元统二年（1334年），佛事的费用比之前又大大增加，"乙酉，中书省臣言：'佛事布施，费用太广，以世祖时较之，岁增金三十八锭、银二百三锭四十两、缯帛六万一千六百馀匹、钞二万九千二百五十馀锭……'"；⑧ 同年三月，中书省臣称："兴和路起建佛事，一路所费，为钞万三千五百三十馀锭。"⑨ 元代统治集团虽然标榜自己"建寺为子孙黎民计"，并称"若取人田而不予直，非朕志也"，⑩ 然而，有元一代作佛事的消耗巨大，给国家、人民造成了严重的危害，极大地增加了下层民众的经济负担，监察御史张养浩在《政书》中列出的"害政太甚者十事"提到：

> 累年山东、河南诸郡蝗、旱荐臻，沴疫暴作，郊关之外，十室九空，民之扶老携幼，累累焉鹄形菜色就饶他所者，络绎道路，其他父子兄弟夫妇至相典鬻为食者，在在皆是。当此灾异之时，朝廷所宜减膳彻乐，去几缓刑……停一应不切之役……今闻创城中都，崇建南寺，外则有五台增修之扰，内则有养老宫展造之劳。括匠调军，旁午州郡。或渡辽伐木，或济江取材……蒙犯毒瘴、崩沦压溺而死者，无日无之。粮不实腹，衣不覆体，万目睊睊，无所控告……

---

① 郭朋：《中国佛教思想史》，社会科学文献出版社，2012年，第146页。
② 宋濂等：《元史》卷一百七十五《张珪传》，中华书局，2000年，第2727页。
③ 宋濂等：《元史》卷二十四《仁宗一》，中华书局，2000年，第376页。
④ 宋濂等：《元史》卷二百二《释老》，中华书局，2000年，第3025页。
⑤ 宋濂等：《元史》卷三十三《文宗二》，中华书局，2000年，第492页。
⑥ 宋濂等：《元史》卷三十三《文宗二》，中华书局，2000年，第491页。
⑦ 宋濂等：《元史》卷三十三《文宗二》，中华书局，2000年，第495页。
⑧ 宋濂等：《元史》卷三十八《顺帝一》，中华书局，2000年，第555页。
⑨ 宋濂等：《元史》卷三十八《顺帝一》，中华书局，2000年，第554页。
⑩ 宋濂等：《元史》卷三十四《文宗三》，中华书局，2000年，第510页。

似此疲氓，使佛见之，陛下知之，虽一日之工，亦所不忍。彼董役者惟知鞭扑趣成，邀功觊赏，因而盗匿公费，奚暇问国家之财诎、生民之力殚哉？①

泰定二年（1325年），西台御史李昌的奏折中也有关于佛教弊病的论述：

尝经平凉府、静、会、定西等州，见西番僧佩金字圆符，络绎道途，驰骑累百，传舍至不能容，则假馆民舍，因迫逐男子，奸污女妇。奉元一路，自正月至七月，往返者百八十五次，用马至八百四十余匹，较之诸王、行省之使，十多六七。驿户无所控诉，台察莫得谁何。且国家之制圆符，本为边防警报之虞，僧人何事而辄佩之？请更僧人给驿法，且令台宪得以纠察。②

元朝政府广建寺宇对城市的发展产生了重要的影响，主要表现在以下4个方面：其一，寺院占有大量的土地和人口，加之统治者实行僧尼免税政策，减少了城市的赋税收入，影响了城市经济的基础——农业的发展；其二，僧尼群体享有许多政治经济特权，僧人常常借势扰民，在一定程度上加剧了元代城市的社会矛盾；其三，统治集团大力崇佛，耗费了大量的人力、物力、财力，加重了国家的财政负担和下层居民的经济负担，对城市经济的发展也产生了一定的制约作用；其四，佛教的兴盛吸引了大批的信徒，使城市居民的物质生活、精神信仰都发生了相应的变化。

综上所述，元朝政府扶植佛教的根本目的是笼络汉地及少数民族地区民众，维护其封建统治。在佛教兴盛的同时，巨额的费用以及寺院经济的空前膨胀严重地阻碍了城市社会经济的发展，在社会有机体的内部不断侵蚀着元朝封建统治的根基，严重地危害了元朝城市社会的稳定，激化了各种社会矛盾，最后动摇了其统治基础，这或许是元朝统治者始料未及的。

（二）道教的繁荣

元朝政府对道教的发展也相当重视。元朝是中国道教发展史上的黄金时期，其时教派林立，发展迅速。全真道（北宗）始创于金代初年，创始人王喆，道号重阳子，咸阳人。大定年间其出关去山东传教，招收了马钰、谭处端、丘处机、刘处玄、王处一、郝大通、孙不二7位弟子（世称"全真七子"），全真道至此正式创立。成吉思汗西征之时就开始注意处理与汉地道教之间的关系，他曾派人到山东请全真教领袖丘处机赴西域探讨治国之略与养生之术。丘处机借机布道，认为治国应以"敬天爱民为本"，"欲一天下者，必在乎不嗜杀人"，而养生之术"以清新寡欲为要"③。丘处机的观点得到了成吉思汗的赏识，成吉思汗命他掌管天下的道教事务，并免去全真教的赋税和徭役，道教由此得以迅速壮大和发展。

---

① 李修生：《全元文》（24），江苏古籍出版社，1998年，第570—571页。
② 宋濂等：《元史》卷二百二《释老》，中华书局，2000年，第3024页。
③ 陈西进：《蒙元王朝征战录》，昆仑出版社，2007年，第128页。

在全真道于北方地区发展的同时，南方地区的金丹派（南宗）也在积极活动。该派继承张伯端的学说，主张先修命，后修性。世祖忽必烈曾遣使迎道教南宗的领袖张天演，"廷臣郊迎，待以客礼"，并且委派他主领江南诸路道教。成宗时，三十八代天师张与材受"真人"称号，执掌江南道教事务。道教首领利用自己的特殊身份参议国政，"每于国家政令之得失，人才之当否，生民之利害，吉凶之先征，苟有可言者，未尝敢以外臣自诡而不尽心焉"①，道教信徒也多有在朝廷任职、参与议论国家大事者。

元朝统一全国后，南宗与北宗合流，共尊王玄甫、钟离权、刘海蟾、吕洞宾、王重阳为五祖，其下有北七真（即"全真七子"）、南七真（张伯端、刘永年、薛道光、石泰、白玉蟾、陈楠、彭耜）。南、北宗合并之后仍称全真道，为元明清道教主要教派之一。全真道内部还分化出一些小派别，如南宗有清修派和双修派，北宗全真七子各传一派，其中以丘处机所传的全真龙门派势力最大，与正一道共统天下道教。

有元一代，伴随着道教的兴盛，城市之中道观林立，既有皇家宫观，又有民间道观。例如，元朝时杭州新建了10多处道观，如玄同观、长春观、紫琼观、凝真观、玄真观、纯阳庵、洞玄院、崇善院、宝极观、天妃宫、玉阳庵、得一道院、紫阳庵等等，其他城市也修筑了许多道观，此处不一一列举。

元代道教的发展并非一帆风顺，其间也经历过几次危机。例如，宪宗蒙哥时的两次佛道辩论中，道教均失败，因而道教的地位迅速下降，这也改变了全真道在北方地区一门独尊的局面。

自宪宗时起，全真道、太一道、真大道等教派的领袖均由朝廷任命或者加以承认。元朝建立后，这发展为一种特殊的制度，各宗掌教的人选或由本宗推选经由皇帝批准赐印，或由皇帝直接委任，"国朝之制，凡为其教之师者，必得在禁近，号其人曰真人。给以印章，得行文书视官府"②。

元朝政府还设置了专门的机构负责管理"教法"以外的事务。在中央，道教归集贤院管理；在地方，各教派分支都设有一名道官，领其徒属。元朝的道官主要有道录、道判、道正、提点等等，大多由道士充任，且多由政府任命。

总体来讲，纵观中国道教发展史，元朝是道教一个既合流又分化的时期。在此期间道教既有过迅速发展的鼎盛时期，又有过衰落下滑的阶段；其既受到统治阶层的鼎力支持，又在民间日益普及，因而出现了道教发展史上的第二次中兴局面。③

（三）基督教及伊斯兰教的发展

元朝统治者除了扶植佛、道二教外，也允许并支持基督教、伊斯兰教及其他教

---

① 孙勐、罗飞：《北京道教石刻》，宗教文化出版社，2011年，第12页。
② 李修生：《全元文》(27)，凤凰出版社，2004年，第447页。
③ 吴小红：《江西通史·元代卷》，江西人民出版社，2008年，第277页。

派的发展。基督教及伊斯兰教自创立后主要盛行于西亚、中亚及欧洲地区，在元代以前很少在中原内地传播。随着蒙古统治者进入中原地区以及大量西域少数民族居民的内迁，基督教和伊斯兰教逐渐在中原地区传播开来。

景教是基督教的一个分支，在西亚地区较为盛行，金元之际，其经由西亚传入蒙古地区。元代的景教徒被称为"也可里温"，意为"幸福的人"。忽必烈的母亲就是一位虔诚的景教徒，当时的许多蒙古大部落如克烈部、乃蛮部、汪古部等的贵族中皆有景教的信徒。据元初的统计，基督教教徒约有4万人。

伴随着蒙古帝国疆土的南扩，景教的势力也进入了中原地区。由于景教受到部分统治阶级人士的信奉，许多景教教士也受到了朝廷的礼遇和供养，基督教的神甫可与享受佛教僧侣同等的待遇，被免除差役，政府还给其发放薪俸。此外，统治者还会在基督教主要节日举行仪式，文献载：

> 大汗（忽必烈）获悉复活节是我们的一个主要节日，便召集所有基督教徒到他那里，要求他们带给他一部《四福音经》，然后命他们对此经多次焚香大礼敬奉，他虔诚地吻此经，并命所有在场高官大臣同行敬礼。每逢基督教的这些主要节日，如复活节和圣诞节，他总要遵此惯例。①

元代城市中还出现了基督教教堂，马可·波罗在经过镇江府时写道："城中有三座聂斯脱利派基督教教堂，建于1278年。陛下当时委派了一位名叫马薛里吉思的聂斯脱利派基督徒治理这座城市达三年之久。在他上任以前这里没有教堂，这些教堂就是他主持修建的，至今仍然巍然屹立。"② 实际上，在马薛里吉思的任期内，先后建教堂7所，其中1所建在杭州城内，这7所教堂的"常住"田产共计官、民田70余顷。据考证，杭州有1所教堂，汉名"大普兴寺"，明时其废址被改为"三太傅祠"。镇江一地有基督教徒23户、109人。③

元世祖于至元二十六年（1289年）设立崇福司，负责掌领全国基督教的宗教事务。然而有元一代，基督教主要是少部分蒙古人、色目人信奉，并未在占人口大多数的汉族人中流行，故其教在中国随着元朝的灭亡而逐渐衰落。

元代是伊斯兰教在中国的空前兴盛时期，其教在社会、政治、经济、文化等领域的地位大大提升。唐宋时期，伊斯兰教已传入中国，但多为个人传播，不成气候。元代时，穆斯林人数急剧增加，遍布全国城乡，逐渐形成了"大分散、小集中"的地域分布特点。④ 其时，穆斯林的分布由西部边陲、沿海城市逐渐深入内地，今新疆、甘肃、宁夏、陕西、河南、河北、山东及云南等地都形成了穆斯林聚居区，以北京、杭州、扬州、宁波、广州、泉州等城市的穆斯林最为集中。元代的

---

① [英]阿·克·穆尔著，郝镇华译：《一五五○年前的中国基督教史》，中华书局，1984年，第155页。

② [意]马可·波罗口述，[意]谦诺笔录，余前帆译注：《马可·波罗游记》，中国书籍出版社，2009年，第326页。

③ 陈得芝：《中国通史》第八卷《中古时代·元时期》（上），上海人民出版社，1997年，第513页。

④ 周燮藩、沙秋真：《伊斯兰教在中国》，华文出版社，2002年，第80页。

清真寺遍布全国各地,许多城市中都有"穆斯林居住区,内有清真大寺和道堂,并设有法官和谢赫"①,杭州的真教寺、泉州的清净寺在当时都负有盛名。至正八年(1348年),中山府重建礼拜寺,时人记曰:"今近而京城,远而诸路,其寺万余,俱西向以行拜天之礼。"②

蒙古军队的西征直接促使了大量穆斯林来华。蒙古人从西亚等地俘获的工匠、平民和士兵等在元朝统一天下的过程中进入中国,其中许多人是穆斯林;此外,还有一些入仕元朝与来华经商的穆斯林也来到了中国。

元朝统治者曾在中央政府内设置哈的司,兼管伊斯兰教事务。各清真寺内都设有教长主持寺院,又有传呼礼拜者、执掌教务者,元政府对这些都不干预,尊重其信仰与宗教活动。

总之,元朝统治者奉行宗教包容、信仰自由的政策,虽然其初衷是利用宗教为征服和统治服务,但这客观上推动了宗教繁荣局面的出现。佛教、道教、基督教、伊斯兰教等并存,对元代的城市文化发展产生了重要的影响。元朝的民族政策对民族地区社会经济的发展、经济结构的改变以及民族融合起到了推动作用,而"兼收并蓄"的宗教政策使得元代城市居民的信仰趋向多元化,佛教、道教、基督教等各教派都有大量的信奉者,这在一定程度上丰富了元代城市居民的精神生活。

第二节 元代城市社会生活变迁

中国统一多民族国家的形成经历了十分漫长的民族共生与融合的历史过程,其中元代结束了长期的民族政权林立的割据局面,是中华文明"一体多元"文化发展的重要时期。③ 元代是中国第一个由少数民族统治全国的政权,其社会生活的方方面面必然融入了大量的少数民族因素,故其民族融合的广度和深度都远远超过了前代,如蒙古习俗、文字方言等对汉族生活、文化都产生了重要影响。同时,中原地区传统的儒学思想和汉族文化不仅提升了以蒙古人为代表的少数民族的汉文化素养,也给他们的思想观念和生活习俗带来不少变化。

一、元代城市居民物质生活的变迁

元代是一个民族大融合的时代,各民族在共同的生产和生活中,相互交流、学习,进而相互渗透、融合,其中以蒙古族和汉族的相互影响最为重要。双方在衣、食、住、行等社会生活方面,在保留自己本民族特征的同时,又自觉或不自觉地都

---

① 马金鹏译:《伊本·白图泰游记》,宁夏人民出版社,1985年,第552页。
② 孙贯文:《重建礼拜寺记碑跋》,《文物》,1961年第8期。
③ 何一民:《以行政建置制度创新促进新疆跨越式发展与长治久安》,《民族学刊》,2012年第6期。

受到对方的影响,这对中华民族"一体多元"文化格局的形成产生了重要的影响。

(一) 兼容并蓄的服装样式

元朝建立之初,民族矛盾尖锐,国家长期处于动荡、战乱状态,各项手工业均遭到严重破坏。随着国家大一统局面的稳定以及城市经济的恢复和发展,元政府在征收种类繁多的成衣原料的同时,逐渐确立了本朝的舆服制度,形成了兼容并蓄的服装样式。

1. 元朝农业与手工业的发展为城市各阶层民众提供了充足的衣料

元政府每年从民间征收的丝有100万斤左右,① 这些丝大多被送入各官营手工局、院。各局、院将之加工为缎面、纱、罗、绫等成衣制品,再送往都城制成统治阶级所需的朝服、常服等。元朝衣料种类丰富,就缎面而言,有纳失失、青赤间丝、暗花细发斜纹、串素、紫茸、绒锦、草锦、隔、彩锦、苎丝等;纱有夹渠纱、观音纱、鱼水纱、金纱、绒纱、土纱等;罗有御罗、番罗、嵌花罗、三棱罗;绫分为大绫和小绫;丝绸则有绵绸、水绸、攒丝绸等。②

值得一提的是,棉花的种植在元代得到普及,棉布制衣的方法也在元代广泛传播开来。成宗大德三年(1299年),万亿赋源库上报称:"本库每年收受各处行省木棉布匹不下五十余万。"③ 布的种类也越来越多,有木棉布、竹丝布、草布、葛布、铁力布、土麻布等。④

蒙古族故地位于北方,气候寒冷,故而皮毛在制衣中使用得十分多,"兽畜之皮,朔方并制为衣服,名之曰亦出军毛衣也"⑤。蒙古人统一天下后,皮毛制品也被大量使用。元代皮毛种类繁多,有虎皮、狐皮、鼠皮、貂皮、熊皮、羊皮等数十个种类。以皮毛制衣者多为达官显贵,如黑貂"黑而毛厚者为上,多以之为领缘。达官以为衣,多以前面衿饰以纳失失间丝异表而出之。有以银鼠带尾为衣饰,缘以黑貂尤为精美"⑥。

2. 大一统的局面促进了民族间的交流与融合,使服装样式推陈出新

"元初立国,庶事草创,冠服车舆,并从旧俗"⑦,直至英宗时期,元朝政府才参照古制,制定了天子冕服和百官公服之制。元朝百官公服以罗制成,"大袖、盘领、俱右衽"⑧,不同品秩的公服上有不同的色泽和花式。皇帝的冕服上有各种龙凤、山河的花纹图案,衣料讲究。

较之前朝,元代的舆服制度稍显混乱,这主要是因为元朝统治阶级将蒙古习俗

---

① 宋濂:《元史》卷九十三《食货一》,中华书局,2000年,第1567—1569页。
② 沈从文:《中国古代服饰研究》,上海书店出版社,2005年,第533页。
③ 《元典章》卷五十八《工部一·造作·段匹》,元刻本。
④ 沈从文:《中国古代服饰研究》,上海书店出版社,2005年,第535页。
⑤ 熊梦祥:《析津志辑佚》,北京古籍出版社,1983年,第234页。
⑥ 熊梦祥:《析津志辑佚》,北京古籍出版社,1983年,第233—234页。
⑦ 宋濂:《元史》卷七十八《舆服一》,中华书局,2000年,第1283页。
⑧ 宋濂:《元史》卷七十八《舆服一》,中华书局,2000年,第1289页。

加入以汉族传统习俗为主体的"舆服习惯"之中,即在国家舆服制度中加入诸多"国俗"元素,使其具有鲜明的蒙古族游牧特色,其中最具代表性的是上衣连下上、上紧下短,并在腰间加襞积,肩背挂大珠的质孙服①,史载:

> 质孙,汉言一色服也,内廷大宴则服之。冬夏之服不同,然无定制。凡勋戚大臣近侍,赐则服之。下至于乐工卫士,皆有其服。精粗之制,上下之别,虽有不同,总谓之质孙云。②

质孙服集中体现了元朝服饰兼容并蓄的特点——既承袭汉族样式,又兼具蒙古民族的特征。质孙服在宫廷中被广泛穿着,上至天子百官,下至乐工卫士皆可"服之",但是也具有明显的等级差异。质孙服分为质孙冬服和质孙夏服,天子的质孙冬服有11个等级,百官的质孙冬服分为9个等级,以质地和色泽来区分等级,每一级所用的原料与颜色完全一样,整体效果十分好。③

上层蒙古人与色目人大多使用丝织品、天鹅绒等衣料制作夏季的衣服,"运来丝织品、织锦和棉质品,他们在夏季就穿用这类衣料做成的衣服"④;而较为贫困的蒙古族下层民众则多使用廉价的棉布和麻布制衣。蒙古草原地区冬季寒冷,因此蒙古人多穿由动物皮毛制成的衣服,他们的民族服装"从上端到底部都是开口的,在胸部折叠起来;在左边扣一个扣子,在右边扣三个扣子。在左边开口直至腰部"⑤,"其服右衽而方领"⑥,蒙古平民在冬季至少会做两件皮毛长袍以抵御严寒。贵族阶层的皮毛衣服样式繁多,凸显着贵重与大气,以元代贵族妇女皮毛衣服为例,其多为宽大的袍子,袖身宽大而袖口窄小,衣长而拖于地,肩部有云肩,大方而华美。

宋朝的比甲在元代作为常服也被广泛穿着。比甲无袖无领,前短后长,便于骑射和平时劳作。蒙古人上层中社会还流行比肩,是一种有里有面的较马褂稍长的皮衣,蒙古人称之为"襻子答忽"⑦。

汉族男子的服装一般仍由襦、裤、背搭、褡袖、直裰等构成。元代汉族庶人男子所穿之衣有襦有裤,劳动者着短衣短裤,甚至赤膊而只穿短裤;⑧ 冬季则穿夹袍或长袍,"俗谓男子布衫曰布袍,则凡上盖之服或可概曰袍"⑨。汉人妇女仍着汉族传统的襦裙式服装,有团衫、唐裙、腰裙等。团衫是元代汉族女子不可缺少的衣

---

① 袁杰英:《中国历代服饰史》,高等教育出版社,2006年,第83页。
② 宋濂:《元史》卷七十八《舆服一》,中华书局,2000年,第1289页。
③ 史卫民:《元代社会生活史》,中国社会科学出版社,1996年,第172页。
④ [英]道森编,吕浦、周良霄注:《出使蒙古记》,中国社会科学出版社,1983年,第118页。
⑤ [英]道森编,吕浦、周良霄注:《出使蒙古记》,中国社会科学出版社,1983年,第8页。
⑥ 彭大雅撰,徐霆疏证:《黑鞑事略》,载于《中华野史》编委会:《中华野史》(第六卷),三秦出版社,2000年,第5001页。
⑦ 袁杰英:《中国历代服饰史》,高等教育出版社,2006年,第172页。
⑧ 秦新林:《元代社会生活史》,河南大学出版社,1997年,第169页。
⑨ 陶宗仪著,文灝点校:《南村辍耕录》,文化艺术出版社,1998年,第159页。

服,"国朝妇人礼服,达靼曰袍,汉人曰团衫,南人曰大衣"①;唐裙裙长而拖于地,上系于腰部;腰裙即短裙,是元代汉族妇女的常服;裥子在元代则是妓女特有的服装,以区别于良家妇女,"娼家出入,止服皂裥子"②。

综上所述,元代城市中普通居民的服装多秉承汉族传统服装样式。棉布衣在元代逐渐得到普及。元朝服饰的突破性主要表现为在国家舆服中融入了鲜明的蒙古族游牧文化特色,集中体现了蒙古族入主中原后的主导地位。因此,元代服饰兼有蒙古特色与中原汉族传统,体现出多元性、交融性的特点。

(二)丰富多彩的饮食习俗

饮食习俗是每个民族文化中最具稳定性和特征性的习俗。作为统一的多民族国家,元朝幅员辽阔,境内有汉、蒙古、女真、回回、契丹等众多民族,不同民族的风俗各异,饮食习俗各不相同,构成了元代丰富多彩、风情各异的饮食文化。随着各民族之间交往的日益加深,以及商品经济的发展,各民族饮食习惯相互影响,呈现出兼具开放性和包容性的特点。

1. 丰富的主食与副食

汉族是元代人口最多的民族,其传统以稻、粟、高粱、黍、麦为主要粮食作物,很早就形成了南稻北麦的饮食格局。元初北方农业生产受破坏严重,南方的稻米通过运河和海道北上进入大都,因此大米在元代成为北方地区特别是大都居民的主食,"内自王宫戚里之卫士百执事,外至都邑之兵戍编户,上自公卿大夫士,下至府史胥徒,岁以海槽之迟疾、丰俭、顺阻为忧喜休戚之分"③。大都城内的平民主要购买政府供应的赈粜粮,"其每年所粜,多至四十余万石,少亦不下二十余万石";此外,还有专门提供给贫困户的红贴粮,"每年拨米总二十万四千九百余石,闰月不与焉"。④ 根据统计,仅赈粜粮与红贴粮两项,每年就逾60万石。⑤ 粟也是元代北方居民的主食之一,汉族居民多种粟,"中原土地平旷,惟宜种粟"⑥,其主要被用于熬粥和煮饭。北方居民还喜食面食,故普遍栽种麦子,"夫大、小麦,北方所种极广。大麦可作粥饭,甚为出息。小麦磨面,可作饼饵,饱而有力,若用厨工造之,尤为珍味。充食所用甚多"⑦。小麦常被加工为多种食品,如馒头、饺子、挂面、馄饨、薄饼、稍麦(烧麦)、烧饼等。元代荞麦的种植在北方也较为普遍,"去皮壳,磨而为面,摊作煎饼,配蒜而食。或作汤饼,谓之'河漏',滑细如粉,亚于麦面。风俗所尚,供为常食"⑧。

---

① 陶宗仪著,文灏点校:《南村辍耕录》,文化艺术出版社,1998年,第159页。
② 宋濂等:《元史》卷七十八《舆服一》,中华书局,2000年,第1292页。
③ 李修生:《全元文》(44),江苏古籍出版社,1998年,第552—553页。
④ 宋濂:《元史》卷九十六《食货四》,中华书局,2000年,第1640—1641页。
⑤ 秦新林:《元代社会生活史》,河南大学出版社,1997年,第143页。
⑥ 王毓瑚:《王祯农书》,农业出版社,1981年,第79页。
⑦ 王毓瑚:《王祯农书》,农业出版社,1981年,第84页。
⑧ 王毓瑚:《王祯农书》,农业出版社,1981年,第90页。

汉族人的副食分为肉食和蔬菜两大类，其中肉食主要有羊肉、猪肉、牛肉、鸡肉等。以羊肉为例，元代富家子弟早上起来"先吃些醒酒汤，伙食些点心，然后打饼熬羊肉，或白煮着羊腰节胸子"①，寻常百姓最好的生辰之礼就是羊腔子（除去头和内脏的羊身子）。元代居民食羊肉风气之盛可以从元政府颁布的禁令中窥见一二。至元二十八年（1291年）政府规定"大都为头汉儿城子里"，"休杀羊羔儿吃者，杀来的人根底打一十七下，更要了他的羊羔儿者"，至元三十年（1293年）又规定"今后母羊休杀者"。② 鱼类也是汉族居民的食物之一。元代许多城市均设有专门的鱼蟹市，"泼剌鲙翻砧，郭索蟹就缚。水戏斗鱼龙"③，"周览市场者见鱼类之伙，以为势难售尽，然而不数时已告罄"④。

与蒙古族人不同，蔬菜是汉族居民必不可少的副食。元代蔬菜种类较多，有葵菜、白菜、山药、菜瓜、木耳、藕、茄子、葫芦、葫芦菔（胡萝卜）、黄瓜、韭、芸苔、莴苣、芋、青瓜、甜菜、芹等数十种蔬菜。以韭为例，其"剪而复生，久而不乏"，又名"长生韭"。北方人冬天将韭"移根藏于地屋荫中，培以马屎，暖而即长，高可尺许，不见风日，其叶黄嫩，谓之韭黄"⑤。元代平民吃饭时，"菜则生葱、韭、蒜、酱、干盐之属"⑥。

蒙古族人主要从事畜牧业，其食品以羊肉、牛肉、各种猎物的肉和奶制品为主；而马是放牧和作战的重要工具，故蒙古人极少食之，"牧而庖者，以羊为常，牛次之，非大宴，不刑马"⑦。蒙古族的烹饪方法也与汉族的大相径庭，极少用锅煮，主要是烤着吃，"火燎者十九，鼎煮者十二三"⑧。盐是蒙古人吃肉时最主要的，几乎也是唯一的调味品，⑨有诗云"金盘禁脔才供膳，阶下传呼索井盐"⑩。蒙古人吃肉时也有讲究，主人将肉切成小块，另一人用刀尖取肉，再分送给席上的每一个人。除家畜外，爱好打猎的蒙古人还吃各种猎物的肉，"猎而得者，曰兔、曰鹿、曰野彘、曰黄鼠、曰顽羊，其脊骨可为构。曰黄羊，其背黄，尾如扇大。曰野马，如驴之状。曰河源之鱼，地冷可致"⑪。奶制品则是蒙古人夏季的主要食物，如"忽迷思"（即马奶），"在夏季，只要他们还有忽迷思的话，他们就不关心任何

---

① 史卫民：《元代社会生活史》，中国社会科学出版社，1996年，第130页。
② 忽思慧著，尚衍斌等注释：《〈饮膳正要〉注释》，中央民族大学出版社，2009年，第51页。
③ 马祖常著，李叔毅点校：《石田先生文集》，中州古籍出版社，1991年，第1页。
④ 余士雄：《马可波罗介绍与研究》，书目文献出版社，1983年，第148页。
⑤ 王毓瑚：《王祯农书》，转引自王烨：《中国古代园艺》，中国商业出版社，2015年，第87页。
⑥ 忽思慧，尚衍斌等注释：《〈饮膳正要〉注释》，中央民族大学出版社，2009年，第307页。
⑦ 彭大雅撰，徐霆疏证：《黑鞑事略》，载于《中华野史》编委会：《中华野史》（第六卷），三秦出版社，2000年，第5000页。
⑧ 彭大雅撰，徐霆疏证：《黑鞑事略》，载于《中华野史》编委会：《中华野史》（第六卷），三秦出版社，2000年，第5000页。
⑨ 秦新林：《元代社会生活史》，河南大学出版社，1997年，第132页。
⑩ 顾嗣立：《元诗选·初集》，中华书局，1987年，第1459页。
⑪ 彭大雅撰，徐霆疏证：《黑鞑事略》，载于《中华野史》编委会：《中华野史》（第六卷），三秦出版社，2000年，第5000页。

其他食物"①。除了马奶之外，蒙古人也喝羊奶、牛奶、骆驼奶。乳类常被蒙古人制作成固体奶酪，以备冬季缺奶时食用，"一有远征，每人取十磅干乳，早晨则放半磅于皮瓶，以水浸之，多少任意。行行重行行，而瓶中干乳已与水打成一片，竟成为糊，可以充饥"②。蒙古族传统食物中少有粮食与蔬菜，即所谓"其食，肉而不粒"③。

蒙古人入主中原后，其饮食除保留本民族传统外，还逐渐受到中原汉族饮食的影响，元宫廷中的人逐渐以米、面为主食，以肉类为副食。当时江南许多地方被指定为进贡宫廷用米之地，"金华有嘉种，玉粢会芬香。土人昔肇端，每岁赋其乡。颇闻播种初，行者避畎疆。敛收异征纳，老稚不敢尝……及兹幸充数，扬帆上天仓"④。此外，食用蔬菜在元代宫廷饮食中成为常态，其宫廷食谱《饮膳正要·菜品》中收录的蔬菜就有40余种。⑤ 不同于传统的蒙古人食肉仅放盐的习俗，糖、醋、酱、油脂以及外来香料等调味品也在元宫廷中被使用广泛。

2. 品种繁多的饮品

元代尚饮，酒是城市社会生活中必不可少的饮品。元代酒类品种较多：北方草原地区居民尚饮奶子酒（以马奶酒为代表），西域及中亚地区居民尚饮果实酒（以葡萄酒为代表），中原和南方地区居民则喜饮粮食酒（以黄酒为代表）以及配制酒（以花露酒和药酒为代表）。

马奶酒风味独特，味道醇美，有解饿止渴、滋阴强体、驱寒散风的功效，常被盛装在"浑脱"内，是蒙古人传统的、最喜爱的酒类，耶律楚材有诗云："天马西来酿玉浆，革囊倾处酒微香……茂陵要酒尘心渴，愿得朝朝赐我尝。"⑥ 马奶酒也受到其他民族人民的赞美和喜爱，如汉族学者刘因诗云："仙酪谁夸有太玄，汉家挏马亦空传。香来乳面人如醉，力尽皮囊味始全。千尺银驼开晓宴，一杯璃露洒秋天。山中唤起陶弘景，轰饮高歌敕勒川。"⑦

葡萄酒也为元代一般的城市市民所喜爱。至迟在元宪宗末年，燕京地区官府已经对葡萄酒交易采用了十取其一的征税方式，这从侧面说明了葡萄酒已进入寻常百姓的宴饮生活。葡萄酒最早产于中亚，元代时葡萄栽培技术已在北方广泛传播，葡萄酒的制作工艺也已成熟。河中府寻思干城（在今乌兹别克斯坦境内）家家均有葡萄园，"自酿葡萄不纳官"⑧，其地所产红葡萄酒"葡萄酒熟红珠滴，杷榄花开紫雪

---

① ［英］道森编，吕浦译，周良霄注：《出使蒙古记》，中国社会科学出版社，1983年，第115页。
② 朱杰勤：《中西文化交通史译粹》，中华书局，1939年，第183页。
③ 彭大雅撰，徐霆疏证：《黑鞑事略》，载于《中华野史》编委会：《中华野史》（第六卷），三秦出版社，2000年，第5000页。
④ 顾嗣立：《元诗选·初集》，中华书局，1987年，第1546—1547页。
⑤ 秦新林：《元代社会生活史》，河南大学出版社，1997年，第139页。
⑥ 顾嗣立：《元诗选·初集》，中华书局，1987年，第352页。
⑦ 顾嗣立：《元诗选·初集》，中华书局，1987年，第184页。
⑧ 张星烺：《中西交通史料汇编》，中华书局，2003年，第1661页。

香"①，白葡萄酒"金波泛蚁斟欢伯"②，是十分贵重的。

粮食酒是中原及南方农耕地区城市居民饮用的传统酒类，时人有"新黄米酒瓮头熟，嫩白草鸡铛内香"③之语，其酿造原料主要有糯米、黍、高粱等。"秫"为元代对粮食的通称，元代诗人戴良就有诗云"种秫酿美酒，拾薪煮豆糜"④，谢应芳亦有诗云"秫田更喜连年熟，酿得香醪味更醇"⑤。由于酿造粮食酒需要耗费大量的粮食，故元代政府曾颁布过禁酒令，但随着元代农业的发展和粮食产量的增加，酿造业也发展迅速。据估计，元代每年酿酒耗费的粮食至少为几十万石。

元代人酿造的配制酒主要有花露酒及药酒。元代酿造花露酒之风盛行，因花朵各有美艳之处，以花酿酒事涉风雅，故而文人雅士竞相为之。元人的诗歌中有大量关于酿花露酒的描述，"小春多酿梅花酒，我来与君酌大斗"，"床头酿得松花酒，思与故人倾瓦缶"。⑥以药入酒可养生、祛病，因此药酒在元代也十分流行。元代的药酒以虎骨酒最负盛名，主治骨节疼痛麻痹。⑦其他药酒如枸杞酒有"补虚弱、长肌肉、益精气、去冷风、壮阳道"⑧的功效，此外还有"长春法酒""神仙酒奇方""天门冬酒""枸杞五加皮三骰酒""鸡鸣酒""羊羔酒法"等。⑨

茶是汉族地区居民的传统饮品，具有十分悠久的历史。元代城市中饮茶之风亦盛，大都街市中有众多茶坊、茶肆，"茶楼酒馆照晨光，京邑舟车会万方"⑩，"君听取，声价彻皇都"⑪。元代名茶主要有福建的武夷茶和北苑茶，常州的阳羡茶，庆元慈溪的范殿帅茶，绍兴的日铸茶，湖州的顾渚茶等。⑫受中原居民饮茶之风影响，蒙古人也逐渐喜好饮茶，"夫茶，灵草也，种之则利博，饮之则神清。上而王公贵人之所尚，下而小夫贱隶之所不可阙"⑬。元代统治者在著名产茶区设有专员管理茶叶采摘相关事务，如"常湖等处茶园都提举司，官秩正四品。掌常、湖二路茶园户二万三前奇，采摘茶芽，以贡内府。至元十三年置司，统提领所凡十有三处"⑭；还设立了掌贡茶事务的机构，例如在福建设"建宁北苑武夷茶场提领所，提领一员，受宣徽院札。掌岁贡茶芽。直隶宣徽"⑮；还开设了制茶局院，如制范

---

① 耶律楚材：《湛然居士文集》，中华书局，1986年，第136页。
② 顾嗣立：《元诗选》，中华书局，1987年，第354页。
③ 杨镰：《全元诗》（第十一册），中华书局，2013年，第330页。
④ 杨镰：《全元诗》（第五十八册），中华书局，2013年，第31页。
⑤ 杨镰：《全元诗》（第三十八册），中华书局，2013年，第17页。
⑥ 杨镰：《全元诗》（第三十八册），中华书局，2013年，第73、154页。
⑦ 忽思慧著，尚衍斌等注释：《〈饮膳正要〉注释》，中央民族大学出版社，2009年，第203页。
⑧ 忽思慧著，尚衍斌等注释：《〈饮膳正要〉注释》，中央民族大学出版社，2009年，第203页。
⑨ 杨印民：《帝国尚饮：元代酒业与社会》，天津古籍出版社，2009年，第73—75页。
⑩ 杨镰：《全元诗》（第十七册），中华书局，2013年，第52页。
⑪ 隋树森：《全元散曲》，中华书局，1964年，第1225页。
⑫ 史卫民：《元代社会生活史》，中国社会科学出版社，1996年，第150页。
⑬ 王毓瑚：《王祯农书》，农业出版社，1981年，第164页。
⑭ 宋濂等：《元史》卷八十七《百官三》，中华书局，2000年，第1466页。
⑮ 宋濂等：《元史》卷八十七《百官三》，中华书局，2000年，第1466页。

殿帅茶的"造茶局,宋殿帅范文虎贡茶,元因之,就开寿寺置局"①。

蒙古统治者入主中原后,商品经济的发展和多民族饮食文化交流的加深对城市饮食业的发展产生了一定的促进作用,这在大城市和商业市镇中体现得尤为明显。京师大都作为元代全国最大的城市,人口多达百万,其居民中的汉人本就食粮食,蒙古人入主中原后也喜好中原的粮食,故大都居民对粮食的需求量巨大。大都还是富贾豪商和统治阶级集中居住的城市,这类人饮食讲究奇、鲜、珍,加之河运、海运的发展,故而大都城内汇集了来自全国及海外各地的丰富食物,"京师据山川形胜,四方舟车之所会,风物繁复,古今莫加焉。北腊西酿,东腥南鲜,凡绝域异物,求无不获"②。杭州是南方地区重要的商业都市,人口众多,消费能力巨大,城市饮食业十分繁盛,正如意大利人马可·波罗所记载的:

> 此种市场常有种种菜蔬果实,就中有大梨,每颗重至十磅,肉白如面,芬香可口。按季有黄桃、白桃,味皆甚佳。然此地不产葡萄,亦无葡萄酒,由他国输入干葡萄及葡萄酒,但土人习饮米酒,不喜饮葡萄酒。

> 每日从河之下流二十五哩之海洋,运来鱼类甚众,而湖中所产亦丰,时时皆见有渔人在湖中取鱼。湖鱼各种皆有,视季候而异,赖有城中排除之污秽,鱼甚丰肥。有见市中积鱼之多者,必以为难以脱售,其实只须数小时,鱼市即空,盖城人每餐皆食鱼肉也。③

除了较大的城市外,即便在交通相对不便的地区也会有零星城镇,能为旅客提供食宿和各种便利,这也可反映元代城镇饮食业的发达状况。

随着食品交易范围的扩大,城市中多形成了专业性的食品交易市场,为城市居民提供了购买食物的便捷渠道。例如,大都城内有米市、面市、羊市、菜市、鹌鹑市、鹅鸭市、猪市、鱼市、蒸饼市、果市等数十个专门的市场,其他较大城市中也都设有专门的食品交易市场。

总体而言,随着物质生产的恢复和商品经济的发展,元代城市饮食行业有了很大的发展,特别是在一些大城市中表现得最为明显。河运与海运的发展,满足了城市居民对食物精美、种类等的要求。专业性的食品交易市场的形成反映了饮食行业的日益发展,同时其也进一步促进了饮食行业的发展。

(三) 相互融合的居住习惯

1. 皇室的居住状况

蒙古族入主中原以前,皇室大部分时间居住在草原地区,定都大都后,皇室的居住习惯发生了很大的变化,固定的宫殿成为皇室的主要居住场所。但是为了保持蒙古族游牧生活的习俗以及统治蒙古草原地区,元代统治者实行两都巡幸制度,皇

---

① 俞福海:《宁波市志外编》,中华书局,1998年,第336页。
② 李修生:《全元文》(36),江苏古籍出版社,1998年,第102页。
③ 冯承钧:《马可波罗行纪》,上海书店出版社,2001年,第359页。

帝每年都会以"避暑"为名携众臣、随从前往上都,在草原上安营扎寨,进行狩猎、宴饮等活动。

蒙古族的宫帐被称为 ordo,意为"中央",音译为"斡耳朵",成吉思汗时期蒙古族形成了较为完善的斡耳朵制度,规定凡"新君立,复自作斡耳朵"①。斡耳朵有可以随时迁移的,也有固定不动的,两者的差别在于后者规模更大。以斡耳朵为中心均环绕有一个庞大的帐幕群,凸显着皇室的中心地位,后妃的帐幕在斡耳朵稍后方的左右两侧,护卫和官员的帐幕在后妃帐幕稍后方的左右两侧,每个帐幕之间都间隔"一掷石"的距离。

元朝建立后,蒙古统治者进入城市中生活,但也未放弃使用斡耳朵,忽必烈在上都和大都城内均搭有固定的斡耳朵,"深广可容数千人",连带周边的附属建筑,组成了固定的建筑群,其多被用来举行"质孙宴"等宫廷宴饮活动。为方便每年从大都赴上都的"避暑"之行,元朝政府在大都与上都之间的交通干线上设置了固定的帐幕,称为"纳钵",即皇帝出行的临时住所。例如,大都附近的太平庄,"乃世祖经行之地,营盘所在"②;居庸关附近的龙虎台、棒槌店等地也设有纳钵,元人熊梦祥的《析津志辑佚》中有相关记载:"南龙虎台,北棒捯店,皆有次舍,国言谓之纳钵关。置卫领之以司出入。"③

忽必烈称帝后,定两都制,以大都为首都,上都为陪都。为了笼络汉人、巩固统治,蒙古统治者尊崇汉法,依照中原王朝的统治方式在两个都城中都修建了规模宏大的宫殿,宫殿成为城市中皇室成员居住和生活的主要场所。大都的皇城在城市南部的中央,宫城位于皇城的东部。宫城中,大明殿是皇帝"登极、正旦、寿节、会朝之正衙","深二百四十尺,广四十四尺,高五十尺";④延春堂主要用于举行佛教和道教的宗教活动;在大明殿和延春堂周围有百余间周庑,其中遍植奇花异草,是后宫嫔妃居住的地方,每间周庑院内均有3个东西向的绣榻,"壁间亦用绢素冒之,楣画以丹青"。宫城之外、皇城之内还有隆福宫与兴圣宫,供太子、太后等皇室成员居住,前者原为太子的住所,后改为皇太后的住所,后者乃武宗时期为皇太后建造的居所,内有皇太子读书的场所。

上都是元朝的夏都,在政治、军事上拥有特殊的地位,是一座具有浓郁的游牧特色的草原城市。上都的宫城在皇城的中央偏东位置,形制与大都宫城相差不多,但规模较大都宫城小,东西仅宽570米,南北长约620米。⑤大安阁是宫城中的正殿,位于宫城中央,元人虞集《跋大安阁图》记载:"世祖皇帝在藩,以开平为分地,即为城郭宫室,取故宋熙春阁材于汴,稍损益之以为此阁,名曰'大安'。既登大宝,以开平为上都,宫城之内,不作正衙,此阁岿然遂为正殿矣。规制尊稳秀

---

① 叶子奇:《草木子》,中华书局,1959年,第63页。
② 宋濂等:《元史》卷一百《兵三》,中华书局,2000年,第1699页。
③ 熊梦祥:《析津志辑佚》,北京古籍出版社,1983年,第251—252页。
④ 陶宗仪著,文灏点校:《南村辍耕录》,文化艺术出版社,1998年,第288页。
⑤ 史卫民:《元代社会生活史》,中国社会科学出版社,1996年,第170页。

杰后世，诚无以加也。"① 此外，上都城内的重要宫殿还有红禧殿、宣文阁、水晶殿等，都是皇帝处理政务、读书以及宴饮的重要场所。

元朝城市中的建筑体现出汉、蒙两民族文化交融的特点，既承袭了中原传统建筑风格，又融入了蒙古族特征。城市中的建筑均以木结构为主，皇城内的建筑大多采用琉璃瓦作为装饰，彰显皇室的奢华与气度；同时，受斡耳朵制度的影响，正殿与寝宫以回廊相连，形成"工"字布局，各宫殿内寝宫的布局也大同小异，且均使用了壁衣和地毯，具有鲜明的蒙古帐幕的特色。

2. 城市居民的居住状况

宋元之际，中原地区长期处于战乱中，蒙古人任其铁蹄践踏北方各城市，动辄屠城、烧城，使北方城市居民的生活遭到严重破坏。蒙古人入主中原后，统治者逐渐认识到城市在国家政治、经济、生活中的作用，开始保护、维护已有的城市，并新建了一批城市，以供城市居民生活与居住。其中规模最大的城市建设工程便是大都和上都的修筑，而对已有城市的维护与重建的活动相对较少，主要是针对城市的基础设施进行维护，如城墙、街道、桥梁等。②

元代城市建设基本遵照中轴线对称原则，因此大多数城市的主要街道都是笔直的，城门之间均有宽广平直的大道相连，这一点在大城市中体现得尤为明显。例如，大都城内"街道甚直，以此端可见彼端，盖其布置，使此门可由街道远望彼门也"③，杭州城内也是"百十里街衢整齐，万余家楼阁参差"④。南方地区经济相对发达，城市规模普遍比北方地区的城市规模大，城市道路亦比北方城市道路宽广，如杭州城主要街道宽达40步，运送货物的各种车辆可以畅通无阻地来往其间。⑤中等城市道路由几条主要街道和巷子构成，小城镇一般只有一两条街道。

城市中纵横交错的街道和巷道之间是居民日常居住和生活的坊隅。一般而言，城市中坊隅的数量与城市的大小成正比，如大都作为北方最大的城市，城内有福田坊、睦秦坊、玉铉坊等50个坊，而一些小城市仅有两三个坊。城市中坊与隅的数量并非固定不变，会随着城市人口的增加或减少而增减，此处我们以镇江城为例，《至元顺江志》记载：

> 坊巷之设，所以分城市之居民，成井邑之定制。……宋分为左右厢官以任郡事，旧志弗载，其详不可得闻。中为七隅，归附后亦颇仍旧。比年以来，差调烦重，岁事不登，逃亡消乏，户数减少，故七隅并而为五，由五而四，四而二。日朘月削，凋敝可想……⑥

元朝初期镇江城内有7隅28坊：隅七：崇德隅、化隆隅、太平隅、践教隅、

---

① 李修生：《全元文》(26)，江苏古籍出版社，1998年，第289页。
② 史卫民：《元代社会生活史》，中国社会科学出版社，1996年，第193页。
③ 冯承钧：《马可波罗行纪》，上海书店出版社，2001年，第210页。
④ 赵义山：《元曲鉴赏辞典》，商务印书馆国际有限公司，2012年，第116页。
⑤ 史卫民：《元代社会生活史》，中国社会科学出版社，1996年，第193页。
⑥ 俞希鲁编纂，贾秀英等点校：《至顺镇江志》，江苏古籍出版社，1990年，第12页。

静宁隅、临津隅、还仁隅；坊二十八：紫金坊、丛桂坊、阜民坊、置邮坊、仁和坊、元妙坊、制锦坊、福寿坊、万宝坊、锦绣坊、文明坊、进贤坊、清风坊、千秋坊、甘棠坊、忠佑坊、市东坊、市南坊、市西坊、市北坊、旌孝坊、孝感坊、至孝坊、会通坊、鹤林坊、积善坊、通市坊、通津坊。① 后因城市户数的减少，到至顺二年（1331年），7隅已减少为2隅。

坊隅是城市居民住房的所在地，城市居民的住房因所在城市和居民贫富贵贱的不同而有很大的差别。元朝城市社会等级森严，一方面，统治者为了加强对社会的控制而实行四等人制民族政策；另一方面，与传统的封建王朝一样，同一民族内部的人也因政治、经济地位的差异而有了鲜明的等级差异。因而纵然同在一个城市中，居民的居住状况也千差万别，皇亲贵族和有功之臣受元廷之封，往往有很大的院落和房屋，"贵戚、功臣悉受分地以为第宅"。这些富贵人家的房屋往往连成一片，在城市中构成特殊的居住区，如大都城"西宫后北街，系内家公廨，率是中贵人居止……各处名望馆，凡栉不间，于内多有产次。此地别无他经纪"②，镇江城内的大、小围侨附近也是当时著名的"官住区"，杭州的八间楼为回回富商的居住区。官员、富商、贵族等的住宅房间多、面积大，甚至会侵占城市街道，对此《通制条格》记载：

> 中统四年七月内，钦奉圣旨：在京权豪势要回回汉儿军站民匠僧道诸色人等，起盖房舍，修筑垣墙，因而侵占官街，乞禁约事，准奏。今后再不得似前侵占，如违即便将侵街垣墙房屋拆毁，仍将犯人断罪。钦此。③

元朝政府对一般城市居民的房屋、用度均有严格的规定，禁止平民院落侵占街道。对城市住房面积进行限制的结果之一就是随着城市经济的发展和城市人口的不断增加，城市地价和房租不断上涨，这在一些大城市中体现得尤为明显。例如，大都城内"京师地贵"，来往商旅常感到"毕竟京师不易居"，"豪家尽有厦连云，自是诗人嫌日短"，所谓日短即是"到月终，房钱嫌日短"。④

一般城市居民如手工业者、小商贩、杂役、小官吏的住房与权贵之家的住宅相差甚远，大多居住在仅有一个房间内且陈设简单的房屋内。根据考古发掘资料，许多元代建筑房基狭小，房内仅有一灶、一炕和一个石臼，墙壁则用碎砖块砌成。⑤ 上都城内城市居民的住房均为土房，又称"土屋"或"地屋"，"屋宇矮小，多以地窨为屋。每掘地深丈余，上以木条铺为面，次以茨盖上。仍种麦、菜，留窍出

---

① 俞希鲁编纂，贾秀英等点校：《至顺镇江志》，江苏古籍出版社，1990年，第13—15页。
② 熊梦祥：《析津志辑佚》，北京古籍出版社，1983年，第209页。
③ 黄时鉴：《通制条格》，浙江古籍出版社，1986年，第282页。
④ 杨镰：《全元诗》（第三十七册），中华书局，2013年，第284页。
⑤ 中国科学院考古研究所元大都考古队、北京市文物管理处元大都考古队：《元大都的勘查和发掘》，《考古》，1972年第1期。

火"①，因北方冬季寒冷，故屋内多有土炕，"土房通火为长炕，毡屋疏凉启小棂"②。

（四）因地制宜的出行方式

元朝的疆域空前，"北逾阴山，西极流沙，东尽辽左，南越海表"。为实现有效的统治，元朝政府很快建立起了四通八达的站赤系统，并逐渐构建了以大都为中心的水陆结合的交通网络体系。尽管元代统治者重构交通网络的根本目的是维护自身统治，但逐渐完善的水陆交通网络也大大方便了城乡居民的出行。居民根据各地不同的自然地理条件，因地制宜地选择交通工具。元代主要的交通工具有马、牛、车、驴、骆驼、船等，"陆则以马以牛，或以驴，或以车，而水则以舟"③。由于自然地理环境的差异以及民族传统的不同，草原地区与汉族地区的居民在交通工具的选择上有着不同的特点。

北方草原地区的游牧民族以马、牛、骆驼为主要的交通工具。其中马是北方游牧民生活、生产不可或缺的交通工具，"非大宴会不刑马"是蒙古族恪守的规矩，这主要是因为草原地区宽广辽阔，各蒙古包之间相距很远，"往来草地，未尝见一步行者"④，牧民须骑马往来。蒙古人十分重视牛马，蒙古帝国时期，马、牛就被统治者定为征收之物，"敕蒙古民有马百者输牝马一，牛百者输牸牛一，羊百者输羒羊一，为永制"⑤。草原地区的居民逐水草而居，在迁徙的过程中往往辎重较多，如毡帐的木架、毡、皮帐幕、搭盖以及日常用品等，故其一般以牛、马拖行载物车辆，"其居穹庐，无城壁栋宇，迁就水草无常……牛、马、橐驼以挽其车，车上室，可坐、可卧，谓之帐舆"⑥。载物的车为大车，多为以一头或者几头甚至几十头牛、骆驼拖行的车，主要被用于载物，也可以供人乘坐。居民乘坐的车被称为黑车，"上覆黑毡甚密，雨水不透。架以牛驼"⑦。草原地区大多数居民骑马出行，故黑车多为女性或者外国使节等不惯骑马的人所使用，其壁上装饰有各种图案，或者供奉有神像。

东北地区常年冰雪覆盖，不宜骑牛、马、驴等，因而狗拉雪橇是其地居民主要的交通工具。元朝政府在辽阳行省设置了"狗站十五处，元设站户三百，狗三千只，后除绝亡倒死外，实在站户二百八十九，狗二百一十八只"⑧。雪橇在冰面上行驶时，速度较快、轻便灵活，一般由4到6只狗拖拽，对此《南村辍耕录》记载：

---

① 顾宏义、李文：《宋代日记丛编》，上海书店出版社，2013年，第1295页。
② 顾嗣立：《元诗选》，中华书局，1987年，第696页。
③ 宋濂等：《元史》卷一百一《兵四》，中华书局，2000年，第1715页。
④ 叶新民：《辽夏金元史徵·元朝卷》，内蒙古大学出版社，2007年，第619页。
⑤ 宋濂等：《元史》卷二《太宗》，中华书局，2000年，第19页。
⑥ 宝力格：《草原文化研究资料选编：第七辑》，内蒙古教育出版社，2012年，第254页。
⑦ 冯承钧：《马可波罗行纪》，上海书店出版社，2001年，第147—148页。
⑧ 宋濂等：《元史》卷一百一《兵志》，中华书局，2000年，第1721页。

高丽以北名别十八，华言连五城也。……其地极寒，海亦冰，自八月即合，至明年四五月方解，人行其上，如履平地，征东行省每岁委官至奴儿干，给散囚粮。须用站车，每车以四狗挽之，狗悉谙人性。①

中原地区经济较为发达，水陆交通便利，既有宽阔、密集的驿道，又有纵横交错的水路。马、牛、驴、船的广泛应用，极大地方便了中原地区居民的出行，许多商人借助这些交通运输工具畅游南北、往来贸易，如扬州某大商人"北出燕齐，南抵闽广，懋迁络绎，资用丰沛"②。元代人的文学作品中就有许多描写交通工具、设施的句子，如"鸡鸣秣吾马，晚饭山中行"③，"马头曾为使君回，北望新亭道路开"④。

江南地区河网密集，故船是其地城乡居民重要的交通工具之一，《元典章》中就有"江淮上下及淮浙等处小河往来客船，相望不绝"的记载。为避免官府因强征民船、勒索来往平民商旅而影响居民生产、生活，元朝政府规定："江淮等处米粟任从客旅兴贩，官司毋得阻当。搬运物斛车船并免递运，不以是何人等，毋得拘刷拖拽。仍于关津渡口出榜晓谕。如遇兴贩物斛车船经过，不得非札遮当搜检，妄生刁蹬，取要钱物，违者痛行治罪。"⑤ 在政府的保护下，江南地区河运日渐发达，不仅白天商旅来往频繁，夜间河上也十分热闹，"凡篙师于城埠市镇人烟凑集去处，招聚客旅，装载夜行者，谓之夜航船。太平之时，在处有之"⑥。

二、元代城市居民的娱乐活动

元朝建立后，随着国家统治机器的逐渐确立、完善，农业经济、城市经济得到迅速恢复和发展，各项物质生产都有序进行。城市居民生活日益安定，对娱乐活动的需求逐渐增加。两宋时期业已形成的安逸、闲散的生活方式以及丰富的城市娱乐活动随着元朝城市经济的发展而逐渐恢复和发展。同时，元朝结束了唐末五代以来逾300年的分裂局面，建立了第一个以少数民族为决策中心的统一的多民族政权，故统治者在城市社会的文娱生活中引入了大量具有蒙古族特色的娱乐活动，这些娱乐活动从蒙古草原传向中原汉地，为已成型的、以汉族文娱活动为主体的中华民族文娱生活注入了新的内容与活力，形成了元代风情各异的城市娱乐生活。

（一）丰富多彩的体育竞技活动

蒙古人性格豪爽、能歌善舞，故草原上的娱乐生活有着浓厚的蒙古民族特色，

---

① 陶宗仪撰，王雪玲校点：《南村辍耕录》（一），辽宁教育出版社，1998年，第95—96页。
② 李修生：《全元文》（7），江苏古籍出版社，1998年，第700页。
③ 张景星、姚培谦、王永祺：《元诗别裁集》，上海古籍出版社，1979年，第173页。
④ 张景星、姚培谦、王永祺：《元诗别裁集》，上海古籍出版社，1979年，第117页。
⑤ 黄时鉴：《通制条格》，浙江古籍出版社，1986年，第287页。
⑥ 陶宗仪著，文灏点校：《南村辍耕录》，文化艺术出版社，1998年，第155页。

尤其是在举行庆典和宴饮活动的时候，歌舞是不可或缺的。例如，忽图剌被尊为汗后，族人"绕着大树下做筵席，众达达百姓欢喜，绕这树跳跃，将地践踏成深沟了"①；当他们举行盛大宴会时，"全都拍着手，并随着乐器的声音跳舞"②。蒙古人世代过着逐水草而居的游牧、狩猎生活，并产生了众多与之相关的娱乐活动。角抵、骑射、打马球、射柳、髀石都是草原上蒙古族传统的娱乐生活。进入城市生活后，蒙古统治者并未舍弃这些传统的娱乐活动，而将它们带入城市中，由宫廷传向民间，使之成为城市娱乐生活的重要组成部分，这丰富了汉族地区城市民众的娱乐生活，充分体现了统一的多民族国家中各民族文化相互交融的特点。

蒙古人强悍尚武，摔跤是其传统的群众性娱乐活动之一。元朝统一全国后，许多蒙古族百姓、士兵进入城市中生活，摔跤这种娱乐活动被保留了下来。在大都和上都中举行宴饮活动、庆祝重大节日时，摔跤比赛是必不可少的精彩节目，"红云霭霭护棕毛，紫风翩翩下彩绦。武士承宣呈角触，近臣侍宴赐珠袍"③。元延祐六年（1319年）六月，朝廷设置了专门管理、训练摔跤手的机构，"置勇校署，以角觝者隶之"④。

作为马背上的民族，骑射是蒙古族民众日常生活中的重要活动，《黑鞑事略》记载：

> 其骑射，则孩时绳束以板，络之马上，随母出入。三岁，以索维之鞍，俾手有所执，从众驰骋。四五岁，挟小弓、短矢。及其长也，四时业田猎。凡其奔骤也……疾如飘至，劲如山压，左旋右折如飞翼。故能左顾而射右……⑤

为了培训族人的骑射技术，蒙古族形成了许多以骑射为核心内容的体育竞技活动，如围猎、射柳、打马球等。这些活动都寓骑射于其中，增加了竞技性和趣味性。进入城市生活后，蒙古人将骑射活动带到了城市近郊，尤其是在大都和上都的郊外，蒙古统治者圈了大片土地作为"围场"，以举办各种骑射活动。

围猎是元朝统治者在大都和上都的围场中经常举行的大型骑射活动。围猎时，围场被兵士包围好后，皇帝先带领一部分侍从进入围场射猎，然后到围场中央的高地观看其他人射猎。围猎活动不仅是为了获取猎物、展示皇室风范，更被视为一种军事训练和演习：

> 襄曾逐公子王孙之后尘，而闻诸塞上之翁曰，我圣朝神武之师，常以虎贲之众，际八埏而大围驱。兽蹄鸟迹之道，为蒸民粒食之基。燎火田于既蛰，入

---

① 佚名：《元朝秘史》，载于《中华野史》编委会：《中华野史》（第六卷），三秦出版社，2000年，第5007—5008页。
② 鲁不鲁乞：《鲁不鲁乞东游记》，载于《中华舞蹈志》编辑委员会：《中华舞蹈志·内蒙古卷》，学林出版社，2006年，第260页。
③ 杨镰：《全元诗》（第四十八册），中华书局，2013年，第481页。
④ 宋濂等：《元史》卷二十六《仁宗三》，中华书局，2000年，第399页。
⑤ 彭大雅撰，徐霆疏证：《黑鞑事略》，载于《中华野史》编委会：《中华野史》（第六卷），三秦出版社，2000年，第5002页。

山林而不麛，胎不殀夭，巢不覆枝。讲春蒐秋狝之举，临夏苗冬狩之期。效成汤祝网之三面，思文王蒐田之以时。所以丰稼而除害，所以致敬而受釐。收其齿革羽毛，咸工需于民用；洁其牺牲腊脯，盛礼筵于宾仪。①

射柳也是人们展示精湛骑射技术的竞技活动。所谓射柳，即：

> 凡重五日拜天礼毕，插柳球场为两行，当射者以尊卑序，各以帕识其枝，去地约数寸，削其皮而白之。先以一人驰马前导，后驰马以无羽横镞箭射之，既断柳，又以手接而驰去者，为上。断而不能接去者，次之。或断其青处，及中而不能断，与不能中者，为负。每射，必代鼓以助其气。②

打马球早在唐宋时就已十分流行，蒙古人也十分喜爱打马球，因此元朝打马球之风盛行，人们甚至常把打马球与国家宴饮、围猎活动相提并论。每逢端午、重阳等重大节日，大都、上都都要举行大规模的马球比赛：

> 击球者，今之故典。而我朝演武亦自不废。常于五月五日、九月九日，太子、诸王于西华门内宽广地位，上召集各衙万户、千户，但怯薛能击球者，咸用上等骏马……先以一马前驰，掷大皮缝软球子于地，群马争骤，各以长藤柄球杖争接之。而球子忽绰在球棒上，随马走如电，而球子终不坠地。力捷而熟娴者，以球子挑剔跳掷于虚空中，而终不离于球杖。马走如飞，然后打入球门中者为胜。③

重大节日之际，不仅都城内要举行马球比赛，扬州、杭州、成都等大城市中也会举行该比赛，如元时镇南王的封地扬州城就曾举办过马球比赛：

> 如镇南王之在扬州也，于是日王宫前列方盖，太子、妃子左右分坐，与诸王同列。执艺者上马如前仪，胜者受上赏，罚不胜者，若纱罗画扇之属。此王者之击球也。其国制如此。④

由于打马球、围猎等骑射活动均离不开大量马匹和宽阔的场地，非一般城市平民所能负担，因此这些体育竞技活动多在王宫贵族、富贾巨商间流行。元时普通城市居民中较为流行的体育竞技活动是蹴鞠。蹴鞠早在战国时期就已存在，汉代已出现了关于蹴鞠的专著，如《汉书·艺文志》中有《蹴鞠》25篇。⑤唐宋时期，蹴鞠发展为社会各阶层都喜爱的活动。元代时蹴鞠仍然十分流行，元曲中就有许多关于蹴鞠活动的描写：

> 〔塞儿令〕得自由，莫刚求。茶余饭饱邀故友。谢馆秦楼，散闷消愁，惟

---

① 李修生：《全元文》（44），凤凰出版社，2004年，第459页。
② 脱脱等：《金史》卷三十五《礼八》，中华书局，2000年，第540页。
③ 熊梦祥：《析津志辑佚》，北京古籍出版社，1983年，第203页。
④ 熊梦祥：《析津志辑佚》，北京古籍出版社，1983年，第204页。
⑤ 秦新林：《元代社会生活史》，河南大学出版社，1997年，第343页。

蹴鞠最风流。演习得踢打温柔,施逞得解数滑熟。引脚蹑龙斩眼,担枪拐凤摇头,一左一右,折叠鹘胜游。①

你看那王孙蹴鞠,仕女秋千,画屧踏残红杏雨,绛裙拂散绿杨烟。我逐朝席上,每日尊前,可临郊外,乍到城边。②

只见香车宝马,仕女王孙,蹴鞠秋千,管弦鼓乐,好不富贵也呵!③

上面的选段多将男子蹴鞠与女子秋千并提,可见在元代蹴鞠是一项大受居民欢迎的体育娱乐活动。

宋代,女子受到程朱理学的束缚,被禁锢于家庭之中,被排斥在社会活动之外,到元代,在较为宽松、开明的社会环境中,蹴鞠不仅受男子的追捧,连女子也参与其中。参加蹴鞠活动的女子被称为"女校尉",元曲中就有许多关于女校尉的描写,如关汉卿作有散套〔越调〕《斗鹌鹑·女校尉》:"锦缠腕叶底桃鸳鸯扣……唐裙轻荡,秀带斜飘,舞袖低垂……竿网下世无双,全场儿占了第一。"④

《析津志辑佚》中也有相关的记载:

(大都市民)游玩无虚日。上自内苑,中至宰执,下至士庶,俱立秋千架,日以嬉游为乐,红女之事殆庶几焉。然醉卧隔廉,香风并架,花靴与绣鞋同蹴,锦带与珠禣共飘;纵河朔之娉婷,散闺闱之女嫋妮,此游赏之胜事也。⑤

社会各阶层的女性,无论是"河朔之娉婷"还是"闺闱之女嫋妮"都将蹴鞠当作一件"胜事",由此可见蹴鞠在城市居民的休闲生活中占据了相当重要的地位。

另一项城市居民喜爱的活动是蒙古族传统游戏髀石。髀石又称"贝石""髀殖",是蒙古族一种古老的游戏。《帝京景物略》记载:

是月羊始市,儿取羊后胫之膝之轮骨,曰'贝石'。置一而一掷之。置者不动,掷之不过,置者乃掷;置者若动,掷之而过,胜负以生。其骨轮四面两端,凹曰"真",凸曰"诡",勾曰"骚",轮曰"背",立曰"顶骨律";其顶歧亦曰"真",平亦曰"诡"。盖真胜诡负而骚背间,顶平再胜,顶歧三胜也。其胜负也以贝石。⑥

髀石之戏传入汉地各城市后,因其独特的休闲性、娱乐性与便利性而受到城市中各阶层居民的喜爱,无论男女老幼都以打髀石为玩耍、交友的游戏,元曲中就有"你饿时节挝肉吃,渴时节喝酪水,闲时节打髀殖,醉时节歪唱起"⑦ 以及"我如

---

① 隋树森:《全元散曲》,中华书局,1964年,第178页。
② 徐征等:《全元曲》(第四卷),河北教育出版社,1998年,第2574页。
③ 徐征等:《全元曲》(第九卷),河北教育出版社,1998年,第6767页。
④ 隋树森:《全元散曲》,中华书局,1964年,第178-179页。
⑤ 熊梦祥:《析津志辑佚》,北京古籍出版社,1983年,第216页。
⑥ 刘侗、于奕正:《帝京景物略》,北京古籍出版社,1980年,第70页。
⑦ 徐征等:《全元曲》(第一卷),河北教育出版社,1998年,第9-10页。

今着我大的孩儿费得雄。他也是个好汉，常在教场中和小的们打髀殖耍子"① 的曲词。

（二）繁荣的元代戏曲

宋、金时期逐渐形成了完备、成熟的戏曲舞台艺术，到元朝时，戏曲已成为各民族百姓最喜爱的艺术形式。元代戏曲繁荣的根本原因在于城市经济恢复和发展后市民生活富足。元朝统一全国后，农业和城市手工业经济逐渐恢复和发展，南北水陆交通的发达使南北方经济文化交流空前通畅，这推动了商品经济的发展。北方的大都、京兆（今西安）、冀宁（今太原）以及南方的杭州、扬州、镇江、福州、成都、武昌等城市在当时都是人口众多、工商业发达的大城市。在此背景下，以戏曲为代表的城市文娱活动进一步发展。同时，蒙古人入主中原后，汉、蒙文化的碰撞与交融为元代戏曲的繁荣增加了时代特征。例如，元代戏曲剧本中有许多蒙古语的词汇：

《郑夫人苦痛哭存孝》："米罕整斤吞，抹邻不会骑，弩门并速门，弓箭怎的射。撒因答剌孙，见了抢着吃。"

《阀阅舞射柳捶丸记杂剧》："阻孛云：好米哈吃上几块。党项云：打剌孙喝上五壶。阻孛云：莎搭八了不去交战。党项云：杀将来牙不牙不。"

《降桑葚》："哥也，俺打剌孙多了，您兄弟莎搭八了，俺牙不约儿赤罢。"②

以上戏曲剧本里都有许多蒙古语的词汇，如"米罕"意为肉，"抹邻"意为马，"打剌孙"意为酒，"醉牙不"意为走，"弩门"意为弓，"速门"意为箭。杂剧中频繁出现蒙古语词汇，说明元代各民族交往、沟通加深，城市居民已能掌握较多的蒙古语知识。

元朝的戏曲包括杂剧与南戏两种，北方戏曲以杂剧剧本为主，南方戏曲以南戏剧本为主。元杂剧题材众多，有爱情剧、家庭伦理剧、历史剧、断案剧、文人事迹剧等。元杂剧的成就令人瞩目，传世作品有150多种，涌现出一大批优秀的杂剧作家，以杂剧四大家关汉卿、白朴、马致远、郑光祖为代表。大都是全国政治、经济、文化中心，也是元杂剧创作和演出的中心。根据《录鬼簿》的记载，元代杂剧作家"前辈名公才人"有56人，其中籍贯为大都的就有17人，如关汉卿、马致远、王实甫、杨显之等。除此之外，还有大量剧作家虽然籍贯并非大都，但其一生都在大都生活和进行剧本创作，如白朴、高文秀等。

杂剧在元代已趋于成熟，形成了较为完整的角色分工体系。一台戏中，主要人物为正色，其中男主角为正末，女主角为正旦。杂剧由主要角色独唱，正末独唱的杂剧剧本为末本，正旦独唱的杂剧剧本为旦本。元杂剧的剧本中一般都标明了登场人物由何角色扮演，如焦循《剧说》卷一云：

---

① 臧懋循：《元曲选》，中华书局，1958年，第647页。
② 龙潜庵：《宋元语言词典》，上海辞书出版社，1985年，第715页。

《货郎旦》，冲末扮孤；《杀狗劝夫》，外扮孤；《堪头巾》，净扮孤。扮孤者，无一定也。《金线池》，搽旦扮卜儿；《秋胡戏妻》《王粲登楼》，并老旦扮卜儿；《合汗衫》，净扮卜儿。是扮卜儿者，无一定也。《货郎旦》，净扮孛老；《潇湘雨》，外扮孛老；《薛仁贵荣归故里》，正末扮孛老；《朱砂担》，冲末扮孛老。是扮孛老者，无一定也。①

随着南方城市经济的发展和繁荣，元成宗大德前后，杂剧的创作和演出中心逐渐由大都转移到以杭州为中心的南方地区。虽然这一时期出现了像郑光祖这样的著名杂剧作家，但总的来说元杂剧开始趋向衰落。②

南戏在北宋时兴起于南方广大农村地区，"南戏始于宋光宗朝，永嘉人所作《赵贞女》、《王魁》二种实首之……或云：宣和间已滥觞，其盛行则自南渡"③。元代时南戏逐渐从农村地区走进城市，并逐渐从东南沿海地区扩散到长江中下游地区。南戏有四大声腔——昆曲、弋阳腔、海盐腔、余姚腔，深受元代江南地区广大城市人民的喜爱。

元朝统治者常常在宫廷宴饮活动中观看戏曲表演，对于一些宣扬忠孝节义的戏曲给予大力支持和提倡。例如，"初调音律是关卿，伊尹扶汤杂剧呈。传入禁垣宫里悦，一时咸听唱新声"④，郑光祖所创《伊尹耕莘》一剧在元宫廷中进行了演出，受到元廷上下的喜爱；又如"尸谏灵公演传奇，一朝传到九重知。奉宣赍与中书省，诸路都教唱此词"⑤，纪君祥《赵氏孤儿》在元廷中进行了演出，皇帝看后大加赞赏，并宣谕中书省，命令各路均要演出这出剧。

元代城市居民十分喜爱观看戏曲表演，观看的场所一般是勾栏瓦子。勾栏瓦子出现于北宋，随着元朝城市经济的恢复和发展，其在元代城市中再次繁荣起来。勾栏瓦子是元代城市中规模最大的商业性娱乐综合体，里面配套设施一应俱全，不仅有各种娱乐、休闲场所，还有酒楼、旅馆、饭店等，其中云集了城市中数量众多、技艺精湛的艺伎、百工。元时，城市中的勾栏瓦子内一般设有固定的专门演出戏曲的地方，名为"梁园"。例如，《蓝采和》第一折中就曾谈及梁园：

> 贫道观看多时，见洛阳梁园棚内，有一伶人，姓许名坚，乐名蓝采和。此人有半仙之分。贫道直至下方梁园棚内，引度此人，走一遭去。……〔下〕〔旦同外旦引徕儿二净扮王李上净云〕俺两个一个是王把色，一个是李薄头。俺哥哥是蓝采和。俺在这梁园棚内勾栏里做场。这个是俺嫂嫂。⑥

元代城市中各个阶层的市民对戏曲都十分喜爱，杜仁杰所作《庄家不识构阑》

---

① 李修生：《元曲大辞典》，凤凰出版社，2003年，第484页。
② 韩儒林：《元朝史》，人民出版社，2008年，第684页。
③ 陈瑞赞：《东瓯逸事汇录》，上海社会科学院出版社，2006年，第180页。
④ 钱谦益：《列朝诗集》，中华书局，2007年，第59页。
⑤ 钱谦益：《列朝诗集》，中华书局，2007年，第58页。
⑥ 隋树森：《元曲选外编》，中华书局，1959年，第971页。

套曲形象地描绘了当时的景象:

> 风调雨顺民安乐,都不似俺庄家快活。桑蚕五谷十分收,官司无甚差科。当村许下还心愿,来到城中买些纸火。正打街头过,见吊个花碌碌纸榜,不似那答儿闹穰穰人多。
>
> 〔六煞〕见一个人手撑着椽做的门,高声的叫"请请",道迟来的满了无处停坐。说道:前截儿院本《调风月》,背后么末敷演《刘耍和》。高声叫:赶散易得,难得的妆哈。
>
> 〔五〕要了二百放过咱,入得门上个木坡,见层层叠叠团圞坐。抬头觑是个钟楼模样,往下觑是人旋窝。见几个妇女向台儿上坐,又不是迎神赛社,不住的擂鼓筛锣。
>
> 〔四〕一个女孩儿转了几遭,不多时引出一伙。中间里一个央人货。裹着枚皂头巾顶门上插一管笔,满脸石灰更着些黑道儿抹。知他待是如何过?浑身上下,则穿领花布直裰。
>
> ……
>
> 〔尾〕则被一胞尿,爆的我没奈何。刚捱刚忍更待看些儿个,枉被这驴颓笑杀我。①

这组套曲讲的是一很少进城的庄稼汉为了还愿而到城中购买蜡烛、纸钱,他经过城市中的勾栏瓦子时,发现"闹穰穰人多",走进场一看,原来是在演戏曲。庄稼汉付过"二百"之后进入剧场,里面"层层叠叠团圞坐",实在是"人旋窝"。从农村来的庄稼汉虽然没什么文化,第一次观看戏曲,却仍被生动、形象的表演深深地吸引住了,尽管他"被一胞尿"爆得没奈何,可为了看戏,也舍不得离开。这从侧面反映出元代戏曲受众之广。

元朝统一天下后,南北经济、文化交流较两宋时更加深入与频繁,杂剧开始大规模传入南方,南戏逐渐传到北方。其时,南戏与杂剧开始在城市中争夺市场,《录鬼簿》等文献记载,双方争夺的焦点在以下几个大城市:杭州、建康、扬州、镇江、嘉兴、湖州、平江、武昌等。元代戏曲十分兴盛,戏班不仅遍布各城市及城郊地区,在乡村也有流动的戏曲表演班子。元代戏曲的受众不仅有皇室成员、达官贵族,还有普通的城市居民甚至僧侣道士。元人陶宗仪曾记述,在松江府勾栏的一次演出中,因观众人过众多以致棚屋倒塌,压死了42人,其中包括1个僧人和2个道士。

(三)风俗各异的节日娱乐

蒙古人入主中原建立元朝后,遵照汉族传统习俗制定了四季的节日庆典,同时又保留了北方游牧民族的传统节庆习俗,融历代中原王朝节庆习俗与蒙古族传统节

---

① 隋树森:《全元散曲》,中华书局,1964年,第31页。

庆习俗于一体。至元元年（1264年），元世祖对国家重要节日和官员休假做了明确规定：

> 若遇天寿、冬至，各给假贰日；元正、寒食，各叁日；七月十五日、十月一日、立春、重午、立秋、重九、每旬，各给假壹日。①

每年三月，皇帝都要率领大批皇室成员北巡上都，举行围猎、巡幸等蒙古族的传统活动与庆典，以示其入主中原后仍不忘草原民族之根。

1. 汉族的传统节日

对于汉族重要的传统节日，如正月的元日、上元节，三月的寒食节、清明节，五月的端午节，七月的乞巧节、中元节，八月的中秋节，九月的重阳节，十二月的腊八节等，蒙古统治者都予以遵循，在宫廷之中均按照汉族习俗举行相应的活动。

元日是新年第一个重要节日，"比岁除日，辄迁帐易地，以为贺正之所，元日大宴所部于帐前，自王以下皆衣纯白裘，三日后方诣大牙帐，致贺礼也"②。每年正月初一元宫廷之中都要举行隆重的元正受朝仪式。当日清晨，大都城内文武百官均要在崇天门下"待漏"，即等待仪式开始。受朝仪式依汉制举行，又融入了蒙古人尚白的习俗。仪式中，天子与文武百官均着白色服装，各地进贡的礼品也以白色为上，同时还配以白布，且数目与"九"相合，如进献马，则应是81匹，以白马为佳，如进献黄金、丝绸等，数量也应是"九"的倍数。受朝仪式结束后有宴饮活动，即极富蒙古民族特色的诈马宴（也称"质孙宴"）。各地官府则于是日清晨举行拜表仪，以示对皇帝的敬意，拜表仪相关的记述如下：

> 所差官下属，执事者先于庭中望阙设诏赦案及香案并褥位，又设所差官褥位在案之西，及又设床于案之西南。所差官取诏赦置于案，彩舆香舆皆退。所差官称有制，赞，班首以下皆再拜，班首稍前跪，上香，讫，复位，又再拜。所差官取诏赦授知事，知事跪受……知事等复位，班首以下皆再拜，舞蹈叩头，三称万岁。官属叩头中间，公吏人等相应高声三呼万岁。③

城市居民也会于元日举行庆祝活动，首先是祭祀祖先，其次是进行拜年活动，城市内鞭炮声、恭贺声、嬉笑声不绝于耳，十分热闹，对此《析津志辑佚》中有如下记载：

> 京官虽已聚会公府，仍以岁时庆贺之礼，相尚往还迎送，以酒醴为先，若有肴馔，俱以排办于案卓矣。如是者数日，车马纷纭于街衢、茶坊、酒肆，杂沓交易至十三日，人家以黄米为糍糕，馈遗亲戚，岁如常。市利经纪之人，每于诸市角头，以芦苇编夹成屋，铺挂山水、翎毛等画，发卖糖糕、黄米枣糕之类及辣汤、小米团。又于草屋外悬挂琉璃蒲萄灯、奇巧纸灯、谐谑灯与烟火爆杖

---

① 黄时鉴：《通制条格》，浙江古籍出版社，1986年，第269—270页。
② 李修生：《全元文》（22），江苏古籍出版社，1998年，第292页。
③ 黄时鉴：《通制条格》，浙江古籍出版社，1986年，第127页。

之属。自朝起鼓方静,如是者至十五、十六日方止。①

可见,拜年活动一直要持续到元宵节,这是元朝持续时间最长、最为重要的节日活动。

元日之后,各地万物复苏,进入新的一年,俗话说"一年之计在于春",故其后的活动是围绕立春展开的。受汉族传统农耕习俗的影响,元代宫廷中和各地均要举行"迎春牛"等活动,以督促人民进行春耕,开始新一年的生产。春牛的装饰相当豪华,"牛则纳音本色阑坐共一亭,案上并饰以金彩衣带坐,咸以金装之,仍销金黄袱盖于上。彩杖浑金,垂彩结二尺"②。一般而言,皇帝要亲自参与迎春牛活动,以表示对农耕生产的重视与期望。立春时节的迎春活动除了用春牛外,有些地区还会用春鸡、春茧等。

正月十五为上元灯节,是日,宫廷中将"常办进上灯烛、糕面、甜食之类",城市内都会有灯会、灯节、猜灯谜等传统活动,人们以灯装饰城内高大的树木,"树旁诸市人数,发卖诸般米甜食、饼熜、枣面糕之属,酒肉茶汤无不精备,游人至此忘返"③。

三月最重要的节日是清明节,元代将寒食节与清明节合而为一,城乡居民一般在冬至后的"一百五日清明节"扫墓祭拜祖先。清明寒食时,城市居民多在家门插柳枝,清晨祭拜祖先之后,就集结亲友游戏宴饮。上至宫廷,下至平民均对清明寒食十分重视:

> 清明寒食,宫庭于是节最为富丽。起立彩索秋千架,自有戏蹴秋千之服。金绣衣襦,香囊结带,双双对蹴。绮筵杂进,珍馔甲于常筵。中贵之家,其乐不减于宫闱。达官贵人,豪华第宅,悉以此为除袯散怀之乐事。④

五月最重要的节日是端午节。端午节时,城市居民多在门前悬艾草、菖蒲,他们吃粽子、画天师像、赛龙舟以欢度节日,"家家艾虎悬朱户,处处菖蒲泛绿醑,浴兰汤缠彩索佩灵符"⑤。元宫廷之中,礼部等会提前进奉粽子、凉糕等端午节特色食物,"宣徽院进宝扇、彩索、珠花、金罗、酒醴、凉糕、香粽。中正院三后所属衙门,各有故典仪物,以次进献。礼部亦然。盖以此为大节故耳"⑥。大都城内的大小经纪人往往会抓住商机,售卖凉糕、粽子、艾草、彩线符袋等物品。江南地区多举行大型的赛龙舟活动,"桦掉龙船,饮酒食肉,男女水陆聚观,无所不为,以为娱乐一时之兴,江淮、江西、福建、两广诸路,皆有此戏"⑦。因赛龙舟而导

---

① 熊梦祥:《析津志辑佚》,北京古籍出版社,1983年,第212—213页。
② 简涛:《立春风俗考》,上海文艺出版社,1998年,第90页。
③ 熊梦祥:《析津志辑佚》,北京古籍出版社,1983年,第213页。
④ 熊梦祥:《析津志辑佚》,北京古籍出版社,1983年,第203页。
⑤ 隋树森:《全元散曲》,中华书局,1964年,第1705页。
⑥ 熊梦祥:《析津志辑佚》,北京古籍出版社,1983年,第203页。
⑦ 祖生利、李崇兴:《大元圣政国朝典章·刑部》,山西古籍出版社,2004年,第462页。

致民众淹死的事件多有发生，元廷也曾多次发布相关禁令，但端午节赛龙舟这一习俗仍保存下来。

七月七日七夕节又称"乞巧节"，"天孙一夜停机暇，人世千家乞巧忙"①。乞巧节的活动包括挂牛郎织女图、斗巧、拜筵等。许多城市在这一天有"乞巧市"，专卖乞巧节相关物品。是日，城市居民在白天举行迎二郎神的活动，晚上则在庭院之中悬挂牵牛织女图，准备茶、瓜、果、酒以及五子（桂圆、红枣、榛子、花生、瓜子）等，邀请亲戚女眷一起拜织女，向织女祈福，女眷们一同穿针"乞巧"。

七月十五日中元节是祭祀祖先、追念亡灵的日子，平时热闹熙攘的城市在这一天会变得十分冷清，城市居民大多闭门不出，市场交易也十分冷淡。

八月十五日中秋节时，汉族地区的城市居民均会举行宴饮活动，"中秋夜，饮玉卮，满酌不须辞"②。宫廷之中则会举行洒马奶酒的祭典，"此节宫廷胜赏，有国制"，因此时皇帝多在上都"北巡"，故中秋节的宫廷宴饮活动皆在上都举行。上都北城墙筑有穆清阁，是整个上都最高的建筑，皇帝"于中秋于此阁燕赏乐，如环佩隐隐然在九霄之上，着意听之，杳不可得，是为天下第一胜景"③。是月，大都城内会举行"巡山""巡仓"活动。

十二月的腊八节本是古人祭祀神灵和祖先以及祈求丰收、吉祥的日子。宋元之际腊八节的内涵逐渐发生了变化，元代时其已正式成为一个宗教节日，"禅家谓之腊八日，煮红糟粥，以供佛饭僧"，民间也流行煮腊八粥，"都中官员、士庶作朱砂粥"，"士庶有力之家，丰杀不同，馈送相尚，亦故典也"④。

2. 蒙古族的传统节日

元朝建立后，统治者将蒙古族传统的节日纳入国家庆典之中，使之从少数民族的传统节日演变成规模宏大、地位极高的国家重大节日。元代蒙古人重要的节日有3个：首先是"白节"，在一月的第一天；其次是四月九日和九月九日的马奶节，均是蒙古人传统的祭祀性节日，蒙古人在这两个日子均会以洒马奶酒的方式祭祀天地诸神。此外还有天寿节。蒙古人十分崇拜自然，敬畏天地诸神，每逢重大节日或在大事之前，均要拿出食物供奉偶像、祭祀上天。关于马奶节，张德辉在《岭北纪行》中有如下记载：

> 至重九日，王帅麾下会于大牙帐，洒白马湩，修时祀也。其什器皆用桦，不以金银为饰，尚质也……四月九日率麾下复会于大牙帐，洒白马湩，什器亦如之。每岁惟重九、四月九，凡致祭者再，其余节则否。⑤

四月九日是一年中母马开始产奶的时间，蒙古人于是日将第一次生产的忽迷思

---

① 赵义山：《元曲鉴赏辞典》，商务印书馆国际有限公司，2012年，第1066页。
② 隋树森：《全元散曲》，中华书局，1964年，第1725页。
③ 熊梦祥：《析津志辑佚》，北京古籍出版社，1983年，第221页。
④ 熊梦祥：《析津志辑佚》，北京古籍出版社，1983年，第212页。
⑤ 李修生：《全元文》（22），江苏古籍出版社，1998年，第291—292页。

献给上天,以感谢上天诸神的庇佑,祈祷丰收。九月九是母马将要停止产奶的日子,蒙古人是日会通过洒马奶来祭祀诸神,"依照蒙古的礼节,他将腰带挂在项上,脱去小帽,以手椎胸跪了九跪,洒一遍马奶"①,以感谢诸神,并祈祷来年生活的顺利。

元代政府制定了独具特色的两都巡幸制度,"北巡"是元代特有的宫廷活动,每年二、三月皇帝都会率领皇室成员、侍卫队、宗教人员等大批随行人员从大都出发前往上都,"自驾起后,都中止不过商贾势力,买卖而已。惟留守司官主禁苑中贵怯薛者职。其故典,所谓闭门留守,开门宣徽"②。"北巡"直至八、九月才结束,因此这期间重要的宫廷庆典均在上都举行。立秋之后,皇帝会择良日率众从上都出发,返回大都。进城的时间是清晨,皇帝、太子和皇后由厚载门入宫,其他人员次第入城。③ 由于随行人员众多,有"都城添大小衙门官人、娘子以至于随从、诸色人等,数十万众",整个队伍要到晚上才能全部入宫,留守人员不得不"挑担大红灯笼罩烛而迎入矣"④。

蒙古族还有一个重大节日天寿节,是随着统一的多民族国家的建立而逐渐演变为全国性重大节日的。天寿节即皇帝的诞辰,其制始于忽必烈时,各地都要举行盛大庆典以庆祝皇帝的诞辰。⑤《新元史》记载:"圣节……前期一月,内外文武百官躬诣寺观,启建祝延圣寿万安道场,至期满散。"⑥ 马可·波罗的游记也有相关的记述:

  在陛下万寿日这天,所有的基督教徒、佛教徒、撒拉逊人和各色人等,都分别虔诚地祷告他们的上帝和偶像,祈求保佑皇帝万寿无疆,民富国强。一年一度的皇帝陛下的万寿日,就是在这样薄海欢腾、普天同庆中渡过的。⑦

3. 佛教节日

元朝的统治集团崇尚佛教,如世祖以八思巴为国师,因此元朝佛教活动众多,二月十五日游皇城是最盛大的佛教活动。至元七年(1270年),忽必烈听从国师八思巴的建议,在大明殿御座上置白伞盖,其顶"用素段,泥金书梵字于其上,谓镇伏邪魔护安国刹",并于二月十四日举行大型佛事,于二月十五日奉伞盖周游皇城内外,以期"云与众生被除不样,导迎福祉",⑧ 此后该活动成为每年的固定活动。游皇城的仪仗队由礼部派专人掌管、训练,队伍声势十分浩大,《元史》记载:

---

① [法]雷纳·格鲁塞著,龚钺、翁独健译:《蒙古帝国史》,商务印书馆,1989年,第64页。
② 熊梦祥:《析津志辑佚》,北京古籍出版社,1983年,第218页。
③ 史卫民:《元代社会生活史》,中国社会科学出版社,1996年,第358页。
④ 熊梦祥:《析津志辑佚》,北京古籍出版社,1983年,第222页。
⑤ 史卫民:《元代社会生活史》,中国社会科学出版社,1996年,第360页。
⑥ 柯劭忞等:《新元史》卷八十八《礼八》,吉林人民出版社,1995年,第1832页。
⑦ [意]马可·波罗口述,[意]鲁思梯谦笔录,陈开俊等译:《马可波罗游记》,福建科学技术出版社,1981年,第101页。
⑧ 柯劭忞等:《新元史》卷八十七《礼七》,吉林人民出版社,1995年,第1828页。

八卫拨伞鼓手一百二十人，殿后军甲马五百人，拾异监坛汉关羽神轿军及杂用五百人。宣政院所辖官寺三百六十所，掌供应佛像、坛面、幢幡、宝盖、车鼓、头旗三百六十坛，每坛擎执拾异二十六人，钹鼓僧一十二人。大都路掌供各色金门大社一百二十队，教坊司云和署掌大乐鼓、板杖鼓、筚篥、龙笛、琵琶、筝、篆七色，凡四百人。兴和署掌妓女杂扮队戏一百五十人，祥和署掌杂把戏男女一百五十人，仪凤司掌汉人、回回、河西三色细乐，每色各三队，凡三百二十四人。凡执役者，皆官给铠甲袍服器仗，俱以鲜丽整齐为尚，珠玉金绣，装束奇巧，首尾排列三十余里。①

仪仗队的游城步骤如下：西镇国寺集合—迎皇太子游四门—入城—送盖伞于大明殿。

同时，民间也有豪商巨贾组织的游皇城活动。是日，西镇国寺聚集了城市中声名远播的戏剧、杂技等表演者，"恭迎帝坐金牌与寺之大佛游于城外"。寺庙成为热闹的商品贸易区和休闲、游玩区，"海内珍奇无不凑集"，"开酒食肆与江南无异，是亦游皇城之亚者也"②。

中小型的佛教活动大多集中于每年的四月，其中较为盛大的是浴佛节，各地佛寺于是日均会举行斋会，煎香药、糖水以作"浴佛水"。浴佛节时，国师会在大都城内主持浴佛会，"帝师剌麻堂下暨白塔、青塔、黑塔，两城僧寺俱为浴佛会，宫中佛殿亦严祀云"③，"宫廷自有佛殿，是曰剌麻。送香水黑糕斋食奉上，有佛处咸诵经赞庆，国有清规，一遵西蕃教则。京城寺宇进有等差"④。

六月中旬的宗教活动的规模也很大，由于此时皇帝仍在上都"北巡"，因此佛事由国师率领僧侣在上都举行，仪式之后也会有盛大的游皇城活动，"每年六月望日，帝师以百戏入内，从西华入，然后登城设宴，谓之游皇城是也"⑤。上都的游皇城活动虽不能与大都的游皇城活动相比，但也十分壮观，时人有诗云：

岁时相仍作游事，皇城集队喧幢幢。吹螺击鼓杂部伎，千优百戏群追从。宝车瑰奇耀晴日，舞马装辔摇玲珑。红衣飘袂火山夆，白伞撑空云叶丛。王官跪酒头叩地，朱轮独坐颜酡烘。萤氓聚观汗挥雨，士女簇坐唇摇风。⑥

综上，元朝是中国历史上第一个由少数民族建立的全国统一的多民族政权，它结束了自唐末五代以来数百年的分裂局面，促进了境内各民族之间经济、文化交流、民族融合，特别是汉、蒙文化的交流、交融是这一时代的重要特征。宫廷是国家的统治中枢，蒙古统治者将大量的蒙古文化因素引入了宫廷，这些独具特色的蒙

---

① 宋濂等：《元史》卷七十七《祭祀六》，中华书局，2000年，第1280页。
② 白·特木尔巴根：《汉籍蒙古族民俗文献辑注》，民族出版社，2011年，第153页。
③ 熊梦祥：《析津志辑佚》，北京古籍出版社，1983年，第217页。
④ 熊梦祥：《析津志辑佚》，北京古籍出版社，1983年，第211页。
⑤ 顾嗣立：《元诗选》，中华书局，1987年，第1964页。
⑥ 顾嗣立：《元诗选》，中华书局，1987年，第661页。

古文化由宫廷向外扩散，由大都、上都传播至全国各大城市，乃至中小城市，从社会上层传至平民百姓。这一时期的城市生活都或多或少地被打上了时代的烙印。宫廷之中，质孙服显示出强烈的蒙、汉文化交融的特征；汉族人喜食米饭、面饼、蔬菜、水果和食物，讲求精细的饮食习惯逐渐为宫廷之中的蒙古统治者所接受；蒙古族的居住方式从北方草原地区传至大都等地，除宫廷内之外，许多大城市、交通干线上都分布着规模不一、数量众多的斡耳朵。

精神生活凝结于物质生活之中又区别于物质生活之外，集中体现了物质生活的特点和人们的生活状态。元朝城市居民的物质生活十分丰富，这为城市居民丰富多彩的精神生活奠定了物质基础。同时，各民族文化的交流融合促进了城市文化的兴盛。元朝统治者将以骑射为核心的体育竞技活动引入了中原地区，如打马球等。戏曲在元代达到顶峰，北方杂剧、南方南戏在元代都得到了极大的发展，而大量蒙古族词语在戏曲中被广泛使用，体现了民族文化交融的特点。元朝节日习俗以中原汉族传统习俗为主体，元日、元宵、中秋、重阳等节日在全国性节庆中占据了重要位置；同时，为了保持蒙古族的传统，每年三月至九月，皇帝、百官及宫廷内的主要人员均要"北巡"上都。元朝尚佛，佛教活动在国家节日庆典中占据着重要位置，相关祭祀、游皇城等活动多在大都和上都举行。总体而言，元代城市社会生活的特征是兼容并蓄、相互交融，蒙、汉文化在激烈的碰撞中相互借鉴吸收，为多元一体的中华文化的最终形成作出了重要贡献。

结　语

城市是人类文明的产物和载体，正如美国学者弗·卡特所言："没有城市，文明是难以想象的。"[①] 城市的发展是一个历史动态过程，从世界历史的角度来看，中国是唯一保持着历史延续性的文明古国，其城市也保持了数千年的延续性。

一、元代城市发展的基本轨迹与城市政策

中国古代城市发展伴随着王朝的更迭具有明显的周期性特征，元代城市也不例外。蒙古人在统一全国的过程中连续发动了灭西夏、灭金、灭宋的战争，长期的战争对城市经济和社会造成了极大的破坏，尤其是北方地区的城市受破坏严重；元朝初期统治者开始重视城市，并探索适合统治中原的管理制度，采取了一系列恢复经济、重振城市的措施，使各地的城市得到了不同程度的恢复和发展；到了元朝末年，社会矛盾激化，农民起义风起云涌，城市成为官军与起义军争夺的焦点，在动乱的局势下，元代城市走向凋敝。总体而言，"破坏—恢复—兴盛—再次破坏"是元代城市发展的基本轨迹。

如何有效管理数目庞大的各级城市是元朝统治者统一全国后必须要面对的问题。在不同时期、不同的地点，针对不同的社会局势，出于不同的需要，统治者对待城市的策略有明显的时间差异性和空间差异性。在元朝统一天下的过程中，特别是在灭南宋的过程中，元朝统治者曾执行过毁城的政策，拆毁了原南宋政权统辖区域内许多城市的城墙；元朝统治逐渐稳固之后，出于控制中原地区及南方地区城市的需要，政府采取了禁止修城的政策；元朝末年，面对反元势力日益强大以及攻防形势转变的局面，统治者对待城市的政策也发生了重大转变，由毁城或不修城转为重筑城池。从早期的"屠城""毁城"，到中期的"不修城"，再到末期的"重修城"，不仅反映了元代官方对地方城市控制能力的变化，也反映了作为少数民族的蒙古统治者对待征服地区城市的观念从"杀掠、破坏"到"实际占领"再到"长期经略"的转变历程。

[①] ［美］弗·卡特、［美］汤姆·戴尔：《表土与人类文明》，中国环境科学出版社，1987年，第7页。

二、省制的开创：新的城市等级体系的构建与区域城市体系的发展

行政区划是古今中外各个国家进行政权建设和行政管理的重要抓手，中国古代地方的城市体系发展向来与行政区划并行。秦朝统一中国后，形成了以都城为中心的"都城—郡—县"三级行政等级体系。到了元朝，中国的行政体制发生了巨大的变化，统治者摒弃了单纯地以自然山川为地方政区分界线的传统做法，开创了新的以"省制"为中心的行政区划模式，这是继郡县制之后我国政治制度史上的一次重大变革。在元代，"省"是全国最高的行政区划单位，形成了以行省为高层政区，以路、府、州为统县政区，以县为基层政区的多级并存的行政区划体制。基于行政等级的差异，形成了"都城—省会城市—路级城市（非省会）—府州城市—县级城市"的基本城镇体系。

元代的省会城市，如杭州、奉元（今西安）、成都、龙兴（今南昌）、武昌、汴梁（今开封）、中庆（今昆明）、甘州（今张掖）、辽阳、和林等城市，大多拥有优越的地理条件和经济基础，并且历史悠久，它们凭借着自身特有的区位、政治、资源等优势，一般都成了所在行省的中心城市，且往往既是政治中心，也是经济中心和文化中心，对各省域内其他城镇的发展有着重要的带动和辐射作用。由于区域发展的不平衡性，元代省会城市的发展也是不平衡的，一方面，不同行省的省会城市的发展速度和发展程度有较大差异，杭州、奉元、成都、武昌、汴梁等省会城市的发展速度与程度便明显超过中庆、辽阳、甘州等边疆行省的省会城市；另一方面，不同省会城市的中心性是不同的，它们在各自省区内发挥的辐射和带动作用是有区别的。

城市的规模与城市行政等级存在密切关系，二者大致是正相关的，总体而言，最大的城市是都城，其次是省城、府州城，县城的规模最小。但是需要注意的是，元代中国疆域辽阔，各地自然环境、人口分布差异明显，因而还出现了区域城市内部的等级差异，一是同级的城市有上、下之分；二是南方地区的城市规模普遍要大于北方地区相同行政等级的城市的规模，而且存在南方较低行政等级城市规模大于北方较高行政等级城市规模的情况，如存在南方州级城市人口数量多于北方路级城市人口数量，南方县级城市人口数量多于北方州级城市甚至路级城市人口数量的情况。

元代各城市的等级并非一成不变，官方曾经根据人口数量的增减情况对各城市等级进行过数次调整，既有升格的情况，也有降格的情况，尤其伴随着经济的恢复和发展，南方州、县城市的人口大量增加，因而州、县的数量也日益增多。

总之，行省制的问世，地方政区层级趋多，边疆直接治理取代羁縻州，是元代时期政区地理变迁的最大特色。元朝，行省制度的出现重新构建了地方城市体系，促进了大批区域中心城市的发展，对中国城市的发展格局产生了巨大影响。

三、大一统时代：元代城市发展的时代特征

有元一代，蒙古人结束了中国境内长期的南北分裂对峙的格局，重新实现了国家的统一。大一统的政治格局为各城市之间、各民族之间的经济、文化交流破除了藩篱和障碍。农业、手工业的恢复，棉花种植的推广和棉纺织业的兴起，纸币作为统一的货币在全国的流通，大运河的疏通、海运航线的开辟，以及全国驿站体系的建立等等，都与统一有着密切的关系。元代的城市在两宋的基础上继续发展，既有继承性又有开创性，城市政策、城市分布、城市规划、城市经济、城市社会等方面出现了许多新的时代特征。

首先，在大一统的时代背景下，元代政府建立了覆盖全国的四通八达的驿站体系和水路交通体系，全国交通网络得以重构，城市之间、城市内部的交通状况都得到了较大的改善。水陆交通的发展促进了不同类型城市的发展，为城市的恢复、发展提供了重要保障。在水陆路交通网络覆盖的边疆地区、运河沿线及沿海地带兴起了一大批新的市镇，原有的城市也因交通条件的改善而得到了发展，并日益连为一体，形成区域城市带，城市沿交通线路集中分布是元代城市分布的重要特点之一。具体而言，陆路交通的发展促进了一批交通节点城市的发展；京杭运河的重新疏通为南北物资、文化交流提供了有利条件，同时也催生了一些作为集散中心的新兴运河城市；海运的发展不仅推动了造船技术的提高和对外贸易的发展，也使得沿海地区的城市迅速发展起来，这对元代的城市经济和社会文化发展都产生了积极的作用，港、站为城市所用，城市因港、站而兴，泉州、广州、福州、温州等一大批港口城市再次兴盛，各港口作为中外交往的前沿，成为元代对外开放的窗口。

其次，元代政府将边疆地区的广大领土纳入了中央政府的统一管理之下，尤其是吐蕃地区被正式纳入中央王朝版图，影响巨大，意义深远。边疆地区和中原地区的政治、经济、文化交流更加频繁。元代政府在边疆地区采取了一系列有利于边疆发展的政策，突破了羁縻传统，直接治理边疆，大批汉族军民被徙往边疆地区，带去了比较先进的生产工具与生产技术，兴屯田、建站赤等措施有效地推动了边疆地区的开发，从东北到漠北、西域、吐蕃、云南，这一半月形地带的边疆开发，正是元代的历史贡献，地处北疆的上都、和林、镇海等，青藏高原的拉萨，西南的中庆（今昆明）和大理，东北的肇州都成了区域性的经济中心城市。诚然，由于自然地理环境、经济基础等的差异，元代边疆地区的城市与内地城市的发展程度不可相提并论，但是与前朝相比，从无到有，从少到多，从小到大，取得了巨大的进步，因而，边疆城市的新发展是元代城市发展的重要特色之一。

再次，在政治因素的主导下，南北经济、政治反差与中央地方关系的新格局形成。① 魏晋南北朝时，中国古代的经济重心开始南移，从唐朝后期至北宋年间，北

---

① 李治安：《元代及明前期社会变动初探》，《中国史研究》，2005 年 S1 期。

方的经济遭到了一定程度的破坏。元朝建立前后，女真人、蒙古人入主中原，导致北方战乱不断、人口凋零、经济凋敝，而南方地区相对稳定，社会经济得以持续发展，因而元代南、北方地区间的经济差距进一步扩大。然而，在政治地位上，有元一代，北方地区长期支配南方地区。蒙古帝国时期，都城在和林，后又迁至上都、大都，政治中心一直都在北方地区，但是元朝的统治又长期依赖南方地区城市供应的物资，故北方凭借其政治中心地位对南方过度榨取，出现了"贫极江南，富称塞北"的局面，因而，元代城市在发展中形成了政治上北方支配南方，经济上北方依赖南方的反差格局。

最后，元代城市的发展体现出较强的多元性和开放性特色。元代时蒙古人成为天下的统治者，游牧文明与农耕文明相互碰撞、交融，使城市发展与变迁也体现出多元特色。这在城市政治、经济、文化、社会、规划中都有一定表现。

就城市经济来看，元朝统治者十分重视城市手工业的发展，其在军事征服的过程中俘掠了大量工匠，并将其迁徙到各个城镇为官方局院工作，使官营手工业重新繁荣起来；同时，手工业门类更加多元，专门的从业人员规模也迅速壮大。但较之前朝，城市中的民营手工业虽然也得到了一定程度的发展，但在官营手工业的长期抑制下，其发展程度和速度则较为有限。元代的城市商业极为繁荣，这既是在前代发达的工商业和国内外贸易基础上继续发展的结果，也是元朝南北统一、技术进步、交通发达等因素综合作用的结果。在为数众多、遍及城乡的商人群体的努力下，各级市场体系初步形成，出现了一批繁华的商业都市，其中既有传统的商业城市，也有新兴的中小城市。但是这种发展体现出严重的不平衡性，元代重要的商业城市密集分布在南、北方的两大区域内，北方地区以大都为中心，而南方地区则以杭州为中心，中部地区的河南江北及湖广行省的城市商业也较为发达；但是，在其他行省，除四川、陕西有少量重要城市的商业较为发达外，其余地区的城市商业均较为落后。总体而言，元代城市的经济功能得到了较大发展，但依然是以政治功能为主、经济功能为辅，尚不具备孕育资本主义的条件。

就城市文化来看，元朝的城市文化具有多元化的特点，草原文化与农耕文化相互交融，使多元化成为元代文化的一大特色；而元代商业的发展、都市经济的繁荣，推动了市民文化的发展，文化由雅及俗，故世俗化是元代文化的另一大特色。有元一代，宗教、思想、史学、文学、教育等各个领域均呈现出繁荣的景象，科技的发展也达到了新的高度。

就城市社会来看，蒙古人作为统治者对元朝城市的发展影响巨大，影响了城市政治生活、居民生活的方方面面，例如建立四等人制度、两都巡幸制度、投下分封制度、怯薛制等等，这种影响是多种文化碰撞的结果。与历史上其他专制建王朝一样，等级性体现在社会各个方面，但是元朝的多元性和民族性特征更加突出。在元代，蒙古族、汉族及其他民族之间的影响是相互的，并非单方面的，但总体上看，少数民族"汉化"趋势十分明显，这是统治者为了更好治理包括草原地区和农耕地区在内的广大国土而做出的选择。元代是一个全国民族大融合的时代，各族人民在城市中长期共同生产、生活，游牧文化与农耕文化互相渗透，社会生活的各个方面也彼此影响，而城市则成为这种交流与融合的载体。

四、领先世界：元代城市在世界上的地位和作用

元朝存续的时间虽然较短，但是在中国历史上有着重要的地位，中国各民族在元代进一步融合发展。元朝开拓了空前广袤的疆域，对奠定今天中国的版图基础、提高中国在世界历史上的地位，起到了巨大的作用。从秦汉到隋唐再到宋元，中国一直保持着和世界其他民族进行经济文化交流的优良传统。元朝对于中国来讲，是一个开放而流动的朝代；对于世界来说，是一个具有开放性的帝国。元朝疆土横跨亚欧，驿站制度完善，陆路将东欧、中亚、大都直接连通，海路则从泉州等港直抵波斯湾，有效地密切了东西方的往来，加强了东西文化交流，"无此疆彼界""四海为家"，成为元朝人的疆域与空间观念。伴随着元代欧亚陆海交通的畅通，加之各种政策的支持，中国对外开放的程度达到了新的水平，开放的地域更为广阔，开放的领域也更为深入。总体上看，元朝无论在疆域、人口、军事力量，还是在对外开放水平、科学技术建树等方面，都超过了秦汉和唐宋等时期，是当时的世界强国之一。

在元代统一开放的格局下，中华民族经历了阵痛，并最终实现了发展，在元朝的民族政策压迫之下，不同民族、不同文化进行了大交流、大交融。游牧文明与农耕文明的交流与交融推动中华文明出现新的发展。与此同时，中华文明与东西方各国文明也在新的层面进行了新的交流，东西方的商品、人员在国家与地区间广泛流动，从而使东西方各国在经济、文化等领域进行着广泛的交流，经济与文化的交流对中国城市、世界城市的发展产生了深远的影响。

元代初期，中国城市虽然因战争遭到较大破坏，但随着政治的稳定与经济的恢复与发展，驿传制度的完善和海运的开通，元代的城市呈现了新的发展局面，尤其是元大都的建设，开启了中国城市建设的新阶段，元代的区域中心城市也有较大发展，城市工商业在宋代的基础上出现了新的繁荣，形成了时代特色。元代积极开放的对外政策，使中外的经济文化交流更加密切，西方技艺的传入直接推动了中国手工业技术的进步；同时，国际贸易的发展推动了沿路、沿海市镇经济的发展及国际性大都市的出现；纸币开始在中国城市大量流通，进一步推动了元代城市经济生活的繁荣。元代城市出现了新的发展特色：一是伴随着海陆贸易的发展，出现了一些与对外贸易关系密切的新兴工商城镇和手工业城镇，如上海、昆山等都是伴随着海上贸易的兴盛而兴起的工商业城市。二是内陆边疆地区也出现了一批新兴的城镇，如上都、和林等城市的兴建与发展。三是原有的一些大城市得到了进一步发展，大都、杭州、广州、泉州等禀赋较好的较大城市则因中西海陆贸易的发展而更加繁华，出现了一些国际性大都市，其中杭州、集庆等城市的经济发展水平都曾居于世界前列；泉州有元代最大的对外贸易港口，港内经常停泊着数百艘海船，是当时世

界最大的港口城市之一。四是元代的大城市数量在当时世界各国中居于前列,且就单体城市而言,元代的城市无论是人口规模还是占地规模,都在当时居于世界前列。12—14世纪,无论是欧洲城市还是中亚城市,其规模大多很小,有几万人的便是大城市了,1150—1200年,欧洲较大的城市如巴黎、伦敦和布拉格等,都只有3—5万人。直到1348年前夕,巴黎、佛罗伦萨、威尼斯和热那亚的人口方接近10万,而伦敦、米兰等只有5万多人。1348年黑死病侵袭欧洲后,其城市人口更是锐减。1500年左右,居民数达20万的西欧城市一个也没有;直到1700年,才有12个城市的居民数突破10万大关,其中人口在20万以上的有4个。① 相比之下,元代中国城市的规模远远领先于世界,元代10万户以上的路共计40个,其中江南地区人口分布较为稠密,城市人口也相对集中,根据《元史·地理志》记载,人口在100万以上的路有19个,人口在10万以上的城市,除了大都外,还有扬州、杭州、嘉兴、平江(苏州)、常州、婺州(金华)、宁国(宣城)、台州(临海)、集庆(南京)、福州、饶州(鄱阳)、龙兴(南昌)、吉安、抚州、广州、常德、澧州(澧县)、天临(长沙)、静江(桂林)等,如此大的城市人口规模,远远领先于同时期的世界其他城市。

  蒙古大军西征使得旧世界的传统交通形势发生了空前变化。在陆路交通方面,罗马帝国衰微之后逐渐闭塞的中亚通道,此时又为蒙古铁骑重新踏开,亚、非、欧三洲之间的道路再次畅通无阻;在海上交通方面,无论是航行的规模、所到达的地域范围、航海的技术,还是沿海和远洋航路,元代都超过了唐、宋两代。通过亚欧商路、"海上丝绸之路",元朝廷与中亚、东亚、欧洲、南亚、东南亚诸国乃至东非沿岸的西太平洋—印度洋区间内的众多国家和地区建立了直接的联系。伴随着东西方贸易交流和文化交往的发展,元朝不仅向其他国家输出了大量的商品,而且将先进的科学技术、科学思想传播到他国,例如印刷术、火药、造纸术及指南针等重大发明都是在元代传到西方的;当时的西方人也将西方的宗教、天文、数学、医术、建筑、美术等文化以及测天仪等机械陆续传入元朝。这些对于不同国家或民族都普遍适用的科学技术和文明成果,通过东西的海陆贸易交流,变成了全人类共有的财富,加速了东西方文明在亚欧大陆东西两端的传播进程,深刻地改变了世界文明的进程。

  但是需要认识到的是,元代中国的开放依然是未脱离农业时代自然经济体系的开放,其政治、文化的开放更多地体现了元代统治集团对域外文明的包容,经济开放的主要目的则在于获取稀缺物资。基于这一前提,元代城市对外开放的程度、规模、水平又具有一定的局限性。

---

① 王家范:《中国历史通论》,生活·读书·新知三联书店,2019年,第210页。

中国城市通史
元明卷
下篇
明代城市

明朝是继元朝之后由汉族建立的统一王朝，从1368年至1644年，历时276年。此一历史时期，无论是中国还是世界，都发生了许多重大变化。从明朝各种政策的制定和变革，到民间顺应时代潮流而涌现出的新动向与新意识，再加上海洋时代带来的国际关系的重构，使明朝在中国历史上成为一个毁誉参半的朝代。明朝虽然有着诸多君主专制王朝与生俱来的缺陷以及其自身特有的不足，如君主专制空前强化、宦官专权、官僚机构规模庞大且效率低下等等，但将视野拓宽，从亚洲甚至全球的视角来审视明朝，依然可以看出其创造了许多辉煌成就。这些成就无论是出于统治者主观的励精图治的意愿，还是因统治集团的被动妥协与适应局势，就其结果来看，都强有力地促进了这一时期城市的发展。

在中国古代，城市具有多重功能：第一，城市是区域的政治中心，拥有一整套城市管理和辖区管理的官僚机构；第二，城市是军事重镇，拥有坚固的城防设施和为数众多的驻守军队；第三，城市还是经济增长极，拥有手工业生产场地、商品交易市场、各类钱庄票号等金融机构；第四，城市还是大熔炉，既有一掷千金的达官贵人，也有流离失所的游民乞丐，社会各阶层的文化融合于城市之中。明代城市有着上述中国古代城市的所有特点，同时又有本朝的特殊性：城市修筑频繁，军事功能更为突出；城市数量增长迅速，人口规模不断变化；经济繁荣甚至出现资本主义萌芽；以城市平民文化为代表的城市文化开始兴盛，并产生了深远影响。总之，明代的城市从形态到内容，较之前代的城市都有不同之处。

从历史发展的纵向角度来看，明代城市的发展轨迹跌宕起伏，受政治、经济、文化、民族关系、科学技术等因素的影响，呈现出4个阶段性特征：元末城市的破坏—明初城市的恢复—明中期城市的兴盛—明末城市的衰落。处于不同发展阶段的明代城市带有各阶段的特点，影响城市发展的因素也不尽相同。在继承元代行省制度的基础上，明朝廷发展出层级划分明显的行政体系。基于行政层级和职能形成了不同级别的建制城市系统：中央级城市—省级城市—府级城市—县级城市。建制城市系统呈现出宝塔式特征：行政层级越高，城市规模越大，但数量越少；处于行政体系底层的县级城市规模很小，但数量较多。这些建制城市成为国家政权和地方社会的交汇点，保障了明王朝在全国各地的正常统治秩序。

明太祖改革了军事系统，创造了明朝独有的都司卫所军事制度。朝廷在地方设立都指挥使司，于其下各个军事要地设立卫司，再于卫司之下设立千户所、百户所。根据实际情况,朝廷分别在各地修筑了都司城、卫城、所城,用城池进一步加强了地方的军事防备能力。这类城池成为明代极具时代特色的军事城池。明代军城的分布有规律可循,分为内陆重镇型、沿海型、交通要道型3种类型。军城体系在明初发挥着重要作用,但到了明代中后期,该体系开始衰落,但部分军城发生转变,如其时处于九边区域内的军城就成了新兴的多功能城市。

明代中后期全国经济发展迅速,地区经济格局发生变化,如江南地区出现了资本主义经济的萌芽,其他区域的城市在全国手工业、商业飞速发展的背景下也出现了诸多变化:首先是城市职能的分化,部分城市由政治城市转变为商业城市;其次是各地出现了经济中心城市;再次是商业城市彼此联系加深,于区域内形成了商业贸易网络;最后是市镇的发展将农村经济纳入城市经济发展体系,并使之间接与国际贸易体系建立起联系。

明代城市按照发展动力和主要职能可以分为政治型、军事型和商业型3种类别,其下因级别不同又可以划分为若干小类。政治型城市以南、北二京和省城为代表,军事型城市以都司城、卫城为代表,商业型城市以苏州、杭州、景德镇为代表,每一种类型的城市均有不同的发展轨迹。在明代早期,因国家政治力量的介入,政治型和军事型城市发展较快;到了明代中后期,经济的发展给商业型城市带来了发展动力,经济繁荣地区内的大小城市都得以快速发展。

综合来看,明代城市发展的特征比较明显,可归纳为以下几点:统治者重视城池的修筑,筑城次数和规模达到了历史较高水平;军事系统的变革改变了边疆城市的性质,使其成为较为纯粹的军事城市;城市经济发达,各行业中出现雇佣关系,且民营手工业在明朝中后期超越了官营手工业;市民力量的增长和城市文化的兴起。这些特征体现了明代政治、军事、经济、文化等多方面的内容,尤其是明代中后期经济发展对城市的影响,使得明代中晚期的城市更具近代城市的特征。

从长时段看,明代城市有着承上启下的意义。一方面,明代继承了元代城市的布局,尤其是元代南、北城市之间的关系在明代得到延续和发展;同时,明代沿袭了元代的行省制度,建制城市在行政层次上具有延续性;明代也继承元代的分封制度,故宗室对地方城市的影响较大。另一方面,明代中期以后的城市对清代城市产生了较大影响,清代在明代城市的形态、布局以及军城体系的基础上构建了建制城市体系,并对明代大部分地区的军城进行了裁并,将其纳入建制城市范畴,具体改制情况为军卫改府城或州城,军所改县城,一些城市逐渐发展为清代的地方行政中心。

从明代城市的发展来看,明代的经济和技术并未落后于当时的世界。遗憾的是,明王朝满足于区域大国的现状,在明代中后期仅打开了半扇国门,没有远见和魄力,并未主动迈步走向世界。清袭明制,继续采用保守的治国策略,导致中西差距越拉越大,最终爆发了鸦片战争,中国城市和中国社会最终被迫走上了半殖地化的道路。

第一章　明代城市周期性发展及其影响因素

中国农业时代城市的发展具有周期性规律，城市的发展受到整个社会经济周期的影响。王朝建立初期，城市在低水平上重新起步；社会稳定后，城市获得较大发展；王朝末期，城市遭遇毁灭性的灾难。因此，中国古代城市发展呈现出"发展—衰落—破坏—恢复—发展—衰落—破坏"的周而复始的循环，形成中国古代城市发展的规律性特点。[①]

明代城市发展也具有上述周期性特征。明代是中国历史上的一个转型时期，国家政治、经济、文化随着历史的发展而发生了较大的变革，明史专家多将明代划分为前期、中期、后期3个阶段。而明代城市的发展随着国运的跌宕起伏，受经济、文化、民族关系、科学技术因素的影响，则可分为4个各具特征的阶段：元末明初城市的破坏—明初城市的恢复—明中期城市的兴盛—明末城市的衰落。明代城市发展的轨迹是一个完整的中国古代城市生命周期循环。

对明代城市生命周期的考察应该采用静态与动态相结合、纵向与横向相交互的综合性视角。本章以明代政治发展阶段为主线，结合明代社会发展各个阶段的特征，从人口、经济、文化等方面全面考察明代4个阶段的城市发展情况，并对各阶段城市发展的原因进行分析，对城市变化与国家兴衰之间的关系进行探讨。

第一节　明代前期城市的破坏与恢复

从洪武元年（1368年）至宣德十年（1435年），明廷的治国思想和政策以恢复秩序、重塑经济为核心。洪武时期，政权始建，国家内部经过恢复和重建，踏上了发展的道路。永乐时期，政府迁都北京，疏通漕运以沟通南北，出征北方以缓解北部边境压力。洪熙、宣德二帝继承了前代的治国方略，使国家保持了稳定的发展势头。史家评价上述阶段："洪、永、熙、宣之际，百姓充实，府藏衍溢。盖是时，劝农务垦辟，土无荒芜，人敦本业，又开屯田、中盐以给边军，饷馈不仰籍于县官，故上下交足，军民胥裕。"[②] 在强化中央集权、改革全国的行政区划、兴修水

[①] 何一民：《近代中国衰落城市研究》，巴蜀书社，2007年，第74页。
[②] 张廷玉：《明史》卷七十七《食货一》，中华书局，2000年，第1253页。

利、鼓励垦荒、恢复农业经济等一系列措施的作用下，国家走出了低谷，步入了正常发展的轨道。社会的有序发展为城市的恢复奠定了基础。在这样宽松的环境下，明代城市从战争的废墟中逐渐恢复生机，并开始初步发展。

一、元末战争对城市的破坏

元末战争的爆发，除了阶级压迫、民族压迫因素外，气候变化和自然灾害频发也是重要的原因。在农业文明时期，社会生产力水平低下，人们抵御自然灾害的能力十分有限，弱者多逆来顺受，转死沟壑，强者则铤而走险，故而频发的严重自然灾害往往会引发严重的社会动乱和农民起义，最终导致政权更迭。14世纪，全球性的气候异常导致自然灾害施虐全球，从欧亚大陆西端到东亚，各地都频繁发生各种自然灾害，导致农业减产，饥荒和瘟疫流行，随之而来的就是社会动乱和人口大量减少，几乎没有任何一个国家能够免遭其难。据研究，14世纪的百年间至少有36个冬天异常严寒，比之前有记载的任何一个世纪都多。① 在中国的黄河流域，水灾与旱灾在14世纪似乎比以往任何时候发生得都要频繁。② 14世纪40至50年代，黄河流域还发生了极为严重的瘟疫。妥懽帖睦尔在位期间几乎年年有关于饥荒的记载，这些饥荒导致百姓大量死亡，政府每年都要花大量钱财来进行赈济。③ 自然灾害和人为因素导致的饥荒使众多百姓不得不背井离乡。自元泰定帝即位始，全国关于各种天灾的记载就不绝于书，水旱灾害屡见于陕西、山东、河南、河北及江浙一带，这些地区的饥民动辄以数十万计。元顺帝至正四年（1344年），黄河又在河南、山东连续3次决口，洪水泛滥不止，导致千里沃野变成泽国，城乡居民的生命财产遭受了巨大的损失。由于天灾、人祸交织并作，最终爆发了14世纪50年代波及全国的元末农民大起义。尽管元朝统治者尽了最大努力试图从这些灾难中挣脱出来，但仍然无济于事，元朝政权最终崩溃。从各方面来看，元朝政府在赈济上所做的努力都是认真负责的、富有经验的。④ 但是，面对如此频繁的自然灾害长期所积累的后果，不仅是元朝统治者，即使是中国古代任何一个政府都将束手无策。

元朝统治末年，朝廷内部斗争加剧，各地经济紊乱，通货膨胀现象严重，人民生活苦不堪言，加上旱灾、水灾等自然灾害频发，河南、江浙、陕西等地出现了大规模的饥荒，整个中原地区民不聊生。在此情况下，朝廷却加重了对百姓的剥削，导致阶级矛盾与民族矛盾进一步激化，于是全国范围内爆发了大规模的反元农民起

---

① H. H. 拉姆：《气候：过去、现在和未来》，载于［德］傅海波、［英］崔瑞德：《剑桥中国辽西夏金元史》，中国社会科学出版社，1998年，第591页。
② 赵冈：《经济分析：中国历史中的人与土地》，载于［德］傅海波、［英］崔瑞德：《剑桥中国辽西夏金元史》，中国社会科学出版社，1998年，第591页。
③ 宋濂：《元史》卷五十一《五行二》，中华书局，2000年，第743—747页。
④ ［德］傅海波、［英］崔瑞德：《剑桥中国辽西夏金元史》，中国社会科学出版社，1998年，第591页。

义。元末农民战争始于元统元年（1333年）红巾军起义，直到至正二十八年（1368年）朱元璋的军队攻克大都结束了元朝的统治，前后共历35年。在此期间，各地起义此起彼伏，波及的地区有黄淮两岸、长江中下游地区以及湖南、湖北和山东等。① 此次战争终结了元朝的统治，建立了大明王朝，也对当时的城市建设和发展有着不可忽略的影响。

城市位于特定区域的中心位置，这使城市往往在战争中成为军队重点攻击的目标。城市又是区域多种资源的集中地，城市中的人员、物资、财富都是战争中攻守双方争夺的目标，因此古代战争以城市为重点攻打对象，并且以攻破对方的城池为战争胜利的判断标准。

在元末农民战争中，受战乱波及的城市遍布全国。频繁的战争给全国各地重要城市多造成了毁灭性打击：城市形态破坏严重，城市基础设施毁于一旦，城市人口减少，城市秩序全面崩溃。元朝定都大都，故北方为元政府的强控制区域，该地区的城市在元末战争中的损失较重，以腹里地区的城市破坏最为严重，洪武元年（1368年）徐达北征之时，经过河北地区的州、县，发现此地人烟断绝，大名在金、元时为北方雄镇，元末战争以后"户口凋耗，闾里数空"②。王育民所著的《中国人口史》中详细叙述了河南、河北、山东、陕西等北方地区城市衰颓的情形：

> 河南"多是无人之地"，开封府"籍民占田，而土著止数十家"，卫辉"户口土著不满百"；河北州县"道路皆榛塞，人烟断绝"，其中顺天府"户口凋残，十室九空"，真定府"人物凋耗，土地荒旷，旧有存者，十仅二三"；山东兖州府"井田鞠为草莽，兽蹄鸟迹交于其中，人行终日，目无烟火"，济南"北方郡县近城之地多荒芜，宜招乡民无田者垦辟"；陕西"比年为张思道、李思齐交兵侵扰，加之岁旱，粟麦不登，民多饥死"。③

南方重镇也未幸免于难，有学者据史料统计，元末农民战争中起义军攻克的南方城市包括湖南地区的道州、全州、贺州，江西地区的袁州，安徽地区的亳州、项城。农民军和元军进行了几次大型会战，战争地点均是南方地区的重要城市，如武昌、集庆、高邮、亳州、重庆等等。

经过元末战争的摧残之后，全国上下一片废墟，国家的政治、经济和社会制度都遭到了严重破坏，明朝建立后的当务之急是恢复社会正常的秩序。明廷为此采取了一系列的措施，包括政治系统、经济系统、社会系统的重建等等。城市是国家政权和地方社会的交汇点，故明廷重建国家政治、经济、社会系统的政策必然要施行于各地的城市，同时，作为地方统治系统核心的城市本身也是明廷重建的重点目标。经过明代初期的休养生息，城市逐渐从战乱的废墟中恢复了生机。

---

① 范中义等：《中国军事通史》第十五卷《明代军事史（上）》，军事科学出版社，1998年，第40—41页。
② 史卫民：《中国军事通史》第十四卷《元代军事史》，军事科学出版社，1998年，第408页。
③ 王育民：《中国人口史》，江苏人民出版社，1995年，第406—407页。

二、政治系统重建与城市的恢复

为了巩固政权、加强统治,明廷首先进行了政治系统的重建,相关措施包括国家机构的重设、行政系统的重建、封藩王于要地等等。在农业时代,政治因素的作用大于经济等其他因素的作用,政治中心城市优先发展是这一时代中国城市发展的一条重要规律。① 在此规律的作用下,政治系统的重塑重新确立了各地政治中心城市的优先发展地位,并直接推动了一批地区政治中心城市的快速恢复和迅速发展。

(一)行政系统的重建与建制城市等级体系的修复

明代继承和改革了元代的行省制度,构建了层级分明的行政系统。元代创建的行省制度是在中央与地方关系上的一种创新,明代虽然废除了行省制的名称,但实际上依旧以省为单位进行行政管理。明代将全国划分为两京十三司,共15个辖区,同时又在元制的基础上创立了"布政使司(直隶府、州)—府(州)—县(州)"的地方行政层级体系。明代建制城市等级体系便是在两京十三司行政体系框架内形成的。基于不同的行政层级和职能,明代建制城市可分为不同的行政级别,分别是:都城、省级城市、府级城市、县级城市。不同行政级别的城市的政治地位和行政权力有所不同。建制城市系统呈现出宝塔式特征:行政层级越高,城市数量越少,城市规模越大,处于行政体系底层的县级城市规模很小,但数量较多。这些建制城市成为国家政权和地方社会的交汇点,保障了明王朝在全国各地的正常统治秩序。

都城是全国的政治中心,也是国家政治系统核心的所在地。明初相继设立的都城有3个,分别是南京、北京和中都凤阳。南京、北京的都城地位一直被保留到了明末,凤阳于洪武二年(1369年)被确立为中都,然而在洪武八年(1375年)被废,时间甚短,因而设都之事对该城市发展的影响相对有限。南京、北京则因长期作为都城,中央政府运用政治力量在两地聚集了大量财富和人口,故这两个城市的发展非常迅速,不久就分别成为明代南方和北方规模最大的城市。

明代政府对府、州、县的大规模调整集中在洪武时期,永乐年间朝廷设立了贵州布政司、交趾布政司,引起了西南地区建制城市数目的变化,除此之外,其他时期的行政区划变动较少,建制城市的设废之事也比较少,故明代城市的政治地位较元代和清代城市的政治地位更为稳定。作为明代的地区行政中心的省城、府城,多由元代的路城演变而来,州城较前代有所变化,县级城市的变化不大。总的来看,明代建制城市的规模和行政等级在一定程度上沿袭了元制。

---

① 何一民:《从政治中心优先发展到经济中心优先发展——农业时代到工业时代中国城市发展动力机制的转变》,《西南民族大学学报》,2004年第1期。

（二）分封制度与地方中心城市的发展

中国历史发展到宋代，宗室的分封制度已经基本消失。到了元代，统治者通过草原封国、中原食邑和投下私属等制度又恢复了分封制度。这种分封制度为明廷所沿袭，朱元璋将23个子孙封为藩王，命其就藩于各地名都大邑，他认为分封的政治意义重大，是稳定地方社会的重要策略：

> 天下之大，必建藩屏，上卫国家，下安生民。今诸子既长，宜各有爵封，分镇诸国。朕非私其亲，乃遵古先哲王之制，为久安长治之计。①

朱元璋先后进行了3次分封，将23个皇子皇孙分封于全国各地，其中9位被分封于边塞要冲，14位被分封于内地（见表1-1）。

表1-1　洪武时期就藩藩王及封地统计表

封号	姓名	就藩时间	府城
秦王	朱樉	洪武十一年（1378年）	西安
晋王	朱棡	洪武十一年（1378年）	太原
燕王	朱棣	洪武十三年（1380年）	北平
周王	朱橚	洪武十四年（1381年）	开封
楚王	朱桢	洪武十四年（1381年）	武昌
齐王	朱榑	洪武十五年（1382年）	青州
潭王	朱梓	洪武十八年（1385年）	长沙
鲁王	朱檀	洪武十八年（1385年）	兖州
蜀王	朱椿	洪武二十三年（1390年）	成都
湘王	朱柏	洪武十八年（1385年）	荆州
代王	朱桂	洪武二十五年（1392年）	大同
肃王	朱楧	洪武二十五年（1392年）	甘州（后移兰州）
辽王	朱植	洪武二十五年（1392年）	广宁（后迁荆州）
庆王	朱㮵	洪武二十六年（1393年）	韦州（后迁宁夏）
宁王	朱权	洪武二十六年（1393年）	大宁（后迁南昌）
岷王	朱楩	洪武二十八年（1395年）	云南（后迁武冈州）
谷王	朱橞	洪武二十八年（1395年）	宣府（后移长沙）

宗室的到来对明代各藩府所在的城市产生了较大影响，主要体现在以下3个方面：

---

① 姚广孝等：《明太祖实录》卷五十一，北平图书馆红格本。

1. 城市的修复和面积的扩大

藩王是皇帝在地方的代表,他们的府邸仅比北京紫禁城的形制低一个等级。明代对王城的形制要求如下:

> 凡王城高二丈九尺五寸,下阔六丈,上阔二丈;女墙高五尺五寸;城河阔十五丈,深三丈;正殿基高六尺九寸五分;月台高五尺九寸五分;正门台高四尺九寸五分;廊房地高二尺五寸;王宫门地高三尺二寸五分;后宫地高三尺二寸五分。正门、前后殿、四门城楼饰以青绿点金,廊房饰以青黑,四城正门以红漆金涂铜钉。宫殿窠拱攒顶,中画蟠螭,饰以金,边画八吉祥花。前后殿座用红漆金蟠螭,帐用红销金蟠螭,座后壁则画蟠螭、彩云。立社稷山川坛于王城内之西南,宗庙于王城内之东南,其彩画蟠螭改为龙。①

各藩王所驻城市均修筑有不同等级的王府,王府的修筑深刻地影响着城市形态与布局,尤其是明代早期王府的修建、千步廊的铺筑等,对城市整体面积要求甚高,以至于明代多处藩府所在城市需要扩建以满足此项要求,如成都城、武昌城、济南城、太原城均为了满足王府处于城市中心位置的要求而扩大了原有的面积。

2. 城市人口的增加

宗室成员就藩于全国各大城市,其家庭成员和相关人员遂成为藩府所在城市的常住人口。皇室人口(主要指与朱氏皇族有血缘和婚姻关系者)与宗藩的附庸人口(如姬妾、宫人、仆婢、内使、亲卫等等)成为明代地方城市中为数不少的特殊群体。明代学者曾对宗藩的人口进行过估算,谢肇淛在《五杂俎》中指出:

> 国朝亲王而下,递降为郡王、将军、中尉、庶人,虽十世之外犹赡以禄,恩至渥也,而禁不得与有司之事,不得为四民之业。二百年来,椒聊蕃息几二十万,食租衣税,无所事事……②

明清之际的温睿临、魏禧等认为明代宗室的人口接近 100 万。③ 据明代山西藩府宗室人口数据,其时宗室人口的增长率为 33.2‰,而同期的山西布政司城的人口增长率仅为 2.3‰,仅山西地区聚集于城市中的宗室人口便有 20 万之巨。④

3. 对城市社会的影响

宗室成员就藩于全国各地,给当地社会带来了正负两方面的影响。明代前期,宗室成员就藩对于地方城市的发展具有促进作用。各藩王的就藩城市多为省、地区首府,其就藩以后,对这些城市大加修筑,并迁移人口聚集于城市,以繁荣当地经济,再加上这些城市原本就有比较好的基础,所以它们在明代早期大多得到了更多的发展机会,逐渐成为各地的区域中心城市。例如,太祖十九子朱橞就藩于宣府后

---

① 姚广孝等:《明太祖实录》卷六十,北平图书馆红格本。
② 谢肇淛:《五杂俎》,上海书店出版社,2001 年,第 297 页。
③ 温睿临:《南疆逸史》,上海国光书局,1915 年,第 14 页。
④ 安介生:《明代山西藩府的人口增长与数量统计》,《史学月刊》,2004 年第 5 期。

主持了宣府城的加筑和扩建工作，构筑了常峪口至大境门长达 60 多公里的长城边墙，兴建了独石口和锁阳关的防御工程，将宣府镇打造成了明代抵御北方少数民族入侵的九边重镇之一；太祖十一子朱椿就藩四川成都府，他到成都后，修建了规模宏大的蜀王府，沿锦江修建了筹边楼、散花楼，这些建筑成为当时的标志性文化建筑，成都近代的城市文化便起源于此。

明中期以后，藩王在各就藩城市中的负面影响日益增加：宗室人口的俸禄和用度由地方供给，成为城市经济的负担；同时，宗室人口利用特权在封藩城市内经商，往往以权谋私，扰乱城市正常的经济秩序，其中较为典型的例子是万历时期的福王朱常洵"请淮盐千三百引，设店洛阳与民市。中使至淮、扬支盐，乾没要求辄数倍。而中州旧食河东盐，以改食淮盐故，禁非王肆所出不得鬻，河东引遏不行，边饷由此绌"①，不但破坏了城市的经济秩序，甚至影响了国家财政系统的正常运行。

三、经济系统重建与城市的恢复

"保国之道，藏富于民，民富则亲，贫则离，民之贫富，国家休戚系焉"②，这是明太祖建国之初的治国思想，也是他建立明王朝后为缓解社会矛盾、巩固政权所采取的各项措施的指导思想。在农民战争余波未平的情况下，朱元璋扬长避短，利用当时的有利条件，实施了一系列有助于社会经济恢复与发展的措施，迅速稳定民心，促进了各地城市的发展。

（一）农业的重建奠定了城市发展的基础

农业时代，农业是城市发展的基础和制约因素，农业的发展为手工业、商业以及城市经济的发展创造了必要条件。因此，只有农业经济恢复正常，城市才能从农业中获取自己所需要的生产资料、生活资料以及劳动人口，也只有在农业经济繁荣以后，城市工商业才能不断发展，因此，农业的发展是城市繁荣的基础。

明朝建立以后，统治者采取了以下措施来恢复农业经济：

1. 制定鼓励垦荒的政策

明太祖认为"今军务实殷，用度之急，理财之道，莫先于农事"③，于是明朝初期政府将开垦农田、增加户籍数量作为恢复国力的头等大事，尤其在受农民战争影响最大的中原地区，明朝廷专门设置了司农司，负责垦荒事宜，并颁布诏令鼓励垦荒，"召民耕种，人给十五亩，蔬地二亩，免租三年"④。洪武元年（1368 年），全国开垦农田的面积为 180 多万顷（不含东北、西北未定地区与四川、云贵地区），

---

① 张廷玉：《明史》卷一百二十《福恭王常洵传》，中华书局，2000 年，第 2416 页。
② 夏燮：《明通鉴》，中华书局，2009 年，第 400 页。
③ 陈建：《皇明通纪》，中华书局，2008 年，第 35 页。
④ 龙文彬：《明会要》，中华书局，1956 年，第 982 页。

到了洪武二十六年（1393年），全国开垦的农田总面积已达到850.7万多顷，为元末的近4倍。① 随着农业生产的恢复和大量田地的开垦，曾经饱受战争摧残的中原、长江中下游等地区逐渐出现人口兴旺的局面，这是这些城市发展的经济支撑和人口基础。

2. 鼓励种植经济作物

明初朝廷规定："凡民田五亩至十亩者，栽桑、麻、木棉各半亩，十亩以上倍之。麻亩征八两，木棉亩四两。栽桑以四年起科。不种桑，出绢一匹。不种麻及木棉，出麻布、棉布各一匹。"② 在这种半鼓励半强制的政策下，经济作物的种植受到百姓的重视。例如，河南、山东等地棉花种植面积增加，迅速成为全国棉花生产中心地区。洪武二十五年（1392年），大名府和开封府两地的棉花产量达1 180万斤。部分城市和地区成为经济作物的集散地，如山东东昌府因植棉而兴盛，每年吸引大量商人前来，"江淮贾客，列肆赍收，居人以此致富"③，明廷在此地征收的棉花税额也成倍增加。经济作物产量的增加，为明初的丝织业及其他手工业提供了充足的原料，使东南各省的丝织业等在短时间内迅速恢复了正常生产秩序，苏州、杭州、湖州等城市还形成了一定规模的丝棉产业市场。

（二）官营手工业的发展与城市经济的恢复

"工商食官"是先秦就有的工商业政策，之后各朝，除西汉和魏晋隋唐的某些时段之外，多数时间统治阶级都允许私营工商业自由发展，这是中国的中古文明领先于世界的原因之一。至元代，政府将手工业重新纳入了官营体系，蒙古人西征及南下掳掠了数量可观的工匠，并将他们迁徙安置、分局造作，建立了元代最早的官营工商业。元代官府手工业包含纺织、制瓷、制盐、矿冶、制军器等多行业，其产品绝大部分归于朝廷，供皇室、官僚和贵族使用。

明代前期，政府沿袭了元代官营手工业的生产方式和管理体制，将手工业生产纳入了官营体系。明代官营手工业在全国手工业中占有相当大的比重，即使在明代中后期，民间手工业得到很大发展，但最终也没有完全取代官营手工业。④ 明代的官营手工业规模庞大，涉及行业较多，但较为分散。明初官营手工业对城市经济发展具有带动作用：第一，官营手工业的生产场所普遍设立于城市之中，城市的生产中心地位得以确立。第二，官营手工业培育了一批技艺娴熟的工匠，这些工匠被安置于城市中，成为城市中较为稳定的人口。第三，官营手工业对产品质量要求较高，客观上刺激了生产技术的进步，如丝织、棉织、锻造、矿冶、印刷等技术在明代都有了较大发展。生产技术的进步提高了手工业生产效率，为明代中后期城市的商品生产和贸易繁荣奠定了基础。第四，明代官营手工业生产涉及多个行业，不同

---

① 史苏苑、骆宝善：《简明中国通史》，河南人民出版社，1988年，第258页。
② 张廷玉：《明史》七十八《食货二》，中华书局，2000年，第1264页。
③ 王命爵、李士登修，王汝训纂：《东昌府志》卷二《物产》，万历二十八年刻本。
④ 方楫：《明代手工业发展的趋势》，《历史教学问题》，1958年第4期。

行业的官营手工业能给生产地带来不同的发展动力。

1. 窑作与城市

明代营建城市、宫殿的建筑材料多由官营手工业部门生产，这些材料可以分为砖、瓦、琉璃3类。砖、瓦、琉璃的制作在古代被称为窑作。明初营建南京城、中都凤阳等工程消耗了大量的此类材料，这给部分以生产此类材料的行业为主要产业的城市和地区带来了发展的机遇。

明代前期的官窑分布于卫河流域，包括今河南、河北、山东、天津等地，部分卫所城市也是烧造砖瓦的指定地点。明代中期的烧造中心基本集中在以烧制城砖为主的临清，以烧制金砖为主的苏州和烧制琉璃的京师地区。以山东临清为例，由于制砖业的兴盛，当地随处可见与砖窑有关的地名，如张窑、陈窑、东窑、西窑、窑口、窑地头等等。临清的卫河、会通河沿岸共计有384窑，每窑划地40亩，专供取土，所有窑的占地面积在万亩以上，共有窑工约9 600人，鼎盛时期的制砖及相关产业的人口有数十万之多。① 又如，南方的苏州窑、武清县窑等皆因位于官营手工业中心而获得了较好的经济效益和声誉，明代中期以后，当地形成了具有一定规模的烧造片区，并发展为手工业城镇。

2. 制瓷业与城市

江西景德镇虽然很早就开始发展陶瓷业，但在明代以前并不是全国的制瓷业中心。唐代越窑的产品，宋代北方的真定红瓷、南方的龙泉青秘等都曾是景德镇瓷器的竞品，且声誉都好于景德镇瓷器，即便是在元代，南丰、临川、建阳在全国制瓷业中的地位也均远远高于景德镇的地位。明代之前的景德镇窑场分散，从业者分布于农村，并不具备城镇的聚集性特征。

明代初期，景德镇是瓷器的重要生产基地，主要生产御用瓷器。明初当地建窑20座，宣德间增加至58座，共有生产管理人员约400人，年产量443 500件。② 由于官营制瓷业为景德镇奠定了良好的基础，明代中期以后，当地民营制瓷业也迅速发展。有学者推算，隆庆、万历年间景德镇大约有民窑900座，③ 王世懋《饶南九三府图说》中记载："景德镇，去邑二十里，陶厂所在，商工辐辏，亡命作奸，莫可穷诘，工兴则挟佣以争，工毕则鸟兽散而为盗，隐忧其在兹乎！"由此可见其地生产规模之大。

3. 织造业与城市

明代官营织造业分布较为广泛，经营机构也较多，为历代少有。明初设有织染局的地区和城市如下表所示：

---

① 程国政：《中国古代建筑文献集要·明代（上）》，同济大学出版社，2013年，第284页。
② 王毓铨：《中国经济通史·明代经济卷（上）》，中国社会科学出版社，2007年，第354页。
③ 梁方仲：《梁方仲读书札记》，中华书局，2008年，第44页。

表1-2 明初设立织染局的省/直隶及城市统计表

省/直隶	城市
浙江	杭州府、绍兴府、严州府、金华府、衢州府、台州府、温州府、宁波府、湖州府、嘉兴府
南直隶	镇江府、松江府、苏州府、徽州府、宁国府、广德府
福建	福州府、泉州府
四川	成都府
河南	开封府
山东	济南府

从生产关系的角度来看,官营手工业内部是剥削生产关系,即统治者利用政治权力,借助徭役制度强制各地手工业者从事生产劳动。这种生产不计成本,不是为了交换和获利,也不考虑生产合理循环,其目的是满足上层社会的奢侈生活需求。所以,官营手工业并不符合经济发展规律,甚至是经济正常运行的障碍和负担。值得说明的是,虽然明代早期的官营手工业体系并不符合经济发展的规律,但是它为明代中后期城市经济的繁荣奠定了较好的基础。

(三)朝贡贸易与朝贡路线沿线城市经济的恢复

朝贡制度是中国封建王朝为建立并维护自身与周边及海外各国的外交关系而建立的政治、经济制度。从政治关系的角度看,朝贡制度是作为宗主国的中国朝廷要求朝贡国家以附庸国的身份向自己进献贡品,以示归顺;从经济关系的角度看,朝贡也是一种官方控制下的对外贸易活动。[①] 明代的朝贡贸易始于洪武、永乐时期。明太祖发展对外贸易是为了用经济牵制周边政权,以稳定边疆。明太宗登基后,出于弘扬国威、震慑前朝余党等目的,遣使四出,加强了明朝与海外各国的外交关系,郑和下西洋便是明代朝贡贸易之滥觞。郑和使团远航前后跨越近30年,开通了海运航道,带来了和平和秩序,构建了稳定而繁盛的亚洲国际贸易网。[②] 中国沿海城市以及亚洲各国港口城市的发展由此翻开了新的篇章。

1. 参与朝贡贸易的国家

洪武五年(1372年),社会已经趋于稳定,国力处于逐渐恢复阶段,朱元璋认为明朝周边的国家位置偏僻,不宜出兵征伐,与其劳民伤财攻打周边各国,还不如与它们建立贸易关系。在这样的背景下,明朝周边数十个国家与明朝建立了朝贡关系,建立起以明朝为中心的朝贡体制。具体而言,被明朝廷列入不征伐名单的国家包括:东北方的朝鲜国,正东偏北方向的日本国,正南偏东方向的大琉球国和小琉球国,西南方的安南国、真腊国、暹罗国、占城国、苏门答腊国、渤泥国和三佛齐

---

① 张钰梅:《简论明初的朝贡制度》,《云南教育学院学报》,1995年第1期。
② 万明:《郑和下西洋与亚洲国际贸易网的建构》,《吉林大学社会科学学报》,2004年第6期。

国等。在这些国家中,朝鲜、琉球、安南、日本、渤泥、三佛齐等十多个国家先后与明朝廷建立了朝贡关系。

2. 开展朝贡贸易的城市

由于海禁政策的执行,明朝政府规定了各国贡使朝明的路径,具体而言,朝鲜贡使由鸭绿江经辽阳、广宁入山海关达京师,日本贡使由浙江宁波府入贡,琉球贡使由福建闽县入贡,安南贡使则从广西凭祥入境,吕宋贡使由福建入贡,南洋其他国家贡使皆由广东入贡。

在东北地区,明朝廷在建国之初就允许朝鲜贡使在辽东地区进行自由贸易,使得朝鲜的商品大量输入当地,包括人参、貂皮、麻布、刀具、扇子等等。这些商品的流入以及商业贸易范围的扩大推动了开展贸易的城市的发展,如辽东地区的辽阳、镇江等都是明朝初期朝鲜贡使与明朝政府进行贸易的重要城镇。

在西北地区,来自撒马尔罕的帖木儿帝国朝贡使团从嘉峪关进入明朝疆域后,主要在甘州和肃州两个城市停留,在此销售其携带的物品,其销售的货物以西域良马为主,这一方面有助于当时百姓的生产生活,另一方面能极大缓解明朝廷战马紧缺的问题。①

在东部沿海地区,日本国贡使进行朝贡贸易的区域主要有 3 个:第一是宁波,第二是北京,第三是从宁波到北京的沿途部分城镇。其中以在宁波进行的贸易最盛。通过以上渠道,日本贡使向中国输入的商品包括刀剑、硫磺、屏风、扇子等,从中国带走的商品有丝绸、布匹、草药、瓷器和书画等。

在东南沿海地区,闽县是琉球国贡使入境之处,由于明朝廷对琉球的优惠政策,来自琉球的船只也经常于福州、宁波和瑞安登陆。这种"贡道"的改变,使上述几个城市的商业都受到了一定程度的刺激和推动。例如,琉球贡使从中国带走的主要商品是处州青瓷,为了方便将青瓷再销往东南亚国家,其经常选择重要港口福州作为贸易活动中转地,这在一定程度上促进了处州、温州、宁波、杭州、福州等城市间贸易链的形成。②

在南方,暹罗、弗朗机等国的贡使以广州为入境口岸。洪武年间朝廷曾规定:"广州通占城、暹罗、西洋诸国。"③ 当时的广州"几垄断西南海之航线,西洋海舶常泊于广州"④,不仅接待南洋、印度洋等诸国的朝贡使团,甚至与西欧、拉丁美洲各国都建立了贸易关系。明朝廷对广州城市的定位推动了广州与世界各个国家和地区之间海上交通往来及商品运输的重要航线的形成。⑤ 在该时期内,东南各国朝

---

① 田澍:《明代河西走廊境内的西域贡使》,《中国边疆史地研究》,2001 年第 3 期。
② [日]冈本弘道:《明代朝贡国琉球的地位及其演变》,《海交史研究》,2001 年第 1 期。
③ 张廷玉等:《明史》卷八十一《食货五》,中华书局,2000 年,第 1322 页。
④ 谢清高:《海录》上卷,转引自司徒尚纪:《中国南海海洋文化史》,广东经济出版社,2013 年,第 165 页。
⑤ 黄启成:《明代广州的海外贸易》,《中国经济史研究》,1990 年,第 4 期。

贡使团在经华贩售的商品包括胡椒、象牙、苏木、香料等。①

表1-3　明初朝贡国家始贡时间、朝贡物品与通商城市统计表

国名	始贡时间	贡品种类	通商城市
朝鲜	洪武二年（1369年）	金银器皿、人参、白绵纸、黄毛笔、貂皮、刀具、扇子等	辽阳、山海关
琉球	洪武五年（1372年）	马匹、刀具、胡椒、硫磺、木香、丁香、象牙、玛瑙、泥金扇、苏木等	闽县
安南	洪武二年（1369年）	金银器皿、犀角、象牙、白绢、沉香、木香、纸扇等	凭祥
占城	洪武二年（1369年）	象牙、犀角、孔雀、檀香、乌木、苏木、红印花布、白绢布、花梨木等	广州
暹罗	洪武四年（1371年）	象牙、孔雀尾、翠毛、宝石、珊瑚、檀香、乌木、丁香、西洋布、胡椒、白豆蔻等	广州
日本	洪武七年（1374年）	马匹、盔甲、刀剑、硫磺、苏木、描金粉盒、贴金扇、洒金箱子等	宁波
爪哇	洪武五年（1372年）	火鸡、鹦鹉、犀角、宝石、珍珠、金刚子、乌香、锡、西洋铁、乌木、胡椒、木香等	广州
渤泥	洪武四年（1371年）	孔雀尾、水晶、石青、木香、丁香、胡椒、苏木等	广州
帖木儿	洪武二十年（1387年）	马匹、骆驼、玉石、玛瑙珠、水晶碗、镔铁刀、羚羊角等	嘉峪关、甘州、肃州

3. 朝贡贸易对地方城市发展的影响

朝鲜贡使在辽东地区进行贸易促进了当地城市工商业的繁荣，活跃在辽东地区者不仅有从国内各个地方前来采购朝鲜珍稀商品的商贩，也有其他国家的商人。例如，汤占城是朝鲜使臣进入明朝疆域后的第二站，尽管城池规模不大，当地却"列市肆，物货鲜明"②；辽阳城是明朝辽东都司所在地，在朝贡贸易的影响下，该城池"其大不下于永平府，人民、货物之盛虽不及北京，而山海关以东最为殷盛，真是东洛之根柢"③。

当时的甘州和肃州由于受到朝贡贸易的影响，商业十分繁荣，很多商旅专门来到这两个城市从事商业贸易，这里还出现了专门从事各种商品销售的门店。史料记载，"使团大多在这两个城市驻留进行商品贸易"，"全国各地成千的商旅，从那里到来"。④ 在朝贡贸易的推动下，该地区形成了较为发达的贸易体系，进一步促进

---

① 李燕：《明代朝贡贸易体制下澳门的兴起及其与广州的关系》，《热带地理》，2013年第6期。
② ［朝］闵仁伯：《明天录》，载于林基中、夫马进：《燕行录全集》（第8册），东国大学校韩国文学研究所，2001年，第14页。
③ 李辅：《全辽志》，辽海书社，1934年，第501页。
④ ［葡］曾德昭著，何高济译，李申校：《大中志》，上海古籍出版社，1998年，第20—22页。

了该地区的经济发展。①

宁波在明代不禁海运期间是全国进行海外贸易的主要港口，被当代学者称为"海上丝绸之路的起点"。为了给日本国贡使的朝贡提供便利并加强管理，明朝廷在宁波设立了有外贸管理权力的市舶司，这使得宁波的商业贸易在明朝初期就具有了规模性和规范性。永乐年间，宁波港受到日本朝贡的影响，海外贸易十分频繁，具体表现在两个方面：第一，城市内部开始出现资本主义萌芽，如当地的商人、船长采取了合本形式雇佣水手出海进行贸易；②第二，宁波在全国海外贸易中的地位得到提升，明代中后期，宁波逐渐成为中日贸易的主要城市，取代了福建的漳州和泉州。

明朝政府在洪武年间分别在宁波、泉州和广州设置了市舶司主管朝贡贸易，其中广州是当时接待朝贡国最多的城市，从广州进入大明国境的使团所代表的国家共有12个，最多时达到15个，因此当时的广州被称为"夷夏之都会"。③由于多国贡使在广州开展贸易活动，因此广州的商品贸易发展到新的高度，城内商品种类繁多，琳琅满目，其地"香珠犀象如山，花鸟如海，番夷辐辏，日费数千万金，饮食之盛，歌舞之多，过于秦淮数倍"④。由于广州作为港口贸易城市的地位不断提升，故全国各地的特产和物品多聚集在广州出口，海外各国奇珍异品也多通过广州流向全国各地，这对广州城市的社会经济发展起到了巨大的促进作用。

四、城市系统的重建

城市是一个复杂的巨型系统，法国地理学家潘什梅尔曾经感叹："城市既是一个景观、一片空间、一种人口密度，也是一个生活中心和劳动中心；更具体点说，也可能是一种气氛、一种特征或者一个灵魂。"⑤城市系统包括物质建筑、管理机制、经济模式、生活方式以及文化风俗等多种组成部分。元代末年的城市系统在战争中全面崩溃，明朝建立以后，统治者采用了多项措施重建城市系统。

（一）城池的加固和重修

"高筑墙、广积粮、缓称王"的政策在朱元璋还是吴王时就已经被广泛实施了，对此朱国祯曾写道："国初有'高筑墙、广积粮、缓称王'之言，一以为朱升，一

---

① 潘勇勇：《明代朝贡贸易研究新探——以明朝与帖木儿王朝的朝贡贸易为例》，《前沿》，2014年第7期。
② 乐承耀：《论行政权力对明代宁波海外贸易的影响》，《宁波大学学报》，2003年第1期。
③ 蒋祖缘：《明代广州的商业中心地位与东南一大都会的形成》，《中国社会经济史研究》，1990年第4期。
④ 屈大均：《广东新语》，中华书局，1985年，第475页。
⑤ ［法］潘什梅尔：《法国》（下），载于李伯重：《多视角看江南经济史（1250—1850）》，生活·读书·新知三联书店，2003年，第382页。

以为陈碧峰,其说不一。然太祖初得和阳,此时谋臣尚未合,隐士尚未搜也。"①明朝建立以后,政府仍然贯彻"高筑墙"的政策:明确全国城池修筑的负责单位,颁布大量有关城池修筑的政令,促进全国各地城池的加快恢复。明成祖称帝后,由于国家刚刚经历了内部政变,再加上北部边患未解,他需要迅速稳定政局,因此也非常重视城池的修复和重建。

总的来看,明初城池的修筑与城市的政治地位、军事地位密切相关,国家投入大量人力、物力修筑的城池皆为政治中心城市或军事重镇。

1. 建制城市的修筑

京城是全国建制城市的代表。明朝建立以后统治者非常重视京城的修筑。明初南京城的修筑堪称陆地筑城的经典案例。永乐帝迁都后,明廷大力营建北京城,使该城市的规模不断扩大。

洪武元年(1368年),明王朝定都南京,而早在两年前,朱元璋就曾派刘基对南京旧城进行了规划和改造。为了让南京具有王都气象,以保明朝国祚绵长,刘基运用了堪舆的理论,对南京的宫城进行了精心规划和建设,史载至正二十六年(1366年)八月"拓建康城。初,建康旧城西北控大江,东进白下门外,距钟山既阔远,而旧内在城中,因元南台为宫,稍庳隘。上乃命刘基等卜地,定作新宫于钟山之阳,在旧城东白下门之外二里许,故增筑新城,东北尽钟山之趾,延亘周回凡五十余里,规制雄壮,尽据山川之胜焉。"②完工后的南京城周长120里,分为内外两城,外城有16门,内城有13门,是明代初期最大的城市。

同年,徐达率军攻破大都,元朝灭亡。明廷为了消除元王朝遗留于大都的"王气",改大都路为北平府,并将元代皇城城垣全部拆毁,还拆毁了大半宫殿,只保留了太液池西的隆福宫等。洪武三年(1370年)七月辛卯,明太祖下诏修建各地的藩王府,其中地处北平的燕王府即设于原元代皇宫太液池西的后苑旧地,由光天门、光天殿、隆福宫等宫殿建筑群改建而成。同年,太祖封朱棣为燕王,并令其就藩北平。在朱棣的主持下,王府于洪武三年(1370年)开工,至洪武十二年(1379年)完工。

永乐四年(1406年)七月始,成祖下诏营建北京宫殿、城池,到永乐十八年(1420年)皇宫竣工,营建时间长达15年。其间,明廷派遣大臣到四川、山西、浙江诸省采办高级木材和石料,动用了23万工匠、上百万民夫和大量的士兵。成祖于永乐十八年(1420年)十一月诏告天下迁北京,并于十九年(1421年)正月正式迁都。从此,北京就成了明代的政治中心和文化中心。

除南、北二京外,全国各地不同政治等级的城池都得到了不同程度的修筑。例如,十三布政司的省会城市在明代初期被全部修葺一新。其中,云南与贵州省会的筑城时间稍晚。省会城市是明王朝巩固地方统治的政治据点,因此其在战争中损毁

---

① 朱国祯:《涌幢小品》,中华书局,1959年,第44页。
② 姚广孝等:《明太祖实录》卷二十一,北平图书馆红格本。

的城垣在最短时间内得到了修复。

2. 军事要城的修建

洪武年间，明廷在军事要地新建了大批军事城池，如卫城、所城、关城、巡检司城、堡寨等。不同类型的军事城池遍布全国，其中沿海军事城池体系与北边军事城池体系的构建影响深远。例如，汤和主持修筑的浙江海防五十九城，这些城池在明代中后期成为抗倭的重要军事据点。又如明代北部边疆军城、九边军镇的营建。永乐年间，明廷迁都北京后，必然要加强北方的边防，以保卫京师安全，因此北方军事城市都得到了较好的发展。据《明成祖实录》的记载，北方的军事重镇以及临近京师的天津卫城、通州卫城经多次修葺；辽东都司及重要卫城亦经多次修复；顺天府新设前卫、中卫、右卫，并修筑了卫城；山西、陕西、辽东地区的卫城、所城的城垣都被加固，同时加修了堡寨和烟墩，以加强军事防御能力。总体来说，该时期的军事布局逐步显现出"重京师、守要冲、实边防"的特征。

（二）城市人口的补充

明政府组织移民的形式多种多样。就迁移到城市的人口而言，主要包括：官吏、宗室人口、平民、军籍人口。由于官吏在整个城市人口中所占比例不大，故其不在明代移民的主要讨论范围，而宗室人口、平民、军籍人口则是明代城市移民的主要组成部分。

1. 迁移人口至政治中心城市

明太祖和明太宗在位期间，多次下诏，强制迁移平民百姓。其时人口迁入的主要省份和地区有南北直隶、湖广、四川、辽东、陕西等。

明太祖和明太宗多次下诏直接迁移各地平民充实南京、北京，这一举措使南京、北京人口得以增加。有关朱元璋下达政令迁移人口以充实城市的最早记载是至正十八年（1358年）迁宁越7县富民子弟往应天府。明王朝建立以后，明太祖迁平民于京师：洪武十二年（1379年），从浙江杭州诸府调1 347人入住京城；洪武十八年（1385年）五月，调天下各地的民丁充力士者14 200人入住京城，随行家属约43 000人；洪武二十四年（1391年）七月，工部徙天下富民至者凡5 300户，合家属共26 500人于京师居住；洪武二十八年（1395年），"诏从直隶、苏州等十七府州及浙江等六市政使司所属府州县小民二万户赴京，占籍于上元、江宁二县，以充各仓夫役，名曰仓脚夫"①，如果加上随行家属，此次迁徙民众共计约6万人。

除了移民于京师以外，洪武年间移民入其他城市的情况也有很多。例如，江南地区的扬州城在元末战争中几乎变为一座空城，城中户口最少时仅有18户，战争结束后，仅回升到40户。洪武二十五年（1392年），明政府迁崇明岛2 700户合计约13 500人于扬州管辖的通州城，两年后再迁500户崇明岛农户于昆山县。此外淮安府、徐州、安庆、池州等地区也有人口迁入。

---

① 姚广孝等：《明太祖实录》卷二百四十三，北平图书馆红格本。

燕王朱棣发动了靖难之役，战火由北向南燃烧，北直隶及山东地区成了战场，区域内城市均遭重创。尤其是山东的济南府、东昌府等地人口损失严重。太宗定都北京以后，一方面迁移人口入北京城，另一方面对华北地区重要的城池也进行了人口补充。迁入人口是能够在最短时间内繁荣京城的措施，故明太宗也多下政令调外地人口充实京师；山东是靖难之役的重要战场，城市受损严重，人口流失较多，而其又是军事、经济要地，故政局稳定以后，明太宗较为重视山东的恢复，多次迁徙人口充实山东的重要城市，如东昌府、兖州府、济南府、登州府、莱州府等。

平民迁入城市在一定程度上丰富了城市里的职业种类，促进了城市各个行业的繁荣，对城市的发展起了很大作用。例如，明太祖曾迁大批工匠入京师并编户籍之，其中京师造船厂的工匠"起取浙江、江西、湖广、福建、南直隶滨江府县居民四百余户来京造船，隶籍提举司，编为四厢"①。厢是明代城郊的基层管理单位，明代政府将工匠安置于靠近城区的市郊，并编入市籍。这些在京师里安顿下来的居民成为城市工匠群体的主要来源。

2. 迁移军籍人口入军事要城

关于明初军籍制度的实行，笔者已经在上一节中阐述过，这里仅就军籍人口的迁移与变动展开讨论。洪武二十四年（1391年）的记录显示，京师驻军人数为23.5万，按照每名军士一妻一子的情况计算，移民京师的人口数达70.5万。有研究者认为：数量庞大的军籍人口给洪武时期的南京及其周围地区营造出浓重的北方氛围。②

洪武年间，北部重镇大同的军卫有15个，军队人数为8.4万，计入家属则共25万。该地区的军人及家属半数由大同和山西其他地区的平民转籍而来，另一半则为外省籍军人及其家属，有12至13万人，军人及其家属占到了城市人口的一半。北部重镇辽东的人口总数约50万，其中平民占20%，军士和随军家属多达40万人，占80%。这些军籍人口分布于辽东都司辖下的卫、军城之中，与当地的高丽、女真平民共同构成了辽东地区的城市居民群体。

西南边疆地区亦是如此。例如，明朝统一云南后，政府组织汉族军士和家属移民，并新设立了卫所军城，不但筑城开屯，更是把少数民族行政体系内的州、县划归军民指挥使司管辖。洪武二十六年（1393年）的数据显示，云南士卒共12万，计入家属则共36万。洪武二十八年（1395年），太祖曾下诏："在京军士戍守云南，其家属均遣诣戍所。"可见，这些军籍人口大多分布在云南地区的卫城、所城之中，成了这些城市的固定人口。

明代的军事要城主要分布于沿边地区和内地的少数民族混居地区。军籍人口的迁移，给边疆地区、少数民族地区的城市带来了人口结构上的变化，同时也给地区社会带来了一定的影响。

---

① 李昭祥：《龙江船厂志》，江苏古籍出版社，1999年，第134页。
② 葛剑雄等：《中国移民史》（第5卷），福建人民出版社，1997年，第24页。

（三）城市管理系统的重建

城市是人口和财富的汇集之地，其秩序的维持需要一套管理系统。明初建立的城市管理系统包括坊厢制和人口户籍管理、治安管理、行为规范设定等，虽不完善，却对迅速恢复城市的秩序，促进城市的发展起了相当大的作用。

1. 城市坊厢制度的建立

明代政府在农村和城市设立的维护地方社会稳定的组织略有不同。农村实施里甲制度，将农村人口纳入里甲管理网络，里设里长，甲有甲首；城市之内的基层单位为坊，靠近城市的地方管理单位曰厢，坊设坊长，厢有厢长。明代初期，朝廷对坊厢做了如下规定：

> 洪武十四年诏天下编赋役黄册，以一百一十户为一里，推丁粮多者十户为长，余百户为十甲，甲凡十人。岁役里长一人，甲首一人，董一里一甲之事。先后以丁粮多寡为序，凡十年一周，曰排年。在城曰坊，近城曰厢，乡都曰里。①

> 凡置之都城之内曰"坊"，附城郭之外者曰"厢"。而原额图籍，编户于郊外者曰"乡"。坊厢分有图，乡辖有里。②

> 有人丁而无田赋，止供勾摄而无征派。③

明初朝廷对坊、厢的规划和设置，实际上是按照职业将居民进行归类和划分，并固定各类人群的居住地，这样做有助于政府的统一管理。例如，在明代南京的上元和江宁两个县的附郭，明太祖迁入京师的外来人口大部分落籍于此，其中，上元织锦坊分 21 图，十八坊分 18 图，十三坊分 7 图，十二坊分 8 图。④ 坊厢的设置，使人口管理有了依存和保障。

2. 城市治安管理的强化

明代初年，为了加强城市治安管理，明廷专门设立了治安管理机构。例如，为了及时发现城内的安全隐患，实现对城中突发事件的预防与及时处理，明初由五城兵马司负责安排人手在京城进行巡逻，"夜发巡牌，旗士领之，核城门扃鐍及夜行者"⑤。

与此同时，朝廷也非常注意对城市流动人口的盘查和管理。城市流动人口主要有两种类型：一种是合法的流动人口，如行商、班军、官员等；另一种是流民、游民、逸夫等没有固定户籍的流动人口。针对流动人口，朝廷一方面加强户籍管理制度的实行，另一方面对城中流民进行遣返，如对滞留城中者采取强行驱逐的措施，

---

① 张廷玉等：《明史》卷七十七《食货一》，中华书局，2000 年，第 1253—1254 页。
② 顾起元：《客座赘语》，中华书局，1998 年，第 58 页。
③ 顾起元：《客座赘语》，中华书局，1998 年，第 64 页。
④ 罗晓翔：《明代南京的坊厢与字铺——地方行政与城市社会》，《中国社会经济史研究》，2008 年第 4 期。
⑤ 张廷玉等：《明史》卷六十九《兵一》，中华书局，2000 年，第 1462 页。

或是将其流放到边远地区充军。

另外,朝廷对城市的水火防治和市容整顿也极为重视,有的城市官府明文规定守城士兵都有参与救火的义务,违者严惩;有的城市官府则在规划和建设城池时就设置了用于救火的火巷,例如江西德化县城"郡城内外,于大街之傍辟设巷道,广约寻仞,以便救护"[①]。

3. 城市福利政策的实施

平民出身的朱元璋深知基层社会稳定的重要性,流民、流寇、乞丐会给社会带来较多的不稳定因素,若管理不善有可能会演变成反叛力量;加之朱元璋立国的理念是建成政府强控制的农业大国,因此明初立国后统治者尤其重视社会福利制度的建立。明廷一方面制定了相关的福利政策,另一方面在城市中设立了福利机构,其中影响最大的是养济院。

洪武五年(1372年),明太祖命于天下州县遍设孤老院,后改名为养济院,其设立的目的是"以处孤贫残疾无依者"。洪武七年(1374年),明太祖再次确定养济院的职能为"各处鳏寡孤独并笃疾之人贫穷无依不能自存者,有司从实取勘,官给衣粮养赡,为屋宇以居"[②]。为了保证这项政策的落实,明太祖将其列入了《大明律》之中。自此之后,各地州县先后设立了养济院。明成祖继承并发展了这一项措施,将养济院由内地的州县推广到沿边的卫所城市。

养济院普遍设立,一县(州)一所,皆设立于县城或州城之中。但也有一县二所的特殊情况,如福建同安县的养济院,一所设在同禾里四都,一所设在庆峰门外;南直隶无锡县的养济院,一所在县城永兴坊,一所在县城西;广东番禺县的养济院,一所在府城内,一所在府城东部。各地养济院规模从三五间房到上百间房不等,规模最大的是嘉兴县的养济院,其房间有200余间。

养济院的设立对于维护城市秩序和社会伦理具有重要的意义。一方面,养济院的设立减少了流动人口对城市的消极影响,例如传播疾病、破坏治安、影响市貌等等;另一方面,养济院在教化民众、敬老与保障贫民老有所依等方面具有积极意义。养济院的政策一直持续到明末,其稳定秩序、安抚民心、加固明王朝的统治基础的作用是不言而喻的。

(四)城市经济系统的重建和管理

1. 城乡集市的恢复

元末明初战火频仍,城乡的集市贸易因社会动荡而处于凋敝和停滞的状态。明王朝建立以后,统治者采取了一系列恢复社会经济的措施,其中就包括城乡集市的重建与增建。明初恢复的集市主要位于各地州、县治所所在城市。这样做一方面有利于人口集中,另一方面便于政府管理。例如,在京畿地区的冀州于"洪武间设立

---

① 冯曾修、李汛纂:《九江府志》卷二《方舆志》,嘉靖刻本。
② 张萱:《西园见闻录》,杭州古籍书店,1984年,第154页。

州市集"①；宁津县，"洪武二十九年始立县市"②。明代的地方官员为繁荣当地经济，往往是恢复城镇集市的主要推动者，他们会组织人力在城市内增修街道和民舍，开辟市场。例如，故城县在明初没有交易市场，知县李括苍"开两街以增民舍，复立集场以通货财"③。

2. 城市经济秩序管理的加强

在市场秩序管理方面，明朝廷制定了一套系统的市场管理制度：第一，保状与保结制度。即工商业者想在城中开设店铺则需要向官府申请，并签订遵守法令的保证书。第二，规定市场开设的地点。从明初开始，市场的开设都须经过当地官府的批准。例如，洪武二十九年（1396年），知县李实于开封府临颍县"始立县市"④。第三，规定市场开放的时间。这样做的好处在于可实现本市场与附近其他市场的错时开放，避免产生冲突。第四，统一斛斗秤尺等度量衡。该制度始于明太祖时。出于维护市场秩序的考虑，朱元璋于洪武元年（1368年）下诏："凡斛、斗、秤、尺，司农司照依中书省原降铁斗、铁升，较定则样制造，发直隶府州及呈中书省转发行省，依样制造，校勘相同，发下所属府州，各府正官提调依法制造，较勘付与各州县仓收支行用。"⑤ 根据该规定，城中商人所用的秤尺必须与"官降"相同，且烙有官印的秤尺才能在市场上被使用。第五，稳定物价。《大明律》中规定市场物价要经过官府评估，如果官府发现刻意高价出售商品者，会严厉惩处。第六，禁止诈骗。明太祖在建国初期就针对市场诈骗、使用假钞伪银等不法行为制定了惩处措施，以维护市场秩序的稳定。

第二节 明代中期城市的发展

明正统元年（1436年）至万历十年（1582年）的百余年间，在中国历史上是具有重大意义的社会变革期，⑥ 这一时期明朝治下的社会出现了诸多变化。在这段时期内，农业生产技术进一步提高，粮食产量增加，促进了局部地区经济的发展；由于工匠制度发生变化，使自由手工业者的数量增加，手工业商品产业链也日趋完善；以江南地区为典型的城镇商业体系逐渐形成，区域经济开始出现中心化趋势；城镇间交通系统更加完善，为农产品、手工业产品、资金和信息在城市间的顺畅流通提供了基础条件；里甲制度的崩坏和黄册的失效使明朝中期出现又一次的大规模人口迁移，并形成了明代中期的人口分布格局。上述各种社会构成要素的变化作用

---

① 张景达修，张玺纂：《冀州志》卷一《市场》，嘉靖刻本。
② 山东省宁津县史志编纂委员会：《宁津县志》，齐鲁书社，1992年，第52页。
③ 郜相修，樊深纂：《河间府志》卷三《建制志》，嘉靖刻本。
④ 李馥先修，吴中奇纂：《临颍县志》卷三《制置志》，顺治十七年刻本。
⑤ 《明会典》卷三十七《权量》，万历刻本。
⑥ 吴金成：《从社会变迁视角对明中期史的再认识》，《古代文明》，2011年第4期。

于各地城市之中,引发了明代中期城市形态、经济以及文化的变化。这些变化包括:城市规模扩大、城镇人口数量增加;地区城市的经济中心地位日益凸显,城市经济水平提升,中小城市在商业活动的影响下发展迅速;另外,城市中传统阶层的社会特征发生变化,引起了城市文化、思想的变化,其与传统文化之间逐渐有了差异。

一、明中期城市发展的背景

(一)农业经济的高度繁荣

得益于明初的农耕开垦政策,洪武与永乐两朝后,明朝疆域内的农田面积有了很大的增长。明代中期的统治者在此基础上兴修水利、鼓励农业生产,使粮食作物产量大大提高。与此同时,经济作物的种植在明代中期也获得了很大的发展。在明代诸多种类的经济作物中,棉花的种植最为广泛,弘治年间,棉花"其种乃遍布于天下,地无南北皆宜之,人无贫富皆赖之"①。桑树的种植在明代中期也得到快速发展,在史料中有关于农民种植桑树而获利的记载:

> 上地1亩可产桑叶2000斤,卖价为银五六两;中地亩产1000斤,卖价二三两;下地亩产卖银也不下一二两。而圩田1亩种稻,高产亩收米2石,次者1石5斗。②

除了棉花与桑树,明代中期被广泛种植的经济作物还包括甘蔗、烟草、茶树等等。

农业经济的繁荣对城市的发展具有重要意义。一方面,水利的兴修促进了农作物产量的持续增长,而丰富的农业产品既保障了城市居民的基本生活所需,又保证了手工业生产的原料供应。另一方面,经济作物的推广和种植繁荣了农村经济,促进了小型市镇的兴起。某些经济作物的产区形成了农副产品加工区,出现了农产品从生产到加工的产业链雏形,这些地区的城市也因此得到了发展。例如,松江府华亭县盛产棉花,此地"居民数千家,商贾辐辏"③;湖州府南浔镇是明代的丝织业重镇,"各直省客商云集贸贩……四时往来不绝"④。

(二)民营手工业的发展

明代早期的手工业以官营手工业为主。官营手工业并非自然形成,而是明朝政

---

① 丘浚:《大学衍义补》,上海书店出版社,2012年,第204页。
② 乾隆《乌青镇志》卷十一《艺文》,转引自王毓铨:《中国经济通史·明代经济卷(上)》,经济日报出版社,2007年,第281—282页。
③ 朱栋:《朱泾志》,载于上海地方志办公室:《上海乡镇旧志丛书》,上海社会科学院出版社,2004年,第8页。
④ 李堂:《湖州府志》卷四十一《物产》,乾隆二十三年刻本。

府为了保证皇族和官员的生活所需,将全国范围内拥有精巧手艺的手工业者聚集于京城,并专门开设手工业作坊,令其在其中工作,因此这属于一种政府行为。随着明朝廷对工匠人身束缚的减轻,加之商品贸易的日益活跃,嘉靖、万历时期,民营手工业的规模已经可与官营手工业的规模比肩,有些行业的民营手工业规模甚至超过了同一时期的官府手工业规模。[①] 这些行业包括丝织业、棉纺业、制瓷业、冶炼业、造纸业、榨油业、制盐业等等,不但从业人数较多,产量、销量较大,甚至连生产方式都发生了质的变化。以丝织业为例,嘉靖年间,官办的丝织局已经式微,其作坊规模越来越小,而朝廷所需的丝织品已经转由江南市场供应;与此相反,杭州的塘栖镇、嘉兴的濮院镇等地则"官舫运艘,商旅之舶,日夜联络不绝"[②],"机杼声轧轧相闻,日出锦帛千计。远方大贾携囊群至"[③]。

同时,明代中期以后,朝廷对民营手工业的管理放宽,使得手工业从业者拥有较大的生产和销售的自由。民营手工业的产品质量较好,进入流通市场后销量也较好,因而在民间手工业产地出现了专门以生产和贩卖手工业产品为生的商人群体。这些商人群体对手工业地区小型商业市镇的形成、定期集市制度的完善具有推动作用。

(三) 国内区域贸易体系的形成

在农业经济繁荣和民营手工业发展的影响下,明朝中期各地开始出现具有地域特征的农商产品,而这些产品的生产加工地逐渐发展为各地区的经济中心。与之相应的是全国范围内贸易活动的日益频繁,农产品、手工业产品畅销于国内,甚至被销往海外。明代中期,在全国范围内更是形成了不同的区域生产、贸易体系。这些区域的产品丰富且特征明显,吸引了全国各地商人前来购买,而商品买卖进一步促进了区域中心城市的繁荣。例如,东北地区地近女真部和蒙古部,明廷采用了经济牵制的方法来维持边境的和平,建立了马匹、茶、木材的贸易;山西地区盛产绫罗绸缎和铁矿、锡矿制品及陶瓷制品,加之山西地区宗室人口众多,有着靡然向奢的消费风气,故到了明代中后期"太原、潞、泽则已渐流于奢矣。若汾、太两府并建……大同商旅辐辏,货物昂贵……奢靡之风乃比于东南"[④];湖广地区的手工业相对落后,但粮食作物产量较高,故成为全国最大的商品交易区,该地区的武昌、郧阳、襄阳、沙市、岳阳等都是行商聚集之处;云南地区盛产丹砂、朱汞、金碧、珍贝等,所产的大理石为明代中后期流行使用的建筑材料,皇家贵胄纷纷用之来铺设殿堂,导致一时之间大理石供不应求,云南的商业城市首推省府昆明,"会城之

---

① 王毓铨:《中国通史》第九卷《中古时代·明时期(上)》,上海人民出版社,1989年,第341页。
② 王同:《塘栖志》卷十八,转引自王毓铨:《中国经济通史·明代经济卷(上)》,经济日报出版社,2007年,第385页。
③ 金淮:《濮川所闻记》卷四,嘉庆二十五年刻本。
④ 顾炎武撰,谭其骧等点校:《肇域志》,上海古籍出版社,2003年,第797页。

中，土沃饶食，不待贾而贾恒集"①。

（四）流动人口的增加

经过明初的国家重建和休养生息，社会发展平稳，人民负担较小，人口增长迅速。洪武年间全国人口总数约为6 500万，明中期的万历二十八年（1600年）人口达到峰值，约为1.5亿，其时北方人口增长率为4‰~8‰，南方为3‰~4‰。② 人口的快速增长与土地兼并的矛盾导致农民生活日益贫困。与此同时，土地管理制度瓦解，里甲制度崩溃，全国各地农村社会结构分解，农民开始向其他地方迁移，其中人口流失最严重的州、县的所辖里数较明初下降了92%，农村人口流失率达到50%的州、县有很多。③ 农民流动的主要目的地是城市和商业发达的市镇。例如，湖广地区的城镇是明代中期人口的主要输入地，这个时期的江汉平原已经涌现出一大批商业市镇，区域内的经济发展程度和商业繁盛状况吸引了大批不愿耕作的农民前来寻找生存的机会。

二、商业城市的发展与繁荣

伴随着明代中期国家的繁荣，城市经济发展迅速，部分城市的政治职能逐渐淡化，工商业职能逐渐占主导地位。有的城市发展成手工业中心，有的城市发展为区域商业贸易中心，有的城市变成国际贸易集散地，还有的城市依托自然资源而成为资源型城市。到了明朝中期，规模较大、在区域内处于中心地位的商业城市共有40多个。

（一）商业中心城市的兴起

在明代中期100多年时间里，全国范围内的手工业生产、商业发展水平有了很大的提升。随着生产制造和商业贸易的专业化程度越来越深，一批城镇逐渐发展出不尽相同的职能：南京、杭州、苏州等城市成为纺织业中心；开封、济南、常州、芜湖、荆州、南昌、成都等城市成为粮食交易中心；淮安、济宁、临清、德州、天津等城市成为商业中心；徽州、池州、湖州、徐州等成为文具制造业和印刷业中心；大同、开原、河州、大理等城市则利用自身的特殊地理位置转变为边境贸易集散地；而福州、泉州、广州、宁波等城市依仗频繁的海外贸易成为国内闻名的对外贸易中心。

---

① 张瀚：《松窗梦语》，中华书局，1985年，第84页。
② 李德甫：《明代人口与经济发展》，中国社会科学出版社，2008年，第9页。
③ 参见周忱：《与行在户部诸公书》，载于陈子龙等：《皇明经世文编》，中华书局，1962年。周《书》称，江南地区人口流散的原因有大户苞荫、豪匠冒合、船居浮荡、军囚索引、屯营隐占、邻境蔽匿、僧道招诱7种。

（二）商业城市网络的形成

明代中期城市发展的另一个特征是商业城市并非完全独立，而是在某个区域内相互联系，或是不均衡地分布于不同区域。这些城市借助当时发达的水陆交通，形成了一个以商业贸易往来为主要联系方式的巨大城市网络。

根据《士商类要》，明代中期共有100多条水陆商路，这些商路在北方深入辽东地区，南达福建、广西和广东，东连上海和山东，西及陕西、宁夏和四川，围绕着北京和南京两个当时最大的商业活动聚集地，在全国范围内形成了一张四通八达的商品经济网。① 这张商品经济网具有以下两方面特征：

一方面，明代中期的商业城市网络的结点分布并不均衡。尽管当时全国范围内共有100多条水陆商路，但大多数集中在东南沿海、长江中下游以及江南和东南地区的各城市之间。例如，途经徽州的商路共有13条，经杭州的有8条，经芜湖的有7条，经扬州的有5条，松江、湖州、福州和广东等地也有相当多的商路。究其原因，这些地区既是农作物、手工业产品的原产地，又是商旅往来最为频繁的市场的汇集地区，因此其商品经济发展水平远远超过其他地区，《士商类要》对此有所描述："江南苏、松、常、镇、嘉、湖等府皆系门摊，客货不税，于是商贾益聚于苏州云云。"②

另一方面，明代中期商业城市网络中存在较明显的中心点。大多数水陆商路从中心点城市出发，向四周辐射和延伸。依据相关资料可知，北京和南京正是当时国内最大的商业贸易中心。明代中期从北京城通往全国各地的水路和陆路一共有10多条：陆路向东经德州至山东东部；向南经庐州府达江西；向西经真定府达山西，还可以经河南府达陕西，再经陕西至四川；向北可达辽东地区。水路则以京杭大运河为主要线路，与江南地区各个重要的手工业生产市镇紧密联系。经由水路，从北京城输出的商品，可经南京、苏杭输向更南方的广东和福建。

商业城市网络的形成，表明明朝中期的城市商业经济发展水平提升很大；单个城市的商业贸易活动突破了区域性市场的限制，形成了覆盖全国的商业城市体系。

（三）小型商业市镇的兴起

新兴市镇发展迅速是明代中期城市发展的一大特点。中国历史上的城镇，直到明代前期都没有改变城乡一体化的结构，但到了明代中期，由于商品经济发展迅速，国内外贸易范围不断扩大，全国各地涌现出一批不再依附于传统农耕生产而又不同于政治职能为主城市的小型市镇。这些新兴的城镇主要集中在手工业发达的地区，江南是其中最具代表性的区域。

---

① 姜晓萍：《〈士商类要〉与明代商业社会》，《西南师范大学学报》，1996年第1期。
② 程春宇：《士商类要》卷一，转引自姜晓萍：《〈士商类要〉与明代商业社会》，《西南师范大学学报》，1996年第1期。

明代中期的江南地区有着数量众多的手工业生产基地，这些基地因人口的聚集和贸易的发展而成为小型市镇。江南地区小型市镇的数量增长很快，最密集之地达到5里1市、10里1镇。例如，江苏的吴江县在明代早期为3市4镇，发展到嘉靖时增加为10市4镇，万历年间又增加了3镇。其地规模较大的市镇的繁华程度甚至不逊色于县城，"至于市镇，如我湖归安之双林、菱湖、琏市，乌城之乌镇、南浔所环，人烟小者数千家，大者万家。即其所聚，当亦不下中州郡县之饶者"①。这类市镇的典型代表还有苏州的枫桥镇、盛泽镇，吴兴的王店镇、良泽镇，嘉定的南翔坞，山东的张秋镇，开封的朱仙镇，广东的佛山镇，江西的景德镇等等。

上述市镇出现和发展的共同原因在于其所生产的手工业产品独具特色，故其依靠生产和销售商品而提高了当地的经济水平。这些新兴市镇分布在城市周边地区，既是城市开展商业贸易的商品来源地，又为城市居民提供了日常生活所需，在明代中期城市商业发展和繁荣过程中发挥着重要作用，最终与商业城市共同构筑成了一个完整的城市生态系统。

三、城市文化的兴盛与变迁

（一）市民文学的兴盛

明代中期，随着城市规模的扩大、人口构成的复杂化以及商业贸易的繁荣，市民成为城市中重要的社会阶层。在这种背景下，市民文学作为一种适应市民阶层需求且反映市民阶层生活、经济、思想和文化的文学形式应运而生。市民文学作为中国文学的一个分支出现是在南宋后期，经过元代的发展，在明朝建立后进入成熟阶段，并在明朝中期以后达到发展的顶峰。② 所谓市民文学，就是以市民阶层为主体，开展包括创造、出版、阅读和评价等环节的文学活动。与其他文学形式相比，市民文学的特征在于其属于一种具有复杂构成的、多元包容性的社会现象，而非单纯的文学现象。产生这一特征的原因在于市民阶层的结构体现了文学中的复杂性与多元性。另外，市民文学也不是一般意义上的文人文学或通俗文学，其既包含了部分文人文学，又包含了可以文字表达的通俗文学。③

据方志远统计，目前能查阅到的明代版刻的市民文学作品共有3 143种（部），合13 153卷（见表1—4）。④

---

① 茅坤：《茅鹿门先生文集》卷二，明万历刻本。
② 邵毅平：《明代与江户市民文学的比较研究》，《复旦学报》，1989年第1期。
③ 方志远：《从现存版籍看明代市民文学的发生与发展》，载于赵毅、林凤萍：《第七届明史国际学术讨论会论文集》，东北师范大学出版社，1999年，第647—669页。
④ 方志远：《从现存版籍看明代市民文学的地域分布——明代市民文学研究之二》，《明史研究》，1999年。

表 1-4 明代市民文学作品版刻地域分布情况统计表

地区	种类	所占百分比	卷数	所占百分比
南直隶	1 438	45.8	5 914	45.0
北直隶	43	1.4	223	1.7
浙江	887	28.2	3 291	25.0
江西	80	2.5	395	3.0
湖广	174	5.5	284	2.2
福建	253	7.9	2 096	15.9
山东	20	0.6	175	1.3
山西	19	0.6	151	1.1
河南	75	2.4	184	1.4
陕西	10	0.3	59	0.4
四川	24	0.8	177	1.3
广东	115	3.7	168	1.3
广西	2	0.06	20	0.2
贵州	无	—	无	—
云南	3	0.1	16	0.1

资料来源：方志远：《从现存版籍看明代市民文学的地域分布——明代市民文学研究之二》（《明史研究》，1999 年）。

从该表可以看出，明代市民文学作品的版刻在地域分布上是极不均衡的，其中南直隶版刻作品的数量几乎占全国总量的一半，而广西和云南等边远地区出产的市民文学作品加起来也不及总量的 1%，贵州更是在整个明朝都没有版刻市民文学作品。这和城市发展、繁荣的程度息息相关，在商业经济较发达、物质商品较富余的城市中，丰富多彩的城市生活为市民文学作品的生产提供了肥沃的土壤，因此这些城市版刻的市民文学作品种类丰富、数量可观；相反，在比较落后的少数民族地区和沿边城市中，经济欠发达，社会不稳定，再加上各类文化交融于此，缺乏市民文学的培育土壤，因此其市民文学的发展远不如发达地区。

从时间分布上看，明朝前期可被视为市民文学的艰难发展阶段，其时受明朝初期文化高压政策的影响，从洪武到天顺朝总共只出产了 64 种（部）、115 卷作品。明朝中期则是整个明代市民文学的大发展阶段，其中从成化到嘉靖朝是市民文学的复苏阶段，总共出现了 826 种（部）、2 503 卷作品，种类和卷数分别是明朝前期种类与卷数的近 13 倍和 20 余倍；而隆庆和万历年间则是市民文学作品产出的高峰，总共出现了 1 470 种（部）、6 567 卷作品，占整个明朝市民文学作品总量的近一半，这段时期内主要的作品体裁包括说唱词话、新编民歌、新编传奇、文言短篇小说、长篇白话小说和话本小说等。到了明朝晚期，尽管受到政治动荡、社会衰退的影响，市民文学作品的发展仍能保持一定的水平，天启和崇祯两朝共出现了 783 种

(部)、3 958卷作品。① 通过以上数据可以看出,市民文学作品的出现和发展在很大程度上受到当时政治、经济、文化等因素的影响,例如明英宗时期朝廷就严禁小说等体裁的市民文学作品的创作,故该时期市民文学作品的创作数量急剧减少。

通过上述分析可知,市民文学作品的发展受到城市经济发展水平和所处朝代政治环境的双重影响,这种影响实际上是政府通过城市这个载体,影响创作者对时事政治和文教风气的感知、理解,引导其创作活动;同时,任何一个时期的市民文学作品的种类和数量都能反映出当时的商业化程度、阶级构成、文化风气等方面的情况。

(二)市民文化的兴起

明代中期城市经济的发展吸引了大量人口进入城市。流民进入城市变成乞丐;商人进入城市发展成坐商,成为城市的固定人口;工匠进入城市成为帮工或小生产者;农村富民进入城市成为普通平民。这些新增的人口繁荣了城市经济,也改变了城市的社会结构。新增人口在城市之中不断融合、固化,最终演变成明代后期的市民。明代市民是一种伴随着商品经济和市场经济的发展而出现,具有明确私人财产并以契约关系相联结的群体,该群体具备了一定的民主精神、法制意识、个体性、世俗性和多元性等品格特征。② 市民丰富了城市生活,也改变了城市风气,使明代中期的社会充满了浓厚的市民文化氛围。

市民文化体现了市民的世俗化特征,是世俗的文化,故明代后期城市的风气也逐渐走向世俗化,主要体现在以下两个方面:

1. 弃儒从商,重商重利

儒家的价值观在秦以后各个朝代中都有着重要地位,约束和规范着人们的言行举止。明代王阳明的思想打破了儒家等级和尊卑观念,提升了商人、手工业者的社会地位,而程朱理学的逻辑无法适应变化迅速的社会意识形态,故弃儒从商的儒生和士绅越来越多。赵轶峰认为,下层民众的观念体系与商业行为不存在严重冲突,但是儒生和士绅从商,却是社会风气的变异,也是社会的商业化,是儒家观念体系和社会稳定性式微的表征。③ 因此,明代城市社会风气开始向追求利益和物质转变,人们改变了传统的"贵义轻利"观念,导致崇拜金钱、追逐利益、重利重财等思想在市民阶层中扩散开来。

2. 崇尚享乐,靡然向奢

娱乐性是市民文化的重要属性之一。明代城市工商业经济的发展为享乐主义文化氛围的形成和膨胀提供了物质基础。明代市民开始追求物品的精致,享受物质生活的乐趣,因而城市中开始流行以享乐为旨的饮食文化、茶馆文化、服饰文化、建

---

① 方志远:《从现存版籍看明代市民文学的地域分布——明代市民文学研究之二》,《明史研究:第6辑》,1999年。
② 陈国庆:《市民视野下的明代商人群体研究》,华中师范大学硕士学位论文,2006年。
③ 赵轶峰:《晚明北方下层民众价值观与商业社会的发展》,《东北师大学报》,2003年第1期。

筑文化、园林文化等，这成为明代城市中独特的风景线。

崇尚享乐进一步发展为对奢侈生活的追求，城市之中奢侈之风大盛，上至官员下至儒生均追求奢华的生活。这种奢侈之风"大抵始于城市，而后及于郊外；始于衣冠之家，而后及于城市"①。城市内的消费场所，如南京的秦淮河，即使到了夜晚也灯火通明。同时，市郊旅游也成为城市生活中的一种风尚。到了明代晚期，受城市消费文化的影响，整个社会转变为"消费社会"。②

四、城池修筑与形态改造

明英宗以后，瓦剌等北方游牧民族时常南侵扰边，北方战事日益紧张，但明朝将领的才干、军队的士气大不如前，仅能自保，间有战胜，亦无可纪；沿海倭患一直不息，并于嘉靖时期转急，战事越演越烈，一些州、县甚至只能迁治所于卫所军城以稍避战祸；③ 各地叛乱也间或发生，广西桂平和田州、甘州、大同、辽东均发生了叛乱。面对日益动荡的政治局面，明廷采取了加筑城池的措施。成化十四年（1478年），工部尚书敦促湖广地区"缮城以备不虞"，要求"所在城隍见在者故当加葺，未创者亦当修筑"。成化二十三年（1487年），左监丞郭镛奏请"振军威，谨城池"，获准，由此全国上下开始了新一轮的城池重建和修葺。之后的明武宗、明世宗均注重城池的修筑。总体来说明代中期的城池修筑有以下5个特点：

（一）广筑地方县级城市城池

弘治、正德、嘉靖3朝修筑县级城市的次数多于明初两朝，其中正德、嘉靖时的修筑次数和修城数量都较多。

成化二年（1466年），朝廷颁布法令，"凡郡县无城池者，有司宜择农隙修筑，专遣宪臣奉玺书督之"④。从正德十一年（1516年）始，各地广筑县城，如顺天府的永清县、东安县、大城县、固安县、赣州、安南2府所辖县城，福建南安等9县城等。嘉靖时期，朝廷进一步扩大了修筑县城的范围，除了加筑北部京师附近的县城以外，沿海地区县城都得以加筑，如如皋、海门、九江、平湖、福清等。

（二）加筑军事城堡、墩台

弘治七年（1494年）十一月，明廷下令修筑各边的墩台，宣府、大同、固原、榆林等九边军镇区域内的大量墩台在此时得以加筑。

嘉靖时期，政府进一步加筑九边的城堡和墩台，陕西巡按御史王绅奏请"度地势增筑城堡，其故有城堡者筑令高厚，所用钱谷俱官处给，不必科克小民"；肃州

---

① 归有光著，周本淳校点：《震川先生集》，上海古籍出版社，1981年，第84页。
② 巫仁恕：《品味奢华——晚明的消费社会与士大夫》，中华书局，2008年，第24页。
③ 顾诚：《隐匿的疆土——卫所制度与明帝国》，光明日报出版社，2012年，第119页。
④ 秦夏声修，刘洪逵纂：《庆云县志》卷四《艺文》，民国四年石印本。

亦是如此,"添筑白烟墩等城堡凡七,建墩台一十"(《明世宗实录》)。在东南沿海地区,福建的赤岸堡、江苏的杨舍城堡等均筑于嘉靖年间,浙江的马鞯寨、石马寨、双冠寨、山岩寨、三岩寨、千石大寨、笔架山寨7寨俱为嘉靖三十八年(1559年)筑。这种小型堡寨、城堡周长多为3至4里。

隆庆时期,政府除了加筑城堡以外,修筑的墩台也远多于前代。隆庆二年(1568年),朝廷修宣府、大同的墩台共197座;隆庆四年(1570年)二月,修筑蓟辽墩堡472座;隆庆六年(1572年),修筑延绥镇城堡180余座。

(三)增筑城池防御设施

嘉靖朝的谭纶有论曰:"御敌之策,必以其所长攻其所短,今中国长技为敌所甚畏者,无如火器。"将火器用于城池的防守和反攻,是嘉靖之后沿边城市的特点之一。例如,戚继光在大将军炮的基础上,改制出虎蹲炮,该炮"势如蹲虎,威似将军,所号而发,纷如流萤",且安全轻便,可发射霰弹,杀伤力和杀伤范围都较大。戚继光将其充分用在抗倭海战中,并将其置于城墙顶部用以防守。

嘉靖时北部边城的反攻能力则因空心敌台的修建而提升。戚继光和谭纶曾受命镇守蓟镇、山海关等处,然而"自嘉靖以来,边墙虽修,墩台未建,继光巡行塞上,议建敌台"[1]。不但如此,戚继光还设计并主持修筑了长城边墙的空心敌台,明确了空心敌台的建筑规则:"台基用石矣,但方石恐难猝得,碎石势必不固。如石便用石,不便则用砖。有胶粘好土,则三合土为之,各从便求坚。但三合土须厚至顶,亦得二尺乃坚也。"[2] 空心敌台的修筑大大加强了城池的防御能力。嘉靖间,北部边城大量修筑了这种新型敌台,如蓟辽边镇新筑敌台3 000余座,有效缓解了北部的军事压力。

(四)甃城以砖石

明初,3座都城(南京、北京、凤阳)全部使用砖石修筑,省会城市则是部分使用砖石修筑,如西北第一重镇的西安,有号称"北方藩王之首"的秦王受封于此,隆庆二年(1568年),府城由"巡抚张祉甃以砖"[3];普通的府、州、县则多以土筑城垣;此外,洪武、永乐两朝,政府修筑了大量卫所城池,也多采用土木修筑,如位于北部边防前线的重镇宣府府城即是土筑城池。明初虽然兴起了全国性的筑城高峰,但是也以土筑城池为主,砖石筑城并未普及。直至明代中期,全国各地的城市得以进一步加筑,才将城垣甃以砖石。因此也有学者认为,明代的城防工事虽然颇为发达,但在嘉靖、万历前,除南京、北京的城墙为砖石包砌外,多地城墙为土筑,嘉靖、万历后,多转变为砖石包砌。[4] 明代中期筑城的特点之一就是将甃

---

[1] 张廷玉等:《明史》卷二百十二《戚继光传》,中华书局,2000年,第3742页。
[2] 戚继光:《戚少保奏议》,中华书局,2011年,第102页。
[3] 舒其绅等修,严长明等纂:《西安府志》,三秦出版社,2011年,第157页。
[4] 范中义等:《中国军事通史》第十五卷《明代军事史(下)》,军事科学出版社,1998年,第872页。

砌砖城普及到县级城市。从《畿辅通志》的统计数据来看，明中后期政府已经不再增加城池的数量和进行城池的扩筑，而主要进行城池的砖石包砌工程。例如，北直隶县级城池共110座，嘉靖之后甃以砖石的城池有76座。①

（五）城池的扩建与城市形态的变化

商品经济发展到明代中期已较为发达，加之黄册制度的崩溃以及赋役制度的货币化，因而到城市内谋生的人口大增。然而，城市内部的坊已经容纳不下这些新入城市谋生的人口，于是城郊成为大量人口的居住地，久而久之也发展为商业贸易区。但随着经济的发展、政治的腐坏，社会的稳定程度日益下降，盗贼、流民、倭寇随时都可能对城墙之外的居民造成威胁。为了抵御强盗、倭寇的劫掠，加强治安管理，稳定社会秩序，许多地方政府开始修筑外城，将新增的城市功能区和城市人口纳入城市防御工事的保护范围之内。

因经济的发展和人口增加而加筑外城的例子以北京城为典型。嘉靖二十一年（1542年），毛伯温上疏："古者有城必有郭，城以卫君，郭以卫民。太祖高皇帝定鼎南京既建内地，复设罗城于外。成祖文皇帝迁都金台，当时内城足居，所以外城未立，今城外之民殆倍，城中思患预防，岂容或缓，臣等以为宜筑外城便。"（《明世宗实录》）之后明廷开始修筑京师外的罗城，新筑南墙7 437米，新筑东墙3 580米，新筑西墙3 313米，均挖土夯筑，外墙包以砖，新开7门，并修筑墩台。近代北京城的"凸"字形状便是于此时定型。嘉靖年间，紫禁城的修缮也达到了一个新的历史高度。明代紫禁城的营建分为永乐的开创期、正统的完善期、嘉靖的扩建期。其中，嘉靖年间紫禁城多次发生火灾，奉天、华盖、谨身殿全部被重修，明廷举全国人力、物力，历时多年，终于修筑完成了"神京翼翼，四方之极"的北京城。

江南地区政府为抵御倭寇而加筑外城的情况也较为普遍。例如，丹阳县城"明嘉靖三十四年倭寇内犯，知县陈奎始筑内城，周回九百七十九丈，径三百三十三丈，高二丈二尺"，第二年倭寇"突犯河庄城下，内城既筑，市民遗于外者十之七，居人患其隘"，于是政府于城外增修了土城，土城周回9里13步。②

第三节　明代晚期城市的衰落

明代晚期为万历十年（1582年）至崇祯十七年（1644年），是明代城市衰落的阶段。明神宗多年不问朝政，导致朝纲不振，官僚体系崩溃，再加上自然灾害频繁、鼠疫肆虐，社会体系全面崩溃。明代晚期，农民起义声势浩大，加之后金军队

---

① 王贵祥：《明代城池的规模与等级制度探讨》，《建筑史》，2009年第1期。
② 刘浩等修，徐锡麟等纂：《重修丹阳县志》卷四《城郭》，光绪十一年刻本。

多次南下，最终导致了明朝灭亡。

在政治腐败、灾害频发、起义不断的历史背景下，城市在兵荒马乱中遭到破坏，人口急剧减少，城市系统失去生机，走向了生命周期的末端。

一、万历矿税对城市经济的影响

明代国家财政自嘉靖时起便捉襟见肘，万历皇帝不问政事，致使地方上土地兼并问题严重。百姓为了避税而逃离家园，导致国家财政亏空越来越大。面对国家财政入不敷出的困境，万历皇帝没有采取增加税率的措施，而是从万历二十四年（1596年）开始指定矿监税使到全国富庶之地采榷开矿，以此增加宫廷内帑。矿监税使认为"矿不必穴，而税不必商；民间丘陇阡陌，皆矿也，官吏农工，皆入税之人也"①。《明臣奏议》记载，矿监税使到达全国各地后，"如沸鼎同煎，无一片安乐之地，贫富尽倾，农商交困"②。

城市是地方财富和资源的主要聚集地，故矿监税使想尽各种办法搜刮城市中的财富。例如，陈增、马堂在山东征收矿税，两人在临清城中竞相设卡，重叠征税，使山东官民深受其害。又如，陈奉于万历二十七年（1599年）被派往荆州征收店税兼采兴国州矿洞丹砂及钱厂鼓铸事，他一人兼领数职，权重势大，十分骄横，每到一地都劫掠行商和坐商，欺压官民。陈奉从武昌回京时，运载财宝的舟车数里不绝。为防止百姓抢夺，他甚至动用了大量官兵护送。再如，高淮出任辽东矿税使，他到达辽东后，将辽阳的富户登记在册，逐一敲诈，多者数千两，少者数百两，最少的也被敲诈数十两，不一而足。

残暴的统治和明目张胆的敲诈，引发了社会各阶级反对征收矿税的斗争。城市中的手工业者、矿夫、商贩、平民、农民、士人、士兵成为反抗矿税使的主要力量，城市也成为反矿税的主要斗争地。万历二十七年（1539年）发生在山东临清的城市民变，组织者是商贩王朝佐、纺织工葛成，主要参与者是数以千计的脚夫、染坊工、纺织工和机户；同年，白莲教首领赵一平在徐州向农民传教，并组织农民起义，反对矿监税使的横征暴敛；万历三十六年（1608年），辽东前屯卫军士因被矿监税使克扣月粮，齐赴教场放炮饮血，接着锦州军士也生哗变，影响颇大。

总之，从万历二十四年（1596年）起，各地不同阶层人民反矿监税使的斗争此起彼伏。根据有关学者的统计，明代城市居民的集体反抗事件共有166起，其中万历十年（1582年）以后的民变共计105起，占整个明代城市民变事件总数的63.3%。

万历矿税导致很多明朝中期曾经十分兴盛的城市开始衰败。万历三十年（1602年）一份户部疏报称：自矿监税使征敛矿税以来，河西原有的160余家布店关闭了130家；临清的缎店原有32家，现只剩10家，布店72家，关闭了45家，杂货店

---

① 张廷玉等：《明史》卷二百三十七《田大益传》，中华书局，2000年，第4121页。
② 胡丹：《明代宦官史料长编》，凤凰出版社，2014年，第1938页。

也关闭了41家。① 时人徐标见过萧条破败的江南城镇后,对崇祯皇帝说道:"臣自江、淮来数千里,见城陷处固荡然一空,即有完城,仅余四壁。蓬蒿满路,鸡犬无声,曾未遇一耕者,土地人民,如今有几,皇上亦何以致治乎?"②

综上,矿税的大兴严重阻碍了明朝后期城市经济的正常发展,市民起义和朝廷的镇压导致了城市发展的中断,而城市之中财富的流失直接破坏了城市经济生长的根基,各阶层人民的罢市、远走他乡,导致了城市经济体系的全面崩溃。万历以降,曾经繁荣的工商业城市走向了衰落,昔日城市的繁华风貌荡然无存。

二、战争对城市的破坏

明末战争对城市的破坏极大。其时内有各地此起彼伏的农民起义,外临后金政权的多次入侵。北方是各种战争的主要战场,故北部城市在这些战争中所受的破坏最严重。明末的农民起义首先发生在陕北地区,随着农民起义人数的增加和明朝城池的失守,战火蔓延到北部和中部地区,山西、陕西、河南等地的城市在战争中遭到重创。万历四十四年(1616年),努尔哈赤建立后金政权。万历四十六年(1618年),努尔哈赤发讨明檄文,从此大明与后金正式进入了战争状态,后金军队多次南下攻打明廷重镇,辽东、京畿城池均遭到劫掠。

(一)农民起义

作为区域政治中心的各地城市是农民起义军重点攻击的对象,这样做主要是出于占领军事要地和切断官军物资补给的双重考虑。纵观整个明末战争,战争对城市的破坏和影响主要体现在以下两个方面:

1. 城池形制和基础设施的破坏

明代末年,是冷兵器和火器并用的时代,其时火炮已经被普遍用来攻打城池,大大增加了军队对战争的破坏力。除了火器的使用,战争双方也不乏对火焚、水淹等手段的运用,这种毁灭性的攻城方法在明末农民战争中被多次使用。另外,朝廷军队和起义军在同一座城池及周边展开拉锯战时,会使这些城池在短时间内遭受多次重创,对城市建筑的破坏相当严重。李自成攻下洛阳以后,意识到农民起义军人数有限,应将主力部队用于征战而非守城。于是他采用"破城下邑,弃而不守"的战略,在每一次部队转移前,都将已攻克城镇的城墙拆除,以此防止明廷官军据城反击,这种行为被称为"平城"。张献忠的军队也采用了此办法,通过"夷其城"来巩固战争成果。这种战略固然能够帮助农民起义军削弱朝廷军队的抵抗力量,但对城池的破坏程度不言而喻。另外,在作战过程中,农民起义军也给城池造成了巨大的破坏,其中最为典型的例子是李自成率军3次攻打开封城。从崇祯十四年

---

① 詹子庆、田泽滨:《中国古代史》(下册),高等教育出版社,1986年,第350页。
② 谷应泰:《明史纪事本末》,中华书局,2015年,第1207页。

(1641年)二月至十五年(1642年)九月,在使用挖城、强攻、爆破、诱降等多种手段攻城均宣告失败之后,李自成对开封采用了围困之法,导致开封城内物资迅速被消耗殆尽,饿殍遍地,白骨如山,路绝行人。同年九月十六日,黄河决堤,将开封城淹没。这次战役不仅几乎将开封城完全摧毁,甚至连开封附近的州、县也因战争损失严重。

2. 城市人口的减少

明末农民战争中,由于激烈的战斗以及朝廷军队的残酷镇压,导致战区之内的城市人口数量急剧减少,因躲避战祸而逃亡的人口不计其数。例如,从河南南阳到山东鱼台一带,"村市为墟。其他饥疫死者,尸积水涯,河为不流"①;北直隶的静海和临清一带则是"人民饥死者三,疫死者三,为盗者四"②;四川地区"全蜀数千里萧条绝无人迹"③;连明朝初期和中期无比繁华的江淮地区也是"蓬蒿满路,鸡犬无声"④。北方大部分城镇变得一片荒凉,人口稀少。

尽管明末农民战争在历史上具有一定积极意义,例如打击了地主阶级,在一定程度上改变了土地所有制关系,解放了明末朝廷对生产力的束缚,但农民战争对当时的城市发展、人口稳定的负面影响巨大:战争地区的城市系统被摧毁,城市秩序受到破坏,城市生长机制被中断,城市也丧失了享乐之风。

表1-5 明末农民战争统计表

省份	城池	战争概况
陕西	澄县	天启七年(1627年),陕西澄城县爆发农民起义,正式拉开了明末农民战争的序幕⑤
	府谷、鄜州、延安	崇祯元年(1628年),王嘉胤在府谷县聚众起义,后与白水起义军汇合,人数达到五六千,兵分三路攻打鄜州、延安等城池
	略阳	崇祯元年(1628年),王大梁率3千多起义农民攻克略阳县城,逼近汉中府城
	保安	崇祯三年(1630年),神一元率领3千多叛变士兵连续攻克新安边、宁塞营、柳树涧3堡,随后占领保安县城
	延川、绥德和米脂等	崇祯八年(1635年),李自成联合在陕北的其他各支义军连续攻克延川、绥德、米脂等县。米脂是李自成的家乡,这次返里对当地群众来说是有力的号召
	西安	崇祯十六年(1643年),由于守城部将对秦王朱存枢不满,打开西安城东门迎接义军进城,李自成军队不战而占领西安城。崇祯十七年(1644年),李自成在西安建国,国号大顺

---

① 张廷玉等:《明史》卷二百七十五《左懋弟传》,中华书局,2000年,第4713页。
② 张廷玉等:《明史》卷二百七十五《左懋弟传》,中华书局,2000年,第4713页。
③ 谷应泰等:《明史纪事本末》卷七十七《张献忠之乱》,中华书局,2015年,第1334页。
④ 谷应泰等:《明史纪事本末》卷七十二《崇祯治乱》,中华书局,2015年,第1207页。
⑤ 范忠义:《中国军事通史》第十五卷《明代军事史(下)》,军事科学出版社,1998年,第933页。对于澄县农民起义是否应被视为明末农民战争的开始,学术界存在争议,有的学者认为虽然澄县农民起义之前其他地区就已经爆发过农民起义,但澄县农民的反抗是具有组织性的、全国性农民起义的起点。笔者认同罗琨和张永山的观点,将澄县农民起义视为明末农民战争的开始。

续表

省份	城池	战争概况
山西	蒲县	崇祯三年（1630年），马守应、王子顺等渡过黄河，攻克蒲县
	河曲	崇祯三年（1630年），由于饥民的内外接应，起义军攻占了山西西北部的重要城池河曲，进而控制了黄河渡口
	宁武	崇祯十六年（1643年），李自成率义军向北京进发，在宁武遭到朝廷守将周遇吉的抵抗，但最终义军攻占了宁武城，周遇吉兵败身亡
	大同	由于大同军民早就希望归顺李自成义军，因此当崇祯十六年（1643年）李自成、刘宗敏率领部队到达大同时，大同城守军开门投降
	长治	崇祯十六年（1643年），为配合李自成进军北京，刘芳亮率领左营主力南下，占领了长治和附近州、县，活捉了沈王朱迴洪
湖广	郧西、上津、保康等	崇祯六年（1633年），高迎祥、李自成、张献忠等部队鼓动当地私自开矿为生的百姓造反，义军在湖北地区"直走空虚无人之地，捷若风雨之至"①
	襄阳	崇祯十四年（1641年），张献忠率义军占领襄阳城，斩襄王朱翊铭，并将没收的襄王财产"发银十五万以赈饥民"②
	武昌	崇祯十六年（1641年），张献忠部义军围攻武昌府城，楚府新兵随即打开保安、文昌2门投降，张献忠占领武昌后，正式建立大西政权
	承天	崇祯十六年（1643年），李自成攻陷承天，改承天府为扬武州，自立为"奉天倡义大元帅"
	岳州	崇祯十六年（1643年），张献忠率20万义军占领岳州
	长沙	在占领岳州后，张献忠挥师南下进抵长沙，明副总尹先民、何一德率部投降
	衡州	张献忠部队以岳州与长沙为基地继续向衡州推进，在占领衡州后，分兵攻取湖南各州、县，崇祯十六年（1643年）末，其几乎占领了湖南全境
南直隶	颍州	崇祯八年（1635年），起义军从河南进入安徽并攻克颍州，明兵部尚书张鹤鸣被起义军处死
	凤阳	崇祯八年（1635年），起义军攻占凤阳，击杀朝廷官兵4千多人，放火烧毁皇陵享殿和龙兴寺
	庐州、庐江	崇祯十四年（1641年），独立活动在安徽地区的张献忠部义军先后攻克庐州和庐江县，汇合革、左五营于皖口
四川	广元、金堂、新都、江油、温江等	崇祯十年（1637年），李自成、过天星等率义军进入四川境内，占领广元县，为义军在四川连续攻克10多个重要县城奠定了基础，最终1个月内李自成率农民起义军攻克四川州、县38个
	剑州、梓潼	崇祯十三年（1640年），张献忠、罗汝才两部起义军为摆脱困境，决计联合入川，并先后在剑州和梓潼大破守城明军

---

① 吴伟业：《绥寇纪略》卷二，转引自顾诚：《明末农民战争史》，光明日报出版社，2012年，第70页。

② 计六奇：《明季北略》，中华书局，1984年，第300页。

续表

省份	城池	战争概况
河南	洛阳	崇祯十四年（1641年），李自成的部队攻打洛阳，守城官兵因对福王朱常洵不满，发动兵变并大开城门迎接义军，洛阳遂不攻自破
	开封	崇祯十四年（1641年）二月，李自成率军首次攻打开封，由于被守城官兵射中其左眼，加上朝廷援军将至，遂失败； 崇祯十四年（1641年）十二月，李自成、罗汝才联军第二次攻打开封，由于义军采用火攻的方法未能炸塌城墙，故第二次攻城亦失利； 崇祯十五年（1642年）三月，农民起义军先后攻下开封周边的睢州、归德府和杞县等地，并于五月第三次围攻开封，通过围城4个多月，终于攻下了开封
	南阳	崇祯十四年（1641年）十一月，义军攻克南阳
	新野、陈留等	崇祯十四年（1641年）十二月，义军在河南境内连续攻克新野、许州和陈留等重要城池，占领河南境内大批州、县
	汝宁	崇祯十五年（1642年），李自成、贺一龙等分道进军汝宁，崇王朱由㰒及他的弟弟河阳王朱由材、世子朱慈辉投降
江西	吉安	张献忠统领的大西政权军队在攻占湖南各城池的同时，也向赣中重镇吉安进攻，并于崇祯十六年（1643年）十月占领了吉安府
北直隶	大名及府属各县	崇祯十六年（1643年），刘芳亮率左营主力攻占大名府和周边各县城，"布州县伪官，毒掠缙绅"①
	保定	崇祯十六年（1643年），面对刘芳亮所率左营军队的围城，署府事同知邵宗玄和新任知府何复坚决守城。刘芳亮劝降无效后，下令全力攻城，最终起义军占领了畿辅重镇保定
	真定	崇祯十六年（1643年），义军围攻真定时，守城士兵叛变，将巡抚徐标斩首，并打开城门迎接李自成的部下任继荣、马重禧等入城
	北京	崇祯十七年（1644年），李自成命大将刘宗敏率主力部队攻打北京城，崇祯帝自缢身亡，大顺农民军占领了北京，明王朝灭亡

（二）北方边患

明朝末年，东北地区的女真族已经具有了一定的军事实力，并与明朝军队展开长时间的拉锯战，从万历末年开始，其成为明朝最大的边患。

从努尔哈赤建立后金政权到明朝灭亡的几十年里，双方进行了多次大规模的战争。万历四十六年（1618年），努尔哈赤公开对明朝政府宣战后，后金军队占领了明朝境内的抚顺、清河等地。万历四十七年（1619年），后金军队在萨尔浒击溃明朝3万人的主力军队，获得大捷，并随后攻下了铁岭和开原等地。天启元年（1621年），后金军队在攻占沈阳和辽阳两地后，迅速占领了辽东地区大部分城镇。天启六年（1626年），努尔哈赤病逝，其子皇太极即位，继续进攻明朝，同时也采取措施促进生产与缓和阶级矛盾，如在辽沈地区推行"计丁授田"制，后来又"命诸王

---

① 郑天挺：《明末农民起义史料》，中华书局，1954年，第451—452页。

等以下及民人之家，有以良民为奴者，俱着察出，编为民户"①，解放农奴对提高域内城市的经济发展水平起到一定的促进作用。崇祯二年（1629年），皇太极率领军队越过长城进入明朝境内，同时用计将明朝名将袁崇焕陷死。崇祯十一年（1638年），多尔衮率兵攻入明朝京畿，对城市造成了极大的破坏。崇祯十三年（1640年）皇太极亲自率领军队在松山和锦州与明朝军队展开决战，次年清军攻破松山城，随后攻陷锦州等地，明朝的北面防线全面崩溃。

明朝与清/后金之间曾先后爆发了5次战争，京畿、山东、河南等地均被卷入，其中京畿和山东地区的城市受破坏严重，人财损失也非常惨重。具体情况如下：

第一次战争。崇祯二年（1629年），皇太极自喜峰口入关，攻马兰峪、汉八庄、潘家口、洪山口诸边城，之后围攻遵化，"城中官兵人民拒命者，尽数屠之"②。十二月，皇太极东归，连陷遵化、永平、迁安、滦州4城。后金退兵后，明廷迅速反攻，收回4城，击杀了守城的后金军队。

第二次战争。崇祯七年（1634年），后金军队攻取蒙古归化城，并以之为进攻通道袭击明廷宣府、大同2城。后金军南下一路攻打的城池有赤城、怀仁县、井坪县、应州城、阳和城、灵丘县、崞县，最后攻下了万全左卫城。此次后金出兵攻打宣府、大同境内的城池逾五旬，杀掠无算。例如，后金军攻克崞县以后，掳掠千余人。

第三次战争。崇祯九年（1636年），皇太极称帝，剑指京畿。为了消耗明军实力，后金军队大肆搜劫北京附近州、县。受战争波及的城池有定兴、涿州、永安、永清、潮县、遂安、雄县、顺义、昌平、怀柔、大安、西和，京畿地区几乎所有州、县均陷入了战乱。此次战争清军所获丰厚，克12城，俘获人畜18万。

第四次战争。崇祯十一年（1638年），清军入关后，不光肆虐于京畿，还将战火烧到了山东、河南地区，高阳、衡水、武邑、枣强、文安、霸州、内丘等地均受波及。在山东地区，清军由临清进入东昌府境，迅速攻陷了东昌及周围州、县，进而攻打济南城。清兵破济南城后，明将张秉文带领守城军民与清军展开了巷城，但因兵力过于悬殊，最终失败，张秉文等守城官员被杀，镕王朱由枢被俘，13万济南人民惨遭杀害，全城被焚掠一空。清兵这次攻打山东，攻陷大小城池60余座，掠去46万余人、黄金1 300余两、银977 000余两，所到之处，乡村镇店，无一处、无一家不被掳掠，满目流离，令人惨不忍睹。

第五次战争。崇祯十五年（1642年）闰十一月，清军分兵南下，连克京畿霸州、文安、河间、阜城、景州数城，进而转入山东，又克东昌、兖州、莱州、登州、济南等城。清军此次攻明，持续时间长达半年，共计攻克3府城、18州城、67县城、归顺6城，获黄金12 200余两、白银2 205 000两、珍珠4 400余两、人口36万余、牲畜32万头。

---

① 《清太宗实录》（上），华文书局，1985年，第67页。
② 《清太宗实录》（下），华文书局，1985年，第566页。

总体而言，尽管在明末 50 多年的时间里明朝与清/后金间爆发了多次规模不等的战争，但主要集中在东北地区。一方面，清/后金军对明朝的进攻集中在北部边防重镇，如沈阳、辽阳、松山和锦州等，并未危及明朝江南和南方地区的城市；另一方面，皇太极即位后，采取了一系列内政改革措施，对其占领的辽东地区城市经济的恢复与发展有着积极作用，在一定程度上也维持了这些城市的完整性和正常的生产生活。

三、灾荒与瘟疫对城市的影响

（一）灾荒对城市的影响

明朝晚期灾荒的发生频率极高，并且该时期内的灾荒是以一种不断循环的状态出现的，一些灾荒甚至在全国范围内蔓延，《明史》中对此有所记载，从万历时到明朝灭亡的这段时间里，朝廷每年都会因各地赈灾事务而支出大量款项。据邓云特的统计，明清两代灾荒之频数远超其享祚之年数，明代共历 276 年，而灾害之频则达 1 011 次之多，是旷古未有之记录。①

明朝末年，各地灾荒频繁，对城镇中百姓的生活和生产造成了极大的影响。对此相关史料载：

> 蝗寇交作，旱疫为祟，膏野一望，尽为莱芜，塘堰荒淤。②

频繁发生的灾荒对城市的发展和人口的增长无疑具有消极影响。首先，表现为阻碍农业生产。这对以传统农业为根本的封建王朝来说是致命的打击，因为农业生产一旦受到影响，粮食供应危机就会出现，进而会加剧灾荒，导致社会动荡。其次，灾荒的危害还表现为毁坏农田和房舍，导致人口伤亡，减少人口数量。因为灾荒家破人亡的百姓走投无路而成为盗匪，则是将灾荒的后果转化为人祸，进一步对周围城镇的治安构成威胁，影响城市的秩序。例如，在明末，很多地方有蝗灾与旱灾并存的情况，使得本来就依靠农田为生的贫民失去了生活来源和生产资料，逐渐转变为寇，不断骚扰和侵袭城镇，在一定程度上加重了灾荒对城市的破坏，如《明季北略》载：

> 两京、河南、山东、山西、陕西、浙江大旱蝗，人相食，草木俱尽，土寇并起，道路梗塞。③

这种情况在明朝末期曾大量出现，遭受灾荒的地区的农田大面积荒芜，城镇里的百姓也被迫向外迁徙，于是出现了数百里之内没有人烟的景象。可见，灾荒的危

---

① 邓云特：《中国救荒史》，上海书店，1984 年，第 30 页。
② 杨修田：《光州志》，成文出版社，1976 年，第 56 页。
③ 计六奇：《明季北略》，中华书局，1984 年，第 285 页。

害不仅表现在降低粮食产量、减少人口等方面,其也能摧毁农民赖以生存的生产基础,导致农民或市民的身份转变,影响政府职能的发挥,加剧社会的动荡,最终使得整个城市的运行机制受到破坏。

(二)瘟疫对城市的影响

明代万历年间至崇祯年间,北方城市爆发了大规模的鼠疫,城市内的惨烈之状不亚于战争。根据曹树基的研究,明代万历、崇祯年间华北地区重要城市鼠疫的爆发,直接减少了晚明北部城市的人口,并严重打乱了这些城市已有的社会秩序。[①]例如,万历年间山西地区爆发的鼠疫从大同城逐步扩散到山西其他城市,造成山西城市人口的急剧减少。史料中记载:"大同瘟疫大作,十室九病,传染者接踵而亡,数口之家,一染此疫,十有一二,甚至有阖门不起者。"[②] 又如,万历八年(1580年),太原城、保德州等城市相继出现鼠疫,"大疫流行,舁柩出城者踵相接"[③],可见城内死亡人数较多。万历九年(1581年),大同附近的鼠疫向西扩散,"朔州、威远大疫,吊送者绝迹"[④]。随后,疫情扩散到辽州和潞安府境内,死者甚多,又向西传入宣府,最后整个北直隶地区的城市均被波及,死者众多。光绪《顺天府志》记载:"(万历)十年四月,京师疫。通州、东安亦疫。霸州、文安、大城、保定患大头瘟症死者枕藉,苦传染,虽至亲不敢问吊。"[⑤]

万历三十八年(1610年),山西再次爆发鼠疫,并传至太原府城,当时情况为:

> 太原府人家瘟疫大作,多生喉痹,一二日辄死,死者无数。……十家而八九,十人而六七,历正、二月犹不止。晋府瘟疫尤甚。十九日夜二更,晋王以瘟疫薨。[⑥]

万历年间的这两次鼠疫,从山西传到山东,沿途大部分州、县均受波及,济南、洛阳、太原、大同、宣府等重要城市的大量居民均因鼠疫死亡,城市社会陷入混乱。崇祯六年(1633年)至崇祯十七年(1644年),北方城市再次爆发大规模鼠疫,而民变引发的人口流动导致这次鼠疫的传播速度更快、波及范围更大,山西、北直隶、河南、山东地区的府、州、县几乎无一幸免。崇祯十六年(1643年),北京城和天津城均爆发了鼠疫,北京城内每天的死亡人数上万,沿街小户居民大部分都在瘟疫中丧生。统计数据显示,在崇祯末年的鼠疫中,北京城的死亡人数为20

---

① 曹树基:《鼠疫流行与华北社会的变迁(1580—1644)》,《历史研究》,1997年第1期。
② 李维桢修:《山西通志》第二十六卷《杂志上》,万历刻本。
③ 王克昌修,殷梦高纂:《保德州志》卷三《风土》,民国二十一年铅印本。
④ 刘士铭修,王霑纂:《朔平府志》卷十一《外志》,雍正十三年刻本。
⑤ 周家楣修,张之洞纂:《顺天府志》卷六十九《灾祥》,光绪十五年重印本。
⑥ 李维桢修:《山西通志》卷二十六《杂志上》,万历刻本。

万,占北京人口总数的 20%~30%。①

从上述分析可知,明朝末期朝廷内部政治的腐败,加上战争、灾荒、瘟疫 3 个重要的外部因素,导致明末中原、北方大部分城市遭到严重破坏。例如,河南省在经历了惨烈的农民战争、明与清/后金之战和自然灾害后,省内城市几乎被摧毁殆尽,豫中平原的开德府城、归德府城、卫辉府城、南阳府城均残破不堪,甚至连不在交通要道之上的县城城垣多被毁,只有汤阴、林县、济源、登封、孟县、上蔡、鲁山、桐柏 8 县城垣有所保存。北方其他城市的情况也如河南的情况一样,晋北、陕南、鄂西北和东北均受严重破坏,这些城市直到清王朝初期的重建之后才逐渐恢复生机。

---

① 邱仲麟:《明代北京的瘟疫与帝国医疗体系的应变》,《"中央研究院历史语言研究所"集刊》,2004 年 3 月。

第二章 明代行政体系与建制城市

明代建制城市带有鲜明的政治色彩。明代初期政府对全国的行政区划进行了调整，建制城市体系和空间分布因此而发生了改变。明代建制城市体系层级明显，各城市职能明确。北京和南京是明朝的二京，是全国的政治中心；省城为一省的政治中心；府城、州城为府、州地区的政治中心；县城为行政体系的底层城市，是县域的政治中心，与地方社会联系紧密。各级建制城市分别是中央、省、府、州、县衙门的所在地，城市中设有官府、监狱，驻扎着军队，统治着周边的农村地区。明代行政区划比较稳定，宣德以后全国的行政区皆被固定下来，直至明末都较少发生变动，因此建制城市的政治层级的变化也比较小。明代建制城市继承了前代城市的南北空间布局，但因边防和战争的缘故，政府对北部边境区域的城市做了相应调整，废除了陕西、山西、北直隶的一些府、州、县，将建制城市改设为军城。

第一节 明代行政体系的重建与建制城市体系的构建

公元前221年，秦始皇建立了中国历史上第一个君主制中央集权国家，"中央—地方"的分层统治体系由此诞生，尽管之后各个朝代的统治体系略有不同，但均以分级管辖为主，明代也是如此。

洪武元年（1368年），明王朝所控制的省份只有4个，分别是浙江、江南、湖广、江西以及福建的部分地区。随着明王朝军队不断地南征北战，很快将其他地区也纳入版图。洪武十四年（1381年）至洪武二十年（1387年），明军先后平定了四川、山东、河南、福建、山西、陕西、广东、广西、云南、贵州等地。之后，朱元璋将元代的行政区划废除，结合地理位置重新设定行政区划，形成了两直隶、十三布政司的格局。在行政区划系统之内，明廷重新建立了建制城市体系，并于城市中设立了与其层级相适应的行政机构和官职，派遣了管理人员，驻扎了军队。明代建制城市因各自的管理机构、职官、军队、辖区的不同而存在着等级上的差异。

一、明代行政体系改革

元代的行政区划存在较大的缺陷：第一，一级行政区设置不合理。元朝版图比明朝版图大，但是其设立的一级行政区却比明代的少。元代辖区总面积近1400万平方公里，最初仅设了7个行省，到了至元二十七年（1290年），元廷共设立1个中书省，10个行中书省。元代的一些行中书省如江浙行省、湖广行省、河南江北行省等所辖的区域非常大，不利于中央有效管理地方。第二，不但层级多，而且层级之间存在着复式的统辖关系。① 明代建国以后，朱元璋吸取这些教训，重构了行政体系。明代政府重新划分了一级行政区，设立了13个省、2个直辖区，管理近1000万平方公里的疆域，这使中央对地方的控制能力得到有效加强。明廷对地方垂直行政层级也进行了改革，废除了"路"这一级建置，直接更改为"省—府（州）—县（州）"3级。在这个层级的框架内形成了3个层级的建制城市，分别是省城、府（州）城、县（州）城。明廷于不同层级的建制城市之中设立了不同的行政机构以进行管理。

（一）省级行政区的重新划分

明太祖将元代的中书省、江浙行省、湖广行省、河南江北行省这4个超大行政区的管辖区域进行了重新划分，增加了一级行政区的数量。他将中书省划分为山西、北直隶、山东3个一级行政区；将江浙行省划分为浙江、福建、南直隶3个一级行政区；从湖广行省中划出广西、贵州2个一级行政区；将河南江北行省划为河南、南直隶和湖广3个一级行政区。故明代一级行政区划共有2直隶、3布政属。

另外，明太祖改行中书省为承宣布政使司，设都指挥使司、提刑按察使司，完成了明代地方一级行政机构的建置。"承宣布政使司"这个名称为明太祖独创，体现了他加强对地方控制的愿望，他曾言："迩来朕有天下，更行省为承宣布政使司。所以承者朕命也，宣者代言之也，布者张陈之也；所以政者，军民休戚，国之利病；所以使者，必去民之恶而导民之善，使之有畏从。于斯之职，可不重乎！"②

终明之世，除贵州新设布政司时其府、州、县数目有所变动以及明后期东南地区府、州、县数目有所变化，全国的行政区划较为稳定。至崇祯十三年（1640年），明朝政府共设162个府（包括军民府）、221个州（包括直隶州、属州、土州）、1173个县。明代中后期各布政司州、县数量见表2-1。

表2-1 明代中后期各布政司州、县数量统计表

政区	府	直隶府	属州	县	时间断限
北直隶	8	2	17	116	万历末年
南直隶	14	4	17	97	嘉靖二十一年（1542年）
浙江布政司	11	—	1	75	正德元年（1506年）
云南布政司	22	4	39	31	崇祯十三年（1640年）

---

① 周振鹤：《中国地方行政制度史》，上海人民出版社，2005年，第74页。
② 朱元璋：《明太祖集》，黄山书社，1991年，第75页。

续表

政区	府	直隶府	属州	县	时间断限
四川布政司	13	6	16	111	万历三十七年（1609年）
陕西布政司	8	1	20	95	万历二十三年（1595年）
山西布政司	5	3	16	78	万历四十三年（1615年）
山东布政司	6	—	15	89	弘治二年（1489年）
江西布政司	13	—	1	77	万历六年（1578年）
湖广布政司	15	2	14	110	崇祯十二年（1639年）
河南布政司	8	1	11	96	万历三年（1575年）
贵州布政司	10	—	9	14	崇祯四年（1631年）
广西布政司	11	9	37	50	万历三十八年（1608年）
广东布政司	10	1	8	77	崇祯十一年（1638年）
福建布政司	8	1	—	57	万历八年（1580年）
共计	162	34	221	1 173	崇祯十三年（1640年）

资料来源：郭红、靳润成《中国行政区划通史·明代卷》（复旦大学出版社，2007年，第11—12页）。

（二）地方行政层级体系的重设

洪武九年（1376年），明廷改元行省为承宣布政使司，并将全国划分为两直隶和十三布政司。在确立了省级行政区以后，明太祖又对元代的地方行政体系进行了改革，主要内容为废路为府，即将元代的路废除，根据各路原有人口多少、辖区大小将之改设府或者降为州；至于元代所设的直隶州，则在明代被改设为府属州或直接降级为县。这样，明廷纠正了元代地方行政体系复式层级的弊病，使行政层级体系清晰明了，行政效率提升。具体的情况如下：

第一，在省级以下的地方行政区划上，明朝政府简化了行政层级。首先是废除了元代的路，将其改为府、州、县等；其次是将府隶于省，管辖州、县等；再次是在管辖范围方面进行了调整，规范了地方行政系统。总体而言，明朝的地方上形成了府、州、县的层级体系。明代行政区层级见图2-1。

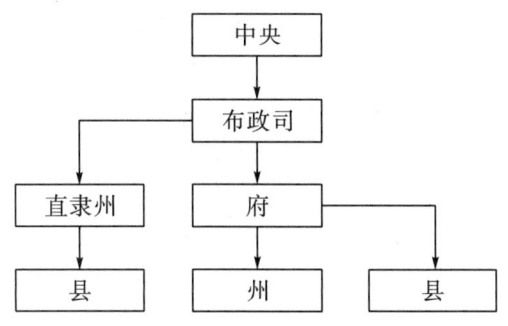

图 2-1 明代复式政区层级

第二，省级行政区实行三司分治。三司分别是承宣布政使司，简称布政司；都指挥使司，简称都司；提刑按察使司，简称按察司。布政司主要负责地方行政事务，都司负责地方军务，按察司负责地方的刑狱。三司分权而治，互不干扰。宣德后，朝廷又设立了巡抚和总督，以整合和制衡三司权力。

二、明代建制城市体系

中国古代行政区的管理机构被称为"治"，按照行政等级的不同，可以分为府治、州治、县治等等。这些"治"是地方管理的中枢机构，普遍设立于城市之中，因此行政区划数量与城市数量之间存在一定的关联，以行政区划数来推算城市的数量具有可行性。由于行政区划具有层级差异，因此不同行政层级区划治所所在的城市也可以被划为不同的级别，如图 2-2 所示：

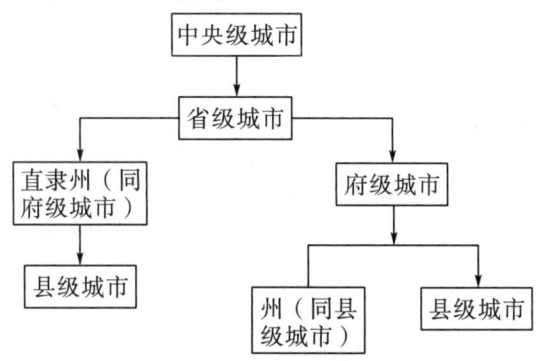

图 2-2 明代城市层级图

（一）都城——南京与北京

明代的中央级城市有南京和北京。洪武十三年（1380 年），太祖朱元璋出于强化皇权的考虑，废除了原有的中书省，将该机构的原直辖区应天府改名为直隶。永乐十九年（1421 年），明成祖朱棣将首都迁至顺天府，并将现在的北京、天津以及河北大部分地区统称为北直隶，而将太祖设立的原直隶改为南直隶。明代实行两京制度，南京与北京都是中央级城市。虽然建置情况如此，但是两京的职能和权限并不同。北京为名副其实的政治中心，南京各机构的设置虽然因循旧制，但是大部分都为虚设。明代中期以后，北京和南京的职能发生了变化，北京为全国的政治中心城市，南京则发展成为全国的经济和文化中心城市。

（二）省会城市

省会城市为布政司治所，即一省的政治中心。明代共有13个省会城市，见表2-2：

表2-2 明代省会城市表

省	省会城市	省	省会城市	省	省会城市	省	省会城市
山东	济南府	山西	太原府	河南	开封府	陕西	西安府
四川	成都府	江西	南昌府	湖广	武昌府	广西	桂林府
浙江	杭州府	福建	福州府	广东	广州府	云南	云南府
贵州	贵阳府						

从宣德二年（1427年）开始，在明朝统治的疆域内，除了边疆少数民族地区外，两京与十三司被认为是当时明王朝的一级行政区，人们习惯上称之为"两京十三省"或"十五省"。值得注意的是，尽管两京十三省的一级行政单位并未管辖边疆少数民族地区，但明朝政府没有放弃对这些地方的统治权。例如，明朝政府分别在今天的西藏、青海玉树（还包括今四川甘孜、阿坝等地区）以及黑龙江出海口（今俄罗斯境内）分别设置了乌斯藏、朵甘行和奴儿干3个都指挥使司。在当时这3个都指挥使司的行政级别与两京十三司相同，这是因为乌斯藏、朵甘行和奴儿干的地理位置特殊，故明朝政府设置了都指挥使司进行管理。

明朝初年，地方机构的设置一仍元朝旧制，设立了行中书省或中书分省。从洪武九年（1376年）开始，明朝政府改革了地方行政制度，在一级行政区设置了承宣布政使司、提刑按察使司、都指挥使司，这3个机构共同组成了省级地方政府的行政单位，分别执掌辖区内行政、司法和军事事务，但互不统属，分别归相应中央部门管理。①

其中，承宣布政使司是明代一级行政区内的最高级行政机构。最初，朝廷定都南京，将南京及其附近地区设置为南直隶，又设了浙江、江西、福建、广东、广西、四川、山东、河南、陕西、湖广、山西、北平12个布政使司。明成祖迁都北京后，将北平布政使司改为北直隶，又在西南边陲增设了云南和贵州2个布政使司。故明代一级行政区划共有2直隶、13布政使司。

提刑按察使司是明朝中央政府在各省设置的专理司法和监察之事的机构。在明

---

① 尹秀民：《中国古代人事行政概要》，山东人民出版社，1989年，第147页。

朝成立之初，出于对贪官污吏的痛恨，明太祖在中央设置了御史台以纠察百官，同时又在地方设置了各道按察使司，对地方的州、县进行巡检。洪武九年（1376年）明廷设立布政使司后，提刑按察使司即成为三司之一。洪武十五年（1396年），明太祖在地方州、县设立了按察分司，以加强对地方的控制和监察。洪武二十九年（1396年），明太祖将各省划分为数个道，在全国范围设置了四十一道按察分司，继续加强对地方的监控力度。

都指挥使司是朝廷派驻各省执掌军政事务的机构。在实际权力方面，各地方的布政使司和按察使司同名同治，而都指挥使司的地位则在布、按二司之上，《明太祖实录》中记载：

> 诏定各行省、行都督府官、按察司官会见位次：凡诸道按察司官与行省及都督府官公会，按察使、副使、佥事俱坐于参政、佥都督之下，省郎中、府经历之上，按察司经历坐于省员外之下，府都事之上，按察司知事坐于省、府都事之下，其各卫指挥司官与按察司官、各府州官皆依品从。①

由此可见，都指挥使司及所属官员的品衔高于同级的布政使司与按察使司的官员品衔，都指挥使司下辖的卫、所官员品级也高于同级府、州官员，这体现了明朝政府在机构设置中使文官与武官相互牵制的管理理念。布政使司、提刑按察使司与都指挥使司的下设机构名称、官职名称、官员数量、行政级别以及具体职能如表2－3所示：

表2－3　省会城市行政机构及官职表

	下设机构	官职名称	数量	行政级别	具体职能
布政使司	—	左布政司	1	从二品	掌管一省之政务
	—	右布政司	1	从二品	
	—	左参政	因事而设，各省不定，无定员	从三品	分守各道，及派管粮储、屯田、清军、驿传、水利、抚民等事
	—	右参政		从三品	
	—	左参议		从四品	
	—	右参议		从四品	
	经历司	经历	1	从六品	掌管受发文移事务
		都事	1	从七品	
	照磨所	照磨	1	从八品	管理文书卷宗
		检校	1	正九品	

---

① 姚广孝等：《明太祖实录》卷五十四，北平图书馆红格本。

续表

布政使司	理问所	理问	1	从六品	掌勘核刑名事务
		副理问	1	从七品	
		提控案牍	1	未入流	
	司狱司	司狱	1	从九品	掌察理狱囚诸事
	库	库大使	1	从九品	掌所辖库藏的银、粮、物等事务
		副使	1	未入流	
	仓	仓大使	1	从九品	
		副使	1	未入流	
	杂造局、军器局、宝泉局、织染局	大使	各1人	从九品	各省不同
		副使	各1人	未入流	
提刑按察使司	按察分司	按察使	1	正三品	掌一省刑名按劾之事
		副使	1	正四品	分道巡察,其兵备、提学、抚民、巡海、清军、驿传、水利、屯田、招练、监军,各专事置
		佥事	无定员	正五品	
	经历司	经历	1	正七品	掌收发文移、管理文书卷宗以及刑名之事
		知事	1	正八品	
	照磨所	照磨	1	正九品	
		检校	1	从九品	
	司狱司	司狱	1	从九品	
都指挥使司	—	都指挥使	1	正二品	掌一方之军政,各率其卫所以隶于五府,而听于兵部,地方若有重大军务,须三司合议
	—	都指挥同知	2	从二品	
	—	都指挥佥事	4	正三品	
	经历司	经历	—	正六品	分别负责处理来往公文及理刑狱之事
		都事	—	正七品	
	断事司	断事	1	正六品	
		副断事	1	正七品	
		吏目	1	未入流	
	司狱司	司狱	—	从九品	
	仓库、草场	大使	1	未入流	各省互不同
		副使	1		

说明：1. 本表据张廷玉等撰《明史》卷七十五、七十六（中华书局，2000年，第1121页—1252页）制成；

2. "—"项代表文献未载。

（三）府级城市

府是级别仅次于布政司的二级地方行政区划，由元代的路改置而来。洪武六年（1373年），明太祖改路为府。除了应天府与顺天府两大直隶府外，普通府可分为上、中、下3个等级，划分依据是其缴纳税粮的多少，10万石以下为下府，10万石至20万石为中府，20万石以上为上府。明代各省/直隶的府级行政单位（含直隶州）如下表所示：

表 2-4　明代各省府级城市表

省/直隶	府	合计
北直隶	顺天、保定、河间、真定、顺德、广平、大名、永平、延庆州、保安州	10
南直隶	应天、凤阳、淮安、扬州、苏州、松江、常州、镇江、庐州、安庆、太平、池州、宁国、徽州、广德州、徐州、和州、滁州	18
山东	济南、兖州、东昌、青州、莱州、登州	6
山西	太原、平阳、汾州、潞安、大同、泽州、沁州、辽州	8
河南	开封、河南、归德、汝宁、南阳、怀庆、卫辉、彰德、汝州	9
陕西	西安、凤翔、平凉、巩昌、临洮、延安、庆阳、汉中	8
四川	成都、保宁、顺庆、夔州、重庆、遵义、叙州、龙安、马湖、镇雄、乌蒙、乌撒、东川、潼川州、眉州、邛州、嘉定州、泸州、雅州	19
江西	南昌、瑞州、九江、南康、饶州、广信、建昌、抚州、吉安、临江、袁州、赣州、南安	13
湖广	武昌、汉阳、黄州、承天、德安、岳州、荆州、襄阳、郧阳、长沙、常德、衡州、永州、宝庆、辰州、郴州、靖州	17
浙江	杭州、严州、嘉兴、湖州、绍兴、宁波、台州、金华、衢州、处州、温州	11
福建	福州、兴化、建宁、延平、汀州、邵武、泉州、漳州、福宁州	9
广东	广州、肇庆、韶州、南雄、惠州、潮州、高州、雷州、廉州、琼州、罗定州	11
广西	桂林、平乐、梧州、浔州、柳州、庆远、南宁、思恩、太平、思明、镇安	11
云南	云南、曲靖、寻甸、临安、澂江、广西、广南、元江、楚雄、姚安、武定、景东、镇沅、大理、鹤庆、丽江、永宁、永昌、蒙化、顺宁、孟定、孟艮	22
贵州	贵阳、安顺、都匀、平越、黎平、思南、思州、镇远、铜仁、石阡	10
总计		182

资料来源：本表据张廷玉等撰《明史》卷四十至卷四十六（中华书局，2000 年，第 595—812 页）制成。

明代府位于行政体系的中间层次，府级城市为各二级行政区的政治中心城市，因此拥有各方面的有利条件，较其辖区内的县级城市更具优势。总体来看，府城一般地处交通要道或农业发达区域，交通便利、物产丰富，具备城市发展较好的基础条件。另外，明代府城之中设有文化、教育机构，因而也是地区的文教中心，这些均是府城发展的有利条件。府的官职有知府、同知、通判和推官等，办事机构则包括经历司、照磨司和司狱司等，具体情况见表 2-5：

表 2-5 明代府级城市行政机构、官职表

	下设机构	官职名称	数量	行政级别	具体职能
府	—	知府	1	正四品	掌管一州之政，宣风化，平狱讼，均赋役，以教养百姓
	—	同知	无定员	正五品	分掌清军、巡捕、管粮、治农、水利、屯田、牧马等事
	—	通判		正六品	
	—	推官	1	正七品	理刑名，赞计典
	经历司	经历	1	正八品	掌受发上下文书之事
		知事	1	正九品	
	照磨所	照磨	1	从九品	掌磨勘六房卷宗之事
		检校	1	未入流	
	司狱司	司狱	1	未入流	掌刑狱之事

资料来源：本表据张廷玉等撰《明史》卷七十五（中华书局，2000 年，第 1121—1236 页）制成。

（四）州、县级城市

明代的州主要分为直隶州和属州两种类型，其中直隶州直属布政司，行政级别与府相等；属州则隶属于府，其行政地位相当于县。明朝全国共有 255 个属州、20 个直隶州、3 个御夷州，各州由知州掌管全州的政务，同知和判官等佐之。明朝廷特别规定，凡辖区面积不到 30 平方里的州，且其下并无属县，则不设同知和判官；面积不到 30 平方里但辖有属县的州则只设判官不设同知。

明代的县分为京县与普通县，所谓京县，即在京畿范围内的县，例如顺天府辖区内的大兴县和宛平县，应天府辖区内的上元县与江宁县等；普通县是非京畿范围内的县。县城即县治所在的城市，数量较多，但没有府城那么繁华。

明代县级城市的变动较小，总数维持在 1 000 个左右，新设和废除的情况都比较少。由于明代腹地的政治环境较为稳定，所以大部分县级城市自洪武时期设置以后都未发生变动，仅西南地区的云南、贵州因统治策略的变化，最初的军事性卫所

城市被改设为建制城市,在性质上发生了一些改变。州、县城市的机构名称、官职名称、官员数量、行政级别以及具体职能如表2-6所示:

表2-6 明代州、县城市行政机构及官职表

	官职名称	数量	行政级别	具体职能
州	知州	1	从五品	掌本州所有事务
	同知	根据该州事务的繁简而设定	从六品	辅佐知州,兼管粮马、巡捕等具体事务
	州判官		从七品	
	吏目	1	从九品	典文移出纳,嘉靖后"掌巡捕民间盗贼,争斗微事尽属之"①
县	知县	1	正七品	掌一县之政事
	县丞	根据该县事务的繁简而设定	正八品(京县正七品)	辅佐知县
	县主簿		正九品(京县正八品)	
	典史	1	未入流	典文移出纳

资料来源:本表据张廷玉等撰《明史》卷七十五(中华书局,2000年,第1121—1236页)制成。

第二节 明代建制城市的规模与特征

明代早期的城市刚经历了元末农民战争,发展的自然机制被打乱,人口凋敝、经济混乱,无法依靠农业、交通、工商业等常规因素发展,其发展的动力主要来源于政府的行政手段:依靠国家颁布的政策,修筑城池、迁移人口、改善交通、稳定秩序。所以我们可将明代早期的城市均归为政治型城市。政治型城市对于国家行政力量的依赖远大于其他类型的城市,这就是明代早期行政体系的变更对明初城市造成巨大影响的内在原因。对明代早期不同等级的城市进行研究分析后可知,行政力量影响下的建城行为使城市出现了等级差异。

一、地方建制城市的用地规模与修筑特征

城市用地面积变化是对一个城市兴衰的直观反映,尤其在明朝,大多数城市属于政治型城市,其面积大小受到政治和军事等因素的影响较多。关于城市用地规模,古人给后人留下了宝贵的资料,即有关城垣的周长记载。通过城垣可以计算城

---

① 陈义钟:《海瑞集》,中华书局,1962年,第147页。

市的规模。笔者认为,对城市占地面积的估算,一方面应该考虑城墙的周长,另一方面应该考虑变化中的城市形态,《明史》云"在城曰坊,近城约厢",因而坊、厢数量的变化也应是估算城市建成区的一个参考标准。例如,《重修丹阳县志》记载:

> 嘉靖三十四年倭寇内犯,知县陈奎始筑内城,周回九百七十九丈,径三百三十三丈有奇,高二丈二尺,下阔三丈,甃以甓……嘉靖三十五年,倭船叙孟渎口突犯河庄城下,内城既筑,市民遗于外者十之七,居人患其隘,巡抚张景贤令于城外垒土城。明年,知县史永寿请增筑焉。于是督县丞丁德修,司训李明、杨士聘董其役。共长一千有五丈,高二丈二尺,厚三丈,周回九里十三步。①

由以上记载可以看出,政府修筑城墙是为了将城市居民居住之地纳入城墙范围之内,以便对居民加以管理和保护。加之明太祖不时严惩逸夫和游民,严格执行户籍制度,则城市居民聚居于城墙之外的可能性较小。综上,用城墙周长及城市形态来衡量城市占地面积的方法是可行的。

(一)省会城市用地规模与修筑特征

十三布政司的省会城市都是历史悠久、经济发达、文化兴盛的区域中心城市,它们修建为城、聚集为市的时间最早可以追溯到商周或春秋时期,有的城市甚至曾经是国都。省会城市的行政地位在其所在的省区内首屈一指,无论其城垣是否被战争毁坏,市内建筑是否化为废墟,但其对周边的吸引力却从未丧失。正如何一民教授在探讨清代省会城市的确立时所谈到的一样,历代的省会城市必须具备优越的自然地理条件、重要的战略地位、有利的交通区位和发达的水陆交通以及悠久的历史。② 而明代这些省会城市正是具备了这些条件,除了河南开封、广西桂林以外,其余城市的省会地位一直维持到今天。明代13个省会城市的城墙周长和修筑情况如表2-7所示:

表2-7 明代省会城市城墙周长与修筑情况统计表

所属	府城	旧城基础	明代始筑	甃砖时间	城墙周长
山东	济南府	创始莫详	洪武四年(1371年)	洪武四年(1371年)	12里
山西	太原府	宋代旧城	洪武三年(1370年)	嘉靖四十四年(1565年)	24里
河南	开封府	唐建中时筑	洪武初	洪武初	20里

---

① 刘诰修,徐锡麟:《重修丹阳县志》卷四《城郭》,清光绪十一年刻本。
② 何一民:《天时、地利与人和:清代省会城市形成的条件探析》,《西南民族大学学报》,2009年第4期。

续表

所属	府城	旧城基础	明代始筑	甃砖时间	城墙周长
陕西	西安府	唐末天祐筑	洪武七年（1374年）	隆庆二年（1568年）	28里
四川	成都府	宋元旧城	洪武四年（1371年）	洪武四年（1371年）	25里
湖广	武昌府	三国吴赤乌中筑	洪武四年（1371年）	洪武四年（1371年）	20里
浙江	杭州府	隋创置，元末改筑	洪武九年（1376年）	不详	35里
江西	南昌府	北宋旧城	吴王时期	不详	11里
福建	福州府	北宋开宝时筑	洪武四年（1371年）	嘉靖三十八年（1559年）	10里
广东	广州府	北宋旧城	洪武三年（1370年）	不详	12里
广西	桂林府	宋代旧城	洪武年间	不详	12里
云南	云南府	元代旧城	洪武十五年（1382年）	不详	9里
贵州	贵阳府	元代旧城	洪武十五年（1382年）	天启六年（1626年）	9里

明代13个省会城市，是各省布政司的治所之城，为一省之政治中心，故明王朝对省会城市的选择和确定综合考虑了许多因素。省会城市的修筑也多有特色，充分体现了省会城市在建制城市中的政治地位。

1. 省会城市占地面积较大

明代省会城市普遍占地面积较大，最小的城市城墙周长也在9里以上，最大的城市城墙周长达到了35里，甚至可以和中央级城市相提并论。

一般来说，城墙周长在25里以上的城市占地规模比较大，堪称地方中心城市，如杭州、成都、开封、太原等都是城周25里以上的城市。这些城市都具有较好的城建基础：杭州历来地处全国经济腹地，自春秋时期就是区域中心城市；开封在历史上曾是七朝首都，城市历史、文化、规模都远超普通省会城市；成都为四川盆地的政治中心城市，自秦代起便开始营建，在历史上为5个地方政权之都；太原也是北方重要的中心城市。

济南在明代之前并非山东地区的政治中心城市，洪武元年（1368年）山东省治在益都（即青州），洪武九年（1376年）朝廷移省治到济南。因此济南虽是省城，但规模并不算太大，从占地面积来看，只能算中等城市。

云南的昆明（云南府）和贵州的贵阳均是洪武时期明王朝占领云贵2省后重新修筑的城市。由于元代对这两地的政策较为宽松，任土司自由发展，因此两地城建的情况并不理想，基础薄弱，所以经明代修筑后其城墙周长也仅为9里，规模远不

2. 省会城市的修筑时间集中在明代初年

分析13个省会城市在明代的修筑时间可知，这些城池的兴建主要集中在洪武前期，除了昆明（云南府）和贵阳以外，其他城市的修筑和两京的修筑大致在同一时期。从这一点上也可以看出省会城市在明代政治体系中的地位。明代初年，王朝新建，大局初定，朝廷需要在全国迅速巩固统治，所采用的方法就是确立区域政治中心，并筑墙增兵以逞威。明王朝通过对各省省会城池的大规模修筑，奠定了自己在全国各地的统治基础，并展示了皇朝的强大实力，有利于迅速稳定地方社会。云南省和贵州省的筑城时间稍晚，明太祖在全国大部分地区已经步入正轨后，开始兴兵征伐西南土司。由于明廷准备充足、兵力强大，西南土司几乎全部投降，明廷便将两地纳入了明朝版图。之后，明廷就确立了昆明（云南府）、贵阳两个省会城市，并迅速修筑城墙，扩大城市规模，增派驻军，以巩固在西南地区的战果。所以省会城市一经确立，便迅速修筑在战争中损毁的城墙，这也是明王朝巩固统治的方法之一。

3. 省会城市多有藩王府，并且有相应的规格要求

朱元璋封藩王于各地，其目的在于藩屏国家。他将子孙封于全国各地的重要城市，这些城市要么是军事要地，要么是地区中心城市，而又以前者为重，至于后者则多是各省的省会城市。所以在13个省会城市中，有8个城市封有藩王，这类省会城市受藩王的影响较大。

藩王是皇帝在地方的代表，他们的府邸形制仅比北京紫禁城的形制低一等。为了修筑符合规格的藩王府，各省会城市政府必然会扩大省城的面积。由表2—6的数据可以看出，没有藩王府的贵阳府、云南府、福州府等的城墙周长大多在10里左右；而有藩王的省会城市，如成都府、武昌府、太原府等城墙周长均在20里左右。

（二）府级城市的占地规模与修筑特征

府级城市是各二级行政区的政治中心城市，拥有该地区各方面的有利条件，往往处于交通要道上或农业发达地区，交通便利、物产丰富、基础条件较好。根据《四库全书》所收各省通志，笔者将明代部分府城的修筑情况统计如下：

表2—8 明代部分府级城市修筑情况统计表

省/直隶	城名	始建	明代始建时间	加筑情况	城墙周长
山东	青州府	汉代	洪武三年（1370年）	天顺间修城楼台铺，嘉靖八年（1529年）修西门，嘉靖十三年（1534年）增筑月城	13里
	兖州府	不详	洪武初	正德间重修曲阜县城	14里

续表

省/直隶	城名	始建	明代始建时间	加筑情况	城墙周长
山西	平阳府	不详	洪武初	不详	12里
北直隶	永平府	不详	洪武四年（1371年）	不详	9里
北直隶	保定府	元代	建文四年（1402年）	隆庆初甃以砖石	12里
河南	归德府	汉代	洪武二十二年（1389年）	不详	7里
河南	南阳府	未详	洪武三年（1370年）	成化十九年（1483年）重修	6里
陕西	延安府	唐天宝初	弘治初	不详	9里
陕西	汉中府	秦代	洪武三年（1370年）	正德五年（1510年）建城楼，甃以砖；万历二十三年（1595年）修重葺；天启元年（1621年），展北2丈10步；崇祯十五年（1642年）复加修葺	9里
四川	重庆府	不详	洪武初	不详	12里
四川	遵义府	万历二十九年（1601年）	万历二十九年（1601年）	不详	6.4里
江西	袁州府	汉代	洪武四年（1371年）	弘治六年（1493年）修南门，正德七年（1512年）修月城，嘉靖间重修，万历间再修筑，崇祯四年（1631年）增修	11里
江西	临江府	宋代	弘治十年（1497年）	正德六年（1511年）改筑为砖城	11里
湖广	长沙府	汉代	洪武初	不详	18里
湖广	岳州府	三国	洪武四年（1371年）	洪武二十五年（1392年）甃砌	10里
浙江	嘉兴府	不详	明初	不详	12里
浙江	宁波府	南宋	洪武六年（1373年）	洪武时期扩建，嘉靖时期加筑	17里
福建	泉州府	不详	万历二十三年（1595年）	不详	30里
福建	建宁府	不详	不详	不详	11里
广东	肇庆府	宋代	洪武初	明初甃石，成化元年（1465年）增城串楼，正德间重修，嘉靖间修雉堞	5.8里
广东	琼州府	唐代	洪武间	成化九年（1473年）增筑马墙，修子城；嘉靖间易子城以石，复以石甃之；万历二十五年（1597年）创建东门外月城	4里

续表

省/直隶	城名	始建	明代始建时间	加筑情况	城墙周长
广西	梧州府	宋代	洪武十二年（1379年）	天顺七年（1463年）重修，成化二年（1466年）增高1丈，万历五年（1577年）南门楼钟鼓楼串廊复毁，知府李橡重建	3.5里
广西	南宁府	宋代	万历间	万历三十年（1602年）增开南门，崇祯九年（1636年）增高3尺	7里
贵州	都匀府	洪武二十七年（1394年）	洪武二十七年（1394年）	万历间增修	12里
云南	大理府	汉代	洪武十五年（1382年）	不详	12里
云南	楚雄府	宋代	洪武十六年（1383年）	隆庆二年（1568年）分巡道任维均重修，万历二十八年（1600年）增修	7里

通过对上述资料进行分析，可以归纳出明代府级城市的以下3个特点：

1. 府级城市的占地规模适中

相较于省会城市的城墙，普通府城的城墙周长较短，因此占地面积也相对较小。

分析数据后我们发现，府级城市城墙周长有明显的差异性，最大的府城城墙周长可以达到30里，比省会城墙还长，但这是特例；最小的府城城墙周长仅为3.5里，中等规模的府城墙周长在10里左右。上表中规模较小的府城有广西梧州府和广东琼州府，均处于南方的经济、文化欠发达地区。泉州府自宋代开始就是对外贸易的窗口，经济发达，商贾往来较多，因此城市规模大于普通府城是比较合理的。农业经济发达地区的长沙府、青州府、兖州府、袁州府等都具有较好的城市基础，因此府城周长均在10里以上。

2. 明代府级城市多是在历代城池的基础上改筑增修而成的

明代的府城多为旧城，明廷是在原有城市的基础上设立府治并加以改建的。表中始建最早的府城的建筑时间可以追溯到秦汉时期，最晚修建的遵义府城是明代中晚期才开始修的，大部分的府城为唐宋时所建，但由于历时太久和经历了元末战争，各城池均有损毁。明初政府在已有城池的基础上进行了修补、加固，确立了府城的政治地位和城市的基础规模。

3. 府城的规模形成是一个持续过程

城市的修建是一个长期持续的过程，尤其是大型城池的修筑工程，并非一朝一夕可以完成。另外，损坏城池的因素较多，人为的战争和自然的风化都会对城墙造成一定的破坏。明代府城的初建时间大部分集中于洪武年间，修建的原因多为"因旧修筑"，修城的方式一般为对城墙进行修补和加固，部分州城在明代初年便由土城改筑为石城,但并未改变城池规模。明代中期政府关于府城的修建工程则主要是对城池的扩建,如增筑城楼、敌楼或者加固城门,其时间大多集中在天顺至成化年间。明代中后期的府城修筑工程多为增筑敌台、甃以砖石,时间主要集中在正德、嘉靖时期。

(三)县级城市的规模

笔者据相关史志将明代部分县城修筑情况统计如下:

表2-9　明代部分县级城市修筑情况统计表

省/直隶	城名	始建	明代始建时间	后期加筑时间	加筑情况	城墙周长
山东	邹平县	汉代	万历八年(1580年)	无	甃之以石	4里
	济阳县	金代	成化二十二年(1486年)	万历四年(1576年)	甃以砖石	4里
				万历十九年(1591年)	建敌台15座	
	堂邑县	宋代	洪武时	崇祯十年(1637年)	扩地6顷,建敌楼8座	6里有奇
山东	临淄县	元末	正德七年(1512年)	万历二十三年(1595年)	甃以砖石	4里
				崇祯十六年(1643年)	筑炮台10座	
	高苑县	隋朝	景泰	万历四年(1576年)	甃以砖石	增修5里
	黄县	唐代	洪武四年(1371年)	万历二十一年(1593年)	甃以砖石	6里
				崇祯十三年(1640年)	增筑瓮城,修筑敌台	
北直隶	房山县	金代	弘治间	嘉靖间	修筑墩台	4里
				隆庆间	甃以砖石	
	定兴县	金代	成化四年(1468年)	隆庆五年(1571年)	甃以砖石	5里80步
	唐县	元代	弘治间	隆庆间	增筑瓮城	4里有奇
				崇祯七年(1634年)	加厚	

续表

省/直隶	城名	始建	明代始建时间	后期加筑时间	加筑情况	城墙周长
河南	封丘县	西汉	洪武元年（1368年）	成化间	重修	5里70步
河南	临漳县	不详	洪武十八年（1394年）	崇祯六年（1633年）	建砖城于旧城之外	4里30步
河南	涉县	汉代	洪武二十七年（1385年）	嘉靖二十一年（1542年）	筑砖石城	4里180步
陕西	高陵县	隋代	景泰元年（1450年）	嘉靖间	甃以砖石	4里220步
陕西	安定县	宋代	洪武中	嘉靖二十一年（1542年）	以石砌城基	5里3分
陕西	延长县	金代	弘治中	嘉靖二年（1523年）	东西南甃石	4里240步
南直隶	昆山县	元末	弘治间	嘉靖五年（1526年）	筑砖城	12里
南直隶	无锡县	宋代	明初	嘉靖间	甃以砖石	18里
南直隶	仪真县	宋代	洪武初	嘉靖三十五年（1556年）	每门甃甓	9里246步
浙江	定海县	宋代	洪武十二年（1386年）	嘉靖三十三年（1554年）	增修	4里
浙江	兰溪县	三国	洪武间	正德间	甃以砖石	2里323步
江西	丰城县	元代	正德七年（1512年）	嘉靖四十年（1561年）	筑砖城	4里
江西	新昌县	宋代	成化二十年（1484年）	成化二十二年（1486年）	内外甃砖，建月城	5里
江西	萍乡县	明代	正德七年（1512年）	嘉靖四十三年（1564年）	覆以瓦	6里
江西	萍乡县	明代	正德七年（1512年）	万历十一年（1583年）	筑砖城	6里

续表

省/直隶	城名	始建	明代始建时间	后期加筑时间	加筑情况	城墙周长
福建	仙游县	宋代	正德间	正德八年（1513年）	甃以砖	7里
				嘉靖二年（1523年）	石砌敌台	
	南靖县	元末	嘉靖六年（1527年）	嘉靖六年（1527年）	甃以砖石	4里
				万历二十三年（1595年）	修元代旧城	
	福安县	明代	正德元年（1506年）	嘉靖六年（1527年）	拓筑东城，筑瓮城	6里
	南平县	明代	洪武年间	天顺间	筑砖城	2里
				弘治七年（1494年）	筑罗城	
广东	增城县	三国	洪武二十七年（1394年）	成化二十二年（1486年）	石头包砌	6里
				嘉靖四十二年（1563年）	增筑加高	
	揭阳县	宋代	天顺间	成化二十三年（1487年）	增筑，甃以石	24里
				弘治间	重甃以石	
	阳山县	不详	天顺间	成化间	筑石城	3里
				嘉靖间	以砖石砌子城	
湖广	常宁县	明代	洪武十八年（1385年）	天顺八年（1464年）	甃以砖石	4.5里
				万历元年（1573年）	内外俱用青石	
	新化县	明代	洪武初年	正德十四年（1519年）	始创石城	5里
	巴陵县	明代	成化十一年（1475年）	万历三年（1575年）	甃以砖石	5里
	石门县	元末	洪武十九年（1386年）	嘉靖三十四年（1555年）	甃以砖石，建城楼敌台	5里30步
广西	岑溪县	明代	洪武三年（1370年）	成化十年（1474年）	筑砖城	1里
				正德十五年（1520年）	筑外城	2.4里
	罗城县	明代	弘治十七年（1504年）	嘉靖间	重修城池	

续表

省/直隶	城名	始建	明代始建时间	后期加筑时间	加筑情况	城墙周长
四川	双流县	唐代	正德间	万历二十二年（1594年）	改砌砖石城	2里7分
四川	犍为县	明代	洪武初	正德间	包砌以石	4里4分
四川	犍为县	明代	洪武初	嘉靖二十六年（1547年）	累石为堤	4里4分
四川	江油县	明代	天顺六年（1462年）	正德中期	始甃以石	3里
贵州	瓮安县	明代	万历三十年（1602年）	无	始建石城	4.6里
贵州	印江县	明代	嘉靖二十八年（1549年）	崇祯十三年（1640年）	改建石城	3.4里
贵州	绥阳县	明代	万历二十九年（1601年）	万历三十二年（1604年）	完砌以石	3里
云南	元谋县	明代	万历三十二年（1604年）	无	始筑土城	1里3分
云南	广通县	明代	万历四十五年（1617年）	无	始筑砖城	3里
云南	永平县	明代	洪武十九年（1386年）	洪武二十六年（1393年）	改筑砖城	3里3分

综合分析上表信息，可以得出下面的结论：

1. 县级城市占地面积普遍较小

明代政府根据行政管理情况，对相当一部分县级城市进行了重建和新设。一方面，对原有的旧城进行翻新、重筑；另一方面，在新设县的地区新筑县城。从上表数据可知，最大的县城城墙周长为24里，最小的县城城墙周长为1里，大部分县城的城墙周长在4里左右，由此可以推测，明代县级城市的城墙周长多在3～5里的范围内，比一般府级城市的规模小。大部分县城城墙在明代后期有加筑的情况，加筑的方式多为改建城墙、修筑敌台。这成为明代城墙修筑的一个特点，连最低级别的城市城墙都得到了改建和加筑。

明代新建的县级城市主要集中于南方地区，尤其是少数民族聚居地区，如云南、贵州、四川、广西等地；北方地区的县级城市一般都是唐宋时期所修的旧城，明代政府对原有城池进行了修筑和扩建。

2. 明代县级城市的修筑也是一个持续的过程

相较于省级城市和府级城市的多次重修，明代县城的修筑频率没有那么高。从普遍情况来看，1个县城在整个明代的修筑次数为2～3次。明代的县城修筑大致可以划分为3个阶段：明初的初建或者修复城墙阶段，明中期的加筑砖石阶段，以及明后期的加筑敌台阶段。明代初年的修筑工程集中在洪武年间，甃以砖石则普遍集中于嘉靖和万历年间，增筑敌台主要在明末的崇祯年间。

根据笔者对以上不同等级城市修筑情况的分析可以看出：明代省会城市占地规模较大，城墙周长普遍在10里以上，其中经济、文化发达地区省会城市的城墙周长可达到35里；地方府城城墙周长多在7～9里之间，属于中等规模的城市；县城城墙周长在3～9里之间，其中周长为5～6里的县城比较常见。这种城墙周长的差异也反映出了建制城市在行政等级上的差异。

二、地方建制城市人口规模的变化

统计古代城市人口非常困难，一直缺乏准确的数据，研究者只能从当时文献记录的只言片语中进行大致估算。曹树基教授创造了一种推算明代城市人口的方法，即查阅各地方志所记载的城坊和乡里的数据，并据此进行人口推算。这种推算的假定基础是明代中后期城市坊、厢按比例增长，那么用城市的坊、厢所占比例乘以所在府的人口总数，便可以分别推算出府、县的城市人口数。[①] 杨宇振在《明代四川的城池与人口》一文中讨论了四川各府与府城城墙周长的关系，最后得出的结论是府城城墙周长与人口比例存在一定的正相关性，但这个相关比例受多种因素的影响，因此只能估算大概数字，并不能做到十分精确。[②] 这项研究存在两个方面的缺陷：第一是府辖人口并不等同于府城人口，府辖人口包括了农村与城市两个部分的人口，如果没有交代清楚两者所占比例的话，研究总人口与城墙长度之间的相关性的意义不大；第二就是文章的结论为府城与府辖人口存在正相关性，但是并没有得出具体比例的数据模型。鉴于此，笔者还是比较认同曹树基先生的推算方法，虽然用该方法推算的结果在精确度上存在一定的问题，但其逻辑是完全成立的。本书即采用该方法来进行人口推算。明代没有关于坊、厢的详细规定，但我们知道明代城内有坊、厢，与之相对应，农村有里、甲，而明代的里甲制度如下：

> 洪武十四年诏天下编赋役黄册，以一百十户为一里，推丁粮多者十户为长，余百户为十甲，甲凡十人。岁役里长一人，甲首一人，董一里一甲之事。先后以丁粮多寡为序，凡十年一周，曰排年。在城曰坊，近城曰厢，乡都曰里。[③]

可见，明代城内的坊、厢和农村的里、甲在设置上差别不大，已知农村110户为1里，城市110户为1厢，如果按照城内平均1户5口人计算，就可以推算出城市内人口的大概数字。

---

① 葛剑雄主编，曹树基著：《中国人口史》（第五卷·下），复旦大学出版社，2005年，第725页。
② 杨宇振：《明代四川的城池与人口》，载于贾珺：《建筑史：第21辑》，清华大学出版社，2005年。
③ 张廷玉等：《明史》卷七十七《食货一》，中华书局，2000年，第1253—1254页。

（一）明代府级、县级城市人口规模

由于记录明朝各个地区人口数量的资料相当匮乏，尤其缺少州、县级别城市的人口数据，因此笔者在对相关资料进行整理后，挑选了北直隶、南直隶以及4个较有代表性的省，并采用了随机抽样的方法，选择了若干府治城市以及其管辖范围内的州、县城市为样本，从民籍人口数量和城市人口数量两个维度考察明朝城市的人口状况。

表 2-10 洪武二十四年（1391年）部分城市人口统计表（单位：万）

省/直隶	府	城市	行政区划内民籍人口总数	城市人口数
北直隶	顺天府	宛平（府城）	4.6	0.7
		大兴（府城）	4.3	0.6
		永清等7城	8.7	1.3
	保定府	清苑（府城）	2.3	0.4
		易州等16城	32.8	2.4
	河间府	河间（府城）	2.9	0.2
		献县等9城	22.6	1.2
	顺德府	邢台（府城）	3.3	0.3
		沙河等8城	13.7	0.8
	广平府	永年（府城）	3.8	0.2
		曲周等8城	17.2	1.6
山东府	青州府	益都（府城）	19.5	2.0
		博兴等11城	147.6	8.2
	登州府	宁海州	8.8	0.4
		福山县	5.4	0.3
	兖州府	滋阳（府城）	2.4	0.2
		曲阜等21城	94.4	5.8
南直隶	徽州府	歙县（府城）	17.7	2.0
		婺源	13.7	0.9
	淮安府	山阳	9.4	1.1
		盐城等6城	46.4	2.9
福建	福州府	闽县（府城）	9	3.1
		侯官	4.9	0.7
		长乐等8城	30.1	2.9
	建宁府	建安（府城）	5.1	1.3
		瓯宁	9	0.7
		建阳等5城	50.9	5.4
	邵武府	邵武（府城）	12.5	1.3
		光泽等3城	11.1	1.3

续表

省/直隶	府	城市	行政区划内民籍人口总数	城市人口数
江西	南昌府	南昌（府城）	47.3	4.1
		丰城等6城	64.1	2.4
	瑞州府	高安（府城）	20.8	1.0
		上高、新昌	22	0.8
	临江府	清江（府城）	9.6	0.6
		新喻、新淦	45	0.9
	抚州府	临川（府城）	53.3	2.2
		崇仁等4城	66.9	3.7
	建昌府	南城（府城）	22.8	2.0
		南丰等3城	28.5	2.9
湖广	武昌府	江夏（府城）	7.7	3.0
		武昌等9城	24.3	2
	黄州府	黄冈（府城）	14	2.2
		麻城等7城	60	2.7
	德安府	安陆（府城）	0.6	0.2
		云梦等4城	6.4	0.7
	荆州府	江陵（府城）	14.1	1.0
		公安等11城	21.3	2.8
	襄阳府	襄阳（府城）	1.7	1.4
		宜城等11城	6.9	1.3
	长沙府	长沙（府城）	4.7	0.7
		善化	2.3	1.2
		湘潭等9城	36.1	2.5
	岳州府	巴陵（府城）	8.5	0.3
		石门等7城	19.7	1.7
	常德府	武陵（府城）	4.8	0.9
		桃源等2城	8.1	0.6

资料来源：本表据葛剑雄主编，曹树基著《中国人口史》（第四卷）（复旦大学出版社，2005年）及相关方志中数据制成。

为了探讨并展示明代不同等级城市中人口数量的差异，笔者使用了社会科学软件统计包（SPSS）对上表中的数据进行了进一步分析。

（二）明代府级、县级城市人口数据分析

1. 明代府城与州、县城人口数量均值比较

笔者首先使用了SPSS软件中的独立样本T检验对上表中的民籍人口数与城市人口总数进行了分析，以考察这两类人口数量在府城与州、县城这两个行政级别的城市中的均值差异，分析结果如表2—11所示。从分析结果可以看出，无论是行政

区划内的民籍人口总数还是城市人口数,府城的数量都明显多于州、县城的数量,这种差异表明,在城市化进程相对较快的明朝,不同行政等级的城市之间已经出现了差距。这是因为人口的多少历来是反映城市规模与经济文化发展程度的重要指标。通过上述分析,有助于我们进一步推断明朝府城与州、县城在规模结构、职能结构以及空间结构方面的差别。成一农在对清代城市规模与城市行政等级之间的关系进行研究时提出,清代城市的城墙周长与行政等级之间没有太大的关系,进而认为以行政等级对城市规模进行划分是不严谨的。① 笔者认为,在明朝,尽管各地商业和手工业的发展在一定程度上促进了人口的迁移与人口数量的增加,但这种变化实际上是受到政治因素影响的结果,因此我们可以认为明代城市人口数量的增加在一定程度上受到了政府行政手段的间接影响,而这种行政手段之一就是对城市等级进行划分。

表 2-11　明代民籍人口数、城市人口总数在不同等级城市中的均值比较表

	民籍人口数	城市人口总数
府城	11.20	1.77
州、县城	6.68	0.43
检验标准	t=1.736,p=0.023	t=2.432,p=0.012

明代府城与州、县城这两个级别的城市人口数量出现差异的原因,主要在于明代府城的原有规模较大,原有人口数量较多,或是明朝建立以后这些城市得到快速发展且城市规模快速扩大。例如,福建的汀州府,在南宋晚期其地府、县城人口比例就已经高达32%,② 到了明朝,该府民籍人口有 11 000 人,是福建各府中人数较多的一个。③ 又如,湖广的郧阳府,该府原是明廷为了镇压当地的流民而设立的卫,由于地理位置较为偏僻,生活条件恶劣,因此民籍人口一直相对较少,《湖广图经志书》记载:"郧在襄汉万山中,古无井,民惟饮江水……往返甚劳,况饮之者多生瘿疾,民深以为患。"④ 但成化十三年(1477 年)明廷于郧阳设府后,府治所在地不仅有了卫治和行都司衙门,还在后来增设了抚治行台衙门,由此郧阳逐渐成为该地区的政治中心和军事中心,人口也随之增长。

2. 各地区不同等级城市间的人口数量差异

进一步比较各个地区不同等级城市间的人口数量差异,有助于我们对明朝政府在各地区设置不同等级城市的合理性展开深入探讨,也有助于我们进一步推断明代行政城市体系的构建对各地区发展的影响。具体结果如图 2-3 所示。

---

① 成一农:《清代的城市规模与行政等级》,《扬州大学学报》,2007 年第 3 期。
② 梁庚尧:《南宋城市的发展》,《食货月刊》,1981 年第 10、11 期。
③ 葛剑雄主编,曹树基著:《中国人口史》(第四卷),复旦大学出版社,2005 年,第 330 页。
④ 王正常修,谢攀云纂:《郧阳志》卷一《地理志》,嘉庆二年刻本。

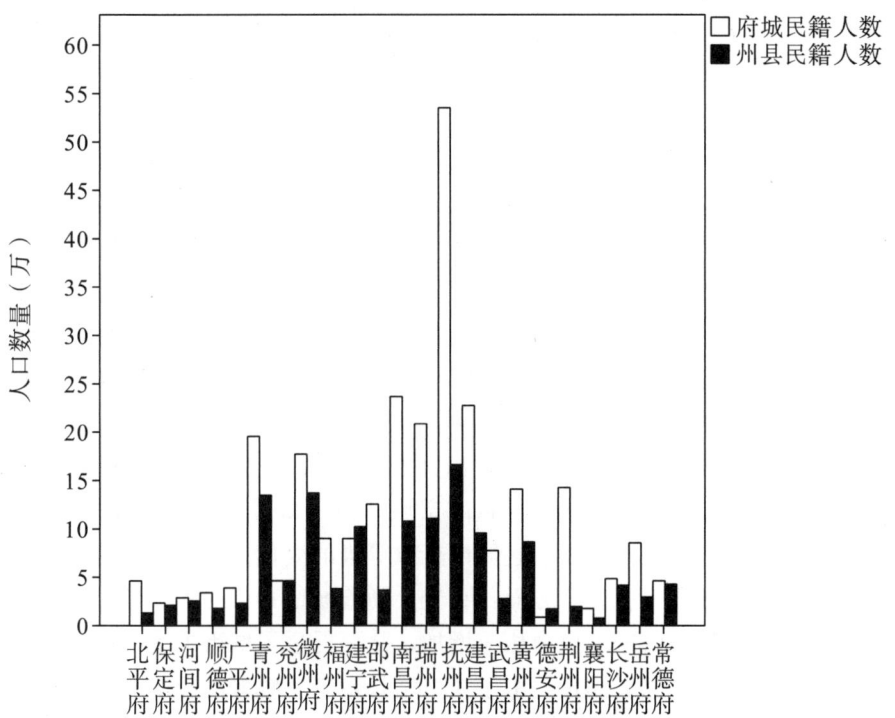

图 2-3 明朝各地区民籍人口数量在城市等级间的差异图

以上各地中，府城与州、县城这两个级别的城市间人口数量差距较大的包括抚州府（民籍人口数差额为 36.57 万，城市人口数差额为 1.28 万）、建昌府（民籍人口数差额为 13.30 万，城市人口数差额为 1.03 万）、荆州府（民籍人口数差额为 12.19 万，城市人口数差额为 0.75 万）、南昌府（民籍人口数差额为 12.97 万，城市人口数差额为 1.65 万）；数量差距较小的则有保定府（民籍人口数差额为 0.25 万，城市人口数差额为 0.25 万）、河间府（民籍人口数差额为 0.39 万，城市人口数差额为 -0.08 万），长沙府（民籍人口数差额为 0.69 万，城市人口数差额为 0.42 万），常德府（民籍人口数差额为 0.75 万，城市人口数差额为 0.60 万）；而建宁府（民籍人口数差额为 -1.18 万，城市人口数差额为 -0.38 万）和兖州府（民籍人口数差额为 -2.1 万，城市人口数差额为 -0.08 万）甚至出现了州、县城人口多于府城人口的情况。

3. 不同等级城市人口差异分析

府城与州、县城的人口差异实际上反映了一个地区的经济发展水平。例如，在明朝中后期，江西地区的商业和手工业发展较为迅速，尤其是景德镇、樟树、河口等工商业城镇的兴起，为一大批农村过剩劳动力提供了新的从事生产和劳作的渠道。这些久居乡村的农民不再务农，而是进入城市寻找新的谋生之道，有的农民在城市中定居，有的农民半农半商。这样，不仅缓解了农村的土地压力，也极大地增加了城市人口数量，促进了城市经济的发展。① 在图 2-3 中，府城与州、县城人口数量差距最大的地区包括隶属江西的抚州府、南昌府和建昌府，这在一定程度上佐证了笔者的这一观点。

纵观中国历史，城市等级与人口数量是正相关的，随着城市地位的提高，其人口数量也会很快增长。如果城市等级与人口数量长期不相适应，将有可能产生社会结构、行政体制以及经济结构的矛盾，从而不可避免地出现多种社会问题。一般而言，城市人口数量与城市等级高低是相互影响的。一方面，城市行政等级的变化会引起城市人口数量的增减，例如，永乐十九年（1421 年），明朝迁都北京，原来在南京城内的一部分政府衙门随之迁移，同行的还有大量原来居住于南京城内的普通市民、工匠、商人以及士兵，此次迁移共涉及 13.5 万人，② 加上原南京卫所中有相当大比例的将士并未居住于城中，所以共有 60~70 万人离开了南京城，顾起元在《客座赘语》中记载，此次迁都导致南京城"减户口过半"。另一方面，人口的增加也会促进城市的发展，从而引起城市行政等级的变化。人口数量的增加对城市发展的促进作用体现在以下几个方面：首先，随着城市人口的大量增加，城市中居民对制造、生活和服务的需求也会相应增加，从而促进了城市中手工业和商业的多元化发展。例如，明代的天津正是由于人口增长带来了频繁的经济活动，从而推动了商业贸易在其城市经济中所占比重逐渐加大，使天津从一个军事性质的卫城向包含多元经济与商业活动的新型城市转变，③ 甚至曾任巡抚的毕自严也感叹"天津之为卫久已，名存而实亡矣"④。其次，人口众多的城市相应地需要更大面积的居民区、更多的道路以及基础生活设施，因此人口数量的增长会促进城市的扩建、商业区以及居民区面积的增加。对此相关文献载：

> 杭城北湖州市，南浙江驿，咸延袤十里，井屋鳞次，烟火数十万家，非独城中居民也……不知何以生齿繁多如此。而河北郡邑乃有数十里无聚落，即一邑之众，尚不及杭城南北市驿之半者。⑤

该观点在表 2-7 中得到了印证，如保定府、河间府、顺德府和广平府等隶属于北直隶的若干城市，无论是民籍人口总数还是城市人口总数，都远远少于徽州府、福州府、抚州府、建昌府等南方的城市。实际上，不仅是南北之间存在差异，在同一个区域内也存在这种差异，如同样隶属于湖广布政司的安陆与巴陵两府，其民籍人口数量相差近 8 万。

---

① 李映辉：《明朝江西湖广的人口变动与经济发展》，《益阳师专学报》，1991 年第 1 期。
② 葛剑雄主编，曹树基著：《中国人口史》（第四卷），复旦大学出版社，2005 年，第 276 页。
③ 高艳林：《明代天津人口与城市性质的变化》，《南开学报》，2002 年第 1 期。
④ 毕自严：《抚津疏草》卷三《河军向隅彼此聚讼疏》，转引自高艳林：《明代天津人口与城市性质的变化》，《南开学报》，2002 年第 1 期。
⑤ 王士性：《广志绎》，中华书局，1981 年，第 69—70 页。

第三节　明代建制城市的数量与分布

明朝人时常惊叹于本朝的繁华盛世，称"皇明混一海宇，超三代而轶汉唐，际天极地，罔不臣妾"①。明人也注意到繁盛的经济使城市数量大增，并引以为自豪，其言"圣朝稽古为治，凡通都大郡边檄小邑，莫不有城郭"②，"今天下名城数千"③，可见明代城市的总数之多。但无论是明代人还是今人，对明代城市的具体数量虽有记叙，却说法不一。16世纪来到中国的西班牙人在《记录大明的中国事情》一书中记载，明代城市总数为1 720个，其中包括155个府城，235个州城，1 155个县城。当代学者陈宝良在《明代城市生活长卷》中认为明代筑城至少涉及2 199座城池，其中府州卫级城池243座，县州城池1 327座，其他类629座。④那么，明代具体有多少城市？数据从何而来？城市分布情况如何？城市分布有什么规律？明人和今人都没有给出这些问题的答案。笔者将尝试在本节中回答这些问题。

一、明代建制城市的数量

终明之世，除贵州新设布政司时府、州、县数目的变动以及明后期东南地区府、州、县数目的变化，全国各地区行政区划较为稳定。据《明史·地理志》，明朝共有162个府（包括军民府、御夷府）、255个州（包括直隶州、属州、御夷州）、1 173个县。明朝各地府、州、县数量见表2-12。

表2-12　明朝各地府、州、县数量统计表

政区	府	直隶州	属州	县	合计	时间限断
北直隶	8	2	17	116	143	万历末年
南直隶	14	4	17	97	132	嘉靖二十一年（1542年）
浙江布政司	11	—	1	75	87	正德元年（1506年）
云南布政司	22	4	39	31	96	崇祯十三年（1640年）
四川布政司	13	6	16	111	146	万历三十七年（1609年）
陕西布政司	8	1	20	95	124	万历二十三年（1595年）
山西布政司	5	3	16	78	102	万历四十三年（1615年）
山东布政司	6	—	15	89	110	弘治二年（1489年）

---

① 胡丹：《明代宦官史料长编》，凤凰出版社，2014年，第190页。
② 林庭㭿、周广：《江西通志》卷三十六《南安府》，嘉靖刻本。
③ 朱国祯：《涌幢小品》，中华书局，1959年，第56页。
④ 陈宝良：《明代城市生活长卷》，湖南人民出版社，2006年，第2页。

续表

政区	府	直隶州	属州	县	合计	时间限断
江西布政司	13	—	1	77	91	万历六年（1578年）
湖广布政司	15	2	14	110	141	崇祯十二年（1639年）
河南布政司	8	1	11	96	116	万历三年（1575年）
贵州布政司	10	—	9	14	33	崇祯四年（1631年）
广西布政司	11	9	37	50	107	万历三十八年（1610年）
广东布政司	10	1	8	77	96	崇祯十一年（1638年）
福建布政司	8	1	—	57	66	万历八年（1580年）
共计	162	34	221	1 173	1 590	崇祯十三年（1640年）

资料来源：郭红、靳润成《中国行政区划通史·明代卷》（复旦大学出版社，2007年，第11—12页）。

值得注意的是行政区划的数量并非完全等同于城市的数量。何一民教授在《清代城市数量的变化及原因》[①] 一文中已经明确解释了其中的原因，此处不再赘述。明代城市也同样存在这个情况：行政区划在省、府、县的某一个城市会存在治所的重叠，即一个城市既是省会城市，又是府城，还有县城倚郭，出现3治同城的现象。虽然在行政建置上有3个层级的治所，但实际上只存在1座城市。除此之外，州县同城而治情况也不少。例如，直隶州、属州在时代的变迁中存在升级和降级的情况。但此种情况并不意味着城市数量会立刻发生变化。因此，对明代建制城市数量的计算，应在行政区划的基础上减去附郭县城的数量。明代府、州附郭县的情况如下表所示：

表2—13 明代各政区附郭县一览表

政区	附郭县数	附郭县名称
北直隶	16	大兴、宛平、潞县、漷县、范阳、清苑、葛城、易县、河间、真定、邢台、永年、元城、濮阳、卢龙、义丰
南直隶	21	上元、江宁、凤阳、寿春、临淮、山阳、江都、高邮、吴县、长洲、华亭、武进、丹徒、合肥、怀宁、当涂、贵池、宣城、歙县、和州、广德
浙江布政司	15	钱塘、仁和、建德、嘉兴、秀水、乌程、归安、山阴、会稽、鄞县、临海、金华、西安、丽水、永嘉
云南布政司	8	昆明、河阳、太和、南宁、奉化、姚州、丽江、保山
四川布政司	13	成都、华阳、阆中、南充、奉节、巴县、宜宾、平武、郫县、眉县、邛县、龙游、严道
陕西布政司	8	西安、咸宁、凤翔、南郑、肤施、安化、平凉、陇西

[①] 何一民：《清代城市数量的变化及原因》，《社会科学》，2014年第8期。

续表

政区	附郭县数	附郭县名称
山西布政司	6	阳曲、秀容、临汾、汾阳、长治、大同
山东布政司	8	历城、滋阳、聊城、益都、莒县、掖县、胶西、蓬莱
江西布政司	14	南昌、新建、高安、德化、星子、鄱阳、上饶、南城、临川、庐陵、清江、宜春、赣县、大庾
湖广布政司	16	江夏、汉阳、黄冈、钟祥、安陆、巴陵、江陵、襄阳、郧县、长沙、善化、武陵、衡阳、零陵、邵阳、沅陵
河南布政司	18	祥符、宛丘、长杜、阳翟、管城、洛阳、商丘、下邳、谯县、襄邑、汝阳、南阳、穰县、方城、河内、汲县、安阳、梁县
贵州布政司	5	贵定、安化、镇远、铜仁、石阡
广西布政司	12	临桂、平乐、苍梧、桂平、马平、融县、宜山、宣化、崇善、田阳、靖西、凌云
广东布政司	11	南海、番禺、高要、曲江、保昌、归善、海阳、茂名、海康、合浦、琼山
福建布政司	10	闽县、侯官、莆田、建安、瓯宁、南平、长汀、邵武、晋江、龙溪
合计	181	

资料来源：本表据郭红、靳润成的《中国行政区划通史·明代卷》（复旦大学出版社，2007年）制成。

由以上两张表中的数据可知明代建制城市的数量，各省/直隶的具体情况如下：

明代北直隶地区共有各层级地方行政建置143个，其中有8个府，分别是顺天、永平、保定、河间、真定、顺德、广平、大名，都是元代的路；有2个直隶州，分别是延庆州、保安州；有17个属州，116个县。但由于有16个附郭县，因而明代北直隶地区实际有城市127座。

明代南直隶地区共有各层级地方行政建置132个，其中有14个府，应天、凤阳、庐州、安庆、淮安、扬州、苏州、松江、常州、镇江、徽州、宁国、池州、太平，除了凤阳原为濠州，其余的都是元朝的路；另有4个直隶州，广德州、和州、滁州、徐州；有17个州、97个县。南直隶共有21个附郭县，故而明代南直隶地区实际有城市111座。

明代浙江共有各层级地方行政建置87个，其中有11个府，分别是杭州、嘉兴、湖州、宁波、绍兴、台州、金华、衢州、严州、温州、处州，都是元代的路；有1个州、75个县。浙江共有15个附郭县，故而明代浙江实际有城市72座。

明代江西共有各层级地方行政建置91个，其中有13个府，分别是南昌、饶州、广信、南康、九江、建昌、抚州、临江、吉安、瑞州、袁州、赣州、南安，都是元的代路；另有1个州、77个县。江西共有14个附郭县，故而明代江西实际有城市77座。

明代湖广共有各层级地方行政建置141个，其中有15个府：武昌、汉阳、承天、襄阳、郧阳、德安、黄州、荆州、岳州、长沙、宝庆、衡州、常德、辰州、永州，其中的汉阳、承州、德安为元代的府，其余都是元代的路；有2个直隶州，分别是靖州、郴州；另有14个州、110个县。湖广共有16个附郭县，故而明代湖广实际有城市125座。

明代福建共有各层级地方行政建置66个，其中有8个府：福州、泉州、建宁、延平、汀州、兴化、邵武、漳州，均为元代的路；另有1个直隶州，福宁；有57个县。福建共有10个附郭县，故而明代福建实际有城市56座。

明代山东共有各层级地方行政建置110个，其中有6个府：济南、兖州、东昌、青州、登州、莱州，其中济南、东昌、青州在元代为路；有15个属州、89个县。山东共有8个附郭县，故而明代山东实际有城市102座。

明代山西共有各层级地方行政建置102个，其中有5个府：太原、平阳、大同、潞安、汾州，其中太原、大同、平阳为元代路城；有3个直隶州，分别是辽州、沁州、泽州；另有16个州、78个县。山西共有6个附郭县，故而明代山西实际有城市96座。

明代河南共有各层级地方行政建置116个，其中有18个府：开封、归德、彰德、卫辉、怀庆、河南、南阳、汝宁，其中归德、汝宁、南阳为元代府城，其余的为路城；有1个直隶州，汝州；有11个州、96个县。河南共有18个附郭县，故而明代河南实际有城市98座。

明代陕西共有各层级地方行政建置124个，其中有8个府，西安、凤翔、汉中、平凉、巩昌、临洮、庆阳、延安，其中的西安、汉中、延安为元代路城；另有州21个、县95个。陕西共有8个附郭县，故而明代陕西实际有城市116座。

明代四川共有各层级地方行政建置146个，其中有13个府：成都、保宁、顺庆、叙州、重庆、夔州、马湖、龙安、遵义、镇雄、乌撒、乌蒙、东川，其中保宁、龙安元时分别为府、州，其余的都是元代路；有6个直隶州，潼川州、眉州、嘉定州、邛州、泸州、雅州；有16个州、111个县。四川共有13个附郭县，故而明代四川实际有城市133座。

明代广东共有各层级地方行政建置96个，其中有10个府：广州、韶州、南雄、惠州、潮州、肇庆、高州、廉州、雷州、琼州，除了琼州元时为乾宁安抚司以外，其余的均是路；有1个直隶州，罗定州；另有7个州、77个县。广东共有11个附郭县，故而明代广东实际有城市85座。

明代广西共有各层级地方行政建置107个，其中有11个府：桂林、柳州、思恩、庆远、平乐、梧州、浔州、南宁、太平、思明、镇安，除平乐在元时为府，其余的均为路；另有9个直隶州、37个州、50个县。广西共有12个附郭县，故而明代广西实际有城市95座。

明代云南共有各层级地方行政建置96个，其中有22个府：云南、曲靖、元江、姚安、鹤庆、丽江、永昌、孟定、孟艮、大理、临安、楚雄、澂江、景东、广南、广西、镇沅、永宁、顺宁、蒙化、寻甸、武定；另有4个直隶州、39个州、

31 个县。云南共计有 8 个附郭县，故而明代云南实际有城市 88 座。

明代贵州共有各层级地方行政建置 33 个，其中有 10 个府：贵阳、安顺、思州、思南、镇远、石阡、铜仁、黎平、都匀、平越；另有 9 个州、14 个县。贵州共有 5 个附郭县，故而明代贵州实际有城市 28 座。

因此，在减去附郭县后，各省/直隶实际的城市数量就小于地方行政建置的总数，如下表所示：

表 2-14　明代各省/直隶建制城市数量统计表

政区	都城数	省会数	府城数	直隶州城数	属州城数	县城数	合计
北直隶	1	—	7	2	17	100	127
山东	—	1	5	—	15	81	102
山西	—	1	4	3	16	72	96
陕西	—	1	7	1	20	87	116
河南	—	1	7	1	11	78	98
南直隶	1	—	13	4	17	76	111
浙江	—	1	10	—	1	60	72
江西	—	1	12	—	1	63	77
湖广	—	1	14	2	14	94	125
广东	—	1	9	1	8	66	85
广西	—	1	10	9	37	38	95
福建	—	1	7	1	—	47	56
四川	—	1	12	6	16	98	133
云南	—	1	21	4	39	23	88
贵州	—	1	9	—	9	9	28
合计	2	13	162	34	221	992	1 409

根据以上数据可知，明代有各级地方行政建置 1 590 个，然而有 181 个附郭县，因而减去这 181 个附郭县后可得明代建制城市数量为 1 409 个，其中都城 2 个，省会城市 13 个，府城 162 个，直隶州城 34 个，州城 221 个，县城 992 个。

总体来看，笔者推算的数据与之前一些著作对明代城市数量的估计有着较大的差异，例如前文提及的两组统计数字与笔者推算的数字就有较大差异。之所以出现较大差异，一是其所依据的资料可能有误，数据并不准确；二是其忽略了附郭县与府州同城的情况，只是简单地将地方行政建置数相加。

二、明代城市的分布规律与影响因素

根据前表的统计可以看出明代各省/直隶建制城市的数量，再按照数量递减进行排列，分别是：四川（133 个）、北直隶（127 个）、湖广（125 个）、陕西（116

个)、南直隶(111个)、山东(102个)、河南(98个)、山西(96个)、广西(95个)、云南(88个)、广东(85个)、江西(77个)、浙江(72个)、福建(56个)、贵州(28个)。

然而,各省/直隶城市的总数并不能说明城市在各地区的分布情况。因明代各省/直隶的面积大小不同,故须借助城市密度这一数据才能看出明代各省/直隶城市的分布情况。如下表所示:

表2-15 明代各省/直隶城市密度

政区	面积(平方公里)	城市数量	城市密度	与全国平均密度差值
山东	132 840	102	0.000 77	+0.000 34
山西	164 448	96	0.000 58	+0.000 15
北直隶	135 432	127	0.000 94	+0.000 51
河南	147 090	98	0.000 67	+0.000 24
陕西	457 164	116	0.000 25	−0.000 18
北方5省/直隶合计	1 036 974	539	0.000 52	+0.000 09
浙江	91 692	72	0.000 79	+0.000 36
江西	135 900	77	0.000 57	+0.000 14
南直隶	224 208	111	0.000 50	+0.000 07
福建	120 852	56	0.000 46	+0.000 03
广东	197 964	85	0.000 43	0
湖广	362 232	125	0.000 35	−0.000 08
广西	211 896	95	0.000 45	+0.000 02
四川	419 580	133	0.000 32	−0.000 11
贵州	123 768	28	0.000 23	−0.000 20
云南	373 396	88	0.000 24	−0.000 19
南方10省/直隶合计	2 261 488	870	0.000 38	−0.000 05
全国合计	3 298 462	1 409	0.000 43	0

资料来源:胡焕庸、张善余《中国人口地理》(华东师范大学出版社,1986年,第51页)。

从上表数据可以看出,明代北方5省/直隶的城市密度较大,而南方10省/直隶的城市密度较小。北方的北直隶的城市密度位居全国之首,其次是山东省,再次是河南省。由于元代的统治重心在北方,因此北方城市具有较好的政治基础,这种优势延续到了明代,尤其是明成祖迁都北京以后,北方城市占据了更大的政治优势。

南方地区虽然有大片的土地,但是其城市密度却没有北方的城市密度大。相较而言,南直隶、浙江省、江西省、福建省城市密度较大,区域内城市分布相对密集。这些省份自南宋以来一直都是中国的经济中心。南直隶、浙江省、江西省等因拥有地理位置优势，加之农业经济发达，手工业、商业也发展迅速，故这些地区的城市对人口具有吸引力；福建省和广东省等位于沿海地区，是对外贸易的窗口，因此城市因贸易而发展迅速，这也比较符合历史规律。

此外，西南地区的云南、贵州、四川城市密度较小，这与3省的地理位置、政治环境密切相关。3省地处内陆腹地，又有群山阻碍交通，与外省的沟通多有不畅，因此发展较为落后，城市较少。其中贵州城市数量少还与政治因素相关。贵州在明代以前几乎没有传统意义上的城市，明廷将其纳入版图后，才开始修筑城池，所以贵州的城池基础不好；加之其地远离国家政治、经济中心区域，因此城市发展较为滞后。

施坚雅对于中国封建晚期的城市进行了相关研究，他在探讨建制城市时谈道：在中华帝国空间结构中……有中心地和相关的地方体系两个层级。一个是因帝国官僚政治为实施地方而建立，并以调整的；另一个是因经济活动的需要而成形的。前者反映了中国的官僚机构，因为这是个官僚的国家，是个衙门的国家，成队的官员被安排在有正式品级的各级行政职位上。后者反映了中国社会的自然结构，因为中国是个包容着集市与贸易体系、非正式政治与多种亚文化群的世界。① 他认为政治型城市最重要的职能和发展动力均与政治相关，其中官僚机构和官员是最为关键的要素。中国封建晚期建制城市的主要职能为政治统治和地方管理，它们都是因统治地方和稳定地方社会而被设置的。施坚雅的观点具有一定的合理性。明代的建制城市带有非常鲜明的政治色彩，深受统治者行政命令等的影响，政治因素还影响到了城市的空间分布。另外，建制城市也有其"自然"属性。由于建制城市以统治地方与稳定地方社会为主要职能，因此其必须处于既便于控制乡村又利于自身发展的地区。这种情况则不同于军事城池。

（一）政治因素对各地区城市分布的影响

国家行政力量对建制城市的分布具有较大影响。何一民教授曾在研究中国城市发展的轨迹时提出"中国古代政治中心性城市优先发展"规律，即一个城市的发展规模和发展速度与其政治行政地位的高低成正比，政治行政地位越高的城市，规模越大，发展速度就越快；反之，政治行政地位越低的城市，规模越小，发展速度就越慢。② 这一规律不但适用于明代单体城市的发展，也适用于区域城市的分布与发展。

明代统治者采用行政手段改变了地区城市的行政层级，构建了新的城市网络，以达到控制区域社会的目的。这种城市网的构建，在少数民族地区和边境体现得特

---

① ［美］施坚雅主编，叶光庭等译，陈桥驿校：《中华帝国晚期的城市》，中华书局，2000年，第327页。

② 何一民：《从政治中心优先发展到经济中心优先发展——农业时代到工业时代中国城市发展动力机制的转变》，《西南民族大学学报》，2004年第1期。

别明显。

明廷因政治统治的需要,重设了疆域管理体系,将塞外居民迁入了统治腹地,在自身与蒙古之间设了自然隔离带,增加了蒙古军队入侵的难度。洪武三年(1370年),明太祖废除了北京顺宁和兴河两个府级行政单位,连其所辖州、县一并废除,内迁该地居民。明廷还将多处边境地区改设为军事辖区,改府、州、县城为军城。例如,政府废除了陕西、山西、河北北部、漠南等地州、县,在这些地区重设卫、所,编民为军,开展屯田,令驻军有事出征,无事防守。经过洪武初期的调整以及多代的经营,明朝疆域中与北部蒙古人统治区接壤的区域全部被改设为军事管辖区,史称九边军镇。九边军镇一部分为纯军事区域,所设城市全部为军城,另一部分为政事和军事并理的区域,在这些区域内,军事城池扼守要冲,直临边境,建制城市靠近腹内,管理内政。

笔者以陕西地区的建制城市为例。陕西省会西安"依山带河,内屏诸夏,外控西陲,号为重镇"①。陕西内部的城市分布情况为"内分八郡"②,八郡即西安、延安、庆阳、平凉、凤翔、巩昌、临洮、汉中 8 府。明朝统治者认为,"人之一身,心腹皮肤相以为安,而手足捍卫所无不可。郡县犹心腹也,卫犹皮肤也。运用手足,丰润皮肤,康裕心腹,要皆元气克周,为之主本"③,聚集财富、管理民政的建制城市为国家之心腹,而军事城池为抵抗侵略者之手足。因此,为了更好地保护心腹,明廷置军事城池于边境,以防御各种外来入侵。

(二) 自然地理因素对城市分布的影响

城市的设立与自然地理环境有着密切的关系。地域空间、地形、地貌、气候、水源、资源等都是城市形成和发展的基础。城市中心作用的影响和辐射能力与其自然环境的优越程度正相关,自然地理条件愈优越的城市,其中心作用的影响和辐射能力就愈大、愈强。纵观中国城市发展史,早期的城市,尤其是较为重要的城市,一般都建立在自然地理条件优越、交通便利的地区。古人对此多有论述,《礼记·王制》提到"凡居民,度地以制邑,度地以居民,地邑居民必参相得也"④;《管子·八观》认为"夫国城大而田野浅狭者,其野不足以养其民;城域大而百姓寡者,其民不足以守其城"⑤。城市面积和腹地面积之间只有保持合适的比例,才能够达到长治久安的目的。明代城市遵循了中国古代城市选址的普遍规律,并根据城市的自然地理条件进行了调整,形成了明代建制城市的空间分布特征。

通过对明代城市密度较大的北直隶、浙江、山东、河南、湖广等省分析,不难

---

① 《明孝宗实录》卷七十,北平图书馆红格本。
② 《明孝宗实录》卷三十五,北平图书馆红格本。
③ 杨经纂辑,刘敏宽纂次,牛达生、牛春生校勘:《嘉靖固原州志》,宁夏人民出版社,1985 年,第 95—97 页。
④ 郑玄注,孔颖达疏:《礼记正义》,载于阮元校刻:《十三经注疏》,中华书局,2009 年,第 2897 页。
⑤ 黎翔凤撰,梁运华整理:《管子校注》,中华书局,2004 年,第 259 页。

发现，这些省或直隶皆位于华北平原或长江中下游平原，从地理空间、地形、地貌、气候、水源等各个方面来看，这两个地区都适合城市发展。这两个地区本身就具有多种有利于城市发展的较为优越的自然地理条件，因此明代之前这两个地区就分布有若干重要的城市。明代政府在沿袭前代的城市布局的基础上，进一步开发了这些地区的经济，使其各项优势得以进一步发挥。例如，湖广地区的山区地带在明代得到了较大发展，明廷迁徙大量人口进入湖广的丘陵山区，并在此发展适合的农业，郧阳府就因山地的开发而得到了较大发展，尤其是被设为府城以后，成了3省边界的政治、军事中心，于是四方商客辏集，发展为中等府级城市。

（三）政治等级和职能对城市分布的影响

城市的行政等级与城市的分布有密切的关系。在一个布政司所统辖的区域内，省会城市往往位于该地区的核心位置，被若干个普通府城环绕；每个普通府城又被其所管辖的若干个州城环绕；一些州城则为其管辖的县所环绕；而在县的周围，还可能有若干个村庄或小镇。由此可知，省会城市不仅处在每个省的关键位置，而且周围环绕有若干府城和州城，形成了一个向外辐射的行政建置网络。王贵祥曾引用"环列兵戎，纲维布置"来形容这种网络，并认为尽管这两个词组一般被用来描述明朝的军事防御系统，但也能有效反映出明代城市基于行政等级的森严体系。① 例如，北直隶的顺天府与南直隶的应天府周围都有着这种网络格局：

> 宣府、大同，藩篱也；居庸、紫荆，门户也；顺天、真定、保定等府州县，堂室也。藩篱密，斯门户固；门户固，斯堂室安。②

如果说明代城市分布在纵向上体现出"环列兵戎，纲维布置"的特征，那么横向考察，则能看出明显的线性特征，即在某些重要的地区，省会城市或府治城市在分布上呈明显的线状，不同城市连续对接，构成了联系紧密的整体。例如，北京向南，依次有保定府、真定府、广平府、大名府，可联系河南的开封府，向西可联系河南的彰德府，向东则可联系山东的东昌府。这种城市的线状分布，大多数是经过精心设计的，不仅在内陆地区，在沿海地区也有所体现。另外，王贵祥的研究表明，明代的府城之间存在距离的相关性特征，即府城与府城间的直线距离为350里，这种情况并非个例，而是广泛存在于全国各个省份之中。③ 这种聚落式的分布和城与城之间的距离特征与中国古代生产力和科学技术发展水平密切相关：第一，350里至400里正好是快马一日可跑的距离，这样安排城市位置就可以确保紧急信息被迅速传递到地方中心城市；另外明代重车日行50里，则意味着府城与府城之

---

① 王贵祥：《明代府（州）城分布及350里距离相关性探究》，《中国建筑史论汇刊：第贰辑》，清华大学出版社，2009年，第185—187页。

② 朱彝尊、于敏中《日下旧闻考》卷五《形胜》，转引自王贵祥：《明代府（州）城分布及350里距离相关性探究》，《中国建设史论汇刊：第贰辑》，清华大学出版社，2009年，第186页。

③ 王贵祥：《明代府（州）城分布及350里距离相关性探究》，《中国建筑史论汇刊：第贰辑》，清华大学出版社，2009年，第185—187页。

间的物资运输 7 天左右可以完成。第二，350 里至 400 里的直线距离意味着府与府之间有足够的土地，这为府城之间的县级城市留足了独立发展的空间，有利于形成完整的建制城市聚落；另外，府城与府城之间的乡村因县级城市而被联系了起来，这样政府就可以有效管理乡村。

第三章　明代军事制度与军事城市的发展变迁

明代军事制度较元代军事制度有明显的变化，明太祖参考了唐代的府兵制，创立了明代的都司卫所军事系统。这个军事系统与行政系统共同管理着明代广阔的疆域。因此，在军事系统实土管辖的区域内出现了明代特有的军事城市，简称军城。根据级别，军城可划分为都司城、卫都司城、千户所城3种类型，还有2种独立于军事系统之外的军城，分别是巡检司城和关城。军事系统内的军城是因军事系统的革新而产生的城市，是本章要研究的城市类型。

明代的军城多分布于军事要地，例如北部边疆、东南沿海以及西南少数民族地区。军城的设立和分布均是自然地理环境与军事需求共同作用的结果。明代的军城在地方上不仅仅有军事防御的意义，随着时间的推移，军城逐渐叠加经济、文化方面的功能，对所辖地区社会产生了深远影响。

第一节　明代军事制度与军事城市的兴起

明代军事制度的改革始于朱元璋称吴王于江南之时。明朝成立以后，鉴于无法剿灭北逃的元朝残部，明太祖采取了"屯守备边"的战略，于是将明代军事制度进行了进一步改革，要求军队不但要具备战斗力，而且要做好打持久战的准备。明太祖一方面加强了中央对地方军队的控制权，另一方面将军事系统纳入疆域管理体系，实行军事屯田之制，用军屯收益养活地方军队。军事制度改革推动了军城的产生，它们独立于行政系统之外，因军事需求而被设置，因等级差异而不同。

一、明代军事制度概述

（一）明代军事系统的构建

《明史》这样描述明代的军事制度：

> 明以武功定天下，革元旧制，自京师达于郡县，皆立卫所。外统之都司，内统于五军都督府，而上十二卫为天子亲军者不与焉。征伐则命将充总兵官、

调卫所军领之;既旋则将上所佩印,官军各回卫所。盖得唐府兵遗意。①

明代军事制度的发轫时间可追溯到朱元璋攻城略地之时。元至正十五年(1355年),朱元璋攻取了太平,置兴国翼元帅府,自领元帅。至正二十四年(1364年),朱元璋称吴王,割据江南,在刘基的帮助下开始重编军队,设立了武德、豹韬、飞熊、威武等17个亲军卫,创立了"卫"这个军事单位,之后又改各总管府为千户所,于是"所"这一军事单位也出现了。此时相关制度还比较粗糙,随着战争的发展和军队的扩充,卫所制度不断完善。至正二十四年(1364年),朱元璋确立了卫、所的军士数量,"其核诸将所部,有兵五千者为指挥,满千者为千户,百人为百户,五十人为总旗,十人为小旗"②。洪武七年(1374年),明廷进一步确定了卫的编制人数,并规定了卫所的统帅制度,"大率以五千六百人为一卫,而千、百户,总、小旗所领之数则同。遇有事征调则分统于诸将,无事则散还各卫"③。之后,为了将军队控制权牢牢掌握在高层手中,明廷对这一制度进行了数次调整,最终于洪武十三年(1380年)使之基本定型。这一年,明太祖废除了大都督府,设中、左、右、前、后五军都督府,形成了"五军都督府—都司、行都司—卫—千户所—百户所—总旗—小旗"的军事等级体系。由于明代前期政局不稳定,虽然军事制度已经比较完善,但全国卫、所的数量还在不断变化。直到洪武二十六年(1393年),整个军事系统和军事机构才固定下来,《明史》记载了当时军事系统的层级和具体机构数量:

> 洪武二十六年定天下都司卫所,共计都司十有七,留守司一,内外卫三百二十九,守御千户所六十五。及成祖在位二十馀年,多所增改。④

明代中央最高的军事机构为五军都督府,地方军事系统包括3个层级,分别是都司级、卫级、所级。上文提到的百户、总旗、小旗,虽然没有被纳入上述层级之中,但其在地方军队中起着重要的管理作用。除此之外,某些特殊地区的管理层级有所不同。例如,少数民族地区有直属都司的军民千户所,两者中间并无卫级机构。同时,每个层级里面设有一些平级的机构。总体来看,从中央到地方,明代的军事系统有以下4个层次:

1. 中央级军事单位:五军都督府

五军都督府是明朝最高的军事机构,其前身是明太祖在明初设立的大都督府。洪武十三年(1380年)太祖将大都督府改为五军都督府后,该军事机构在很长时间内都未经历大的调整,一直稳定发挥着作用。其职位有左右都督,官正一品;都督同知,官从一品;都督佥事,官正二品;更低级别的职位还包括经历、都事等。

---

① 张廷玉等:《明史》八十九《兵一》,中华书局,2000年,第1453页。
② 俞本:《纪事录笔证》,中华书局,2015年,第149页。
③ 姚广孝等:《明太祖实录》卷九十二,北平图书馆红格本。
④ 张廷玉等:《明史》九十《兵二》,中华书局,2000年,第1467页。

2. 地方一级军事单位：都司、行都司、留守司

《明史》载：

> 都司军事掌一方之军政，各率其卫所以隶于五府，而听于兵部。凡都司并流官，或得世官，岁抚、按察其贤否，五岁考选军政而废置之。都指挥使及同知佥事，常以一人统司事，曰掌印，一人练兵，一人屯田，曰佥书。巡捕、军器、漕运、京操、备御诸杂务，并选充之，否则曰带俸。凡备倭守备行都指挥事者，不得建牙、升公座。凡朝廷吉凶表笺，序衔布、按二司上。经历、都事，典文移。断事，理刑狱。①

明代的都司与行都司级别相同，都是省级军事机构。留守司设于洪武二年（1369 年），负责中都凤阳的军事防御事务，虽然与都司、行都司同级，但职权范围较窄。都司与行都司在洪武时就已经设立，建文时设河北都司，永乐时设万全都司、湖广都司、交趾都司，废河北都司，宣德时废除了交趾都司。到了宣德四年（1429 年），明王朝设置了 16 个都司、5 个行都司。

3. 地方二级军事单位：卫、（直辖）守御千户所、军民千户所

《明史》载：

> 卫指挥使司，设官如京卫。外卫各统于都司、行都司或留守司。……分理屯田、验军、营操、巡捕、漕运、备御、出哨、入卫、戍守、军器诸杂务，曰见任管事；不任事入队，曰带俸差操。征行，则率其属，听所命主帅调度。
>
> 所，千户所，正千户一人，副千户二人，镇抚二人，其属，吏目一人。所辖百户所凡十，共百户十人，总旗二十人，小旗百人。其守御千户所，军民千户所设官并同。……凡军政，卫下于所，千户督百户，百户下总旗、小旗，率其卒伍以听令。……其守御千户所，不隶卫，而自达于都司。凡卫所皆隶都司，而都司又分隶五军都督府。②

卫是各地重要的军事机构，管理着地方的各项军务，起着统筹管理的综合作用。所分为两种类型，守御千户所和普通千户所。（直辖）守御千户所直隶于都司，与卫等级相同；普通千户所隶属于卫，是地方的第三级军事单位。卫所的数量和设废比都司、行都司复杂。洪武时，由于征战并未完全结束，故明太祖根据统治区域和政局的变化多次调整了卫所的设置。永乐帝夺权迁都，对北方卫所的影响较大。例如，北平都司被废，北平行都司被改为大宁都司，其管辖范围内的卫所多有变动。嘉靖、万历年间，北部、西北部少数民族入侵，东南沿海倭寇肆虐，故朝廷在北部长城沿线和东部沿海增设了卫所，此阶段也是卫所变动较大的时期。

4. 地方三级军事单位：守御千户所、普通千户所

如上文所述，明代千户所（除直辖守御千户所）分为两种，一种是普通千户

---

① 张廷玉等：《明史》卷七十六《职官五》，中华书局，2000 年，第 1248 页、1872 页。
② 张廷玉等：《明史》卷七十六《职官五》，中华书局，2000 年，第 1249 页。

所，一种是守御千户所。其中守御千户所分布于军事关口，并且有单独的驻地。可见，千户所之前加"守御"2字，突出体现了其军事守卫职能。

综上，明代军事系统层级如下图所示：

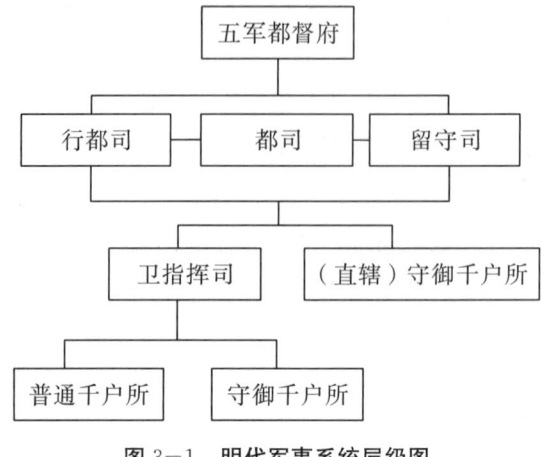

图 3-1 明代军事系统层级图

（二）明代军事系统与行政系统的关系

明代初年的全国疆土由两套系统共同管辖：一套是行政系统，另一套是军事系统。行政系统和军事系统都是由中央到地方的分层系统，因此它们之间各级机构存在着一种对应关系：

省级：布政司——都司、行都司、留守司；

地方二级：府——卫指挥使司，直隶州——（直辖）守御千户所；

地方三级：州、县——守御千户所、普通千户所。

二者在管理上存在两种关系，第一种是彼此独立，第二种是相互交叉。

第一种情况为军事系统和行政系统完全分开。学界把军事机构代替行政机构进行军民管理的地区称作"军管型的特殊地方"；[①] 其也有另一种称谓——实土都司卫所，指这类军事机构具有实际的土地管辖权。例如，辽东都司、北平行都司、万全都司的管辖区域内没有设立行政机构，由军事机构管理地方所有事务，因此属于军管系统代替行政系统进行管理的地区。

第二种情况是军事系统和行政系统相互交叉。从明代都司、布政司的名称和辖区来看，明代政府最初是按照1个布政司搭配1个都司的构想来设置机构的。[②] 例如，山东、山西、浙江、广东、陕西、四川、贵州、云南、江西、湖广、河南、福建的布政司和都司皆同名，而且两机构的治所都是同一个城市。都司和布政司在管辖区域上多有重叠，但由于都司和布政司的管辖区域是由下层机构分层管理的，因

---

① 周振鹤：《中国地方行政制度史》，上海人民出版社，2005年，第333页。
② 郭红、于翠艳：《明代都司卫所制度与军管型政区》，《军事历史研究》，2004年第4期。

此在分析二者交叉管理的土地时应该考察地方卫、所与府、县之间的关系。

行都司的设置是明代军事系统与行政系统最大的区别，该军事机构的设立经历了一系列变化。早期的行都司管辖区与布政司管辖区之间存在着3种关系：第一种是完全独立，如四川布政司和四川行都司的关系；第二种是部分重合，如山西行都司和山西布政司的关系；第三种是行都司辖地被包含在布政司所辖范围之内。永乐以后，明廷对行都司的辖区进行了较大调整，行都司的辖区与布政司、都司的辖区不再重合，三者相互挟制，这更加有利于中央统治。此时的行都司皆因军事需要而设，所以其辖区都是典型的军事区，大多独立于行政系统之外。正德四年（1509年）的行都司有5个，分别是山西行都司、陕西行都司、四川行都司、湖广行都司、福建行都司，其中山西、陕西、四川行都司的辖区内没有设立行政机构，而湖广、福建行都司与行政机构并存。

地方的卫、所和府、州、县之间的关系较高层机构间的关系更为复杂。由于明代疆域广阔，各地情况复杂，故行政系统和军事系统在疆域管理上并没有绝对割裂，彼此之间存在各种交叉关系。总体看来，在疆域管理上，军事系统的卫、所和行政系统的府、县之间的关系有3种情况：

第一，卫所系统替代府县系统。

这种替代府县行使行政管理权力的卫所，被学界称为"实土卫所"。实土卫所指卫所对所辖区域的土地、人口具有实际管辖权。在没有设置行政机构的地区，卫所代掌了原应由府县执掌的管辖权，在辖区内管军治民。这种卫所主要存在于明朝疆土的东北部、西北部、北部、西南部，以及行都司辖区内。

第二，卫所系统与府县系统在辖区与权限上重叠。

这种卫所被称作非实土卫所，其所在地设有行政机构，且行政机构的相关权力更大。因此，这里的"非实土"并非意味着卫、所完全没有管辖土地和人口的权力，而是说相较于相应的府、县，这类卫、所的管辖区域和权力微不足道，甚至存在军事管理依附于行政管理的情况。这种卫、所集中在两直隶等地，包括少数与各地府城同治的前、后、中、左、右卫。

第三，卫所系统与府县系统的辖区犬牙交错。

犬牙交错的行政区边界划分方式最早出现在秦代，目的是使政区之间相互挟制，避免出现割据。明代政府将这一边界划分方法用在了军事系统与行政系统的辖区划分上。相邻的都司、布政司辖区的边界如同犬齿一样咬合在一起，卫、所军屯和府、县民地的边界也是如此。由于卫、所辖地和府、县辖地彼此交错，有时候甚至界线不明，再加上军强民弱，故军屯侵占民田的现象时有发生，地方上的军民纠纷多由此产生。

综上，明代行政系统和军事系统在疆域管理上彼此独立又相互交叉，因时因地而有着不同的关系，共同管辖着明朝的领土。同行政系统一样，明代军事系统也是由不同层级构成的系统，每个层级都有相应的军事机构，从而形成不同等级的军事城池。此类城池在都司、卫、所的管辖区域内，因地区不同、人口构成不一而发挥着不同的作用。

二、明代军事系统与军城

（一）明代的军城与类型

军城主要指因军事防御而修建，以军事防御为主要功能，由军士人口构成主要居民的城市。军城在明代之前就已经出现，最早可以追溯到春秋战国时期，那时候的"郡"就是最早的军城。秦朝以后，历代统治者都会在军事要塞、边地等修筑城或堡，并加派军士驻防。其中规模较小的是军事性城堡，军事防御功能是其唯一的功能。规模较大的军城，军事防御依旧是这类城市的主要功能，但在此基础上逐渐叠加了政治、经济、文化功能，发展成以军事功能为主的城市。如保定、腾冲、张家口、襄阳、赣州等最早都是为加强地区军事防御能力而修筑的军城，随着时间的推移，这些城市到现在已经发展成综合性的地区中心城市。

明代的军城大都是因军事防御需要而兴修。明代军事系统的改制赋予了军事机构疆域管辖权，因此在军事机构辖区范围内出了一批军城，这些军城因军而设，因军而筑，因军而兴，具有鲜明的军事系统特色。另有一种类型的军城独立于军事系统之外，但由于其地处军事要地，故明廷也非常重视此类城市，它们在明代发展较为迅速，也可被归入明代的军城，其中以关城为主要代表。明代的军事城市可以分为以下5种类型：

1. 都司、行都司城

由于都司系统和布政司系统存在着一定程度的重叠，所以并不是每一个都司城都可以被归为军城。只有处在军事行政区的都司城以及自身军事职能大于其他职能的都司城方可被归为军城。

行都司的情况与都司相同，部分行都司系统与布政司系统存在职能与辖区重叠的情况。只有军事职能占据主导地位的行都司城才是军城。因此，山西、陕西、四川行都司的都司城为军城；而福建、湖广行都司城与府城同治，且城市行政系统职能大于军事系统职能，因此不能将其归为军城。

表3-1 明代都司、行都司城城市类型统计表

名称	是否位于军事行政区	都司/行都司城	是否为军事城池
山西都司	否	太原	否
山西行都司	否	大同	是
万全都司	否	宣府	是
大宁都司	是	大宁	是
山东都司	否	济南	否

续表

名称	是否位于军事行政区	都司/行都司城	是否为军事城池
辽东都司	是	辽阳	是
浙江都司	否	杭州	否
广东都司	否	广州	否
陕西都司	否	西安	否
陕西行都司	是	甘州	是
四川都司	否	成都	否
四川行都司	否	建昌	否
贵州都司	否	贵阳	否
云南都司	否	昆明	否
江西都司	否	南昌	否
河南都司	否	开封	否
湖广都司	否	武昌	否
湖广行都司	否	郧县	否
福建都司	否	福州	否
福建行都司	否	建宁	否
广西都司	否	桂林	否

资料来源：本表据谭其骧《中国历史地图集·元 明时期》（中国地图出版社，1982年）制成。

由上表可知，在都司、行都司系统中，都司城和行都司城可以被归为军城的分别有山西行都司城（大同）、万全都司城（宣府）、辽东都司城（辽阳）、陕西行都司城（甘州）、大宁都司城（大宁），共有5座省级军城。

2. 各地卫级军城：独立卫城

卫和所是明代地方的基层军事单位，卫、所的指挥中枢驻地构曰"治"。明人围绕这一驻地修筑城墙、护城河，便有了明代的卫城。顾诚先生认为，相当数量的卫所在自己管辖的地面上择地另筑城堡，这种城称为"卫城""所城"或"堡"。[①] 毛佩琪在《中国明代军事史》中提到：卫所于自己独立的辖区内择地筑城，即"卫城""所城"，独立管理其所辖地区。[②] 周小棣也曾言：围绕卫、所建设的城堡称作卫城，是比较独特的一种城市形式，以军事为主要职能，兼理民政。[③] 可见，能够被称作军城的卫城，也应该是实土卫指挥使司的治所所在城市。

---

① 顾诚：《隐匿的疆土——卫所制度与明帝国》，光明日报出版社，2012年，第14页。
② 毛佩琪：《中国明代军事史》，人民出版社，1994年，第60页。
③ 周小棣等：《负山阻海 地险而要——明长城防御体系之辽东镇卫所城市》，东南大学出版社，2013年，第11页。

3. 各地所级军城：独立所城

明代卫所分为在京卫所、腹里卫所、边海防卫所和特设卫所，其中腹里卫所和边海防卫所又统称在外卫所。除了特设卫所外，在京卫所和在外卫所均由都司直接管理，并由都督府总领。其中，千户所、百户所是明代地方军事系统中的最小单位。明代军事制度规定，自京师达于郡、县，皆立卫所，地系一郡者设所，连郡者设卫。

明代的所治多位于卫治之内，少数地方单独设有所治，并修筑有所城。例如，民族混居地区，四川叠溪千户所城、贵州黄平千户所城；战事频发的北部边境和东南沿海地区，抚顺千户所城、福建莆禧千户所城等。千户所城的修筑，在数量和规模上都不能与卫城相比，被保留至后世的可能性也更小。

4. 巡检司城

巡检司是明代设置的控制基层社会的军事单位，主要职责是用武装力量维护社会稳定，故其成为地方社会中除了里甲制度、老人制度以外的另一种强控制制度。洪武二年（1370年），明朝开始在广西设置巡检司，"以广西地接瑶、僮，始于关隘冲要之处设巡检司，以警奸盗，后遂增置各处"①。关于巡检司的设置地点和职能，明太祖有过说明："朕设巡检，扼要道，验关津，必士民之乐业，致商旅之无艰，然虽法古之良能，未经点督。今特差人诣所在，谕以巡防有道，讥察多方，有能坚守是职，镇靖所司，役满来朝，朕必嘉焉。"②到了万历朝，明代总共设置了巡检司1 255处。③朝廷设立巡检司以后，工部便开始建造巡检司城和衙门。巡检司城是明代特有的基层军事城池，分布于全国各地。

5. 堡城

堡城是一种明代特有的城堡，准确地说，它不同于城市，因为它没有与商贸相关的功能；同时又不同于城池，因为它几乎没有护城河。但是堡城有城墙和城门，因而具有城的形态。堡城集中分布于北部边境沿线，分散在长城边墙附近，是长城的一种辅助性军事设施。学者罗哲文先生曾言：长城工程由各种城、关、隘口、敌台、烟墩（即烽火台）、堡子、城墙等共同组成一个完整的防御工程体系。④可见，堡城是军事据点，虽然不具备城市的综合性功能，但从设置和修筑等方面而言，其是明代军事城池系统的组成部分之一。

综上，明代的军城类型较多、分布广泛、数量巨大，在各地主要承担军事防御职责，最能体现明代军事系统的特征。明代军城按等级可分为都司城/行都司城、卫城、所城等，其系统结构如下图所示：

---

① 张廷玉等：《明史》卷七十五《职官四》，中华书局，2000年，第1235页。
② 朱元璋：《明太祖集》，黄山书社，1991年，第140页。
③ 王伟凯：《试论明代的巡检司》，《史学月刊》，2006年第3期。
④ 中国大百科全书总编辑委员会《中国历史》编辑委员会、中国大百科全书出版社编辑部：《中国大百科全书·中国历史》，中国大百科全书出版社，1992年，第437页。

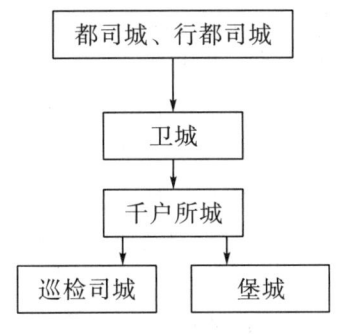

图 3-2 明代军城体系图

（二）明代军城规模与等级

根据以上的分析可知，明代军事系统内的军城分为 3 个等级，分别是省级的都司、行都司城，地方二级的卫城以及地方三级的所城。军事系统内的军城与行政系统内的建制城市一样，其规模等均由等级决定，地位越高的军城发展越迅速。普遍来看，考察城市规模的指标有 3 个，分别是人口规模、用地规模、经济规模。但是军城的经济与商业关系较小，军屯的农业产品和手工业产品都是服务于驻军的，军城的经济不具备吸引人口的能力，则用经济规模考察军城的意义不大。所以笔者将从用地规模和人口规模两个方面来对等级不同的军城进行考察。

1. 省级军城规模

（1）省级军城的占地规模

省级军城属于等级较高的军城，数量较少，只有 5 座，分别是：大同城、宣府城、辽阳城、甘州城、大宁城。它们的占地面积可用城墙周长作为主要衡量标准。相关数据如下表所示：

表 3-2 明代都司、行都司城占地面积统计表

城市	所属	类型	修筑时间	城墙周长	城墙高度
辽阳	辽东都司	都司城	洪武五年（1372年）	16里	3丈3尺
宣府	万全都司	都司城	洪武二十七（1394年）年	24里	3丈5尺
甘州	陕西行都司	行都司城	洪武二十五年（1392年）	13里	不详
大同	山西行都司	行都司城	洪武五年（1372年）	13里	4丈2尺
大宁	大宁都司	都司城	洪武二十二年（1389年）	20.4里	不详

都司城、行都司城是地方最高层级的军城，其城墙的周长反映了城池的占地规模，城墙的高度则体现了防御等级。由以上数据可以看出，明代的都司城、行都司城城墙周长都在 10 里以上，故其面积与各省的省城面积相当。

其中，宣府城的城墙周长达到 24 里，是省级军城中占地面积最大的一座城市。宣府城是万全都司的都司城。万全都司的设置时间较晚，于宣德五年（1430年）始设。此时朝廷已经迁都北京，万全都司正是出于拱卫京师的目的而设立的。该都

司的辖区北接蒙古诸部，西邻山西行都司，南经居庸关直抵京师。其不但是京师门户，更是整个明朝北部防线的重镇。洪武时，明廷将该地区人民迁徙至关内，致整个区域州县俱废，后朝廷即在该地区建立了军事重镇。宣府城始建于战国时期，唐代文德年间始建宣化城。洪武二十七年（1394年），明廷展筑宣化城，其时城墙周长为12里。正统五年（1440年），罗亨信任宣化巡抚，修缮宣府城池，《宣府新城记》中记载了当时的情况："旧城狭隘，不足以居。士卒甲戌展筑土城，方二十有四里，辟七门以通耕牧……二十年间，边燧不兴，兵民安于无事。"设立都司以后，宣化城的军事地位进一步提升，军士数量剧增，再加上军属和其他相关人员，人口众多，而狭窄的旧城无法容纳如此多的军民，于是政府扩筑了城池。

大宁都司城的占地面积也较大，城墙周长达到了20.4里，这种规模的军城在北方比较少见，这与明初大宁都司的重要军事地位密切相关。大宁都司设置于洪武二十年（1387年）九月，史料记载："置大宁都指挥使司及大宁中、左、右三卫，会州、木榆、新城等卫悉隶之……调各卫兵二万一千七百八十余人守其城。"① 元末战争导致此地人烟稀少，故洪武二十年（1387年）设立都司之时，大宁境内已无州、县。因此，大宁都司辖境内卫所均为实土卫所。大宁城是大宁都司的司治所在，考古学家已证实，明代的大宁都司城在辽、金、元3朝时均为军事重镇，筑于辽中京旧址，城墙原周长为31里。明代筑都司城时，在旧城之内改筑城墙，周长达20.4里，是拱卫京师的一个重要军城。② 建文元年（1399年）九月，朱棣兴靖难之役，首攻大宁，占领大宁城以后，收编大宁军士并率军南下。永乐元年（1403年），明廷迁原大宁城内所有军民于保定，塞外的大宁都司城变成一座空城。

（2）省级军城的人口规模

都司城、行都司城的人口主要是军士和军籍家属。明初政府对卫所驻军的数量有明确的规定：每卫设前、后、中、左、右5个千户所，大率以5 600人为1卫，1 120人为1千户所，120人为1百户所。我们据此可以计算出每一个都司城的军士总数。相关统计数据如下：

表3-3 明代都司、行都司城军士总数统计表

名称	所属	类型	所领卫、所	城内军士总数	时间限断
辽阳	辽东都司	都司城	定辽左卫、定辽前卫、定辽后卫、定辽中卫、东宁卫	2.8万	洪武年间
宣府	万全都司	都司城	宣府前卫、宣府左卫、宣府右卫、兴和千户所	1.8万	弘治七年（1494年）
甘州	陕西行都司	行都司城	甘州左卫、甘州中卫、甘州右卫、甘州前卫、甘州后卫	2.8万	永乐元年（1403年）
大同	山西行都司	行都司城	大同前卫、大同右卫	1.1万	永乐七年（1409年）

---

① 姚广孝等：《明太祖实录》卷一百八十五，北平图书馆红格本。
② 李逸友：《辽中京城址发掘的重要收获》，《文物》，1961年第9期。

军士是都司城中的常住人口，而随着军队的驻守，大量家眷也迁徙而来，做一些协助和辅助的工作。按照1个士兵2名家属的配置计算，则军城的人口总数应该是驻军人口数的3倍。另外，实土都司多位于少数民族地区，社会环境比较复杂，人口流动速度比中原等地更快，故少数民族的内附和商人的流寓也增加了都司辖地的人口数量。因此，总的来看，都司城内的人口规模不小，详细情况如下：

洪武二十八年（1395年），辽东都司辖区军士总数约有36.8万，加上居民约14万，总人口约有50万。都司城内5个军卫的军士总数为2.8万，加上军籍家属合计约5万；再加上少数民族人口，则辽东都司城市人口合计逾8万。明初的城市人口能达到这个规模是非常惊人的。①

明代初年，万全都司地近蒙古草原，明廷在该地区设置了防御蒙古军队南下的坚实防线，故其军队编制比一般都司多。洪武初年，万全地区有7卫1所，军士加上家属，合计约11.8万人。宣府城内有3卫1所，军士和家属合计约4.7万人；再加上其他人口，宣府城内的人口总数应超过5.5万。

山西大同地区虽然是军事系统和行政系统并存的地区，但由于其北临蒙古残部，故军事行政区的地位并未下降。大同地区的大同城兼具军镇和府城的双重身份，人口数量较多，军士有1.1万人，家属有2万人，总计逾3万人。曹树基先生的研究显示，明代大同地区的民籍和军籍人口总数为6.3万。② 这一人口规模，足以证明大同城的军事地位。

总体来看，都司城、行都司城是地区的军事中心，也是兵力的主要屯驻地，所以其占地规模和人口规模比其他等级的军城都要大。军城的特点决定了军事人口必须被纳入城中，则其城池的占地规模与人口规模成正比，因此才会出现宣府城因旧城狭小无法容纳军民而展筑城池的情况。另外，军城的城墙普遍比同等级建制城市的城墙高，如大同城城墙高达4丈2尺，即约13米，其他都司城的墙高也在11米左右，普遍高于同级建制城市，从这一点也可以看出军城的重要性。

2. 卫城的规模

卫在全国范围内分布较广，洪武时期全国设卫288处，永乐以后有所变动，但变动幅度不大。下表为明代部分独立卫城的数据统计表，从中可以看出明代卫城的规模。

表3-4 明代部分独立卫城城墙周长和高度统计表

所属	名称	始建时间	城墙周长	城墙高度
山西都司	大同左卫城	洪武二十五年（1392年）	10里	3丈5尺

---

① 葛剑雄主编，曹树基著：《中国人口史》（第四卷），复旦大学出版社，2005年，第314页。
② 葛剑雄主编，曹树基著：《中国人口史》（第四卷），复旦大学出版社，2005年，第165页。

续表

所属	名称	始建时间	城墙周长	城墙高度
山西行都司	阳和卫城	洪武三十一年（1398年）	9里	3丈5尺
	镇朔卫城	洪武二十五年（1392年）	8.5里	3丈1尺
	威远卫城	洪武三十一年（1398年）	4里50步	3丈5尺
	平房卫城	成化十七年（1481年）	7.2里	3丈5尺
辽东都司	广宁卫城	洪武四年（1371年）	9里	3丈
	义州卫城	洪武二十二年（1389年）	9里166步	3丈
	宁远卫城	宣德年间	6里8步	2丈5尺
	铁岭卫城	万历年间	4里60步	2丈
山东都司	灵山卫城	洪武年间	3里	2丈5尺
	鳌山卫城	洪武二十一年（1388年）	5里	3丈
	威海卫城	洪武年间	6里	2丈7尺
	大嵩卫城	洪武二十年（1387年）	8里	1丈9尺
南直隶	磐石卫城	洪武二十年（1387年）	9里	2丈
福建都司	镇海卫城	洪武二十年（1387年）	4里	不详
	平海卫城	洪武二十年（1387年）	5.7里	1丈4尺
	镇东卫城	洪武二十年（1387年）	5.8里	2丈3尺
	永宁卫城	洪武二十七年（1394年）	5.8里	2丈1尺
湖广都司	九溪卫城	洪武十年（1377年）	9里	1丈8尺
	永定卫城	洪武四年（1371年）	13.4里	2丈4尺
	施州卫城	洪武十四年（1381年）	9里	3丈5尺
	平溪卫城	洪武二十二年（1389年）	9里	1丈2尺
广东都司	神电卫城	洪武二十七年（1394年）	7里	1丈2尺
	海南卫城	洪武二年（1369年）	5.6里	2丈5尺
	广海卫城	洪武二十七年（1394年）	3.5里	1丈1尺
	碣石卫城	洪武二十七年（1394年）	7.5里	2丈
浙江都司	处州卫城	不详	6里35步	2丈5尺
	临山卫城	洪武二十年（1387年）	5里30步	1丈8尺
	松门卫城	洪武二十年（1387年）	8.6里	1丈8尺
	金乡卫城	洪武二十年（1387年）	9.5里	不详

由以上数据可以看出，明代卫城的城墙周长不等，没有统一的标准，短至3里，长至13.4里；但是总体来看，卫城城墙周长大多在8~9里的范围内，故卫城的平均占地面积比都司城、行都司城占地面积小。这体现了军城系统内不同等级的军城占地规模上的差异。明代州、县城的城墙周长在7~9里范围之内，从占地面

积来看，卫城与之规模相当。卫城是地方重要的军事据点。明初，明太祖规定"系一郡者设所，连郡者设卫"，这里的"郡"相当于行政区划中的州和县，可见明之卫所须设在两县相交或者两地相交的地带。虽然全国卫城的设置各有特色，但都遵循这一原则，大部分卫城有着交通便利的优势，故其占地规模和发展势头能够与行政系统中的州、县城相提并论，这是较符合城市发展规律的。下面笔者以部分卫城为例，论述卫城规模等情况。

义州卫城位于辽东都司辖区内，汉代始建城池，明以前皆为土城。洪武二十一年（1388年）朝廷设义州卫，翌年指挥何浩于旧城址修筑义州卫城。史料记载义州城的修筑情况如下：

> 洪武二十二年指挥何浩仍旧修筑。宣德中都指挥楚勇始砌以砖，方九里一十步，高三丈，池深一丈五尺，阔一丈八尺，围九里一百六十六步。正德初，参将胡忠开凿，修复马道。门四：东熙春、西庆丰、南永清、北安远。①

永乐八年（1410年），广宁后屯卫迁至义州卫城，至此卫城内驻有2卫。义州卫城的规模为辽东重镇锦州城的1.7倍，气势恢宏，占地广阔。该卫城发展到明代中期，城内布局合理，有多条街道，功能分区也日益清晰。

> 城中胡同十分之七为癸山丁向，城内街道分为四，有鼓楼一座，设街之中心点而偏城之东南。下承以台，辟四门达四街，台上周围皆以砖砌，堞若城垣。然左有亭悬钟，右有亭架鼓，中建楼二层三檩，四面周廊。上层向南悬有"普渡慈航"阴额一方，中供南海大士，传言有护城之灵云。②

义州卫城是辽东地区的重要军城，其占地和规模都大于其他卫城，这与其地理位置密切相关。义州卫紧邻东北边境，周围有广阔腹地，故明廷对该城较为重视，在城中设有两个卫指挥使司，共屯兵万人。义州卫与左侧的广宁卫城彼此呼应，守卫着明廷的北部边境。另外，由于义州卫地处边境，又有丰富的林木资源，故明廷在此专门设立了与蒙古人进行木材交易的市场，这是东北地区为数不多的木市，而此项经济措施对义州卫城的发展也有一定的影响。由于义州卫城在东北地区的军事和经济地位突出，故其经历了明清换代而依旧被保留，清廷于此地改设义州，隶锦州府。

宁夏卫城归陕西都司管辖，位于明朝正北部的边疆，与鞑靼的辖区接壤，可谓明廷北部的关口重镇。明廷最初在宁夏设有府，但由于蒙古残部屡屡进犯，洪武五年（1372年）明廷废府弃城，徙民于陕西。洪武九年（1376年），明廷设宁夏卫指挥使司，并"徙五方之人实之。后增宁夏前卫，宁夏左屯、右屯、中屯，为五卫，寻并中屯于左右二卫，为四卫"③。从军事机构的设置来看，明廷在今宁夏地区已

---

① 翟文选修，王树枏纂：《奉天通志》卷八十七《建置志》，民国二十三年铅印本。
② 赵兴德修，薛俊升纂：《义县志》中卷《建置志下》，民国十九年铅印本。
③ 杨守礼修，管律纂：《宁夏新志》卷一《宁夏总镇》，嘉靖刻本。

经做好了与蒙古残部打持久战的准备。明太祖以守备战的战略在此地表现得尤为突出，不但设有以作战为主的宁夏卫、宁夏前卫2卫，还设了宁夏左屯卫、右屯卫、中屯卫3个以军事屯田为主职的军卫。因此，容纳5卫之兵力且地处前线的宁夏卫城的军事地位较一般卫城更高。明廷设卫以后，宁夏卫城的规模也比同级别的其他卫城更大。史载：

> 周回一十八里，东西倍于南北，相传以为人形。……洪武初立卫，因之。正统间以生齿繁众，复修筑其西弃之半，即今所谓新城是也，并甃以砖石。故城四角皆刊削，以示不满之意。修筑岁久，非其旧制，今但存其东北一角，城门六：东曰"清和"，上建清和楼；西曰"镇远"，上建镇远楼；南曰"南薰"，上建南薰楼；南薰之西曰"光化"，上建光化楼，北曰"德胜"，上建德胜楼；德胜之西曰"振武"，上建振武楼。楼皆壮丽，其在四角者尤雄伟工绝，池阔十丈，水四时不竭，产鱼鲜菰蒲。①

松潘卫城位于四川西北部，与朵甘思宣慰司和今甘肃接壤，其地世居藏、羌两民族。明洪武十一年（1378年）平羌将军丁玉讨平该地，设立了松州卫和潘州卫，不久后朝廷合并两卫，称松潘卫，并于崇山下筑土城，洪武十七年（1384年）甃以砖石。正统时其地发生叛乱，叛军盘踞崇山山顶，向山下的松潘城投石放矢，百姓深受其苦。叛乱被平定后，御史寇琛重建卫城，"拓城跨崇山即西岷顶也，垣周九里七分，高三丈五尺，城深一丈九尺，开五门……嘉靖时，总兵何卿复于城南建外城，周二里七分，计四百二十四丈七尺，高一丈八尺"。松潘卫城分内外两城，地跨崇山，略呈三角形，城墙高12.5米，墙体坚固。松潘城北门进深达31.5米，其城墙的厚度为明代古城之最。松潘卫城是川西北地区的重镇，镇守西南，同时又是西川门户，因此其城池的规模在川西地区城池中位居前列。同时，由于地处今四川、甘肃、青海交界之地，松潘卫城也是该地区最大的贸易集散地，明代该地的茶马互市尤其繁盛。可见，松潘卫城为川西北地区集军事、政治、经济、文化职能于一身的重镇。

定海卫城位于浙江布政司宁波府的沿海地区，临近甬江的入海口，地处招宝山、金鸡山之间的谷地，是军事和交通的要地，被称为"浙东咽喉""两江门户"。明代倭寇侵扰东南沿海，宁波受灾极为严重。从洪武朝到万历朝，倭寇共洗劫宁波城乡20多次。由于倭寇来去无踪，明廷无法主动出击，于是就在沿海重要地点修筑了一系列卫城以加强防范，定海卫城便是其中之一。嘉靖《宁波府志》记载，定海卫"洪武七年创建石城，调明州卫前所屯守。十二年置定海守御千户所，十八年调前所守昌国，以宁波右所补额。二十年信国公汤和展拓城池，立定海卫，调宁波卫左所及新操中、前、后三所，为五千户所，外辖霩衢、大嵩二千户所"②。定海

---

① 杨守礼修，管律纂：《宁夏新志》卷一《建置沿革》，嘉靖刻本。
② 周希哲修，张时彻纂：《宁波府志》卷八《兵卫》，嘉靖二十九年刻本。

卫城接近矩形，城墙周长4 000余米，城墙高为7.6米，厚度大约为3.2米。该城设有6门，每门皆加筑了城楼与瓮城。由于地处倭寇进犯的重点区域，定海卫城的防御和反击设施比其他卫城的多：城门设有门扇和闸门，沿墙设有敌楼10座、城铺39座、雉堞2 185个，城外掘有护城河，河上设有吊桥。定海卫城的占地面积适中，但其特殊之处在于军事防御设施齐备，城壕、瓮城、敌楼、雉堞配置齐全，这样能够很好地发挥军事防御和反击的功能。定海卫城是东南沿海卫城的一个典型代表。

明代卫城的人口规模在城池修筑之初比较稳定，1卫有5 600军士，每城设置1到3个卫指挥使司不等，有的卫城与所城同治，因此卫城内的人口数因所设卫指挥使司数量的不同而有所差别。相关情况参见下表：

表3-5 明代部分同领卫指挥使司的卫城统计

所属都司	名称	治所	同领	修筑情况
万全都司	宣府左卫	原宣德县	宣府右卫	洪武二十五年（1392年）筑
	万全左卫	蔚州	万全右卫	洪武二十五年（1392年）筑
	怀来卫	怀来卫城	延庆右卫	元时建，明永乐二十年（1422年）扩筑
辽东都司	定辽中卫	辽阳县	定辽左卫、右卫、前卫、后卫	原元代辽阳路，洪武五年（1372年）重筑旧城
	广宁卫	广宁卫城	广宁中卫、广宁左卫、广宁右卫	洪武四年（1371年）筑
	广宁后屯卫	义州卫城	义州卫	洪武二十二年（1389年）重筑旧城
	广宁中屯卫	锦州城	广宁左屯卫	洪武二十四年（1391年）重筑旧城
	广宁右屯卫	盖州	广宁后屯卫	洪武五年（1372年）重筑旧城
	沈阳中卫	潞州	沈阳左卫、右卫	洪武二十一年（1388年）重筑旧城
	三万卫	开元城	辽海卫	洪武二十五年（1392年）因旧土城修筑

续表

所属都司	名称	治所	同领	修筑情况
山西行都司	大同前卫	行都司城	大同后卫、中卫	洪武五年（1372年）因旧城增筑
	镇朔卫	镇朔卫城	大同左卫	洪武二十五年（1392年）设卫筑城
	定边卫	定边卫城	玉林卫、大同右卫	洪武二十五年（1392年）始筑
	阳和卫	白登县、阳和卫城	高山卫	洪武三十一年（1398年）筑
	天成卫	天成卫城、天成县	镇房卫	洪武三十一年（1398年）因旧城筑
	东胜卫	原东胜州	东胜左卫、右卫、中卫、前卫	洪武二十六年（1393年）筑
陕西都司	西安左卫	西安府城	西安前卫、右卫、后卫、中护卫	不详
	宁夏中屯卫	宁夏卫城	旧和川卫、宁夏前卫	明正统中因旧城复筑，谓之新城；万历三年（1575年）丞抚罗凤翔重筑
	宁夏左屯卫	宁夏左屯卫城	宁夏右屯卫	同上
陕西行都司	甘肃卫	原甘州，甘肃卫城	甘州左卫、右卫、中卫、前卫、后卫	洪武五年（1372年）设，洪武二十三年（1390年）改为甘州卫
云南都司	云南左卫	昆明县	云南右卫、前卫	不详
河南都司	汝川卫	汝州	原洛阳中护卫	洪武二十二年（1389年）设护卫，嘉靖初复名汝州卫
浙江都司	杭州前卫	都司城	杭州右卫	不详

　　明代设置有多个卫指挥使司的卫城普遍位于军事要地。由上表中的信息可以看出，辽东都司、山西行都司一城多卫的情况比较多。这是因为这两个机构所处的位置特殊（均处在北部边疆地区），且所辖区域内战事频繁，因此明廷安排了较多兵力长期驻扎在这两个都司的重要卫所之中。

　　辽东都司所辖卫城几乎每个都设有两个卫指挥使司，城中军士均在万人以上，再加上随军而来的家属、经商而来的商人、各类流寓人口等，辽东都司每一个卫城的人口规模都较大。因此辽东地区的卫城发展迅速，其城池规模一直保持到现代。

　　山西行都司和陕西行都司的情况与辽东都司一样，也都地处北部边境，直面蒙古残部，因此其所辖边境地区的各个卫城也都设有两个以上的卫指挥使司，故其卫城的军事人口规模较大。其中山西行都司的阳河、天成等卫城均是前线的重要军城，因此明廷安排了多个卫指挥使司驻扎于此，城中军事人口占据了总人口的较大比例。

3. 所城的规模

千户所是明代军事系统末端的机构，是地方的军事据点，规模很小。洪武二十六年（1393年），全国共设有千户所62处，永乐以后有所变动。部分千户所与卫同治，作为卫指挥使司在城中的补充力量。位于军事要地的卫城内有时设有前、后、中、左、右多个千户所，与卫共治一方。还有一种千户所设在卫城之外，于治所设立之地修筑千户所城。这种千户所又分为两种类型：第一种，因明代都司辖地和布政司辖地彼此呈犬牙交错之势，出现了卫指挥使司辖区内的千户所隶属于其他卫指挥使司的情况；另外，明代军事系统中有许多的军事飞地，一些卫、所地处两都司交界之地，却直隶五军都督府。明廷这样设置卫、所的目的是更好地掌控地方军政，加强中央对地方的统治。例如，汝宁守御千户所、平定守御千户所都是在其他卫指挥使司辖区内另筑所城。第二种，千户所作为所隶卫指挥使司或者都司的分散兵力镇守于要地，在整个地方军事系统中起连接和监控的作用。许多北部和沿海的千户所便是在要地筑城，成为边境的第一道防线。例如，辽东都司、山西都司、浙江都司就有许多属于这种类型的千户所城。

千户所城的规模比卫城小。明代部分独立千户所城的相关统计数据如下表所示：

表3-6 明代部分独立千户所城相关数据统计表

所属	名称	领所类型	始建时间	城墙周长	城墙高度
山西都司及行都司	雁门所城	守御千户所	洪武七年（1374年）	2里56步	据山高下不等
	宁化城	守御千户所	洪武二年（1369年）	2里196步	3丈1尺
	井坪城	千户所	成化二十一年（1485年）	4.4里	2丈4尺
	偏头城	千户所	不详	9里8步	2丈3尺
辽东都司	塔山城	千户所	不详	3里184步	2丈5尺
	沙河城	千户所	不详	3里184步	2丈5尺
	中前所城	千户所	不详	2里269步	3丈
	中后所城	千户所	不详	3里69步	3丈
山东都司	金山所城	千户所	不详	2里	3丈3尺
	寻山所城	千户所	不详	2.64里	2丈4尺
	奇山所城	守御千户所	不详	2里	2丈2尺
	海阳所城	守御千户所	不详	3里	2丈9尺
福建都司	万安所城	千户所	洪武二十年（1387年）	1.5里	1丈8尺
	梅花所城	千户所	洪武二十年（1387年）	5.7里	1丈8尺
	定海所城	千户所	洪武二十年（1387年）	4里	1丈5尺
	福全所城	千户所	洪武二十年（1387年）	5.8里	2丈1尺
湖广都司	大庸所城	千户所	洪武初年	2里	1丈8尺
	福安所城	千户所	洪武四年（1371年）	5里30步	1丈2尺
	平茶所城	千户所	不详	2.3里	1丈4尺
	中中千户所城	千户所	不详	2.5里	1丈5尺

续表

所属	名称	领所类型	始建时间	城墙周长	城墙高度
广东都司	东莞所城	守御千户所	洪武二十七年（1394年）	3.68里	1丈8尺
	大鹏所城	守御千户所	洪武二十七年（1394年）	2.16里	1丈8尺
	甲子门所城	守御千户所	洪武间	4里	1丈8尺
	蓬州所城	守御千户所	洪武二十年（1387年）	4.3里	1丈5尺
	靖海所城	守御千户所	洪武二十一年（1388年）	3.7里	2丈1尺
浙江都司	海安所城	千户所	洪武二十年（1387年）	4里	2丈5尺
	沙园所城	千户所	洪武二十年（1387年）	4.2里	2丈5尺
	三山所城	千户所	洪武二十年（1387年）	3.3里	1丈6尺
	沥海所城	千户所	洪武二十年（1387年）	3里30步	1丈8尺

由上表统计数据可以看出，千户所城规模没有统一的标准，但总体来看，城墙周长超过6里的所城很少，大部分千户所城城墙周长为3~5里。故单就城墙周长来看，千户所城的规模比卫城小，这也体现了军事系统内城池间的等级差异。

笔者认为，千户所城的主要职能是监控和守护，其设置的意义更多在于维护地方稳定，而不是出征作战，类似于军事岗哨。而千户所城若规模太大，反而不利于防守。成化年间的《山西通志》记载，宁化守御千户所原本是隋朝汾源宫旧地，宫城周长6里41步。洪武二年（1369年），明廷在此设立宁化守御千户所，将旧城改筑为周围2里196步的小城，但将城墙高度加筑到3丈1尺，另外加筑了防御设施，掘城壕1丈5尺，在南门、北门、西门各建瓮城和角楼，并设窝铺14座。[①] 由此可见，千户所城的规模不宜太大，利于防守是所城修筑的主要考量标准。

偏头千户所城是北部前线所城的一个代表。其城池的占地面积较大，城墙周长达到了7里，几乎等于一个卫城的规模。文献资料记载偏头千户所城的情况为"偏头所城，北汉天会中筑，国朝洪武十三年指挥张贤改筑西一里许。成化五年都御史李侃展拓，周围九里八步，高二丈三尺，池无东西二门"[②]，可见，偏头千户所城的规模是在明代中期逐渐扩大的。明代中期后，卫所的作战能力下降，九边重镇兴起，山西都司辖区内的大同、偏头是九边的重中之重，因此偏头所城的驻军增加，城市规模有所扩大。

第二节 明代军城的数量与分布

明代卫所的分布具有特殊的时代意义，顾诚先生根据卫所所在的地域及其功能，将卫所分为沿边卫所、沿海卫所、内地卫所和在内卫所。[③] 沿边卫所主要指长

---

① 李侃修，胡谧纂：《山西通志》卷三《关塞》，民国二十二年景钞明成化十一年刻本。
② 李维桢修：《山西通志》卷二十四《武备上》，万历刻后印本。
③ 顾诚：《明帝国的疆土管理体制》，《历史研究》，1989年第3期。

城沿线的卫所,其设立目的是抵御北部蒙古族入侵;沿海卫所指从山东至广州的海岸线附近的卫所,其设置目的是抗击东南沿海的倭寇;内地卫所是指位于河南、江西、湖广、四川、云南、贵州等地的卫所,其设置目的是维持当地的稳定;在内卫所主要指京畿的卫所,其设立目的是维护皇权,保障京师安全。军城与卫所的数量和分布有一定的联系,但又有所差异。首先,实土卫所治所所在的城市才是军城,这意味着军城的数量比都司、卫所的数量少。其次,军城设立的目的主要是进行军事防御,这就决定了军城的分布与战事相关。终明一代,需要重兵把守的区域为东北地区、西北地区、东南地区、西南地区,这4个地区分别直面不同的敌人和隐患,如北部的蒙古族、东南的倭寇、西南的云贵土司,所以这4个地区是军城分布密集的地区。因此,从以上两方面来看,明代军城的分布和数量都有着自身的特点。

一、东北地区军城的数量与分布

元朝被推翻以后,元顺帝北逃,开元王纳哈出、平章高加奴、辽阳行省左丞相也先不花等联合声援顺帝,与明朝相峙。直到洪武三年(1370年),元顺帝去世后,辽东地区才归顺明朝。洪武四年(1379年)辽东发生叛乱,明廷驻辽东的指挥使刘益被杀,明廷遂派马云、叶旺前往平反。肃清反叛势力以后,明廷于当地"修治城池,以镇边疆"①。鉴于辽东新入明廷版图,且北邻蒙古、南接高丽,军事意义重大,故明廷用了10年时间革尽其地州、县,改设卫、所,并修筑城池以加强防御能力。洪武八年(1375年)明廷初设辽东都司,下辖定辽前卫、定辽后卫、定辽左卫、定辽右卫、金州卫5个卫,到了万历年间,辽东都司共设有25个卫、18个守御千户所,以及自在、安乐2州,具体情况如下表所示:

---

① 姚广孝等:《明太祖实录》卷六十七,北平图书馆红格本。

表 3-7　辽东都司军城分布统计表

	军城名称	军城级别	领卫/所	修筑时间
辽东都司	辽阳城	都司城	定辽左卫、右卫、前卫、后卫、中卫以及东宁卫	旧元代辽阳路，洪武五年（1372年）重筑旧城
	澄州城	卫城	海州卫	洪武九年（1376年）修筑
	元盖州城	卫城	盖州卫	洪武五年（1372年）重筑旧城
	复州城	卫城	复州卫	洪武十五年（1382年）重筑旧城
	金州城	卫城	金州卫	洪武四年（1371年）筑
	广宁城	卫城	广宁卫、中卫、左卫、右卫	洪武四年（1371年）筑
	义州	卫城	义州卫、广宁后屯卫	洪武二十二年（1389年）筑旧城
	锦州城	卫城	广宁中卫、左屯卫	洪武二十四年（1391年）筑旧城
	盖州城	卫城	广宁后屯卫	洪武五年（1372年）筑旧城
	宁远城	卫城	广宁前屯卫、中屯卫	宣德三年（1428年）始筑
	沈阳城	卫城	沈阳中卫	洪武二十一年（1388年）筑旧城
	铁岭城	卫城	铁岭卫	万历年间扩筑
	开元城	卫城	三万卫、辽海卫	洪武二十五年（1392年）因旧土城修筑
	抚顺城	所城	抚顺千户所	洪武间建
	蒲河城	所城	蒲河中左千户所	不详
	懿路城	所城	懿路中左千户所	洪武初年始建
	汛河城	所城	汛河中左千户所	正统间始建
	大凌河城	所城	大凌河中左千户所	不详
	松山城	所城	松山中左千户所	不详
	急流河堡	所城	急流河堡中前千户所	不详
	杏林堡	所城	杏林堡中后千户所	不详
	塔山中左所城	所城	塔山中左千户所	不详
	沙河中右所城	所城	沙河中右所城	不详

辽东都司既沿边又临海，军事地位突出，其所辖区域内军城的分布疏密有别。总体来看，以辽河为界，辽东都司所辖区域分为河东、河西两个部分。其中，河东地区的卫所沿辽河支流大清河、汛河自北向南分布，形成了三大军城聚落。

北部靠近辽河的开元地区直面女真部，三万卫首当其冲，辽海卫与三万卫同城，2个卫指挥使司共计11 200军士镇守着明代东北部第一军城。三万卫偏南设有铁岭卫与之相呼应。铁岭卫临蒙古地区，北可支援三万卫城，必须保证兵力充足，还须有可进可退的缓冲余地，因此铁岭卫领懿路中左千户所和蒲河中左千户所。这两个千户所为实土千户所，分别在辖地修筑有独立的千户所城。沈阳中卫为开元地区南部的军城，地处浑河和蒲河之间，非常适合进行军事屯田，领抚顺千户所和蒲河千户所。这两个千户所同样有独立的千户所城。蒲河千户所城北接汛河千户所城，对铁岭卫有较好的支援作用；抚顺千户所城对防御朝鲜地区的外敌入侵具有一定的意义。

中部地区为辽东都司城的所在地。都司城为辽东都司的指挥中心，位于辖区的中心地带，北依太子河。都司城内设有定辽左卫、定辽右卫、定辽中卫、定辽前卫、定辽后卫、东宁卫，这些卫并未修筑独立卫城，可以看出都司城聚集了大量兵力，战斗力很强。

相对北部地区，南部地区的军城分布要稀疏很多，仅有金州卫、复州卫、盖州卫3个卫城。金州卫下辖的金州中左千户所有独立的千户所城，扼守着辽东半岛的南端。但军城分布稀疏并不意味着兵力少，盖州卫辖左、右、中、前4所，金州卫辖左、右、中、前、后5所，复州卫辖左、右、中、前4所，各所军士都在5 000以上。由于辽东半岛海岸线比较平直，倭寇藏匿不便，再加上辽东经济不发达，无利可图，进犯此处的倭寇极少，所以此地军城分布较为稀疏。

值得说明的是，辽西走廊西靠长城边墙，东临大海，北达沈阳，南接山海关，地理位置非常重要。明廷在狭长的边墙和海岸地带修筑了军城，以卫所为据点，分领千户所，层层布防，体系完整。例如，广宁前屯卫、宁远卫、广宁右屯卫分别是分布在沿海地带的3个卫指挥使司，它们将狭长的沿海地带分成了等长的3段进行防守，各段分别设有6个千户所城，而距离海岸线较远的北部还设有益州卫、广宁卫作为后援。

二、西北地区军城的数量与分布

西北地区北邻蒙古草原，是明朝防御蒙古残部、稳定北方的重要地区。明朝建国之初，北逃的蒙古人仍然控制着甘、青之地，尤其是镇守西北的故元河南王扩廓帖木儿手握重兵，是元顺帝的强大助力。明廷为了彻底消灭故元势力，多次出兵西北。洪武三年（1370年）的沈儿谷之战和洪武五年（1372年）的冯胜西征获胜以后，西北的陕甘地区被纳入明朝版图，明廷在此设立了陕西行都司。陕西行都司所辖军城的情况见下表：

表 3-8　陕西行都司军城统计表

	军城名称	军城级别	领卫/所	修筑时间
陕西行都司	甘州	行都司城	甘肃卫，甘州左卫、右卫、中卫、前卫、后卫、中中卫	洪武五年（1372年）重筑旧城
	永昌城	卫城	庄浪卫、庄浪守御千户所	洪武十年（1377年）修筑
	西宁城	卫城	西宁卫	洪武十九年（1386年）因旧城改筑
	凉州城	卫城	凉州卫	洪武十年（1377年）改筑
	山丹城	卫城	山丹卫	洪武二十四年（1391年）展筑
	肃州城	卫城	肃州卫	洪武二十八年（1395年）扩筑旧城
	小河滩城	卫城	临河卫、镇番卫	洪武二十九年（1396年）重筑旧城
	威远城	所城	威远守御千户所	明初重筑唐旧城
	镇夷城	所城	镇夷守御千户所	洪武三十年（1397年）展筑堡城
	古浪城	所城	古浪守御千户所	正统三年（1438年）筑城
	高台城	所城	高台守御千户所	不详
	乐都城	所城	碾伯守御千户所	洪武二十五年（1392年）置

陕西行都司为实土都司，其境内设置的卫所为实土卫所，共有 6 座卫城，分别是肃州城、永昌城、山丹城、凉州城、西宁城、小河滩城；有 4 座所城，分别是镇夷城、高台城、古浪城、乐都城。

陕西行都司军城的分布深受自然地理条件的影响。河西走廊北临戈壁和沙漠，南接青藏高原边缘山脉，是一条宽 10 公里至 100 公里不等、长约 1 000 公里的狭长地带，总面积约 40 万平方公里。该地位于内陆干旱区，日照充足，雅丹地貌和沙漠分布广泛，沙漠内部有高大密集的沙丘群。该地区的水资源主要为来自祁连山的冰川融水。河西走廊适合农耕的土地占比不及 5%，集中在绿洲。其域内三大绿洲分别依赖 3 条河流而形成，自东南向西北分别是三岔河、张掖河、讨来河。明代卫、所城也集中分布在这 3 片绿洲之中。由于卫所军士众多，只有农耕区可以提供充足的水源和粮食，因此陕西行都司的卫、所城市都分布于此。沿三岔河分布着凉州卫城、古浪所城等，以凉州卫城为中心，周围散布着 10 多个堡寨和官驿。张掖河流域自南向北分布着陕西行都司城、高台所城、镇夷所城，其中陕西行都司城辖甘肃 5 卫，是兵力最强的城池；高台所城和镇夷所城扼控张掖河上游和下游地区，同时又临长城，地理位置非常重要，故在镇夷所城和高台所城之间，设置有 20 个堡寨，此地区是陕西行都司所辖区域内军城分布最为密集之处。讨来河流域分布着甘州卫以及甘州卫所辖的临水驿、西店子堡、沙河堡等等。

总体来看，西北地区的军城是沿河分布的，流经河西走廊的所有河流流域都分布着大小不等的军城。此外，陕西行都司域内的长城边墙也是依河流走向修筑的，充分体现了自然地理因素的作用。

三、西南地区军城的数量与分布

西南地区的军城主要分布在云南都司、贵州都司、四川行都司的管辖地区。这3个区域都是少数民族聚集地。

（一）四川行都司

四川行都司位于四川都指挥使司西南，即今四川省凉山彝族自治州和攀枝花市一带。洪武十年（1377年）朝廷平定云南以后，本打算在这里设置府、县，但由于该地少数民族众多，归叛无常，于是于洪武二十五年（1392年）后废除府、县，改设都司、卫所，由军队镇守该地。明廷将当地已有的卫所改设为军民指挥使司和军民千户所，故四川行都司的军事性质比四川都司更突出。

万历三年（1575年）以后，四川行都司所辖军民指挥使司共有4个，分别为越巂司、宁番司、盐井司、会川司，这4个军民指挥使司与卫指挥使司的地位相当；还有镇西后所、冕山桥后所、礼州后所（同领礼州中中所）、打冲河中左所（同统打冲河中前所）、德昌所、迷易所6个千户所。四川行都司所辖军城的情况如下表所示：

表3-9 四川行都司军城统计表

	军城名称	军城级别	领卫/所	修筑时间
四川行都司	建昌城	行都司城	建昌卫	洪武中期始设
	宁番司城	卫城	宁番卫	洪武二十七年（1394年）筑土城
	会川司城	卫城	会川卫	洪武中期筑土城
	盐井司城	卫城	复州卫	洪武十五年（1382年）重筑旧城
	越巂司城	卫城	越巂卫	不详
	德昌城	所城	德昌守御千户所	洪武年间
	冕山桥堡	所城	冕山桥后千户所	不详
	礼州城	所城	礼州守御后千户所 礼州守御中中千户所	汉筑城，洪武间改设所
	沙野城	所城	打冲河中左千户所 打冲河中前千户所	唐代筑城，洪武二十八年（1395年）设所
	迷易城	所城	迷易千户所	不详

四川行都司所辖地区的卫、所城分布在交通要道上。《滇志》卷四记载了昆明至元谋，再沿宁远河经会川卫、迷易所、越巂卫、镇西卫进入四川腹地的道路，这

也是云南进入内地的4条道路之一。四川行都司辖区内的卫、所，除了井盐卫以外，其他的都分布在此路上。洪武二十五年（1392年），四川行都司所辖地区发生叛乱，会川城被攻破，宁番司被围困1个月之久，由于当时会川和宁番距离其他军事据点太远，无法得到及时救援，造成了较大损失。因此，叛乱被平定以后，明廷便疏通了此地的交通要道，并在这条要道上设置了越巂军民指挥使司、盐井军民指挥使司、会川军民指挥使司，以及礼州后所、礼州中中所、打冲河中前所、德昌所、迷易所5个千户所。明廷在四川行都司所辖地区重设卫所，一方面是为了控制交通要道，方便大军出入云南、贵州地区；另外一方面是为了维护四川西南部少数民族地区的稳定。

（二）云南都司

云南地区位置偏远，交通不便，在元代一直由元梁王和土司共同管理。明太祖于南京称帝后，云南仍长期归蒙古人统治。洪武十四年（1381年），在多次招抚无果的情况下，明太祖决定出兵云南。是年十二月明军攻下曲靖，直逼昆明，元梁王自缢而死，昆明遂平。大理自宋代开始便是土酋段氏控制的地区，元代后期也处于割据状态。明军平昆明后，随即剑指大理，段氏割据政权被灭，至此云南尽悉入明。

攻克云南后不久，明太祖就开始谋划镇守云南的军事系统，"比得报，知云南已克，然区画布置尚烦计虑，前已置贵州都指挥使司，然其地去云南尚远，今云南既克，必置都司于云南，以统率诸军"①，于是明廷设立了云南都指挥使司。云南都司军城的情况如下表所示：

表3-10　云南都司军城统计表

	军城名称	军城级别	领卫/所	修筑时间
云南都司	平夷卫城	卫城	平夷卫	建文元年（1399年）筑城
	六凉卫城	卫城	六凉卫	洪武二十三年（1391年）筑城
	越州卫城	卫城	越州卫、广南卫	洪武二十二年（1390年）筑城
	腾冲卫城	卫城	腾冲卫、腾冲守御千户所	正统十年（1445年）筑城
	洱海卫城	卫城	洱海卫、洱海千户所	洪武十九年（1386年）筑城

云南地区的军城大部分是明代修建的，其中卫、所城的选址和修筑结合了当地的自然地理条件，其分布体现了整体防御和军事重点防御相结合的特点。洪武时期，明廷平定了云南的叛乱后，设置的平夷卫、六凉卫、越州卫、马隆卫都是"当南北要冲，四面皆蛮夷部落"②，位于云贵间的交通要道上。云南的卫所集中分布在云南中部和北部地区，景东到临安以南则没有卫所，其原因在于云南南部虽然隶

---

① 姚广孝等：《明太祖实录》卷一百四十一，北平图书馆红格本。
② 姚广孝等：《明太祖实录》卷二百零一，北平图书馆红格本。

于明廷，但土司才是当地的实际控制者，故明廷在此实行以土制土的羁縻制度。而云南中部、北部之所以集中分布着卫、所城，其原因在于当地山间的盆地适合农耕，是卫所屯田和修筑城池的绝佳地带。

（三）贵州都司

贵州都司的设立完全是出于管理云南的需要。贵州连带荆、粤，通达滇、蜀，位于西南地区的交通要道上。元至正二十五年（1365年），朱元璋攻克陈友谅后，贵州地区的思南宣慰司和思州宣抚司率先归附。洪武十四年（1381年），明王朝出兵云南，开辟了沿辰、沅经贵州入滇的道路。明军征服云南以后，贵州成了进出云南的门户，其军事地位开始凸显。洪武十五年（1382年），明廷设立了贵州都司，推行卫所制度。此时的贵州都司为实土都司，由军事机构掌民政。永乐十一年（1413年），贵州的管理开始由都司系统向布政司系统转变，但在很长一段时期内仍然没有设立府县。贵州都司所辖军城如下表所示：

表3-11 贵州都司军城统计表

名称	时间	修筑时间	修筑情况
贵州都指挥司	贵州卫	洪武四年（1371年）	同州治
	永宁卫	洪武四年（1371年）	新筑
	普定卫	洪武十四年（1381年）	新筑
	平越卫	洪武十四年（1381年）	新筑
	乌撒卫	洪武十五年（1382年）	新筑
	毕节卫	洪武十六年（1383年）	新筑
	赤水卫	洪武十二年（1379年）	新筑
	普安卫	洪武二十二年（1389年）	新筑
	新添卫	洪武二十二年（1389年）	新筑
	龙里卫	洪武二十三年（1390年）	新筑
	清平卫	洪武二十三年（1390年）	新筑
	平坝卫	洪武二十三年（1390年）	新筑
	安南卫	洪武二十五年（1392年）	新筑
	安庄卫	洪武二十五年（1392年）	新筑
	兴隆卫	洪武二十六年（1393年）	新筑
	威清卫	洪武二十六年（1393年）	新筑
	贵州前卫	洪武二十六年（1393年）	同州治
	都匀卫	洪武二十七年（1394年）	同府治
	敷勇卫	崇祯三年（1630年）	新筑
	镇西卫	崇祯三年（1630年）	新筑

贵州都司的军城呈线状分布,主要位于贯穿贵州东西的线路上。其东部与中部卫所分布的地区,刚好位于贵州通往云南的交通要道上。明初朝廷在西南地区设卫的时候特意设其于交通要道上,这样如果出现叛乱,则政府可以迅速汇集兵力,将叛乱的损失减到最低。明代的许多文献记载了卫所分布的情况,"贵州一省苗仲杂居,国初虽设贵州、新添、平越、威清等十四卫,分布上下,以通云南之路,而一线之外,北连四川,东接湖广,南通广西,皆苗仲也"①。由普安入黔的道路是云南进入内地的主要通道,时人称:"滇省僻在一隅,去天万里,四面环绕皆夷,所以自通于上国者,仅黔中一线耳。"② 可见,分布于这条线路上的卫所众多,补给方便,军事力量较强。另外,都匀以南以及与广西接壤的大片地区并未设立卫所,因此当地的世居民族和广西世居民族长期联合反抗明朝的统治。由此可以看出卫所在维护民族地区稳定方面所起到的重要作用。

四、沿海地区卫所的数量与分布

沿海地区的都司、卫所皆为非实土类型。因山东、南直隶、浙江、福建、广东都是富庶之地,由行政机构管理着当地的事务,所以这些地区的都司城、卫所城都非军城。值得一提的是,由于从明洪武时至嘉靖后期,东南倭患日益严重,明廷不断在沿海地区加强海防,当地卫所肩负的军事责任重大,故此处简单论述之。

东南沿海倭乱元末已有,明代最早有关倭患的记录为:"洪武二年,倭犯温州,中界山、永嘉、玉环诸处皆被剽掠。"③ 明代中后期,倭寇长期侵扰明朝的沿海地区,山东、南直隶、浙江、福建、广东5地频遭倭寇洗劫,故明廷于这些地方设立众多军城以御敌。与九边的军城不同,沿海军城没有城堡,而有水寨和游兵。陆上的卫所和海域中的水寨共同构成了明初沿海地区的军事防御体系。从洪武十七年(1384年)至万历中期,明廷在沿海地区共修筑卫城54座,一些州、县的衙门也迁入了卫城。例如,浙江都司的昌国卫城在明初本是昌国县城,领千户所,洪武十七年(1384年),朝廷改昌国县为昌国卫,并于二十年(1387年)迁海岛居民于城内,后于二十七年(1394年)加筑卫城。

山东沿海的倭乱亦始于元朝。明朝建立以后,政府从洪武初年开始在山东域内构建严密的海防体系,以保障沿海居民的生产与生活,直至万历末年,倭患才被基本消除。明初朝廷建立卫所防御体系时把山东沿海的部分城镇修筑成了军事堡垒。这些被改筑的卫所城池成为相互呼应的据点,对沿海社会的稳定起到了很好的维护作用。《明史·兵志三》记载,洪武十七年(1384年)汤和奉命"巡视海上,筑山东、江南北、浙东西沿海诸城"。山东的海防体系分卫、所、寨、司4级。卫所城

---

① 《明神宗实录》卷四百十四,北平图书馆红格本。
② 汪楫:《崇祯长编》卷三十六,北平图书馆红格本。
③ 胡宗宪:《筹海图编》卷五《浙江倭变记》,文渊阁四库全书本。

池一般都面朝大海,有的扼守着出海口。例如,灵山卫,"卫城在州南百里之遥……城池颇壮大,实州南居民保障重地,设有海氛,为第一要隘"①。

福建的海防体系也是于明初开始构建的,洪武元年(1368年),朝廷设置了泉州卫、建宁卫、汀州卫、漳州卫、邵武卫、兴化卫,6卫各守府城。从洪武十七年(1384年)到二十年(1387年),汤和、周德兴等受太祖之命,在浙江、福建沿海地区新设了许多卫所,并就地修筑城池,加强防御能力。例如,洪武二十年(1387年)四月戊子,太祖"命江夏侯周德兴往福建,以福、兴、漳、泉四府民户三丁取一,为缘海卫所戍兵,以防倭寇……凡选丁壮万五千余人,筑城一十六,增置巡检司四十有五,分隶诸卫以为防御"②。

广东海防体系构建的时间晚于福建,其卫所城池的修建是在福建海防系统初具规模以后。洪武二十七年(1394年)是广东的地方卫所城池修建的关键之年,朝廷在潮州、惠州、广州、高州、廉州、雷州等地都设置了一批卫所,其中东莞、大鹏千户所本于洪武十四年(1381年)设立,但所城的修筑则推迟到了洪武二十七年(1394年)。

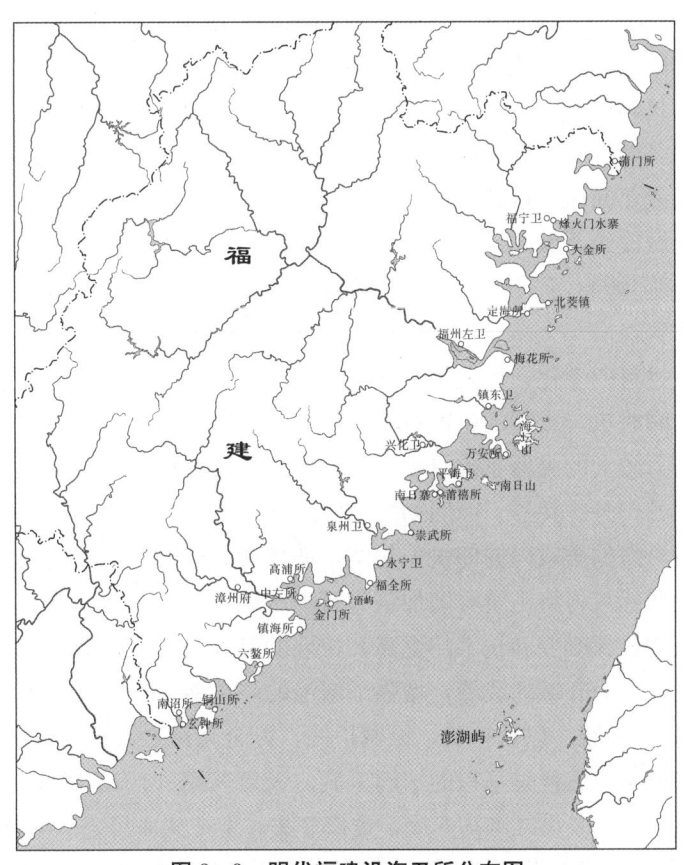

图 3-3 明代福建沿海卫所分布图

资料来源:张铁牛、高晓星著《中国古代海军史》(八一出版社,1993年,第194页)。

---

① 王赛时:《明代山东的海防体系与军事部署》,《明史研究:第9辑》,2005年。
② 姚广孝等:《明太祖实录》卷一百八十一,北平图书馆红格本。

第三节 明代军城的职能

从城市职能的角度看,军事职能是军城的首要职能。随着军城的发展演变,到明朝中后期也逐渐叠加了一些新的职能,对当时各地区的经济文化发展起到了一定的促进作用。

一、军事防御职能

明代政府的军事思想以防御为主,较少主动出击,因此卫城修建的主要目的也是防御。例如,弘治时期明廷的修城思想是"修城垣以御寇患",成化时期朝廷亦要求湖广地区"缮城防以备不虞,修城浚池,卒遇羯胡为患,平原居民得以保障"①。卫城既然以防御职能为主,那么在城池的修建中尤其注意以下几点:

首先是加固城池。明代政府加固城池的常用方法是"甃之以石",也就是在土城的城墙表面包砌砖石,或是在军事要地新修卫城时直接使用砖石等坚固的材料修筑墙体。例如,四川的松潘卫城由于地处民族杂居地带,起着镇守和稳定一方的军事作用,故洪武年间该地修筑卫城时,便是直接修建成石城。明代文献中也有很多关于政府将土城改筑石城的记载,如英宗时"大同参将都督佥事石亨奏:'大同右玉林二卫城极临沙漠,而旧惟土筑,臣请率军士以石甃之。'上从其请"②及"甃威远卫城"③等。

修筑城墙材料的变化,得益于明代生产力的发展,使打石和砖瓦的制造技术有了很大进步。同时也与火器的生产技术进步有关。明初火器的制造技术处于初级水平,其时杀伤力较大的火器是碗口铳,但是碗口铳难以摧毁城防和舰船,故攻城和水战主要依靠的仍是冷兵器。而明初的土筑城墙基本可以抵挡冷兵器的进攻。明代中后期,东南沿海的倭寇与弗朗机人勾结,使用威力较大的西洋炮铳攻城,对城墙破坏较大,故明廷只得将土筑城墙加筑为石砌城墙。

修筑城墙的材料改变和技术的提高,城墙的厚度增加,进而守军可在城楼处增设炮台,将火炮作为守城的武器,增强了城池的防御能力,对此徐光启在《练兵疏稿》中言:"以台护铳,以铳护城,以城护民,万全无害之策,莫过于此。"采用这种防御体系的典型代表便是辽东的宁远卫城。天启三年(1623年),袁崇焕重修宁远卫城,城墙高3丈2尺,雉高6尺,址广3丈,上2丈4尺,11座城门均置有红夷大炮用以守御。天启六年(1626年),努尔哈赤用箭矢攻打宁远城,收效甚微,而宁

---

① 刘雨婷:《中国历代建筑典章制度(下)》,同济大学出版社,2010年,第194页。
② 《明英宗实录》卷一百四十四,北平图书馆红格本。
③ 《明英宗实录》卷二百九十一,北平图书馆红格本。

远城上大炮的轰击造成后金伤亡1.7万余人,努尔哈赤本人亦是在此战不久后身亡。

其次是增筑。明王朝之前的元朝为减弱民间反抗能力以加强统治,采取了不筑或少筑城池的政策。而朱元璋自称吴王时开始,就采取了"高筑墙"的策略。明代卫城是在历代的旧城基础上进行加筑或者新筑的城池。其中有一些制式可循。明代在修筑城池时,既遵循制式,又结合时代特征。

城门是城防的最重要之处。明代政府在修筑卫城时,增加了城门的数量,其修筑方式也更加复杂。例如,辽东的义州卫城,占地面积为锦州卫城的1.7倍,于洪武设卫,洪熙年间开始扩建,《义县志》记载:"史有容新增门楼……城门四,东曰熙春,南曰永清,西曰庆丰,北曰安泰。门上皆筑重楼……外皆有月城,谓之瓮圈,内外重门俱护以铁。"①

除城门之外,各卫城的女墙、门楼、城壕、水关、敌台、月城、角楼、夹道等,在明初均得到了不同程度的加筑,其制式与建制城市相差不大,故不在此展开论述。

二、军事生产职能

以屯养兵是明太祖的军事思想之一,故他在全国卫所推行了屯田制度,划分了军屯,由军户负责生产(研究卫所军屯的成果较多,此处不赘述)。可见,明代卫所实际上不仅是军事组织,也是一种生产组织。有的卫所还会根据自身所处地区的自然地理条件进行农业之外的生产。不过,卫、所城内的经济相较于其他类型城市的经济有所不同,其主要由行政权力控制生产和分配,其产品不参与市场流通。卫、所军城的生产主要有以下2种类型:

第一,军事手工业生产。卫所的军事生产是明代地方经济中的一个特殊组成部分,可以分为军器生产、矿物冶炼、本城防御生产3类。军器的生产并不是随意为之的,尤其是在军城当中,一般是政府采用定额定量的方式进行制造的,政府对军器的使用目的也有详细的说明与约束,如对外是供应边防军镇,对内则是供应朝廷军队。与军事生产相关的卫、所城市,在资源开发和生产制作方面起步较早,规模也较大。例如,河北卫所的军士从事的手工业生产包括冶铁、染织、官瓷制造、砖瓦制造、漆器制造、兵器制造等;又如遵化卫的冶铁业,其产量和规模甚为庞大,正统时期,明朝工部制造军用器械时所用的铁均由遵化卫供应。② 沿海卫、所军城生产的物品主要有适用于海战的船只和武器。例如,江西的袁州卫年造战船任务为176艘,还包括船上配备的用来作战的武器,如火铳等。

军城手工业的产品最初虽然没有参与市场流通,但其生产规模较大、生产技术成熟、工匠数量众多,随着明代中后期赋役制度的改革和户籍制度的放宽,其为后

---

① 赵德兴修,薛俊升纂:《义县志》中卷《建置志》,民国十九年铅印本。
② 梁勇:《浅论明代河北的卫所和军屯》,《河北师范大学学报》,1987年第2期。

来城镇的手工业生产和自由贸易提供了劳动力。例如，苏杭一带军匠就会到地方织造局中工作，"夫大江之南，苏杭财赋甲于他郡。……局之旧规，岁造常课纻丝一千五百三十四匹，遇闰月该造一千六百七十三匹。往年惟用本局匠役织造，本用民间机户，到府领织。……惟苏卫军匠一十三名，每名月给本卫食粮八斗，在局工作"①。

第二，农作物生产。明代初年，明太祖采用"以屯养兵"的方法保证了卫所的正常军需。全国卫所的军饷由各地卫所屯田和漕运供给，基本可以保障。统计数据显示，明初卫所的屯田规模相当大，永乐元年（1403年）全国屯田的籽粒数多达2 345万余石，这意味着卫所屯田每年收获的粮食数量占全国粮食年产量的42.3%。②但到了明代中后期，卫所制度遭到破坏，许多军屯被私人侵占，军士逃亡，卫所这一职能不复存在。

明代一些地区的卫城的农作物生产颇具特色，在全国都享有盛名。例如，贵州的清浪卫"前临江，后包北山，地势平衍，居民亦稠。其地产香稻，实圆而大，味亦至腴。贵州各属，产米精绝，尽香稻也。所酿酒亦甘芳入妙，楚中远不及。而天下未有，举为褒谈，详志之，以告好事家知有黔也"③。

三、商品贸易职能

地处民族杂居地区的卫所是明王朝管理少数民族事务的据点，主要包括四川、贵州、云南、宁夏等地的卫所。由于明王朝重视对民族地区的控制，所以于其地广置卫所，并修建了卫、所城。例如，洪武初期朝廷在川西北茂州以及叠溪修筑了千户所，但洪武中期发生了茂州土知州杨者七叛乱事件，随后朝廷即将羌民迁至卫城之外，置州留官于茂州、威州、汶川等地。茂州虽位于偏远地区，但军事意义重大，故朝廷采用了放松对边地经济贸易控制的办法来解决当地卫所军队的粮饷问题。永乐八年（1410年），茂州卫所戍军上奏称"旧制禁棉布，不许贩卖出境"，而茂、威、叠等地"距松潘产马及通商之处甚远，而棉布一概禁约，军士无以为衣"，明廷遂准许商人将棉布贩至茂、威、叠等地；嘉靖时，茶禁日弛，私贩盛行，"而松、茂、黎、雅私商尤多"；又"景泰五年，泰宁长革于帖木儿上书乞返居大宁废城，诏不许。乃复设马市于开原、广宁、大宁、大同等地，欲借货物贸易，使外族富足，以隐弭边患也"。④在边境从事商业贸易者既包括本地卫所官兵，也包括来自其他地区的商人，他们都是看中了茶市的巨大利润，例如，正统年间，松潘镇守都指挥佥事王杲"私役军士，以茶与番夷为市"⑤。由于边境贸易的需要，这些卫、所城得以被保留和发展。例如，云南平溪卫，在洪武二十三年（1390年）设

---

① 孙佩：《苏州织造局志》，江苏人民出版社，1959年，第10页。
② 顾诚：《隐匿的疆土——卫所制度与明帝国》，光明日报出版社，2012年，第29页。
③ 谢国桢：《明代社会经济史料选编》，福建人民出版社，1980年，第28页。
④ 台湾三军大学：《中国历代战争史》，军事译文出版社，1983年，第25页。
⑤ 邹立波：《明代川西北的卫所、边政与边地社会》，《西藏大学学报》，2012年第1期。

卫以后,很快就"商贾鳞次,四方之物毕至",在当时有"小江南"的称号。

四、文化传播职能

明代的地方教育由 3 个板块构成,分别是府州县学、司学卫学、民间书院。明朝初期,政府就设置了卫学,因为太祖担心沿边地区卫所中的武臣子弟长期居住在边疆地区,疏于对礼教文化的学习,易产生反叛之心。尽管有这样的担心,但明朝初期政府并未大规模在卫城设置卫学,卫学的普设是到了正统年间才开始出现的。据相关史料可知,整个明代卫学有 112 所。明人对这一举措,有以下的描述:

> 本朝军卫旧无学,今天下卫所凡与府州县同治一城者,官军子弟皆附其学,食廪岁贡与民生同,军卫独治一城无学可附者,皆立卫学。宣德十年,从兵部尚书徐琦之请也。其制学官教授一员、训导二员,武官子弟曰武生,军中俊秀曰军生。①

由于明代军籍为世袭,因此官军子弟只有通过卫学才有机会获得知识并参加朝廷的科举,这成为很多军籍人口脱籍的重要途径。成化年间,朝廷对卫学与府县学教育同等而视,"奏准卫学照县学例,二年贡一人"②。西南边陲地区的卫学教育虽然比中原地区的教育落后不少,但朝廷依然明确规定"云南贵州选贡仍照旧例考送"。

从相关史料记载中可以看出,无论是独立的卫城还是州卫同城,卫学的地点均在卫治附近,相关情况见下表:

表 3-12　明代部分卫学设置情况统计表

名称	地点	始建时间	出处
海州卫学	卫城南门内	洪武十八年(1385 年)	《钦定盛京通志》卷四十三
宁夏卫学	卫城内西北	洪武二十九年(1396 年)	《大明一统志》卷三十七
普定卫学	州城内东	宣德八年(1433 年)	《大明一统志》卷八十八
平坝卫学	卫城内西	宣德八年(1433 年)	《大明一统志》卷八十八
宁夏中卫学	卫城内东北	正统四年(1439 年)	《大明一统志》卷三十七
平海卫学	卫城内	正统七年(1442 年)	《大明一统志》卷七十七

明政府在卫城设立卫学,具有以下 3 个方面的意义:

第一,设立卫学有助于传播了中国传统文化,对边疆地区的文化发展和卫所成员文化素质的提高起到了较大的推动作用。明代人概括其意义为:

> 及我朝编设武卫,非但镇肃边境,而华人与夷俗相参,不加榷朴,岁移月

---

① 陆容:《菽园杂记》,中华书局,1985 年,第 66 页。
② 申时行等:《大明会典》卷七十七,明万历内府刻本。

易,虽遐荒绝峤,亦兴文化,与中土不疏。①

第二,卫学的设立有助于推动全国各地尤其是边远地区教育事业的发展,形成全国范围内多层次的教育发展模式。在西南的贵州地区,卫学甚至演变和发展为当地的主要教育机构,最终出现了以卫学为主,以府、州、县等的官学和书院为辅的格局。②

第三,从创办卫学的规章制度来看,明廷规定每个卫所设置教授一人,学优之士虽然将"卫学王府教授之缺"视为"异途",但卫学里的这个职位成了很多文人仕途的起点,有的人则将之视为报效国家发挥才能的平台。例如,正统年间的礼部尚书兼华盖殿大学士张瑛早年就有过在宁州官学和武德卫学训教的经历,其所带出的学生大多成为国家的有用之才。可见,卫学有助于将人才吸引到边疆地区,使其用知识和文化推动边疆社会和城市的发展。

---

① 钟芳:《筼溪文集》卷八《读书札记》,转引自陈宝良:《明代卫学发展论述》,《社会科学辑刊》,2004年第6期。

② 孙兆霞、雷勇:《在国家与地方社会之间——基于贵州明代卫学社会影响的考察》,《教育文化论坛》,2010年第5期。

第四章 明代城市经济与城市发展

在明朝统治中国的 276 年内,政治和社会保持了高度的稳定,经济较过去有了进一步发展。特别是明中叶以后,农产品商品化程度提高,社会分工进一步扩大,在江南和东南沿海部分城市中的手工业部门(如丝织业、棉织业、造纸业等)中出现了资本主义萌芽,对社会和城市产生了一定的影响。同时,由于商业贸易的发展,国内市场有了显著的扩大,这不仅推动了区域经济中心城市商业的繁荣,许多商业市镇也因之而兴。

第一节 手工业与城市发展

明代耕地面积的扩大以及耕作技术的进步,使农业经济获得了长足的发展,这为手工业的普遍繁荣与发展奠定了坚实的基础。明代手工业生产取得了较大的进步,造船业居于世界领先地位,许多行业也有超越前代的发展,劳动生产率提高、专业技术进步、工场分工细密,由此形成了许多专业性的城市。

一、明代的手工业发展

(一)农业为手工业发展奠定经济基础

农业经济作为农业社会的基础经济,是各个朝代的根基,明代也不例外。明初,明朝统治者采取了多种措施来休养生息,恢复和发展农业生产。经过数十年的经营,到明代中叶,农业展现出繁盛的景象:粮食作物产量巨大,剩余粮食增多,经济类作物种植面积扩大,粮食和经济作物等农产品的商品化程度不断提高。传统农业的发展为手工业的发展奠定了坚实的经济基础,主要表现在以下 3 个方面。

1. 农产品产量提高

农业生产发展一直受到明代统治者的重视,重农思想贯穿明代始终。明太祖认为"为国之道,以足食为本。……若年谷丰登,衣食给足,则国富而民安,此为治之先务，立国之根本"①，故而其采取了多种措施鼓励和支持发展农业生产。明仁宗、明宣宗也视农业为国家之根本，明宣宗曾谕："今国家无大营缮，而工部采运木植不已。岂不妨农时？其令已采之木随处存贮，军夫悉罢归农。"② 在统治者重农思想的指导下，明朝政府实施了一系列恢复和发展农业生产的措施，包括移民垦荒、实行军屯、兴修水利、蠲免税赋等等，促进了农业的快速复苏。洪武元年（1368 年）至十六年（1383 年），全国开垦土地 1.8 亿亩；到了洪武二十六年（1393 年），全国开垦土地达到 8.5 亿亩。③ 传统粮食作物和经济类作物种植面积的扩大，为农作物的增产奠定了基础。明代中期以后，农业工具的改进、农作物品种的优化、土壤的改良、农田管理的科学化也大大提升了农业生产效率。明代中后期，精耕细作的农业生产方式提高了单位农业用地的产量，从而提升了农业生产的总产量。比如，小麦历来是中国北方重要的粮食作物，也是北方地区百姓的基本口粮。《天工开物》中记载："四海之内，燕、秦、晋、豫、齐、鲁诸道，烝民粒食，小麦居半，而黍、稷、稻、粱仅居半。"④ 正因为如此，明代小麦的重要性在北方农业经济中越来越高，而两年三熟的种植制度让北方小麦的产量得以稳步提升。明廷针对小麦征收夏税，并划定了征收夏税的区域，北直隶、山东、河南、陕西、山西这 5 地是朝廷征收夏税的主要区域。《大明会典》中的数据显示，北方 5 地的夏麦税收占全国夏麦总税收的 64%。⑤ 又如，水稻是明代的重要粮食作物，主要生产于南方。唐宋时期，水稻的耕作制度主要为一年一熟。至于双季稻，特别是真正意义上一年两熟的连作稻、再生稻，虽然东汉时期的农书中就有所提及，但其被广泛种植却是在明代。从明代开始，水稻的连作制度由广东、福建等南方地区向长江流域扩展。对此宋应星在《天工开物》中记载："南方平原，田多一岁两栽、两获者。"⑥ 水稻的产量因一年多种多收而增长迅速，其也成为明代人主要的食粮，宋应星就曾说："今天下之育民人者，稻居什七。"到了明代中后期，水稻产量占全国粮食总产量的百分之七十。农业产品产量的增加也使政府税粮收入大大提高。洪武十八年（1385 年）全国共征收米麦豆谷 20 889 617 石，至弘治十五年（1505 年）全国共征收 26 792 260 石，万历六年（1578 年）共征收 26 638 614 石。

2. 农产品的商品化程度提高

粮食产量的增加使水稻和小麦在满足百姓食用之需及上交税赋外有了更多剩余，这为粮食作物的商品化创造了条件。同时，随着永乐时期漕运系统的完善，南粮北调成为一项较大的由国家主导的全国性经济活动。明代中后期政府实施兑运法，用货币兑换漕粮，这使粮食作物更大规模地进入了商品市场。水稻率先成为商

---

① 姚广孝等：《明太祖实录》卷十八，北平图书馆红格本。
② 龙文彬：《明会要》，中华书局，1956 年，第 550 页。
③ 梁方仲：《中国历代户口、田地、田赋统计》，上海人民出版社，1980 年，第 351 页。
④ 宋应星著，钟广言注释：《天工开物》，广东人民出版社，1976 年，第 33 页。
⑤ 韩茂莉：《中国历史农业地理》（上），北京大学出版社，2012 年，第 348 页。
⑥ 宋应星著，钟广言注释：《天工开物》，广东人民出版社，1976 年，第 14 页。

品化的粮食作物之一。基于市场需求,水稻种植逐渐由追求量向追求质过渡,即人们开始追求稻米的口感。水稻也因之而被划分为不同等级,"杭之属十七箭子稻,粒瘦长、雪色、味香甘,晚熟稻品之最高者。红莲稻,五月种九月收,芒红粒大,有早晚二种,陆龟蒙诗云:'近炊香稻识红莲。'……乌口稻,再莳晚熟,下品稻也"①。于是,稻米价格也因等级不同而有差异,品质好的水稻"其价倍之"②,品质较差的水稻则价格较低。粮食作物在明代中期转变成了可供买卖的商品,粮食贸易成为明代一项非常重要的经济活动。

3. 经济作物种植空前发展

明代中期经济作物种植得到空前发展,这是因为明代城市居民生活水平不断提高,其对经济作物的需求不断增加,从而推动了经济作物的大规模种植,使各类经济作物的产量迅速提高。

明代经济作物种植的发展具有时代的特征。首先,明初政府的农业政策鼓励农民种植经济作物,但为了保证粮食作物的产量,明太祖对此进行了详细规定:"农民田五亩至十亩者,栽桑、麻、木棉各半亩,十亩以上者倍之。其田多者,率以是为差,有司亲临督劝,惰不如令者有罚。"③在政府的鼓励下,经济作物的种植得以发展。其次,赋税币化改革使得农民倾向于种植经济价值更高的农作物来获取更为丰厚的收入,从而减轻自身赋税压力。再次,长途贸易的发展促进了全国性市场体系的形成,使农产品特别是经济作物能更好地进入商品贸易体系中,从而有了更广阔的销路。

蚕桑业是整个丝织业的原料供应端,明代丝织品在国内和国际市场的走俏,促进了丝织产业链上各个行业的发展。因养蚕业对桑叶的需求巨大,故蚕桑业效益可观,明人对此的记载有:"凡蚕一斤,用叶百六十斤……本地叶不足,又贩于桐乡洞庭,价随时高下,倏忽悬绝,谚云:仙人难段叶价"④,"蚕桑之利莫甚于湖,大约良地一亩可得叶八十箇,每二十斤为一箇,计其一岁垦锄壅培之费,大约不过二两,而其利倍之"⑤。明末时,种植水稻的收入远远低于种植蚕桑的收入。米贱丝贵之时,蚕桑种植收入比种粮高4至10倍,即使是平常,种植蚕桑的经济效益也是种水稻的2至3倍。高需求导致高价格,蚕桑不再仅仅是种植者的消耗品,而是变成了商品,供应于广大养蚕制丝地区。因此,明代中期以后,江南地区桑树的种植面积远远超过了水稻种植的面积,"尺寸之堤,必树之桑"⑥,"田地相埒……故蚕务最重"⑦。同时,江南地区出现了专门的桑叶市场,称"叶市",甚至出现了养

---

① 林世远修,王鏊纂:《姑苏志》卷十四《土产》,文渊阁四库全书本。
② 屈大均:《广东新语》,中华书局,1985年,第376页。
③ 姚广孝等:《明太祖实录》卷十七,北平图书馆红格本。
④ 朱国祯:《涌幢小品》,中华书局,1959年,第45页。
⑤ 徐献忠:《吴兴掌故集》卷十三《物资类·农桑》,转引自樊树志:《晚明史:1573—1644(上)》,复旦大学出版社,2015年,第94页。
⑥ 宗源瀚修,周学睿纂:《湖州府志》卷二十九《舆地略》,同治十三年刊本。
⑦ 许瑶光、吴仰贤等:《嘉兴府志》卷三十二《农桑》,光绪五年刊本。

蚕户预购别家桑叶以保障饲蚕饲料充足的现象。

明代棉花的使用范围非常广泛，其既是纺织业的原料，又可被用来御寒，无论贫富的人都以棉和棉产品为基本生活用品。明代早期的棉花种植地分布广，但产量不大，故其在农业经济中所占比重不大，主要被用于家庭纺织生产。明代中后期，棉纺织技术进步，棉织品需求量增加，棉花遂作为棉纺织业的生产资料而参与市场流通，成为又一种商品化的经济作物。徐光启在《农政全书》中曾说："中国所传木棉亦有多种，宋末始入江南，今则遍及江北与中州矣。"① 由此可见，到了明代后期，棉花的品种繁多，而且种植面积广阔，江南和江北的大片区域都种有棉花。至于棉花的商品价值，明代中期的丘濬评价其"至我朝其种乃遍布于天下，地无南北皆宜之，人无贫富皆赖之，其利视丝、枲盖百倍焉"②。因此，南至长江三角洲，北至山东、陕西，均有大片的棉花产区，尤其是江南地区的松江、苏州、嘉兴3府，棉花成为当地的主要农作物。棉花丰收以后，被直接投入江南地区的棉纺织业，迅速产生经济效益，给当地农户带来了可观收益。

茶树一直是中国重要的经济作物，明代茶业也有了新发展。明人将茶文化发扬光大，充分肯定了茶叶的功效和价值，开创了"千古茗饮之宗"的泡饮法，开发了白茶、红茶、花茶等多个品种，并在泡茶工具上有所创新，产生了紫砂、陶瓷等材质的茶具。晚明时期，随着市民文化的兴起，南方茶馆兴盛，成为城市生活的一个标签。在茶业日益兴旺的时候，茶树的种植面积也随之扩大，茶叶的经济价值逐步提升。明代种茶的地区很多，各自形成了不同风格的茶业加工区，也形成了不同的茶业类型，"国初四方贡茶，以建宁、阳羡茶品为上"③，"自贡茶外，产茶之地各处不一，颇多名品，如吴县之虎丘、钱塘之龙井最著"④。明代全国茶产区分布非常广泛，产量巨大，根据销路可分为内销和外贸两种类型：福建、浙江、广州是产茶名地，在国内市场享有盛誉，销量上佳；四川、陕西、湖广所产茶主要被用于茶马贸易，颇受朝廷重视。

（二）手工业的恢复与发展

明代手工业的发展分为两个阶段。第一阶段为明代前期，其时明太祖建立了高度集权的君主专制制度，对社会各阶层实行严格的管制，社会生产和生活也均在政府的控制之下，因此手工业以官营为主，而私营手工业受到严格限制。第二阶段为明代中后期，这一时期政治环境发生了一定程度的变化，农民的人身与土地的关系不再紧密，徭役税赋开始货币化，加之城市人口的增加，市民阶层的兴起，重商之风也随之兴起，在此背景下，民营手工业得到了较快发展，在南方部分城市的丝织业、棉织业等手工业行业中开始出现资本主义萌芽。

---

① 徐光启：《农政全书》，明文书局，1981年，第959页。
② 邱濬：《大学衍义补》，上海书店出版社，2014年，第204页。
③ 沈德符撰，侯会选注：《万历野获编》，北京燕山出版社，1998年，第25页。
④ 谈迁：《枣林杂俎》，中华书局，2006年，第477页。

明初，官营手工业占主导地位，明政府为了保证皇族及高层官僚的奢华生活，采取了超经济的强制手段，通过徭役制度大量征集全国各地的能工巧匠，将其集中在京师官府的手工业工场或作坊，令其不计成本地精心加工统治阶级所需要的各种生活用品。官营手工业产品一般不进入市场，原料多来自官营作坊和赋税。明政府直接控制着几十万户匠户，他们分为"直座"与"轮班"两种，被强制在官营手工业作坊或工场服役。明代的官营手工业规模庞大、组织分散，有着多元的管理体制，其机构按主管部门可分为工部管理的官营手工业机构、内府各监局管理的官营手工业机构、户部管理的官营手工业机构、都司卫所管理的官营手工业机构、地方官府管理的官营手工业机构，还设有保证官营手工顺利业生产的监察组织。①

明中叶以后，官匠制度发生了一定变化，工匠可以用银抵役，政府可以用银雇请工匠制作，出现了"官搭民造"的方式，这在很大程度上减弱了官府对工匠的控制。官匠制度的改变使民间工匠的劳动积极性得到提高，由此提高了劳动生产率；同时也使自由手业者的数量不断增加，生产技术不断进步，更多产品投入市场。随着农业和商业的发展，民营手工业进步很快，这一方面表现在工具的改进上。例如，丝织业花镂机的构造有所改进，能在绫绢上提织各色花纹，新型织机"改机"和"纱绸机"也相继被发明。由于工具的改进，丝织品"巧变百出，花色日新"。又如，棉纺织业出现了脚踏纺车和装脚踏的搅车，弹棉弓改竹弓绳弦为木弓腊丝线，从而使生产效率大为提高。再如，印刷业中铜铅板的普遍使用也使生产效率得以提高。另一方面，细密的分工对劳动生产率的提高、产量的增加也起了促进作用。手工业中的分工较过去更加精细，如制瓷业中，"一杯工力，过手七十二，方克成器"。明代宋应星的《天工开物》就对一些行业的工艺过程和技术成就有详细的记载，清楚地反映了当时手工业的发展水平。随着社会分工的进一步扩大和商品经济的发展，在江南和东南沿海地区，部分城市的手工业部门中出现了资本主义萌芽，这对社会和城市都产生了一定的影响。

二、手工业与城市发展

手工业是中国古代社会中的一个重要产业，就明代而言，在政治稳定、生产力发展等诸多因素的综合作用下，城市手工业获得了相当程度的发展，主要表现在生产工具的改进、生产技术的进步、产品种类和产量的增加以及国内外市场的扩大等方面；此外，在生产内容和管理制度等方面也有许多新的特点。明代手工业的发展一方面促进了各级城市的发展，另一方面也推动了专业性城镇的兴起与发展。

（一）手工业推动各层级城市发展

明代手工业的发展促进了城市经济的繁荣，进而推动了各等级城市的发展，主

---

① 王毓铨：《中国经济通史·明代经济卷》，经济日报出版社，2000年，第295页。

要表现在以下 3 个方面:

首先,传统的统治中心城市由政治中心向多功能生产中心转变,如北京、南京等。

明初南京作为首都,其内部工商业的发展异常迅速。当时南京城市手工业的主体是官营手工业,它分为内官监与工部两个系统,下设织染局、神帛堂、营缮所等数十个机构,来自全国各地的能工巧匠于此服役,其中仅轮班匠即有 12 万 9 千余名。南京城西南为工商业区,"市魁驵侩,千百嘈哜其中"①。全城辟有 15 条大街,闹市区建有 16 座酒楼。明中后期,南京民营手工业逐渐兴起,尤以民营纺织业的发展最为显著。早在正德年间,南京就已出现大量丝织业机户,其生产的产品有缎、纱、罗、绢等数十种。此外,印刷、粮食加工等其他民营手工业的发展也使南京城市经济日益繁盛。万历时人谢肇淛记曰:"金陵街道极宽广,虽九轨可容。近来生齿渐繁,民居日密,稍稍侵官道以为尘肆,此亦必然之势也。"② 同时,城市商业内容发生了变化,即由交易奢侈品为主转为交易城市居民的生活资料、城市手工业的生产资料为主,这大大改变了南京城市经济的性质,即由消费性质转向生产性质。

其次,一些府、州级的次中心城市也因手工业的兴盛而发展成为经济中心城市,如苏州、扬州等。

明中后期,苏州城为全国有名的丝织业中心,机户有数千之多,"大户张机为生,小户趁织为活";苏州的棉布织造业也很发达,与之相关的是大量染房的出现,万历时其地有数千染工;此外,苏州的刺绣、裱背、窑作、铜作、印书、漆作、酿酒、织席、玉雕、食品加工等行业也相当出名。江南棉纺织业的发祥地松江是明代棉纺织业最发达的地方,"百工众技与苏杭等",而且"家纺户织,远近流通"③,"棉布衣被天下"④。这里生产的棉布质量好、数量多,有很多细布精品享誉海内外。在正德年间,当地已是"俗务纺织"。

再次,一批小城镇也因其特色手工业发展成为专业中心市镇,臻于繁荣,如芜湖(浆染业)、铅山(造纸业)、景德镇(制瓷业)、佛山镇(冶铁业)等。

明廷于景德镇设立了御器厂,有效地集中了陶瓷作坊,也使陶瓷从业者完全脱离了农籍,成为专业的手工业劳动者。《景德镇陶瓷史稿》中推算,隆庆、万历年间大约有 900 座民窑,其中官搭民烧的民窑有 20 座,约分为 18 类,如古器作、粗器作、食器作、脱胎器作等等。⑤ 法国传教士来到景德镇,看见陶瓷生产的红火场面,不禁感叹:"景德镇者,周围十方哩之大工业地也。人口近百万;窑三千;昼间白烟掩盖天空,夜则红焰烧天。"在明代,以棉纺织业著称的市镇有松江府的枫

---

① 顾起元撰,谭棣华、陈稼禾点校:《客座赘语》,中华书局,1987 年,第 26 页。
② 谢肇淛:《五杂俎》卷三《地部》,万历刻本。
③ 徐光启等:《农政全书》,明文书局,1981 年,第 598 页。
④ 方岳贡等:《〔崇祯〕松江府志》,书目文献出版社,1991 年,第 412 页。
⑤ 梁方仲:《梁方仲读书札记》,中华书局,2008 年,第 44 页。

泾镇、朱泾镇、朱家角镇等；以丝织业著称的有苏州府的盛泽镇、震泽镇，嘉兴府的濮院镇、王江泾镇，湖州府的双林镇、菱湖镇等。这些著名的大镇，在明初有的只有几十户人家，有的只是个市集，而到了明末，如盛泽镇已是"烟火万家"，成为有 5 万人口的大镇，王江泾镇也已是有 7 千多户、三四万人口的市镇。明代著名的小说家冯梦龙在其小说中描写盛泽镇："镇上居民稠广，土俗淳朴，俱以蚕桑为业。男女勤谨，络纬机杼之声，通宵彻夜。那市上两岸绸丝牙行，约有千百余家，远近村坊织成绸匹，俱到此上市。四方商贾来收买的，蜂攒蚁集，挨挤不开，路途无伫足之隙，乃出产锦绣之乡，积聚绫罗之地。江南养蚕所在甚多，惟此镇处最盛。"①

（二）专业性城镇的兴起与发展

1. 酿造、榨油类手工业专业城镇的兴起与发展

明代是酿酒业发展较好的一个朝代。明廷不征收酒税，也没有颁行禁酒的政令，再加上明代中后期消费社会的出现，酒逐渐成为明代人的日常生活必需品。上至达官贵人，下至乡村百姓，人人皆以饮酒为乐。《金瓶梅词话》中对酒的描述颇多，反映了明人嗜酒的一些特点。从文献记载看，明代酒的种类明显多于前几代。谢肇淛的《五杂俎》、顾起元的《客座赘语》等书和地方志中记录了许多明代酒的品种。总的来看，明代酒类至少有 50 多种，比元代增加了不少。青稞酒、花草酒、动物酒等新品种都是明代才出现的。明代酿酒作坊和烧锅作坊遍及全国城乡，农村的田家在丰年亦会酿酒供自家饮用，甚至有些做其他买卖的小本生意人也以酿酒为辅助盈利手段。更为重要的是，全国性大型酿酒作坊的兴盛给所在城市和地区带来了经济的繁荣。明人曰："天下之酒自内法外。若山东之秋露白，淮安之绿豆，括苍之金盘露，婺州之金华，建昌之麻姑，太平之采石，苏州之小瓶皆有名，而皆不若广西之滕县、山西之襄陵为最。"② 文中提到的这些小有名气的酒品种类，皆促进了当地的经济繁荣。

以四川为例，酿酒业是明代四川重要的经济支柱之一，四川酿酒业发达的地区包括今泸州、宜宾、绵竹、成都等地。明代出现了酿造杂酒的槽坊，其中"温德丰""德盛福""长发升"都很有名气。明代槽坊革新了酿酒技术。例如，宜宾"温德丰"酿造的五谷蒸馏白酒，便是"五粮液"的前身。又如，绵竹县的工匠采用蒸馏酒的技术将唐代的"烧春"改造为"烧酒"，故而明代烧酒以剑南地区的最为出名。绵竹的槽坊规模小，但是产量巨大，一个槽坊的年产量为几千斤，经济效益非常可观。除了宜宾、泸州、绵竹等知名酿酒业专业城镇外，在四川多个地区的城镇也有很多酿酒手工作坊，蔡祯《渔村夕照》云"白酒家家熟，黄鱼日日餐"，生动地描写了四川地区酿酒业的发达和四川人爱饮酒的习惯。

---

① 冯梦龙著，文涛校注：《醒世恒言》，天津古籍出版社，2004 年，第 248 页。
② 何良俊：《四友斋丛说》，中华书局，1959 年，第 305 页。

菜油是百姓的日常生活必需品，也是工业生产原料和多种手工业生产的辅助性材料。明代的官营手工业条目里面没有榨油业这一项，可见当时的榨油业主要是民间经营的。明代的菜、豆油主要依靠木榨、石碾这些手工工具加工制作而成。由于油在生产、生活中的应用越来越广泛，分类也越来越细，故榨油业在明代中期以后也出现了以雇佣关系为主的工场作坊式生产，生产油料的地方出现了大量的榨油作坊，如江苏吴县，"新郭、横塘、仙人塘一带，多开坊榨菜、豆油"①，又如浙江石门镇，"油坊可二十家。杵油须壮有力者，夜作晓罢，即丁夫不能日操杵。坊须数十人，间日而作。镇民少，辄募旁邑民为佣。其就募者类赤身无赖，或故髡钳而匿名逃罪者。二十家合之八百余人，一夕作，佣值二铢而赢。……千百为群，虽坊主亦畏之"②。由此可知，石门镇榨油业的规模很大，有20家油坊、从业者800余人，大部分劳动力是以日计酬的雇佣工人，佣金2铢。此外，这些雇佣工人具有一定的团结性，连作坊主人对其都有所忌惮。可见当地此时的榨油行业中已经萌生了资本主义性质的生产关系。

2. 窑作、制瓷类手工业专业城镇的兴起与发展

明代从建国之初起就对城市、宫殿等的营建高度重视。城市、宫殿的营建需要大量烧造类材料，大体可以分为砖、瓦、琉璃3类。砖、瓦、琉璃的制作在古代被称为窑作。明初的南京、中都凤阳以及北京等的营建必须消耗大量的此类材料，因而明初的官营烧造和采办为部分城市和地区窑作业的发展创造了重要机遇，由此推动了部分专业城镇的兴起与发展。

早在元朝至正二十六年（1366年），朱元璋便开始新建南京宫殿，征调了东南33府、11州、148县、7镇的工匠和建筑材料。从目前明南京城遗址保留的砖文可以了解当时负责为南京造砖的府、州、县有开封府、靳州府、安陆府、通州、溧阳州、无锡州、真州、乐平州等等。中都凤阳的营建亦消耗了大量的砖瓦，计有京师（南京）、江西、湖广3省22府69州县及数十军卫所制造的各种字号砖100余种，还有少量罪囚烧造之刑狱砖③，如淮安府的盐城、海州等均是中都城砖的供给地。

到了永乐年间，朱棣迁都北京，重新营建了北京城，所耗砖、瓦、琉璃材料数量之多远超南京和中都凤阳，相关砖瓦烧造的地域之广也远超过前代。最为重要的是，窑作虽然是官营手工业，主要供应京师营缮工程，但因需求量大，故在部分地区形成了具有一定规模的烧造片区，这些地区窑多量大、名声在外，发展为专业性的城镇，其中较为出名的有苏州窑、武清县窑、临清窑等，分别给苏州、武清、临清带来了巨大的经济利益和良好的声誉。南直隶地区的太平府、江西饶州府的浮梁由于盛产白土和高岭土而成为琉璃和瓷器的产地。此外，嘉靖初年朝廷营建湖北安陆之显陵时，亦曾征调南直隶之应天、安庆、池州、太平等府官窑烧造以供营造之

---

① 牛若麟修，王焕如纂：《吴县志》，崇祯刻本。
② 许瑶先修，吴仰贤惠：《嘉兴府志》卷十四《古迹一》，光绪五年刊本。
③ 王剑英：《明中都》，中华书局，1992年，第19—20页。

需；后又因增扩承天城而征调湖广部分府、州、县窑烧砖。总的来看，明代中前期的烧造官窑分布于卫河流域，包括今河南、河北、山东、天津等地，部分卫、所城市也是烧造砖瓦的指定地点。到了嘉靖年间，烧造中心基本集中在以城砖烧造为主的临清，另外还形成了以金砖烧造为主的苏州和以琉璃烧造为主的京师地区等精品建筑材料制造中心。

临清由于窑作业的兴盛，随处可见与砖窑相关的地名，如张窑、陈窑、东窑、西窑、窑口、窑地头等等。当地卫河、会通河岸边共计有384窑，每窑划地40亩专供取土，总占地面积在万亩以上。临清常年有窑工约9 600人，鼎盛时期的窑工人数有数十万之多，① 大量非农业人口的聚集推动了城镇的发展。此外，明人孙宜曾作《皇砖叹》感叹湖南华容地区烧制皇砖的不易："黄湖山前余古窑，开山设廨临江皋。千夫转埴众牛踏，泊官点阅闲吏劳，连云烟火望不熄，弃地瓦砾增时高。圬人窑徒告如数，洁酒虔牲谢神护。"② 可见湖南华容地区的窑作业也较为繁盛。

3. 纺织类手工业专业城镇的兴起与发展

明代纺织业包括丝织业和棉织业。丝织业在中国是传统行业，到了明代丝织工艺进一步成熟，产品更加精美。由于国内外市场需求大，明代民营丝织业迅速发展起来，远远超过了官营丝织业。例如，江南地区几乎家家有织机，人人都从事丝织品的生产和经营，《姑苏志》记载苏州一带的居民"工纂组，故男藉专业，家传户倩，不止自给而已"③，该段史料充分说明丝织产品在江南地区已经进入商品买卖环节。明代江南丝织业得到了很大的发展，其产品不仅在本区域内销售，而且在全国都较有影响力和知名度。丝织品的生产给江南地区带来了经济的繁荣，因之而兴盛的巾镇数量非常之多。丝织品从生产到流通可以分为原料供应、生产、销售3个比较重要的环节，而每一个环节都带动了不同类型城市的发展。

丝绸产品的大量生产要求有充足的原料供应，故桑蚕基地因市场需求巨大而在江南地区发展起来，主要集中在湖州府、杭州府、苏州府等地。

湖州府是明代著名的桑蚕业中心，桑蚕业之盛甲于天下，"无不桑之地，无不蚕之家"。湖丝亦是"合郡俱有"，"遍天下"。湖州所产之丝，清白如银，被列为贡品，作为制造御服的原料。明代广东所产的粤缎、粤纱，山西所产的潞绸以及南直隶、福建等地所产高级丝织品的原料皆仰湖丝。明代官营的江宁、苏州、杭州三大织造局更是以湖丝为原料制造丝绸贡品，故而各织局和各地多于产丝季前往湖州采买湖丝。湖丝在市场上供不应求，以辑里、串五、肥光等地所生产的丝为优。

朱国祯曾记载湖州桑蚕业生产与销售等情况："畜蚕者多自栽桑，不则予租别姓之桑，俗曰秒桑。凡蚕一斤，用叶百六十斤，秒者先期约用银四钱。既收而偿者，用约五钱。再加杂费五分。蚕佳者用二十日辛苦，收丝可售银一两余。……本

---

① 程国政：《中国古代建筑文献集要：明代（上册）》，同济大学出版社，2013年，第284页。
② 钱谦益：《列朝诗集》，中华书局，2007年，第3626页。
③ 王鏊：《姑苏志》，台湾学生书局，1986年，第168页。

地叶不足，又贩于桐乡、洞庭，价随时高下，倏忽悬绝。"① 可见，桑叶也因为市场的需求大而变成湖州市场上的重要商品。桑蚕业由此成为湖州最主要的产业和人民的衣食之源，成为当地的支柱产业，"公家赋税，吉凶礼节，亲党酬酢，老幼衣著，唯蚕是赖"②。

明代湖丝生产的发展和销售范围的扩大促进了以丝织业为支柱产业的专业市镇的兴起，其中以南浔镇、菱湖镇、乌青镇、新市镇、震泽镇等最为有名。

湖州南浔镇是整个湖丝的生产和销售中心，其地的缫丝技术达到炉火纯青之境，明代已有"看缫丝之人，南浔为善"③ 之说，《南浔镇志》则直言"缫丝莫精于南浔人"。南浔辑里所产之"辑里湖丝"堪称丝之冠，名甲天下，价格是其他丝的两倍以上。每当南浔新产之丝上市时，全国各地客商蜂拥而至，"列肆喧阗，衢路拥塞，骈肩累迹不得前"。因有如此享有盛誉的产品和繁荣的商品交易，南浔迅速成为经济发达的工商业城镇，商贾的财富累积也非常迅速。例如，南浔大户被称为"四象八牛七十二黄狗"，所谓"四象"即指南浔的 4 家豪商大贾，家产均在百万至千万之间；"八牛"则是指百万以下家产的富户有 8 家；"七十二黄狗"为虚指，言靠缫丝致富的富裕之家数量甚多。④ 南浔丝织业的兴盛使普通人家的经济水平也大为提高，就连丝行的店伙计也达到了"咸蛋吃个黄，鱼虾喝点汤"的生活水平，无怪乎朱国祯在《修东塘记》中盛赞南浔"虽镇，一都会也"。从行政建置来看，南浔仅是一个市镇，但是就人口和经济发展水平来看，其已远超一般的县城。明万历年间，南浔经济更是达到空前水平，成为"阛阓鳞次，烟火万家，苕水流碧，舟航辐辏"的城市。

乌青镇是乌镇和青镇的合称，虽然两镇归两个不同的县管辖，但是由于两镇只有一河之隔，随着经济的发展，几乎融为一体。乌镇和青镇在宋元时期就比较繁华，到了明代中后期更是日渐昌盛。乌青镇的蚕丝主要被销往外地，每到产丝之时，各地商客都会来收购，故乌青镇成为湖丝的一个重要集散地。另外，因乌青镇紧邻重要的桑叶产地桐乡，其更是成为桑叶的集散地。由于桑叶贸易的兴盛，乌青镇设立了专门的叶行，到了产桑叶的季节，每日早、中、晚均有叶市。除了桑、丝以外，乌青镇其他的手工业也较发达，如棉织业、染作业、冶铁业、竹器业、榨油业、造船业、粮食加工业等在区域内都十分有名。嘉靖年间，乌青镇已经发展为颇具规模的城市，"地僻人稠，商贾四集，财富所出，甲于一郡。……宛然府城气象"⑤。正是因为如此，地方官员甚至上疏朝廷，希望将乌青镇升格为县、府治所。万历时，《乌青文献》记载："乌镇一区实为浙西垄断之所，商贾走集于四方，市井

---

① 朱国祯：《涌幢小品》，中华书局，1959 年，第 45 页。
② 李昱修，陆心源纂：《归安县志》卷十一《舆地略》，光绪八年刊本。
③ 黄省曾：《蚕经》，转引自沈慧：《湖州古代史稿》，方志出版社，2005 年，第 370 页。
④ 张硕：《巧梭慧针：长江流域的丝织与刺绣》，武汉出版社，2006 年，第 282 页。
⑤ 张园真：《乌青文献》卷一《建置》，康熙二十七年刻本。

数盈于万户。"① 桑、蚕、丝、绸是乌青镇经济的支柱，乌青镇把这种优势保持到了清代，并且以两镇为中心，形成了包括多个市镇在内的城镇体系，由此促进了江南城市的发展。②

明代江南丝织业十分兴盛，明中后期南京、苏州、杭州三大丝织业中心的织机总数在5万左右，盛泽等市镇的织机约有1.5万张，如果再加上镇江、嘉兴、硖石等零星分布的织造地的织机，估计江南民间织机总数可达到8万张。③ 而明代官营丝织业的织机总数仅1万张，可见明中后期民营丝织业已经远超官营丝织业。明代江南被称为"丝绸之乡"，苏州、杭州、湖州丝绸生产量和交易规模最为庞大，品质上乘，花样繁多，"桑麻遍野，茧丝绵苎之所出，四方咸取给焉。虽秦、晋、燕、周大贾，不远数千里而求罗绮缯市者，必走浙之东也"④，全国各地的丝商几乎都奔走于江南进行贸易。由此可见，丝绸生产对于江南城镇的发展起到了十分重要的推动作用。

棉纺织业是明代重要的支柱产业。棉布虽然不如丝绸昂贵、精细，却比麻织品更为舒适细腻，而且制作简单、经用耐磨，所以成为普通百姓、士兵的生活必需品；棉花则是冬季御寒衣物的主要填充物。因此，棉花和棉纺织品成为明代重要的农产品和手工业商品。棉花原产于印度、阿拉伯地区，宋元之际大规模传入中国，陕、闽、广、江浙等地区百姓最先种植。明朝建立后，政府大力推广棉花种植，今山东、河南、河北等地区百姓普遍种植棉花，其中河南的棉花种植产业规模非常宏大，"中州沃壤，半植木棉，乃棉花尽归商贩"⑤。可见，棉花也同其他经济类农作物一样成为商品。得益于棉花种植规模的扩大，明代棉布品种迅速增多，专业的棉布生产区和棉品交易市场逐渐形成。明代的棉织业以苏州、松江、常德、嘉兴、杭州等府最为繁盛，形成了多个棉织业中心。江南各地城镇居民多购棉以纺纱、织布。明代的棉纱纺织与丝织品生产一样，开始多以家庭为单位，后逐渐形成了规模较大的作坊。江南松江府堪称棉织业的发祥地，是江南的棉织业中心。松江府棉织业的发展与宋末元初黄道婆传授棉织技术有关。黄道婆在掌握了当时先进的棉织技术后，在松江一带广泛教人织棉，推广捍（搅车，即轧棉机）、弹（弹棉弓）、纺（纺车）、织（织机）之具，传授"错纱配色，综线挈花"等棉布织造技术。由于很多松江的民众都掌握了先进的棉纺织技术，因而其地棉织业一直十分兴盛，到明代时，松江府已成为江南的棉织业中心，时人称松江之布"衣被天下"，徐光启《农政全书》对松江府棉织业的记载非常详细，其言："家纺户织，远近通流。"⑥ 松江府的棉织业由于工艺精湛、原料丰足，故其产品可以满足各个阶层的消费需求。正

---

① 张园真：《乌青文献》卷一《建置》，康熙二十七年刻本。
② 陈学文：《明清时期江南巨镇乌青镇的经济结构》，《中国经济史研究》，1988年第2期。
③ 王毓铨：《中国经济史·明代经济卷》，经济日报出版社，2000年，第382页。
④ 张瀚：《松窗梦语》，中华书局，1985年，第83—84页。
⑤ 俞森：《荒政丛书》卷五《救荒图说》，文渊阁四库全书本。
⑥ 徐光启：《农政全书》卷三十五《蚕桑广类》，文渊阁四库全书本。

德《松江府志》称松江"俗务纺织,他技不多,而精线绫、三梭布、漆纱、方巾、剪绒毯,皆为天下第一……吾乡所出,皆切于实用,如绫、布二物,衣被天下,虽苏杭不及也"①。由上述引文可知,松江府所产的棉织产品质量好、数量多,几乎占据了全国的棉织品市场,而且其关系民生,于国于民都非常重要。其中提到的三梭布是用以制作皇室贴身衣物的材料,"幅阔三尺余,紧细若绸"②。可见松江最高等级的棉织品甚至可以和丝织品相媲美,不得不令人赞叹其地棉织技术的精湛。松江府所产的剪绒毯也是非常精细名贵的棉织品,用以铺地,华丽无比。此外还有丁娘子布,又称飞花布,光洁细腻,色泽如银,价格稍高,深受寻常人家喜爱。此外还有夏季用来做暑袜的优质布料,如墩布,亦是销量极好,明人曾记述了万历年间松江棉袜业的兴旺:"郡中绝无鞋店与蒲鞋店。万历以来,始有男人制鞋,后遂渐轻俏精美。遂广设诸肆于郡治东。……松江旧无暑袜店,暑月间穿毡袜者甚众。万历以来,用尤墩布为单暑袜,极轻美,远方争来购之,故郡治西郊,广开暑袜店百余家。合郡男妇,皆以做袜为生,从店中给筹取值,亦便民新务。"③

除松江之外,嘉善也是棉织品生产和销售的重要城市。明人朱国祯《涌幢小品》记录了嘉善的棉织业盛况:"地产木棉花甚少,而纺之为纱,织之为布者,家户习为恒业,不止乡落,虽城中亦然。"④ 由于木棉产地不在此处,从业者便从附近地区购买棉花,再进行加工生产,然后卖出,可见棉织业是嘉善地区城乡居民的重要收入来源。由于江南地区农业税重,农户生存全仰仗此业,"田家收获输官偿债外,岁卒室庐已空,其衣全赖此"⑤。

苏州府下辖的棉业市镇也较多,如嘉定县的棉花和棉织品交易都较频繁,商贩到此收购棉花和棉织品,近贩至浙江地区,远贩至辽东、陕西地区。嘉定附近的娄塘镇也是以种棉和棉织业闻名,"所产木棉布匹,倍于他镇,所以客商鳞集,号为花布码头。来往贸易,岁必万余,将装船只,运以百计"⑥。此外,罗店镇、外岗镇也是万历年间因棉织业的发展而新兴的工商业城镇,其地男耕女织,贸易兴盛,堪称雄镇。

4. 矿冶类手工业专业城市的兴起与发展

明代的矿冶业最初为官营,后为了吸引更多的资金参与开发,洪武和宣德年间明廷都下令准许民间开矿,故而民营矿冶业在明代发展迅速。明代的矿冶业可以分为铜矿冶炼、铅矿冶炼、铁矿冶炼、银矿冶炼等诸多种类,而民营冶矿业中最为繁盛的是铁矿冶炼业。民营铁矿分布于广东、福建、山西、陕西、山东、湖广、江西、浙江等省,其中广东、福建、山西、浙江的铁矿冶炼业的发展最为迅速,政府

---

① 《松江府志》卷四《风俗》,正德七年刊本。
② 《松江府志》卷五《土产》,正德七年刊本。
③ 范濂:《云间据目钞》,载于邓之诚:《骨董琐记全编》,中华书局,2008年,第47—48页。
④ 朱国祯:《涌幢小品》,中华书局,1959年,第49页。
⑤ 朱国祯:《涌幢小品》,中华书局,1959年,第49页。
⑥ 转引自王毓铨:《中国经济史·明代经济卷(上)》,经济日报出版社,2000年,第401页。

从浙江、福建、广东 3 省岁课铁 300 至 450 吨，于其他省份课铁相对较少。①

在广东地区，连偏僻的山区都有不少山民从事采矿炼铁。其中，潮州的冶铁业较盛，"矿冶出海阳等五县，每年听各县商民采山置冶。每冶一座，岁纳军饷银二十三两，前去收矿炼铁，各山座数不等。计通共饷银一千两"②，当地共计有 60 个冶铁炉。韶州和惠州也分别有一二十座冶铁炉，平均每炉有 200 到 300 人冶炼。罗定县"凡一炉场，环而居者三百家，司炉者二百余人，掘铁矿者三百余，汲者、烧炭者二百有余，驮者牛二百头，载者舟五十艘。计一铁场之费，不止万金"③。

福建的冶铁业也发展迅速，至晚明时达到鼎盛状态。明代中叶，福建一共有 15 个县设置有铁场和铁炉，全省的铁矿共有 41 处，铁冶 18 所，高炉也有 10 座以上，这在全国范围内都属于较大规模。漳州府、泉州府产铁量较大。漳州府民营铁炉的数量约有 30 座，每岁课银约 290 两。其境内的龙溪，在弘治时仅有铁所 1 座，到了嘉靖年间，炼铁高炉增至 24 座，炉冶户有 48 户，发展非常迅速。除龙溪县以外，龙岩县的冶铁业也非常发达，其地铁炉分布于万安、集贤、龙门、表政、节慧 5 个乡镇。汀州府的清流、连城、上杭、武平、永定 5 县也都有铁场和铁炉，且规模不小。宋应星曾言："西北甘肃、东南泉郡，皆锭铁之薮也。"④ 民营冶铁业在泉州也非常发达。其境内的安溪是产铁矿之地，当地冶铁的质量也较为出名。安溪地区有铁炉 24 座，规模亦不小。开矿和冶炼业的发展，带动了商业服务业、运输业等行业的发展，由此促进了部分资源型城镇的兴起，故矿产资源集中的地区形成了数量颇多的小城镇。

5. 造纸印刷类手工专业城市的兴起与发展

明代的造纸业有较大发展，表现在两方面：一是造纸业发达，造纸作坊数量多，形成了专业性城镇；二是作坊所生产的纸张品种多达 100 多种，如江南地区是纸张的生产基地，最好的吴纸便产自这里。明代造纸业发达的地区有福建、江西、浙江、河南、四川等省。江西、福建、浙江、南直隶 4 地是明代纸张的著名产地，明人陈宏绪《寒夜录》记载："国初贡纸岁造于吾郡西山，董以中贵，即翠岩寺遗址以为楮厂。其应圣宫西皮库，盖旧以贮楮皮也。"⑤ 江南纸张的生产地主要在杭州、湖州等盛产竹桑的地方。其中，杭州和其属县，"邑人率造纸为业，老小勤作，昼夜不休"⑥；临安县也产纸张，所产黄烧纸和茶白纸被用以祭祀，用量比较大；湖州府的孝丰、安吉也产此类纸张；明代万历年间的铅山已经有了较大规模的造纸作坊，称槽房，"纸厂槽户不下三千余槽，每户帮工不下一、二十人"⑦。

---

① ［美］黄仁宇：《十六世纪明代中国之财政与税收》，生活·读书·新知三联书店，2015 年，第 315 页。
② 顾炎武：《天下郡国利病书》，转引自王毓铨：《中国经济通史·明代经济卷（上）》，经济日报出版社，2000 年，第 408 页。
③ 屈大均：《广东新语》，中华书局，1985 年，第 409 页。
④ 宋应星：《天工开物》，广东人民出版社，1976 年，第 362 页。
⑤ 陈宏绪：《寒夜录》，中华书局，1985 年，第 53 页。
⑥ 胡应麟：《少室山房笔丛》，中华书局，1958 年，第 72 页。
⑦ （康熙）《上饶县志》卷十，转引自载家璋：《中国造纸技术简史》，中国轻工业出版社，1994 年，第 145 页。

明代广泛使用活字印刷术,这极大地刺激了印刷行业的发展,为出版业带来了很好的效益。明代出现的图版雕刻也给印刷业注入了活力。生动有趣的插画增加了图书的可读性,促进了图书的销售。印刷业作坊集中于北直隶、四川、南直隶、浙江、福建、江西等地,其中应天的印刷业最具代表性,杭州、苏州、吴兴、海昌印刷的精致图书也享有盛誉。

明代的印刷基地主要集中在应天、苏州、常州、扬州、杭州等重要城市。此外,徽州的印刷业自成一体,较为有名的是歙县虬村黄氏的图版雕刻印刷业。福建建宁府下辖的建阳县也是当时著名的印刷基地,集中了上百家印刷作坊,所印刷的作品遍销全国。嘉靖年间,建阳的印刷业达到顶峰,建阳成为全国的印刷中心之一,印刷作坊遍布县境内的大小城镇,如麻沙镇和书坊乡即为当时印刷作坊最为集中的地方。《建阳县志》记载:"书籍出麻沙、崇化两坊,昔号图书之府……足以嘉慧四方。"① 因为印刷业的发展,此处商业也逐渐繁盛起来。来自全国各地的商人到此购买书籍,然后再将之销往全国各地,"比屋皆鬻书籍,天下客商贩者如织,每月以一、六日集"②,可见此地形成了较为专业的印刷品集市。

第二节 明代商业贸易与城市发展

明代前期,全国经历了长期战乱,社会经济复苏缓慢,自然经济仍占据统治地位,加之统治者对民间工商业的发展管控较严,因而当时商品经济的发展较为滞后,市场上商品的种类和数量相对较少。明代中期以后,随着农业和手工业的发展,商业贸易也得以发展。明统治者也开始改变重农抑商的国策,举国上下都认识到财富对于国家的意义。因此,商业贸易在明中后期获得了较为宽松的发展环境。商人地位大大提高,城乡居民的消费风气也由明初的简朴变为明后期的奢靡。由于社会需求的不断扩大,明代后期全国商品的生产和贸易达到一个高峰:跨区域的统一市场逐渐形成,商路拓宽,城市对各类商品的需求空前增加,形成了多层级的市场体系,由此也推动了城市的发展。

一、陆路贸易与城市发展

(一)陆上商路与跨区域贸易

15世纪以后,明代城市的商业经济有了快速的发展。在人口流动性增加、赋役货币化、价值体系商业化的三重刺激下,地区间的商品交流不断扩大,使得跨区

---

① 佚名:(嘉靖)《建阳县志》,上海古籍出版社,1962年,第65页。
② 佚名:(嘉靖)《建阳县志》,上海古籍出版社,1962年,第78页。

域贸易逐渐兴盛,从而形成了四通八达的陆路商路体系。这些商路体系既有一个省区内的道路体系,也有跨省区的甚至跨越数省的道路体系,短途、长途、超长途的商业运输路线纵横交错,促进了全国性统一市场和区域市场的逐步形成。

明代后期,全国已形成若干个以产品著称的地区,如苏杭(丝织)、江西景德镇(瓷器)、云南两广等地(铜矿)、湖广(粮食)、西北(毛皮和药材)等。一些特产"皆以地得名"①,如绍兴的茶酒、宁波的海产、金华的火腿等。由于全国各地所生产的与所需要的商品并不相同,因而这种地区分工的发展必然引起地区之间不同商品的交流。例如,就丝织业而言,丝织业发达的苏州、杭州、福州等地,多取丝于湖州,"东南之机,三吴、越、闽最伙,取给于湖茧"②;潞安、成都等城市丝织业也很发达,成都所需原料则"取给于阆茧"③。又如,松江是棉织业中心,其地棉织业的原料棉花皆来源于河南、山东,"北土广树艺而昧于织,南土精织红而寡于艺,故棉则方舟鬻于南,布则方舟鬻诸北"④。再如,安徽芜湖是浆染业发达的城市,当时松江的白布须被送到芜湖浆染后才能出售。故时有"织造尚松江,浆染尚芜湖"之说。至于浆染业所用的蓝靛,则又仰赖福建。

商品流通范围的扩大促使跨区域贸易逐渐兴盛。在全国流通的商品不仅有苏、杭的丝织品和松江的棉布,还有许多地方的各种产品。这些产品产量的扩大,也要求销售范围扩大,如福建惠安县所出细白布,"通商贾,辇货之境外,几遍天下"⑤;福建莆田县生产的青麻布,"商贾转贩他方亦广"⑥;粮棉产地江苏常熟县在嘉靖时所产粮布皆运销外地,"常熟虽僻远,其食与货常给乎外境,每岁杭越徽衢之贾,皆问籴于邑,其人弗至,则食之价平矣。至于货布,用之邑者有限,而捆载舟输行贾于齐鲁之境者常什六"⑦;江西景德镇的瓷器,"自燕云而北,南交趾,东际海,西被蜀,无所不至"⑧。

跨区域长途贸易不仅将各个地区的特产、商品推送入全国市场,为地区特产打开了更广阔的市场,使之融入更广泛的商品贸易体系中;同时,四通八达的商路也随之形成(见表4-1),推动了区域城市的繁荣和经济的发展。

---

① 王士性:《广志绎》,中华书局,1981年,第67页。
② 黄省曾:《农圃四书》卷二《蚕经》,转引自赵丰等:《中国古代物质文化史·纺织》(下),开明出版社,2014年,第450页。
③ 黄省曾:《农圃四书》卷二《蚕经》,转引自赵丰等:《中国古代物质文化史·纺织》(下),开明出版社,2014年,第450页。
④ 姚之骃:《元明事类钞》,上海古籍出版社,1993年,第443页。
⑤ 莫尚简修,张岳纂:《惠安县志》卷四《本业》,嘉靖刻本。
⑥ 陈效修,黄仲昭纂:《兴化府志》卷十二《货殖志》,同治十年重刻本。
⑦ 冯汝弼修,邓韨纂:《常熟县志》卷四《食货志》,嘉靖刻本。
⑧ 王宗沐等:《江西省大志》卷七《陶书引》,万历二十五年刻本。

表 4-1 明代陆上长途商路统计表

江北陆上商路	江南陆上商路
扬州府由泗州至河南府路	
扬州府由六合县至庐州府路	
扬州府至山西平阳府路	
瓜州由凤阳府至颖州路	徽州府由徐州至顺天路
湖广由汴城至顺天路	徽州府由景德镇至武当山路
湖广省城至襄阳府路	徽州府由金华至温州府路
团风由麻城至光山县路	徽州府由开化县至常山路
襄阳府由淅川县至陕西路	徽州府由青阳至池州府路
淮安由老鹳亭至赣榆县路	徽州府由玉山县至崇安县路
淮安府由荆州至亳州路	徽州府由常山县至建宁府路
淮安府由新壩至墟沟营路	杭州由江山藤至福建省路
清江浦由宿迁至徐州路	杭州由余杭县至齐云严路
清江浦由小河至符离桥路	杭州由西兴至诸暨县路
宿迁县至郯城马头路	杭州由绍、台二府至处州路
隅头集由迦口至夏镇路	宁波府由台州至温州路
直河口由隅头集至沂州路	处州府由龙游至衢州路
郯城马头转至青口路	苏州由四安至徽州府路
正阳由固始县至光山县路	丹阳县由梅渚至徽州路
正阳由颖州至北舞渡路	丹阳县由句容至应天路
颖州由归德府至临清路	应天由芜湖至徽州府路
临清由汴城至荆州府路	应天由汝宁府至武当山路
济宁州至泰安州山顶路	应天由铅山河口至福建路
徐州由济宁至临清州路	芜湖由太平县至徽州路
徐州由永城县至亳州路	芜湖由宁国府至河沥溪路
徐州由丁家道口至归德路	芜湖由安庆转至团团风镇路
徐州由蒙城县至颖州路	芜湖由江西樟树至广东路
徐州由丰县至曹州路	广东由高、雷二府至崖州路
汴梁由正阳至芜湖县路	广东由潮、惠二府至福建路
潼关由蒲州至山西省城路	饶州由乐平县至徽州路
太原府由雁门关至蔚州路	南昌府由瑞州至花桥山路
顺天由庐州府至江西路	樟树镇由袁州至衡山县路
顺天由真定府至汴城路	湖口县由途家埠至宁州路
顺天由陕西至四川省路	湖口由澍家埠至延平府路
顺天由德州至山东省路	湖口由安庆至徽州府路
顺天由真定府至山西路	城陵矶由澧州至九溪卫路
顺天由蓟州至辽东路	广西省由柳州至庆远府路
顺天由宣府至大同府路	仪真县由宁国府至徽州路
顺天由河南府至陕西路	仪真县由龙潭至应天路
陕西由凤翔府至临洮府路	
陕西省城由邠州至宁夏路	
巩昌府由沔县至襄阳府路	
镇远府由贵州至云南路	

资料来源：本表据（明）憺漪子《天下路程图引》（山西人民出版社，1992年）制成。

由上表可知，明代陆上商路已经遍及全国，《天下路程图引》中共载有 77 条。明代南北商路纵横，一些重要城市为多条商路的起点或终点，如顺天、杭州、徽州等；一些城市处于多条商路的交汇点，如荆州、庐州等；还有的城市既为一些商路的起点或终点，又为其他商路的节点，如徐州、亳州、临清等。商路既促进了地区间的物质交流，还使上述城市成为物资集散地，推动了其发展。

由顺天至东北地区的交通大道为南北交通干线之一。此路自顺天出发，经山海关、沈阳到开原，全长 2 040 余里；① 再以开原为中心，分道至海西、朝鲜、奴儿干都司等地。开原的民间交易很发达，如当地市集中有兀良哈人出售的马、牛、羊皮等，有女真人出售的貂皮、人参、蜂蜜、木耳、蘑菇、松子、木材等，有内地商人带来的布、丝绸、陶瓷器、米、盐、酱、铁锅、铁铧、针、剪等生活用品和生产工具。辽阳是东北地区的另一个商贸集中地，《二刻拍案惊奇》第三十七卷中曾言徽州商人程宰、程案兄弟去辽阳贩人参、松子、东珠、貂皮等货，还有关内商人去那里出售药材，更有荆州商人贩彩缎和苏州商人贩布到辽阳的市场，其中徽州商人久驻辽阳，经营有大铺子。这些都说明顺天至东北的大道开通后，大大促进了关内与东北的商贸往来。

明代最主要的东西陆上商路之一即为由今江浙地区始，经扬州、泗州至开封，再西经郑州、洛阳至西安，继续沿着以前的丝绸之路西行，直达今新疆及中亚各地的商路。这条路为明朝东西方向最长的一条陆上交通要道，东南地区的茶、糖、纸、布、丝织品、瓷器及各种手工业产品都通过此路西运嘉峪关以外及中亚各地，而西北广大地区的皮、毛、药材、玉石等货也是经由此路东运沿海各地。

（二）区域性市场的形成

随着陆路交通的发展，明代跨区域的贸易得到了较大发展，使得众多城镇被连接起来，并相互影响和作用，由此形成了不同类型的区域性市场。据明代文献，十三布政使司所辖范围内初步形成了多个区域性市场：

1. 东北地区市场

东北地区接壤女真部和蒙古部统治区域，明廷自洪武朝始即重视这一区域，采用军事震慑加经济牵制的方法维护边境的和平。辽东地区多个城市都有由官方开设、监督的市场，汉民可在其地与少数民族百姓进行马匹、茶叶、木材的交易，如宣府、开原、广宁、铁岭等。还有一些小型岛屿，因地接中外而成为辽东开展国际贸易的集散中心，故发展迅速。例如，皮岛"居辽东、朝鲜、登莱之中，称孔道。文龙斩荆棘，具器用，招集流民，通行商贾。南货缯币，北货参貂，咸于文龙处输税挂号，然后敢发。不数年，遂称雄镇"②。

2. 北直隶市场

明代京师地区周围重山环绕，内有平原，具有较好的农业生产条件。除此之外，因其地行政级别高，故多集富贵之人，消费水平因而高于其他地方。另外，高行政级别为北直隶聚集了人口、资金、物资，甚至外国的商人亦到京师寻求商机。北直隶地区的区域性市场主要因经济农作物的种植和商品贸易而兴旺。

---

① 王毓铨：《中国经济通史·明代经济卷》，中国社会科学出版社，2007 年，第 582 页。
② 文秉：《烈皇小识》卷一，清钞明季野史汇编前编本。

北直隶地区的经济农作物主要为棉花。部分地区百姓将粮食全部改种棉花，形成了颇具规模的棉花集中产区。这些地区的棉花产量早已超出了自用需求，而成了流通的商品。因棉花交易而繁盛的城市有以下几处：

南宫县，"木棉、枣梨之饶，估客转贩，岁入不赀"。①

利家口镇，"有土堡集，以三八日，多草绵（应为棉，笔者注）"②。由于利家口镇地处四县要冲，故而形成了规模较大的集市，成为该区域的木棉等商品的集散地。

沧州，"东南多沃壤，木棉称盛，负贩者皆络绎于市"③。

农业、手工业的发展使原材料需求扩大、成品买卖增多，促进了商品贸易发展，并使区域物资流通加速。北直隶地区内，能够成为商品集散地和贸易中心的城市多是因其自然地理条件。太行山以北、燕山至山海关地区，山路崎岖，卫所列布，是军事防御区，因此没有商品流通和交易。而太行山以东、燕山以南地区，地势平坦、交通便利，既有从京师至河南的通衢大道，又有河道，故而形成了繁荣的商品交易区，如北直隶地区的河间、保定、张家口等皆成为商品集散地。"河间、保定，商贾多出其途，霸州、武清而东，仅有樵牧之利，无商贩出资矣"④；张家口是明代中期典型的因商而兴的城市，"本荒徼，初立市场，每年缎布买自江南，皮张易自湖广。督抚王崇古等议：夷部落多，钱粮有限。因广招商贩贸易，号民市"⑤。

3. 山东地区市场

山东地区地处平原，物资丰富，水陆皆通，占尽地利，加之紧接北直隶，政治上也受到重视，故成为北方非常重要的商业区域。济南、德州、临清、济宁、登莱的木棉、渔盐相关产业非常发达，当地舟车牵挽，民众劳役无休时。山东清源"初无城，正统己巳，北边多事，始筑清源城，俗所谓旧城也。其后生齿日繁，南北商贾，舟车百货，轮辚并至，于嘉靖时又筑新城，而清源遂为一车毂击、人肩摩、商旅往来日夜无休时之大都会矣"⑥。可见，在前代籍籍无名的清源，到了明代后期也已发展成为山东的商业要城。

永乐年间，朝廷疏通了大运河后，运河不仅是官府的漕粮运道，也是沟通南北的商道。山东境内的运河段是整个大运河的中段，是南来北往的商船的必经之地，当地濒河招商、舟车转集，商品经济迅速发展，出现了临清、济宁、德州、张秋等许多工商业城镇。以张秋镇为例，其在宋元时名"景镕镇"，是当地的一大聚落。

---

① 戴世文：《南宫县志》卷八《货类》，光绪三十年刻本。
② 孙承宗：《高阳县志》卷一《舆地志》，民国间抄本。
③ 李梦熊修，顾霞宇纂：《沧州志》卷三《田赋志》，转引自张岗：《河北通史·明代卷》，河北人民出版社，2000年，第205页。
④ 张瀚：《松窗梦语》，中华书局，1985年，第82页。
⑤ 黄景昉：《国史唯疑》卷八，康熙三十年抄本。
⑥ 周思兼：《周叔夜先生集》卷五，转引自毛佩琦：《中国社会通史·明代卷》，山西教育出版社，1996年，第311页。

明代中期以后，当地因地利之便而发展迅速。到了万历时，张秋已成了"夹渠而室者以数千计，五方之工贾骈集而滞鬻其中"的商业巨镇。

此外，山东南部的济宁"南控徐沛，北接汶泗，为河渠要害"，是南北通道上的咽喉之地。因此其地"江淮货币，百贾会集"，"其居民之鳞集而托处者不下千万家，其商贾之踵接而辐辏者亦不下数万家"，是山东南部著名的漕运码头与商品集散地。

4. 河南地区市场

在全国商品经济普遍发展的背景下，中原地区的社会经济在明代中后期也有了进一步的发展，各类产品的商品化速度加快，农产品和手工业产品的商品化程度不断提高。张瀚在《松窗梦语》中对于河南地区的经济状况描述如下："京师以南，河南当天下之中，开封其都会也。北下卫、彰，达京圻，东沿汴、泗，转江、汉，车马之交，达于四方，商贾乐聚。地饶漆枲泉绗织纩锡蜡皮张。昔周建都于此，土地平广，人民富庶。其俗织俭习事……彰德控赵、魏，走晋、冀，亦当河、洛之分。而南阳下蕲、黄，入襄、郧，又与淮、泗相表里。若民物殷阜，汝宁为优，而水陆道里为便矣。"① 可见，河南地区经济的繁荣得益于当地的地理优势，其处于南北交汇之地，陆上交通非常便利，所以域内商品流通迅速。

河南陆路交通以开封为中心，东连归德府（今商丘），西接河南府（今洛阳）和陕州（今三门峡），南达汝宁府（今汝南）和信阳州（今信阳），北通怀庆（今沁阳）、卫辉（今卫辉）、彰德（今安阳）3府，西南直抵南阳府（今南阳）；延伸到省外的陆路东至山东、安徽、江苏，西至山西、陕西、甘肃，南至湖广，北至京师。处在这些陆路上的城市因地利之便而发展较好。

开封是周王的封藩城市，也是明代河南地区的政治、经济、文化中心。因地处水陆交通网重要节点之上，又有深厚的历史积淀，故其城市人口逾百万，规模和繁华程度堪称河南之最，甚至在整个北方都是屈指可数的大型城市。

河南其他地方的大小城镇和商业贸易区也有不同程度的发展。例如，汝宁的府治汝阳县，南通湖广，北接开封，东连安徽，西达向阳，"通淮河，稍集商旅，聚南货"，水陆交通十分便利，成为豫南及周边地区农副产品的集散地，其地南北各类货物充盈。又如，开封城南45里的朱仙镇，地当贾鲁河畔，是南北水陆交通的重要枢纽。此时，其地也兴盛起来，南来北往的商贾逐渐聚集于此，从事商贸活动；当地之人纷纷从事起各种饮食、旅宿、仓储等服务性行业，因此该地开始有了商贸重镇的雏形，为日后的全盛奠定了良好的基础。到清朝康雍乾年间，朱仙镇已发展成为全国四大工商名镇之一，人口多达20余万。

5. 陕西、山西地区市场

陕西地处边疆，又多军事辖区，所以人口较少，"关中之地，当九州三分之一，而人众不过什一，量其富厚，什居其二。闾阎贫窭，甚于他省，而生理殷繁，则商

---

① 张瀚：《松窗梦语》，中华书局，1985年，第82页。

贾所聚也"①。明代之前商业繁盛的凉州、甘州因设军城而繁华不再。明代陕西的商贸区集中在辖区东南部靠近湖广的地区，汉中、西安为商贾聚集的城市。

山西地区物产丰富，太原、平阳、潞安、汾州、泽州盛产绫罗绸缎；蒲州、高平盛产帕；阳城、交城、大同盛产铁制品和锡制品；霍、吉、隰3州及临汾、赵城、汾西、岳阳、河津皆产陶瓷制品。山西商人勤俭善殖，多经商在外，获利颇丰，再加上山西地区宗室人口众多，带来了"靡然向奢、以俭为鄙"的消费风气，到了明代中后期，"太原、潞、泽则已渐流于侈矣。若汾、太两府并建……大同商旅辐辏，货物踊贵……奢靡之风乃比于东南"②。

6. 湖广地区市场

宋元时期，吴中为天下粮仓，有谚曰"苏常熟，天下足"。到了明代，江南地区手工业经济发达，农业结构因之出现调整，大片土地均被用以种植桑、棉，种植粮食作物的土地不足三成。于是湖广取代苏、常而成为天下粮仓，谚语称"湖广熟，天下足"。相较于江浙发达的手工业，湖广地区的手工业落后一些，但其地粮食作物产量较高，是全国最大的粮食交易区，武昌、郧阳、襄阳、沙市、岳阳等都是行商聚集之处。

7. 江南地区市场

南直隶地区为明代的经济中心，其地"北跨中原，瓜连数省，五方辐辏，万国灌输。……南北商贾争赴"③。应天、松江、常州、苏州不但农业资源丰富，而且棉织业、丝织业也是天下第一；新安、山右则出富豪大贾，盛行奢靡之风。

浙江地区北临南直隶，南邻福建，地理位置优越，农业产品丰富，支柱产业为丝织业、棉织业。杭州与苏州并为江南最为繁华的府城，浙江东部的宁波、绍兴、温州、台州，商贾往来频繁，人人逐利；浙江西面的严州、衢州、金华，因盛产竹木、乌桕等经济型林木，郊郭徽饶，生理亦繁。

8. 福建、广东地区市场

福建、广东地区距离南直隶较远，所受行政束缚相对较少，加之两省极长的海岸线为发展对外贸易提供了条件，故两省的城市多依靠商品贸易发展。

福建地区城市的发展与海密切相关，经济发达的城市主要分布在沿海地带。当地县城的经济发展较为迅速，城内普遍建有交易所需的商业街道，如乐县城、连城县城、宁化县城、永安县城、连江县城、尤溪县城等皆在城内规划有商业街道以开展长期贸易，其中永安县城的街道有15条，连江县有16条。

晚明时期，西班牙人叙述其在福建的见闻印证了该地区小型城镇的发达情况："我们（从同安出发）万分惊异地看到沿河两岸有许多城镇，彼此相距那样近，简直可说那是一座城，而不是许多镇，不仅这里，我们还发现赴福州的整个路上（约

---

① 张瀚：《松窗梦语》，中华书局，1985年，第82页。
② 顾炎武：《肇域志》，上海古籍出版社，2004年，第797页。
③ 张瀚：《松窗梦语》，中华书局，1985年，第83页。

六十里格）人烟都是那么稠密"；"我们途经的那些城镇，当地的居民开耕土地达到连境岩、石山都播种的程度，尽管看来在那儿得不到什么收成，所以，我认为这是世界人口最多的国家。"① 明代的府城是区域经济中心城市，其商业贸易的繁荣情况不言而喻。例如，南平府城的商业街道长度达四五里，建宁府治所在的建安县共有 23 条商业街道；汀州、漳州、泉州具有很好的基础，一直是福建对外贸易的窗口，在明代后期也是对外通商的重要城市，其中漳州城内有街道 32 条，泉州城的规模超过了省会福州。

9. 云贵川地区市场

云南、贵州地区在明代之前由土司统治，以传统农业经济为主，元代政府对云贵地区的经济干预较少。明代政府为了更好控制这两个省份，迁入了大量人口，铺设了道路，并积极开发资源，于是云贵的部分地区发展了起来。贵州地区最为繁华之处为思南府，其次为镇远、石阡，而都匀、铜仁、思州则相对落后。云南地区盛产丹砂、朱汞、金、碧、珍贝等，其地所产的大理石为明代中后期流行起来的建筑材料，皇家贵胄纷纷用之来铺设殿堂，导致一时之间大理石供不应求。

明代四川的贸易也有进一步的发展，商品包括川茶、盐等，形成了成都、重庆、泸州等商品流通量较大的区域性中心市场。随着成都成为全川乃至西部的商业中心，在府、州、县各级治所所在地以及农村地区也兴起了许多商贸区和交易场所。例如，合州城内有木市、柴市、菜市、果市、茶市、盐市、布市、猪羊市。合州有 5 乡 8 镇，铜梁县有 4 乡，定远县有 4 镇。在汉藏贸易方面，当时的雅安和打箭炉（今康定）是汉藏人民互市的场所。藏人经常来此把马匹、氆氇等物换成盐、茶和布匹。四川许多少数民族的人也"专务贸贩碉门乌茶、蜀之细布，博易羌货，以赡其生"②，这进一步加强了域内各民族间的经济文化联系。

（三）区域贸易中心城市的发展

明代中叶以后，随着区域性市场的形成，国内市场交易体系逐渐建立，一些经济基础较好的政治中心城市因行政因素的作用迅速聚集了人口、财富，拥有了商业特权，很快便成为各地的贸易中心，发展为各个地区的经济中心城市。明人叶权在《贤博编》中历数了明代全国各地著名的商业中心城市，称其为"大马头"，包括湖广荆州，江西樟树，南直隶芜湖、上新河、枫桥、南濠、瓜州、正阳，浙江湖州，山东临清等等。叶权的评判标准是商业繁荣度和人口流动量，他提及的地区商业中心有些只是市镇，例如江西樟树，但在他眼中樟树镇的经济繁荣度已经超越了省府。随着明代中后期全国经济和贸易的发展，区域贸易中心城市纷纷涌现，一些新兴的县级城市、市镇与区域政治中心一样，在区域内发挥着重要的作用。这些城市

---

① ［西］拉达：《出使福建记》，载于［葡］伯来拉、克路士等著，何高济译：《南明行纪》，中国工人出版社，2000 年，第 250 页。

② 张廷玉等：《明史》卷三百三十一《西域三》，中华书局，2000 年，第 5758 页。

的具体情况如表 4-2 所示：

表 4-2　明代大中型区域贸易中心城市简表

所属	都城/省会	府级	州、县级
山东	济南		济宁、德州、临清
山西		太原、潞安、大同	蒲州
北直隶	顺天	保定、河间	遵化
河南	开封	洛阳	郑州
陕西	西安		
北方 5 地合计	4	6	6
浙江		嘉兴、湖州、宁波、杭州	平阳
江西	南昌	吉安、临江、九江	清江、浮梁、铅山
南直隶	应天	淮安、苏州、松江、常州、镇江、扬州	仪真、浒墅、芜湖
福建	福州	建宁、泉州	
广东	广州		
湖广	武昌	荆州	岳阳、衡阳
广西	桂林		廉州
四川	成都	重庆	阆中、泸州
南方 8 省合计	7	17	12

资料来源：秦佩珩《明代经济史述论丛初稿》（湖南人民出版社，1959 年，第 1-2 页）。

从上表的统计可以看出，这一时期，中国北方和南方都出现了多个贸易中心城市，以大中小城镇为点，以商路为线，形成了点线结合的多层级的市场网络体系。

北方由区域政治中心发展为贸易与政治中心的城市主要有 4 个——济南、开封、顺天和西安。这些城市本身是政治中心，同时也因交通区位好，故而其商业在区域性市场体系的形成过程中日渐发达，最终成为区域贸易中心城市。例如，开封在明代是河南的省会，又是周王的封地，至嘉靖时，辖区人口已达 174 万；皇族人口也增加很快，这时周王宗支之下有 39 位郡王、500 余位将军，中尉、仪宾不可胜计，因此开封王府宏大，人烟凑集，商业繁华，是一个大规模的消费型城市。据《如梦记》的《街市纪》，此地"三街六市"的繁华程度并不亚于宋代。开封商业区的各种商店鳞次栉比，其中缎铺最多，约十余家，有店名可查者有余大缎店、余济缎店、余鸿缎店、余深缎店等。这里的货物来自全国各地，如陕西、甘肃的"西皱货"和江西吉水的"吉阳夏布"及福建建宁的"建宁热水中长红黄夏布"等等。还有专卖外地货的商店，如六安芽茶店、广福店、临清首帕店、周府潞油店、陈汉章南鞋店等。

相较于北方，明代南方的大中型贸易中心城市数量较多，至明中后期，全国大中型经济城市均位于江南地区，浙江、江西、南直隶、福建是经济型城市分布最为密集的地区，其中南直隶地区的中小经济型城市最多，因而从明中期到明后期南直隶地区始终是全国的经济中心。明后期，集经济、文化中心于一体的南直隶，以及其辖区内的应天、苏州、松江等重要城市构成了大明的核心经济区，其重要性甚至超过了北方以政治功能为主的各大城市。应天（南京）是明初的首都，至明朝后期，其城市人口已有百万左右，商业发达，铺行有 100 多种，"街道极宽广，虽九轨可容"，其城"北跨中原，瓜连数省，五方辐辏，万国灌输。三服之官，内给尚方，衣履天下，南北商贾争赴"①。从现藏于中国历史博物馆的《南都繁会景物图卷》可以看到当时南京商业区的各种铺面招牌，其中有"东西两洋货物俱全""川广杂货""福广海味""西北两口皮货发客""南北果品"等，由此可见该地商业的繁盛。

（四）工商业市镇普遍兴起与发展

随着国内跨区域贸易的发展，明朝疆土内出现大量新兴工商业市镇，且原有工商业城市的规模也随着经济发展而扩大。全国各地区间的商路十分畅通，即使在一些中小城市，或是僻远的山区，来自各地的商品品种也非常齐全，如北直隶河间府街市的货物皆来自全国各地：

> 河间行货之商，皆贩缯、贩粟、贩盐、铁、木植之人。贩缯者，至自南京、苏州、临清。贩粟者，至自卫辉、磁州并天津沿河一带，以岁之丰歉，或籴之使来，或粜之使去，皆辇致之。贩铁者，农器居多，至自临清、泊头，皆驾小车而来。贩盐者，至自沧州、天津。贩木植者，至自真定。②

从地理位置看，这类城市主要集中在江南地区，其密集程度甚至可以用"五里一市、十里一镇"来形容。其中较为典型的是南直隶辖区内的吴江县。在弘治时期，吴江县下辖 3 市 4 镇，发展到嘉靖时，吴江县已经扩大为 10 市 4 镇，而到了万历年间，其规模再次扩大，变为 10 市 7 镇。对此，当时的人有这样的描述：

> 至于市镇，如我湖归安之双林、菱湖、琏市，乌城之乌镇、南浔，所环人烟小者数千家，大者万家。即其所聚，当亦不下中州郡县之饶矣。③

江南地区市镇的人口规模随着经济的发展和商业的繁荣而扩大。例如，吴江县的震泽镇在元代村落破败，居民不过数十家，然而至明朝成化年间，该地居民已增至三四百家，嘉靖年间其地人口又在成化时的基础上翻了一番，到明末时则发展为有两三千家居民且手工业和商业都十分兴盛的市镇。又如，吴江县的黎里镇经过明朝前期百余年的发展，在成化和弘治时期成为当地富商云集、颇具规模的市镇，有

---

① 张瀚：《松窗梦语》，中华书局，1985 年，第 83 页。
② 杜应芳修，陈士彦等纂：《河间府志》卷四《风土志》，万历刻本。
③ 茅坤：《茅鹿门先生集》卷二《与李汲泉中丞议海寇事宜疏》，万历刻本。

居民上千家，市场上商品种类齐全，与大都市并无差异。有学者估计，除了苏州、杭州和宁波 3 座大型商业城市外，整个江南地区总的城市化水平在明代后期已达 9%，① 由此可看出这些新兴工商业市镇的迅速发展对特定区域的城市发展产生了巨大影响。

二、漕运贸易与城市发展

（一）明代漕运贸易的发展

漕运是明朝的国家大事，因为漕粮不仅仅关系着京师及周边百万人口的口粮问题，更是土地税的重要组成部分。永乐十九年（1421 年），明成祖迁都北京后，朝廷大部分开支都仰赖漕运。

明代漕粮运输量十分庞大。成化八年（1472 年）朝廷确定每年要运漕粮 400 万石，除此之外，苏、松、常、嘉、湖 5 府要解运熟粳、糯米 17 万余石，以供宫廷使用。明代南直隶为南方诸省漕粮中转站，其中经扬州转运的漕粮量很大，永乐九年（1411 年）为 240 万石、十五年（1417 年）为 509 万石、十九年（1421 年）为 354 万石，宣德、正统、景泰、天顺、成化、弘治年间每年转运量在 200~400 万石之间。永乐至景泰年间，每年经徐州北上的粮船有 12 000 余艘，运量在 400 万石以上。②

从明初至永乐前期，漕运以海运为主。但海船经常沉没，致运损严重，如永乐元年（1403 年）由江南运到直沽的粮本为 61.23 万石，安全到达的只有 49 万多石，损失的粮食约占总量的 18%。③ 于是，自永乐朝开始，明廷实行河海兼运，永乐十三年（1415 年）会通河疏浚后，南粮北调畅通无阻，海陆运遂废。朝廷还在徐州、淮安等处分设仓廒作转输之用。全国有 6 个省/直隶承担了漕粮的供给和运输任务，称"有漕省份"，即浙江、江西、湖广、南直隶、河南、山东。漕运以杭州为起点，经大运河至北京。明代的漕运政策经过多次改革，由最初的平民运送、转运逐渐改为官军运送、直运，其间"法凡三变。初支运，次兑运、支运相参，至支运悉变为长运而制定"④。漕运本不同于商业贩运，其只是将南方的漕粮运往北方，属于单纯的运输，但是由于漕运系统的维持需要相当多的人力、物力、财力，所以漕运过程中也产生了大量的经济活动，这些经济活动使得漕运贸易推动了沿线城市的发展。

---

① 李伯重：《江南的早期工业化（1550—1850）》，中国人民大学出版社，2010 年，第 444 页。
② 江苏省粮食局《江苏省粮食志》编纂委员会：《江苏省粮食志》，江苏人民出版社，1993 年，第 219 页。
③ 江苏省粮食局《江苏省粮食志》编纂委员会：《江苏省粮食志》，江苏人民出版社，1993 年，第 218 页。
④ 张廷玉等：《明史》卷七十九《食货三》，中华书局，2000 年，第 1277 页。

(二)漕运贸易对城市发展的影响

1. 漕运推动了造船业的发展,促进了部分以造船业为支柱产业的专业性城市的发展

明代漕运最早是政府抽调民船运输漕粮,成化以后,官船运粮成为常态。因漕运的官船需求量逐渐增加,故明政府于各地设立了船厂,负责修造官船。而由于漕船须在特定的船厂进行制造,因而承造漕船的城市得到了一定程度的发展。

以清江城为例,永乐十二年(1414年),明廷在南直隶淮安、山东临清分别设立清江、卫河两个提举司,负责督造运船,其中清江每年额造运船650只。清江船厂设置于南直隶之淮安府境内,位于淮安城与清江城之间,船厂距两县各30里。清江船厂的规模较大,管辖京卫、中都、直隶、卫河四大总厂,各总厂又管辖若干个分厂,是一个庞大的生产、管理综合机构。船厂劳动人口之多是不言而喻的。清江船厂聚集了大批熟练工匠,包括铁匠、船木匠、油灰匠等,额定工匠人数达5 393人,还有军余工办3 480人,分属于四大总厂的各个卫所,船厂总人数在8 000人以上。大量工人的聚集为此地经济的发展奠定了人口基础。清江船厂陈瑄在清江的浦河、临近淮安府城的沿岸"查闲旷之地建盖厂房,令各卫所官旗鳞次而居,以为造船之所。其地南枕运河,淮水萦回,钵池环拱,肆烟津树,映带帆樯,亦淮南之形胜也"①。生产漕船的银两、材料被分别从各地运往清江,加速了这一地区的物资流通。船厂官兵、工匠的粮饷、消费、物资供给也与淮安、清江息息相关。清江浦上的清江船厂经历了大约400年的繁荣期,使清江发展为全国最大的漕船生产基地。

2. 漕运贸易推动了沿线重要城市的发展

无论是运输起点的漕粮收购,还是漕运途中的商业贸易,漕运途中的小镇大城均因这些经济活动繁盛活跃。为了完善漕运的管理,适应漕运方式的变化,明代中央政府制定了相应的漕粮管理制度,建立了水次仓以收兑漕运粮食。转运仓库的设立,始于永乐时期,政府在沿河的重要地区都设有仓库。最早设立的是天津仓、通州仓,之后明廷在淮安、徐州、德州建立了仓库,最终运河航线上共有淮安、徐州、德州、临清、天津五大水次仓。除了这五大水次仓以外,运河沿岸的县级城市和卫所城市也设有水次仓,此类水次仓的规模较小。随着五大水次仓发展起来的五大城市成为明代漕运体系中的5个重要区域中心,其凭借自身地理位置和漕运机制,也发展为明代重要的经济型城市。

---

① 席书编次,朱家相增修,荀德麟、张英聘点校:《漕船志》,方志出版社,2006年,第33—34页。

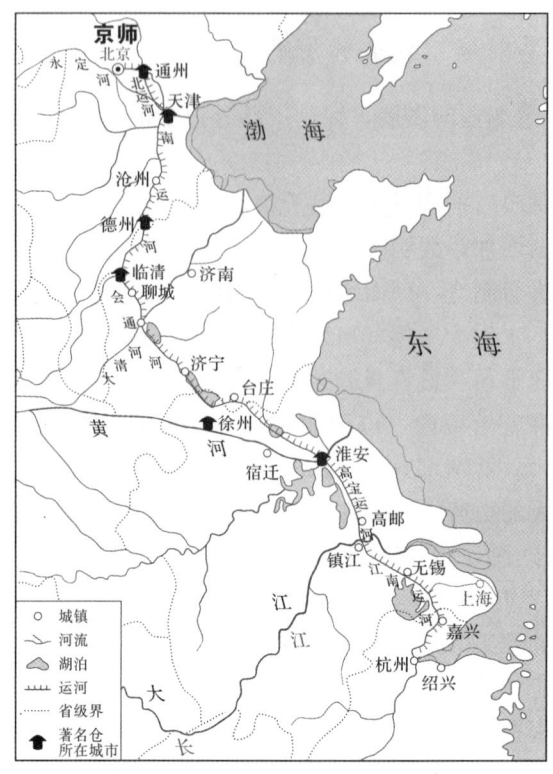

图 4-1 明代漕运主要水次仓分布图

通州是因漕运而兴的城市。洪武元年（1368 年），通州城始筑石城，史料记载明代的通州"周围九里十三步，连垛墙高三丈五尺。门四：东曰通运，西曰朝天，南曰迎薰，北曰凝翠"①。永乐帝迁都北京后，通州因紧邻京师，成为漕运航线上最北端的货物集中地，其主要职能为囤积、转运粮食和护卫水次仓的安全。嘉靖七年（1528 年），通惠河疏浚成功，通州城吞吐船只和囤积粮食的能力加强，城市也得到了进一步的发展，"到通州城下，画船千余艘，俱什物。家居东西，沿江上下几二十余里，舳舻相接，帆樯如攒……真壮观处也"②，"邑屋临河上，河流入海长。帆樯蔽云日，车马隘康庄。渠转江南粟，市藏天下商。城门夜不闭，灯火烂星光"③。通州的仓廒主要设置在城外，规模很大，绵延几十里，城内城外仓廒连接成片，为物资集散和流动的区域。通州城的人口也增长迅速，1620 年到中国出使的朝鲜使臣记载通州的居民房屋数以十万计，据此简单推算，通州固定人口应该不下 40 万，再加上来往的漕运士兵和客商，通州的富足和繁华可想而知，甚至超过

---

① 林基中、夫马进：《燕行录全集》第十五卷《朝天录》，东国大韩国文学研究所，2001 年，第 137 页。
② 林基中、夫马进：《燕行录全集》第八卷《朝天录》，东国大韩国文学研究所，2001 年，第 156 页。
③ 林基中、夫马进：《燕行录全集》第十五卷《朝天录》，东国大韩国文学研究所，2001 年，第 188 页。

了东北第一大城辽阳和著名的山海关城。①

德州在金代即为漕粮运输的重要枢纽。明代德州经历了一个从军事型城市,向运河城市转变,最终转变为综合性城市的过程。明代初年,德州城以军士为主要人口,附近的土地也以军屯为主。永乐帝迁都以后,德州依靠自身地处运河沿岸的特殊地理优势,建立了水次仓,并因仓而兴。据统计,正统年间其地共有东仓29座、246间,西仓12座、117间,转运的漕粮达400万石。由于漕运仓库的设置和漕粮的转运,德州人流量愈来愈大,其城市商业也因之繁荣。各地商帮都聚集于此,贩卖各色物品,除了粮食以外,还有瓷、丝、纸、皮、药等。至正德六年(1511年),因当地商业交易量过大、人口过多,政府修筑了德州外城,其城延绵28里,形成九街八巷和二角等商业区,工商繁荣,客商云集,货物山集,交易繁盛。

山东临清因临大清河而得名。景泰初年,临清始建新城,位于会通河北部。随着会通河航运通畅性的提升,临清便因优越的地理位置而进入飞速发展的阶段。作为漕运航线上的枢纽,临清因人口的聚集和商业来往的频繁而发展为综合性商贸城市。宣德时,其地增建了可容300万石粮的大仓,至成化时,临清仓已成为大运河沿岸的第一大仓,称"常盈",其时当地人口已近百万。② 临清城的商贸也迅速发展,万历时期,已经有缎店32座、布店73座。明朝大学士李东阳曾对此加以描述:"十里人家两岸分,层楼高栋入青云。官船贾舶纷纷过,击鼓鸣锣处处闻","折岸惊流此地回,涛声日夜响春雷。城中烟火千家集,江上帆樯万斛来"。③《金瓶梅》和"三言二拍"里面繁华的市容市貌场景以及市民奢华的物质生活便是以明代后期临清城中的人与物为原型的。

徐州位于运河咽喉处,每年经此地北上的漕船约有12 000多艘,运粮军士达12万人次,运送漕粮达400万石。徐州广运仓设立于永乐年间,"凡江淮以来之贡赋及四夷之物上于京者,悉由于此,千艘万舸,昼夜罔息"④。徐州城因此成为大运河上又一个南北物资的交流中心,有"五省通衢"之称。宣德时期,出于转运漕粮的需要,徐州增设厫百座、房屋千间。因人口流动量巨大,其城得以扩建。然而,万历年间,为了整治黄河,明廷开通了迦河,于是运河改道,主航道不再经过徐州。离开了这一黄金水道,徐州的经济迅速衰退:迦河开通第二年,徐州运段的漕船量便减少了三分之二。⑤ 沈德符在《万历野获编》中记载了此时徐州的情况:"自通迦后,军民二运,俱不复经。商贾散徒,井邑萧条,全不似一都会矣。"⑥ 徐州至此由盛转衰。

---

① 杨昕:《朝鲜使臣笔下的明代通州》,《延边大学学报》,2009年第2期。
② 傅衣凌:《明清社会经济变迁论》,人民出版社,1989年,第6页。
③ 李东阳:《李东阳集》,岳麓书社,2008年,第345页。
④ 《京杭运河(江苏)史料选编》编纂委员会:《京杭运河(江苏)史料选编》(第一册),人民交通出版社,1997年。
⑤ 李德楠:《明代徐州段运河的乏水问题及应对措施》,《兰州学刊》,2007年第8期。
⑥ 沈德符:《万历野获编》,中华书局,1959年,第329页。

淮安的经济也是因漕运带来的人口、资源聚集而兴。外来的富商大贾成为淮安城中开展贸易的主力，淮安附近的平民农户也多从事简单的商业贸易，这正是"第水陆之冲，四方辐辏，百工居肆，倍于土著"①。

除了运河沿岸的大中城市因漕运而得到较大发展外，部分分布于运河沿岸的小型城镇也得到了发展机会。如山东的张秋镇就是因漕运而得到发展的小城镇。张秋临近漕河，沿岸设有9个水次仓，"南寺洼街，寿张水次仓在焉。阎家街，街之东有水门，定陶、郓城、观城、朝城四邑水次仓在焉。馆驿前街，曹州水次仓在焉。敕赐安平镇街，范县水次仓在焉"②。每年都会有漕运官军到张秋的9个水次仓进行粮食的兑运，此时其地人流量迅速增加，贸易频繁且持续时间较长。其地9个水次仓屯粮情况见下表：

表4-3　张秋镇9个水次仓的屯粮统计表

水次仓	曹州	曹县	定陶	郓城	寿张	范县	濮州	朝城	观城
正米/石	4 000	3 499	1 100	1 700	1 100	2 200	6 600	5 600	1 500
耗米/石	1 000	874	275	435	275	616	1 570	1 400	370

资料来源：本表据顾炎武撰，黄坤等点校《天下郡国利病书》（上海古籍出版社，2012年，第1695页）制成。

张秋镇不仅是一个粮食贸易的中心，其地由于人口流动性大，贸易频繁，商品种类繁多，还形成了不同类型的市场，对此《张秋志》载："南米市，凡西南方诸乡民，负米而贩者，至三、八二期皆集焉。北米市，凡北乡贩粮者，至期集焉。花市，至集土人以木棉贸易者聚焉。新开街，遇期果粮诸杂货往往而辏。南京店街，盛时江宁凤阳州诸铺比屋居焉，其地百货亦往往辐辏，乃镇之最繁华处。竹竿巷，巷北为杨家口，巷南为新开口，俱通渡，此诸行杂货之所集也。清香市，市香者列肆居之。"③到了万历年间，张秋镇的繁华程度甚至可以和临清相提并论，"安平镇，在县西南六十里，俗呼张秋，即元之景德镇也，夹河而聚，枕寿张、阳谷之境，三县之民，五方之商贾，辐辏并至，列肆河上，大较比临清而小耳"④。

明代运河沿岸的县级城市设有水次仓者不在少数，如萧县、砀县、阳谷县、小滩镇等。受益于漕运体系的特殊性和自己独特的地理位置，以及地方的运作机制，这一类县级城市获得了较好的发展契机，它们和山东的张秋镇一样，依靠漕运和贸易而兴，逐步发展为不可小觑的地方商业中心城市，具有较强的经济实力和影响力。

---

① 叶长扬等：《淮安府志》卷十五《综士民》，咸丰二年重刊本。
② 林芃修，马之骦纂：《张秋志》，江苏古籍出版社，1992年，第36页。
③ 林芃修，马之骦纂：《张秋志》，江苏古籍出版社，1992年，第32页。
④ 顾炎武撰，黄坤等点校：《天下郡国利病书》，上海古籍出版社，2012年，第1897页。

3. 漕运贸易促进了城乡交流，使乡村集市也得到了一定程度的发展

例如，德州在明代中后期形成了多层级的市场体系，在乡村和城市之间出现了规模较大的集市，这种基层的商业交易市场成为连接城乡的重要节点，如北乡有柘园镇，南乡有甜水镇，东边有边临镇，王解、新安、东堂、土桥、王蛮皆有市面，故皆称镇店焉，当地的居民凡日用必需物品，不分巨细，无不仰给外来。① 位于城乡之间的基层市场的商品以经济型农产品和加工型农产品为主，因而推动了其地农业的商业化。以棉花为例，明中期德州地区的棉花种植面积远远大于粮食种植面积，到了嘉靖、万历以后，德州附近的农户皆将棉花纺织成棉布，再销往南方的市场，这成为当地农户非常重要的经济来源。除德州外，北方沿运河地区的基层集市都普遍发展起来。

三、海外贸易与城市发展

在明王朝统治中国的近 300 年中，传统手工业发展迅速，产品商品化程度加深，国内市场体系逐步建立，拥有开展海外贸易的强大物质基础。但是，明代统治者为加强对国家的控制，采取了故步自封的方法，极力切断中外间的联系，因而终明一代，政府对海外贸易的态度都比较保守。洪武时期明廷实行严格的海禁政策，基本切断了宋元以来东南沿海与各国较为密切的贸易联系。永乐时期，明朝派遣使臣到周边各国访问，在一定程度上扩大了明朝与东南亚国家及其他地区的经济文化交流。明代中期商品经济的发展促进了沿海地区私人海外贸易的活跃，同时也导致了倭患的滋长和中日关系的恶化。明廷对私人海外贸易采取严管政策，反而导致了违背朝廷政策的私人海上贸易集团的形成，众多利益集团盘根错节，使社会矛盾更尖锐复杂，倭患越演越烈。嘉靖后期倭患被肃清后，海禁政策逐渐放宽，海外贸易异常活跃。关于明代海外贸易对城市发展的影响，可从海外朝贡体系和私人海外贸易两方面探讨。

由于明代海外朝贡体系与城市发展的相关内容前文已涉及并讨论，此处不再赘述。这里笔者主要探讨民间海上贸易与沿海城市的发展。

宣德时期，明政府停止了下西洋的活动，朝贡贸易也开始萎缩，宣德以后南洋各国逐渐停止了朝贡贸易。虽然中国周边的日本、撒马尔罕、天方等国依旧与明廷保持着贸易关系，但交易量都比较小。景泰至嘉靖年间，官方的"通贡"贸易基本消失，取而代之的是民间的海上贸易和走私贸易，特别是与西欧商人贸易的兴起，亦促进了沿海城市的发展。

15 至 16 世纪，随着新航线的开通，西方商人开始与东方开展贸易。航海技术先进的葡萄牙人和西班牙人先后东航，成为太平洋和印度洋的航海先锋，并率先进军南亚市场。西班牙人和葡萄牙人在吕宋建立了贸易根据地后，逐渐将贸易范围扩

---

① 于德普、梁自洁：《山东运河文化文集（续集）》，齐鲁书社，2003 年，第 2000 页。

展到中国东南沿海地区。当时亚洲各国的农业品和手工业产品以中国的产品为最佳，且优于西方产品，因此西方商人至中国沿海开展贸易的目的是购买中国产品贩运至西方。由于西方商人购买商品的数量持续增加，中国生产的丝绸、瓷器、茶叶等的价格迅速上涨，但明政府禁止海上贸易，故越来越多的中国商人参与到走私贸易之中。于是，广州、浙江、福建、南直隶沿海的部分地区和城市成为走私贸易的据点。

弘治时期，两广总督闵圭称："广东沿海地方，多私通番舶，络绎不绝，不待比号，先行货卖。"① 可见广东地区在明代中期走私已很泛滥。例如，潮州府"民滨海者，纠诱傍郡亡赖五十五人，私下海，通货爪哇国"②；广州附近的游鱼洲的海商"每番船一到，则通同濠畔街外省富商，搬瓷器、丝棉、私钱、火药违禁等物，满载而去、满载而还，追星趁月，习以为常，官兵无敢谁何"③；香山也是如此，"为海舶出入噤喉，每一舶至，常持万金，并海外珍异诸物，多有至数万者"④。

浙江辖区内的舟山群岛，岛屿众多，港汊相交，远离治所，是海商进行走私贸易的理想之地。明代中期，这些岛屿已经成为国际海盗和中外走私商人秘而不宣的贸易集散地。每年盛夏，此地"大船数百艘，乘风挂帆，蔽大洋而下，而台温汀漳诸处海贾，往往相追逐"⑤，一片繁忙的景象。

福建漳州至广东汕头的沿海地区也是如此，其地山岛耸峙，远离省治，亦是进行走私贸易的理想之处，到明朝中期此处已发展为舟山之外的另一个走私贸易中心。此处的许多岛屿都是海盗和走私商人的聚集地。南澳、云盖寺、走马溪"乃番船始发之处，惯徒交接之所也"；外浯屿"乃五澳地方，番人之窠窟也"；料罗、乌沙是"番船等候接济之所也"；围头、峻上"乃番船停留避风之门户也"⑥。每当气候转暖之时，此处皆是"富商远贾，帆樯如栉，物货浩繁，应无虚日"⑦。

福建也是"民多货番为盗"，漳州、泉州是走私活动最为频繁的地方，尤其是漳州城东南50里的月港，是走私商贩集聚的重要港口。《海澄县志》记载明代以前的月港较为荒凉，田尽盐卤，当地农民戴笠负犁，辛勤劳作，收获甚少。到了明代，走私贸易带来了比耕种高出许多倍的利益，于是许多当地百姓弃农从商或者弃渔从商。其时富人出资，贫者当佣，远航到东南亚贩卖中国的货物，再购买他国产品而归，获利可达10倍，于是民众纷纷趋利而往。明代中后期的月港船舶扬帆，宝货塞途，八方巨商争相前往，成为繁华的商业地区。对此明人感叹道："成弘之

---

① 《明孝宗实录》卷七十三，北平图书馆红格本。
② 《明英宗实录》卷一百十三，北平图书馆红格本。
③ 陈子龙等：《明经世文编》，中华书局，1962年，第3450页。
④ 陈子龙等：《明经世文编》，中华书局，1962年，第1686页。
⑤ 陈子龙等：《明经文世编》，中华书局，1962年，第2186页。
⑥ 郑若曾：《筹海图编》，中华书局，2007年，第277页。
⑦ 陈子龙等：《明经文世编》，中华书局，1962年，第2186页。

际,称'小苏杭'者,非月港乎!"① 福建金门也是一处走私贸易地,明代的文献记载:"于本年五月二十二日,开船越过缘边官富等处巡检司,远出外洋到于金门地方。"② 可见,当地有至金门进行交易的走私船只。

海上走私贸易的兴盛对于沿海城镇的发展有着直接或间接的推动作用,特别是促进了沿海城镇商业贸易的发展。嘉靖后期,明廷终于肃清了倭寇,于是放宽了海禁,规定由官方许可的港口作为贸易集散地,福建月港和广东澳门因此发展为重要城市。

四、边疆贸易与城市发展

(一) 明代边疆贸易的发展

明代边疆贸易主要以互市的形式进行。明初东北、西北、西南的茶市、马市都是官市,隆庆以后,民市渐兴。以茶马贸易为主的边疆贸易兴起较早,唐代即有此贸易,"番人嗜乳酪,不得茶,则困以病。故唐、宋以来,行以茶易马法,用以制羌、戎"③。明代政府以茶易马,既可加强与西北部少数民族的联络并进行控制,也可获取自己所需要的马。正如明太祖所说:"朕岂为利哉?制驭夷狄,不得不然也。"④ 正是在这样的背景之下,明代政府采取了以茶易马的经济控制手段,与边疆少数民族建立了广泛的贸易关系,并为此制定了一系列政策,使互市得以开展。《清史稿》记载:"明制,凡诸部互市,筑墙规市场。谓之'市圈'。"⑤ 政府在市圈内设有高楼,供驻市场的官军瞭望。"虏每一入市,少者四五十,多者百余骑,并皆就瓮城,闸封"⑥,然后进行贸易。就其商品构成而言,生活必需品和生产资料占主要地位,包括马匹、粮食、布匹等,奢侈消费品极少。例如,在北方互市中,蒙古地区输入的商品主要是丝织品及其他手工业产品,汉族地区输入的商品主要是畜牧产品,如作为军事物资的战马、作为运输工具的马和作为农业生产资料的耕畜以及作为食品的牛羊肉。

明代茶马贸易主要在官方设有茶马司的地方进行。明初,明廷在秦州设立了茶马司,之后又在河州、洮州和四川永宁设立了茶马司。洪武十六年(1383年),朝廷裁撤了洮州、永宁茶马司,设立了四川雅州碉门茶马司。永乐三年(1405年),朝廷在辽东亦开设了马市,和女真部进行交易,其设置于辽东开原南部40里。永乐九年(1411年),明廷恢复了洮州的茶马司,并在陕西行都司辖域内设立了甘肃

---

① 梁兆阳修,蔡国桢纂:《海澄县志》卷十一《风土志》,崇祯六年刻本。
② 刘海年、杨一凡:《中国珍稀法律典籍集成:乙编》(第二册),科学出版社,1994年,第862页。
③ 张廷玉:《明史》卷八十《食货四》,中华书局,2000年,第1299页。
④ 姚广孝等:《明太祖实录》卷二百五十,北平图书馆红格本。
⑤ 赵尔巽等:《清史稿》卷二百二十三《杨吉砮传》,中华书局,1977年,第9136页。
⑥ 瞿九思:《万历武功录》卷八《俺答列传下》,中华书局,1962年,第727页。

茶马司。之后各朝,边境茶马互市均未断绝,且由于战争和边防的需要,以茶易马的交易越来越多,互市中茶、马两种商品所占比例也越来越大。万历年间,广顺关、镇北关、抚顺关、清河城、宽甸等均有互市,以茶易马。据万历《大明会典》卷一百七"朝贡"条,隆庆、万历间互市场所有11处之多,"在大同者三,曰得胜堡、曰新平、曰守口;在宣府者一,曰张家口;在山西者一,曰水泉营;在延绥者一,曰红山寺堡;在宁夏者三,曰清水营、曰中卫、曰平房卫;在甘肃者二,曰洪水扁都口、曰高沟寨"。

除官市外,民市的发展也十分迅速,"客商岁得房货之利,将源源自至"①。值得注意的是,这种由民间商人经营的民市是明代蒙汉贸易中出现的新事物。民市的出现标志着蒙汉间的贸易已经发展到一个新阶段,是蒙汉之间经济联系不断密切的必然结果。民市中的商货,"段布狐皮一切杂货,来自苏杭湖广,由临清以至天津芦沟通湾……及至市口"②。从事民市贸易的商人,"惟是机利雁民,市井无聊之辈,乃始称贷出息,跋涉山川,蒙犯霜露,担负重茧,以与胡儿争杪忽之利,以为蔽体糊口之资"③。民市的兴起使许多城市中的无业游民找到了谋生之路,这对解决当时的流民问题有所裨益。

(二) 边疆贸易对城市发展的影响

首先,茶马交易的内地产品中以茶为主,由于茶的需求量大,带动了茶叶种植和加工,从而推动了产茶城市的发展。

明代的茶分为官茶、商茶、私茶3种,官茶主要用于易马,故朝廷尤为重视。官茶大致又分为汉茶、巴茶、湖茶3类:汉茶主要指陕西汉中地区所产的茶,巴茶主要指川渝地区所产的茶,湖茶指湖广地区所产的茶。除此之外,从明人王恕的《申明茶法奏状》可以看到明代茶叶的主要产地有南直隶的常州府、庐州府、池州府、徽州府,浙江的湖州府、严州府、衢州府、绍兴府,江西的南昌府、饶州府、南康府、九江府、吉安府,湖广的武昌府、宝庆府、长沙府、荆州府,四川的成都府、保宁府、重庆府、夔州府、泸州、雅州等。④

以陕西汉中为例,汉中茶业在明初就具有较大规模,至明代中叶其地茶园经济得到较大发展,从事茶树种植的人越来越多,茶园规模也日益增大,"各省逃移人民聚集,栽植茶株数多,已经节次编入版籍。州县里分,俱各增添,户口日繁,茶园加增,不知几处"⑤。其时汉中出现了官营茶园和流民茶园并存的情况。除了汉中之外,福建建宁也有官营茶园,所产之茶贵为贡品;顾渚等地也有官营茶产区,

---

① 梅国桢:《请罢榷税疏》,陈子龙等:《明经世文编》卷四百五十二,崇祯平露堂刻本。
② 王崇古:《确议封贡事宜疏》,丁守和等:《中国历代奏议大典·辽宋金元卷》,黑龙江人民出版社,1994年,第1045页。
③ 梅国桢:《请罢榷税疏》,陈子龙等:《明经世文编》卷四百五十二,崇祯平露堂刻本。
④ 王毓铨:《中国经济通史·明代经济卷(下)》,经济日报出版社,2000年,第764页。
⑤ 杨一清:《关中奏议》卷二《为修复茶马旧制以抚驭边人安靖地方事》,文渊阁四库全书本。

其地种茶、制茶的规模较大,在全国都享有盛誉。

茶叶的种植和加工业促进了茶叶主要产地经济的繁荣,表现在以下方面:第一,人口大大增加。流民被编制入里,成为茶户,增加了人口,为城市的繁荣奠定了人口基础。第二,扩大了县城管辖范围。当流动人口增加、固定人口增多时,城市管理范围也随之扩大。例如,汉中府所辖的汉阳县因茶户增多,至成化时期县城扩大了10里。第三,盛产茶叶之地极易形成专业市场,吸引全国各地商人到此进行买卖,对发展城市经济有一定的帮助。

其次,茶马互市促进了边疆地区社会经济的发展,东北、西北和西南边地的一批城市也因之而兴。

在西北边疆,明廷设有西宁、河州、洮州、岷州、甘州、庄浪6个茶马司,其中河州茶马司、洮州茶马司在茶马互市中地位最为重要。河州处于多民族的聚居地区,位于农耕区和畜牧区的交界地带,是边境要镇之一,在明代的茶马贸易中占有十分重要的地位。元明之际的战火、动乱使河州地区人口流失。洪武三年(1370年)宁正初入河州时,其地社会、经济凋敝,"城邑空虚,人骨山积",以致"将士见之,咸欲弃之"。洪武五年(1372年)朝廷在当地设立了茶马司,"抽分商茶,比对金牌易马"[1]。洪武八年(1375年)明廷又令河州的守将抚循西番,互通以市,"由是山后、归德诸州以及西方诸部落,皆以马来售",河州的茶马市场逐步具有了规模,西北的茶马贸易大多在河州进行。正德九年(1514年)朝廷在河州修建了贮茶库房,收贮的茶叶逾45.4万斤。当时"河州南关市有客店十八座,四方商贾居焉"[2]。嘉靖年间,河州共有5 280户、90 845口。可见,当时的河州已是西北商茶的主要集散地,汉、回、藏各族的贸易往来十分频繁。

洮州也具有重要的地理位置,不仅是西北边陲的重要城镇,而且历来就是汉、藏交界地带的贸易商埠和文化交往要城。洪武十二年(1379年),明廷于洮州设立了洮州卫,还设立了茶马司,专门管理茶马贸易。借助贸易,洮州发展为西北边地重要的经济中心和文化交流窗口。

在华北,随着汉、蒙双边互市的发展,张家口逐渐成为蒙、汉两族开展贸易的中心。嘉靖三十年(1551年),明廷在大境门外的河滩、山谷开设以布帛易马的贡市;隆庆五年(1571年),朝廷准许张家口每年举办一次茶马互市。从此,张家口堡由"武城"向"商城"转型。万历四十一年(1613年),政府在张家口以北修建了来远堡,称"上堡",以服务互市通商。张家口以此为基础,向着城市发展。

因边境贸易的发展,宣化城的城市规模扩大,经济有了较大发展,"明初镇城人烟辐辏,里宅栉比,不独四门通衢为然,虽西北、西南两隅僻街小巷,亦无隙地。盖驻防官军既不下二万,而宣府前、后三卫,兴和一所,自指挥以下官八百余

---

[1] 吴祯编,刘卓校刊:《河州志校刊》不分卷,嘉靖四十二年重刻本。
[2] 中国人民政治协商会议临夏回族自治州委员会文史资料委员会:《临夏文史资料选辑:第8辑·河州史话专辑》,1994年,第110页。

员,合计官军户口不下三万有余。而绅衿、士民、商贾杂处其中,尤不可数计"①。宣化城内的商业活动在明代兴盛一时,政府年征商税1952两,远多于一般县城。其城内东南的大市"百货之所聚","大市中贾店鳞比,各有名称。如云:南京纱罗缎铺、苏杭罗绫铺、潞州绸铺、泽州帕铺之类,沿长四五里"②。

在西南边疆,互市促进了汉地与少数民族地区的物资交流,使双方互通有无,城市社会经济由此获得较大发展。西南边陲重镇永昌府为明代有名的贸易之地。据天启《滇志》,其地交易的货物品种丰富,有靛、纸、胶、蜡、桐华布、竹布、紫梗、料棋等等,其中大多为百姓生活必需之品,也有些为达官贵族的奢侈消费品。明人谢肇淛说:"永昌、腾越之间,沃野千里,控制缅甸,亦一大都会也。……诸夷所产琥珀、水精、碧玉、古喇锦、西洋布及阿魏、鸦片诸药物,辐辏转贩,不胫而走四方。故其习渐趋华饰。"③永昌的贸易盛况由此可见一斑。明代商人的足迹遍及西南边陲。《西南夷风土记》载:"江头城外有大明街,闽、广、江、蜀居货游艺者数万。"谢肇淛也说:"谚谓:'永昌一日费三百石酿米,亭午以后,途皆醉人。'"④除永昌外,西南边疆地区的北胜州"三日为市,成集城中"⑤,"鱼盐之利,贸易之便,莫如车里,摆古"⑥,临安府"男女贸易,朝暨于暮"⑦。

再次,茶马互市改变了边疆城市单一的经济结构,推动了城市经济的发展。

例如,大同向来被称为"至穷至苦"的城市,其地"地滨穷荒,土脉沙瘠而风气寒冰异常,穑事岁仅一熟,稍遇旱荒,即一熟不可得,自谷豆稷黍之外,百物不产"⑧。但自从开展互市后,其城市经济有了较大发展,"往岁虏马充斥,四时戒严,费饷劳师极矣,自受款以后,生齿渐繁,商旅凑集,军民乐业,啬人成功,非复昔日凋残景象"⑨。总之,互市的发展使得"九边生齿日繁,守备日固,田野日辟,商贾日通,边民始知有生之乐"⑩,边疆城市社会经济蓬勃发展。

---

① 杨桂森:《保安州志·物部》卷二,道光十五年刻本。
② 陈坦:《宣化县志》卷十五《风俗志》,乾隆元年增刻本。
③ 谢肇淛:《滇略》卷四《俗略》,文渊阁四库全书本。
④ 谢肇淛:《滇略》卷四《俗略》,文渊阁四库全书本。
⑤ 刘文征:《滇志》卷三《地理志》,清钞本。
⑥ 朱孟震:《西南夷风土记》,转引自李幹:《元代民族经济史》,民族出版社,2010年,第1046页。
⑦ 李中溪:《云南通志》卷五《建设》,民国二十三年龙氏重印本。
⑧ 谢国祯:《再请罢榷税疏》,陈子龙:《明经世文编》卷四百五十二,崇祯平露堂刻本。
⑨ 王士琦:《三云筹俎考》卷三《险隘考》,转引自杜建录:《西夏史论集》,上海古籍出版社,2016年,第406页。
⑩ 张廷玉等:《明史》卷二百二十二《方逢时传》,中华书局,2000年,第3898页。

第五章 明代不同类型城市的发展

明代城市较元代城市有较大发展，并有着时代的特点。为了加深对明代城市的认识，需要对明代单体城市进行研究，但明代单体城市数量众多，不可能一一概述，因而笔者在本章将对明代城市进行分类，在每种类型的城市中选取两个典型城市作为个案进行探讨。[①] 明代城市可分为行政建制型城市、军事型城市和商业型城市3种类型，但这种类型划分没有绝对标准且并非一成不变。其原因在于，在多种因素的影响下，城市发展表现为不断演变的过程，因而在明朝初期出于政治或军事目的而被修筑和设置的行政或军事城市，到了明代中后期，随着政局的稳定和经济的发展，一部分转变为工商业城市或多功能综合性城市。例如，南京即是从明初的政治中心城市转变为明中后期兼具江南政治中心、经济中心、文化中心身份的综合性城市；太原从明初的边防重镇转变为重要的政治城市和工商业城市；天津以军事防御职能为主的特征也随着大运河的疏通逐渐向以商业贸易职能为主转变。因此，笔者对个案城市进行选取的依据是明初朝廷对该城市的定位，而非其在中后期的发展。通过纵向的剖析，有助于深入了解这些城市的发展路径及其在明代的地位转变。

第一节 明代行政建制型城市个案研究

明代城市体系包括都城、省会、府级城市、州（县）级城市4个层级。都城包括直接归明朝廷管辖的南京和北京，明初所建的中都凤阳在洪武年间就失去了都城地位，故此处不计入。省会城市指13个布政司的治所所在城市，省会城市既有省级行政机构，也有府、县级机构，是多级行政机构的集中地。府级城市是地方二级

[①] 在对中国古代城市的修筑、发展与演变过程进行研究时，个案分析是一种行之有效的方法：一方面，个案分析是一种常用的质性研究手段，是除了规范研究和实证研究外的第三种主要研究方法，是经验主义逻辑主导下的用以还原个案真实情况的探究。另一方面，与以数据分析为基础的实证研究和规范研究不同，以独立样本或多个样本为对象的案例研究能更有效回答研究对象"为什么"和"怎么样"等问题。尤其在面对纷繁复杂、历经多重变化的历史现象时，基于一手资料与二手资料的案例研究能帮助史学家发现有趣的问题，并对这些现象展开"厚实描述"，以达到梳理变化、探讨本质的目的。基于此，笔者将采用这种研究方法，选取既具有代表性又能体现共同性的城市个案进行翔实描述和分析，以探讨这些城市在整个明代的发展变化过程。

行政区划,是除省会之外的府级行政机构所在的城市。州级和县级城市是在明朝城市体系中处于中低层的城市。为了对明代行政建制型城市在政治、经济以及文化等方面的发展进行探讨,笔者从都城、省会城市以及府级城市中各选取了一个典型案例进行分析。

一、明代南方政治中心城市——南京

明前期的都城南京是一座历史悠久的城市,在历史上曾多次成为都城。明朝建立后,朱元璋即以此为都城,由此奠定了南京在明代前期的政治中心地位。南京成为都城之后,即得到了大规模的建设,明廷集中了大量的人力和物力,将其建设为当时举世无双的城市。明成祖朱棣即位后,将都城从南京迁至北京,南京遂成为陪都。南京虽然失去了全国政治中心的地位,但作为陪都其仍然保持了南方政治中心的地位。同时,明初大规模的建设,聚集的人口、资源为南京城市的发展创造了良好的条件,使南京在明代中后期发展为南方首屈一指的综合性中心城市。

(一)南京成为明代政治中心的原因

南京在商周时期就出现了早期的聚落,在春秋战国时期出现了早期的城邑,楚威王时在石头城上建金陵邑,后改名为秣陵。东汉末吴国建立,在秣陵建都,改名为建业。其后东晋和南朝的宋、齐、梁、陈均在此建都,故而其为六朝之都。南京不仅历史悠久,而且有着得天独厚的地理位置:

> 应天城,越始筑于长干,楚置邑石头,吴、晋、宋、齐、梁、陈为都,置宫城淮水北,丹阳郡城在淮水南,隋于石头置蒋州城,唐上元县、昇州皆仍其城,扬吴始跨秦淮大建城郭,宋元因之,国初开拓,今制府不得书,惟驯象等四门,景泰后属府修葺。①

从以上的资料来看,早在春秋时期,南京就开始以城市的形态出现在中国历史中,之后更是多次被确立为都城。南京在地理位置、城建基础、城市历史等方面都具有较好的基础。因而,朱元璋建立明朝后,将南京定为都城,并在南京城大兴土木。南京之所以能成为明朝都城,主要有以下4个方面的原因:

第一,南京及周边地区是朱元璋起义后所倚重的重要根据地。至正十六年(1356年),朱元璋攻克集庆,然后以南京及周近的为中心的江南地区为基础,进而统一全国。朱元璋及明朝的其他开国者对南京及其周边的各方面不但熟悉,而且在管理上已经有了固定模式。

第二,朱元璋起兵于安徽濠州,后转战江浙,其所领起义军的主要将领和能人志士多是江南籍,如徐达、常遇春、蓝玉、刘基、朱升、李善长等开国元勋的祖籍

---

① 汪宗伊、程嗣功修,陈舜仁纂:《应天府志》卷十六《建置志》,万历二十年补刻本。

均在江浙皖等地。盘根错节的家族关系和十几年的政治联盟使这帮文武大臣在定都时考虑颇多，大多主张在南京建都。

第三，南宋时期，中国的经济重心已经完成南移，江南地区发展迅速，成为中国经济最繁荣的地区。南京不但可以将富庶的江南地区作为腹地，而且其本身地处长江下游，交通便利。因此，南京在城市发展方面的起点较高，而且具有很好的可持续发展条件。

第四，明王朝初建，百废待兴，民生疲弊，在亟须恢复秩序和经济的情况下，如果劳师迁都，有可能引发上至百官下至百姓的不满，既不利于治国，也不利于稳定。

当时反对明朝定都南京的呼声也很大，有人认为南京虽是多朝古都，但这些朝代都是偏安王朝，以此为都城不利于明朝国祚延绵；也有人认为定都南京，偏安一隅，不利于对中原地区的管理以及抵御北方游牧民族的军事入侵等。尽管有这样的观点，但面对建国初期的现实情况，朱元璋仍然决定以南京为都城。

然而，朱棣登基后，决意将都城迁往北方，重建北京，至于南京，则仍然保留了都城的地位，并有着与北京相同的中央政府机构，如六部、都察院、通政司、五军都督府、翰林院、国子监等，其官员的级别也和北京的相同。但这些机构只具形式，实际上不能与北京的中央政府机构相比。因此，明代中后期，南京不再是全国的政治中心。需要强调的是，尽管南京的政治地位在明代中后期有所下降，但是仍然高于其他省会城市，虽然随着政治中心的北移，其城市人口规模有所缩小，但由于地处作为中国经济重心的江南地区，因而当时南京仍然是除北京之外全国最大的城市，是中国南方的政治、经济、文化中心。正如有学者所说：明代南京是明初宫阙陵寝之所在，形胜险要之所系，府库图籍之所储存，全国财赋之所辐辏。① 南京城在明代中后期持续发展，其经济和文化不仅辐射着江南地区，而且也对北方产生了重要的影响。

（二）明代南京城池的修筑与城市格局

在明王朝定都南京的两年前，朱元璋就派刘基对其旧城进行了规划和改造，当时要解决的核心问题是宫城的选址。为了让南京具有王都气象，庇护明朝国祚永延，刘基运用了中国传统的堪舆学理论，对南京的宫城进行了精心规划和建设：

> 丙午八月庚戌朔，拓建康城。初，建康旧城西北控大江，东进白下门外，距钟山阔既远，而旧内在城中，因元南台为宫，稍庳隘。上乃命刘基等卜地定，作新宫于钟山之阳，在旧城东白下门之外二里许，故增筑新城，东北尽钟山之趾，延亘周回凡五十余里，规制雄壮，尽据山川之胜焉。②

---

① 范金民：《明代南京的历史地位和社会发展》，《南京社会科学》，2012年第11期。
② 姚广孝等：《明太祖实录》卷二十一，北平图书馆红格本。

工程完成后,南京城的城周从南唐时的 28 里扩展至明初的 60 多里,① 城市内部设施完备。经过规划和扩筑的南京城由内而外分为 4 个层,分别是宫城、皇城、府城(应天府)、外郭。

宫城又称紫禁城,呈正方形,位于南京城的东隅,见方两里,占地面积为全南京城的五分之一。宫城的建置基本遵循了古代文献如《周礼》中的相关规定:

> 周天子、诸侯皆有三朝:外朝一,内朝二……王子有五门:外曰皋门,二曰雉门,三曰库门,四曰应门,五曰路门。②

宫城内依照"左祖右社,前朝后寝"的古制布局。承天门、端门、午门的左边是供奉祖先、功臣的太庙,右边是社稷坛。前朝分布有三大殿,正殿是奉天殿,之后是华盖殿、谨身殿。这三大殿东面建有文华殿,西面建有武英殿,东西两侧分别建有相互对称的文楼与武楼(文楼在东,武楼在西)。谨身殿之后有乾清门,门内有乾清殿、省躬殿。"后寝"区域包括坤宁宫、奉先殿、柔仪殿、春和殿以及西北角的御花园等。整个宫城北靠富贵山,四面开有 4 门:正东东华门、正南午门、正西西华门、正北玄武门。

皇城在宫城之外,位于府城的东南隅,倚北面的富贵山而向南延展,南北长 5 里,东西长 4 里。皇城开有 6 门,南面正中为洪武门,左右分别开长安左门和长安右门。皇城前面有一个"T"字形广场,中为纵贯南北的千步廊,由皇城的洪武门直通宫城的午门。

皇城东、北两面有古清溪,西、南两面新开了两条御河,四面河水环绕,是为护城河。皇城最南端为正阳门,稍北是洪武门,皇城的中轴线经正阳门和洪武门向北延伸,纵贯宫城南北。洪武门内向北有御道街,东西两侧分布着文武衙门,具体而言,东面是以六部为主的机构,主管帝国的行政事务;西面集中着军事机构,是武将的办公区域,包括五军都督府等。再往北,自东向西分别是青龙桥、五孔桥、白虎桥,然后可进入宫城的内部。

应天府城俗谓京城。其城于元朝至正二十六年(1356 年)开始改筑,至明朝洪武十九年(1386 年)竣工,前后历 30 年,应天全城周长达 30 公里,有垛口 13 000 多个、战棚 200 座,建成后为当时世界上第一大城。③

应天府城有城门 13 座:东为朝阳门;南为聚宝门、通济门、正阳门;西为定淮门、清凉门、石城门、三山门;北为太平门、神策门、金川门、钟阜门、仪凤门。当时有顺口溜言此:"神策金川仪凤门,怀远清凉到石城。三山聚宝连通济,洪武朝阳定太平。"应天府城的每一个城门都建有恢宏的城楼,其中以聚宝门的最为雄伟,体现了明代最为高超的城门修筑技术。聚宝门有城墙 4 道,瓮城 3 道,呈"目"字形。该城门分内外两道门,里面是木质包铁皮的两扇门,外面是可从城头

---

① 杨国庆:《南京明代城墙》,南京出版社,2002 年,第 16 页。
② 郑玄注,贾公彦疏:《周礼注疏》,载于阮元:《十三经注疏》,中华书局,2009 年,第 1895 页。
③ 庄林德、张京祥:《中国城市发展与建设史》,东南大学出版社,2002 年,第 129 页。

放下的千斤闸。门外筑有瓮城，内侧还设有藏兵洞，分上下两层，共可藏兵3 000人。除聚宝门外，三山门、通济门等也是按照这一规制修筑的。

明代南京城之所以被称为平地筑城之最，不仅在于它的规模为世界之最，还在于它的修筑技术十分先进。明代一般城市的城墙呈等腰梯形，如果城墙高逾10米，则城墙的高度、基宽、顶宽的比例一般依唐制为4∶2∶1。但是南京城的城墙超过了一般城市城墙的高度，为14米～21米，城基宽14米，顶宽4米～9米。其城墙的基石大部分为花岗岩等条石，基石上面用大城砖砌内外两侧城墙的主体，内壁和外壁之间以碎石、砾砖、黄土夯实。墙体的壁缝浇灌有"夹浆"，这种夹浆是明代工匠以特殊的工艺制成的，是用石灰、糯米汁加桐油掺和而成，具有很强的黏合力。墙顶设计有排水系统"雉堞"，城墙上的其他部分也设计有排水系统。南京城的城墙修筑从材料到设计都很先进，因而部分城墙得以保存至今。

南京城外郭建于洪武二十三年（1390年）四月，号称周长180里，但实际上是120里。① 外郭的修筑主要使用了应天府城外丘岭的黄土，大部分为土筑城墙，只有险要之处才用砖砌城墙。应天府城附近的险要之地如幕府山、紫金山、聚宝山等都被纳于外郭之中。外城郭开有16门；东方是姚坊、仙鹤、放熙、沧波、高侨、双桥6门；南方是上方、夹岗、风台、大驯象、大安德、小安德6门；西方为江东门；北方为佛宁、上元、观音3门。这印证了南京城门"外十六内十三"之说。

(三) 明代南京社会经济发展概况

从洪武中期开始，为了迅速恢复首都的生产能力和经济，明太祖自南京附近的苏、杭、松、嘉等地迁来大量的富户，增加了南京城市的居民数；另外，还强行征调全国各地工匠轮班到南京官营手工业厂局服役，提升了京师手工业自给自足的能力；此外，又令40个在内卫所的官军（20余万人）驻守于南京城内外，增强京师的军事防御力。由于以上3项措施的实施，洪武时期南京人口增长迅速。洪武四年（1371年），南京城市人口仅有10万人左右，而到洪武二十四年（1391年），南京城在籍人口有70~80万人，再加上流动人口、卫所随军家属以及没有在城内居住的人口，南京城市总人口有90~100万，成为当时中国人口最多、经济最繁华的城市。但随着永乐十九年（1421年）明朝廷将都城北迁，仅在南京城保留了一部分朝廷机构，其余各衙门大多被迁出南京城。迁出人口包括35个卫和1个所的军人，还有部分南京城内的居民、工匠，加上随行的军人家属，南京城市居民大约流失了60~70万。

正统二年（1437年），朝廷对上元、江宁两个县实行坊厢编制，两地坊厢总数只有79个，而洪武时期两地坊厢数量为319个。景泰二年（1451年），又有大批居民由于朝廷调遣而北迁，人数共约10万。② 根据南京城市情形进行推测，明代

---

① 范金民：《明代南京的历史地位和社会发展》，《南京社会科学》，2012年第11期。
② 葛剑雄主编，曹树基著：《中国人口史》（第四卷），复旦大学出版社，2000年，第308页。

后期的南京城大约保留了 40~50 万人。①

明初，南京城市人口的大规模聚集推动了城市商业的发展。商业区是南京城最为突出的标志，其兴旺发达的程度堪称当时全国第一。在南京城经商的人主要分为3种，分别是外来商人、本地手工业者、近郊农户。明代从外地来到南京城经商的人数量众多，其中经营的产业规模较大且占据着南京城较好的商业口岸、沿街设置铺行的是典型的坐商，他们的商业意识较强，甚至还因为占道经营而屡遭政府的警告。南京本地的军户、民户或匠户的特点是经营的产业规模不大，或设店或摆摊于住宅区内，"铜铁器则在铁作坊；皮市则在笪桥南……盖国初建立街巷，百工货物买卖各有区肆"②。郊乡农户主要售卖的是经济型农作物、日用品、食物、燃料等，交易一般是在时间和地点固定的集市进行。南京城内外都有这种集市，城外的集市主要集中于南京的聚宝门、石城门外，城内的集市则主要在镇淮桥西、大中桥、北门桥、三牌楼和秦淮河的两岸。

由此可见，外来商人是南京城内的主要贸易群体。明政府为了鼓励外来商人到南京经商，专门为他们提供了地段良好的铺面和居住地。洪武、永乐两朝政府先后建造了许多官房，称"廊房"，比如在上新河一次就修建了数百间廊房，供外来商人经商和居住，由政府收取房租。这样的廊房总共有12处，被称为"十二廊"，铺户按行业聚居其中。铺户皆被编排造册，所出售货物也被明确记录在册，这样政府就可以对铺户进行有效的管理，尤其是官府需要物资的时候，取物办事的效率会提高。

南京作为明代全国最大的手工业基地，拥有数量众多的官营手工业机构和民营手工业作坊，行业齐全，年产量十分可观，手工业发展可谓盛况空前。明代中前期的南京手工业最为兴盛的是官营手工业，其作坊被称为厂局，包括特供和工部两个系统。特供系统的机构主要负责生产大内所需的各种生活用品、司礼器具等等；工部系统的机构主要负责政府的修缮营造工作，生产官府官员所需的生活用品、器械用具，为国家的军队打造军器，还负责刻印教育系统所需的书籍等等。据统计，官营手工业的工种有188个，工匠来自全国各地，他们被征集到京师服役，分为轮班匠和住坐匠。③ 为了对这些手工部门进行合理规划与管理，明朝廷将手工业区设在南京城的西南部，使"百工各有区肆"，匠人们按照职业和行业被规划居住在不同的作坊中，如木作坊、织作坊等。这些作坊的设置考虑了职业特性，比如纺织坊"多聚于城之西南隅，以地多冈阜，无潮湿之气，丝经不致霉烂也"；染织坊分布在靠近水的地方，因为"漂丝必于青溪、东水关、北铜管三水合流之间，其色乌亮"。而一些在较大工场劳作和被集中管理的官营手工业匠户的居住区多是与工场分开的。例如，位于江边的龙江船厂，规模宏大，工匠众多。洪武、永乐时，政府就迁

---

① 葛剑雄主编，曹树基著：《中国人口史》（第四卷），复旦大学出版社，2000年，第308页。
② 顾起元：《客座赘语》，中华书局，1987年，第23页。
③ 范金民：《明代南京的历史地位和社会发展》，《南京社会科学》，2012年第11期。

浙江、江西、湖广、福建、南直隶400余户工匠来京造船，编为4厢，一厢出船木梭橹索匠，二厢出船木铁缆匠，三厢出艌匠，四厢出棕篷匠。工场在定淮门外，匠户则集中居住在城内。

明初南京的主要手工业工匠逾14 000人，至成化年间逐渐减少。① 官营手工业实际上是服务统治集团的，与明代中后期城市中的民营手工业大不相同。

明代南京不仅是南方的经济中心，也是文化中心。明初，建于鸡笼山下的国子监规模宏大，曾有学生万余人，而且还有一定数量的外籍学生在此学习。永乐帝迁都北京后，南京仍然是南方的文化中心，其教育业仍然相当兴盛，而且城市文化也相当发达。

二、西北地区的政治中心城市——西安

西安曾是中原王朝传统的政治中心、经济中心和文化中心，其在汉、唐时曾是国际性的大都市。但在唐朝时，被过度开发的西安已经开始衰落，唐高宗曾4次率领百司禁军"就食"洛阳。两宋时，北方长期陷入战乱之中，西安因处于游牧文明与农耕文明冲突的前沿而饱受战火洗礼，城市经济不断衰退。西安的行政地位随着两宋政治中心的东移和南移而逐渐下降，经济地位也随着江南的进一步开发与经济重心的南移而逐渐削弱。元朝时，西安仍为路、府治所所在，但其建置几经兴衰，再无昔日的辉煌。据李好文《长安志图》中的《奉元城图》可知，元代奉元路（西安）仅有4门，即东西南北城墙各有1门，4扇城门并不对称，城内建筑也不对称。明代，西安作为明朝西北的重镇而重新焕发生机，成为西北地区的中心城市，奠定了其后来的发展格局。

（一）西安成为明朝西北政治中心的原因

1. 西安有着良好的城市发展基础

西安地处关中平原，物产丰富，地势险要，具有重要的战略意义，自西周以来共有十多个王朝在这里建都。在周秦时期，由于丰京、镐京以及咸阳地处关中平原的关键位置，故分别成为西周和秦朝的都城，西安由此发展为全国政治中心和文化中心。隋唐时期，政府定都长安，其行政中心的地位得到进一步强化。在政治中心优先发展规律的作用下，长安发展为中国的经济中心和文化中心，并在国际上产生了巨大影响，成为著名的国际大都会。唐朝后期，长安衰微，昭宗迁都后，"以建为佑国军节度使，京兆尹"②，西安遂由都城降为京兆府。韩建在任期内对残破的西安城重新进行了规划、建设，"弃旧城，去郭城，因子城筑今京兆府"③。新城筑

---

① 范金民：《明代南京的历史地位和社会发展》，《南京社会科学》，2012年第11期。
② 薛居正等：《旧五代史》卷十五《韩建传》，中华书局，1976年，第204页。
③ 骆天骧：《类编长安志》，中华书局，1990年，第3页。

成后，东西长5里余，南北宽3里余，周长17里，面积约5.2平方公里。同时，其在京兆府城东西两侧另筑了两小城，作为长安、咸宁2县的治所。

两宋时，北方战争频发，西安城的军事防御功能逐渐增强而经济职能逐渐减弱。① 元时，西安是安西王府所在地，安西王府位于奉元路城东北，其城"关中故好望之，昭目怀心，以为威仪之盛，虽古之单于，无以过也。……壮丽视皇居"②。安西王府城、奉元路城以及长安、咸宁县城4城形成掎角之势，共同镇守着元代的西北地区，构成了元代西北兼及西南地区的军事重镇和政治、经济、文化中心，也是奉元路辖区的政治、经济和文化中心。③ 马可·波罗曾记述西安"城甚壮丽，为京兆府国之都会……此城工商繁盛，产丝多，居民以制种种金锦丝绢……凡人生必需之物，城中皆有，价值甚贱"④。西安城市建设与经济在元代的恢复和发展，为其在明代成为西北地区的中心城市奠定了重要的基础。

2. 蒙古人退守北方草原对明朝西北边疆构成巨大威胁

元末明初，元廷虽然退出中原地区，但仍在蒙古草原发号施令，史称"北元"。北元虽退守蒙古，但军事实力并未完全丧失，"引弓之士，不下百万众也……资装铠仗，尚赖而用也"⑤。扩廓帖木儿是当时元顺帝北逃时随其而去的大臣之一，其仍然率有数十万军队，长期盘踞在西北地区。北元不仅控制着大漠草原、东北，更控制着本是中原王朝传统统治地区的甘肃及陕西北部，对明朝西北边疆的安全构成了巨大的威胁。

洪武二年（1369年），徐达率军攻占了元朝奉元路，明太祖遂改奉元路为西安府，下辖长安、咸宁2县，领6州、31县，"西安"之名由此而来。西安作为明代西北的中心城市，是明廷稳定西北地区的重要军事据点。明廷通过提高西安的行政地位来发挥其镇守西北边疆的重要职能：洪武三年（1370年），明太祖封次子朱樉为秦王；洪武十一年（1378年），朱樉就藩于西安，明太祖赐玺书曰："关内之民，自元氏失政，不胜其弊。今吾定天下，又有转输之劳，民未休息。尔之国，若宫室已完，其不急之务悉已之。"⑥

明朝实行嫡长子继承制，藩王嫡长子袭爵，其余诸子则被册封为郡王。郡王的封地于藩王的封地之内划分。因陕西是明朝与北元的交界之地，地理位置特殊，诸郡王不愿冒险去其封地，故西安城成为各郡王置府邸之地。据统计，有明一代，西安城内先后建有8座郡王府以及32座镇国、辅国将军府；此外，还有数量众多的

---

① 史红帅：《明清西安城郊市镇分布与形态的初步研究》，《长安大学学报》，2011年第1期。
② 屠寄：《蒙兀儿史记》卷七十六，上海古籍出版社，1989年，转引自韩光辉、林玉军：《唐末至元代京兆府城城市管理研究》，载于郭声波、吴宏岐：《南方开发与中外交通》，西安地图出版社，2007年，第514—515页。
③ 韩光辉、林玉军：《10至14世纪中期京兆府城城市行政管理研究》，《陕西师范大学学报》，2010第6期。
④ ［法］沙海昂注，冯承钧译：《马可波罗行记》，商务印书馆，2017年，第244页。
⑤ 谷应泰等：《明史纪事本末》，中华书局，2015年，第149页。
⑥ 张廷玉等：《明史》卷一百十六《诸王一·秦王樉》，中华书局，2000年，第2353页。

各级官府，如陕西布政司、按察司、西安府署等，以及贡院、文庙。西安遂成为明朝西北地区名副其实的政治中心，加之陕西特殊的地理位置，明廷还"置西安、太原、广西三护卫"，其军事中心地位亦被确定。兼具政治职能与军事职能，是明代西安府区域经济得以发展的重要基础，使西安在明代展现出较为特殊的城市发展形态与发展模式。

（二）西安的城市修筑与城市格局

1. 大规模地修筑城池

洪武初年，明太祖认为最佳定都之地即是号称"八百里秦川"的关中地区，他曾派遣朱标赴陕西查看，并将西安作为都城的备选地。然而，西安存在的最大问题是漕运不便，运输粮税只能依靠陆运。同时，朱标在回南京后第二年便去世，明太祖便放弃了定都关中的打算。西安虽然未被选作明朝的都城，但因其历来都是关中重镇，遂成为秦王的封藩地，同样迎来发展的机会。洪武三年（1370年），明太祖封次子朱樉为秦王，主要负责明朝西北的政治统治与军事管理事宜。① 当时的秦王为北方藩王之首，号称拥资千万，富甲天下，其王府规格和王城规格自然高于其他藩王。秦王在洪武七年（1374年）开始对西安府城进行新一轮的扩建与修筑。明代大规模地对西安城池进行扩建，主要有3个方面的原因：第一，因西安具有重要的军事和政治地位，故必须加强其城市的防御设施建设，增强其防御能力，从而使其能更好发挥安定西北边疆的重要作用。第二，西安曾经被考虑作国都，因而明廷加大了对西安城的修筑力度。第三，号称"天下第一藩封"的秦王定藩西安后，对西安城池的扩建起到了直接的推动作用。明代新修筑的西安府城一改元代城市的规模和形制，其城墙"周四十里，高三丈，门四，东曰长乐，西曰安定，南曰永安，北曰安远，池深二丈，广八丈，本隋唐京城旧址，唐末改建。明洪武初增修"②。明代改筑的西安城，原址是唐朝韩建所筑"新城"的基址。其时改建的部分，保留了西面和南面原有的城墙，向北部和东部扩展了原城池四分之一的面积，形成了近代西安城的雏形。实际上，西安城向东和西北方的拓展，其目的都是将秦王府城置于城市的中心位置。应该说，整个西安城的扩建都是围绕秦王府的兴建而进行的。③ 洪武十一年（1378年）西安城竣工之时，城池的周长接近28里，其中东西城墙间距离为2 600余米，南北城墙间距离超过3 200米，呈长方形；城墙高12米，底部最宽处达18米，城墙顶部最宽处达14米；所开的4扇城门均建有高大的3层城楼，并建有坚固严密的半圆形瓮城；城外挖有护城河；城墙四角建有角楼；城池共设有敌台98座，墙顶有雉堞接近6 000个。嘉靖五年（1526年），巡抚王荩对年久失修的西安城楼进行过加修；隆庆二年（1568年），巡抚张祉甃城以砖；崇

---

① 刘世明、雨僧：《西安：不朽的辉煌》，《文博》，2004年第2期。
② 穆彰阿等：《大清一统志》卷二百四十七，上海涵芬楼景印清史馆藏进呈写本。
③ 吴宏岐、史红帅：《西北重镇西安》，西安出版社，2007年，第29页。

祯末年孙传庭修筑了四郭城，由此形成了城关地区。

2. 重城结构的城市内部形态

明代西安城的一大特征是双层城池的构造，又被称为重城结构。① 所谓重城结构即西安城池是一座大城当中包含小城的城市形态，这里的大城指西安城，而小城则指位于西安城东北部的秦王府城。

秦王号称"天下第一藩封"，在府城的占地面积和建筑规模方面只有太原的晋王府城可与其相提并论。嘉靖《陕西通志》记载，明代秦王府城为砖城，外有萧墙，"萧墙周九里三分。砖城在灵星门内正北，周五里。城下有濠，引龙首渠水入"②。这里需要注意的是，西安府城一开始是土城，直到隆庆二年（1568年）政府才甃以砖石进行加固。而洪武十一年（1378年）竣工的秦王府一开始便有砖石城墙，由此可见秦王的政治地位之高。史红帅对明代秦王府的面积和西安府城的面积做了较为科学的推算，其认为当时西安城的面积约为11.5平方公里，秦王府内城的面积不少于0.3平方公里，占西安城面积的三十八分之一。

秦王府城有内外双层城墙，整体呈长"凸"字形，南北之距长于东西之距，与北京城的形制相差无几。王府内的宫殿和城门的命名在洪武年间均有具体规定：

> 亲王国中所居，前殿曰承运，中曰圆殿，后曰存心；四城门，南曰端礼，北曰广智，东曰体仁，西曰遵义。上曰："使诸王能睹名思义，斯足以藩屏帝室，永膺多福矣。"③

由此可知秦王府内的4门分别名为体仁、端礼、遵义、广智。府城内有三大殿，前殿为承运殿，与南京城的奉天殿相呼应，彰奉天承运之意；承运殿之后是圆殿，对应南京皇城中的华盖殿，因华盖为圆形，因此亲王府使用"圆殿"这一称谓；第三殿为存心殿，对应南京城内的谨身殿，寓意为谨身存心。从建筑的布局和命名可以明显看出，亲王在明帝国的地方昭示着中央皇权的威严，并代表中央镇守一方国土。

（三）明代西安城市社会、经济的发展

明初，为恢复社会秩序和发展生产力，明太祖推出了一系列重建社会和恢复发展农业生产的政令。西安作为西北的重镇，其农业首先发展起来，并带动了手工业和商业的发展。明中后期，随着区域间长途贸易的兴起，陕西商帮活跃于全国各地，西安城市经济得到迅速发展，逐渐发展为西北地区的经济中心。

明代西安战略地位突出，是镇守西北的重镇，地当东西驿道之冲，江浙、湖广之商货转运于川、甘、新诸省，皆取道于此，故街市繁荣，为西部之大都会。随着明朝社会生产力的恢复和发展，西安城市经济逐渐繁荣起来，"五方杂处，商贾云

---

① 吴宏歧、党安荣：《关于明代西安秦王府城的若干问题》，《中国历史地理论丛》，1999年第3期。
② 赵廷瑞等：《（嘉靖）陕西通志》，三秦出版社，2006年，第196页。
③ 姚广孝等：《明太祖实录》卷八十七，北平图书馆红格本。

集",加之陕西位于中原农耕地区与西北游牧地区的交界地带,这为西安府提供了广阔的商贸腹地,为西安的商业贸易发展奠定了坚实的物质基础,"河以西为古雍地,今为陕西。山河四塞,昔称天府,西安为会城。地多驴马牛羊旃裘筋骨。自昔多贾,西入陇、蜀,东走齐、鲁,往来交易,莫不得其所欲"①。西安在商业市场和贸易往来等方面具有了一定规模,例如,嘉靖《陕西通志》记载,西安南大街东面形成了规模庞大的牲畜交易集市,主要买卖用于生产和运输的骡马等牲口;市区南面的广济街则是中药材的贸易之处,在元代此处就已经被称为"药市街"。②

明代陕西商帮的兴起也对西安经济的发展起到了重要的推动作用。陕西商帮又称秦商,是明清时期活跃于西北、西南、华北、中原各地的商帮。明初,鉴于西安在明朝西北的重要战略地位,为了稳定政局、加强边防,明朝政府在西安所处的陕西布政司采取了"食盐开中""茶马贸易""棉布征实"等一系列特殊的经济措施,为陕西商人的崛起创造了良好的条件。陕西商人利用陕西独特的区位优势,将商品通过长途贩运的方式运至不同地区进行售卖,形成了以西安府为中心,以西北、川、黔、蒙、藏为贸易范围,输茶于陇青、贩盐于川黔、购布于苏湖、销烟于江浙的长途贸易体系。陕西商帮以西安府为中心,在全国各地开展商业贸易,不仅扩大了西安在明代商贸体系中的影响力,同时吸引了各地众多的商贾前往西安进行贸易活动,推动了西安的城市经济的发展,强化了其在西北地区的经济中心地位。

从洪武年间至万历年间,由于西安府社会安定,人民生产和生活井然有序,因此人口增长较快。元朝宪宗二年(1252年)时,西安(当时称奉元路)的人口为27万余人,由于元末明初的农民战争对西安地区影响极大,因此明朝建立后其地的人口有所减少。得益于明初政府实施的各项恢复生产和稳定社会的措施,西安城市和经济发展逐渐进入正轨,人口也逐渐增多,到了嘉靖年间,西安全府人口增至157万余人,与元朝宪宗年间相比,200多年时间里人口增长了逾4.8倍。明朝中后期整个西安地区的人口数量急剧减少,其原因是多方面的:第一,明朝中后期,朝廷腐朽,朝纲败坏,地方贵族和官僚大肆兼并土地,导致大量农民无地可耕,被迫流亡省外。例如,《陕西通志》记载,仅秦王的庄园就有良田8 900余亩,山场483段,山坡5坡,竹园2座。第二,沉重的军需和赋税负担,使当地民众不堪重负。《抑庵文后集》记载:"陕西外供三边,较之他省,已为偏累。近复供固原总镇,是以一省之民而供四镇之军饷,况南有洮岷,北有环庆,举皆仰给,其何以堪。以故流离转死,田土日荒,逋负日积,郡县仓场,官吏往往逃去,岁用愈欷。"第三,从万历年间开始,西安及其周围地区就频遭自然灾害,大量灾民家破人亡,例如,嘉靖三十四年(1555年)的大地震对整个关中地区的影响很大。这是造成西安府人口减少的重要原因。第四,明朝末期的农民战争影响了西安的社会稳定与

---

① 张瀚:《松窗梦语》,中华书局,1985年,第82页。
② 张萍、杨蕊:《制度与空间:明清西北城镇体系的多元建构与经济中心的成长——以西安、三原、泾阳为中心的考察》,《人文杂志》,2013年第8期。

发展，使西安地区人口数量在明末减少得更为严重。

总体来看，西安在明代有很大的发展，从而奠定了其在清代及以后的发展基础。一方面，明代的西安一方面继承了汉唐以来的繁华和昌盛，成为明代西北最为重要的区域中心城市；另一方面，通过建置和封藩，西安在明代的政治地位进一步提高，强化了其在西北地区的中心城市地位。从城市建设角度看，明代西安城的城市空间布局较前代发生了巨大变化，城市的功能分区更为多元化和规模化，同时又深受秦王府城规划和建设的影响。从城市功能角度看，西安既是明朝西北地区的政治中心，同时又具有军事职能。这些因素促成西安以地理位置为基础的特有的城市发展路径。

三、区域性政治中心城市——南阳

南阳府古称"宛"，明时隶属于河南布政司，位于河南省西部，北靠伏牛山，东倚桐柏山，西依秦岭，南临汉江，处在一个三面环山、南部开口的山间盆地中，是连接东西南北的交通孔道，是从长江流域进入中原地区的通道之一，常为兵家必争之地，自古即有"山川锦绣，三省通衢"之称。同时，南阳气候温润，河流密布，土地肥沃，资源丰富，是河南省境内被最早开发的地区之一，是农耕经济发达之地。

南阳筑城史最早可追溯到春秋时期，楚灭申、吕，置宛，筑城以抵御秦国和韩国的进攻，宛即南阳。公元前272年，秦昭王在此地置郡，"初置南阳郡"，郡治设于宛城。秦统一天下之后，"迁不轨之民于南阳"，即将六国的豪强、贵族、擅长经营的商贾强行迁徙至南阳。拥有大量财富的豪强地主与商人集结于南阳，凭借南阳"西通武关、郧关，东南受江、汉、淮"的优势区位，开展商贸活动，极大地推动了南阳经济的发展，其中最为著名的是以冶铁闻名的大商人孔氏，在孔氏冶铁业的带动之下，南阳"大鼓铸，规陂池，连车骑，游诸侯，因通商之利……家致富数千金"①，很快发展为除长安之外的又一冶铁中心，成为全国五大工商业中心之一。其时宛商遍天下，对南北经济的交流起了沟通作用。

西汉末年，刘秀发迹于南阳，故东汉建立后定都洛阳，而南阳为陪都（又称南都）。东汉时期，南阳的政治地位达到顶峰，仅次于京师洛阳，是皇帝的主要活动地区之一。此外，南阳也是皇亲国戚、公卿将相的聚集地，外戚与功臣的大量集聚使南阳在东汉时期的政治地位经久不衰。显赫的政治地位使得南阳城市经济达到前所未有的繁荣。其中手工业成就突出，冶铁业、纺织业技术革新，工场不仅数量增多，规模也空前扩大，其地所生产的铁器远销全国各地。南阳城市商业也持续繁荣，东汉朝廷在宛设有五均官，置交易丞和钱府丞，专门管理城市商品交易活动。其时南阳城市人口达237 500余人，是当时除洛阳外全国人口最多的工商业城市。

---

① 司马迁：《史记》卷一百二十九《货殖列传》，中华书局，1982年，第3278页。

唐宋时期，南阳的政治地位有所下降，但仍延续了秦汉时期的辉煌，社会经济继续发展。辽宋夏金元时期，南阳一方面饱受战火而发展受限，另一方面受中国政治、经济中心的东移和南移的影响，在全国城市格局中的重要性有所下降，遂逐渐衰落。

元末明初，朱元璋起义后，曾把南阳视为战略要地，《明史》记载："洪武元年……大军经略中原，愈为征戍将军，帅襄、汉兵取南阳以北未附州郡。遂克唐州，进攻南阳，败元兵于瓦店，逐北抵城下，遂克之，擒史国公等二十六人。"①明初，明太祖分封时将南阳作为唐王朱桱的封地，南阳因此再次繁荣起来。

由于南阳在历史上长期为兵家必夺的战略要地，故而明朝初年朝廷将南阳设为府，还在元代所筑城池的基础上进行了大规模重建。洪武三年（1370年），朝廷对南阳城池进行改造，甃以砖，竣工后的城池周长为6里27步，城墙高为2丈2尺，城墙得到加厚，壕深2丈2尺，并被拓宽了一倍。南阳城共有4个门，东门为延曦，南门为淯阳，西门为永安，北门为博望，4个城门之上均建有月城，并加筑城楼，上面设有30座敌台，43个窝铺。从史料记载可知，明初重建南阳城时政府只采用砖石结构对之进行了加固，并未扩大城池规模，南阳在当时是河南布政司属下8个府级城市中规模最小的一个。

永乐六年（1408年），明廷在南阳城内修筑了唐王府，形成府城、县城与藩王府城集于一城的重城格局。唐王府位于南阳城的正中心，却又相对独立于南阳城的其他建筑群。唐王府城高2丈9尺，城周围3里309步5寸，东西距150丈2寸5分，南北距197丈2寸5分。②由此可知，尽管南阳城规模不大，但唐王府却是严格按照皇家王府的规格修筑的，这导致南阳城内除唐王府外的其他建筑用地面积不断被压缩，加上明朝封建统治者为了体现王府的肃穆森严，颁布管制政令，使南阳城内普通市民的日常活动受到极大限制。到了明代中后期，随着南阳府城经济发展水平的提升和城内人口的增加，市民的日常生活和生产活动区只能向城外迁移，其中包括祠堂、庙宇和市场等。

明代南阳府城的经济相较于元代有了较大发展。该地区拥有唐河、白河、丹水等内陆河流，为各省商人将品种繁多的商品运送至此进行交易提供了便利。明代南阳城内最繁华的区域当属位于城市东部的东关，该区域得益于水路交通的通畅，商业最为繁荣，来往客商人数也最多。具体而言，东关的商业贸易区又分为东关南部和东关北部两个商业聚集地，其中东关南部毗邻白河，拥有客流量很大的白河码头，因此该区域的商业主要以住宿业和餐饮业为主；东关北部则是日常用品交易市场，整个区域内并无官府衙门等建筑，大多为民居，这为商贩与市民的交易提供了便利条件。

尽管南阳作为府级城市拥有发展商业的基本条件，即其城池规模和人口数量足

---

① 张廷玉等：《明史》卷一百二十六《邓愈传》，中华书局，2000年，第2487页。
② 张力仁：《南阳城区平面布局初探》，《南都学坛》，1992年第4期。

以保证贸易的自由开展，但自从明朝将都城迁至北京以后，南阳因远离政治中心，其陆路交通和水路交通作用的发挥受到了很大限制，虽然其商业仍能维持一定水平，但比起江南地区的府城已经出现了很大的差距。① 有研究者认为，位于中原地区的南阳府城的政治地位和经济地位是通过两条交通要道建立起来的，因为在明朝以前这两条道路是到达古都洛阳或开封的必经之路，但随着都城的迁徙，南阳地区的交通也随之萧条。②

影响明代南阳城市发展的因素还有很多，流民就是重要因素之一。从明代中期开始，随着官僚、地主兼并土地的现象越来越严重，加上全国各地实施了严苛的赋税政策，导致数百万农民大范围迁徙，形成了规模庞大的流民队伍。到了正统二年（1437年），聚集在河南、陕西等地的流民已有四五万之多，其中大部分聚于河南布政司下属的开封、南阳等府城。弘治八年（1495年），朝廷专门在河南布政司安排一名官员解决南阳的流民问题，以确保南阳城的社会秩序和官员、贵族的安全。但由于行政机构办事不力，集中在南阳的流民并未减少。正德三年（1508年），根据刑部左侍郎的统计，荆襄和南阳等地的流民总数已经达到23.5万户，有近74万人，远远超过了当时南阳的在籍居民人数，可见流民给南阳地区的安定带来了威胁。为了缓解流民给南阳城市带来的压力，朝廷于正德十四年（1519年）为南阳的流民供应粮食，并给其划定了居住区，提供了耕种所需的生产工具，同时还制定了免除赋税5年的政策。从表5-1可以看出，从永乐年间至嘉靖年间，南阳府人口一直呈增长趋势，其中永乐十年（1412年）到成化十八年（1482年）这70年间，南阳府的户数增加了20万之多。

表5-1 明代南阳府户数统计表

年份	户数
洪武二十四年（1391年）	116 977
永乐十年（1412年）	109 632
成化十八年（1482年）	322 023
正德十六年（1521年）	347 611
嘉靖二十一年（1542年）	384 575
嘉靖三十一年（1552年）	388 433

大批流民迁入带给南阳城的影响体现在两个方面：第一，由于当时的政府机构腐朽无能，社会动荡不安，大批流民对南阳城中的市民生活、治安管理、资源分配等造成极大负面影响，甚至时常有流民造反的事件发生。作为应对措施之一，朝廷数次对南阳城进行了加固和修筑。整个明代，南阳城以及其管辖范围内的州、县共

---

① 刘振华：《近代南阳盆地区域史研究述论》，《南都学坛》，2012年第5期。
② 龚胜生：《历史上南阳盆地的水陆交通》，《南都学坛》，1994年第1期。

经历了 44 次城池修筑。① 第二，大批流民的到来，对南阳地区的土地开发、农业发展起到了一定的促进作用。南阳府在洪武二十四年（1391 年）时耕地面积只有 14524 顷，到了万历三十一年（1603 年），南阳府的耕地面积已经达到 186 740 顷，土地的开发利用以及包括棉花在内的农产品产量的提高，提升了南阳府城内外的经济贸易活动的活跃度，推动了城市经济和商品贸易的发展。

综上所述，南阳之所以成为南襄盆地的中心城市，主要是因其地当孔道，位于沟通中国东南西北的战略要地，北上可入主中原，南下可控制长江流域，故历代统治者均将南阳作为南襄盆地的政治中心而加以重视。南阳城拥有悠久的筑城历史，两汉时期是其城市发展的巅峰时期，尤其东汉时其作为陪都和"帝乡"，是全国第二大政治中心城市。安史之乱后，北方陷入长期战乱中，南阳逐渐衰落。明初，南阳作为唐王封地再次兴盛起来。尽管南阳因为元明两朝迁都而失去了交通要地的优势，且在明朝中后期遭受大量流民迁入的困扰，但其凭借陆路交通的发达和水路交通的畅通，在整个明代并未完全衰落，甚至为清朝时期的向外扩张奠定了基础，清末南阳"梅花城"的形成正是以明朝的南阳府城为基础的。②

第二节　明代军城个案研究

明代军城的设置以明朝的军事系统为依据，其修筑的目的在于满足军事防御的需要，故其城市发展也与其军事职能密切相关。明初，明廷为稳定国家政局，颁布行政命令，修筑了大量的军事城池；明中后期，因为北方少数民族以及南方倭寇之患，军城发生了变化，不仅在城池形态上日趋完善，城市其他职能也得到了充分发挥。随着明朝政治与经济的发展，军事体系中的大量军城出现了不同的发展结果，有的军城持续发展并在清代成功转型，由单一的军事职能城市转变为综合性城市，成为区域中心；有的军城却因为政令的废除、战事的缓解或战争的破坏而最终衰落。明代军城的发展受多种因素的影响，通过选择典型的军城展开个案研究，有助于我们从中发现明代军城的发展规律。

一、东北边境第一城——辽阳

辽阳位于太子河中下游地区，既是明代东北地区的政治、文化中心，又因自己重要的军事防御地位而被称为东北第一城。辽阳建城最早可追溯至战国时，当时被称为襄平，属燕国，"辽阳"这一名称的使用则始于汉代。③ 实际上，从公元前 3

---

① 董春林、赵双叶：《从明代人口流动看城池修筑与社会经济的关系》，《武汉科技大学学报》，2009 年第 1 期。
② 李炎：《明代南阳城与唐王府初探》，《华中建筑》，2010 年第 5 期。
③ 丁印媛：《太子河文化内涵初探》，《辽宁科技学院学报》，2012 年第 3 期。

世纪到 7 世纪，辽阳在中国东北一直是政治中心、经济中心、文化中心和军事重地。① 唐代时，朝廷在辽东城设安东都护府，唐朝后期因唐与新罗、渤海以及契丹等各方的战争频发，而辽阳又处于各方间的缓冲地带，因此其城市发展受到影响，一度衰败。辽金时期，契丹国政权建立后，曾对辽阳城进行过较大规模的修葺，重新修建后的辽阳拥有内外两城，规模较前代有所扩大，人口数量甚至达到 20 余万。② 元代朝廷在辽阳设立了行中书省，管辖 7 路 1 府，涵盖了元代东北的大部分领土；但由于辽东地区战争频繁，故辽阳城的经济发展和商业贸易均遭受到很大冲击，城市人口也比辽金时期减少了很多。明朝时，辽阳城成为辽东都司治所所在地，这一建置不仅将其军事功能发挥到极致，也进一步凸显出该城市的政治与经济功能。

由于辽阳城在历代均体现出重要的军事战略意义，故明朝建立后，朝廷将其作为北方的重要军事城市，多次对辽阳城池进行了修筑和加固。洪武五年（1372 年），朝廷在金元时期辽阳旧城的基础上以砖石进行了加固，该工程历经 5 年，由此辽阳城成为一个周长 18 里的新城：城设六门，南二：左安定、右泰和；东二：南平夷、北广顺；西一门曰肃清；北一门曰镇远，俱有城楼。另置角楼四，筹边、镇远、平胡、望京。③

洪武十二年（1379 年），为了安置东北投降的军民，朝廷对辽阳城进行了扩建，在已有的辽阳城北面加筑了土城，这使辽阳城的面积进一步扩大。永乐十四年（1416 年），朝廷将扩建的土城甃以砖石，该土城规模为南北距离 1 里，东西距离 4 里，设永智、武靖和无敌 3 个城门。至此，辽阳城形成了南北 2 城并存的格局，全城周长逾 24 里，城墙高度为 3 丈 3 尺；城外的护城河深 1 丈 5 尺，护城河长度大约为 24 里 285 步。全城共有城门 9 座：左南安定，右南泰和，正西肃清，前东平夷，后东广顺，东北镇远，外北无敌，外东永智，外西武靖。角楼一共有 4 座，东南为筹东，北为镇远，西北为平胡，西南为望京，其中望京楼无论是在建筑规格还是在投入资金上均为辽阳诸楼之最，成为辽阳城的标志。万历四十八年（1620 年），朝廷再次对辽阳城进行了修筑，尽管这次的工程没有扩大城池面积，但对城墙进行了加厚加固，使得当时的辽阳城固若金汤，成为实至名归的东北边境第一城。

明代的辽阳城内设施齐全，军事和行政机构复杂，不仅有辽东都司，还有都察院、副总兵府、太仆寺等机构，以及定辽中、左、右、前、后卫等军队的营房，城市规模甚是庞大。从城市的空间形态看，辽阳城内的街道比较规整，东西南北支道皆笔直且贯通全城，并与城外的驿道相连；城内的交通要道两侧分布有各种类型的店铺，整体规划形同棋盘一般井井有条；钟楼和鼓楼分别位于辽东都司的西北面和

---

① 肖瑜：《辽阳历史文化资源旅游开发研究》，《辽宁师范大学学报（社会科学版）》，2007 年第 5 期。
② 肖忠纯：《辽阳古城变迁考》，《中国名城》，2011 年第 11 期。
③ 肖忠纯：《辽阳古城变迁考》，《中国名城》，2011 年第 11 期。

东北面,与城外的广佑寺、白塔相呼应;都司衙门、总兵府等均设置于辽阳城内。

明初,辽阳作为军事重镇受到高度重视,政府在城市军事防御设施方面进行了大规模的建设。随着统治的稳定,明廷加强了对东北地区的开发和经营,辽阳作为军事城市的功能虽然仍很突出,并且在此基础上开始增加了经济功能和文化功能。

早在明代之前,辽阳就是东北著名的农业生产地区,文献记载:"辽东梁水魴特肥而厚,尤美于中国魴,故其乡语'居其粮,梁水魴'。"① 但在边防压力增大的时候,辽阳城的农田无法满足作战官兵的粮食需求。明朝建国后,明太祖为迅速恢复农业生产,在全国各地推行了屯田制度。因辽阳是明代东北边地的军事要塞,朝廷在此进行了大规模的移民、屯田活动。明初朝廷设置辽东都司后,从各地不断调入屯兵,增加军屯人数。至宣德年间,辽东都司领 25 卫、2 州,25 卫共领 128 个千户所。明初制度,卫设指挥使,统军士 5 600 人,每卫下设 5 个千户所,每千户所下设 10 个百户所。然而辽东都司卫所的设置并未完全遵循这一制度,有些卫下设的千户所多达八九个,因此辽东军士众多,留成常备军多达 19 万,屯军 4 万。② 同时,明朝实行军籍制,若军士戍守则妻子同行,由此产生了大量随军人口。那么据此可推,鼎盛时期的辽东都司驻军连同家属有五六十万人,是一支规模庞大的军事移民屯田队伍。明朝前期,军事人口是屯田主力,戍守卫士中,"边地,三分守城,七分屯种。内地,二分守城,八分屯种"③,每军受田 50 亩为 1 分,给耕牛、农具,教授种植技术。明政府对军屯有明确的赏罚规定:"岁食米十二石外馀六石为率,多者赏钞,缺者罚俸。"④

为恢复、发展辽阳的农业生产,明朝政府采取了各种支持和激励的措施。洪武二十年(1387 年),辽东都司从高丽购买了 5 700 头耕牛。洪武二十四年(1391 年),朝廷采用购买和交换的方式两次从高丽购入马匹,数量分别为 1 500 匹和 2 500 匹。⑤ 耕牛和马匹的购入,极大地提高了辽阳城的农业生产和交通运输能力,尤其是马匹的购入还进一步提高了辽阳城驻军的军事作战能力。为了提高辽阳移民的农业生产力,洪武二十七年(1394 年),明太祖下令停止向辽东地区的军城供应粮食,当地各城所需军饷均由屯田自给,以此降低粮食输送所耗费的成本。至洪武三十年(1397 年),辽阳城及周边地区的屯田已经颇具规模,基本能满足当地军民所需,史料统计,当时的辽阳 6 卫屯田规模为 5 700 余顷,大约为 57 万亩。⑥

随着辽阳城内军民数量的增加,军事屯田所生产的粮食逐渐无法满足军民的需求,于是商屯这种新的屯田形式开始在辽阳城及周边出现。所谓商屯,即开中法,

---

① 郑玄笺,孔颖达疏:《毛诗正义》,载于阮元:《十三经注疏》,中华书局,2000 年,第 748 页。
② 魏刚:《明代移民与辽南地区的建置沿革》,载于葛志毅:《中国古代社会与思想文化研究论集:第二辑》,黑龙江人民出版社,2007 年。
③ 张廷玉:《明史》卷七十七《食货一》,中华书局,2000 年,第 1257 页。
④ 张廷玉:《明史》卷七十七《食货一》,中华书局,2000 年,第 1257 页。
⑤ 黄欢:《明代辽东镇防御体系之辽阳镇研究》,《华中建筑》,2008 年第 4 期。
⑥ 肖忠纯:《辽阳古城变迁考》,《中国名城》,2011 年第 11 期。

"召商输粮而与之盐,谓之开中"①。"明初,募盐商于各边开中,谓之商屯"②。明太祖时盐商将粮食输送到边疆地区,以换取明政府颁发的盐引。但四处集粮必定花费巨大,故盐商大多花钱雇请无地可耕的农民在边城开垦荒地种植粮食,即"商自募民耕种塞下"③。开中法极大地调动了盐商运粮的积极性,不仅促进了边疆地区的屯田开发,也保障了边疆地区的粮食供应。

明政府在辽阳实施的屯垦政策不仅促进了城市人口数量的增长,也进一步刺激了城市手工业和商业的发展。例如,冶铁业是辽阳率先发展起来的手工业。永乐九年(1411年),明成祖在3万卫屯兵中拨出士兵专事冶铁,负责锻造武器。此后,辽阳境内的铁矿得到迅速开采,辽东都司在此先后设置了各类厂局,以开采煤炭、烧制木炭、打造军械及农具。又如,这一时期辽阳的造船业也有了一定的发展。辽东都司是京师通往奴儿干都司的必经之地,故明廷在辽阳城外设置了船厂,以打造明朝中央官员、军队前往奴儿干都司所乘的船只。此外,政府在辽阳城东面还设置了造纸的作坊,该地区的造纸技术在明代属于较高水平。

明朝时期,东北境内各民族间关系日益密切,商业贸易活动也逐渐频繁起来,汉族与蒙古族、女真人及其他各少数民族互通有无,促进了辽东地区城市经济的发展。明朝在辽东地区设置了马市,马市上的商品种类繁多,少数民族以土特产如鹿皮、貂皮、狍皮等珍贵兽皮以及人参、蘑菇、木耳、蜂蜜等,换取城市手工业产品如布匹、缎面、袄、铁质农具等生活用品和生产工具。马市中的商品不仅种类繁多,数量也很多。据记载,万历三十七年(1609年)熊廷弼下令禁绝明朝与建州女真的互市贸易,结果导致建州女真所产人参在两年内烂掉了10万余斤。④

以辽阳为中心的辽东地区与中原地区的商品贸易也十分兴盛。商品贸易的方式分为坐商和行商两种。坐商人数众多,他们主要经营杂货铺,如"山西客人张柱者,往来临清贩易",后经过多年打拼,成为"辽阳一富商耳"⑤。又如嘉靖时商人汪得轩,"贯祖于饶之鄱,实江西望族,国初渡海",后定居辽阳,"与弟曰樑,协心创业,贸易江湖,积累千金,起成巨室,未尝有分毫争竞……每遇凶年,出己资以赈贫乏。自始施舍以至今日,所存活者几千百人"。但并非所有客居辽阳经商的坐商都能发家致富、荣耀门楣。辽阳城内徽商程氏即是反例:"程宰士贤者,徽人也。正德初元,与兄某挟重资,商于辽阳,数年,所向失利,辗转耗尽。徽俗:商者,率数岁一归,其妻孥宗党,全视所获多少,为贤不肖,而爱憎焉。程兄弟既皆落寞,羞惭惨沮,乡井无望,遂受佣他商,为之掌计以糊口。"⑥

---

① 张廷玉:《明史》卷八十《食货四》,中华书局,2000年,第1291—1292页。
② 张廷玉:《明史》卷七十七《食货一》,中华书局,2000年,第1258页。
③ 郑晓:《今言》,中华书局,1984年,第145页。
④ 程妮娜:《东北史》,吉林大学出版社,2001年,第276页。
⑤ 何尔健著,何兹全、郭寯玉编校:《按辽御珰疏稿》,中州书社,1982年,转引自朱诚如:《辽宁通史》(第2卷),辽宁人民出版社,2009年,第134页。
⑥ 蔡羽:《辽阳神海传》,国学扶轮社宣统印本。

辽阳行商人数也不少,且这一时期的行商多从事朝贡贸易,或者进行长途贩运。明太祖时期,为加强对东北地区的控制,朝廷以辽阳为中心铺设了4条驿道,第一条向南连接旅顺口,途中设12个驿站;第二条向西南延伸至山海关,途中设17个驿站。第三条往北连接开原,途设5个驿站;第四条往东南连接九连城,设7个驿站。① 各驿站均配备有士兵、车船、马驴等。四通八达的辽东驿道以及明代发达的海运为辽东地区的长途贩运贸易的发展创造了良好的条件。辽阳城内有许多来自安徽、陕西、山西、江浙一带的商人,他们将自己在辽东地区收购的土特产贩运至关内,又将关内的手工业产品运至辽阳,往返于产、销地之间,获利颇丰。

随着手工业和商业的发展,辽阳的文化教育事业也得到了一定程度的发展,明中期以后,辽阳城内广建书院、学舍等,其在文化教育方面对周边地区有较大的影响力。

从辽阳城在整个明代的发展来看,该城市在政治、经济、文化和军事等方面对当时的东北地区产生了重要影响,其不仅是东北地区的政治、军事中心,也是经济、文化中心,同时还是交通枢纽。经过明代政府数次的修筑和扩建,辽阳的城池规模不断扩大,城内设施齐全,功能日臻完善。在嘉靖年间,辽阳城内已经有居民9万多人,明朝中后期辽阳的城市人口数量在此基础上还大幅增加。② 辽阳城在明初虽然因军事目的而修筑,但随着社会经济的发展,城市逐渐叠加了其他功能,成为明代东北地区最重要的城市之一。

二、京师门户——天津

天津位于海河流域,该地区聚落的形成始于隋朝大运河开通以后。隋朝政府开凿了通济渠与永济渠,沟通了海河、黄河、长江等水系,奠定了当地航运枢纽的地位,从此人口和商品开始在该地区聚集。唐代,为抵御契丹、奚等游牧民族的侵扰,唐廷在幽、蓟等地屯兵驻守。为保证军需供应,政府一方面疏浚河渠,一方面在沽河、清河、滹沱河的汇合入海处——"三会海口"修筑了军粮城以转运军粮。诗人杜甫曾云:"幽燕盛用武,供给亦劳哉。吴门转粟帛,泛海陵蓬莱。"宋时,海河成为宋辽对峙的界河,"漕则不复入界河,免戎人邀击之患"③,军粮城由此衰落。金元时期海河漕运逐渐恢复,金代政府在此设置了直沽寨,元代政府在此设置了海津镇并广开海漕,地处三岔河口的大直沽至此成为海漕的转运枢纽,地理位置优势逐渐显现。明太祖驾崩后,燕王朱棣发动"靖难之役",从北京出兵经直沽南下,夺取了皇位,随后改元"永乐"。明成祖朱棣为纪念靖难之役的胜利,赐此地名为"天津",同时筑城凿池,并在此设置了3个军卫。

---

① 李芷巍:《中华驿站与现代物流》,中国财富出版社,2013年,第36页。
② 肖忠纯:《辽阳古城变迁考》,《中国名城》,2011年第11期。
③ 李焘:《续资治通鉴长编》,中华书局,2004年,第1235页。

明朝之所以将天津设置为军城而非行政建制城市,原因在于天津"东临海,西临河,南通漕粟,北近上都,武备不可一日弛也"①。永乐年间明廷迁都北京后,天津成为北京粮食、物资供应的关键节点,尤其是永乐十三年(1415 年)停止海运后,北京的粮食供给主要依靠大运河,②因此处于大运河漕运节点的天津的重要性更加凸显,"上以直沽海运商舶往来之冲,宜设军卫。且海口田土膏腴,命调缘海诸卫军士筑城戍屯守"③。

永乐二年(1404 年),明朝政府正式在三岔河口西南部修筑卫城,称"天津卫",管辖范围东起渤海,南达山东德州,后又增设天津左卫和天津右卫。天津城是基于军事需要而建立起来的卫城,从人口规模变化看,其是一座移民城市,主要居民有两部分:一部分是天津 3 卫建立后迁徙而来的军籍居民,另一部分是移居至天津的民籍居民。

关于天津卫所军官的人数,《河间府志》与《四镇三关志》均有记载,从这些史料来看,天津卫有指挥 18 人、千户 28 人、百户 46 人、卫镇抚 2 人、所镇抚 1 人,合计 95 人;天津左卫有指挥 8 人、千户 28 人、百户 46 人、卫镇抚 2 人、所镇抚 1 人,合计 85 人;天津右卫有指挥 11 人、千户 31 人、百户 43 人、卫镇抚 2 人、所镇抚 1 人,合计 88 人。④ 迁移至此的军籍人口约为 12 020 人,加上官员等,天津 3 卫的总人口为 12 329 人,⑤ 除了官、军人口外,同一时期的天津余丁数量为 17 383,加上军士家属,该时期天津总人口应该为 59 733 人。⑥ 到了嘉靖年间,3 卫人口数量均有所减少,其中军籍人口为 10 427 人,官、军人口总数为 10 695,⑦ 余丁人数为 15 089,加上军士与余丁的家属,嘉靖时期天津总人口为 51 836 人。⑧ 到了万历末年,天津地区卫所的人数再次减少,军籍人口只有 8 415 人。由此可见,天津卫从明初到明中后期,人口数量一直在减少,究其原因,主要是政局动荡以及战争频发,导致大量军民死伤或逃亡;而所缺的人口却没能通过政令得到及时补充,这与明廷对卫所制度态度的变化有关,即从开始的重视到后来的忽视。

天津城的军籍人数随着卫所制的变动而发生变化,民籍人数则受到商业环境和城市经济发展的影响。在明初,迁往天津的民户数量并不多,因为天津是军事性质的城市,又处于战时的前线,因此并无大批民籍人口迁至天津。随着 3 卫的建立,天津军籍人口增加,也开始出现了民籍人口迁至天津的趋势,这些人里商人占绝大多数。随着朝廷禁止海运,大运河的地位越来越重要,天津也随之成为粮食运输的

---

① 李邦华:《文水李忠肃先生集》卷三《抚津刍言·修造城垣疏》,乾隆七年徐大坤刻本。
② 陈雍:《明清天津城市结构的初步考察》,载于天津城市科学研究会、天津社会科学院历史研究所:《城市史研究:第十辑》,天津古籍出版社,1995 年。
③ 陈建:《皇明通纪》,中华书局,2008 年,第 413 页。
④ 郜相修,樊深纂:《河间府志》卷十一《武备志·兵制》,嘉靖刻本。
⑤ 高艳林:《明代天津人口与城市性质的变化》,《南开学报》,2002 年第 1 期。
⑥ 高艳林:《明代天津人口初探》,《明史研究:第 7 辑》,2001 年。
⑦ 郜相修,樊深纂:《河间府志》卷十一《武备志·兵制》,嘉靖刻本。
⑧ 高艳林:《明代天津人口初探》,《明史研究:第 7 辑》,2001 年。

中转站，这刺激了商业贸易的繁荣。在这期间，包括粮商在内的商人移民至天津寻找商机；万历年间，朝廷实行"两盐制"，由于天津位于水陆要冲，故部分盐商也开始向天津迁移。①

从移民数量与性质来看，整个明朝的移民以军籍人口为主体，明代不同阶段军籍人口数量的变化受政治和军事因素的影响很大，尤其是卫所制发展到明中后期的逐渐瓦解，导致天津城的军籍人口持续减少。明末，由于各地战事全面爆发，朝廷曾向天津调遣军队，增加守卫人数，故这一时期也出现了大量军籍人口及其家属迁入天津城的现象。在移民的形式上，军籍人口的迁入分为两种形式：第一种是天津3卫建立之初，朝廷颁布政令强制外籍军队迁入。第二种则是朝廷组织下自愿入军籍并迁徙至天津。这也是明朝廷军事制度变化而产生的结果，即由原来的强制征召转变为招募制。这部分军士大多是自愿入伍并携带家属来到天津的。②与军籍人口的迁入不同，民籍人口多是以从事商业贸易为目的而迁入天津的。

自设卫以来，天津依靠水陆交通优势，城市商业贸易发展迅速。天津在明代集粮仓、交易中心和交通枢纽于一身，吸引了大批商人前来进行交易，其城市的商业职能逐渐体现出来。

天津筑城后即成为明代重要的漕粮储存地，尤其在永乐十三年（1415年）罢海运、从里河运粮后，天津漕运功能日益凸显。③据统计，每年经天津转运的漕粮多达五六百万石，为保证漕粮的储存和转运工作正常开展，明廷在天津建立了大量的屯仓，"建百万仓于直沽尹儿湾城。天津卫籍兵万人戍守"④。宣德年间，天津城内又增筑了3个仓库，分别是位于天津卫的大运仓、位于天津左卫的大盈仓以及位于天津右卫的广备仓，3个大仓库总共有110间房；同时朝廷在天津设置了户部分司专管漕粮运输事宜。因漕运的发展，天津出现了大量漕运船夫，为了保障船夫的生活，明朝政府允许他们利用漕船携带土特产往来销售。随着社会经济的发展，这种交易逐渐增多，许多漕船逐渐演变为商船，天津也因此成为南北物资的集散中心。江浙的丝绸、布匹、茶叶，东北的皮毛、人参，广东、福建的木材和纸张等，均是先集中于天津，再经商队转运至南北各地销售。⑤

繁荣的漕运经济促进了天津城市经济的发展。据《抚津疏草》，万历年间天津拥有数量众多的店铺，朝廷在此设置了专门征收店铺租税的官员。从明初到弘治以前，天津城内大规模的集市有5处，分别位于鼓楼和4个城门一带，以鼓楼为中心向4个城门的方向扩展，交易活动主要被限制在卫城之内进行。弘治年间，天津城已有10个集、1个市，集中分布于东西南北四条主干道的两侧；弘治六年（1493

---

① 高艳林：《明代天津人口与城市性质的变化》，《南开学报》，2002年第1期。
② 高艳林：《明代天津人口与城市性质的变化》，《南开学报》，2002年第1期。
③ 陈雍：《明清天津城市结构的初步考察》，载于天津城市科学研究会、天津社会科学院历史研究所：《城市史研究：第十辑》，天津古籍出版社，1995年。
④ 张廷玉等：《明史》卷八十六《河渠四》，中华书局，2000年，第1410页。
⑤ 罗澍伟：《天津史话》，社会科学文献出版社，2011年，第5页。

年）以后，天津的商业活动不再局限于城中，逐渐向城门之外扩展，在空间分布上也不再以鼓楼为中心。可见，天津城的商业活动在明代基本上经历了一个由低迷到繁荣的发展过程。

除了商业外，明代天津城内的手工业与制造业也相当发达。例如，《海运记事》记载，万历四十七年（1619年），因为辽东左卫严重缺粮，朝廷拟从山东运粮支援，但山东缺少可用于运粮的船只，于是督饷部院拨款6 000余两，要求山东造船60只用于运输粮食，山东地方政府将银"分给各该船户，俱系殷实……前往天津地方，措买杉桅，并蓬、锚、槁、楫等项……天津地方多蓄木材，可供买造"①。从以上记载可以看出，天津供应的木材量可满足一省造船之需，足见其产业颇具规模。

在天津商业贸易总量中占比最大的还是粮食交易。天津位于海河下游与沿海区域相接的中心位置，选择该地设置卫城与明朝廷需要通过运河与海洋运输粮食有直接关系。②凭借这种先天优势与朝廷的重视，天津以外的粮商多将粮食集中到天津进行交易，因而在天津城内外形成了全国著名的粮食交易中心。在明朝中后期，江南地区备受倭寇侵扰，辽东地区则面临朝鲜与后金的压力，故明朝政府强化了天津的粮食筹备、存储与交易中心的地位。在内外部因素的影响下，天津的粮食贸易优势还吸引了大批其他行业的商人前来寻找商机，从而推动了天津的经济发展与商业繁荣。《海运新考》中记载了万历年间试行海运的场景：

> 备示沿海地方，不拘军民人等，如有情愿将自己或收买杂粮，用自己船只装载，自胶州海口起，至天津粜卖者，许赴该道禀告，给与执照，赴天津粜卖。③

《督饷疏草》中记载了辽东左卫战事爆发时，朝廷在天津筹备军粮以支援前线之事：

> 招徕各商，收集重稆，不下五六十万（石）。④
>
> 津门一水之便，四通八达，自转饷事殷，小贩抵津者络绎不绝，大商直以衙门惯熟，捏报运输，以恣垄断、攫取之计。⑤

---

① 《海运纪事》，明刻本，转引自高艳林：《明代天津人口与城市性质的变化》，《南开学报》，2002年第1期。
② 陈雍：《明清天津城市结构的初步考察》，载于天津城市科学研究会、天津社会科学院历史研究所：《城市史研究：第十辑》，天津古籍出版社，1995年。
③ 梁梦龙：《海运新考》卷上，明万历刻本。
④ 毕自严：《督饷疏草》卷一《异常霪雨淹损官粮疏》，转引自高艳林：《明代天津人口与城市性质的变化》，《南开学报》，2002年第1期。
⑤ 毕自严：《督饷疏草》卷一《津门召买数多积商因灾梗会疏》，转引自高艳林：《明代天津人口与城市性质的变化》，《南开学报》，2002年第1期。

《天津烂豆文册》记载：天启五年（1625年），朝廷在天津购买商豆，最后成交量达到100 869石，天津城内及外埠商人共有124人参与了此次交易。

天津城市形成初期的功能以军事防御为主。明初，中央政府为了巩固边境，防御北方少数民族侵扰，在北方设立了九边重镇，在沿海也设立了军事卫所，如沈阳中卫、山海卫、天津卫、威海卫等。天津于明永乐二年（1404年）设卫，既是海运商船停泊的港口，又有军事防御与屯田生产等多项职能；永乐二年（1404年）末，朝廷在天津卫加设天津左卫；永乐四年（1406年），明廷将青州右卫更为天津右卫。除了上述3个卫外，天津的卫所还包括蓟州卫、梁城守御千户所、镇朔卫、营州右屯卫和武清卫。

明朝迁都北京后，天津作为拱卫首都的门户，军事和政治地位日益凸显。作为南方、京师与辽东前线之间粮饷、军队和装备运输的中转站，天津在整个大明交通体系中的地位愈发重要。随着天津城的发展，朝廷更加重视其城市功能的发挥，在该地陆续增设了盐运都司、巡盐部院、督饷部院、屯田部院、天津巡抚、天津通判和海运漕运总兵、天津兵备道等，使其除了有"操练军马，修竣城池"之军事职能外，还有"禁革奸弊，问理词讼，兼管运河事宜"①等行政职能。天津由边区军镇发展为区域性中心城市，主要原因在于其自然地理环境的优势及以此为基础的政治动因与经济动因的交互作用，具体来说，天津发展的根本原因在于河海漕运与北京建都。

尽管如此，在整个明代，天津的主要职能仍然是军事防御、监管漕运和保护仓库。天津拱卫京师、转运漕粮和以一城而系国家安危的天下要津地位即于此时确定。直到清雍正时期，天津的城市性质才发生变化：自雍正三年（1725年）到雍正九年（1731年），天津完成了改卫为州、升州为直隶州、由直隶州而开府设县的"三级跳"式的城市转型与升级。②

三、东南沿海的门户——厦门

厦门地处闽南金三角地区的中部，与漳州、泉州相邻，在历史上具有重要的军事地位。晋置同安县，后裁撤；唐代再置同安县，属泉州。两宋时期，随着江南的开发和中国经济重心的南移，泉州港商贸逐渐繁荣，其经济腹地厦门也逐渐得到开发。元朝时，厦门的战略地位已经开始凸显，朝廷开始在厦门部署驻防官兵。因驻守军士人数的增加，朝廷在厦门设置了嘉禾千户所，"元至元十九年调扬州合必军三千人镇泉州列城，置嘉禾千户戍"③。厦门成为真正意义上的军城，还是在洪武二十七年（1394年），其时明朝廷在厦门设置了中左所。④ 该所设有千户1名，官

---

① 薛柱斗：《天津卫志》卷二《官职》，民国二十三年沿印本。
② 来新夏：《天津历史与文化》，天津人民出版社，2008年，第2页。
③ 林学增：《同安县志》卷十七《武备》，民国十八年铅印本。
④ 彭维斌：《厦门人文聚落的发展和厦门城的出现》，《南方文物》，2004年第4期。

正五品；副千户1名，官从五品；指挥百户1名、镇抚1名，级别分别是正六品和从六品。厦门中左所归福建都指挥使管辖，整个所城有士兵1 204人，建有营房987间。

表5-2 明朝之前及明初的厦门行政区划沿革简表

时间	沿革
晋太康三年（282年）	政府置同安县，属晋安郡，不久裁撤，并入南安县
唐贞元十九年（803年）	唐朝政府析南安县西南部置大同场
唐光启二年（886年）	王潮克泉州，为刺史
闽国龙启元年（933年）	政府升其为同安县，属泉州
宋乾德元年（963年）	宋廷改清源军为平海军，以陈洪进为节度使，同安县属平海军
宋太平兴国三年（978年）	陈洪进纳土于宋，同安县始随平海军被纳入宋土。同年，宋复平海军为泉州。同安宋属平海军、泉州，元属泉州路
洪武二十七年（1394年）	明廷始筑"厦门城"。"厦门"寓意国家大厦之门

从明朝的社会治安和战争局势角度考察，厦门之所以受到朝廷的重视，主要是由于明朝廷对该地的统治受到不同势力的挑战。这些势力既包括由日本浪人和走私商人组成的倭寇，也包括在元末农民战争中战败的武装势力残余。明朝初期，这两股势力成为倭寇和海盗，长期掠扰北至山东，南到福建、广东的沿海地区，严重威胁着当地百姓的生命财产安全。为了加强对沿海省份的控制、抵御倭寇的劫掠，明朝政府在沿海地区设置了大量卫所，① 厦门中左所即福建都指挥使下辖的重要卫所。

洪武二十七年（1394年），明廷于厦门设中左卫所并筑城，城周长为425丈，城墙连同女墙高1丈9尺，宽度为8尺5寸，设有4座城门，按照东南西北的顺序分别名为启明、洽德、怀音和潢枢。由于这一时期厦门城池修筑的目的是抵御外敌，因此城墙上还加筑了炮台和垛子，其中垛子的数量达到496个，有窝铺22个。② 随着城池规模的扩大，到了万历年间，城内已经有4条街道，居民建筑达4 000余座。永乐年间，朝廷对厦门城池进行了扩建，将城墙增高了3尺，在城墙上方加筑了月城，加强了城池的防御和反击能力；正统八年（1443年），政府再次对城墙进行了修筑。明朝政府对厦门城的建设为清朝合理利用厦门的防御功能、外贸功能奠定了基础。到了清康熙年间，厦门城墙周长为600余丈，高度达到3尺，顶部宽度为1丈2尺，③ 已经成为当时较具规模的城市。

按照明朝的制度，卫下设5个千户所，每个卫的人数为5600人，每个所大约有1 120人。但厦门中左所的人数和营房数量都超过了明朝政府的相关规定，由此

---

① 王日根：《明代以来的厦门军事与经济》，《团结报》，2010年9月23日。
② 彭维斌：《厦门人文聚落的发展和厦门城的出现》，《南方文物》，2004年第4期。
③ 厦门博物馆：《厦门风物》，内部资料，1991年，第19页。

可以推断明朝廷对厦门中左所的重视程度很高,也表明厦门中左所在明朝军事防御体系中十分重要。但到了明朝后期,卫所制度遭到破坏,加上明朝廷腐朽不堪,政权不稳,厦门中左所军士仅剩六七百人,几乎只有明初驻军数的一半。

中左所的设置和所城的修筑都有很明确的军事目的,但明朝中后期,毗邻厦门的月港地区出现了大规模的走私活动,并逐渐发展为贩售走私商品的重要地区。月港的繁荣对厦门经济的发展和职能的转变产生了辐射作用。隆庆元年(1567年),明朝廷取消了海运的禁令,颁布了"准贩东西二洋"的政令,① 于是厦门成为月港商船开展进出口活动的重要中转站,所有从月港出海的商船均须在厦门中左所接受官方盘检,然后"移驻曾家澳候风开驾"②。到了万历年间,朝廷又在厦门增设了"商引",以便对进出厦门的商人征收舶税。

明朝开放海禁后,厦门逐渐成为各国商品的集中地,崇祯《海城县志》中记载了明代经厦门港进口的海外商品种类,包括:琐服、交趾绢、西洋布、吉贝布、银钱、犀角、象牙、玛瑙、琥珀、玳瑁、龟筒、翠羽、鹤顶、琉璃、楠香、沉香、速香、檀香、安息香、麝香、乳香、降真香、丁香、片脑、蔷薇水、苏合油、铅、羚羊角、明角、鹿角、獭皮、马尾、孔雀尾、黄蜡、白蜡、花梨木、乌楠木、苏木、棕竹、科藤、藤黄、阿魏、没药、血竭、芦荟、铜鼓、自鸣钟、倭屏风、倭刀、玻璃镜、嘉文席、藤花簟、眼镜、金刚钻、鹤卵杯、燕窝、西国米、胡椒、孩儿茶、蟹肉、波罗蜜、椰子。由此可见,明政府开放海禁后,厦门及其附近港口的贸易盛况空前,凭借优越的地理位置,逐渐取代明朝中期依靠走私发展起来的月港,一跃成为全国闻名的对外贸易中心和产品交易聚集地。相关史料记载:

> 嘉禾为屿,山断而海为之襟带。自国初以来,徙丁壮,实民籍,长子育孙,今而冠带郡右,往往辈出,生齿若一县。其地上硗下卤,率不可田,即田不足食民三之一;能则土人出船贸粟海上,下至广而上及浙。盖船以三百余。③

厦门在明朝末年充分发挥出来的商业功能对其在清代的发展有很大的推动作用。据《鹭江志》,乾隆年间厦门已逾16 100余户,按每户5人计算,大约有80 500人,④这说明在清代厦门已逐渐发展为一个较具规模的商业城市。

四、辽东卫城——盖州

汉高祖十二年(前195年)汉廷设平郭县,此为盖州地区有确切史料记载的最早行政建置。此后,其境内一直有州、路、卫、县等建置更替。隋朝时,盖州城在

---

① 张燮:《东西洋考》卷七《饷税考》,中华书局,2000年,第131页。
② 张燮:《东西洋考》卷九《舟师考》,中华书局,2000年,第171页。
③ 何乔远:《嘉禾惠民碑》,载于沈有容:《闽海赠言》,大通书局,1959年,第1—2页。
④ 徐晓望:《论明代厦门湾周边港市的发展》,《福建论坛》,2008年第7期。

高句丽境内，称为盖牟，周二十里。唐朝时，李勣率领军队攻破盖牟城，置盖州，归安东都护府管辖，从此其纳入唐朝版图；唐朝灭亡后，盖州再次被高句丽攻占。辽代，政府置辰州，辖建安县，后金廷改为辰州奉国军节度使司，隶属东京道。元朝统一全国后，曾在此设盖州路，至元六年（1269年）降盖州路为盖州，并入东京支郡；至元八年（1271年）在盖州设置千户所，归征东行省管辖；至元二十五年（1288年），元廷以盖州隶辽阳路，废金、复二州，并其地入盖州，置金州万户府。①

表5-3 盖州行政区划沿革简表

时间	沿革
战国	燕国开拓辽河流域，建辽东郡
秦	其地属辽东郡
两汉、魏晋	政府设平郭县，归辽东郡管辖
前燕、前秦、后燕	其地属平州
北燕	其地一度被高句丽割据，置建安县，并筑建安城
唐高宗总章元年（668年）	唐政府于建安城置建安州都督府
辽代	政府于建安城置辰州，故盖州有古辰州之称
金代	金廷改辰州为盖州
元代	元廷置盖州路，治所仍设在建安城

明代倭寇长期为患中国沿海地区，并有愈演愈烈之势。环渤海地区是倭寇劫掠的重点地区，明初虽然在盖州设州，但无法抵御倭寇侵袭，因此洪武九年（1376年），明廷于盖州设卫所，与州并存。洪武二十八年（1395年），明廷废盖州建置，以盖州卫隶辽东都司，下设左、右、中、前4个千户所以及盐军百户所、铁军百户所，另有经历司、镇抚司、军器局、钱帛库，并置儒学、医正。盖州卫在距辽东都司治所240里处，城池西面距海岸线大约有10里，"卫控扼海岛"②，与复州、金州构成明朝辽东海防三大卫城，是东北沿海防御体系的重要组成部分。

洪武五年（1372年），明朝在元代土城的基础上修筑了盖州新城，甃以砖石，从而增强了城池的防御能力。洪武九年（1376年），朝廷再次将该城池南面的城墙甃以砖石，经两次修筑的盖州"周围五里八十八步，高一丈五尺，池深一丈五尺，阔一丈八尺"③，城墙厚6尺许，由石条砌基，青砖筑面，中间夯土。开3门：南曰广恩，东曰顺清，西曰宁海，俱有楼。关北门，于东南2门设瓮城，墙上有垛，东墙上有奎星楼。嘉靖四十三年（1564年），管屯指挥卢沛在城墙的四角之上筑起

---

① 曲强：《盖州市志》，辽宁科学技术出版社，2008年，第244页。
② 顾祖禹：《读史方舆纪要》，中华书局，2005年，第1711页。
③ 董秉忠：《盛京通志》卷十五《城池志》，咸丰二年刻本。

敌台。

从城池的内部空间形态看，城内设计了环绕城墙的马道，这加强了城内士兵在战争中的转移能力；城内有两条主要干道，本将整个城池划分为4个区域，由于后来北门被关闭，其中一条道路并未与马道相接，因此城内空间形态变为3个部分。明朝廷设置的盖州卫治所位于城池中央，经历司、镇抚司以及左、右、中、前卫等机构都位于城池之中。同时，为了充分发挥城池的防御和战斗功能，城内还设置了军事仓库和器械机构，而训练士兵的练兵校场则位于城池东门之外。

作为明代辽东海防工程的关键节点，盖州卫所在设置上并非一蹴而就，而是受到了明朝政局变化的影响。

首先，从盖州卫管辖下的城堡数量来看，洪武九年（1376年）设卫时，盖州卫辖区内的城堡只有两个，一个是盖州卫城，另一个是梁房口关城；嘉靖十四年（1535年），朝廷增设了伏兵堡；万历十三年（1585年），朝廷在盖州卫辖区内增设了熊岳堡和五十寨堡，两堡均为驿站城。

其次，从盖州卫及其所辖各城堡的分布来看，明朝廷在设置时充分考虑了东北海防的特征。具体而言，盖州卫城所处位置距相邻城池38千米，其离海最近处距海10千米；梁房口堡距离相邻城池50千米，设置在海边；熊岳堡距离相邻城池30千米，离海最近处距海7千米；五十寨堡距离相邻城池30千米，离海最近处距海8千米；伏兵堡距离相邻城池10千米，离海最近处距海10千米。① 从以上描述可以看出，明朝廷对盖州卫的设置具有很强的规划性，其目的在于使主城与各个城堡之间能够遥相呼应，同时各城又能围绕海岸线形成完整而系统的防御链。

最后，从盖州卫城的城市形制看，其大小为780米×640米，筑城材料以砖石为主；熊岳堡大小为400米×400米，筑城材料为砖与条石；伏兵堡大小为410米×410米，筑城材料以砖石为主。② 可见，盖州卫城及所辖城堡的城池大多为长方形或正方形，体现了明朝卫所城市的典型特征。

第三节　明代商业城市个案研究

从明代中期开始，工商业的快速发展对各地方城市均产生了重大影响。首先，随着商业贸易的兴盛和人口数量的增加，部分城市在规模上不断扩大，到15世纪中期，全国范围内已经出现了30多个较大的城市。③ 其次，商业的发展刺激了地域性分工的出现，经济发展呈现出不平衡性，而城市与城市之间的物资交流则更为频繁。在明代，因为商业而发展起来的城市大致可划分为3种类型：第一种是随着

---

① 刘文斌：《明辽东地区海防聚落工程体系研究》，天津大学硕士学位论文，2012年。
② 刘文斌：《明辽东地区海防聚落工程体系研究》，天津大学硕士学位论文，2012年。
③ 秦佩珩：《明代城市经济论略》，《理论战线》，1958年第3期。

手工业的发展而繁荣的城市，如杭州、苏州、扬州等；第二种是因为处于水陆要冲而具备发展商业的先天条件，并以此为基础发展起来的城市，如漳州、宁波、广州等；第三种是因对固有的自然资源进行加工并将成品售出而发达的城市，如铜仁、遵化、大同等。对这些城市进行个案分析与讨论，有助于我们了解明代城市的经济发展概况，也有助于进一步探讨这些城市的发展轨迹及其对后世的影响。

一、全国丝织业中心——苏州

苏州地理位置优越，处于长江三角洲的中心地带，四周湖泊环绕，临近运河，其自隋朝开通大运河以来，就成为南北航运的重要枢纽。五代时期，割据政权亦重视此地的水利建设，苏州遂得到进一步开发，形成了网络式的水域格局，这不仅为城市发展提供了充足的水源，也为后来商品的流通和商人的来往提供了便利条件。元末明初的农民战争对苏州城破坏巨大，明朝政局稳定后，对苏州城进行了重点修筑，竣工后"苏城横五里，纵七里，周环则四十有五里"①。

随着社会经济的恢复，苏州在明朝中期成为江南地区乃至全国都有名的丝织业中心。嘉靖时期的史料中对此有这样的描述：

> 绫锦纻丝纱罗绸绢，皆出郡城机房，产兼两邑，而东城为盛，比屋皆工织作，转贸四方，吴之大资也。②

随着东南沿海丝织业的发展，形成了以苏州为中心的完善的丝织业产业链。据《苏州府志》，明末时期，苏州机户有数千户之多，这些机户大多拥有自己的厂房、机械设备、原材料和雄厚的资金，通过雇佣工人的方式不断扩大生产规模。更为重要的是，随着生产专业化程度的提高，受雇佣的众多工人开始有了分工协作，即有的工人负责洗净丝纱，有的工人负责纺织，出现了职能分工的雏形，这种生产方式又进一步促进了苏州丝织产品产量的增加。③

除了丝织业，苏州的布匹制造业也在全国享有盛誉；万历年间，苏州城内从事染坊工作的工匠有数千人之多；此外，苏州著名的手工业还包括刺绣、窑作、制铜、印刷、漆作、酿酒、玉雕等。大量史料记载了当时世人对苏州手工业产品的评价，从这些评价中可以推测出苏州手工业不仅规模庞大，而且技艺高超、产品精良，其产品是明朝权贵富商竞相购买的热门商品。例如，时人笔记中对苏州手工业产品以及工匠手艺有以下评价：

> 吴中绝技，陆之冈之治玉，鲍天成之治犀，周柱之治嵌镶，赵良璧之治梳，朱碧山之治金银，马勋、荷叶李之治扇，张寄修之治琴，范昆白之治三弦

---

① 顾炎武撰，黄坤等校点：《天下郡国利病书》，上海古籍出版社，2012年，第557页。
② 杨循吉：《吴邑志》卷十四《物产上》，嘉靖八年刻本。
③ 黄佩瑾：《明代城市经济发展的特点》，《铁道师院学报》，1986年第1期。

子，俱可上下百年保无敌手。但其良工苦心，亦技艺之能事……①

凡上供锦绮、文具、花果、珍羞奇异之物，岁有所增，若刻丝累漆之属，自浙宋以来，其艺久废，今皆精妙，人性益巧而物产益多。至于人材辈出，尤为冠绝。②

苏州的人口规模随城市经济的发展而变化。洪武二十六年（1393年），苏州共有491 514户、2 355 030人。在随后的一段时间里，苏州人口数量出现了减少的趋势，原因主要有以下两点：第一，大量人口向南京和北京迁徙，尤其是受永乐年间朝廷迁都北京的影响，南直隶境内人口数量总体上呈现减少趋势，苏州府也无法幸免；加之苏州城内大量工匠被调服役，也导致城内的人口数量减少。第二，明初，苏州府的官田比重较大，各级官僚对农民进行的剥削压迫，增加了名目繁多的赋税，导致农民负担过大，无法维持生活与生产，纷纷外逃，该现象主要集中出现在宣德年间。③ 但是，随着苏州城市经济的发展，手工业门类的细化和分工的出现以及商业的迅速发展，其城市人口数量又开始逐步增加。到了明朝中期，苏州府管辖的城镇户口一直维持在千户乃至万户的水平。例如，苏州吴江县下辖的黎里镇、同里镇、震泽镇和平望镇，在当时都已经成为手工业发达的著名市镇，嘉靖时期，上述几个镇的人口"居民二千余家"，"元以前无千家之聚，明成弘间居民乃至二千余家，坊巷井路，栋宇鳞次，百货俱集，通衢市肆以贸易为业者往来无虚日"④，同样的情况还出现在常熟县下辖的支塘、沙头、福山和梅李等市镇，这些地方亦为"居民可两千余家"⑤。通过以上引文可以看出，苏州手工业的发展不仅促进了城市的繁荣，也吸引了大批百姓迁徙至此参与工商业劳作，加上苏州城内商业贸易的发展吸引来的各方商人，使苏州人口持续增长。

随着手工业和商业的发展与城市人口增长，苏州城内的社会矛盾也逐渐体现出来。明朝政府既要维持苏州已有的繁盛，又要解决大量人口涌入城内带来的各种问题，于是开始重视加强城市建设并对其进行合理管理。

明代苏州城内和市郊的街巷见于史料的共有341条，这些街巷大多紧挨着城内棋盘般分布的河流而建。这种街道布局将苏州城的各个区域串联在一起，同时还可利用河道运送货品，促进了城内商业的发展。但由于进入苏州城进行交易的商人数量太多，沿河道路大多很快就损坏了。针对这种情况，苏州官府将城市内的道路修筑视为自己的重要职责，以便确保城内交通顺畅。

随着手工业的发展和商业的繁荣，苏州城内出现的另一个问题就是多条河流经常堵塞，有的河流甚至因为干涸而被居民占用。为了保证城内河流能够充分为运输

---

① 张岱：《陶庵梦忆》，中华书局，2007年，第20页。
② 王锜：《寓圃杂记》，中华书局，1984年，第42页。
③ 田培栋：《明代人口变动的考察》，《首都师范大学学报》，1996年第5期。
④ 陈蘷缠修，倪师孟纂：《吴江县志》卷之四《疆土》，民国年间石印本。
⑤ 嘉靖《常熟县志》卷二《市镇》，转引自姚建根：《江南城镇通史·明代卷》，上海人民出版社，2017年，第101页。

服务，苏州官府多次对河流进行疏浚。相关史料中记载了明代苏州城内大规模的河流疏浚工程：

  明弘治六年（1493），通判应能所浚。嘉靖元年（1522），佥事蔡乾；万历三十四年（1606）巡抚周孔教、把总王之义；万历四十五年（1617）巡抚王应麟再浚，支河悉疏。①

  另外，坐落于城内河流上的众多桥梁是支持苏州商业贸易发展的重要设施，地方志中记载，明代苏州城内的桥梁有108座。② 尽管数量多，但苏州城内的巨大人流量仍对桥梁造成了很大的负担，"城内外从桥而达者，日不下亿万众"③，而一旦城内有桥梁崩塌，就会严重影响居民的生产和生活。基于此，苏州官府也将桥梁的修筑视为自己的重要任务。

  因苏州为明代丝织业中心和商业贸易重镇，其也是朝廷安排重兵把守的城池。苏州守城士兵"昼夜守卫启闭，而锁钥苏州卫掌焉"④。为保证苏州辖区内各地作坊的正常生产以及进入苏州经商的客商的安全，朝廷在苏州各重要城镇都设置了巡检司，担任着"主缉拿盗贼，盘诘奸伪"，以及"俾率徭役弓兵警备不虞"⑤ 的任务。

  明朝时，我国封建社会中的商品经济的发展出现了新的趋势，不仅生产规模扩大，而且分工劳作、雇佣关系等新形式出现，孕育出资本主义的萌芽。⑥ 其中又以苏州城的发展为代表。明代的苏州拥有全国最先进的生产技术和生产关系，其经济的繁荣程度是北方城市无法相比的，"东北半城，皆居机户，郡城之东，皆习织业"⑦，全城范围内皆有着浓厚的商业气息。当时苏州城内的繁华和奢靡之风经川流不息的商贾巨商传播开来，对明代其他地区的城市文化和社会生活产生了潜移默化的影响。

  苏州商业的影响力不仅可以从横向角度进行比较和考量，也能从纵向角度进行探讨和分析。例如，明代苏州的新型生产关系和繁荣的商业，是清代苏州商业发展的基础。王世贞称，明代的苏州城无论是"财赋之所出"，还是"百技淫巧之所凑集"，或是"驵侩儓张之所倚窟"，都堪称天下第一繁雄郡邑。⑧ 需要强调的是，当苏州城市的商业职能逐渐发挥作用后，该城市原有的政治职能以及地方政治中心的性质也逐渐发生了变化，具体而言，即苏州原来为官僚阶级服务的城市格局逐渐弱

---

① 《吴门表隐》卷一，转引自吴奈夫：《明代苏州的城市建设及其管理》，《扬州大学学报》，2003年第4期。
② 吴奈夫：《明代苏州的城市建设及其管理》，《扬州大学学报》，2003年第4期。
③ 牛若麟：《重修阊门虹桥纪略》，转引自吴奈夫：《明代苏州的城市建设及其管理》，《扬州大学学报》，2003年第4期。
④ 吴宽等：《姑苏志》卷十六《城池》，正德元年刻本。
⑤ 张廷玉等：《明史》卷七十五《职官四》，中华书局，2000年，第1235页。
⑥ 黄佩瑾：《明代城市经济发展的特点》，《铁道院学报》，1986年第1期。
⑦ 王文清、沈嘉荣：《江苏史纲（古代卷）》，江苏古籍出版社，1993年，第67页。
⑧ 王世贞：《弇州续稿》卷二十八《送吴令湄阳傅君入觐序》，文渊阁四库全书本。

化，商业服务对象从以官僚阶级为主转变为以普通百姓为主。据道光《苏州府志》，在清朝初期，苏州城市内部的商业中心逐渐向城北移动，而城北正是苏州手工业生产者以及居民的聚集区，这也表明尽管明朝苏州城内的商业发展并未体现出对社会生活以及城市格局的影响，但经过长时间的积累，这一影响在清朝逐渐显现。王家范认为这是商业发展对城市形态、阶级构成、城市生活以及城市构造的影响，应该被视为在商业发展影响下的社会变迁的重要方面。①

从商业发展的角度对苏州城市进行深入剖析，是探讨明代社会经济发展以及其对后世影响的重要切入点，因为苏州不仅在明代商业体系中具有典型性，更重要的是其渐变式的发展过程有助于我们进一步分析清代商业发展的起源和过程，从而对明清两个时代的商业发展特征与社会变迁过程做出推论。

二、闽南大都会——漳州月港

漳州月港距漳州府城 50 里，整个海湾"外通海潮，内接山涧，其形如偃月"，因此被称为"月港"。

漳州月港是明代重要的对外贸易港口，其城市的兴起有以下两方面原因：

一方面，得天独厚的港口优势以及优越的水陆交通条件使漳州月港成为全国商品的集散地。明朝中期，商品经济规模扩大，海外贸易需求也随之增加。明初，朝廷禁止商人私自出海，东南沿海地区原本繁华的港口如福州港、泉州港等被强行关闭。而漳州月港则拥有独特的地理位置，以及广阔并且适合建设港口的海域，且其地地形错综复杂、岛屿众多，非常适合民间走私活动的开展，故全国各地的走私商品皆汇集于此。从景泰四年（1453 年）起，月港便成为走私贸易的重要港口，吸引了大批客商前来开展贸易，"凡福之绸丝，漳之纱绢，泉之蓝，福延之铁，福漳之橘，福兴之荔枝，泉漳之糖，顺昌之纸……其航大海去者，犹不可计"②。

另一方面，明廷承认月港的合法地位也促进了其城市的发展。明初，漳州月港的走私商人只是在朝廷无法盘查的情况下开展民间走私活动；至明代中期，朝廷意识到海禁政策对国家税收和地方经济发展的负面影响，于是从明穆宗时期开始逐渐对海禁予以取消，并开放月港港口，准许国外商船进入月港进行交易，同时也同意国内商船从月港出海开拓海外市场，该政策无疑极大地促进了该城市的发展。

基于上述原因，月港的对外贸易十分繁盛。首先，其地货物种类繁多。据《陆饷货物抽税则例》，漳州月港在万历三年（1575 年）时从国外引入的货物种类只有 55 种，万历十七年（1589 年）增加到了 83 种，万历四十三年（1615 年）增加到 116 种，包括香药类、珍品类、食品类、植物类、农副产品类、手工业产品类、皮

---

① 王家范：《明清苏州城市经济功能研讨——纪念苏州建城两千五百周年》，《华东师范大学学报》，1986 年第 5 期。

② 王世懋：《闽部疏》，成文出版社有限公司，1975 年，第 47 页。

制品类的产品等。其次,其地外贸交易量大、交易额高。据罗哈斯统计,整个万历年间平均每年从吕宋国流入明朝的白银有 30 万比索,在某些交易频率较高的年份甚至达到 50 万比索。① 自明代中期政府完全开放漳州月港以来,流入明朝的货币不仅数量庞大,而且种类繁多,包括西班牙、荷兰、日本、墨西哥、葡萄牙等国的近百种货币。再次,其地交易涉及多国。从输出商品的目的地看,大部分经月港输出的产品都被运往南面的中南半岛、南洋群岛以及东面的日本、朝鲜和琉球等 47 个国家和地区,对此《海澄县志》记载:"富人以财,贫人以躯,输中华之产,驰异域之邦,易其方物,利可十倍。"②

明朝中后期,月港因对外贸易而发展为区域经济中心城市。万历三十七年(1609 年),其地已经成为店商众多、商贾云集、颇具规模的贸易港口,在民间被称为"闽南大都会",曾任明代漳州府通判的王祥对其有以下描述:"奢竞仍民俗,纤华亦土功。杯盘萧鼓里,灯火绮罗中。茉莉头围白,槟榔口抹红。良宵上元节,纨扇已摇风。"③ 从赋税收入来看,万历十一年(1583 年),月港所征船舶停靠税费即有两万余两,④ 这从侧面反映出进出月港商船数量之多,以及该地区商业贸易之繁荣。明朝廷还制定了有利于月港发展的政策。万历时期,担任中丞的周起元曾说:"我穆庙时除贩夷之律,于是五方之贾,熙熙水国,剡艅艎,分市东西路。其捆载奇珍,故异物不足述,而所贸金钱,岁无虑数十万。公私并赖,其殆天子之南库也。"⑤

三、茶马互市重镇——大同

谭其骧先生曾在《山西在国史上的地位》一文中指出:明代山西边境城市大同很繁华且很有名,其中一个主要原因是明政府同蒙古人互市,尤其是在和平时期,大同是对蒙贸易的主要市场,同时作为一个商品流通的贸易集散地存在着。大同位于今山西、河北与内蒙古的交界处,历来是中原地区与北方少数民族人民往来通商的重要口岸城市之一。洪武七年(1374 年),出于政治、军事的考虑,朝廷设大同府,下辖 4 州 7 县。永乐年间,大同被列为九边重镇之一,被称为"京师之藩屏"⑥。大同为交通要枢,位于蒙古人入贡的必经之道,其地贡使络绎,商队接踵。从正统至隆庆年间,明廷曾在此三设马市,由此大同成为茶马互市的重镇,城市经济获得了较大发展。

互市亦称马市,是在明廷官方控制下的汉族和蒙古等族于指定地点进行一般贸

---

① E. H. Blair, J. A. Robertion, *The Philippine Islands*, 1493 — 1898, Vol. 22, Cloucester: Dodo Press, p. 269, 转引自苏文菁:《闽商发展史·漳州卷》,厦门大学出版社,2016 年,第 119 页。
② 陈瑛修,叶廷推纂:《海澄县志》卷十五《风土志》,乾隆二十七年刻本。
③ 沈定均修,吴联薰增纂:《漳州府志》中华书局,2011 年,第 1872 页。
④ 陈自强:《论明代漳州月港》,《福建论坛》,1982 年第 2 期。
⑤ 周起元:《东西洋考序》,载于张燮:《东西洋考》,中华书局,2005 年,第 17 页。
⑥ 顾祖禹:《读史方舆纪要》,中华书局,2005 年,第 1992 页。

易的场所。根据市场性质及规模，大同马市可以划分为官办大市和小市两种类型。① 大市一般每年只开放一次，规格较高，参与者大多是蒙古贵族，多集中于大同东部的繁华区域；而民间小市则集中于大同西面较为荒芜的地区，多在墩堡附近，或是在朝廷指定的区域进行交易。

马市的开设为汉蒙双方交换物资提供了便利的条件，明政府所需的大量战马和蒙古各部落所需的生活必需品如棉布、铁锅等均可通过互市实现交换。明代马市交易十分兴盛，开市期间，蒙古贵族带来大量马匹（其中也包括中上层牧民的马匹）和皮货等，换取中原地区的棉布、丝织品、锅釜、谷物等，"岁帛数十万，得马数万匹"②，"马每匹十金，费凡四万四千三十二两"③。隆庆五年（1571年），"大同得胜堡自五月二十八日至六月十四日官市顺义王俺答部马千三百七十匹，价万五百四十五两，私市马骡驴牛羊六千，抚赏费九百八十一两。新平堡七月初三至十四日官市黄台吉摆腰兀慎部马七百二十六匹，价四千二百五十三两；私市马骡牛羊三千，抚赏费五百六十一两"④。互市促进了边境贸易的发展，商业人口因之聚集，大同的城市规模也得以扩大。

马市贸易使得人烟稀少的大同变得商贾云集，"大同虽涉边徼，商旅辐辏，以浮靡相炫耀"⑤，"大同地方，军民杂处，商贾辐辏"⑥。其中有些是坐商，他们世世代代在此居住经商，多是山西人，正如史料记载："商贾俱出山右人，而汾、介居多，踵世边居，婚嫁随之。"⑦ 有些则是行商。例如，景泰四年（1453年），年富的奏疏云："山西、河南、真定、保定、临清等处，军民客商往大同、宣府输纳粮草、军装及贩马、牛、布、绢、香、茶、器皿、果品。"⑧ 又如，弘治十四年（1501年）刘宇奏云："大同十一州县军民铁器、耕具，皆仰商人从潞州贩至。"⑨ 尤其在隆庆和议之后，当地贸易更是盛况空前，谢肇淛记载大同"繁华富庶，不下江南，而妇女之美丽，什物之精好，皆边塞之所无者"⑩。这对繁荣蒙汉经济与密切民族间关系起了重要的作用。

随着马市制度的健全和管理的规范，大同不仅成为明朝北方重要的对外贸易城市，也因为大批商人的涌入、多种货品的聚集以及朝廷政策的支持而逐渐发展为北方重要的商业贸易城市，为其在后来的发展中逐步巩固自己晋冀蒙地区商业中心的地位奠定了良好基础。

---

① 余同元：《明代马市市场考》，《民族研究》，1998年第1期。
② 谷应泰等：《明史纪事本末》，中华书局，2015年，第1706页。
③ 瞿九思：《万历武功录》卷七《俺答列传中》，万历刻本。
④ 《明穆宗实录》卷六十一，北平图书馆红格本。
⑤ 吴辅修：《大同府志》卷七《风土》，乾隆四十七年重校刻本。
⑥ 戴金辑，蒋达涛等点校：《皇明条法事类纂》卷四十二，转引自刘建生等：《晋商研究》，山西人民出版社，2005年，第11页。
⑦ 胡文烨：《云中郡志》卷二，转引自刘建生等：《晋商研究》，山西人民出版社，2005年，第106页。
⑧ 《明英宗实录》卷二百三十六，北平图书馆红格本。
⑨ 《明孝宗实录》卷一百七十八，北平图书馆红格本。
⑩ 谢肇淛：《五杂俎》，上海书店出版社，2001年，第80页。

结 语

明朝从朱元璋于1368年建国到李自成军队于1644年攻占北京，历经12世、16位皇帝，国祚延绵276年。在这近300年的历史中，明代创造了许多辉煌成就，促进了城市的发展。明代初期，政府面对战争对城市造成的巨大破坏现状，采取了一系列重要措施来恢复与重建社会，促进了城市的建设与发展。明王朝在沿袭元代地方行政建置的基础上对之加以改进，建立了较为完善的以承宣布政使司（省）为一级行政单位的区域城市行政等级体系，该体系的建立对于明代政权的巩固和社会经济的发展起了重要的作用，也对后世城市体系的建立产生了深远的影响。可以说，明代是中国城市发展史上的一个重要时期，不仅起了承上启下的作用，而且也具有若干时代的特征。

一、明代城市的特征

明代早期，统治者为巩固统治加强集权，颁布了较为严苛的政治、经济法令，限制商业的发展，全力恢复农业经济。明代中期以后，外患加剧，政治宽松，经济变革，王朝内部发生了较大变化。王朝内部和外部环境的变化使得中期以后的明代社会具有了中国近代社会的部分特征。城市作为国家政治、经济、文化的载体，自然成为社会变化的集中反应之处。在明代中后期，城市的经济、文化还反过来影响着国家的政治、经济等。明代城市发展的特征比较明显，不同发展阶段的城市职能也不尽相同。总的来看，明代城市的特点可被归纳为以下6点：

（一）重视城池的修筑，筑城规模达到历史较高水平

明代统治者重视城池的修筑，这个国策从明代开国之时一直持续到末期。明代筑城次数多、持续时间长、涉及范围广。

"高筑墙、广积粮、缓称王"之政策，在朱元璋称帝之前就已经被实施。因蒙古族被称作马背上的民族，而城墙会妨碍骑兵掠地驰骋，再加上出于提防汉族的考虑，故元王朝基本禁止在都城以外的区域修筑城池。朱元璋与之相反，他的军队每攻克一城，必修筑城池，以巩固战果。明王朝建立以后，更是倚仗坚固的城池来抵御北部的蒙古人、东南沿海的倭寇以及西南少数民族地区的叛民。因此"高筑墙"的政策贯穿整个明代。根据相关资料统计，明代筑城次数最多的是洪武、嘉靖、万

历 3 朝，年均筑城次数最多的是隆庆、正德、崇祯 3 朝。可见，从洪武至崇祯年间，明廷一直在进行修筑城池的活动。明代筑城的总次数约为 7 489 次，其中筑府级城 1 034 次，占 13.8%，筑州、县级城 5 684 次，占 75.9%，筑其他类型（巡检司城、关城等）城 771 次，占 10.3%，涉及的城池数量为 2 199 座。可以说，明代筑城活动超过了以往的任何朝代。①

明代的筑城活动分为两种：第一种是对前代已有城池进行不同程度的修葺和加固，第二种是在军事要地新建城池。洪武年间新修城池较多，其中规模最大、影响深最远的当属信国公汤和奉命修筑的浙江海防 59 城。明代城市体系在洪武时已经初具规模。到了明代中期的嘉靖年间，北方少数民族及南方倭寇带来的压力加大，再加上火器被广泛应用于战争，城池的坚固性成为战争的关键。于是此时明廷多用砖对城池进行加筑，增强了城池的防御和反击能力。例如，加深加宽城壕，修建敌楼角楼，用金属材料包裹城门等等。明代中期以后城市的物理形态为清朝所继承，中国近代城市的形态和规模也于明代晚期基本确定。

（二）行政区划的变革影响建制城市体系

元代的行政区划存在的较大缺陷是一级行政区划不合理，元朝所辖范围比明朝广阔，但是其所设一级行政区比明代少，元代中书省、江浙行省、湖广行省、河南江北行省所辖范围非常大，但设立的二级行政区数量却偏少，因此不利于中央有效管理地方。元代地方行政体系也存在缺陷，不但层级过多，而且各层级之间存在着复式的统辖关系。②明代建国以后，明太祖吸取了这些教训，建立了更加完善的明王朝的行政体系。

明太祖将元代的中书省、江浙行省、湖广行省、河南江北行省这 4 个超大行省的管辖区域进行了重修划分，增加了一级行政区。中书省被划分为山西、北直隶（成祖时设）、山东 3 个一级行政区；江浙行省被划分为浙江、福建、南直隶 3 个一级行政区；湖广行省被划出广西、贵州 2 个一级行政区；河南江北行省划出河南布政司，其南部和西部被分别划归南直隶和湖广布政司。

明廷在重新划分的一级行政区内设置了建制城市。原有的一些城市被设为新的府级城市，一些路城则被降为州级或者县级城市。行政建制城市是明王朝在地方的政治据点。例如，省会城市相关政府机构不但要管理城市自身，还要管理整个行政区。其中较为典型的是云南和贵州，元廷对云贵地区的管理较为宽松，明廷为加强对这两个地方的统治，在当地修筑了城池，并构建了城市体系。尤其是贵州，在明代之前当地几乎没有城池，明太祖于此先设卫所，又于卫所驻扎之处修筑了卫城、所城，明太宗又将贵州的卫、所城市改设为州、县城市，进一步强化了贵州地区城市的行政管理职能。

---

① 张映莹等：《中国古代营造类工官》，文物出版社，2011 年，第 254—255 页。
② 周振鹤：《中国地方行政制度史》，上海人民出版社，2005 年，第 74 页。

（三）军事系统变革推动了边疆军事城市的兴起

明王朝与北元的战争旷日持久，故明太祖采纳了"屯守戍边"的建议，在北方实施"以守备战"的政策。因此，明太祖改革了军事系统，吸取了汉代分屯缘边军备制度的优点，创造了明朝独有的都司卫所军事制度。明廷在地方设立都指挥使司，并于其辖区内各个军事要地设立卫，再于卫之下设立千户所、百户所。明廷还根据实际情况分别修筑都司城、卫城、所城，用城池进一步加强地方的军事防御能力。明代军事系统的独特之处还在于耕战结合：军队平时屯耕，战时出征。

明代都司卫所的军事据点——军城，不但拥有城市的物质形态、建筑、设施，还拥有大量固定人口，同时配有军事屯田、手工业生产机构、教育机构等等，它们构成了明代特有的军事城市系统。

军事城市系统内的城市按照等级可分为都司城、卫城、所城3种主要类型。明代军城的分布比较有特色，北部边境军城为重镇型，即朝廷在各个军事要地设立重镇，以镇为中心点，形成不同层级的军事聚落，分区保卫北部疆域；东南地区的军城为沿海型，设置目的为抵御倭寇入侵；内地军城为交通要道型，普遍设立在水陆交通枢纽，既方便了物资运输，也便于行军。明代的卫、所城市在明初军事贡献较大，稳定地方社会的作用十分明显。到了明代中后期，卫所系统开始衰落，九边重镇兴起，处于九边重镇辖区内的城市成为新兴的军事城市。

（四）明代中后期城市经济发达，手工业出现雇佣关系

明代中后期，全国经济格局发生了变化。其中江南地区出现了资本主义的萌芽，究其原因有二：首先，是人身依附关系的松懈。明初朝廷实行了严密的户籍管理制度，在农村实行里甲制，在城市实行坊厢制。百姓不能随便脱籍迁徙，这对百姓的自由择业有着重大限制。但是明中叶以后，朝廷实行"一条鞭"法，国家更加重视对土地的控制，而放松了对丁户的控制。于是，老百姓获得了人身自由，自由择业机会增加。尤其是手工业者，他们脱离了匠籍，成为自由劳动力，为后来的资本主义萌芽创造了条件。其次，明代中后期土地兼并情况严重。在中国人的传统观念中，土地是生存的保障和财富的象征。因此，明代皇室、官员、商人均以获取大量土地作为储备财富的方式。这导致了明代后期土地掌握在少数人手中，失去土地的农民人数增加。这还导致了两个结果：一是各地此起彼伏的起义，冲击了稳固的统治体系，进一步给人身关系松绑；二是人员流动的可能性大增，富庶地区获得了更多自由劳动力，雇佣生产关系由此开始形成，如江南地区的丝织业、棉织业，浙江的榨油业，广东沿海地区的采矿冶炼业，均出现了雇佣关系。

（五）市民力量的增长和城市文化的兴起

明代中期，大量农村人口迁移到城市中，既扩大了城市规模，又加大了城市社会构成的复杂性。这些农村人口由于出身不同，来到城市中便可能处于不同的阶

层;而新出现的阶层可能对原来的城市社会结构产生冲击,导致城市原居民阶层发生变化。商人、手工业者在城市人口中所占比例增大,再加上城市中原有的士绅、官员等,城市中出现了一个稳固的市民阶层。明代中后期的市民是就居住地而言的,他们都居住在城市里,是完全脱离农村经济的城市居民。市民的力量在万历年间反对矿税使的斗争中得到体现,其时明代城市成为反矿税使的主要斗争场所,市民成为反矿税使的主要斗争力量。中国古代社会中的群体起义多起于农民阶层,而明代万历年间市民阶层的起义此起彼伏,这证明了明代中后期市民意识的萌芽以及市民力量的增强。

另外,明代中后期朝廷为解决内部财政危机,放宽了对矿场的限制,私人矿场数量剧增,再加上卖官鬻爵情况较盛以及地区性商业行会的出现,商人的地位提升、影响力扩大。对城市影响最大的是富商们奢侈的生活方式,城内上至官员下至儒生均追求奢华的生活。这种奢侈之风"大抵始于城市,而后及于郊外;始于衣冠之家,而后及于城市"①。城市内的消费场所如南京的秦淮河,即使到了夜晚也灯火通明。另外,城市生活的变化还带动了早期旅游业的发展,其成为城市生活的一种风尚。到了晚明时期,受整个城市消费文化的影响,明代社会转变为"消费社会"②。这种城市文化在中国历史中具有独特性。

(六) 明代城市继承了元代城市的特点,对清代城市具有持续影响

将明代城市放在纵向时间轴上来看,具有承上启下的作用。20世纪上半叶,史学界开始用一种超越王朝的视角来审视中国历史的分期,他们将划分的标准拓展到政治的民族阶层背景、制度实施状况、经济社会演变,最为重要的是下层社会和地方社会的性质演变与形态变革。③ 基于这样的研究逻辑,学界出现了一种"明代中期变革说",认为明代中期是中国历史变革的重要节点。其中以李治安为代表,提出了"元及明代前期"的概念,将元代和明代前期划入同一历史阶段,并充分论证了元代和明代之间的继承关系。④ 那么明代城市与元代城市是否也具备继承关系呢?答案是肯定的。

明代继承了元代的城市布局,尤其是元代南北城市之间的关系,在明代得到延续及进一步发展。元代定都大都,提高了北方地区的政治地位。明成祖迁都北京,一方面与加强北部边防有关,另一方面也与北京城的基础较好和北方城市体系较为成熟密切相关。明成祖迁都以后,继续维持北方的政治中心地位,此时北方城市也得到进一步发展:北方5地的城市密度为+0.00009(南方各地城市密度为−

---

① 归有光著,周本淳校点:《震川先生集》,源流文化事业有限公司,1983年,第84—85页。
② 巫仁恕:《品味奢华——晚明的消费社会与士大夫》,中华书局,2008年,第24页。
③ [美]孔飞力著,谢亮生等译:《中华帝国晚期的叛乱及其敌人》,中国社会科学出版社,1990年,第3页。
④ 李治安:《元代及明前期社会变动初探》,《中国史研究》,2005年S1期。

0.00005），比南方各地城市密度高。①

明代继承和改革了元代的行省制度，故两朝建制城市在行政层次上具有延续性。元代创建的行省分寄式中央集权制度是对中央与地方关系的一种创新；明代虽然废除了行省制，但实际上依旧以省为单位进行地方管理，明清的三司、督抚大体上都沿袭了元行省分寄式中央集权的模式。②明代在继承和改革元代行省制度的基础上，将全国划分为两京十三司，其建制城市体系便是在两京十三司行政体系内构建的。明代作为地区行政中心的省城、府城，多由元代的路城演变而来，州城则有所变化，县级城市变动不大。总的来看，明代建制城市的用地规模（城垣）和行政等级与元代建制城市的用地规模（城垣）和行政等级之间具有承袭关系。

明代还沿袭了元代的分封制度，故宗室人口对地方城市影响较大。中国历史发展到宋代，宗室分封制度已经基本消失。元代通过草原封国、中原食邑和投下私属等形式又激活了宗室分封制度。这种分封制度为明代所沿袭，朱元璋将20多个子（孙）封为藩王，令其就藩于各地名都大邑。宗室人口的到来，对各地的封藩城市产生了较大影响：不同等级的王府的修筑影响着城市形态与城市布局，尤其是宫室规格、千步廊的铺筑，对城市整体布局要求甚高，以至于明代多个封藩城市需要扩建来满足此项要求，如成都城、武昌城、济南城、太原城等均曾扩建。宗室人口的用度由地方供给，对城市经济造成了影响，到了明代中后期，宗室人口利用特权在封藩城市内经商而扰乱城市秩序的情况较多。甚至影响到国家财政系统。综上，宗室人口在封地的行为举止、生活方式对城市文化、秩序等均产生了较大影响。

在经历了明中期的变革以后，明代社会发生了变化，这些变化对后来的清代也产生了较大影响。赵世瑜先生用"无明不清"来概括区域社会内明清两朝的承接关系。③孟森先生更是认为"清无制作，尽守明之制作，而国祚亦与明相等"④，认为清代没有创新治国之制，以承袭明代制度为主，甚至连王朝寿命也与明相差无几。万志英认为，鸦片战争前中华的特征是一种"王朝循环"，中华"晚期帝国"框架始于明代后期的100年，不仅在清朝，而且在帝制以后的现代世界，都赋予国家和社会一种特殊的面貌和性质。⑤这些观点说明了明代与清代之间的延续性和继承性。明代城市和清代城市之间也有这种继承和发展的关系。笔者认为，明代城市对清代城市至少有以下两方面影响：

其一，明清两代的城市形态之间具有承接性。明代城市发展到明中期以后，在城市形态上出现了较大变化，城池修筑的材料由土木变为砖石，城市内也出现了许

---

① 具体分析见本部分第二章第三节。
② 李治安：《行省制度研究》，南开大学出版社，2000年，第524页。
③ 赵世瑜：《"不清不明"与"无明不清"——明清易代的区域社会史解释》，《学术月刊》，2010年第7期。
④ 孟森：《明史讲义》，中华书局，2009年，第18页。
⑤ [美]司徒琳主编，赵世瑜等译：《世界时间与东亚时间中的明清变迁（下卷）：世界历史时间中清的形成》，生活·读书·新知三联书店，2009年，第3页。

多砖石结构的建筑。城市建筑材料的改变首先出现在中央级城市和地方政治中心城市，到了明代末年，县级城市和小型军城均被改筑，全国城池被普遍改筑为砖石城池，这种城池形态一直被保留到清代。

其二，明代军城系统为清代扩大建制城市系统奠定了基础。明代的卫、所城市到了清代被政府改制，多被由军城改为建制城市，卫被改为府、州城，所被改为县城，成为地方行政中心。这类城市自明代被设立、修建，到清代被改制并纳入地区建制城市体系，具有一定的承接性。例如，明代运河地区的卫、所城市保留了较长时间，但清人认为"议者皆知卫所可裁，但以漕运之故，以为或累于民。臣窃思，漕运卫所有限，其非漕运卫所者甚多，若将不运粮卫所归并附近州县管理，则有四大利……故臣以为，除运粮卫所及边方卫所不裁外，其余尽行归并相邻州县官有司管理"①。

以上6点为明代城市的独特之处，体现了明代政治、军事、经济、文化多方面的特点。尤其是明代中后期经济变化对城市的影响，使得明代中晚期的城市更具城市本身的特性：城市经济发达，城市文化繁荣，市民意识增强。这些都是唐代和宋代城市所不具备的特点。

二、明代城市发展动力与阻碍因素探讨

明代城市经历了中国古代城市的一个发展周期：元末城市的破坏—明初城市的恢复—明中期城市的兴盛—明末城市的衰落。这个周期共4个阶段，每一个阶段城市发展的动力和影响因素各不相同。推动明代城市发展的动力不仅有来自国家的政治因素，也有多种社会变革因素，特别是明中期以后商品经济的大发展、区域和跨区域市场体系的建立以及交通网络的完善，都对明代城市的发展产生了巨大的影响。明后期，政治腐朽，宦官专权，土地兼并严重，灾害频仍，阶级矛盾和民族矛盾十分尖锐，这些因素导致城市发展进入衰落阶段。

（一）明代早期政治因素是城市发展的重要动力

明代早期，城市发展的主要动力来源于政府的行政力量。洪武至宣德年间，帝国新建，面临着对内稳定社会与对外防御入侵的双重任务。在此形势下，各地的城市成为明廷完成这两项任务的着力点，明廷根据实际情况对不同地区的城市采取了不同的施政策略。

1. 重新划分行政区，明确地方行政中心城市

明代政府重新进行了政治区域的划分，废除元代"路"这一区划，将全国划分为两京十三司，并在每个区域内根据地方实际情况确立区域行政中心城市。总体来说，省级城市调整较少，府县级城市有所变动。

---

① 魏裔介：《兼济堂文集》，中华书局，2007年，第39页。

2. 修筑行政中心城市城池,确保政治中心城池的完备

在确定行政区划以后,明廷投入了大量人力、物力进行城池的修筑。南、北两京和13个省城都率先完善了城墙,加强了防御型设施的建设。普通府、县级城市于明代中期得以修筑,到了明代末期,全国城池都基本完成了砖石的改造,部分军事要城还加修了具有反击功能的防御设施,如角楼、雉堞、女墙、敌楼等等。

3. 设立城市管理机构,确保城市社会秩序

明代城市管理机构的设置比较模糊,值得一提的是大型城市内均设有兵马司,以负责城市的治安。

4. 封藩王于名都要塞,加强中央对地方的控制

明太祖将他的儿孙们分封到各都要塞,代表中央管理地方。藩王作为皇室的代表,在地方享有特权。明代中期以后,宗室人口越来越多,渐渐变成各大城市的负担。

5. 绑定城乡居民户籍,维持社会稳定

明王朝为了维持社会稳定秩序、减少社会流动、充分发展农业,用户籍制度将城乡居民"捆绑"在固定地区,如城市居民依坊厢编籍,商人入城市经商须取得市籍。这样做是为了最大限度地保证人口的稳定性和社会的单一性。

明代早期的城市依靠行政力量获得了迅速发展的基本条件,但过度的行政干预也束缚了城市的自发动力机制。洪武至正统年间,政府强力控制社会,整个国家的政治、经济、文化都处于紧缩状态。例如,洪永时期政府将起义时期的"杀富济贫"发展为"夺富济国",以贫富差距的缩小换取社会秩序的稳定。国家政策层面始终坚持以农立国,严格控制商业贸易,减少了社会多元发展的可能性。例如,东南有海禁,西北有茶禁、马禁,内地有矿禁、盐禁,人民与土地绑定在一起,流民会面临严苛的刑罚。因此,笔者认为,明代早期城市的发展动力虽然是政治因素,但统治阶级并非刻意为之,城市也不是统治者重点发展的对象,只能说早期的政治因素为明代城市发展创造了基础条件。在这样的背景下,弘治以前的大部分城市以政治职能为主。于是,明代早期的城市之间差别不大,职能区分也不明显,在全国范围内占据中心地位的都是政治型城市。

(二) 明代中期经济繁荣推动城市发展

明代中期以后,城市迎来了经济和社会发展的春天。其时国家制度发生变革,土地管理制度崩坏,使人民得以从土地上解放出来;国家赋役货币化进一步促进了百姓往经济发达地区流动;国家行政控制的减弱客观上促进了全国经济贸易的繁荣。得益于政治环境的宽松,全国商业发展迅速,各地区域性市场率先建立,而后长途贸易又将区域性市场纳入全国市场体系。当国内市场和国际市场相继打开局面以后,乡村经济与城市经济间建立了更密切的联系,并与国际贸易有了联系。受国内市场和国际市场需求的刺激,城乡手工业生产达到前所未有的规模,棉织、丝织、榨油、印刷等先进行业均出现了雇佣关系。这些社会变革对城市产生了巨大的

影响，使其成为明代中后期政治、经济、文化的汇集地。城市社会也不再只具有单一的农业属性，还有了更突出的商业特征，形成了颇具近代特色的帝制农商社会特征。① 总的来看，在商业蓬勃发展的背景下，城市的变化主要有以下4点：

1. 城市职能的分化

如果说明代早期的城市只有政治和军事两种类型的话，明代中后期则发展出了经济型城市。经济型城市的经济职能转化为聚集力，这种经济聚集力超越了政治聚集力，吸引着大量人口、物资前往经济发达地区的城市。这类城市的手工业生产、贸易职能超越了政治管理职能，发展为手工业生产基地和贸易地。这类依靠经济发展起来的城市，被称为工商业城市。

2. 区域经济中心城市崛起

建制城市以行政级别来决定地位。明代中后期，许多经济发达的城市依靠交通位置、物资产出、手工业技术、市场开放度等发展为区域的商业中心城市。经济力量不同于行政力量，它具有自然吸引力，即人口和财富的聚集都遵循经济发展规律。这也使得各地的经济中心城市具有可持续发展的能力，其经济中心的地位一直延续到后世。

3. 区域城市商业圈的形成

明代江南地区集中了大量商业城镇，这些城镇既是手工业生产基地，又是贸易集散地。最为特殊的是，由于该地区大中型城市多，水陆交通便利，城市之间联系紧密，物资运输成本小，故而形成了城市商业贸易圈。例如，苏州府、松江府、常州府因地理位置接近、水陆交通便利、产业结构互补从而抱团形成江南手工生产和贸易经济圈；湖广地区的郧阳府、荆州府以及长沙府也因农业经济发达形成农业经济圈，拥有了"湖广熟、天下足"的声誉。

4. 小型市镇的迅速发展

市和镇为两个不同的概念。市场交易在明代中后期完全发展了起来，按集会时间的不同市镇可分为多种类型。镇本是小型农村聚落，因其地交易频繁而形成固定的贸易市场，又因市场的发展而吸引了客商前来。于是这种小型农村聚落发展为具有城市经济意义的"城"。市镇处于行政体系之外，纯粹因经济而兴，是明代商品经济发展的产物。另外，小型市镇也是城市经济延伸至农村而形成的最小交易单位，充分证明了明代经济型城市的影响力和辐射能力。

明代中期，城市变成反映国家各种力量此消彼长关系的载体。此时，政治束缚开始减弱，尤其是经济方面的变革，对明代统治者来说，是一种面对财政压力和社会发展而不得不做出的妥协。这种妥协导致国家政治控制力度减弱，是国家权力的退让。但是，这种退让促进了城市的全面发展。民间的手工业、商业贸易使得城市与乡村差距拉大，城市具有了独立于农业经济的商业贸易经济。随之而来的巨大进步就是城市文化和市民社会的兴起，这是民间经济力量发展到一定程度后获得的政

---

① 赵轶峰：《明代中国历史趋势：帝制农商社会》，《东北师大学报》，2007年第1期。

治权利。依靠这种权利，市民社会甚至有了跟统治阶级合作和对话的可能性。于是，城市不但成为经济中心、文化中心，甚至成为市民社会的政治中心。

（三）明代晚期天灾人祸破坏城市的正常发展机制

与商业的极度繁盛相反，明代中后期政治日益腐朽。政治统治是帝国得以存在的一切基础，城市发展与国家政治是"毛"和"皮"的关系，皮之不存毛将焉附。从万历十五年（1587年）至崇祯年间，国事日渐衰败。国家内部，矿税挖空了富庶之地的经济再生之本；官场上，宦官专权，文臣争斗；社会秩序如脱缰之马，超出了政治集团的掌控，农民起义更是此起彼伏。国家外部，建州女真立国，野心勃勃地发动了多次战争。再加上天灾频发，灾荒、瘟疫、鼠疫造成了农业减产、流民增多、死亡人口增加。明代晚期的城市处于动荡和战乱的社会之中，其发展也进入末期。

1. 腐朽的政治阻碍了城市的经济发展

明代后期的商业浪潮冲击了社会各个方面，使财富成为衡量社会地位的指标之一。因此权贵多利用特权攫取财富。首先对城市经济秩序造成破坏的是各类皇店，然后是万历年间的矿税，统治者采用类似于抢劫的方法洗劫富裕之民，导致城市一片混乱，经济秩序再也无法恢复。

2. 灾荒、瘟疫造成城市人口剧减

明代遭逢中国历史上的小冰期，寒冷的气候导致北方土地歉收。然而国家因战事吃紧，赋税不减反增，以至于大量农民逃荒，流动人口增加。伴随灾荒而出现的是连续爆发的瘟疫，这两项天灾导致明代晚期许多城市一片荒凉。

3. 农民战争爆发破坏了城市

政治统治的漏洞导致民不聊生，政府只有采用杀鸡取卵的办法加倍剥削农民。最终，在天灾和人祸的双重压力下，明末各地爆发了农民起义。北方大部分城市被卷入战争之中，战争过后城市几乎只剩下一片废墟。

晚明时期，城市深受统治集团腐朽政治的影响，呈现出衰败的趋势。值得注意的是，这种生命周期尽头的出现，并不是明代城市本身发展机制的缺陷造成的，而是封建王朝的政治缺陷所致。自明代中期开始，财政赤字就困扰着统治集团，但是统治阶层并没有采取有效措施改进帝国的财政税收体系，也没有裁汰军政冗员、减少宗室俸禄、实行贸易开放，而是用政治手段扰乱了经济秩序甚至政治秩序，这才导致内部矛盾的加剧。明代晚期城市中的民间财富变成了明王朝填补政治漏洞的砖石。最终由于统治系统的千疮百孔，不但城市经济秩序完全被破坏，明帝国的江山也一并被葬送。

史学界有一种观点认为，明王朝因其保守和故步自封，错失了占领世界格局中心的先机。隆庆以后，明廷已经开放海禁，但遗憾的是，政府满足于区域性大国的地位，仅仅打开了半扇国门，没有远见和魄力迈步走向世界。葡萄牙人于嘉万年间抵达中国东南沿海地区，将科技、产品、技术带到了中国，例如，佛郎机炮、红夷

大炮等。这些武器被运用于明代后期的攻城战中,改变了中国的政治格局,表明中国本土研发的武器已经开始落后于世界。实际上,从武器技术方面已经可以看出西方科学的发展势头,而葡萄牙、西班牙人抵达中国的现实也反映了西方航海技术的先进性和西方人强势扩张的野心。然而这一切都没能引起明王朝统治阶层的重视。与其说16世纪的中国还保有世界先进大国的地位,倒不如说16世纪初西方殖民主义的成熟仍尚需时日。随之而来的清朝,继承了明代保守的治国传统,使中西间差距越拉越大。1840年鸦片战争爆发,西方国家最终用武力强制将中国拉入世界贸易体系和殖民体系之中。中国沿海城市因战争失败而被迫开埠通商,之后随着开埠城市数量的增多,中国古代城市逐渐被动地迈上了近代化的道路。

参考文献

元代城市参考文献

一、史料

（一）古籍及方志

1. ［唐］李延寿：《北史》，北京：中华书局，1974年。
2. ［明］钱士升：《南宋书》，刘晓东等：《二十五别史》，济南：齐鲁书社，2000年。
3. ［元］脱脱等：《金史》，中华书局编辑部：《"二十四史"（简体字本）》，北京：中华书局，2000年。
4. ［明］宋濂等：《元史》，中华书局编辑部：《"二十四史"（简体字本）》，北京：中华书局，2000年。
5. ［民国］柯劭忞等：《新元史》，戴逸：《（简体字本）二十六史》，长春：吉林人民出版社，1999年。
6. ［清］魏源：《元史新编》，扬州：江苏广陵古籍刻印社，1990年。
7. ［元］刘应李：《大元混一方舆胜览》，詹友谅改编，郭声波整理，成都：四川大学出版社，2003年。
8. ［元］孛兰肹等：《元一统志》，赵万里校辑，北京：中华书局，1966年。
9. ［清］毕沅：《续资治通鉴》，长沙：岳麓书社，2008年。
10. 李修生：《全元文》，南京：凤凰出版社，2004年。
11. 吴海京：《资治通鉴续纪》，北京：中国文史出版社，2013年。
12. 王毓瑚校：《王祯农书》，北京：农业出版社，1981年。
13. ［元］忽思慧：《饮膳正要注释》，尚衍斌等注释，北京：中央民族大学出版社，2009年。
14. 黄时鉴：《通制条格》，杭州：浙江古籍出版社，1986年。

15. 方龄贵：《通制条格校注》，北京：中华书局，2001年。
16. 作者不详：《沈刻元典章》，北京：中国书店，2010年。
17. ［元］张德辉：《塞北纪行》，出版地不详：出版者不详，出版时间不详，皇朝藩属舆地丛书本。
18. ［清］于敏中等：《日下旧闻考》，北京：北京古籍出版社，1981年。
19. 赵逵夫：《历代赋评注（宋金元卷）》，成都：巴蜀书社，2010年。
20. ［元］周南瑞：《天下同文前甲集》，出版地不详：出版者不详，出版时间不详，雪堂业刻本。
21. ［元］王恽：《秋涧先生大全文集》，张元济等：《四部丛刊初编》，上海：商务印书馆，1919年。
22. ［元］王结：《文忠集》，中央图书筹备处：《四库全书珍本初集》，上海：商务印书馆，1935年。
23. ［元］刘因：《静修先生文集》，北京：中华书局，1985年。
24. ［元］苏天爵：《国朝文类》，北京：商务印书馆，1958年。
25. ［元］苏天爵：《滋溪文稿》，陈高华、孟繁清点校，北京：中华书局，1997年。
26. ［元］魏初：《青崖集》，中央图书筹备处：《四库全书珍本初集》，上海：商务印书馆，1935年。
27. ［金］丘处机：《丘处机集》，济南：齐鲁书社，2005年。
28. ［宋］周密：《癸辛杂识》，吴企明点校，北京：中华书局，1988年。
29. ［元］余阙：《青阳先生文集》，张元济等：《四部丛刊续编》，上海：商务印书馆，1934年。
30. ［元］黄溍：《黄文献公集》，北京：中华书局，1985年。
31. ［元］许有壬：《圭塘小稿》，台湾商务印书馆：《景印文渊阁四库全书》，台北：台湾商务印书馆，1983年。
32. ［清］顾祖禹：《读史方舆纪要》，贺次君、施和金点校，北京：中华书局，2005年。
33. ［明］叶子奇：《草木子》，北京：中华书局，1959年。
34. ［宋］俞德邻：《佩韦斋文集》，北京：国立故宫博物院，1931年。
35. ［元］胡祗遹：《胡祗遹集》，魏崇武、周思成点校，长春：吉林文史出版社，2008年。
36. ［元］袁桷：《清容居士集》，张元济等：《四部丛刊初编》，上海：商务印书馆，1919年。
37. ［元］朱德润：《存复斋续集》，张元济等：《四部丛刊初编》，上海：商务印书馆，1934年。
38. ［元］陆文圭：《墙东类稿》，［清］盛宣怀、缪荃孙：《常州先哲遗书》，南京：南京大学出版社，2010年。

39. 罗月霞：《宋濂全集》，杭州：浙江古籍出版社，1999年。
40. ［元］顾瑛：《玉山璞稿》，北京：中华书局，1985年。
41. 王颋：《虞集全集》，天津：天津古籍出版社，2007年。
42. ［元］郝经：《郝文忠公陵川文集》，秦雪清点校，张儒审校，太原：山西人民出版社，山西古籍出版社，2006年。
43. ［清］刘咸炘：《推十书（增补全本）》，上海：上海科学技术文献出版社，2009年。
44. ［元］陶宗仪：《南村辍耕录》，文灏点校，北京：文化艺术出版社，1998年。
45. ［元］周伯琦：《近光集》，出版地不详，出版时间不详，淡生堂祁氏抄本。
46. ［金］元好问：《元好问全集》，太原：山西人民出版社，1990年。
47. ［明］丘浚：《大学衍义补》，［清］纪昀等：《文渊阁四库全书》，北京：人民出版社，2015年。
48. 李叔毅、傅瑛：《石田先生文集》，郑州：中州古籍出版社，1991年。
49. 许崇灏：《琼崖志略》，台北：正中书局，1947年。
50. ［元］陈大震：《大德南海志残本》，广州：广州市地方志研究所，1986年。
51. ［清］赵翼：《陔余丛考》，北京：商务印书馆，1957年。
52. 《中华野史》编委会：《中华野史》，西安：三秦出版社，2000年。
53. ［元］李志常：《长春真人西游记》，王云五：《丛书集成初编》，上海：商务印书馆，1937年。
54. ［明］何乔远：《闽书》，福州：福建人民出版社，1995年。
55. 祖生利、李崇兴：《大元圣政国朝典章·刑部》，太原：山西古籍出版社，2004年。
56. ［元］徐硕：《嘉禾志》，台北：成文出版社，1984年。
57. ［元］王元恭：《至正四明续志》，中华书局编辑部：《宋元方志丛刊》，北京：中华书局，1990年。
58. 江苏省地方志编纂委员会办公室：《江苏省通志稿》，南京：江苏古籍出版社，1993年。
59. ［清］左辅：《（嘉庆）合肥县志》，合肥：黄山书社，2006年。
60. ［清］谢启昆、［清］胡虔：《广西通志》，南宁：广西人民出版社，1988年。
61. ［元］俞希鲁：《至顺镇江志》，贾秀英等点校，南京：江苏古籍出版社，1990年。
62. ［明］杨循吉等：《吴中小志丛刊》，陈其弟点校，扬州：广陵书社，2004年。
63. 景德镇市志编纂委员会：《景德镇市志略》，上海：汉语大词典出版社，1989年。
64. 富阳县地方志编纂委员会：《富阳县志》，杭州：浙江人民出版社，1993年。
65. ［元］熊梦祥：《析津志辑佚》，北京：北京古籍出版社，1983年。
66. 北京市地方志编纂委员会：《北京志·综合经济管理卷·物资志》，北京：北京出版社，2004年。

67. 本书编委会：《中国边疆史志集成》，北京：全国图书馆文献缩微复制中心，2005年。

68. 日喀则地区政协文史资料编委会：《日喀则地区文史资料选辑》，拉萨：西藏人民出版社，2005年。

69. 宁波市地方志编纂委员会：《宁波市志外编》，北京：中华书局，1988年。

70. 陈显远：《汉中碑石》，西安：三秦出版社，1996年。

71. 孙勐、罗飞：《北京道教石刻》，北京：宗教文化出版社，2011年。

72. ［宋］徐梦莘：《三朝北盟会编》，出版地不详：海天书店，1939年。

（二）资料汇编

1. 吴坚：《西北文学文献（第三卷）》，甘肃省古籍文献整理编译中心：《中国西北文献丛书》，兰州：兰州古籍书店，1990年。

2. 内蒙古地方志编纂委员会总编室：《内蒙古史志资料选编：第三辑》，呼和浩特：内蒙古地方志编纂委员会总编室，1985年。

3. 张星烺：《中西交通史料汇编》，北京：中华书局，1978年。

4. 方国瑜：《云南史料丛刊》，昆明：云南大学出版社，2001年。

5. 王国维：《蒙古史料校注四种》，北京：清华学校研究院，1926年。

6. 云南省水利水电勘测设计研究院：《云南省历史洪旱灾害史料实录：1911年（清宣统三年）以前》，昆明：云南科技出版社，2008年。

7. 骆伟、骆廷：《岭南古代方志辑佚》，广州：广东人民出版社，2002年。

8. 本社编辑部：《中国历代食货志正编》，台北：学海出版社，1970年。

9. 吴曾祺：《涵芬楼古今文钞简编》，王云五：《万有文库：第一集一千种》，上海：商务印书馆，1929年。

10. 屈文军：《宪台通纪（外三种）新点校》，香港：华夏文化艺术出版社，2006年。

11. 熊宪光、徐志奇：《古今逸史精编》，重庆：重庆出版社，2000年。

12. 俞光：《温州古代经济史料汇编》，上海：上海社会科学院出版社，2005年。

13. 邓绍基、周绚隆：《历代文选·元文》，石家庄：河北教育出版社，2001年。

14. 广西民族研究所：《广西少数民族地区石刻碑文集》，南宁：广西人民出版社，1982年。

15. 谭景玉、张晓波：《古代鲁商文化史料汇编》，济南：山东人民出版社，2010年。

16. 蒲坚：《中国古代法制丛钞》，北京：光明日报出版社，2001年。

17. 陈得芝等：《元代奏议集录》，杭州：浙江古籍出版社，1998年。

18. 叶新民：《辽夏金元史徵·元朝卷》，呼和浩特：内蒙古大学出版社，2007年。

19. 孙文学：《中国财政历史资料选编：第7辑（元代部分）》，北京：中国财政经济出版社，1988 年。
20. 本社编辑部：《中国历代食货志正编》，台北：学海出版社，1970 年。
21. 杜斗城：《正史佛教资料类编》，兰州：甘肃文化出版社，2006 年。
22. 陈西进：《蒙元王朝征战录》，北京：昆仑出版社，2007 年。
23. 中华妈祖文化交流协会等：《妈祖文献史料汇编》，北京：中国档案出版社，2007 年。
24. 宝力格：《草原文化研究资料选编：第七辑》，呼和浩特：内蒙古教育出版社，2012 年。
25. 潘超等：《中华竹枝词全编》，北京：北京出版社，2007 年。

二、近人研究专著及论文

（一）国内外研究专著

1. 韩儒林：《元朝史》，北京：人民出版社，1986 年。
2. 戴均良：《中国城市发展史》，哈尔滨：黑龙江人民出版社，1992 年。
3. 周良霄、顾菊英：《元代史》，上海：上海人民出版社，1993 年。
4. 张志强：《沈阳城市史》，大连：东北财经大学出版社，1993 年。
5. 宁越敏等：《中国城市发展史》，合肥：安徽科技出版社，1994 年。
6. 曹子西：《北京通史》，北京：中国书店，1994 年。
7. 白寿彝、陈得芝：《中国通史：第八卷 中古时代·元时期（上）》，上海：上海人民出版社，1997 年。
8. 熊月之：《上海通史》，上海：上海人民出版社，1999 年。
9. 李孝聪：《历史城市地理》，济南：山东教育出版社，2007 年。
10. 皮明庥：《武汉通史》，武汉：武汉出版社，2005 年。
11. 安作璋：《济南通史》，济南：齐鲁书社，2008 年。
12. 钟文典：《桂林通史》，桂林：广西师范大学出版社，2008 年。
13. 傅崇兰等：《中国城市发展史》，北京：社会科学文献出版社，2009 年。
14. 薛凤旋：《中国城市及其文明的演变》，北京：世界图书出版公司，2010 年。
15. 杨万秀：《广州通史》，北京：中华书局，2010 年。
16. 《成都通史》编纂委员会：《成都通史》，成都：四川人民出版社，2011 年。
17. 孙万勇：《石家庄通史》，石家庄：河北人民出版社，2011 年。
18. 何一民：《中国城市史》，武汉：武汉大学出版社，2012 年。
19. 周勇：《重庆通史》，重庆：重庆出版社，2014 年。
20. 南京市地方志编纂委员会办公室：《南京通史》，南京：南京出版社，2014 年。
21. 程子良、李清银：《开封城市史》，北京：社会科学文献出版社，1993 年。
22. 刘景玉、智喜君：《鞍山城市史》，北京：社会科学文献出版社，1994 年。

23. 薛冰：《南京城市史》，南京：南京出版社，2008年。
24. 谢本书、李江：《昆明城市史》，昆明：云南大学出版社，2009年。
25. 王瑞成、孔伟：《宁波城市史》，宁波：宁波出版社，2010年。
26. 傅崇兰：《拉萨史》，北京：中国社会科学出版社，1994年。
27. 王仁远等：《自贡城市史》，北京：社会科学文献出版社，1995年。
28. 苏赫等：《赤峰史》，北京：文物出版社，1991年。
29. 沈玉成：《本溪城市史》，北京：社会科学文献出版社，1995年。
30. 陈高华：《元大都》，北京：北京出版社，1982年。
31. 陈高华、史卫民：《元上都》，长春：吉林教育出版社，1988年。
32. 叶新民：《元上都研究》，呼和浩特：内蒙古大学出版社，1998年。
33. 韩光辉：《宋辽金元建制城市研究》，北京：北京大学出版社，2011年。
34. 陈彩云：《元代温州研究》，杭州：浙江人民出版社，2011年。
35. 毛阳光：《元代宁波的历史文化》，北京：中国文联出版社，2008年。
36. 李大钧、李大宏：《元代的大同》，太原：山西人民出版社，2007年。
37. 郭殿勇：《人·历史·环境——蒙元时期的内蒙古》，呼和浩特：内蒙古大学出版社，2007年。
38. 瞿大风：《元朝时期的山西地区》，沈阳：辽宁民族出版社，2006年。
39. 张照东：《宋元山东区域经济研究》，济南：齐鲁书社，2006年。
40. 李治安等：《元代华北地区研究——兼论汉人的华夷观念》，天津：南开大学出版社，2009年。
41. 孟繁清等：《蒙元时期环渤海地区社会经济发展研究》，天津：天津教育出版社，2003年。
42. 陈国灿、奚建华：《浙江古代城镇史》，合肥：安徽大学出版社，2000年。
43. 范金民：《江南社会经济研究》，北京：中国农业出版社，2006年。
44. 潘清：《元代江南民族重组与文化交融》，南京：凤凰出版社，2006年。
45. 王秀丽：《文明的吸纳与历史的延续：元代东南地区商业研究》，澳门：澳亚周刊出版有限公司，2005年。
46. 薛磊：《元代东北统治研究》，北京：社会科学文献出版社，2012年。
47. 陈广恩：《元代西北经济开发研究》，澳门：澳亚周刊出版有限公司，2005年。
48. 胡小鹏：《元代西北历史与民族研究》，兰州：甘肃文化出版社，1999年。
49. 周芳：《元代云南政区设置及相关行政管理研究》，北京：中国社会科学出版社，2009年。
50. 傅崇兰：《中国运河城市发展史》，成都：四川人民出版社，1985年。
51. 李剑农：《宋元明经济史稿》，北京：生活·读书·新知三联书店，1957年。
52. 陈喜忠：《中国元代经济史》，史仲文等：《中国全史》，北京：人民出版社，1994年。
53. 陈高华：《元史研究论稿》，北京：中华书局，1991年。

54. 陈高华、史卫民：《中国经济通史·元代经济卷》，北京：经济日报出版社，2000年。
55. 李幹：《元代民族经济史》，北京：民族出版社，2010年。
56. 鲁奇：《中国古代农业经济思想——元代农书研究》，北京：中国科学技术出版社，1992年。
57. 吴宏岐：《元代农业地理》，西安：西安地图出版社，1997年。
58. 胡小鹏：《中国手工业经济通史·宋元卷》，福州：福建人民出版社，2004年。
59. 修晓波：《元代的色目商人》，广州：广东人民出版社，2013年。
60. 额斯日格仓等：《蒙古族商业发展史》，沈阳：辽宁民族出版社，2007年。
61. 德山：《元代交通史》，呼和浩特：远方出版社，1995年。
62. 陈高华、吴泰同：《宋元时期的海外贸易》，天津：天津人民出版社，1981年。
63. 刘迎胜：《丝路文化·海上卷》，杭州：浙江人民出版社，1995年。
64. 刘迎胜：《海路与陆路——中古时代东西交流研究》，北京：北京大学出版社，2011年。
65. 白钢：《中国政治制度通史（1—10卷）》，北京：人民出版社，1996年。
66. 姚大力：《蒙元制度与政治文化》，北京：北京大学出版社，2011年。
67. 张金铣：《元代地方行政制度研究》，合肥：安徽大学出版社，2001年。
68. 李治安：《元代政治制度研究》，北京：人民出版社，2003年。
69. 李治安：《元代分封制度研究》，天津：天津古籍出版社，1992年。
70. 李治安、薛磊：《中国行政区划通史·元代卷》，上海：复旦大学出版社，2009年。
71. 许凡：《元代吏制研究》，北京：劳动人事出版社，1987年。
72. 张帆：《元代宰相制度研究》，北京：北京大学出版社，1997年。
73. 胡兴东：《元代民事法律制度研究》，北京：中国社会科学出版社，2007年。
74. 葛剑雄：《中国人口史》，上海：复旦大学出版社，2005年。
75. 赵文林、谢淑君：《中国人口史》，北京：人民出版社，1988年。
76. 李莎：《中国人口通史·元代卷》，北京：人民出版社，2012年。
77. 张善余：《中国人口地理》，北京：科学出版社，2003年。
78. 尤中：《尤中文集》，昆明：云南大学出版社，2009年。
79. 韩光辉：《北京历史人口地理》，北京：北京大学出版社，1996年。
80. 高寿仙：《北京人口史》，北京：中国人民大学出版社，2014年。
81. 蒙思明：《元代社会阶级制度》，北京：中华书局，1980年。
82. 王晓清：《元代社会婚姻形态》，武汉：武汉出版社，2005年。
83. 符海朝：《元代汉人世侯群体研究》，保定：河北大学出版社，2007年。
84. 陈高华：《中国妇女通史·元代卷》，杭州：杭州出版社，2011年。
85. 内蒙古社科院历史所《蒙古族通史》编写组：《蒙古族通史》，北京：民族出版社，1991年。

86. 马曼丽、切排：《中国西北少数民族通史·蒙、元卷》，北京：民族出版社，2009 年。
87. 邱树森：《元代中国少数民族新格局研究》，海口：南方出版社，2002 年。
88. 罗贤佑：《元代民族史》，成都：四川民族出版社，1996 年。
89. 那木吉拉：《中国元代习俗史》，北京：人民出版社，1994 年。
90. 秦新林：《元代社会生活史》，开封：河南大学出版社，1997 年。
91. 史卫民：《元代社会生活史》，北京：中国社会科学出版社，1996 年。
92. 史卫民：《都市中的游牧民——元代城市生活长卷》，长沙：湖南人民出版社，2006 年。
93. 陈高华、史卫民：《中国风俗通史·元代卷》，上海：上海文艺出版社，2001 年。
94. 杨印民：《帝国尚饮：元代酒业与社会》，天津：天津古籍出版社，2009 年。
95. 张国旺：《元代榷盐与社会》，天津：天津古籍出版社，2009 年。
96. 郭英德：《元杂剧与元代社会》，北京：北京师范大学出版社，1996 年。
97. 彭少辉：《元代的科学技术与社会》，开封：河南大学出版社，2010 年。
98. 王培华：《元代北方的灾荒与救济》，北京：北京师范大学出版社，2010 年。
99. 和付强：《中国灾害通史·元代卷》，郑州：郑州大学出版社，2009 年。
100. 顾建华：《中国元代文学史》，北京：人民出版社，1994 年。
101. 苏鲁格、宋长红：《中国元代宗教史》，北京：人民出版社，1994 年。
102. 云峰：《中国元代科技史》，北京：人民出版社，1994 年。
103. 李福顺：《中国元代艺术史》，北京：人民出版社，1994 年。
104. 秦志勇：《中国元代思想史》，北京：人民出版社，1994 年。
105. 欧阳周：《中国元代教育史》，北京：人民出版社，1994 年。
106. 陈高华等：《元代文化史》，广州：广东教育出版社，2009 年。
107. 朱志泰：《元曲研究》，上海：永祥印书馆，1947 年。
108. 刘荫柏：《元代杂剧史》，石家庄：花山文艺出版社，1990 年。
109. 丁放：《金元词学研究》，北京：中国社会科学出版社，2002 年。
110. 申万里：《元代教育研究》，武汉：武汉大学出版社，2007 年。
111. 余来明：《元代科举与文学》，武汉：武汉大学出版社，2013 年。
112. 桂栖鹏：《元代进士研究》，兰州：兰州大学出版社，2001 年。
113. 徐梓：《元代书院研究》，北京：社会科学文献出版社，2000 年。
114. 周成华：《中国战争简史》，长春：吉林大学出版社，2013 年。
115. 济南市社会科学研究所：《济南简史》，济南：齐鲁书社，1986 年。
116. 孙玉琴，赵崔莉：《中国对外开放史（第一卷）》，北京：对外经济贸易大学出版社，2012 年。
117. 赵义山：《元曲鉴赏辞典》，北京：商务印书馆国际有限公司，2012 年。
118. 王筱云等：《中国古典文学选名著分类集成·戏曲卷》，天津：百花文艺出版社，1994 年。
119. 杨孝鸿：《中国时尚文化史——宋元明卷》，济南：山东画报出版社，2011 年。
120. 林达礼：《中华五千年大事记》，台北：大孚书局，1988 年。
121. 李国豪：《建苑拾英——中国古代土木建筑科技史料选编》，上海：同济大学出版社，1990 年。
122. 韩茂莉：《中国历史农业地理》，北京：北京大学出版社，2012 年。
123. 翁独健：《中国民族史纲要》，北京：中国社会科学出版社，2001 年。
124. 云中天：《中国历史上的大融合》，北京：中国三峡出版社，2007 年。
125. 李修生：《元曲大辞典》，南京：凤凰出版社，2003 年。
126. 白寿彝：《中国通史》，上海：上海人民出版社，1989 年。
127. 中国元史研究会：《元史论丛：第六辑》，北京：中国社会科学出版社，1997 年。
128. 卜键：《元曲百科大辞典》，北京：学苑出版社，1992 年。
129. 陈正祥：《中国文化地理》，北京：生活·读书·新知三联书店，1983 年。
130. 程光裕、徐圣谟：《中国历史地图（下册）》，台北："中国文化大学"出版部，1984 年。
131. 五世达赖喇嘛：《西藏王臣记》，刘立千译注，拉萨：西藏人民出版社，1992 年。
132. 阿旺贡噶索南：《萨迦世系史》，陈庆英等译注，拉萨：西藏人民出版社，1989 年。
133. 达仓宗巴·班觉桑布：《汉藏史集》，陈庆英译，拉萨：西藏人民出版社，1986 年。
134. 陈文兵、华金余：《戏曲鉴赏》，北京：对外经济贸易大学出版社，2008 年。
135. 林丙义：《中国通史（上）》，北京：高等教育出版社，1996 年。
136. 张金池等：《京杭大运河沿线生态环境变迁》，北京：科学出版社，2012 年。
137. 中国地理学会地貌与第四纪专业委员会：《环境·地貌·发展》，北京：中国环境科学出版社，1995 年。
138. 于洪俊、宁越敏：《城市地理概论》，合肥：安徽科学技术出版社，1983 年。
139. 民政部行政区划处：《中华人民共和国行政区划手册》，北京：光明日报出版社，1986 年。
140. 王恢：《中国历史地理》，台北：台湾学生书局，1980 年。
141. 张全明：《中国历史地理学导论》，武汉：华中师范大学出版社，2006 年。
142. 徐小东、王建国：《绿色城市设计——基于生物气候条件的生态策略》，南京：东南大学出版社，2009 年。
143. 贺业钜：《中国古代城市规划史论丛》，北京：中国建筑工业出版社，1986 年。

144. 韩渊丰：《中国区域地理》，广州：广东高等教育出版社，2000年。
145. 肖爱玲：《西汉城市体系的空间演化》，北京：商务印书馆，2012年。
146. 许学强、周一星、宁越敏：《城市地理学》，北京：高等教育出版社，1997年。
147. 李治安：《元史暨中古史论稿》，北京：人民出版社，2013年。
148. 李祥林：《元曲索隐》，成都：四川教育出版社，2003年。
149. 马正林：《中国城市历史地理》，济南：山东教育出版社，1998年。
150. 王成、谢新清：《中国地方政府发展史》，济南：山东大学出版社，2011年。
151. 罗莉：《寺庙经济论——兼论道观清真寺教堂经济》，北京：宗教文化出版社，2004年。
152. 孟森：《明清史讲义》，北京：中华书局，1981年。
153. 袁杰英：《中国历代服饰史》，北京：高等教育出版社，1994年。
154. 冯天瑜等：《中华文化史》，上海：上海人民出版社，1990年。
155. 叶骁军：《中国都城发展史》，西安：陕西人民出版社，1988年。
156. 沈从文：《中国古代服饰研究》，上海：上海书店出版社，2002年。
157. 周燮藩、沙秋真：《伊斯兰教在中国》，北京：华文出版社，2002年。
158. ［德］申茨：《幻方——中国古代的城市》，梅青译，吴志强审，何晓昕、干靓校，北京：中国建筑工业出版社，2009年。
159. ［美］刘易斯·芒福德：《城市发展史——起源演变和前景》，宋俊岭、倪文彦译，北京：中国建筑工业出版社，2005年。
160. ［美］乔尔·科特金：《全球城市史》，王旭等译，北京：社会科学文献出版社，2006年。
161. ［意］伯戴克：《元代西藏史研究》，张云译，昆明：云南人民出版社，2002年。
162. ［意］马可·波罗：《马可波罗行纪》，冯承钧译，呼和浩特：内蒙古人民出版社，2008年。
163. 陈开俊等：《马可·波罗游记》，福州：福建科学技术出版社，1981年。
164. ［意］马可·波罗：《马可·波罗游记》，［意］谦诺笔录，余前帆译，北京：中国书籍出版社，2009年。
165. ［日］木宫泰彦：《日中文化交流史》，胡锡年译，北京：商务印书馆，1980年。
166. ［越］明峥：《越南史略（初稿）》，范宏科、吕谷译，北京：生活·读书·新知三联书店，1958年。
167. ［越］黎崱：《安南志略》，武尚清点校，北京：中华书局，2000年。
168. ［英］卡特：《中国印刷术的发明和它的西传》，吴泽炎译，北京：商务印书馆，1960年。
169. ［英］培根：《新工具》，徐宝骙译，北京：商务印书馆，1984年。

170. [英]道森：《出使蒙古记》，吕浦译，周良霄注，北京：中国社会科学出版社，1983年。
171. [英]阿·克·穆尔：《一五五〇年前的中国基督教史》，郝镇华译，北京：中华书局，1984年。
172. Steen Eiler Rasmussen. *Towns and Buildings*. Massachusetts：The MIT Press，1969.
173. Edmund N. Bacon. *Design of Cities*（Revised Edition）. New York：Penguin Books，1976.
174. [伊朗]志费尼：《世界征服者史》，何高济译，翁独健校订，呼和浩特：内蒙古人民出版社，1980年。
175. 耿昇、何高济：《柏朗嘉宾蒙古行纪·鲁布鲁克东行纪》，北京：中华书局，1985年。
176. [法]雷纳·格鲁塞：《蒙古帝国史》，龚钺译，翁独健校，北京：商务印书馆，2009年。
177. [美]弗·卡特、[美]汤姆·戴尔：《表土与人类文明》，庄崚、鱼姗玲译，陈淑华校，北京：中国环境科学出版社，1987年。
178. [摩洛哥]伊本·白图泰：《伊本·白图泰游记》，马金鹏译，银川：宁夏人民出版社，1985年。

（二）期刊论文

1. 吴宏岐、汪新庄：《元代西南地区农牧经济的发展》，《中国历史地理论丛》，1993年第4期。
2. 邱树森：《新中国成立以来的元史研究》，《史学月刊》，2003年第5期。
3. 罗贤佑：《元代蒙古族人南迁活动述略》，《民族研究》，1989年第4期。
4. 苏晋仁：《元代对西藏地方的管辖和影响》，《民族研究》，1991年第6期。
5. 戴发望：《元代西藏的政教合一制》，《青海师范大学学报》，2006年第3期。
6. 彭英全：《西藏宗教概说（选载）》，《西藏民族学院学报》，1982年第2期。
7. 祝启源、陈庆英：《元代西藏地方驿站考释》，《西藏民族学院学报》，1985第3期。
8. 周志锋：《元朝帝师制度对治理西藏的意义》，《重庆广播电视大学学报》，2003年第1期。
9. 章巽：《元"海运"航路考》，《地理学报》，1957年第1期。
10. 何一民：《农业时代中国城市的特征》，《社会科学研究》，2003年第5期。
11. 何一民、付志刚、赖小路：《高原、民族与宗教：清代西藏城市发展特征》，《民族学刊》，2010年第1期。
12. 何一民：《以行政建置制度创新促进新疆跨越式发展与长治久安》，《民族学刊》，2012年第6期。

13. 徐小东、徐宁：《地形对城市环境的影响及其规划设计应对策略》，《建筑学报》，2008年第1期。
14. 孙贯文：《重建礼拜寺记碑跋》，《文物》，1961年第8期。
15. 何一民：《清代城市数量的变化及原因》，《社会科学》，2014年第8期。
16. 何一民：《从政治中心优先发展到经济中心优先发展——农业时代到工业时代中国城市发展动力机制的转变》，《西南民族大学学报》，2004年第1期。
17. 成一农：《清代的城市规模与行政等级》，《扬州大学学报》，2007年第3期。
18. 成一农：《元代地方城市城墙修筑的历史地理研究》，孙逊、杨剑龙：《都市文化研究（第5辑）：都市文化空间与想象》，上海：上海三联书店，2008年。
19. 却拉布吉：《元大都的历史地位探微》，《西北民族大学学报》，2008年第1期。
20. 王岗：《元大都在中国历史上的作用和地位》，《北京社会科学》，1988年第3期。
21. 中国科学院考古研究所元大都考古队、北京市文物管理处元大都考古队：《元大都的勘查和发掘》，《文物》，1972年第1期。
22. 于希贤：《〈周易〉象数与元大都规划布局》，《新华文摘》，1999年第2期。
23. 李小波：《古都形制及其规划思想流变》，《城市问题》，2002年第3期。
24. 侯仁之：《元大都城与明清北京城》，《故宫博物院院刊》，1979年第3期。
25. 李珍：《元代民族史观的时代特点》，《云南民族学院学报》，2001年第4期。
26. 梁玉贵：《北京传统四合院的历史与文化》，《中华民居》，2011年第10期。
27. 李翀：《浅探元代四等人制的成因》，《安阳师范学院学报》，2007年第4期。
28. 刘莉亚、陈鹏：《元代系官工匠的身份地位》，《内蒙古社会科学（汉文版）》，2003年第3期。
29. 方晓阳、吴丹彤：《论元代政府对印书业的促动》，《北京印刷学院学报》，2012年第6期。

（三）学位论文

1. 姜东成：《元大都城市形态与建筑群基址规模研究》，清华大学博士论文，2007年。
2. 肖更生：《生态学视角下中国城市地价形成机制的研究》，中南林业科技大学博士论文，2011年。
3. 李翀：《元代四等人制研究》，西北师范大学硕士论文，2009年。
4. 慈平：《元代历史地理学研究》，西北大学硕士论文，2011年。
5. 刘亚莉：《元代手工业研究》，河北大学博士论文，2004年。
6. 潘颖岩：《元代都城制度初探》，西安建筑科技大学硕士论文，2007年。
7. 陈广恩：《元代西北经济开发研究》，暨南大学博士论文，2003年。
8. 王秀丽：《元代东南地区商业研究》，暨南大学博士论文，2002年。
9. 郭晓宁：《元代都城建设对比分析研究》，西安建筑科技大学硕士论文，

2006 年。
10. 温海清：《金元之际的华北地方行政建置》，复旦大学博士论文，2008 年。
11. 李旭：《西南地区城市历史发展研究》，重庆大学博士论文，2010 年。
12. 马瑞江：《从多元到一体的动因与机制》，天津师范大学博士论文，2008 年。
13. 綦保国：《元代官营工商业法律制度研究》，西南政法大学博士论文，2011 年。
14. 沈自强：《元代海外贸易体制研究》，山东师范大学硕士论文，2009 年。
15. 瞿大风：《元朝统治下的山西地区》，南开大学博士论文，2003 年。
16. 黄子刚：《元代基督教研究》，暨南大学博士论文，2004 年。
17. 潘少平：《元朝俸禄制度研究》，中国社会科学院博士论文，2003 年。
18. 史卫东：《省制以来统县政区发展研究》，华东师范大学博士论文，2006 年。
19. 马晓林：《元代国家祭祀研究》，南开大学博士论文，2012 年。
20. 魏坚：《元上都的考古学研究》，吉林大学博士论文，2004 年。
21. 张云：《元代吐蕃地方行政体制研究》，南京大学博士论文，1993 年。
22. 刘凤玲：《元代散曲观念研究》，首都师范大学博士论文，2008 年。
23. 赵鹏飞：《山东运河传统建筑综合研究》，天津大学博士论文，2013 年。

明代城市参考文献

一、古籍方志

1. ［宋］曾公亮：《武经总要》，［清］纪昀等：《文渊阁四库全书》，北京：人民出版社，2015 年。
2. ［宋］佚名：《皇明诏令》，《续修四库全书》编委会：《续修四库全书》，上海：上海古籍出版社，2002 年。
3. ［明］姚广孝：《明太祖实录》，台北：台湾"中央研究院"历史语言所，1962 年。
4. ［明］徐学聚：《国朝典汇》，北京：北京大学出版社，1993 年。
5. ［明］申时行：《明会典》，北京：中华书局，1989 年。
6. ［明］陶宗仪：《南村辍耕录》，北京：中华书局，2004 年。
7. 金毓黻：《奉天通志》，沈阳：辽海出版社，2003 年。
8. ［明］邓士龙：《国朝典故》，北京：北京大学出版社，1993 年。
9. ［明］王圻：《续文献通考》，北京：现代出版社，1986 年。
10. ［明］徐学聚：《国朝典汇》，四库全书存目丛书编纂委员会：《四库全书存目丛书》，济南：齐鲁书社，1997 年。
11. ［明］李东阳等：《（正德）大明会典》，台湾商务印书馆：《景印文渊阁四库全书》本，台北：台湾商务印书馆，1983年。
12. ［明］郑若曾：《筹海图编》，李致忠点校，北京：中华书局，2007年。
13. ［明］冯瑷：《开原图说》，台北：正中书局，1982年。
14. ［明］朱国祯：《涌幢小品》，上海：大达图书供应社，1935年。
15. ［明］谢肇淛：《五杂俎》，上海：上海书店出版社，2001年。
16. ［明］陆粲、［明］顾起元：《庚巳编·客座赘语》，谭棣华、陈稼千点校，北京：中华书局，1987年。
17. 陈义钟：《海瑞集》，北京：中华书局，1962年。
18. ［明］丘濬：《大学衍义补》，镇江：江苏大学出版社，2018年。
19. 中国历史研究社：《烈皇小识》，上海：上海书店，1982年。
20. ［明］张翰：《松窗梦语》，萧国亮点校，上海：上海古籍出版社，1986年。
21. ［明］茅坤：《茅鹿门先生集》，《续修四库全书》编委会：《续修四库全书》，上海：上海古籍出版社，2002年。
22. ［明］计六奇：《明季北略》，任道斌、魏得良点校，北京：中华书局，1984年。
23. ［明］谷应泰：《明史纪事本末》，王云五：《丛书集成初编》，上海：商务印书馆，1937年。
24. 冼宝榦：《佛山忠义乡志》，出版地不详：出版者不详，民国十五年（1926年）刻本。
25. ［明］陈子龙等：《明经世文编》，北京：中华书局，1962年。
26. ［明］杨经：《嘉靖万历固原州志》，牛达生、牛春生校勘，银川：宁夏人民出版社，1985年。
27. ［明］徐纮：《皇明名臣琬琰录》，台北：明文书局，1991年。
28. ［明］章潢：《图书编》，扬州：广陵书社，2011年。
29. ［明］黄景昉：《国史唯疑》，陈士楷、熊德基点校，上海：上海古籍出版社，2002年。
30. ［明］周思兼：《周叔夜先生集》，四库全书存目丛书编纂委员会：《四库全书存目丛书》，济南：齐鲁书社，1997年。
31. ［明］宋应星：《天工开物》，管巧灵、谭属春整理注释，长沙：岳麓书社，2002年。
32. 钱伯城等：《全明文》，上海：上海古籍出版社，1992年。
33. ［明］李贤等：《大明一统志》，西安：三秦出版社，1990年。
34. ［明］陆容：《菽园杂记》，北京：中华书局，1985年。
35. ［明］张卤：《皇明制书》，《续修四库全书》编委会：《续修四库全书》，上海：上海古籍出版社，2002年。
36. ［明］陈仁锡：《皇明世法录》，北京：北京出版社，2000年。
37. ［明］高拱：《问辩录》，出版地不详：出版者不详，明万历刊本。

38. ［明］钟化民：《救荒图说》，出版地不详：出版者不详，墨海金壶本。
39. ［明］张履祥：《补农书校释（增订本）》，陈恒力校释，王达参校增订，北京：农业出版社，1983年。
40. ［明］沈德符：《万历野获编》，北京：中华书局，1959年。
41. 历代名人：《笔记小说大观》，台北：新兴书局，1975年。
42. ［清］张廷玉等：《明史》，中华书局编辑部：《"二十四史"（简体字本）》，北京：中华书局，2000年。
43. ［明］宋濂等：《元史》，中华书局编辑部：《"二十四史"（简体字本）》，北京：中华书局，2000年。
44. ［清］龙文彬：《明会要》，北京：中华书局，1956年。
45. ［清］吴乘权等：《纲鉴易知录》，北京：中华书局，2009年。
46. ［清］顾炎武：《天下郡国利病书》，黄坤等校点，上海：上海古籍出版社，2012年。
47. ［清］顾炎武：《肇域志》，谭其骧等点校，上海：上海古籍出版社，2004年。
48. ［清］穆彰阿等：《嘉庆大清一统志》，［清］纪昀等：《文渊阁四库全书》，北京：人民出版社，2015年。
49. ［清］顾炎武、［清］徐乾学：《一统志案说》，出版地不详：出版者不详，道光七年（1827年）木活字本。
50. ［清］夏燮：《明通鉴》，沈仲九标点，北京：中华书局，1959年。
51. ［清］谈迁：《枣林杂俎》，北京：中华书局，2006年。
52. ［明］乌斯道：《春草斋集》，上海：上海古籍出版社，1987年。
53. ［清］周家楣等：《光绪顺天府志》，北京：北京古籍出版社，1987年。
54. ［明］陈第：《一斋集》，出版地不详：出版者不详，道光二十八年（1848年）重刊本。
55. ［清］屈大均：《广东新语》，北京：中华书局，1985年。
56. ［明］计六奇：《明季南略》，任道斌、魏得良点校，北京：中华书局，1984年。
57. ［清］于敏中等：《日下旧闻考》，北京：乾隆五十三年（1788年）武英殿刻本。
58. ［清］温睿临：《南疆逸史》，上海：上海国光书局，1915年。
59. ［清］薛允升：《唐明律合编》，北京：中国书店，2010年。
60. ［清］梁份：《秦边纪略》，赵盛世等校注，西宁：青海人民出版社，1993年。
61. 中国历史研究社：《崇祯长编》，上海：上海书店。1982年。
62. ［清］姜顺蛟、［清］叶长扬：《吴县志》，出版地不详：出版者不详，乾隆十年（1745年）刻本。
63. 车云修等：《禹县志》，出版地不详：出版者不详，民国二十年（1931年）刊本。

64. ［清］王同：《塘栖志》，出版地不详：出版者不详，光绪十五年（1889 年）刻本。
65. ［清］凌绰、［清］徐锡麟：《丹阳县志》，出版地不详：出版者不详，光绪十一年（1885 年）刻本。
66. ［清］王正常、［清］谢攀云：《郧阳志》，出版地不详：出版者不详，嘉庆十一年（1806 年）刻本。
67. ［清］沈锐等：《蓟州志》，出版地不详：出版者不详，道光十一年（1831 年）刻本。
68. 台湾"中央研究院"历史语言研究所：《明实录》，上海：上海书店出版社，1984 年。
69. ［明］刘伯缙等：《（万历）杭州府志》，台北：成文出版社，1983 年。
70. ［明］杨宏、［明］谢纯：《漕运通志》，荀德麟、何振华点校，北京：方志出版社，1961 年。
71. ［明］黄佐：《广东通志》，出版地不详：出版者不详，嘉靖四十年（1561 年）刻本。
72. ［明］李昭祥：《龙江船厂志》，王亮功点校，南京：江苏古籍出版社，1999 年。
73. ［明］冯惟敏、［明］王国祯：《〔万历〕保定府志》，北京：书目文献出版社，1992 年。
74. ［明］翁相、［明］陈棐：《广平府志》，出版地不详：出版者不详，嘉靖二十五年（1546 年）刻本。
75. ［明］杨守礼、［明］管律：《宁夏新志》，出版地不详：出版者不详，嘉靖二十五年（1546 年）刻本。
76. ［明］易登瀛、［明］于慎行：《兖州府志》，出版地不详：出版者不详，万历十一年（1583 年）刻本。
77. ［明］李维祯：《山西通志》，出版地不详：出版者不详，万历刻本。
78. ［明］郜相、［明］樊深：《河间府志》，出版地不详：出版者不详，嘉靖十九年（1540 年）刻本。
79. ［明］彭泽、［明］汪舜民：《徽州府志》，出版地不详：出版者不详，弘治十五年（1502 年）刻本。
80. ［明］王鏊：《姑苏志》，［清］纪昀等：《文渊阁四库全书》，北京：人民出版社，2015 年。
81. ［明］霍冀：《九边图说》，出版地不详：出版者不详，隆庆三年（1569 年）刊本。
82. ［明］陈威等：《正德松江府志》，上海：上海书店，1990 年。
83. ［明］徐献忠：《吴兴掌故集》，台北：成文出版社，1983 年。
84. ［明］梅守德、［明］任子龙：《嘉靖徐州志》，吴相湘：《中国史学丛书》，台北：学生书局，1976年。
85. ［明］刘应钶、［明］沈尧中：《万历嘉兴府志》，台北：成文出版社，1999年。
86. ［明］郭大伦、［明］陈文烛：《淮安府志》，出版地不详：出版者不详，万历十一年（1583年）刻本。
87. ［明］莫旦：《吴江志》，出版地不详：出版者不详，弘治元年（1488年）刊本。
88. ［明］周希哲等：《宁波府志》，出版地不详：出版者不详，嘉靖三十九年（1560年）刻本。
89. ［明］陈道、［明］黄仲昭：《八闽通志》，出版地不详：出版者不详，弘治刻本。
90. ［明］林庭㭿、［明］周广：《嘉靖江西通志》，台北：成文出版社，1989年。
91. ［明］吴祯：《河州志校勘》，黄选平审，马志勇校，兰州：甘肃文化出版社，2004年。
92. ［明］席书、［明］朱家相：《漕船志》，荀德麟、张英聘点校，北京：方志出版社，2006年。
93. ［清］孙佩：《苏州织造局志》，南京：江苏人民出版社，1959年。
94. ［清］于琨、［清］陈玉任：《常州府志》，出版地不详：出版者不详，康熙三十七年（1698年）刻本。
95. ［清］舒懋官等：《新安县志》，出版地不详：出版者不详，民国十九年（1930年）本。
96. ［清］倪师孟等：《震泽县志》，出版地不详：出版者不详，光绪十九年（1893年）刻本。
97. ［清］徐景曾：《顺德府志》，出版地不详：出版者不详，乾隆十五年（1750年）刻本。
98. ［清］孟俊：《光州志》，出版地不详：出版者不详，顺治十七年（1660年）本。
99. ［清］王克昌、［清］殷梦高：《保德州志》，出版地不详：出版者不详，康熙三十七年（1698年）刻本。
100. ［清］田文镜等：《河南通志》，出版地不详：出版者不详，雍正十三年（1735年）刻本。
101. ［清］林芃、［清］马之骦：《张秋志》，南京：江苏古籍出版社，1992年。
102. ［清］刘士铭等：《朔平府志》，出版地不详：出版者不详，雍正十一年（1733年）刻本。
103. ［清］李堂：《湖州府志》，出版地不详：出版者不详，乾隆二十三年（1758年）刻本。
104. ［清］杨朝麟等：《文安县志》，中国科学院图书馆：《稀见中国地方志汇刊》，北京：中国书店，1992年，

105. ［清］杨兆焕等：《曹州府菏泽县乡土志》，台北：成文出版社，1968年。
106. ［清］江殷道等：《九江府志》，出版地不详：出版者不详，康熙十二年（1673年）刻本。
107. ［清］王道亨、［清］张庆源：《德州志》，出版地不详：出版者不详，乾隆五十三年（1788年）本。
108. 卢学博：《乌青镇志》，出版地不详：出版者不详，民国九年（1920年）铅印本。

二、专著、资料汇编及论文集

1. 葛剑雄：《中国人口史》，上海：复旦大学出版社，2005年。
2. 陈宝良：《明代社会生活史》，北京：中国社会科学出版社，2004年。
3. 陈学文：《明清时期商业书及商人书之研究》，台北：台湾洪叶文化事业有限公司，1997年。
4. 邓云特：《中国救荒史》，上海：上海书店，1984年。
5. 范中义等：《中国军事通史：第十五卷·明代军事史（上）》，北京：军事科学出版社，1998年。
6. 傅衣凌：《明清社会经济变迁论》，北京：人民出版社，1989年。
7. 葛剑雄等：《中国移民史》，福州：福建人民出版社，1997年。
8. 何一民：《中国城市史纲》，成都：四川大学出版社，1994年。
9. ［美］黄仁宇：《十六世纪明代中国之财政与税收》，北京：生活·读书·新知三联书店，2005年。
10. ［美］黄仁宇：《明代的漕运》，北京：新星出版社，2005年。
11. 季永海、刘景宪：《崇德三年满文档案译编》，沈阳：辽沈书社，1988年。
12. 李洵：《明史食货志校注》，北京：中华书局，1982年。
13. 梁方仲：《中国历代户口、田地、田赋统计》，上海：上海人民出版社，1980年。
14. 刘雨婷：《中国历代建筑典章制度（下）》，上海：同济大学出版社，2010年。
15. 韩茂莉：《中国历史农业地理》，北京：北京大学出版社，2012年。
16. 罗志渊：《中国地方行政制度》，重庆：独立出版社，1943年。
17. 毛佩奇、王莉：《中国明代军事史》，北京：人民出版社，1994年。
18. 孟森：《明史讲义》，北京：中华书局，2009年。
19. ［美］施坚雅：《中华帝国晚期的城市》，叶庭光等译，陈桥驿校，北京：中华书局，2000年。
20. 史红帅、吴宏岐：《西北重镇西安》，西安：西安出版社，2007年。
21. 孙宝明、程相林：《中国运河之都高层文化论坛论文集》济南：山东人民出版社，2007年。

22. 台湾三军大学：《中国历代战争史：第十四册》，北京：军事译文出版社，1983年。
23. 王剑英：《明中都》，北京：中华书局，1992年。
24. 王育民：《中国人口史》，南京：江苏人民出版社，1995年。
25. 王毓铨：《中国经济通史·明代经济卷》，北京：经济日报出版社，2000年。
26. 王文楚：《古代交通地理丛考》，北京：中华书局，1996年。
27. 顾诚：《隐匿的疆土——卫所制度与明帝国》，北京：光明日报出版社，2012年。
28. 谢国桢：《明代社会经济史资料选编》，福州：福建人民出版社，1980年。
29. 中国人民大学中国历史教研室：《中国资本主义萌芽问题讨论集》，北京：生活·读书·新知三联书店，1957年。
30. 杨国庆：《南京明代城墙》，南京：南京出版社，2002年。
31. 尹秀民：《中国古代人事行政概要》，济南：山东人民出版社，1989年。
32. 俞晓红：《古代白话小说研究》，合肥：安徽人民出版社，2005年。
33. 于德普、梁自洁：《山东运河文化文集（续集）》，济南：齐鲁书社，2003年。
34. 张显清、林金树：《明代政治史》，桂林：广西师范大学出版社，2003年。
35. 张映莹等：《中国古代营造类工官》，北京：文物出版社，2011年。
36. 张硕：《巧梭慧针：长江流域的丝织与刺绣》，武汉：武汉出版社，2006年。
37. 朱绍侯等：《中国古代史（下册）》，福州：福建人民出版社，2010年。
38. 庄林德、张京祥：《中国城市发展与建设史》，南京：东南大学出版社，2002年。
39. 詹子庆、田泽滨：《中国古代史（下册）》，北京：高等教育出版社，1986年。
40. 周振鹤：《中国地方行政制度史》，上海：上海人民出版社，2005年。
41. 周小棣等：《负山阻海 地险而要：明长城防御体系之辽东镇卫所城市》，南京：东南大学出版社，2013年。
42. 郑和下西洋六〇〇周年纪念活动筹备领导小组：《郑和下西洋文选（一九〇五—二〇〇五）》，北京：海洋出版社，2005年。
43. 中国大百科全书总编辑委员会、《中国历史》编辑委员会、中国大百科全书出版社编辑部：《中国大百科全书·中国历史》，北京：中国大百科全书出版社，1992年。
44. 程国政、路秉杰：《中国古代建筑文献集要》，上海：同济大学出版社，2013年。

三、论文

1. 蔡云辉：《战争与古代中国城市衰落的历史考察》，《河南师范大学学报》，2006年第1期。

2. 曹树基：《鼠疫流行与华北社会的变迁（1580—1644年）》，《历史研究》，1997年第1期。
3. 陈学文：《明清时期江南巨镇乌青镇的经济结构》，《中国经济史研究》，1988年第2期。
4. 丁如俊：《明代洮州卫的茶马贸易》，《西北民族学院学报》，1990年第2期。
5. 范金民：《明代南京的历史地位和社会发展》，《南京社会科学》，2012年第11期。
6. 董春林、赵双叶：《从明代人口流动看城池修筑与社会经济的关系》，《武汉科技大学学报》，2009年第1期。
7. 方志远：《从现存版籍看明代市民文学的地域分布——明代市民文学研究之二》，《明史研究：第6辑》，1999年。
8. 高晓波：《明代治安思想的走向和特点》，《宁夏大学学报》，2007年第4期。
9. 高艳林：《明代天津人口与城市性质的变化》，《南开学报》，2002年第1期。
10. 郭红、于翠艳：《明代都司卫所制度与军管型政区》，《军事历史研究》，2004年第4期。
11. 何一民：《天时、地利与人和：清代省会城市形成的条件探析》，《西南民族大学学报（人文社科版）》，2009年第4期。
12. 何一民：《清代城市数量的变化及原因》，《社会科学》，2014年第8期。
13. 何一民：《从政治中心优先发展到经济中心优先发展——农业时代到工业时代中国城市发展动力机制的转变》，《西南民族大学学报》，2004年第1期。
14. 姜晓萍：《〈士商类要〉与明代商业社会》，《西南师范大学学报》，1996年第1期。
15. 李伯重：《工业发展与城市变化：明中叶至清中叶的苏州（下）》，《清史研究》，2002年第2期。
16. 李映辉：《明朝江西湖广的人口变动与经济发展》，《益阳师专学报》，1991年第1期。
17. 李德楠：《明代徐州段运河的乏水问题及应对措施》，《兰州学刊》，2007年第8期。
18. 梁庚尧：《南宋城市的发展》，《食货月刊》，1981年复刊第10卷第10、11期。
19. 梁勇：《浅论明代河北的卫所和军屯》，《河北师范大学学报》，1987年第2期。
20. 李逸友：《辽中京城址发掘的重要收获》，《文物》，1961年第9期。
21. 刘世明、雨僧：《西安：不朽的辉煌》，《文博》，2004年第2期。
22. 刘振华：《近代南阳盆地区域史研究述论》，《南都学坛》，2012年第5期。
23. 罗吉义：《试论明代商业与资本主义萌芽》，《云南财贸学院学报》，1995年第3期。
24. 罗晓翔：《明代南京的坊厢与字铺——地方行政与城市社会》，《中国社会经济史研究》，2008年第4期。

25. 邱仲麟：《明代北京的瘟疫与帝国医疗体系的应变》，《"中央研究院历史语言研究所"集刊》，2004年第6期。
26. 邵毅平：《明代与江户市民文学的比较研究》，《复旦学报》，1989年第1期。
27. 申友良、申东宁：《元末顺帝时期"三农"问题研究》，《湛江师范学院学报》，2011年第1期。
28. 史红帅：《明清西安城郊市镇分布与形态的初步研究》，《长安大学学报》，2011年第1期。
29. 孙兆霞、雷勇：《在国家与地方社会之间——基于贵州明代卫学社会影响的考察》，《教育文化论坛》，2010年第5期。
30. 万明：《郑和下西洋与亚洲国际贸易网的建构》，《吉林大学社会科学学报》，2004年第6期。
31. 王贵祥：《明代府（州）城分布及350里距离相关性探究》，《中国建筑史论汇刊：第贰辑》，2009年。
32. 王贵祥：《明代城池的规模与等级制度探讨》，《建筑史》，2009年第1期。
33. 王赛时：《明代山东的海防体系与军事部署》，《明史研究：第9辑》，2005年。
34. 王伟凯：《试论明代的巡检司》，《史学月刊》，2006年第3期。
35. 吴金成：《从社会变迁视角对明中期史的再认识》，《古代文明》，2011年第4期。
36. 吴宏岐、党安荣：《关于明代西安秦王府城的若干问题》，《中国历史地理论丛》，1999年第3期。
37. 余同元：《明清江南早期工业化社会的形成与发展》，《史学月刊》，2007年第11期。
38. 张萍、杨蕊：《制度与空间：明清西北城镇体系的多元建构与经济中心的成长——以西安、三原、泾阳为中心的考察》，《人文杂志》，2013年第8期。
39. 张力仁：《南阳城区平面布局初探》，《南都学坛》，1992年第4期。
40. 邹立波：《明代川西北的卫所、边政与边地社会》，《西藏大学学报》，2012年第1期。
41. 韦占彬：《论明代京城治安管理的机制与措施》，《邯郸学院学报》，2006年第4期。
42. 陈国庆：《市民视野下的明代商人群体研究》，华中师范大学硕士论文，2006年。